칸트와 종교[01]

01 이 저서는 2011년 정부(교육부)의 재원으로 한국연구재단의 지원을 받아 수행된 연구임. (NRF-2011-812-A00062)

칸트와 종교

초판 1쇄 인쇄 2018년 10월 10일
초판 1쇄 발행 2018년 10월 17일
지은이 김 진
펴낸이 이방원
편 집 홍순용 · 김명희 · 이윤석 · 안효희 · 강윤경 · 윤원진
디자인 박혜옥 · 손경화 **영업** 최성수 **마케팅** 이미선
펴낸곳 세창출판사
출판신고 1990년 10월 8일 제300-1990-63호
주소 03735 서울시 서대문구 경기대로 88 냉천빌딩 4층
전화 02-723-8660
팩스 02-720-4579
이메일 edit@sechangpub.co.kr
홈페이지 http://www.sechangpub.co.kr

ISBN 978-89-8411-775-4 93160

이 도서의 국립중앙도서관 출판시도서목록(CIP)은 서지정보유통지원시스템 홈페이지(http://seoji.nl.go.kr)와
국가자료공동목록시스템(http://www.nl.go.kr/kolisnet)에서 이용하실 수 있습니다. (CIP제어번호: CIP2018031695)

칸트와 종교

김 진 지음

세창출판사

○ 서 문

이 책은 칸트의 종교 이해를 전체적으로 소개하려는 시도이다. 그는 그리스도교 문화가 지배하던 18세기 유럽의 대표적인 사상가로 살았지만, 그때 당시의 유럽의 사상계를 뒤흔든 화두는 범신론이었다. 바로 그 앞 시기를 강타했던 뉴턴 중심의 이신론理神論 사상의 배후에서 스피노자 사상은 은밀하게 확산되고 있었다. 결국 야코비가 모제스 멘델스존에게 레싱의 스피노자주의를 폭로하면서, 이른바 유럽에서 범신론 논쟁이 시작되었다. 시기적으로 칸트 자신도 제재를 받았던 프리드리히 빌헬름 2세의 통치가 출범하기 직전 상황이었다. 칸트는 이성이 신을 비롯한 형이상학적 명제를 이론적으로 증명할 수 없다고 주장했으며, 사물자체의 존재 여부도 단지 추정할 수 있을 뿐이라는 세계관적 전제를 기본으로 하는 선험적 관념론의 체계를 수립하고자 하였다. 칸트의 선험주의 철학은 이성의 절대적 권위를 바탕으로 하는 독단적이고 교조적인 형이상학자들과, 감각적 경험 사실만을 존중하는 상식적인 소박 실재론자들과 회의주의자들 모두에게 집중적인 공격을 받았다. 그러므로 칸트가 자신의 선험철학에서 제시하는 '신'과 '종교' 개념은 매우 특별한 의미를 담고 있다. 그것은 플라톤과 아리스토텔레스, 아우구스티누스와 토마스 아퀴나스, 안셀무스와 데카르트, 로크와 흄, 라이프니츠와 스피노자와 같이 철학사에서 매우 중요한 형이상학적 주장들을 거부할 뿐만 아니라, 유대교와 기독교와 같은 특정한 신앙 유형을 종교라고 이해하던 행태를 뒤집으려는 전복적 의도를 숨기고 있었던 것이다. 이와 같은 칸트의 전복적 의도는 괴테와 레싱을 통해 유럽에 확산된 스피노자주의와 독일관념론 철학자들을 거쳐서 현대에 들어와서는 에른스트 블로흐의 야심적인 기독교 비판서인 『기독교 안의 무신론*Atheismus im Christentum*』(1968)에서 그 현대적인 모습을 보이고 있지만, 사실은 스피노자의 『신학-정치론』에서 이미 선구적으로 공표된 것이었다. 기독교를 넘어서서 종교를 새롭게 해석하려는 칸트의 취지는 스피노자와 블로흐의 전복적 해석학과 동일한 지평을 형성하고 있다.

교육부와 한국연구재단의 지원으로 이루어진 이 책 『칸트와 종교』는 칸트가 그 자신의 철학적 사유 체계를 확립해 가는 추이와 맥락을 살펴보고, 그가 서구의 대표적인 신앙유형이라고 할 수 있는 기독교의 교의체계를 넘어서서 어떻게 종교 일반에 대한 철학적 사유를 전개하는지, 그리고 그와 같은 새로운 이성신앙[종교신앙]은 현대 종교다원주의를 비롯한 종교철학의 방법론 등에 어떤 의미로 독해될 수 있는가를 다루고자 한다. 칸트를 바라보는 이러한 시각은 지금까지 기독교적 사상가로만 받아들이려고 했던 잘못된 태도를 바로잡을 수 있는 방향을 제시해 줄 것이다. 알버트 슈

○

바이처나 고트로프 크리스티안 스토르와 같은 이들은 칸트를 기독교적 시선으로 바라봄으로써 우연적으로든 의도적으로든 그의 독창적인 종교철학 기획을 왜곡하는 결과를 초래하였다. 슈바이처는 칸트의 '요청이론'이 칸트의 사유체계와 일관적이지 못한 잘못된 변종이라고 해석함으로써 칸트의 '도덕신앙', '이성종교', '종교신앙'이라는 새로운 개념들에 대한 의미지평을 초토화하려고 하였다. 다른 한편 가장 보수적인 정통주의 튀빙겐 신학파를 창설했던 스토르는 그의 제자 플라트와 함께 칸트의 요청이론으로 정통 기독교의 모든 교의체계들을 정당화하려고 시도함으로써 칸트의 종교철학을 정통 보수 기독교 신학의 시녀로 삼고자 하였다. 그러나 이와 같은 칸트 해석은 칸트 사상이 어떤 과정을 통해서 전개해 왔는가를 살피지 않은 데서 기인하는 잘못을 범하고 있다. 따라서 필자는 칸트의 종교철학에서 가장 중요한 핵심이 '요청'Postulat 개념에 있으며, 이 개념은 당시 칸트가 그의 시대에서 직면했던 문제들을 무모순적으로 해결하려는 철학적 숙고들의 성과였다고 보았으며, 따라서 그의 종교철학적 기획들을 요청적 사유방법론의 시각에서 조망하고 정리함으로써 기존의 칸트 연구와 차별화하고자 하였다. 이처럼 필자는 칸트의 종교철학적 논의에서 요청이론을 그의 핵심사상으로 이해하고 있으며, 이를 상호문화적 이해를 위한 해석학 또는 종교대화 방법론으로 승화하고자 한다. 이 점에서 필자의 칸트 이해는 슈바이처나 스토르의 입장과는 대척적이다.

칸트가 『순수이성비판』에서 개진한 '종교철학적 소묘'의 핵심적인 내용들은 이미 오래전부터 구상한 것으로 그의 비판기 이전의 저술들에서 상당한 정도를 찾아볼 수 있다. 칸트 이전의 종교철학이나 신학에 대한 논의들은 칸트에서 자연신학과 존재신학의 형태로 나타나고 있는데, 칸트는 그것들에 대한 새로운 대안으로서 윤리신학을 거론하고 있다. 따라서 비판기 이전의 논의들은 칸트의 자연신학, 존재신학, 윤리신학에 대한 개념들에서 그 대체적인 윤곽을 파악할 수 있다. 칸트의 종교철학은 멀리는 슈바이처, 가까이는 라이너 빔머Reiner Wimmer에게서 확인할 수 있듯이 『순수이성비판』, 『실천이성비판』, 『판단력비판』, 『이성의 오롯한 한계 안의 종교』, 그리고 칸트의 후기 종교단편들과 『유고작』에 나타난 논의내용들을 바탕으로 재구성할 수 있으며, 이를 통하여 종교에 대한 칸트의 독창적인 이해를 파악할 수 있다. 또한 칸트는 『순수이성비판』에서 여러 형태의 '최고선' 개념들을 제시하는데, 즉 그는 최고선을 '도덕적 세계질서', '하느님의 존재', 그리고 또한 '도덕성과 행복의 완전한 비례적 결합'이라는 다양한 의미에서 이해하고 있다. 특히 칸트는 인간에 대한 '신의 협력'을 매개로 하는 '하느님의 은총'과 '하느님의 나라'에 대한 논의를 바탕으로 확장적인 최고선 개념을 통하여 인간의 도덕적 행위를 촉진하고 있다.

앞서 지적한 대로 칸트의 종교철학을 차별화하는 전략 개념은 그가 최고선 개념에서 도출한 '요청' 개념이라는 사실에 주목할 필요가 있으며, 이는 필자가 이미 『칸트의 요청이론*Kants Postulatenlehre*』(1988)에서 주장한 사실이다. 그러므로 칸트의 비판기 저술들과 종교저술, 그리고 유고작 등에 이르

○

는 종교의 문제는 그의 도덕철학적 요구주장과 긴밀한 연관이 있으며, 우리는 이러한 사실에 착안하여 '요청' 개념을 실마리로 삼아 칸트에서 종교의 문제를 체계적으로 구성하고, 그 현대적 의미를 찾아보고자 한다. 칸트에서 도덕과 종교의 관계는 『실천이성비판』의 요청이론Postulatenlehre에 잘 드러나 있지만, 칸트 자신은 그것을 '철학적 종교론'이라고도 기술한 『이성의 오롯한 한계 안의 종교』(1793, 1794)에서 다양한 형태로 변형하고 있다. 이 책은 칸트의 순수이성, 실천이성, 판단력에 대한 비판에 이어서 종교이성에 대한 비판을 시도한 책이라고 할 수 있다. 칸트의 종교철학적 주장들은 당시의 그리스도교 신앙 정책과 충돌했음에도 불구하고, 그 이후 종교사상가들과 신학자들에게 결정적인 영향을 주었다. 따라서 우리는 칸트와 당시 그리스도교의 주장 내용이 어떻게 다른지, 그리고 칸트의 종교 주장은 그 이후의 종교사상, 특히 독일관념론의 종교철학, 유대교사상, 개신교사상, 가톨릭사상 등과 종교다원주의 사상에 어떤 영향을 끼쳤는가를 조망하게 될 것이다. 그리고 최종적으로 칸트의 종교사상이 현대의 선험철학적 종교철학에서 어떻게 확장, 변형될 수 있는가를 살펴봄으로써, 칸트 종교사상의 창의성과 그 다양한 변용 가능성을 바탕으로 유럽 밖의 철학적 사유, 특히 지역적으로는 아시아적 사유, 그리고 종교적으로는 불교적 사유에 활용할 수 있는 가능성 토대를 구축하고자 한다.

리하르트 셰플러Richard Schaeffler와 필자가 주도적으로 확장해 왔던 요청적 사유방법론은 칸트의 요청이론을 학문방법론의 차원으로 변용한 것이다. 특히 필자는 기독교와 서구문화적 연관 속에서 칸트의 변증론적 사유가 갖는 구조적 특징과 목표는 아시아 문화적 연관 속에서 불교나 유교의 변증론적 사유가 갖는 구조적 특징이나 목표와 다를 수 있으며, 그 차이의 본질적 의미를 이해하는 것이 현대의 종교다원주의를 이해하는 첩경일 수 있다고 본다. 이런 의미에서 이 책은 칸트의 종교사상을 통하여 칸트사상의 핵심과 본질에 접근하고자 하며, 그의 종교철학적 사유지평에서 제시한 '요청' 개념이 현대 선험철학의 새로운 전개와 학문의 정초 가능성 문제로 안내하는 중요한 요소라는 사실을 보여 주고자 한다. 필자는 그동안의 연구를 통하여 칸트의 요청적 사유방법론을 아시아적 사유지평에서 전환적으로 수용할 가능성을 모색하기 위하여 다각적인 노력을 기울여 왔다. 그 가장 대표적인 논의가 불교사상에서 철학적 아포리아를 칸트적인 요청적 사유방법론으로 새롭게 해석하려는 시도였다. 그 연구성과로서 『새로운 불교해석』(1996), 『칸트와 불교』(2002, 2004), 『무아윤회논쟁』(2005), 『하느님의 나라와 부처님의 나라』(2009) 등이 있다. 그 이후 필자는 칸트와 현대 선험철학에서 요청적 사유방법론을 학문이론의 보편적인 적용 근거로 확장하여 적용하려는 노력을 기울여 왔는데, 이는 주로 아펠과 하버마스 등이 주도한 '학문에서 최후정초(마지막 근거설정)' 논쟁과 연관이 있다. 필자는 칼-오토 아펠에 대한 단행본 『아펠과 철학의 변형』에서 이 문제를 다각적으로 분석하였으며, 학문의 정초 요구 자체가 해석학적으로 언제나 이미 특정한 해석학적-요청적 사유를 전제하고 있다는 사실을 보여 주고자 하였다. 이러한 시

○

도는 현재 리하르트 셰플러와 그의 연구자들에 의하여 광범위하게 퍼져 나가고 있다. 필자 역시 그와 같은 작업을 시도해 왔으며, 칸트와 종교의 문제를 다루는 이 연구에서도 종교에 대한 물음을 어떻게 학문으로 정초할 수 있는지, 즉 종교적 믿음의 정초 가능성 조건에 대한 논의를 진전시켜 나가고자 할 것이다. 본 연구를 통하여 다음과 같은 학문적 기대효과를 창출할 수 있다.

첫째로 우리나라의 학계에 칸트의 종교사상을 체계적으로 정리 · 소개하는 계기가 될 것이다. 그동안 이 분야에 대한 단편적인 연구결과가 나오기는 하였지만, 칸트의 종교사상 전반을 체계화한 저술은 아직까지 나오지 않았다. 둘째로 '이성종교', '도덕신앙', '윤리신학' 등의 개념에서 알 수 있듯이 칸트가 종교에서 계시, 기적, 신앙의 측면보다는 이성, 도덕, 수행의 측면을 강조함으로써 현대사회에서 종교의 규범적 책무와 역할에 대한 좌표를 제시하려고 시도한 사실에 주목하고자 한다. 현대사회에서 종교가 수많은 역기능으로 인하여 대단히 부정적인 인상을 주고 있는 마당에, 칸트의 도덕신앙은 종교다원주의 사회에서 상호소통적 대화의 역할 모델이 될 수 있다고 본다. 셋째로 칸트의 종교사상을 유럽문화, 기독교 이외의 다른 지역 및 종교에 적용할 수 있는 근거를 추구하고 독일을 비롯한 유럽의 문화와 사유방식을 한국을 비롯한 아시아의 문화와 사유방식에 적용하여 발전시킴으로써 동서사상의 조화를 꾀할 수 있으며, 이로부터 새로운 독창적인 사유지평을 모색할 수 있을 것이다.

요청주의를 중심으로 칸트의 종교사상의 전개 과정을 종합적으로 정리하려고 한 이 시도는 주제 영역이 지나치게 광범위한 측면이 있어서 모든 주제들을 심층적으로 조망하지는 못한 채로 미진한 상태로나마 일단 마무리할 수밖에 없었다. 몇 해 전부터 새롭게 관심을 갖고서 살펴보고 있는 문제는 칸트의 선험심리학이 유럽의 심리사상사에 미친 영향들을 검토하는 것이고, 그와 함께 칸트에서 희망철학과 요청주의가 현대의 정치신학에 어떤 의미를 가질 수 있는가를 반성하는 것이다. 현재 진행 중인 정치신학과 희망철학에 대한 연구들을 통해서 이런 관심들을 실현할 수 있을 것이라고 기대한다.

마지막으로 매우 중요한 이야기를 한마디 하고 싶다. 광복 70년을 훌쩍 넘기면서도 우리나라 인문학계가 아직도 친일잔재나 사대주의 노선을 극복하지 못하고 있는 현실에서, 그나마 인문학 열풍의 분위기를 민족사상가들과 재야사학자들이 주도하고 있는 것은 다행스러운 일이 아닐 수 없다. 연로하심에도 불구하고 재야에서 지금도 여전히 열심히 활동하고 계시는 김용옥, 김상일, 안경전, 신용하, 김재섭, 강상원, 윤내현, 심백강, 김양동 등, 여러 선생님들께서 우리가 세계 인문학의 종주국이었던 동이 단군조선의 후예들이었다는 사실을 일깨워 주고 있는 사실에 대해 존경과 감사의 뜻을 전하고 싶다. 세계 인문학의 종주국을 이끌었던 동이족의 후예들이 역사, 언어, 사상의 강역을 모두 잃어버리고서도 수치심을 느끼지 못하는 우리들의 자화상이 부끄럽기만 하다.

○

우리 민족의 집단무의식 속에 생생하게 살아 있는 상고사를 부정하고, 인류역사의 시원을 밝힐 수 있는 그 고귀한 언어와 문화 체계들을 우리들의 것이 아니라고 내버렸던 일에 대해서, 우리들은 크게 반성하고 자책해야 할 것이다. 우리나라는 자고로 인문학의 나라였으며, 우리 민족은 예로부터 인문학을 크게 숭상하는 현인들이었다. 그런 나라와 민족이 일제 강점시기로부터 벗어난 지 70년이 넘도록 세계적인 인문학자를 배출하지 못한 것은 우리나라 인문학 정책의 실패이자 국가적 차원의 재앙이 아닐 수 없다. 우리 민족이 세계를 지배하던 시기에는 자원을 걱정하지 않고서 위대한 문명을 건설할 수 있었지만, 지금처럼 우리의 강역이 토막나 있는 처지에서는 인문학을 통해서만 세상에 기여할 수 있을 것이다. 그러므로 오직 그 길을 갈 수 있도록 생각하고 준비하고 실천하는 것이야말로 우리들의 책무이다. 이를 위하여 인문학은 이제 우리의 고유한 것을 무조건 부정하고 폄하하는 식민사대주의를 넘어서지 않으면 안 된다. 또한 동시에 우리 것만을 절대적인 유일의 척도라고 우기는 국수주의를 떨쳐 냄으로써 우리 인문학을 보편적으로 정당화할 수 있는 기반을 마련하지 않으면 안 된다. 지금 한국 인문학은 하버마스가 지적한 것처럼 '체계적으로 왜곡되어 있는' 상태에 빠져 있다. 이것이 바로 국가정부적 차원에서 교육과 문화 진흥 정책을 근본적으로 혁신하고 재정비해야 할 이유이다. 따라서 오늘 우리는 18세기 유럽의 지적 상황에서 칸트가 느꼈던 것과 같은 심정으로 일제강점기의 잔재인 식민지주의와 그것에 대한 대항논리였던 국수주의라는 두 개의 막힌 길을 동시에 극복하여 우리 한국의 인문학을 새롭게 부흥시킬 수 있도록 전력으로 매진해야 할 것이다. 필자 역시 앞으로 이 문제를 주요한 연구과제로 삼아 새로운 숙고를 시작하고자 한다.

아울러 이 책의 출판을 흔쾌히 허락해 주신 이방원 사장님께 사의謝意를 표하며, 기획과 편집을 맡아 주신 홍순용 님과 김명희 실장님, 그리고 북디자인에 수고를 아끼지 않으신 박혜옥 대리님과 그 밖의 편집부 선생님들께도 감사의 말씀을 드린다.

2018년 8월

신필재((神弼齋)에서

김 진

○ 차 례

○ 약어표

I. 칸트의 저술들 [저자 연대순]

AA

Kant's Gesammelte Schriften. (로마숫자로 표기 I, V, XX 등)

Herausgegeben von der Königlich Preußischen Akademie der Wissenschaften.

Erster Abteilung: Werke. (de Gruyter Verlag, Berlin 1900ff.)

WA

Immanuel Kant Werke in 6 Bänden.

Herausgegeben von Wilhelm Weischedel.

Wissenschaftliche Buchgesellschaft, Darmstadt

8., unveränderte Auflage 2016

(unveränderter Nachdruck der Sonderausgabe Darmstadt 1998)

활력

활력의 참된 측정에 대한 사상과 라이프니츠와 다른 역학자들이 이 논쟁에 기여한 증명에 대한 판정 그리고 거기에 덧붙여 물체 일반의 힘과 관련한 몇몇 선행하는 고찰들에 대한 판정(1747)

Gedanken von der wahren Schätzung der lebendigen Kräfte und Beurtheilung der Beweise, deren sich Herr von Leibniz und andere Mechaniker in dieser Streitsache bedient haben, nebst einigen vohergehenden Betrachtungen, welche die Kraft der Körper überhaupt betreffen(1747)

(AA 1 [I], 1-181; WA 1, 7-253)

천체

보편적 자연사와 천체론, 또는 뉴턴의 원리에 따라 논구된 우주 전체의 구조 및 기계적 근원에 관한 시론(1755)

Allgemeine Naturgeschichte und Theorie des Himmels oder Versuch von der Verfassung und dem mechanischen Ursprunge des ganzen Weltgebäudes, nach Newtonischen Grundsätzen abgehandelt. anomym, Königsberg und Leipzig 1755.

(AA 1 [I], 215-368; WA 1, 255-400)

해명

형이상학적 인식의 제1원리에 관한 새로운 해명(1755)

Principiorum primorum cognitionis metaphysicae nova dilucidatio.

Neue Erhellung der ersten Grundsätze metaphysischer Erkenntnis.

(AA 1 [I], 385-416; WA, 1, 401-509)

낙관

낙관주의에 대한 몇 가지 고찰의 시도(1759)

Versuch einiger Betrachtungen über den Optimismus. Königsberg 1759.

(AA 2 [II], 27-35; WA 2, 583-615)

증명

신의 존재 논증을 위한 유일 가능한 증명 근거(1763)

Der einzige mögliche Beweisgrund zu einer Demonstration des Dasein Gottes.

Königsberg: Johann Jakob Kanter, 1763. xiv, 205 pp.

(AA 2 [II], 63-163; WA 2, 617-738)

판명

자연신학의 원칙과 도덕 원칙의 판명성에 관한 연구(1762, 1764)

Untersuchungen über die Deutlichkeit der Grundsätze der natürlichen Theologie und Moral.

(AA 2 [II], 273-301; WA 2, 739-773)

시령

형이상학의 꿈에 의해 해명된 시령자의 꿈(1766)

Träume eines Geistersehers, erläutert durch Träume der Metaphysik.

Königsberg, Johann Jakob Kanter, 1766.

(AA 2 [II], 315-373; WA 2, 919-989)

교수

[교수취임논문] 감성계와 지성계의 형식과 원리들에 관하여(1770)

De mundi sensibilis atque intelligibilis forma et principiis.

Von der Form ser Sinnen- und Verstandeswelt und ihren Gründen.

(AA 2 [II], 385-419; WA 5, 7-107)

순수

순수이성비판(1781, 1787)

Kritik der reinen Vernunft. Riga, Johann Friedrich Hartknoch, 1781(A), Riga 1787(B).

(AA 3 [III](1787), 4 [IV](1781); WA 3, 4)

세계

세계 시민적 관점에서 본 보편사의 이념(1784)

Ideen zu einer allgemeinen Geschichte in weltbürgerlicher Absicht.

In: Der Berlinische Monatsschrift Jg. 1784, November-Heft, S. 385-411.

(AA 8 [VIII], 15-31; WA 9, 31-50)

인류

인류사의 추정적 기원(1786)

Mutmaßlicher Anfang der Meschengeschichte.

(AA 8 [VIII], 107-155; WA 9, 83-102)

실천

실천이성비판(1788)

Kritik der praktischen Vernunft. Riga, Johann Friedrich Hartknoch, 1788.

(AA 5 [V] 1-163; WA 6, 103-302)

판단

판단력비판(1790)

Kritik der Urteilskraft. Berlin und Libau, Lagarde und Friedrich, 1790(A), 1793(B), 1799(C).

(AA 5 [V], 164-485; WA 8, 233-620)

신정

신정론에서 모든 철학적 시도의 실패에 대하여(1791)

Über das Misslingen aller philosophischen Versuche in der Theodicee

In: Der Berlinische Monatsschrift. Jg.1791, September-Heft, S. 194-225.

(AA 8 [VIII], 253-271; WA 9, 103-124)

종교

이성의 오롯한 한계 안의 종교(1793)

Die Religion innerhalb der Grenzen der bloßen Vernunft. Königsberg, Friedrich Nicolovius, 1793(A), 1794(B).

(AA 6 [VI], 1-202; WA 7, 645-879)

종말

만물의 종말(1794)

Das Ende aller Dinge.

In: Der Berlinische Monatsschrift Jg. 1784, Juni-Heft, S. 495-522.

(AA 8 [VIII], 327-339; WA 9, 173-190)

평화

영원한 평화를 위하여(1796)

Zum ewigen Frieden. Ein philosophischer Entwurf. Königsberg A: 1795, B: 1796.

(AA 8 [VIII], 341-386; WA 9, 191-251)

학부

학부 논쟁(1798)

Der Streit der Fakultäten. Königsberg, Friedrich Nicolovius, 1798.

(AA 7 [VII], 1-116; WA 9, 261-393)

인간

실용적 관점에서 본 인간학(1798)

Anthropologie in pragmatischer Hinsicht. Königsberg, Friedrich Nicolovius 1798(A), 1800(B).

(AA 7 [VII], 117-333; WA 10, 395-690)

유작

Opus postumum. Erste Hälfte(Convolut I bis VI)

(AA 21 [XXI], Berlin und Leipzig 1986.)

Opus postumum. Zweite Hälfte(Convolut VII bis XIII)

(AA 22 [XXII], Berlin und Leipzig 1986.)

Kants Opus postumum(1920)

(Kant-Studien Ergänzungshefte Nr.50, dargestellt und beurteilt von Erich Adikes. Berlin 1920.)

II. 그 밖의 저술들 [가나다순]

동방

Helmut von Glasenapp, *Kant und die Religionen des Ostens*. Königsberg 1944.

리델

Manfred Riedel, Kant und die Geschichtswissenschaft, in: Immanuel Kant, *Schriften zur Geschichtsphilosophie*, Stuttgart 1974.

살라

Giovanni B. Sala, *Kant und die Frage nach Gott. Gottesbeweise und Gottesbeweiskritik in den Schriften Kants*. Berlin, New York, De Gruyter, 1989, 1990.

생애

칼 포르랜더, 『칸트의 생애와 사상』, 서정욱 역, 서광사 2001.

(Karl Vorländer, *Immanuel Kants Leben*. Hamburg 1974.)

슈롤

N. O. Schroll-Fleischer, *Der Gottesgedanke in der Philosophie Kants*. Odense University Press 1981.

슈무커

Josef Schmucker, *Die Ontotheologie des vorkritischen Kant*. Berlin, New York, De Gruyter, 1980, 2013.

운명

프레데릭 바이저,『이성의 운명』, 이신철 역, 도서출판 b, 2018.

(Frederick Beiser, *The Fate of Reason from Kant to Fichte*, Harvard 1987.)

칸트

Gerd Irrlitz, *Kant. Handbuch. Leben und Werk*.

(2.Aufl., Stuttgart, Weimar, J.B. Metzler, 2010.)

쿠퍼

존 쿠퍼,『철학자들의 신과 성경의 하나님: 신과 세계의 관계, 그 치열한 논쟁사』, 김재영 역, 새물결플러스 2011. John W. Cooper, *Panentheism — The Other God of the Philosophers*, Michigan: Baker Academic, 2006.

합리론

F. 코플스톤,『합리론: 데카르트에서 라이프니츠까지』, 김성호 역, 서광사 1994.

헤겔

테리 핀카드,『헤겔, 영원한 철학의 거장』, 전대호 외 역, 이제이북스 2006.

회페

오트프리트 회페,『임마누엘 칸트』, 이상헌 역, 문예출판사 1997.

(Otfried Höffe, *Immanuel Kant*. C.H. Beck, München 1983.)

제1부

칸트의 삶과 사상

○

제1장 칸트의 생애

임마누엘 칸트Immanuel Kant(1724~1804)는 유럽의 대표적인 계몽사상가이자 모든 철학과 철학자들의 대명사로 알려진 위대한 인물이다. 칸트는 "너 자신의 지성을 너 스스로 사용하는 용기를 가져라!"라는 슬로건으로 유명한 유럽의 계몽주의를 기본 원리로 하여, 이성비판Vernunftkritik이라는 중대한 철학적 과제를 달성하였다. 이러한 배경은 그의 논문 「계몽이란 무엇인가?」에 잘 나타나 있다.[01]

칸트시대에 이르면서 철학은 형이상학에서 가장 중요한 물음인 신, 자유, 영혼불멸성에 대한 자리를 빼앗기지 않으려고 안간힘을 쓰면서 이른바 '추문'Skandal에 휩싸이게 되었다. 그리하여 칸트는 형이상학의 가능성 자체에 대한 비판적인 탐구를 시작한다. 그는 인간의 순수이성, 즉 인식능력에 대한 비판을 시도함으로써 이론적 지식의 가능성 조건을 궁구하여 객관적으로 타당한 경험적 지식의 한계를 제시하였다. 또한 그는 실천이성의 비판을 통하여 도덕적 판단이 어떻게 가능하고, 또한 인간 행위를 통하여 최고선에 도달하는 것이 어떤 조건을 통하여 이루어질 수 있는가를 작

01 VIII 35(로마자는 학술원 판(AA)의 권수를 나타낸다. 오트프리트 회페, 『임마누엘 칸트』, 이상헌 역, 문예출판사 1997. Otfried Höffe, *Immanuel Kant*. München, C.H. Beck, 1983. (이하 '회페'로 줄이고 [ ] 안의 숫자는 독일어판 쪽수.)

업하였다. 이와 같은 이성비판을 통하여 칸트는 이 세상에서 인간의 신앙 행위가 오직 도덕의 차원에서만 의미 있게 이해할 수 있다는 사실을 보여 주고자 하였다. 다시 말하면 모든 신앙인이 '실재적인 최고 존재'라고 인식하고 있는 사실 자체는 오직 도덕의 차원에서만 의미 있게 다가갈 수 있다. 인간의 이성으로서는 하느님의 존재나 비존재를 증명할 수도 없기 때문이다. 도대체가 하느님의 존재에 대해서 인간의 이성은 인식에 대한 어떤 권리 근거도 가지고 있지 않다. 이와 함께 인간은 신이 존재하지 않는다고 반박할 입장에 있지도 않다. 이와 같은 칸트의 이성비판은 종교 신앙의 성격에 대한 근본적인 변화를 초래하였다.

1. 칸트의 출생배경과 학업

칸트는 1724년 4월 22일 동프로이센 제국의 수도였던 쾨니히스베르크 Königsberg[02] 교외에서 가난한 마구상 요한 게오르크 칸트Johann Georg Kant(1683~1746)와 그의 세 번째 부인이었던 안나 레기나 로이터Anna Regina Reuter(1677~1737) 사이에서 아홉 자녀 중 넷째로 태어났다. 칸트의 회고에 의하면 그의 증조부 리하르트 칸트Richart Kant[03]는 스웨덴의 철학자였다. 이는 칸트가 73세 때 스웨덴 철학자들의 계보를 정리하고 있었던 있었던 스웨덴 웁살라 출신의 주교 린드블롬Jacob Axelsson Lindblom(1746~1819)에 대해 언급하면서 밝힌 내용이다.(생

02 현재 러시아 공화국의 칼리닌그라드.

03 이분은 1667년에 작성한 서류에서 메멜Memel항을 통해 프로이센에 이주하여 틸지트Tilsit에서 사망한 것으로 되어 있는데, 그의 이름은 크뤼거Krüger이지만 칸트의 증조부인 리하르트 칸트와 동일인이라고 한다. 이 서류는 메멜 지방의 칼뱅주의 개신교 교적이다.(포르랜더, 『칸트의 생애와 사상』, 서정욱 역, 서광사 2001; Karl Vorländer: *Immanuel Kants Leben*. Hamburg 1974, 18.[이후 '생애'로 줄임.])

애 17) 칸트의 가계는 '캔트'Cant라는 성을 가진 스코틀랜드 출신으로부터 시작하는데,[04] 17세기 말경과 18세기 초 사이에 스웨덴으로 이주했으며, 칸트의 조부 한스 칸트Hans Kant는 그곳에서 마구사와 목수 일을 시작했다고 한다. 칸트의 할아버지가 칼뱅교에서 루터교로 교적을 변경했을 가능성도 있다.(생애 18) 한스 칸트는 메멜에 살면서 결혼하여 세 아들을 얻었는데, 칸트의 아버지 요한 게오르크는 그중 둘째 아들이다. 요한은 메멜에서 두 번째 부인과 이혼한 후에 쾨니히스베르크로 이주하여, 1715년 11월 13일 크나이프호프Kneiphof 대성당Dom에서 안나 레기나 로이터와 결혼하고 새로운 가정을 꾸렸다.

칸트는 1724년 4월 22일 새벽 5시에 태어났고, 바로 다음 날에 '엠마누엘'Emanuel("신이 우리와 함께")이라는 이름으로 세례를 받았다. 그는 죽을 때까지 이 지역 근방을 떠나 본 적이 없다. 쾨니히스베르크시는 칸트가 태어난 바로 그해에 알트슈타트Altstadt, 뢰베니히트Löbenicht, 크나이프호프Kneiphof라는 세 개의 도시가 하나로 통합되어 생겨난 도시로서, 칸트와 출생연대가 같다. 이 도시는 당시 영국인들이 식민지에서 들여온 포도주와 향료를 러시아의 농산물과 교환하는 국제적인 무역 중심지였다. 지금은 러시아의 영토로 편입되었고 도시 이름도 '칼리닌그라드'Kaliningrad로 바뀌었다.(회페 24)

칸트는 1730년(6세)에 성 게오르크 양로원 부속 소학교에 다녔으며, 프리드릭스 김나지움Friedrichskollegium[05]의 교사이자 신학교 교수였던 슐츠Franz Albert Schultz(1692~1763)의 지원으로 공부하면서 특히 라틴어에 대한 소양을 키울 수 있었다. 그는 1731년에 종교국 평정관評政官 겸 쾨니히스베르크 교회

04 확신할 수 있는 칸트의 가장 오래된 선조는 발트해 연안 민족 출신이라는 주장도 있다. 사카베 메구미 외 편, 『칸트사전』, 이신철 역, 도서출판 b, 2003[이하 '칸트사전'으로 인용], 542.

05 당시의 이름은 Collegium Friedericianum이었는데, 1703년 당시 교장이었던 신학박사 뤼시우스Lysius에 의하여 붙여졌다. 칸트는 이곳에서 1732년 가을부터 1740년 가을까지 공부했다.(생애 23)

목사로 부임했으며, 칸트의 어머니는 신실하게 그 예배에 참석하였다. 슐츠는 자주 칸트의 부모를 방문했고, 칸트의 부모는 슐츠에게 칸트의 진로를 부탁하였다. 칸트가 그의 어머니로부터 경건주의 신앙의 영향을 받았던 것은 바로 슐츠 때문이었던 것이다. 1732년 부활절이 끝난 직후 8살의 칸트는 초중고 통합학교(오늘날의 김나지움)에 해당하는 '콜레지움 프리데리치아눔'Collegium Fridericianum[06]에 입학하여 약 8년 동안 공부하였다. 이렇게 위대한 철학자 칸트의 재능을 발굴한 사람은 바로 슐츠였다. 어린 칸트를 이끌었던 슐츠는 당대 계몽주의 철학자로 잘 알려진 볼프Christian Wolff(1679~1754)의 제자였으며, 그의 박사논문 주제는 「이성과 신앙의 일치Übereinstimmung der Vernunft mit dem Glauben」였다. 이 시기에 칸트에게 영향을 끼쳤던 또 한 사람은 그의 선생이자 장학관이었던 쉬페르트Schiffert였는데, 그는 학생들에게 그리스도교 정신을 심어 주기 위하여 아침 5시부터 6시 사이에 30분간 명상을 하게 하고, 모든 수업시간의 시작과 끝에 짧은 기도를 넣었으며, 밤9시에 기도로 하루 일과를 마감하게 하는, 사실상 모든 일과를 그리스도적 영성으로 훈련하는 생활 일정으로 가득 채웠던 것이다.

이 학교에서 칸트는 교리문답을 학습하고 신구약 성경에 대한 원어 강의도 접할 수 있었다. 그리스어반에서는 요한복음서, 마태오복음서, 마르코복음서와 바오로의 편지들을 원전으로 읽었다. 교사들은 이 책들이 그리스 원전들에서 가장 중요한 것이라고 강조하였다. 포르랜더Karl Vorländer(1860~1928)는 이런 이유에서 그리스 철학자들에 대한 칸트의 지식이 라

06 이 학교는 1698년에 사립학교로 시작하였으나, 1701년 대관식을 치른 프리드리히 1세가 '작크하임의 왕립학교'Königliche Schule auf dem Sackheim라는 교명을 내렸다. 1702년에 새로 부임한 교장 뤼시우스Lysius는 이듬해에 Collegium Fridericianum으로 이름을 바꾸었고, 1733년에 슐츠가 새 교장으로 부임해 왔다. 슐츠는 8년 동안에 프로이센 지역에 약 1500개의 학교를 세웠던 대혁신가였다. 이 학교는 30년 후에 김나지움으로 승격했고, 현재는 '프리드리히스 콜레지움'Friedrichs-Kollegium으로 불린다.(생애 23-4)

틴어로 쓴 사상가들에 비해서 뒤진다고 생각하기도 하였다.(생애 27) 또한 이 학교에서는 배운 내용들을 라틴어로 번역할 수 있는 능력을 갖추고 있는지를 점검했는데, 이때 배운 라틴어 실력은 칸트에게 매우 소중한 철학적 도구가 되었다. 그는 특히 루크레티우스의 『자연사물에 대하여*De rerum natura*』를 즐겨 읽었다. 라틴어 고전들에 심취하면서 칸트는 '칸티우스'Cantius라는 라틴식의 이름을 쓰기도 했는데, 그의 친구들 가운데 오직 룬켄David Ruhnken(1723~1798)만이 나중에 네덜란드 라이덴고등학교 출신으로 최초의 언어학자가 되어 '룬케니우스'Ruhnkenius라는 라틴식의 이름을 지킬 수 있었다.[07] 칸트는 이 시기에 어머니의 영향으로 경건주의Pietismus 신앙에 감화를 받아서 평생 동안 마음의 평온을 유지할 수 있었다. 그러나 어린 나이의 칸트는 1737년(13세) 당시 마흔 살이었던 어머니를 장티푸스로 잃고 만다. 그의 어머니는 성탄절 전야에 조용히 묻혔다. 칸트는 어머니를 매우 각별하고 자상하며 종교적 열정을 가진 경건한 사람으로 기억하고 있었다. 보로프스키에 의하면 칸트는 "나는 결코 한 번도 부모님으로부터 예의에 벗어난 말을 들은 적이 없었고, 품위나 위엄을 손상시키는 행동을 보지 못했다"고 술회했다고 한다.[08] 야흐만Reinhold Bernhard Jachmann(1767~1843)은 칸트가 가정과 학교에서 경건주의의 영향을 받았던 사실을 지적하고 있다.(Hoffmann 1902, 7) 칸트는 이 학교를 다니는 동안 1등과 2등을 번갈아 가면서 우수한 성적을 얻었

07 1771년 3월 10일, 룬케니우스는 그의 친구 빌케스Hieronymus Gottfried Wielkes(1742~?)를 통해 칸트를 네덜란드로 초청할 계획을 세운다. 칸트가 이 초청에 응했더라면 스베덴보리Emanuel Swedenborg(1688~1772)를 직접 만났을 가능성이 높았지만, 당시 47세의 칸트는 1766년에 그의 우상이었던 스베덴보리에 대한 관심을 넘어서서 『순수이성비판』의 집필에 모든 정열을 쏟고 있었던 터라서, 이 초청은 불발로 그치고 말았다.(생애 32)

08 Ludwig Ernst Borowski, *Darstellung des Lebens und Charakters Immanuel Kant's*, Friedrich Nicolovius, Königsberg 1804, in: Felix Gross(Hrsg.), *Immanuel Kant, Sein Leben in Darstellungen von Zeitgenossen. Die Biographien von L.E. Borowski, R.B. Jachmann, und E.A. Wasianski*(Berlin 1912), Wissenschaftliche Buchgesellschaft, Darmstadt 1993 (1–102), 12.

고, 열여섯 살 때인 1740년에 2등으로 졸업하였다.

2. 대학시절과 가정교사 생활(1740~1754)

1740년(16세) 9월 24일, 칸트의 대학입학 허가가 떨어졌다. 칸트는 쾨니히스베르크 대학에 진학하였으며, 6년 동안 수학, 자연과학, 신학, 철학, 고전라틴문학 등을 공부하였다. 이때 칸트에게 강력한 영향을 미쳤던 사람은 볼프의 제자로서 '논리학과 고전 형이상학' 분야의 교수였던 마르틴 크누첸Martin Knutzen(1713~1751)이었으며, 칸트는 그에게서 뉴턴Isaac Newton(1643~1725)의 물리학을 비롯한 자연과학, 수학, 철학, 신학 등을 섭렵하였다. 만일 크누첸이 젊은 나이에 죽지 않았다면 대단한 철학자로서 명성을 떨쳤을 것이다. 칸트의 학문적 관심은 김나지움 시절과 비슷했지만, 대학에서 그는 언어학과 고대 로마사상을 멀리하고 철학 분야에 몰두하게 되었는데, 이것은 어디까지나 크누첸의 영향이라고 할 수 있다. 크누첸은 칸트보다 11년 먼저 쾨니히스베르크에서 태어나 15세에 대학에 진학했으며, 21세에 쾨니히스베르크대학에서 논리학과 형이상학을 강의하기 시작했다. 그는 라이프니츠-볼프의 형이상학 전통 속에서 철학, 종교, 수학적 자연과학 분야에 독보적인 존재로 떠오르기 시작하였다. 크누첸은 1745년에 출판한 『작용인의 체계, 또는 심신 상호작용의 물리적 해명에 대한 철학적 주석』[09]에서 라이프니츠의 예정조화설에 반하는 물리적 영향설을 주장하였다. 칸트는 그의 강의를 한 번도 거르지 않고 그에게 빠져들어 갔으며, 논리학, 수학,

09 Martin Knutzen, *Systema causarum efficientium seu commentatio philosophica de commercio mentis et corporis per influxum physicum explicando*. 1735 (1), 1745 (2).

철학, 천문학에 이어서 이성심리학, 자연철학, 자연법, 수사학, 기억술, 오류론, 대수학, 해석학 등을 공부해 나갔다.

칸트에 대한 크누첸의 영향과 칸트 자신의 신학적 관심 때문에 칸트가 신학부에 적을 두었는지가 관심사로 떠올랐다. 포르랜더에 의하면, 칸트는 1792년에 보로프스키Ludwig Ernst Borowski(1740~1831)가 쓴 자신의 전기 초고를 직접 읽었는데, 보로프스키는 여기에서 칸트가 '신학부에 등록'한 것으로 썼다고 보고하였다. 이에 대해서 슈베르트[10]는 이러한 기술을 칸트가 그의 어머니에 대한 기억을 되새겨서 스스로 신학부에 소속할 것을 수락했기 때문이라고 설명했다고 한다.(생애 37) 그러나 포르랜더의 주장은 전혀 다르다. 아르놀트Emil Arnoldt(1828~1905)[11]가 쾨니히스베르크 대학의 신학부 학적부를 직접 확인해 보았는데, 1740년 이후 칸트가 신학생으로 등록한 사실이 없었다는 것이다. 거기다가 베른하르트 하겐은 칸트가 전혀 다른 학부에 적을 둔 적이 없었으며, 1748년에도 철학부로 등재한 사실을 밝혀냈다.[12] 포르랜더는 칸트가 의학부나 법학부에도 등록한 적이 없다고 분명히 하였다. 그러면서도 포르랜더는 칸트가 1742/43년 겨울학기 혹은 1743년 여름학기에 묵시록을 중심으로 그리스도교의 핵심 문제를 다룬 슐츠의 강의를 들었다는 사실을 확인해 주었다. 이러한 사실은 칸트가 신학을 공부하기

10 슈베르트Friedrich Wilhelm Schubert(1799~1868)는 로젠크란츠Johann Karl Friedrich Rosenkranz(1805~1879)와 함께 12권으로 된 칸트 전집(1838-1840)을 편집한 학자이다. 그는 이 전집을 쾨니히스베르크대학 칸트의 교수직을 물려받았던 크루크Wilhelm Traugott Krug(1770~1842)의 제자 하르텐슈타인Gustav Hartenstein(1808~1890)이 편집한 칸트전집(1838, 1853, 1867, 1868)보다 더 일찍 완성하였다.

11 Emil Arnoldt, *Kants Jugend und die ersten fünf Jahre seiner Privatdozentur*. Königsberg 1882; *Gesammelte Schriften. Kritische Exkurse im Gebiete der Kantforschung*. Teil I. u. II., Berlin Verlag von Bruno Cassirer, 1908 und 1909.

12 Bernhard Haagen, *Haagen in Altpreuß. Monatsschrift*, 48, 553-555. Karl Vorländer, *Immanuel Kant. Der Mann und das Werk*. Fourrier Verlag, Wiesbaden 2003, 51-52.

는 했어도, 신학생은 아니었다는 것을 말해준다. 또한 칸트가 교회에서 설교한 적이 있다는 소문에 대해서도, 그가 설교를 준비한 사실은 있지만 실제로 행하지는 못했다고 밝혀냈다.(생애 39) 칸트는 대학을 졸업하기 전에 몇 차례 소속 교회에서 설교하려고 시도했다는 자신의 메모를 지워버렸으며, 그가 죽기 2년 전에 하세Johann Gottfried Hasse(1759~1806)에게 털어놓은 바에 의하면, 언젠가 「마태오복음서」 5장 25절에 대하여 설교 후보자로 뽑혀서 준비하기는 했지만 설교를 하지는 않았다는 것이다. 이상에서 볼 때 칸트가 지속적으로 신학에 대한 관심을 가지고 있었던 것은 분명하며, 이러한 관심들은 그의 전 작품 속에서 나타나 있다.

대학에서 칸트의 공부 경향들은 그가 1758년까지 발표한 11편의 저술 모두가, 1755년의 「형이상학적 인식의 제1원칙에 관한 새로운 해명」[13]을 제외하고는, 자연과학에 속한다는 사실에서 분명하게 드러난다. 부친이 사망한 1746년(22세)에 그는 첫 작품인 『활력의 올바른 측정에 관한 사상들』[14]을 썼다. 이 글의 출판은 1749년(25세)에야 이루어졌다. 이때 스베덴보리는 『신비한 천체』(1749~1856, 전8권)의 출판을 시작하였다. 1746년 여름학기 철학부 학장에게 제출한 평가서류철에 칸트의 『활력의 올바른 측정』에 대한 기록이 남아 있는 것으로 보아, 칸트가 이때도 학생 신분이었던 것이 드러난다. 그리고 "1747년 4월 22일 쾨니히스베르크에서"라는 머리말의 날짜 기록에 의하면 그가 아직 고향에 머물러 있었던 것이 분명하다. 23세의 칸트는 이

13 Immanuel Kant, *Principiorum primorum cognitionis metaphysicae nova dilucidatio*. Neue Erhellung der ersten Grundsätze metaphysischer Erkenntnis.(WA1, 401–509) 칸트는 이 논문으로 교수 자격을 취득하였다.

14 Immanuel Kant, *Gedanken von der wahren Schätzung der lebendigen Kräfte und Beurteilung der Beweise, derer sich Herr von Leibniz und andere Mechaniker in dieser Streitsache bedienet haben, nebst einigen vorhergehenden Betrachtungen, welche die Kraft der Körper überhaupt betreffen*. Königsberg 1746. (I 1–181)

글에서 살아 있는 힘, 즉 활력으로서 자유운동을 주장하는 라이프니츠주의자들을 지지하였다. 회페는 이 글이 향후 10년 동안 칸트의 연구를 지배하는 중요한 의미를 갖는다고 평가하였다.(회페 28[24])

칸트는 재정적인 문제를 해결하기 위하여 대학을 떠나 1747년부터 1753년까지 여러 귀족들의 집을 전전하면서 가정교사 생활을 하게 된다. 철학, 신학, 법률학 지원자들이 연구를 계속 하려면 몇 년이 되도록 가정교사를 하면서 기다려야 했다. 칸트뿐만 아니라 루소, 피히테, 셸링, 헤겔, 헤르바르트와 같은 대사상가들이 모두 가정교사 경력을 가지고 있는 것은 바로 그 때문이었다. 칸트는 1749년, 인스테르부르크Insterburg 부근의 유첸Judtschen에 있는 칼뱅주의파 목사 안데르슈Daniel Andersch의 집에서 첫 가정교사 생활을 시작한다. 1750년에 칸트는 프로이센의 동쪽 변방 아른스도르프Arnsdorf의 영주인 폰 휠젠Bernhard Friedrich von Hülsen 기사의 집에서 열 살인 에른스트 루트비히Ernst Ludwig와 여섯 살 난 게오르크 프리드리히Georg Friedrich를 가르쳤다. 나중에 게오르크 프리드리히 폰 휠젠은 프리드리히 빌헬름 3세 정부에서 출세하여 칸트에게 백작의 지위를 하사할 것을 천거하기도 했다.(생애 57-8) 그리고 아주 짧게 라우텐부르크Rautenburg의 카이저링Johann Gebhard von Keyserlingk 백작의 집에서 세 번째 가정교사 생활을 지냈다. 칸트는 1754년(30세) 6월 8일과 15일자『쾨니히스베르크 주보』에「지축의 회전에 의해 지구가 겪는 변화」를 발표하였고, 8월 10일에 쾨니히스베르크로 돌아와서, 곧바로 그날부터 9월 14일까지「지구는 늙어 가는가?」를 발표하였다.

3. 칸트의 초기 연구와 여러 강의들

다시 대학에 돌아온 칸트는 1755년(31세) 3월에 "뉴턴의 원리들에 의거하여 다룬" 『보편적인 자연사와 천체 이론』[15]을 익명으로 출판했다. (1년 후인 1756년 5월 1일에 칸트의 저술이라는 것이 밝혀진다.) 그는 신학적인 고려 없이 순수한 자연적 근거들을 통하여 토성의 띠와 성운에 대한 이론을 수립했으며, 나중에 천문학자 허셜Friedrich Wilhelm Herschel(1738~1822)은 이 사실들을 직접 관측하여 입증하였다. 그리고 우주의 형성에 관한 칸트의 순수 역학적 설명과는 별도로 라플라스Pierre-Simon, Marquis de Laplace(1749~1827) 역시 우주 생성에 대한 가설을 수립(1796)하였는데, 19세기 중엽이 지나면서 이들의 주장은 '칸트-라플러스 이론'으로 받아들여졌다.

또한 칸트는 1755년 4월 17일, 『불에 관한 연구*Über das Feuer*』[16]를 쾨니히스베르크 대학 마기스터 학위 청구 논문으로 제출했는데, 이것은 오늘날의 박사논문에 해당한다. 같은 해 6월 12일, 학위수여식에서 칸트는 "보다 쉽고 기초적인 철학강연에 대하여"라는 제목으로 공개강연을 했다. 그해 9월 27일, 칸트는 『형이상학적 인식의 제1원리에 관한 새로운 해명』[17]이라는 논문으로 교수자격을 취득함으로써, 사강사magister legens 활동을 시작할 수 있게 되었다. 그러나 칸트는 이 논문에서 라이프니츠 철학의 체계를 완성한 볼프의 강단 형이상학Schulmetaphysik과 대립적인 입장을 취하였다. 그는 라이프

15 Immanuel Kant, *Allgemeine Naturgeschichte und Theorie des Himmels, oder Versuch von der Verfassung und dem mechanischen Ursprunge des ganzen Weltgebäudes nach Newtonischen Grundsätzen abgehandelt*. Königsberg und Leipzig 1755. (I 215–368)

16 Immanuel Kant, *Meditationum quarundum DE IGNE succincta delineatio*. Regiomonti die 17 Aprilis Anno 1755. (I 369–384 라틴어본)

17 Immanuel Kant, *Principiorum primorum conitionis metaphysicae nova dilucidatio. Neue Erhellung der ersten Grundsätze metaphysischer Erkenntnis*. 1755. (I 385–416 라틴어본)

니츠주의자이면서도 볼프를 비판했던 크루지우스Christian August Crusius(1715~1775)와 함께 논리적 원리 아래에 충족이유의 실질 원리를 종속시키려는 시도가 실패했다고 보았으며, 따라서 인식의 모든 원칙들을 공통의 유일한 원리로 환원할 수 있다고 주장한 볼프의 이성주의적 기본 가정을 반박하였다.(회페 25[29])

칸트는 1755년 가을부터 주당 16시간 정도의 강사 생활을 시작하였다. 첫 번째 학기에 칸트는 논리학, 형이상학, 수학을 강의하였다. 그다음 학기에는 자연물리학을 추가하였다. 또한 그는 1년에 한 학기씩 자연지리학을 늙어서까지 강의했으며, 1756년 4월 25일에는 "바람 이론의 해설을 위한 새로운 주석"을 발표했다. 그해 겨울학기에는 윤리학(도덕철학, 실천철학)을 처음 개설하여 매 겨울학기마다 강의하였다.[18]

1755년 11월 1일, 성인들의 축일에 도시 2/3를 파괴한 리스본Lissabon 대지진이 발생했다. 이 사건으로 칸트는 지진 전문가로 활동하게 된다. 칸트는 이 문제와 관련하여 당시에 초미의 관심사가 되었던, 이른바 세상의 고통 앞에서 신의 무관함을 정당화하는 변신론Theodizee의 물음을 다루었다. 괴테Johann Wolfgang von Goethe(1749~1832) 역시 그 사실을 『진리와 시』에서 언급하였다. 이 사건이 일어나기 1년 전에 칸트는 마치 이 비극을 예견하기라도 한 것처럼 "지구가 늙으며, 물질적으로 무게를 달 수 있는가 하는 물음"이라는 논문에

18 1759/60년 겨울학기에 '순수학'과 '기계학'을 강의했고, 1763년 가을부터는 그동안 매학기 강의해 오던 수학 강의를 완전히 중단했다. 1767년 여름학기에 자연법 강의, 겨울학기에 '간략한 철학사를 곁들인 모든 철학의 백과사전' 강의를 추가했고, 1760/61년 겨울학기부터 매일 오전 8시부터 12시까지 강의했으며, 1761 여름학기에는 오전 8시에서 9시까지 논리학, 9시부터 10시까지 기계학, 10시부터 11시까지 이론물리학, 12시까지 형이상학, 오후 2시부터 3시까지 자연지리학(주당 6시간), 4시까지 산술학, 지리학, 삼각대수학을 강의했다. 수요일, 토요일 오전 8시부터 9시까지 토론학, 그 밖의 복습 강의까지 실시했다. 칸트는 강의를 통하여 생활비를 벌어야 했기 때문에 1761년까지 중요한 저술을 남기지 못하였다. 1770년에 그의 강의에서 성실성은 정교수 후보자 중에서 1순위였다. 1776/1777년 겨울학기에는 주당 26시간에서 28시간까지 강의했다. 당시의 기본 강의시간 수는 16시간이었다.(생애 70)

서 지구 안에 '묻혀 있는 불덩어리'가 끊임없이 위협한다고 썼기 때문에, 이 사건에 대한 자문을 칸트에게 부탁할 정도였다. 1756년 1월, 칸트는 『쾨니히스베르크 주보』에 「지난 해 연말 서유럽국가에서 발생한 불행에 따른 지각변동의 원인에 대해서」[19]라는 제목으로 두 번에 걸쳐서 발표했고, 다시 3월에는 「1755년 말경 상당한 지각의 흔들림으로 인한 강한 지진의 발생과, 그것에 따른 역사와 박물학」[20]에서 지진으로 인한 인간의 불행을 '신의 복수를 위한 목적'das Ziel der Rache Gottes으로 해석해도 되는지의 물음을 처음으로 다루면서 그와 같은 해석 가능성을 거부하였다. 자연 역시 선하신 하느님의 손이 창조한 것이고 인간 역시도 자연 속에서 자연의 법칙을 따라서 살도록 되어 있을 뿐이다.(I 459-460) 또한 그는 4월 10일과 17일, 두 차례에 걸쳐서 같은 잡지에 「지난 몇 년간 나타난 지각변동의 연구」[21]라는 글을 연재했다. 리스본의 대지진이 큰 피해를 불러온 것은 2011년에 발생한 동일본 대지진과 같이 바다 속의 지각 변동이 그 원인이었다. 칸트는 자연재해가 종교적, 도덕적 가치판단과 관련이 있는가에 대해서 '터무니없는 호기심'일 뿐이고, '지은 죄에 따라 받는 형벌'과 같은 재앙들을 '신의 의지에 따른 목적으로 이해하거나 신의 판단으로 해석하는' 오해와 월권에 대하여 주의를 당부했다. 그는 이러한 자연 재앙을 오히려 '인간에 대한 사랑의 활동'으로 생각해야 하고, '지구의 위대함'을 받아들이고, '인류의 불행'은 전쟁과 같이 인류 스스로 자초하는 재앙에서 온다는 사실을 강조했다.(생애 76-7)[22]

19 Immanuel Kant, *Von den Ursachen der Erderschütterungen bei Gelegenheit des Unglücks, welches die westliche Länder von Europa gegen das Ende des vorigen Jahres betroffen hat*. (I 417–427)

20 Immanuel Kant, *Geschichte und Naturbeschreibung der merkwürdigsten Vorfälle des Erdbebens, welches an dem Ende 1755sten Jahres einen großen Theil der Erde erschüttert hat*. (I 429–461)

21 *Fortgesetzte Betrachtungen der seit einiger Zeit wahrgenommenen Erderschütterungen*.(I 463–472)

22 2011년 3월 11일, 리스본 대지진을 연상하게 하는 대지진이 일본에서도 일어났다. 그러나 필자는 칸트의 의도와는 다소 어긋나는 글을 쓴 적이 있는데, 이는 자기 조상들의 반인륜적 학살행위를 미화하는 등

당시 프로이센 제국의 프리드리히 II세의 칙령에 의하면 사강사가 정교수 초빙에 지원하기 위해서는 세 편 이상의 라틴어 논문을 발표해야 한다. 칸트는 1756년(32세)에 물질의 가장 미세한 부분을 '공간을 채우는 힘'으로 정의했던 『물리적 단자론』[23]이라는 라틴어로 쓴 세 번째 논문을 철학부에 제출했지만, 토론 일정이 마감일보다 이틀 후인 4월 10일에 잡힌 관계로 크누첸의 자리를 이어받지 못하였다. 이어서 그는 「바람 이론의 해설을 위한 새로운 주석」[24]이라는 여름학기 강의계획을 발표하여 계절풍과 무역풍의 발생 원리를 '회전법칙'Drehungsgesetz에 의하여 설명하였다. 1835년에 천체물리학자 도브Dove가 규칙적인 겨울 태풍은 지구의 회전축과 연관이 있다는 새로운 사실을 밝혀내면서 칸트의 천재성이 드러났다.(회폐 26[30], 생애 77-78)

1758년(34세) 1월 22일, 러시아군이 쾨니히스베르크를 점령한 상태(1762년 7월까지)에서, 칸트는 여름학기 강의계획서 「운동과 정지의 새로운 개념」을 발표한다. 그해 12월 14일, 칸트는 쾨니히스베르크대학의 '논리학과 형이상학' 교수 자리를 확보하려고 러시아의 엘리자베스 여제에게 신청했으나, 최종 선임은 정원 외 교수로서 15년 동안 급료를 받지 않고 대학에 복무한 부크Friedrich Johann Buck(1722~1786)의 몫이 되었다. 러시아 점령기 동안에 칸트는 카이저령 백작부인의 초대로 살롱에서 사교활동을 즐겼으며, 여성들 사이에서 가장 인기 있는 인물로 알려졌다. 쾨니히스베르크 도시는 차츰 자유롭고 사치스러운 도시로 변모하였다. 이 시기에 칸트는 흄David Hume(1711~1776)

후안무치하고 야비하고 도덕적으로 무감각한 일본 정치인들을 비판적으로 지적하기 위한 것이다. 리스본의 지진에 대한 칸트의 생각을 존중하면서도 당시 일본의 지도자들이 자연의 경고 앞에서 도덕적인 반성을 할 수 있도록 촉구한 바 있다. 김진, "일본 대지진은 신의 징벌인가?", 서울신문 2011.04.22., 30; 김진 『인생교과서 칸트』, 제11장 "자연재해는 하느님의 징벌인가?" 참조.

23 Immanuel Kant, *Monadologie physica*.(I 473–487)

24 Immanuel Kant, *Neue Anmerkungen zur Erläuterung der Theorie der Winde, wodurch er zugleich zu seinen Vorlesungen einladet*.(I 488–503)

과 루소Jean Jacques Rousseau(1712~1778)의 영향을 받았다. 칸트는 연구실 벽에 루소의 초상화를 걸어 두었다. 칸트는 이 시기에 신 존재 증명이나 도덕의 기초와 같은 형이상학적 문제들을 다루면서 전통적인 방식으로 이 문제들을 해결하기 어렵다는 사실을 깨닫게 된다. 그는 독일의 대표적인 계몽주의 사상가였던 람베르트Johann Heinrich Lambert(1728~1777), 유대교 해방의 기수로 잘 알려진 레싱Gotthold Ephraim Lessing(1729~1781)과 니콜라이Christoph Friedrich Nicolai(1733~1811)의 친구였던 멘델스존Moses Medenssohn(1729~1786) 등과 더불어 서신을 교환하였다.

1759년(35세) 10월 7일, 칸트는 겨울학기 강의를 예고하는 「낙관주의 시론」[25]을 출판하였다. 그는 더 이상 이 주제를 다루지 않았으나 최고선 수행에서 도덕적 신성성에 접근하고자 하는 '무한 진행'에 대하여 언급할 때, 언제나 낙관주의적 무한사상을 전제하고 있음을 간파할 수 있다.

1762년(38세) 12월, 칸트는 『신의 현존재 논증의 유일하게 가능한 증명 근거』[26]를 출판했는데, 빈에서는 금서로 지정되었다. 모제스 멘델스존의 예찬을 받았다. 칸트는 신의 현존재를 확인하는 것은 중요하지만, 그보다 더 중요한 것은 신 존재를 증명하는 것이라고 보았다. 그는 전통적 신학과 형이상학에 대하여 매우 부정적인 입장이었다. 여기서는 아직 『순수이성비판』에서처럼 무제한적으로 부정적인 결론을 내리지 않았지만 그 핵심적인 요체는 이미 모습을 드러내고 있었다. 그는 "현존Dasein은 결코 술어가 아니다"(II 72)라는 사실을 바탕으로 전통적인 세 가지 신 존재 증명을 부정하고, 데카르트의 네 번째 신 존재 증명인 존재론적 논증도 거부하였다. 데카르트의 다른 신 존재 증명에 대해서는 '수학적 증명에서 요구하는'(II 161) 것과 같은 명증성을 인정하였으나, 그 증명 전체를 제시하지 않고 증명을 위한

25 Immanuel Kant, *Versuch einiger Betrachtungen über den Optimismus*.(WA 1, 583–594)

26 Immanuel Kant, *Der einzig mögliche Beweisgrund zu einer Demonstration des Dasein Gottes*.(WA 1, 617–738)

근거만을 개진하였다.(회폐 31[36])

1764년(40세)에 칸트는 두 편의 중요한 저서를 출판하고 "인간의 머리에서 생길 수 있는 모든 질병에 대한 연구"[27]라는 정신분석적 원고를 신문에 연재했다. 이 글에서 칸트는 종교적인 광신자를 자연인의 한 종류로 다루었다. 당시 '염소예언자'로 불리던 폴란드 출신의 파블리코비츠라는 사람이 짐승 가죽을 걸치고 8살 소년과 소, 양, 염소 떼를 몰고서 쾨니히스베르크 근처 칼트호프Kalthof 지역의 산림지대에 출현하였다. 칸트는 이 사건을 루소의 시선으로 보면서 백치에서 광기에 이르는 모든 정신질병을 일종의 재치 있는 심리적 요설로 규정했다.(생애 82-83) 또한 그는 이 시기에 쾨니히스베르크 대학의 시학Dichtungkunst 교수직을 제안받았으나 거절했으며, 『미와 숭고의 감정에 관한 고찰』[28]을 출판하였다. 칸트는 이 글에서 자연과 예술에서 미와 숭고에 대하여 짧게 다룬 후에, 대부분의 내용들은 도덕심리학과 인류학에 관련한 논의들을 전개해 나갔다.(생애 83) 또한 칸트는 1762년에 완성한 저술인 『자연신학과 도덕의 원칙들의 판명성에 대한 연구』(1764)[29]를 출판했다. 이 논문은 베를린 학술아카데미가 공모한 논문상에서 2등을 차지했는데, 1등상은 멘델스존이 차지하였다. 칸트는 이 글에서 자연신학과 도덕의 원리들에 대하여 철학적 명증성을 요구하였으며, 이 책의 출판은 그 이듬해 부활절을 넘겨서야 이루어졌다.

1765년(41세) 12월 31일, 칸트는 람베르트Johann Heinrich Lambert(1728~1777)에게 보낸 편지에서 '자연철학의 형이상학적 원리'와 '실천철학의 형이상학적 원

27 Immanuel Kant, *Versuch über die Krankheiten des Kopfes*. 1764.(II 257–271; WA1, 887–901)

28 Immanuel Kant, *Beobachtungen über das Gefühl des Schönen und Erhabenen*. Königsberg 1764 (A), 1766 (B), Riga 1771 (C). (II 205–256; WA1, 825–884)

29 Immanuel Kant, *Untersuchungen über die Deutlichkeit der Grundsätze der natürlichen Theologie*. 1764.(II 273–313; WA 1, 739–773)

리'에 대해서 언급한다. 또한 칸트는 1766년(42세) 정초에 『형이상학의 꿈에 의해 해명된 시령자의 꿈』[30]을 출판했는데, 그는 이 책에서 스웨덴의 심령술사 스베덴보리Emmanuel Swedenborg의 기이한 명제들을 논리적으로 검토하면서 경험의 확실한 토대를 요구하였다. 그는 전통적인 사변 형이상학의 한계를 비판하는 동시에 인간 지식의 한계와 도덕의 자율성을 제시하고자 하였다. 이 글에서 칸트는 라이프니츠와 볼프의 이성론적 강단 형이상학은 물론이고 그들의 후계자였던 바움가르텐과 크루지우스Christian August Crusius(1715~1775)로부터도 벗어났다. 칸트는 형이상학을 더 이상 '이성의 체계'가 아닌 '인간 이성의 한계에 관한 학문'Wissenschaft von den Grenzen der menschlichen Vernunft으로 규정한다.(Werke II, 368) 그러나 칸트는 이 시기에 '한계'를 명확하게 제시하지는 못하였다. 이 책은 1770년에 발표한 교수 취임논문의 서문에 해당하는 것이다. 다음 달인 2월 14일에 칸트는 쾨니히스베르크 왕립도서관 부사서관으로 취임하였다. 이 시기에 칸트는 독단적 형이상학을 비판하는 흄의 저서 『인간지성론*Enquiry concerning Human Understanding*』(1748)을 접하면서[31] "처음으로 독단의 선잠을 깨고서" 사변철학에서 전혀 다른 방향을 찾게 되었으나, 인과성의 원리가 습관에서 비롯한다는 흄의 경험적-회의적인 주장을 인정하지 않고 순수 지성에서 비롯한다고 보았다.

칸트는 1769년(45세) 가을에 에어랑겐대학과 1770년(46세) 1월 예나대학의 교수 초빙이 있었으나 거절함으로써, 그해 3월 31일 드디어 자신이 바라던 쾨니히스베르크대학의 '논리학과 형이상학' 교수로 취임하게 되었다.

30 Immanuel Kant, *Träume eines Geistersehers, erläutert durch Träume der Metaphysik*. Königsberg 1766.(II 317-383; WA 1, 919-989)

31 하만Johann Georg Hamann(1730~1788)은 1759년(35세) 7월 27일자 편지에서 칸트에게 허치슨과 흄의 사상을 소개하였다.

4. 칸트의 교수 취임 논문(1770)에서 『순수이성비판』(1781)까지

칸트는 교수 취임과 함께 1770년 8월 21일, 그의 논문 『감성계와 지성계의 형식과 원리들』[32]에 관한 심사가 이루어지는데, 그의 반대토론자들은 신학, 법학, 학위후보자들이고, 지지 토론자는 의학과 철학을 공부하면서 칸트의 강의를 들었던 베를린 출신의 마르쿠스 헤르츠Marcus Herz(1747~1803)였다. 이 작품으로 칸트는 비판기로의 이행을 공식 선언한 것이다. 그는 형이상학을 위한 '예비학'에서 '현상하는 그대로의 사물들(현상체)에 대한 감성적 인식'과 '그 자체로 존재하는 사물들(가상체)에 대한 지성적 인식' 사이를 분명하게 구분하는 것이 중요하다고 보았다. 칸트는 나중에 『순수이성비판』에서는 순수 지성개념인 범주를 바탕으로 그 인식 가능성을 근본적으로 부정하였지만, 여기에서는 '수학과 경험을 넘어서 모든 감성과 독립적으로 존재하는 물자체에 대한 인식'이 '아직 가능한 것'이라고 상정한다.[33] 칸트는 이 교수논문을 약간 더 보충하고자 했으나, 그런 시도는 끝없는 반성으로 이어지면서 10년의 세월을 보내야 했다. 이 시기가 바로 그 유명한 '10년 동안의 침묵기'인 것이다. 칸트가 교수로 취임한 1770년에서 거의 10년의 세월을 보낸 칸트가 불과 4~5개월 만에 질풍노도처럼 다듬고 정리해서 1781년에 출판한 저서가 『순수이성비판』[34]이다. 이 책에 대하여 쇼펜하우어Arthur Schopenhauer(1788~1860)는 "일찍이 유럽에서 쓰인 가장 중요한 책"이라고

32 Immanuel Kant, *De mundi sensibilis atque intelligibilis forma et principiis*.(WA1, 385–419 라틴어본)

33 회페 32[38]. 칸트는 『순수이성비판』의 「순수 지성 개념의 초월적 연역」에서 1770년 취임논문의 입장을 수정하였다. "범주는 지성계의 실질적 인식을 가능케 하는 것이 아니며, 오히려 그것은 모든 가능한 경험의 선파악Vorgriff 이외에 다른 것이 아니다. … 이성을 필연적으로 빠져 있는 모순의 뿌리로 생각하는 것은 더 이상 감성과 지성의 혼동이 아니라, 현상과 물자체의 혼동이다. 개별적 이율배반들을 간파할 수는 있지만 폐기할 수는 없다. 변증론은 인간 이성의 구조적 표정, 다시 말해 인간 이성의 유한성의 기호이다."(회페 34[40])

평가하였다.[35] 칸트는 멘델스존의 평가를 긴장한 채 기다리고 있었는데, 정작 그는 "신경을 쇠약하게 만드는 작품"[36]이라고 칸트를 깎아내렸다.[37] 그러나 이 책은 사상사에서 멘델스존과 칸트의 순위를 돌이킬 수 없도록 확실하게 뒤바꾸고 말았다.

칸트는 교수 취임논문에 대한 보완의 필요성을 느꼈는데, 1771년(47세) 6월 7일자 헤르츠에게 보낸 편지에서 "감성과 이성의 한계"를 규명하는 작업으로, 1772년(48세) 2월 21일자 헤르츠에게 보낸 편지에서는 "순수이성의 비판"에 대한 작업으로 그 규모를 점차 확대해 나갔다. 앞서 말한 것처럼 이 작업은 칸트에게 10여 년의 세월을 요구했으며, 1781년(57세) 5월에 이르러서야 프로이센 제국의 국무장관 체틀리츠Karl Abraham von Zedlitz(1731~1793)에 대한 헌정사와 함께 『순수이성비판*Kritik der reinen Vernunft*』이라는 이름으로 세상의 빛을 보게 된다.

칸트는 교수가 된 후에 자기 철학을 강의하지 않고 당시의 관행에 따라서 논리학은 할레대학의 볼프 추종자였던 마이어Georg Friedrich Meier(1718~1777)의 『이성론*Vernunftlehre*』을 텍스트로 사용했고, 윤리학과 형이상학은 주로 바움가르텐Alexander Gottlieb Baumgarten(1714~1762)의 책을 사용하였다. 또한 자연법은 괴팅겐 대학의 법학자 아켄발Gottfried Achenwall(1719~1772)의 『자연법*Jus naturale*』을 교재로 사용했으며, 페더Johann Georg Heinrich Feder(1740~1821)의 저서를 백과사전 강의교재로, 또한 바움가르텐의 『미학*Aestetica*』을 교재로 사용했다. 그밖에 물리학, 자연지리학, 인간학, 교육학, 자연신학 등에 대한 폭넓은 강의를 소화해 내

34 Immanuel Kant, *Kritik der reinen Vernunft*, Riga 1781 (A), Riga 1787 (B).

35 Arthur Schopenhauer, *Gesammelte Briefe*, Hrsg. von Arthur Hübscher, Bouvier 1987.(회페 41에서 재인용)

36 Moses Mendelssohn, *Briefe*, 174/108.(회페 42)

37 멘델스존은 1777년 8월 18일 쾨니히스베르크에서 칸트의 철학 강의를 두 시간 청강한 사실이 있다.(생애 136) 그는 이미 1770년부터 칸트를 '형이상학의 최고 권위자'로 여기고 있었다.(생애 158)

면서, 철학적 사유활동Philosophieren의 중요성을 강조하였다. 칸트의 강의에는 프로이센과 외국 각지에서 온 다양한 수강생들로 가득 찼는데, 칸트는 그들 중에서도 특히 헤르더Johann Gottfried Herder(1744~1803)를 주목하였다. 그는 언어의 기원이나 세계개방성의 문제에 대하여 탁월한 식견을 가지고 있었다. 헤르더는 칸트에게 배운 지 30년이 지난 후에 『인간성의 촉진을 위한 서한』을 그에게 헌정하면서, 이렇게 썼다.[38]

> 나의 스승인 한 철학자를 알았다는 그 자체로 나는 행운을 얻은 것이다. 가장 전성기 때의 그는 젊은이의 밝은 경건성을 갖고 있었다. 이러한 성격은 물론 그가 백발이 된 노년 때까지 늘 함께하였던 경건성이라고 나는 생각한다. 깊은 생각에 잠겨 있는 그의 이마는 불멸의 쾌락과 기쁨의 자리였다. 아주 심오한 사고에서 비롯하는 수많은 얘기가 그의 입을 통해서 끝없이 이어졌고, 농담이나 익살스러운 말 혹은 남의 비위를 맞추는 등의 말은 자제하였다. 그리고 연구 논문 발표는 그의 가장 절친한 친구였다. 뿐만 아니라 라이프니츠, 볼프, 바움가르텐, 크루시우스, 그리고 흄의 정신을 분석하고, 케플러와 뉴턴의 자연법칙과 여러 물리학자의 사상을 좇아갔다. 그 외에도 그는 그 당시 출판된 루소의 『에밀』과 '자연으로 돌아가라'는 것에 대해서도 관심을 갖고 있었다. 루소와 자연 귀환에 따른 자연의 공평무사한 지식과 인간의 도덕적 가치에 대해서 그 가치를 인정하였고 항상 자연으로 돌아가야 한다고 주장하였다. 인간의 역사와 민족사 그리고 자연의 역사 그 이외에 자연과학과 수학 그리고 경험과학은 그의 주요 연구원천으로 자리 잡고 있었다. 물론 그는 알아야 할 가치가

38 Johann Gottfried Herder, *Briefen zur Beförderung der Humanität*, 1795. Briefe 29, 168.

> 없는 것에 대해서는 아무런 가치도 두지 않았다. 즉 어떤 음모나 사이비 종교에 대한 장점이나 어떤 공명심, 진리의 확장이나 진리의 밝힘에 반대되는 어떤 유혹도 그에게는 의미가 없었다. 그는 자신의 사고에 대해서 즐거워하였고, 사고에 구속될 때, 오히려 편안함을 느꼈다. 전제정치나 억압은 그의 감정 속에서는 이방인에 불과하였다. 바로 이 사람, 내가 존경하고 무한한 감사를 드리는 바로 이 사람은 임마누엘 칸트이다. 그의 초상화는 내 앞에 편안하게 놓여 있다.(생애 74-75)

『순수이성비판』이 나오기 약 3개월 전인 1781년 2월 15일에 레싱이 사망하였다. 그는 죽기 약 3개월 전에 야코비에 반대하고 스피노자를 지지했는데, 이것이 발단이 되어 야코비와 멘델스존 사이에 '범신론 논쟁'이 벌어졌으며, 이 논쟁은 피히테로까지 계속 이어진다.[39]

1782년(58세) 1월 19일, 가르베가 『괴팅겐학보』에 익명으로 칸트의 철학이 버클리의 관념론과 비슷하다는 서평을 실었는데, 이 원고는 편집자인 페더가 줄이고 가필해서 게재했던 것이다. 칸트가 1783년(59세)에 자신의 저서 『학문으로 출현할 수 있는 미래의 모든 형이상학에 대한 서설』[40]의 부록

39 1786년(62세) 1월 4일에 멘델스존이 사망하였고, 그 직후에 야코비에 대한 멘델스존의 반론서 『레싱의 친구들에게*An die Freunde Lessings: Ein Anhang zu Herrn Jacobis Briefwechsel über die Lehre des Spinoza*』(Christian Friedrich Voß: Berlin 1786)의 출판에 이어서 야코비의 『스피노자 학설에 대한 서한과 관련하여 멘델스존의 비난을 반박함Friedrich Heinrich Jacobi, *Wider Mendelssohns Beschuldigungen betreffend die Briefe über die Lehre des Spinoza*』. (Leipzig, Georg Joachim Goeschen, 1786)이라는 저서 출판이 연달아 이루어졌다. 2월 27일에 헤르츠가 칸트에게 야코비에 대한 반론을 촉구하자, 4월 7일 칸트는 야코비의 주장은 진지하게 반박할 가치도 없다고 대답한다. 그러나 칸트는 하만에게 '멘델스존 문제'로 머리가 가득 차 있다고 말한 것으로 보아 칸트 역시 범신론 논쟁에 휩싸여 있음을 짐작할 수 있다.(칸트사전 556–557)

40 Immanuel Kant, *Prolegomena zu einer jeden künftigen Metaphysik, die als Wissenschaft wird auftreten können*. 1783.

에서 이를 비판하자, 가르베는 칸트에게 자신의 본래 원고를 다시 발표한다고 통보하였다. 칸트는 가르베에게 보낸 8월 7일자의 편지에서 『순수이성비판』이 12년 이상 사유했던 자료들을 4, 5개월 정도에 마무리한 것[41]이라고 말하면서 '최초의 당혹스러움'이 점차 없어질 것이라고 썼다. 그러나 모제스 멘델스존은 칸트에게 보낸 4월 10일자 편지에서 『순수이성비판』이 "신경을 소모시키는" 저작이라고 했으며, 1784년(60세) 1월 5일 라이마루스Elise Reimarus(1735~1805)에게 보낸 편지에서도 "칸트를 이해할 수 없다"고 혹평하였다. 그럼에도 불구하고 칸트는 멘델스존에게 보낸 8월 16일자 편지에서 그의 신간 『예루살렘*Jerusalem oder über religiöse Macht und Judentum*』을 "그 명민함과 정치함, 그리고 사려깊음에 감탄하면서" 읽었다고 밝혔다.(칸트사전 554) 칸트는 1784년 11월에 『세계시민적 관점에서 본 보편사의 이념』[42]과 12월에 『'계몽이란 무엇인가?'라는 물음에 대한 답변』[43]을 발표했다. 후자는 그해 9월에 멘델스존이 『베를린월보』에서 제기한 "계몽이란 무엇인가?"에 대한 칸트의 대답이었다.

5. 칸트의 비판기 저술들(1781~1793)

1781년의 『순수이성비판』[44]을 시작으로 해서 『학문으로 출현할 수 있는

41 칸트는 이 원고를 1780년 여름학기 4~5개월 사이에 작성하였으며, 처음에는 얇은 소책자로 생각했으나 856쪽에 달하는 방대한 저서가 되었다.(생애 137-8)

42 Immanuel Kant, *Idee zu einer allgemeinen Geschichte in weltbürgerlicher Absicht*. 1784.

43 mmanuel Kant, *Beantwortung der Frage: Was ist Aufklärung?* In: *Berlinische Monatsschrift*, Dezember 1783.

44 이 책은 『미래 형이상학 서설』(1783)이 나온 이후에 반응이 나타나기 시작했고, 칸트와 친밀하게 지냈던 수학 교수이자 궁중 설교사였던 슐츠Johann Schultz(1739~1805)가 1784년에 『순수이성비판 주석서』를 출판하고(생애 185), 예나대학의 쉬츠Christian Gottfried Schütz(1747~1832) 교수는 자신이

미래의 모든 형이상학에 대한 서설』(1783), 『도덕형이상학 원론』(1785),[45] 『자연과학의 형이상학적 원리』(1786),[46] 『순수이성비판』의 재판(1787), 『실천이성비판』(1788),[47] 『판단력비판』(1790)[48]이 계속 나왔으며, 1793년에는 『이성의 오롯한 한계 안의 종교』[49]라는 결정적인 저서가 나왔다. 이 시기에 칸트는 철학적으로 매우 중요한 논문들을 발표하였는데, 그 대부분은 친구이자 동료

설립을 주도한 『일반 문학신보*Allgemeine Literaturzeitung*』에 칸트의 주저에 대한 생각을 발표함으로써 세인의 관심이 더 높아졌다. 예나대학의 그의 동료 울리히Johann August Heinrich Ulrich(1744~1807)도 칸트주의자였다. 또한 라인홀트 교수는 그의 장인 빌란트가 설립한 『토이체르 메르쿠어』에 『칸트철학에 대한 편지들』을 1786년부터 1787년까지 연재하였다.(생애 198) 칸트의 젊은 동료 교수 푀르스케Karl Ludwig Pörschke(1752~1812)는 1788년 여름학기에 처음으로 칸트의 『순수이성비판』을 강의했으며, 그 다음 학기부터 세미나로 개설하였다. (생애 169) 예나에서 피히테, 쉴러, 훔볼트, 괴테까지도 칸트의 영향을 받았다. (생애 224) 예나에서 라인홀트에게 배운 피셰니히Batholomäus Ludwig Fischenich(1768~1831)는 본에서 '복음서'에 대한 새로운 연구를 발표하여 칸트의 축하를 받았다. (생애 229) 마르부르크대학의 베링Johann Bering(1748~1825) 교수와 침머만Zimmermann 교수, 할레대학에는 야콥Ludwig Heinrich von Jakob(1759~1827)과 볼프주의자 에베르하르트Johann Augustus Eberhard(1739~1809), 그리고 벡Jakob Sigismund Beck(1761~1840)이 있었다. 베를린에서는 키제베터Johann Gottfried Kiesewetter(1766~1819)와 마이몬Salomon Maimon(1753?~1800)이 칸트를 지지하였다. 괴팅겐대학의 페더Georg Heinrich Feder와 마이너Christian Meiner는 반칸트주의자로 기울어졌다. 반면에 리히텐베르크Georg Christoph Lichtenberg(1742~1799), 블루멘바흐Johann Friedrich Blumenbach(1752~1840), 캐스트너Abraham Gotthelf Kästner(1719~1800), 불레Johann Gottlieb Buhle(1763~1821)는 칸트에 호의적이었다. 괴팅겐의 신학자 스퇴드린Karl Friedrich Stäudlin(1761~1826)에게는 『학부 논쟁』을 헌정하기도 했다. 튀빙겐의 플라트Flatt의 스승이자 고위성직자 아벨Jakob Friedrich von Abel(1751~1829), 스타틀러Stattler는 뮌헨의 리히터A. Richter와 더불어 반칸트적이었다. 막데부르크Magdeburg의 개혁파 목사 멜린Georg Samuel Albert Mellin(1755~1825)은 칸트전집을 쉽게 이해하도록 6권으로 된 백과사전을 만들었다. (생애 229) 그러나 뷔르츠부르크의 로이쓰Maternus Reuß 신부는 라인홀트의 칸트 주석서를 학생들에게 사용해도 좋다는 허락을 얻어낼 정도로 칸트에 깊은 관심을 드러냈으며, 주교 폰 에르탈F.L. von Erthal의 절대적인 지원을 받아 친구 스탕C. Stang과 함께 쾨니히스베르크까지 찾아오기도 했다. 칸트는 그들에게 '도덕적' 종교론의 통일성을 '경험적인' 종교론과 더불어 찾았다고 말했다.(생애 205) 볼프와 멘델스존을 지지하던 뉘른베르크의 의학도 에르하르트J.B. Erhard도 칸트로 방향을 바꾸었다.

45 Immanuel Kant, *Grundlegung zur Metaphysik der Sitten*. Riga 1785.

46 Immanuel Kant, *Metaphysische Anfangsgründe der Naturwissenschaft*. Riga 1786.

47 Immanuel Kant, *Kritik der praktischen Vernunft*. Riga 1788.

48 Immanuel Kant, *Kritik der Urteilskraft*. Berlin und Libau 1790 (A), Berlin 1793 (B), Berlin 1799 (C).

49 Immanuel Kant, *Die Religion innerhalb der Grenzen der bloßen Vernunft*. Königsberg 1793 (A), Königsberg 1794.

인 비스터가 편집하는『베를린월보』에 실었다.[50] 1780년대는 분명히 칸트의 시대였으며, 철학사가들은 이 시기를 '비판기'라고 부른다. 칸트는 1786년과 1788년의 여름 학기에 두 차례에 걸쳐서 대학 총장직을 맡았으며, 1786년에는 베를린 학술원 회원이 되었다.[51]

비판기의 칸트는 종교를 이론철학으로부터 철저하게 구분하려고 했다.『순수이성비판』의 변증론에서 칸트는 전통신학에서 모든 가능한 신 존재 증명을 비판함으로써 신의 존재와 같은 형이상학적 명제들에 대해서는 이론적인 접근이 불가능하다는 사실을 분명하게 정리하였다. 신의 존재는 이성의 이념으로서 모든 이성사용에 하나의 통일성을 부여해 주는 규제적인 작용에 국한해야 한다고 보았다. 인간의 이성은 신의 존재를 증명할 수도 없고 부정할 수도 없다. 그것은 인간의 인식 능력의 한계 안에서는 결코 다루어질 수 없는 명제인 것이다. 그러나 칸트는『실천이성비판』에서 도덕법의 구속성, 도덕적 행위의 정당성 및 유의미성을 확보하기 위하여 신의 존재를 요청한다. 이성의 이론적 사용에서는 유보했던 이성의 대상 개념들을 이성의 실천적 사용에서는 도덕법의 구속성을 확보하기 위해, 그리고 도덕법이 필연적으로 요구하는 최고선의 실현을 가능하게 하도록 요청한 것이다. 칸트는 요청적 신 개념을 그 이후의 모든 종교철학적 저술에 반영하고 있다.

1791년(67세) 7월 1일, 피히테가 칸트를 방문하였으며, 9월 2일에 다시 방문하여 재정적 지원을 요구함으로써, 칸트는 피히테의 저서 출판을 주선

50 「세계시민적 관점에서 본 보편사의 이념」(1784.11), 「계몽이란 무엇인가라는 물음에 대한 답변」(1784.12), 「헤르더의 "인류 역사의 철학에 대한 이념"에 대한 논평」(1785), 「인류사의 추정적 기원」(1786.11), 「사유 안에서 방향찾기란 무엇인가?」(1786.10), 「철학에서 목적론적 원리의 사용에 대하여」(1788.1–2).

51 칸트는 1794년에 페테스부르크 학술원 회원, 1798년에는 시에나Siena 학술원 회원으로 추대를 받게 된다.

하기로 약속했다. 피히테는 한 달 만에『모든 계시의 비판의 시도』를 저술하여 칸트에게 보냈다. 1791년 9월, 칸트는『베를린 월보』에 기고한「변신론에서 모든 철학적 시도의 실패에 관하여」[52]에서 변신론과 철학적 종교론이 이론적인 학문의 대상이 아니라는 사실을 분명하게 개진한다.

1792년(68세) 2월 2일, 피히테의 저서가 할레대학 신학부의 검열로 인해 출판이 늦어지자 칸트는 순수 이성신앙이 계시와 기적을 배제하는 것은 아니라고 밝힐 것을 조언했지만, 피히테는 받아들이지 않았다. 그러는 동안 학장이 바뀌면서 인쇄 허가가 떨어졌고, 이 책의 출판은 부활절에 익명으로 이루어졌다. 6월 30일자『일반문예신문』에『모든 계시의 비판의 시도』의 필자가 칸트라는 서평이 실렸다. 따라서 칸트는 8월 20일자『일반문예신문』에서 그 책의 저자는 피히테이고, 자신과 전혀 관계가 없다는 사실을 밝혔다. 이 일로 인하여 피히테는 일약 유명인사가 되었다.

6. 프로이센의 검열[53]과 칸트의 노년기 사상

칸트는 '군대왕' 프리드리히 빌헬름 1세Friedrich Wilhelm I (1713~1740)와 '프리드리히 대왕'으로 불렸던 프리드리히 2세 (1740~1786)의 통치 시대에 살았다. 이들은 계몽시대의 전형적인 절대군주로서 잘 알려진 인물들이다. 프로이센 제국은 법치주의에 의한 복지국가 건설을 목표하고 있었으며, 이를 위

52 Immanuel Kant, *Über das Misslingen aller philosophischen Versuche in der Theodizee*. 1791.(WA6, 103–124)

53 이 글은 김진「칸트와 그리스도교 종말론」(『칸트연구』 26, 2010)을 토대로 하였으며, 참고논문으로는 강영안「갈등 상황에서의 철학과 철학자의 소명: 학부 간의 갈등을 통해서 본 칸트의 관점」(『칸트연구』, 21-1, 2008), 고부응「근대 대학의 형성: 칸트의 이성의 대학에서 훔볼트의 학문의 자유 대학으로」(『비평과이론』 17-2, 2012), 김승철「19세기 독일 국가종교와 종교의 자유」(『조직신학논총』, 39, 2014) 등이 있다.

하여 독립적인 재판제도를 운용하고 종교적인 관용을 베풀었다. 종교상의 이유로 박해받지 않는다는 통치원칙 때문에 주변에서 종교적 탄압을 받은 많은 사람들이 망명해 오기도 했다.

칸트의 종교적 견해는 프리드리히 대제Friedrich II(재위 1740~1786)의 치하에서는 아무런 문제도 되지 않았다. 왕 자신이 종교사상의 자유를 보장했기 때문이다. 그러나 프리드리히 대제가 1786년에 죽으면서, 그의 조카 프리드리히 빌헬름 2세Friedrich Wilhelm II(재위 1786~1797)가 권력을 승계하였고, 비록 처음에는 칸트와의 관계가 우호적이었으나 차츰 종교적 광신주의가 득세하면서 결국에는 칸트와의 충돌로까지 이어졌다. 프리드리히 빌헬름은 프리메이슨의 지도자 스타르크J.A. Stark(Klerikat 설립자)의 영향을 받아 개종하였으며, 같은 노선에 있었던 뵐너Johann Christoph Wöllner(1732~1800)와 비쇼프베르더Rudolf von Bischoffwerder 등을 기용하여 당대의 신학적 합리주의theological rationalism 노선에 적대적인 정책을 펼쳤다.[54] 그리하여 프리드리히 빌헬름 치하의 보수당은 계몽 시대에 싹트기 시작한 시민들의 도덕적 종교성을 말살하기 시작하였다.

칸트는 1786년과 1788년에 쾨니히스베르크 대학의 총장Rektor이 되었으며, 1787년 그는 『순수이성비판』 재판을 간행하고 베를린 학술원Berliner Akademie der Wissenschaften 회원으로 선출되었다. 『실천이성비판』이 출간된 1788년에는 칸트가 『순수이성비판』을 헌정했던 당시 국무장관Staatsminister이었던 제트리츠Baron Zedlitz가 물러나고, 그 자리에 프리드리히 대제가 '기만적이고 교활한 사제'라고 지목했던, 그리고 칸트 자신과도 악연이었던 뵐너가 부

54 Allen W. Wood, *General Introduction*, in: Immanuel Kant, *Religion and Rational Theology*, translated and edited by Allen W. Wood, George Di Giovanni, Cambridge University Press, 1996, xv. 뵐너의 종교검열과 교회정치에 대해서는 비거만의 저서를 참고할 수 있다. Uta Wiggermann, *Woellner und das Religionsedikt. Kirchenpolitik und kirchliche Wirklichkeit im Preußen des späten 18. Jrhrhunderts*. Mohr Siebeck, Tübingen 2010.

임했다.[55] 프리드리히 대제가 본래 그를 '사기성이 농후하고 간교한 성직자'라고 규정했지만 프리드리히 빌헬름 2세가 신임하여 발탁한 것이다. 1788년(64세) 7월 3일, 문교상이었던 뵐너가 법무상에 취임하여 종교와 문화 행정을 주도했으며, 7월 9일에는 "프로이센국의 종교법에 관한 칙령"Edikt, die Religionsverfassung in den preußischen Staaten betreffend이라는 강력한 종교칙령Religionsedikt을 발표했다. 그것은 당시의 계몽주의 노선에 대한 반동이었으며, 이를 기반으로 그는 교회정치는 물론이고 교육정책에도 막강한 영향력을 행사하였다. 뵐너의 종교칙령은 당시 자유주의 진영의 사제들에게 심각할 정도의 압박을 가했으며, 칸트의 친구였던 하세J.G. Hasse에게도 불명예를 안겨다 주었다. 그리하여 칸트는 「사유 속에서 방향을 정한다는 것은 무엇을 뜻하는가?」(1786)라는 논문의 마지막 부분에서[56] 자유를 추구하는 인간 이성의 능력은 모든 제한으로부터 독립적이어야 하며, 오직 도덕법칙을 모든 행위의 동기가 되게 함으로써 그 스스로 권위를 얻을 뿐만 아니라, 그 자신의 자유를 합법적이고 합목적적으로 사용함으로써 최상의 세계에 기여할 수 있어야 한다는, 이른바 '계몽의 원칙'을 천명하였다.

칸트에게 직접적으로 영향을 미친 것은 1788년 12월 19일에 수정, 보완된 두 번째 종교칙령이었다. 뵐너는 검열위원회Zensurkommission, 즉 즉심위원회Immediat-Examinationskommission로 불리는 새로운 검열 기구를 베를린에 설치하고, 헤르메스J.T. Hermes와 힐머G.F. Hillmer를 검열관으로 임명하여, 도덕과 종교를 주제로 하는 모든 저술에 대한 검열을 한층 더 강화함으로써 학문과 종

55 Allen W. Wood, *General Introduction*, in: Kant, *Religion and Rational Theology*, Cambridge University Press 1996, xvii: The religious edicts.

56 Immanuel Kant, *Was heißt: sich im Denken orientieren?* in: Berlinische Monatsschrift, Oktober 1786, A327–330. Kant-Werke, WA 5, 267–283.

교의 자유를 훼손하고 말았다.(생애, 212) 이는 뵐너가 통제하지 못했던 루터파 교구의 종교 합리주의자들을 견제하기 위한 조처였으며, 1790년 말에 뵐너와 헤르메스는 즉심위원회를 신학생을 검열하는 새로운 제도로 가동하였다. 칸트 역시 1791년 6월에 볼터스도르프T.C.G. Woltersdorf로부터 침묵을 종용받았다.[57] 그러나 이에 격분한 칸트는 1791년 9월에 비스터의 월간 잡지에다 「변신론에서 모든 철학적인 시도의 실패에 대하여Über das Mißlingen aller philosophischen Versuche in der Theodicee」를 실었다. 칸트는 이 논문과 『학부 논쟁』[58]에서 1790년 12월 9일 뵐너와 헤르메스가 신학석사 학위 시험 지원자들에게 면제했던 '시험주제'에 양심의 압박을 가했는데, 그와 같은 맹목적이고 외연적인 신앙고백이 생존수단의 문제로 떠오를 경우에 신학의 양심적인 후보자들은 종교 교단에서 군대에 이르기까지 모두 쫓겨날 것이라고 비판하였다.(생애 236)

칸트의 종교 및 기독교에 대한 관심은 3대 비판서와 종교 저술, 그리고 몇 편의 논문에 잘 나타나 있다.[59] 칸트가 종교에 대하여 가장 마지막으로

57 Allen W. Wood, *General Introduction*, xix.

58 I. Kant, *Der Streit der Fakultäten*, in: VII 1–116; *Der Streit der Fakultäten*, in: Philosophische Bibliothek Bd. 522, Horst D. Brandt und Piero Giordanetti (Hrsg.), Hamburg 2005. 칸트, 『학부 논쟁』, 오진석 역, 도서출판b, 2012. (학부, A v–ix; VII 5f [11f]) (이하 '학부'로 줄이고 [ ] 안의 숫자는 한글판 쪽수이다.)

59 「신의 존재 논증을 위한 유일 가능한 증명 근거」(1763), *Der einzig mögliche Beweisgrund zu einer Demonstration des Daseins Gottes*(Königsberg: Johann Jakob Kanter, 1763), xiv, 205 [II 65–163]. *"The Only Possible Argument in Support of a Demonstration of the Existence of God,"* Translated, and with an introduction, by Gordon Treash(Abaris, 1979; repr. Univ. of Nebraska Press, 1994). Translated by David Walford and Ralf Meerbote in Immanuel Kant, *Theoretical Philosophy 1755–1770* (Cambridge, Cambridge University Press, 1992), 111–201.
「시령자의 꿈」(1766년 익명), *Träume eines Geistersehers, erläutert durch Träume der Metaphysik*, Königsberg: Johann Jakob Kanter, 1766; [II 317–373]; Englische Ausgabe: *"Dreams of a Spirit-Seer Elucidated by Dreams of Metaphysics,"* Translated by David Walford and Ralf Meerbote in Immanuel Kant, *Theoretical Philosophy 1755–1770*, Cambridge University Press, 1992, 305–359.
「신정론에서 모든 철학적 시도의 실패에 대하여」(1791), *"Über das Misslingen aller philosophischen Versuche in der Theodicee,"* in *Berlinische Monatsschrift*(September 1791), pp.194–225. [VIII 255–71];

남긴 논문은 1794년에 발표한 『만물의 종말』이다.[60] 이 글은 기독교의 종말 사상에 대한 철학적 태도를 표명한 것이지만, 실질적으로는 당시 칸트에게 주어진 프로이센 당국의 검열에 대한 비판적 입장이 드러나 있다는 사실에서 세인의 관심을 불러일으켰다.

칸트는 4월에 예나에서 발행하는 『베를린 월보*Berlinische Monatschrift*』에 「인간 본성에 있는 근본악에 대하여Über das radikale Böse in der menschlichen Natur」라는 논문을 투고하였다. 『베를린 월보』는 연초부터 발행지를 프로이센의 국외로 옮겼기 때문에 검열을 받을 필요가 없었지만, 칸트 스스로 뵐너의 4인방 중의 한 사람인 볼테르스도르프Woltersdorf 교구장이 5월에 설치한 베를린 즉심위원회Berliner Immediat-Examinations-Kommission에 검열을 요구한 후에 인쇄 허가를 받았다. 검열당국은 칸트의 저작물 제1부의 출판은 허락하였다.

Englische Ausgabe: *"On the miscarriage of all philosophical trials in theodicy,"* Translated by Georg di Giovanni in Immanuel Kant, *Religion and Rational Theology*, edited and translated by Allen W. Wood and George di Giovanni(Cambridge University Press, 2001), 24–37.

「인간 본성에서 근본악에 대하여」(1792), *"Über das radikale Böse in der menschlichen Natur,"* in: *Berlinische Monatsschrift*(April 1792), 323–84.

『이성의 오롯한 한계 안의 종교』(1793), *Religion innerhalb der Grenzen der bloßen Vernunft*(Königsberg: Friedrich Nicolovius, 1793), xx, 296; 2nd enlarged edition: 1794 (xxviii, 314). [VI 1–202]; *"Religion within the Boundaries of Mere Reason,"* Translated by Theodore M. Greene and Hoyt H. Hudson as *Religion within the Limits of Reason Alone*(New York: Harper & Row, 1960); Translated by George di Giovanni in Immanuel Kant, *Religion and Rational Theology*, edited and translated by Allen W. Wood and George di Giovanni(Cambridge University Press, 2001), 57–215.

60 만 70세가 되던 해에 칸트가 저술한 『만물의 종말*Das Ender aller Dinge*』은 비록 짧은 글이지만 그의 모든 종교사상을 함축적으로 나타낸 매우 중요한 작품이다. 이 원고는 『베를린 월간지*Berlinische Monatsschrift*』 1794년 6월호(495–522)에 게재되었다. [VIII 327–39; 영문판 *"The End of All Things."* Translated by Ted Humphrey in Immanuel Kant, *Perpetual Peace and Other Essays*, Indianapolis, Hackett, 1983, 93–103; Translated by Allen W. Wood in Immanuel Kant, *Religion and Rational Theology*, edited and translated by Allen W. Wood and George di Giovanni, Cambridge University Press, 2001, 221–231, 한국어판: 이한구 편역, 『칸트의 역사철학』, 서광사 1992, 95–112.] 그로부터 약 3개월이 지난 1794년 10월 1일에 칸트는 프리드리히 빌헬름 2세로부터 그의 철학과 여러 논문들이 성경의 근본 교리를 곡해하거나 경멸한 사실이 있다는 내용으로 엄중한 문책을 받았다.

칸트가 새로운 검열제도와 공식적으로 알력을 빚은 것은 이른바 두 번째 원고 때문이었다. 1792년 4월에 칸트는 첫 번째 원고「인간 본성에서 근본악에 대하여」[61]를『베를린 월간지』에 실었지만, 두 번째 원고「인간을 지배하기 위한 선의 원리와 악의 원리 사이의 투쟁에 관하여Von dem Kampf des guten Prinzips, mit dem bösen, um die Herrschaft über den Menschen」는 헤르메스의 검열로 인하여 출판이 거부되었다. 편집자인 비스터Biester가 당국에 항의하였지만 묵살당하고 말았다. 프로이센 당국은 철학적 종교론 제2부의 출판을 허가하지 않음으로써 그 당시 최고의 지식인과의 갈등을 유발하게 되었다. 이는 단지 전초전일 뿐이었다.

칸트는 8월 하순에 이 두 논문과 또한 이미 완성해서 발표를 준비하고 있었던 두 편의 논문을 합하여 단행본으로 출판하기로 결심하고서, 쾨니히스베르크 대학의 신학부에 자신의 저술이 신학의 고유한 영역에 해당하는가를 판단해 줄 것을 요구한다.[62] 그러나 쾨니히스베르크 대학 신학부가 철학적 저술에 대해서는 검열권이 없다는 대답을 들은 칸트는 이번에는 예나대학의 철학부 학장에게도 똑같은 내용에 대한 판정을 요구하여 출판 허가를 받아 내기에 이르렀다. 이 책이 바로 1793년 부활절에 출간한『이성의 오롯한 한계 안의 종교』이다.[63] 칸트가 "철학적 종교론"이라고 명기한

61 Immanuel Kant, *Über das radikale Böse in der menschlichen Natur*, in: Berlinische Monatsschrift(April 1792), 323-384.

62 Immanuel Kant: *Briefe*, 494/293.(회페 38[46]에서 재인용)

63 칸트의 대표적인 종교 저술의 서명(*Die Religion innerhalb der bloßen Vernunft*)을 우리말로 옮기는 데 많이 고심하였는바, 필자는 최종적으로 "이성의 오롯한 한계 안의 종교"로 정하였다. 여기에서 칸트가 사용한 독일어 'bloß'는 이성의 기능적 특성을 뜻하는 것이 아니고, '순수이성' 혹은 '실천이성'의 구분법보다는, '단지 그리고 오직 이성 그 자체'의 한계라는 의미이므로, '순수한' 또는 '순전한' 보다는 '오롯한'이라는 순수 우리말이 더 적합할 것이다. 필자는 칸트의 종교서의 해설본 제목을『순수한 이성의 한계 안에서 종교』(UUP 1999)로 붙인 적이 있다. 신옥희 교수는 독일어 'bloß'에 해당하는 우리말을 생략하고『이성의 한계 안에서의 종교』(이화여자대학교출판문화원 2001)라고 하였다. 백종현 교수는 독일어 'bloß'에 해당하는

이 책은 종교철학의 대표작이다. 그리고 1794년(70세)에 개정 2판의 출판이 이루어졌다. 『이성의 오롯한 한계 안의 종교』에서 칸트는 자신의 신 개념을 '하느님의 은총판단'과 '지상에서 하느님의 나라'라는 두 가지 형태의 요청명제로 심화시켜 나갔다. 같은 해 6월에 칸트는 뵐너의 보수적인 종교정책을 신랄하게 풍자한 「만물의 종말」을 출판하였다.[64] 왕이 칸트에 대한 반감을 가지고 있었으므로, 베를린의 검열기관은 그의 원고를 다시 검토하였다. 독일에서는 칸트가 종교재판에 몰려서 망명하거나 추방당할 것이라는 소문이 파다하였다. 그해 봄부터 칸트의 국외 추방에 대한 소문이 퍼졌으며, 칸트에게 은신처를 제공하겠다는 제안도 들어왔다.[65]

칸트는 1794년(70세) 6월에 『만물의 종말』[66]을 출판하였다. 그는 이 글에서 도덕성 대신에 강압적인 권위로 무장한 기독교를 '적그리스도Antichrist의 지배'라고 풍자함으로써 프로이센 제국의 종교정책을 강력하게 비판하였

말을 '순전한'으로 선택하여 『순전한 이성의 한계 안에서의 종교』로 정하였다. 이때 그는 '어떠한 경험적 요소도 섞이지 않은'이라는 '순수한'이라는 표현과 구분하여 '순전한'이라는 말을 '어떤 다른 요소도 섞이지 않은 오로지'의 뜻으로 고정시킨 바 있다.(백종현 역, 아카넷 2011, 21쪽 참조) 다시 말하면 '순수'라는 말에 인식론적 의미 기능을 부가했던 것이다. 그러나 신옥희 교수와 백종현 교수는 책 제목에서 bloß(순수한, 순전한, 오롯한, 단적인 등)에 해당하는 번역어를 생략하기도 하였다. 케임브리지 판에서는 *Religion within the Boundaries of Mere Reason*으로 번역했는데, 여기에서 'mere'는 '단지', '오로지', '오롯한'이라는 뜻으로 '특성'보다는 '정도'를 보다 강하게 나타내는 말이다. 우리말에서 '오롯하다'는 '모자람이 없이 온전하다', '완전하다', '원만하다'라는 뜻이다. '순수이성', '실천이성', '판단력'이 이성의 특수한 기능적 의미를 담고 있다고 한다면, 독일어 'bloß'는 이들 한자말과 분명하게 구별할 수 있는 순 우리말인 '오롯하다'로 하는 것이 좋겠다고 생각하였다. 독일어 표현의 배열 순서로 직역하면 '오롯한 이성의 한계'라고 해야 하지만, 우리말 표현으로는 '이성의 오롯한 한계'라고 하는 것이 칸트의 본래 의도에 더 충실할 수 있다고 판단하였다. 따라서 "이성의 오롯한 한계 안의 종교"라는 제목은 계시와 기적에서 시작하는 역사적 신앙과 도덕을 중시하는 이성신앙의 관계 문제까지도 무리 없이 함축할 수 있는 중도적 지평까지 아우르고 있으며, 칸트가 기독교 성경이 계시하는 내용(역사신앙)조차도 부정하지 않고 그것을 이성적으로 받아들일 수 있는 도덕적 실천의 내용(도덕신앙)으로 변형해 나가야 한다고 강조한 사실까지도 잘 드러내고 있다.

64 Allen W. Wood, General Introduction, xx.

65 794.5.18., 칸트가 비스터Biester에게 보낸 편지(XI 501); 1794.6.27, 캄페J.H. Campe의 편지(XI 512-513) 참조.

66 Immanuel Kant: *Das Ende aller Dinge*. Berlin 1794.(종말 WA 9, 173-190)

다. "사람들은 한 민족의 종교를 순수하고 동시에 강하게 만들기 위해 아주 큰 정신력이나, 보다 진취적인 정신력", 즉 권위와 명령과 같은 다른 어떤 매개체를 찾게 되면서, 그리스도교 신앙은 그 내적인 본질, 즉 사랑을 상실하게 된다고 지적하였다. 그렇게 될 때, 그것은 아무리 '짧은 기간'이라고 할지라도, 성경의 대화를 위해서 "공포와 이기심에 근거를 둔 반 그리스도교 정신"이 시작될 것이라고 질타하였다. 이 소식을 프로이센 국경 너머에서 들은 캄페는 "인류의 스승" 칸트를 구출하기 위하여 자신의 집으로 망명을 오도록 청하는 편지를 보내왔다.[67] 결국 같은 해 10월 1일 뵐너는 자신이 서명한 프리드리히 빌헬름 2세의 칙령을 통하여 칸트가 "성경과 기독교의 주요 이론을 왜곡하고 오용"함으로써 "청년들의 교사로서 의무"를 저버렸다는 비난과 함께, 계속적으로 그가 반항할 경우에는 처벌하겠다는 내용을 공표하였다.(학부 VII 6, 회페 40[47-48]에서 재인용) 뵐너 자신이 직접 기안한 10월 1일자 프리드리히 빌헬름 황제의 편지를 칸트에게 보냈던 것이다. 이 편지에서 프로이센 당국은 칸트가 성경과 기독교의 주요 근본 가르침을 심각할 정도로 왜곡하고 비방했다고 비난하였다.[68] 이 칙령은 사실상 칸트의

67 "1794년 6월 27일, 캄페가 칸트에게 보낸 편지."(생애 242) 칸트는 7월 16일, 그에게 잘못된 소문이라는 답장을 보냈다.

68 칸트는 '기독교'를 '그리스도의 가르침'으로 이해하면서, 예수를 '최초의 참된 교회의 창시자'라고 규정한다. 칸트는 라바터에게 보내는 1775년 4월 28일자 편지에서 이렇게 쓰고 있다. "저는 그리스도의 가르침을 우리가 그리스도에 대해 지니고 있는 전설로부터 구별하였습니다. 그리고 전자를 순수하게 끄집어내기 위해 우선 도덕적 교설을 신약성경의 온갖 규정들로부터 분리하여 끄집어낼 것을 요구하였던 것입니다. 이 도덕적 교설이야말로 확실히 복음서의 근본이론이며, 다른 것들은 복음서의 보조이론에 불과합니다."(X 176) 칸트는 '도덕적 교설로서 예수의 가르침'에 대하여, "그리스도의 가르침의 본질과 탁월성은 그가 모든 종교의 총화를 신앙, 즉 하느님이 우리의 힘 안에 없는 그 밖의 좋은 것들을 도와주실 것이라는 무제약적인 신뢰를 지니고서 전력을 다해 올바르게 존재하는 것 속에 놓았다는 것입니다."(X 180) 칸트는 예수를 '도덕적 완전성의 이상'으로 이해하였고, 이를 바탕으로 기독교의 특징을 세 가지 방식으로 정리하였다. 첫째, '하느님의 뜻에 맞는다는 것'은 법규적인 교회의 의무가 아닌 순수한 도덕적 심성에 부합하는 것을 뜻한다. 둘째, 이 순수한 도덕적 심성은 행위에 의하여 나타나야 한다. 셋째, 모든 의무는 '하느님을 사랑하라'는 일반적 규칙과 '누구든지 네 몸과 같이 사랑하라'는 특수적 규칙으로 나눌 수 있다.(종교 B 71–

종교와 신학에 대한 강의와 저술을 금지하는 내용을 담고 있었다.

이에 대하여 칸트는 그 자신이 국가종교로서 기독교를 손상시킬 의도가 전혀 없었으며, 자신의 저술은 자연종교에 대한 철학적인 평가에 지나지 않을 뿐이라고 주장한다.(학부 VII 8, *Briefe*, 607/356; 회페 40[48]에서 재인용) 그리고 한 편지에서 자기의 확신을 철회하거나 부인하는 것은 할 짓이 아니지만 어떤 경우에 침묵하는 것은 신민의 의무라고 말하였다. 당시 칸트의 명성은 대단했기 때문에 그의 동료들은 그처럼 무례한 처벌 명령을 무시하도록 권고했으나, 칸트는 황제의 명령을 따르기로 작정하였다. 신학자 슐츠가 1795/96년 겨울학기에 칸트의 종교철학 전반에 대한 강의를 통보해 왔으나 뵐너의 훈령에 의하여 '절대 불가' 판정이 내려졌다. 칸트는 1796년 2월 26일 총장 엘스너Christoph Friedrich Elsner(1749~1820)에게 사표를 제출하였고, 6월 14일 학생들이 베푸는 성대한 정년퇴임식에 참석하였다.(생애 221) 칸트가 종교철학의 영역에서 더 이상의 발언은 포기하겠다고 스스로 천명함으로써 이 사건은 마무리되었다.(학부 VII 10, 회페 40[48]) 그의 침묵은 황제가 사망할 때까지 이어졌다. 그러다가 1798년에 간행한『학부 논쟁』서문에서 칸트가 뵐너의 검열 서한 사실을 공개함으로써 세상에 알려지게 되었다.(학부, 서문, A v-xxiv) 이때 칸트는 우리가 말하는 것은 진실이어야 하지만, 그렇다고 해서 모든 진실을 공공연하게 말하는 것이 의무는 아니라고 선언하면서, 자신의 침묵을 정당화하였다.

칸트는 종교를 도덕적인 요구를 가지고 다가선다. 종교는 그 자체로서보다는 인간의 도덕적 요구에 대한 요청적인 희망의 성격을 갖는다. 인간의 도덕적 행위는 다른 그 어떤 동기도 필요로 하지 않는 자율성Autonomie에

74, VI 159-161) 칸트는 예수가 도덕적 행위를 중시하는 '이성종교'를 가르쳤다고 보았던 것이다.(종교 B 19, VI 128-129,『칸트사전』64 이하 참조)

기초하고 있다. 그러나 만일 도덕적으로 선한 행위를 하는 사람들에게 그에 일치하는 행복이 주어지지 않는다면, 우리가 도덕적으로 행해야 할 아무런 이유도 찾지 못할 것이다. 다시 말하면 도덕적 주체가 자신의 행복을 얻기 위하여 선한 행위를 의도하는 것은 도덕적인 것이 아니지만, 그와 반대로 아무런 불순한 의도를 갖지 않고 선한 행위를 한 사람에게는 그의 요구와 관계없이 그의 선한 행위에 부합하는 행복이 주어질 수 있어야 한다. 계시종교는 처음부터 신앙적 주체에게 그의 도덕적 실천에 대한 고려 없이 미래의 행복과 희망을 약속하고 있다. 그러나 이성종교는 도덕적으로 행위하는 인간에 한해서만 그에 대한 행복을 기대해도 좋다는 희망내용을 요청적으로 허용한다. 오늘날 우리는 종교와 성스러움의 이름으로 자행하는 온갖 범죄를 만나게 된다. 칸트는 바로 이런 것들을 철저하게 비판하고 고발한 것이다. 결국 칸트의 종교철학은 도덕철학의 완성을 위해 요청한 희망철학의 백서라고 할 수 있다.

검열 당국과의 마찰 이후에 칸트가 쓴 첫 번째 저술은 1795년(71세) 10월에 출간한 『영원한 평화를 위하여』[69]이다. 1796년(72세) 7월, 72세의 칸트는 생애 마지막 강의를 하였다. 그의 법철학에 대한 체계적 서술은 『도덕형이상학』(1797)의 제1부 「법론의 형이상학적 기초들」에서 처음 이루어졌고, 제2부 「덕론의 형이상학적 기초들」에서는 도덕철학을 체계적으로 서술하였다. 1797년 12월 30일, 요한 에른스트 뤼데케가 칸트에게 보낸 편지에서 베를린의 검열제도가 나아지고 있음을 짐작할 수 있다.

1798년(74세) 2월 6일, 칸트는 「단적인 결단을 통하여 자기의 병적인 신체적 감각을 제어하는 마음의 힘」이라는 원고를 『실용의학 및 외과의술의 잡

69 Immanuel Kant, *Zum ewigen Frieden*, Königsberg 1795 (A), 1796 (B).

지』에 실었는데, 이 글은 그해 가을에 출간한 『학부 논쟁』 제3부에 다시 실렸다. 칸트는 프리드리히 빌헬름 2세가 사망하자 이 책의 서문에 종교에 관한 강의와 저술을 금지한 1794년의 칙령과 칸트 자신의 답장 전문을 게재하면서, 그 금지령으로부터 해방을 선포하였다. 그 직전에 강의록 『실용적 관점에서 인간학』을 간행한다. 1800년(76세), 야흐만은 『칸트 종교철학의 음미』[70]에서 칸트가 칼 아놀트 빌만스Carol[Karl] Arnold Willmans(1772~1848)의 『순수한 신비주의와 칸트의 종교론 사이의 유사성』[71]에 반대하여 자신의 종교철학을 신비주의로부터 옹호하고자 했다고 강조하였다. 칸트는 야흐만의 책을 위하여 「칸트의 종교철학에 대한 야흐만의 시론을 위한 서문」을 썼다.

1804년(79세) 부활절에 1788년 베를린 아카데미 현상논문 때 썼던 미완성작을 링크가 편집하여 『"형이상학의 진보"에 관한 현상논문』이라는 제목으로 출판하였다. 또한 칸트는 말년에 최후의 저술인 『유작Opus postumum』[72]을 미완성의 형태로 남겨 놓았는데, 그는 선험적 이성 비판과 현실적 경험 사이의 괴리를 극복하기 위하여 선험적 사고에서 경험적인 영역으로 이행하고자 했으며, 그 일환으로 '선험적 신체성 이론'apriorische Theorie der Leiblichkeit을 구상하였다. 칸트는 '자기 자신을 의식하는 힘들의 체계'로서 '신체'란 단지 경험 대상의 역할에 그치지 않고, 그 안에서 이성의 운동을 실행하는 주관적 체계라고 이해하였다.[73] 그리하여 칸트는 자신의 철학적 사유를 완성을

70 Reinhold Bernhard Jachmann, *Prüfung der kantischen Religionsphilosophie in Hinsicht auf die ihr beygelegte Aehnlichkeit mit dem reinen Mistizismus. Mit einer Einleitung von Immanuel Kant.* Friedrich Nicolovius, Königsberg 1800; (Europaea Memoria, Reihe II: Texte, Band 1) Olms, Georg 1999.

71 Carolus [Karl] Arnold Wilmans [Willmans], *De similitudine inter mysticismum purum et Kantianam religionis doctrinam*, Halis Saxonum [Halle] 1797.

72 Immanuel Kant: *Opus postumum*. Gesammelte Schriften Akademieausgabe, Bd. 21 (1936), Bd. 22 (1938). Gruyter, Berlin; *Kants Opus Postumum*, Hrsg. von Erich Adickes, Verlag von Reuther and Reichard, 1920.

73 XXII 357.(회페 42[50]에서 재인용)

이룬 이론으로 보지 않고, 언제나 새로운 통찰과 물음들로 이루어진 부단한 과정이라고 이해하고자 했다.

1804년 2월 12일 새벽 3시 45분, 그는 최후의 순간을 가장 경건한 자세로 맞았다. 그 전날 그는 자신의 삶에 대하여 만족한다는 의미에서 "좋다"라는 마지막 말을 남겼다. 그의 묘비에는 『실천이성비판』의 유명한 경구, 즉 "더욱 자주 오랫동안 생각하면 할수록 나의 심정을 감격과 경외로 가득 채우는 두 가지 사실이 있다. 나의 머리 위에 있는 별이 빛나는 하늘과 나의 마음속에 있는 도덕법칙이 바로 그것이다"(실천 A 288, V 162; WA 4, 300)가 적혀 있다.

○

제2장 칸트의 근본 물음

: 선험철학의 문제지평

철학사가로 정평이 있는 코플스톤은『철학사*A History of Philosophy*』제4권『데카르트에서 라이프니츠까지Descartes to Leibniz』의 서론에서 '칸트'를 간략하게 다루고 있다.[01] 코플스톤은 앞서 말한 "나의 머리 위에 있는 별이 빛나는 하늘과 나의 마음속에 있는 도덕법칙"이라는 칸트의 기본적인 문제가 데카르트의 것과 크게 다르지 않다고 보았다. 그것은 바로 우리가 어떻게 "결정론의 영역인 물리적 세계와 자유의 영역인 도덕적 질서를 서로 조화시킬 수 있는가?"(합리론 88)라는 문제이며, 완전히 분리해 있고 독립적인 두 세계를 '인간을 통해서' 해결하려는 것이 두 사상가의 공통점이라고 본다. 인간은 자연세계와 지성 세계에 동시에 속한 존재이기 때문이다. 그러나 기계론적 인과성의 세계를 받아들이면서도 그것을 정신적 실재와 결합하려고 시도했던 17세기의 데카르트가 무한하고 초월적인 신의 존재를 굳게 믿고 증명할 수 있다고 확신했던 것과는 반대로 18세기의 칸트는 라이프니츠-볼프의 형이상학에 심취했던 시기를 벗어나 그 자신의 비판철학적 관점을 확립하면서부터 그와 같은 존재론적 신 존재 증명의 가능성을 철저하게 부정하였다.

01 F. 코플스톤,『합리론: 데카르트에서 라이프니츠까지』, 김성호 역, 서광사 1994(이하 '합리론'으로 줄임), 86–98.

칸트 역시 우리가 현상적으로 접하는 과학의 세계, 즉 현상계와 감각을 초월한 물자체의 세계, 즉 지성계가 존재한다고 가정하였다. 칸트는 우리가 경험적 인식을 통하여 수립할 수 있는 오직 유일한 형이상학은 '자연과학의 형이상학'이라고 보았다. 그것은 인간의 인식능력 비판을 수행함으로써 밝혀질 수 있는 것이다. 또한 그는 『순수이성비판』, 『실천이성비판』, 『판단력비판』에서 선천적 종합판단, 도덕 판단, 미적 판단과 목적론적 판단을 가능하게 하는 선천적 요소들에 대한 분석을 통하여 이성의 이론적 사용의 한계를 설정하는 이른바 '규제적 원리'를 확립하였다.

데카르트와 마찬가지로, 그러나 그와는 다른방식으로 칸트는 또 하나의 형이상학이 가능하다고 보았는데, 그것은 바로 도덕 형이상학이다. 그는 전통 형이상학자들이 증명하고자 시도했던 자유, 영혼 불멸, 신 존재의 문제들을 이론적, 과학적 인식의 문제로 보지 않고, 도덕 의무를 인식하고 있는 이성존재자가 자신에게 부과한 도덕법칙의 명령인 최고선의 실현을 위한 노력을 현실적으로 가능하게 하는 조건들에 대한 문제로 바꾸어서 생각해 보고자 했던 것이다. 칸트는 우선 도덕법과 양심의 문제를 '이성의 사실'Faktum der Vernunft이라고 단정했다. 그리고 도덕법이 우리에게 부과하는 도덕적 의무가 언제나 이미 '자유'를 전제하고 있다는 사실을 발견한다. 이 도덕법은 우리에게 윤리성Sittlichkeit과 도덕성Moralität의 완전한 실현을 통하여 신성성Heiligkeit의 경지에까지 이를 것을 요구하지만, 현실적으로 그것은 무한한 지속과 부단한 전진을 전제로 하는 하나의 이상일 뿐이다. "이러한 이상을 향하여 끝없이 나아가야 한다는 의미에서 영혼의 불멸성은 도덕법칙의 '요청'이라고 할 수 있다."(합리론 94) 여기에서 코플스톤은 칸트가 영혼불멸성 명제를 요청했던 근거를 정확하게 이해하고 있는 사실을 확인하여 주고 있다. 이 사실은 나중에 칸트의 요청이론을 비판한 일부 학자들이 영혼불멸성 요청의 불필요성을 언급했기 때문에 매우 중요하다. 그런데 도덕법은 그 자신의 존립을 위하여 다른 어떤 동기도 필요로 하지 않으며, 따라서 행복을 얻기 위한 수단으로 전락하지도 않지만, 도덕은 그 결과로서 행복을 산출해야 한다. 이른바 도덕이 명하는 최고선이 바로 도덕성과 행복의 완전한 비례적인 결합 상태를 뜻하기 때문이다. "덕에 따라 비례하는 행복[sc. 최고선]의 개념은 바로 덕과 행복 사이의 관계를 연결 지을 수 있으며 또한 그렇게 하려 하는 존재의 관념을 필요로 한다. 그러므로 신의 관념 또한 도덕법칙의 '요청'이다."(합리론 94) 코플스톤에 의하면, "인간이 자유롭고 인간의 영혼이 불멸하며 그리고 초월적인 신이 존재한다"는 사실을 전통적인 형이상학자들은 결코 증명하지 못했다. 그러나 칸트는 자유, 영혼의 불멸성, 신의 현존이 도덕법의 요청이라는 사실을 밝힘으로써 종교 신앙의 고유한 자리가 들어설 수 있게 하였다. 코플스톤은 이러한 논의들을 통하여 칸트 사상의 기본 문제가 무엇인가를 간략하게 소개했던 것이다. 이제 우리는 칸트 스스로 자신의 철학적 관심을 집약한 것으로 소개했던 세 가지 주요 물음들을 통하여 그의 핵심사상을 파악하기로 할 것이다.

칸트의 선험철학Transzendentalphilosophie은 인간의 인식 능력에 대한 비판적 탐구라는 점에서 전통철학적 물음들과 지평을 달리 한다. 다시 말하면 선험철학은 경험의 가능성 조건을 다루고자 한다. 칸트 이전 시대의 철학이 인식 능력에 대한 논의 없이 독단주의적 또는 회의주의적 주장들로 이루어진 것과는 반대로, 칸트는 인식 능력의 한계 규명을 가장 우선적인 문제로 생각하였다. 경험 가능성 조건에 대한 물음은 '자연 형이상학'Metaphysik der Natur을 지향한다. 그리고 그것은 또 다시 도덕적 실천의 가능성 조건에 대한 물음으로 이어지면서 '도덕 형이상학'Metaphysik der Sitten의 차원을 열어 나간다. 칸트는 도덕의 가능성을 확보하기 위하여 하느님의 존재를 요청했는데, 그로부터 칸트의 도덕철학은 필연적으로 전통 형이상학의 핵심 주제들, 즉 영혼의 존재와 그 불멸성, 세계와 자유, 그리고 하느님의 존재와 그 은총 등에 대한 논의들로 이행하게 되었다. 이 물음들에 대한 관심은 플라톤과 아리스토텔레스 이후 줄기차게 이어져 왔던 '형이상학'Metaphysik에 다름 아니다. 그리하여 칸트는 우리가 지금까지 물어 왔고 지금도 여전히 묻고 있는 가장 대표적인 철학적 물음들을 『순수이성비판』[02]의 「방법론」에서 다음과 같이 정리하였다.

> 나의 이성의 모든 관심(사변적인 것뿐만 아니라 실천적인 것도 마찬가지로)은 다음의 세 가지 물음으로 집약할 수 있다.
>
> 1. 나는 무엇을 알 수 있는가? Was kann ich wissen?
> 2. 나는 무엇을 해야 하는가? Was soll ich tun?
> 3. 나는 무엇을 희망해도 좋은가? Was darf ich hoffen?
>
> (순수 A 804-805 B 832)

칸트의 이러한 물음들은 그가 제기한 선험철학의 문제 지평과 사유 정향을 함축하고 있다. 다시 말하면 이 세 가지 물음은 이론적 지식의 가능성 조건과 형이상학의 문제, 실천적 행위의 가능성 조건과 윤리학의 문제, 신앙적 희망의 가능성 조건과 종교철학의 문제를 겨냥하고 있으며, 이를 종합할 경우에 인간이란 무엇인가라는 하나의 물음에 이르게 된다. 결국 칸트는 인간의 이성 능력을 비판하고자 한 것이며, 각각의 물음을 통하여 이론이성비판, 실천이성비판, 종교이성비판을 시도하였던 것이다.

02 Immanuel Kant, *Kritik der reinen Vernunft*. Riga 1781 (A), Riga 1787 (B); Berlin 1911. (이하 '순수'로 줄임)

1. 나는 무엇을 알 수 있는가? -이론적 지식의 가능성 조건

첫 번째 물음은 사변적spekulativ이다. 칸트는 이 첫 번째의 물음, 즉 인간의 이론적인 인식 능력에 대한 물음을 해명하기 위하여 『순수이성비판』에서 '이성'Vernunft 능력의 한계를 비판적으로 규명하고자 하였다. 이는 본질적으로 형이상학에 대한 물음이다. 이 경우에 칸트는 순수 이성이 본래부터 규명하고자 했던 '하느님'과 '내세'라는 두 가지 궁극적인 사실에 대하여 작업 불가능하다는 사실을 확인하게 된다. 따라서 칸트는 여기에서 초월적 무제약자에 대한 이론이성의 사용은 '규제적 원리'regulatives Prinzip에 의하여 한정해야 한다고 밝혔다.(순수 A508-510 B 536-538) 우리가 이론이성의 사용에 의하여 얻을 수 있는 경험의 객관적 타당성은 밖으로부터 들어온 직관 내용들과, 인식 주체가 경험 활동 이전에 미리 가지고 있는 지성의 논리 작용이 서로 '종합'Synthesis을 이루는 곳에서만 주어질 수 있다. 그리하여 칸트는 우리에게 직관 내용으로서 드러날 수 없는 이성 개념들, 특히 주체적 자아와 세계 개념, 그리고 신과 같은 '이념'Idee들은 이론이성의 인식 대상이 될 수 없다는 것을 분명히 하였다. 칸트는 그 이전의 경험론자들과 합리론자들은 인간의 이성 기능을 철학적으로 비판하지 않고 철학적 체계화를 시도함으로써, 우리의 이론이성이 가지고 있는 논리적인 판단 능력을 간과하는 잘못을 범하거나(경험론), 또는 직관을 통하여 우리에게 확실하게 주어질 수 있는 것들을 부정하면서 우리의 이론이성이 다룰 수 없는 이념적 대상에까지 판단을 확장하는 잘못을 저질렀다고(합리론) 비판하였다. 칸트는 여기에서 오늘날 비트겐슈타인이 강조한 것과 마찬가지로 '말할 수 있는 것'과 '말할 수 없는 것'에 관한 기준을 이성 사용의 통제적, 또는 규제적 원리라고 규정하였다. 이것은 한마디로 순수이성을 정당하게 사용할 수 있는 불편부당한 조건을 세움으로써 근거 없는 월권을 거부하고 회피하려는 법정과도 같은 것이다. 이처럼 '하나의 법정을 설정하라는 이성 그 자체의 요구'(순수 A xii)는 형이상학을 부정하기 위한 것이 아니라 형이상학을 학문으로서 가능하게 하는 근거를 찾자는 것이다. 즉 형이상학을 '학문의 안전한 길'로 인도하려는 것이다.(순수 B vii) 이로써 칸트는 전통신학의 방식으로는 "무모순적으로 사고할 수 없"(순수 B xx)는 형이상학의 대상인 '무제약자'das Unbedingte를 '이성사용의 규제적 원리'에 의해 의미 있게 사용할 수 있게 된 것이다. 이러한 새로운 이성 실험을 칸트는 '코페르니쿠적 혁명'(전회)이라고 불렀다.

칸트에 의하면 모든 인식은 경험과 더불어 시작한다. 그러나 그는 모든 인식이 경험으로부터 나온다고 생각하지는 않았다. 이는 경험적 인식조차도 경험과 독립적으로 존재하는 원천이 없이는 결코 불가능하다는 사실을 말해 주고 있다. 그렇다면 경험은 어떻게 가능한가? 칸트는 경험의 객관적 타당성을 정초하는 과정에서 직관과 지성의 종합 작용을 강조하면서, 특히 직관 활동의 대상에 대한 지성의 범주 작용(합성)을 근거로 하여 경험의 객관성을 확보하려고 하였다. 따라서 칸트가 말하는 '종합'이란 실제로 객관적인 경험 자료들과 범주 작용의 합성이 아니라, 주관적인 직관 활동의 산물인 직관 대상과 범주 작용의 합성 작용에 지나지 않는다. 다시 말하면 칸트는 사물자체와 직관 대상의 정합성 여부에 관해서는 전혀 묻지 않고, 단지 자명한 사실로 받아들이고 있는 것이다. 따라서 칸트의 인식론에서 사물자체의 모습과 그것이 받아들여진 직관 대상이 어떻게 일치하며, 도대체 무엇이 그 사실을 보증해 주는지에 관해서는 무비판적이다. 인식의 원천적 근거에 대하여 아무런 해답도 주지 못하고 있다.

그렇다면 칸트의 인식 비판은 완결적인 것이 아니다. 만일 사물 자체와 직관대상의 동일성에 관한 확실한 증거를 마련하고 있지 않다면, 아직 그와 같은 동일성의 문제를 확보하지 않은 직관 대상과 범주 작용에 의해 세워진 경험의 객관적 타당성도 위협을 받게 되기 때문이다. 칸트의 인식론에서도 역시 칸트가 살피지 못한 새로운 문제가 발생하고 있는 것이다. 칸트가 그 이전의 철학자들에 대하여 의문을 품었던 것처럼, 칸트의 인식론에서 경험의 객관성을 정초할 수 있는 새로운 가능성 조건을 추적하는 것 역시 새로운 철학적 물음이자 철학적 과제로 새롭게 제기될 수 있는 것이다.[03]

또한 칸트는 『순수이성비판』에서 칸트는 신을 '최고선의 이상'Ideal des höchsten Guts으로 규정하는 동시에 '도덕적 세계'moralische Welt[04]를 최고선 개념으로 확보하고 있다. 지성의 활동들을 체계화하고 통일하는 기능을 가진 이성의 이념들은 경험의 체계화를 위한 원리인 동시에 형식적 규칙이며 발전을 위한 고안이다. 이러한 이성의 대상 개념들로서는 '영혼'Seele, '세계'Welt, '신'Gott이 있다. 칸트는 영혼의 실재에 관해서는 '순수이성의 오류추리'Palalogismen der reinen Vernunft임을 밝히고, 세계의 실재에 관해서는 '순수이성의 이율배반'Antinomie der reinen Vernunft임을 밝히고, 신의 실재에 관해서는 '순수이성의 이상'Ideal der reinen Vernunft임을 밝혔다. 칸트가 『순수이성비판』에서 작업한 이 세 이념들은 이론적으로 그 존재를 증명할 수도 없고 반박할 수도 없는 특성을 가지고 있으며, 따라서 이론적인 학문의 대상이 되지 못한다. 또한 칸트는 '세계' 개념과 관련이 있는 네 개의 이율배반 가운데서 세 번째 이율배반의 해소를 통하여 '자유'Freiheit를 확보함으로써 도덕과 종교의 연결고리를 잡을 수 있었다. 『순수이성비판』에서 칸트는 '신앙'Glaube의 문제가 이론

03 순수 이론이성의 사용에 대한 정당성 근거 역시 특별한 세계관적 전제로부터 온다는 사실에서 우리는 그것이 오직 실천적 이성사용의 변증론에서 출현하는 불가피한 모순을 회피하기 위하여 칸트가 설정했던 '요청'Postulat의 방식으로만 찾을 수 있다는 새로운 한계에 부딪히게 된다. 이에 대한 논의는 김진 또는 리하르트 셰플러의 저술에서 찾아볼 수 있다.

04 순수 A 804–806 B 832–834, A 808 B 836.

적으로 다루어질 수 없으며, 그것은 도덕철학적 필요에 의해서만 의미를 가질 수 있게 되는 사실을 분명히 하고 있다.

2. 나는 무엇을 해야 하는가? -도덕적 실천의 가능성 조건

두 번째 물음은 '실천적'praktisch이다. 칸트는 이 두 번째 물음, 곧 인간의 도덕적 실천의 가능성 조건에 관한 물음을 그의 저서 『실천이성비판』[05]에서 체계적으로 논의하고 있다. 이는 본질적으로 윤리학에 대한 물음이다. 우리가 인간이기 위해서 마땅히 수행하지 않으면 안 되는 도덕적인 삶의 원초적 규범을 여기에서 근본적으로 작업하고 있다. 여기에서는 자유와 자율, 그리고 도덕법 앞에서 순수한 의무 준수를 중시한다.[06] 칸트가 이곳에서 제시하고 있는 도덕적 규범은 행위결과에 대한 도덕적 실천내용의 판단기준이 아니고, 바로 그 행위를 결정하고 있는 동기에 관한 '도덕적 심정'moralische Gesinnung이다. 따라서 칸트의 윤리학은 막스 셸러Max Scheler(1874~1928)가 주장하는 내용 윤리학과 반대를 이루는 '형식 윤리학'formale Ethik 또는 '심

05 Immanuel Kant, *Kritik der praktischen Vernunft*, Riga 1788, Berlin 1913.(이하 '실천'으로 줄임) Zweites Buch: Von der Dialektik der reinen Vernunft in Bestimmung des Begriffs vom höchsten Gut.

06 칸트는 이성을 존재하는 것을 탐구하는 순수이성과 우리가 해야 하는 것을 다루는 실천이성으로 구분한다. 그는 『순수이성비판』의 이율배반론에서 초월적 자유 개념이 사고될 수 있다고 강조하였다. 순수한 실천이성은 의지의 자유에서 성립한다. 칸트는 실천이성에서도 경험적인 조건에 의한 이성과 비도덕적인 경험에서 원칙적으로 도출할 수 없는 윤리적 선과 관계하는 순수한 이성을 구분한다. 『실천이성비판』에서 자유의 원리는 제1비판서의 자유 개념에 비교할 때, 도덕적 자유를 뜻하는 소극적 개념이며, 여기에서 '이성의 사실'은 초월적이고 도덕적인 자유가 현실적으로 존재한다는 것을 보여 준다. 물론 이것은 경험적으로 관찰할 수 있는 행동들에서 실제로 보이는 것이 아니라 '행위에 대한 도덕적 판단'으로 재단하는 것이다. 이러한 '이성의 사실'로부터 당위의 진술이 나온다. 따라서 정언명법은 '이성의 사실'에서가 아니라 '무제한적 선의 개념'에서 도출할 수 있다. 회페는 칸트의 자유 개념은 법철학, 역사철학, 종교철학 등, 그의 모든 철학을 규정하는 지도 개념이라고 보았다.(회페 242, 244-5 [204-205, 207])

정의 윤리학'Ethik der Gesinnung이다. 그리하여 칸트 윤리학에서 도덕적 행위로 분류될 수 있는 유일한 근거는 도덕적 심정moralische Gesinnung, 심정의 도덕성 Moralität der Gesinnung이다. 그리고 이와 같은 도덕적 심정이란 도덕성 그 자체이고, 이 도덕성은 바로 도덕적 실천 주체에게 드러나는 도덕법에 대한 절대적인 경외심이다. 칸트 윤리학의 목표는 인간의 도덕적 실천을 도덕성 그 자체의 상태에까지 일치시키려는 데 있다. 그리고 도덕적 인간의 이상적 원형이념을 종교적인 신성성에 두고 있다. 완전한 도덕성으로서 신성성은 칸트철학에서는 '정언명법'kategorischer Imperativ의 형태로서 나타난다. 이것은 도덕성에서 최고의 판정 기준이다. 즉, 나의 모든 실천적 행위가 도덕법을 저촉하지 않고 도덕성 또는 신성성과 일치하도록 하라는 것이다. 그것은 마땅히 하지 않으면 안 되는 것, 즉 당위를 말한다. 회페는 이를 한마디로 '윤리적으로 행위하라!'Handle sittlich라고 규정했다.(회페 216[182])

그리하여 칸트는 도덕적 동기 이외의 어떤 다른 행위동기를 인정하지 않으며, 또한 도덕법이 명하는 이외의 다른 불순한 동기에 의한 행위는 비록 그 행위결과가 유익하다고 할지라도 도덕적 행위가 아니라고 본다. 따라서 도덕적 실천의 가능성 문제는 우리가 과연 실제로 도덕법칙이 명하는 바대로 도덕적인 의무감만을 바탕으로 행위할 수 있는 실존적으로 가능적인 힘이 있는가라는 문제와 관계하고 있다. 즉 우리는 도덕법이 명하는 것을 수행할 수 있는 실천적인 능력을 가지고 있는가라는 물음과 관련이 있다. 칸트에서 '도덕법'은 '이성의 사실'Faktum der Vernunft이며, 그것은 모든 인간의 본질 속에 '한 몸이 되어 있다'.(실천 A 188, V 105) 그것은 "가장 거칠지만 가장 읽기 쉬운 활자로 인간의 영혼 속에 씌어져 있다."07

07 I. Kant, *Über den Gemeinspruch: Das mag in der Theorie richtig sein, taugt aber nicht für die Praxis*, A 229, VIII 287. 칸트, 『속설에 대하여: 그것은 이론에서는 옳을지 모르지만, 실천에 대해서는 쓸모없다는』.

도덕법이 명하는 것을 완전하게 수행할 수 있다는 것은 곧 우리의 심정이 도덕성 그 자체라는 사실을 의미하며, 그것은 칸트가 말하는 정언적 명법을 완전하게 지킬 수 있는 것을 의미하기도 한다. 그러나 우리는 현실 속에서 우리들 자신과 우리들의 도덕적 심정이 도덕성 또는 신성성Heiligkeit 그 자체와 동일할 수 없다는 사실을 분명하게 깨닫게 된다. 왜냐하면 우리는 현실적으로 유한한 존재자이며 도덕적으로도 항상 불완전한 존재이기 때문이다. 우리들은 자신의 도덕적인 행위 속에 항상 자신이 생활을 하면서 성취하고자 하는 기본적인 욕구구조[경향성]에 길들어 있으며, 따라서 도덕성 이외의 다른 동기가 언제나 이미 자리하는 사실을 발견하게 된다.

칸트는 그의 『실천이성비판』에서 도덕적 실천의 가능성 조건의 하나로서 '영혼불멸성'Unsterblichkeit der Seele을 들고 있다. 인간은 도덕적으로 불완전하고 또한 시간적으로 유한한 존재자이기 때문에 완전한 도덕성, 신성성과 일치하기 위해서는 시간적으로 신성성에 '무한한 접근'을 시도할 수 있는 가능조건이 주어지지 않으면 안 된다는 것이다. 신성성은 우리의 자율적인 노력에 의해서만 달성해야 하는데 우리가 아무리 자율적으로 노력한다 할지라도 우리의 생명은 유한한 것이므로 결국 우리는 도덕성과 완전히 일치하기 전에 죽어 없어질 것이다. 따라서 도덕적 실천을 통한 도덕성과의 완전한 일치는 우리의 영혼이 불멸하여 도덕성을 향한 무한한 접근과 무한한 전진을 허용하는 조건 하에서만 가능한 것으로 상정할 수 있다.

칸트의 이와 같은 논의에는 근대 계몽사상의 기저를 이루고 있는 낙관주의Optimismus 사상과 라이프니츠 철학의 무한Unendlichkeit 개념을 전제하고 있다. 칸트는 여기에서 도덕적 완전성에 도달할 수 있는 가능성 조건으로 도덕적

오진석 역, 도서출판b, 2011, 28.

실천의 무한진행을 상정하고 있는데, 이는 칸트 윤리학에서 자율성을 담보하기 위한 요청적인 기제이다. 그러나 도덕적 실천을 위한 무한진행은 최고선의 실현을 위한 필수적인 요건이기는 하지만, 그것만으로는 아직 충분한 조건이 될 수 없다. 비록 우리의 영혼이 불멸하여 실천적 행위를 영원히 보장받는다고 하더라도, 그 실천의 방향이 도덕성을 향하지 않을 수도 있으며, 설령 우리들의 실천적 행위가 비록 도덕성을 향한 도정에 있다고 하더라도 그것만으로 도덕성 그 자체와 일치한다고 볼 수 없기 때문이다.

또한 칸트의 시각과는 전혀 다른 측면에서 볼 때 우리는 도덕성과의 완전한 일치를 위한 조건으로서 반드시 무한시간 개념을 요구해야 한다고 주장할 수만은 없을 것이다. 왜냐하면 세계관적인 차이에 따라서는 신성성에의 접근은 무한시간의 설정 없이도 가능하기 때문이다. 예를 들면 서구의 형이상학과는 다른 동아시아적 사유세계의 하나인 불교의 구원론에서는 윤회설을 전제하고 있으며, 여기에서는 신성성에의 완전한 일치를 위하여 무한시간 개념을 필연적으로 요구하지 않을 뿐만 아니라, 칸트와 반대로 유한한 현재의 삶 속에서도 열반, 즉 완전한 신성성에 도달할 수 있는 이론적 가능성을 전제하고 있다. 다시 말하면 불교적 세계관에서는 무한시간의 단절을 요청하고 있는 것이다. 도덕적 실천의 가능성 조건에 대한 물음은 『실천이성비판』 이외의 다른 윤리학적 저서들과 『이성의 오롯한 한계 안의 종교』 등에서도 다루어지고 있다.

칸트는 종교에 대한 그의 주저에서 인간의 심성을 근본적으로 악하다고 규정하였다. '근본악'das radikale Böse이다. 이것은 칸트의 도덕철학에 나타나고 있는 기독교적인 근본전제이다. 따라서 우리는 칸트가 말하고 있는 도덕법이나 정언적 명법을 처음부터 완전하게 수행할 수 없다는 사실을 분명하게 깨닫게 된다. 그 이유는 우리의 심정이 처음부터 악하다면 도덕법칙을 수행할 능력이 없다는 결과가 되며, 비록 우리가 심정을 순화하여 정언적 명법이 요구하는 바를 달성하려고 노력한다 할지라도 결국 그것은 도덕성 그 자체일 수는 없고 우리들 자신의 욕구구조나 목적체계를 수행하려는 의도와 분리할 수 없기 때문이다. 그렇다면 최고선 수행의 가능 조건으로 칸트가 제시한 도덕적 행위 주체의 무한시간, 즉 영혼불멸성 요청은 아무런 의미도 없는 것일까?

칸트가 전제하고 있는 영혼불멸성의 요청은 그의 철학체계 속에서 특정한 의미를 가지고 있는데, 그것은 바로 도덕성에의 무한진행을 위한 조건명제로서 영혼불멸성은 칸트 윤리학이 전제하고 있는 자율성의 원칙을 끝까지 지지하고 있다는 사실에 있다. 따라서 영혼불멸성의 요청은 칸트 윤리학에서 도덕적 실천의 가능성을 위한 필요조건이지만 아직 충분조건은 되지 못하고 있다. 그러나 이와 같은 논리적인 취약점들을 칸트는 그의 철학적 종교론『이성의 오롯한 한계 안의 종교』에서 더 정교하게 보완하고 있다. 칸트는 여기에서 인간의 심정이 근본적으로 악하지만 선으로 전향할 수 있는 가능성이 아직 남아 있다고 본다. 왜냐하면 그것은 인간이 처음 신에 의하여 창조될 때부터 악했던 것이 아니라 악한 존재자의 유혹에 의하여 최초의 자유의지를 잘못 사용함으로써 타락했기 때문이다. 따라서 인간은 최초의 창조상태에 가지고 있었던 선의 의지를 회복할 수 있는 가능성을 아직 가지고 있으며 그것은 도덕적 실천의 단계적인 노력에 의하여 구체화될 수 있다. 그러나 인간은 근본적으로 악한 상태에 예속해 있기 때문에 실천의 무한진행만으로는 도덕성의 상태에 접근할 수 없으며, 그것은 영원한 악무한으로 남아 있게 된다. 따라서 실천주체가 근본악으로부터 탈출을 시도하지 않으면 안 되고, 그것은 '심정의 혁명'Revolution der Gesinnung을 통해서만 가능하다는 것이다. 심정의 혁명이 이루어지지 않은 상태에서 도덕적 실천의 무한진행은 도덕성과 일치하지 못하고 영원한 악무한에서 헤어나지 못하게 되지만, 심정의 혁명이 일어난 후의 영원한 무한진행은 적어도 신성성을 향하게 된다는 것이다. 그러나 칸트는 여기에서 아무리 도덕적으로 불완전한 인간이 신성성을 향하여 접근하고 또한 일치하려고 노력한다 할지라도 우리는 항상 그 도중에 머물러 있기 때문에 도덕성과의 완전한 일치를 경험할 수 없게 된다는 사실을 강조하고 있다. 그럼에도 불구하고 우리는 도덕법칙이 그와 같은 노력을 우리에게 요구하고 있으며 심지어는 의무로서 부과하고 있기 때문에 도중에 포기할 수 없는 것이다. 그런데 우리는 이 세상에서 아무리 자기 혼자서 도덕적으로 완전하게 살기 위하여 결심하고 또한 그렇게 살려고 노력한다 하더라도 주위에 있는 다른 사람들이 그렇게 살지 않을 경우에는 혼자서만 도덕적으로 사는 것이 어려울 뿐만 아니라, 심지어는 그 악한 사람들이 자신의 도덕적 삶마저 짓밟아 오는 사실을 구체적으로 경험하게 된다. 따라서 현실적으로 우리는 도덕법과 정언적 명법이 요구하고 부과하는 의무사항을 이행할 수 없는 것을 도덕법이 우리에게 의무로 부과하였다면, 그와 같은 도덕법은 잘못된 것이며 따라서 파기해도 좋을 것이다. 그러나 칸트철학에서 도덕법은 '이성의 사실'Faktum der Vernunft로서 주어지는 것이기 때문에 도덕법이 하나의 법으로서 구속력을 가지기 위해서는, 반드시 그 도덕법이 명하는 사실은 실현가능하지 않으면 안 되는 것이다. 우리가 아무리 자발적으로 노력하고 심지어는 영혼의 불멸성까지를 요청해도 도덕성과의 완전한 일치를 성취하지 못한다면 과연 어떤 조건 아래에서 그와 같은 도덕적 실천의 가능성을 확보할 수 있는 것일까? 칸트는 여기에서 '하느님의 은총판단'Urteilsspruch Gottes과 '하느님의 나라'Reich Gottes를 새로운 조건 명제로서 제시하고 있다. 하느님의 나라는 개인적 실천의 한계성을 극복하여 집단적인 노력에 의하여 새로운 도덕적 세계를 이 지상 위에 확장시킬 수 있다는 사회개혁적 차원의 논리이다.

칸트의 정치철학적인 작품『영원한 평화에 대하여*Zum ewigen Frieden*』에서는 영원한 세계평화를 보장하는 국가들의 집단적 노력을 요구하고 있다. 영혼불멸성의 요청과 세계평화를 위한 종교적 정치적인 요청에도 불구하고 새로운 도덕적 세계의 정초 가능성은 아직 우리에게 주어지지 않고 있다. 왜냐하면 개인의 도덕적인 노력에도 불구하고 아직 지워지지 않은 죄의 흔적이 있으며, 사회(교회)와 국가의 집단적인 노력에도 불구하고 타협할 수 없는 사항들과 살고 있는 순간의 어두움이 여전히 자리하고 있기 때문이다. 여기에서 칸트가 마지막으로 제시하고 있는 요청명제가 바로 하느님의 은총판단이다. 그러나 하느님에 대한 신앙은 반드시 도덕적인 자율성, 즉 자율적인 노력의 성과로서만 들어설 수 있다는 것을 칸트는 강조하고 있다. 도덕적으로 무한한 노력을 기울였지만 여전히 도덕성으로 가는 길목에서 방황하는 사람들에게는 비록 그 노력으로써 도덕성 그 자체와는 일치하지 않았지만 그 모든 노력과 정성을 감안하여 도덕성과 완전한 일치를 성취하였다고 사정하고 평가해 줄 수 있는 하느님의 존재와 바로 그 하느님의 은총판단을 필연적으로 요청하게 된다. 그리고 이와 같은 하느님의 은총판단은 교회개념과 평화정부, 그리고 지상적인 하느님의 나라를 건설함으로써 새로운 도덕적 세계질서를 창안하려는 데 있어서 드러나는 논리적인 결함을 완전하게 보완해 주고 있다.

3. 나는 무엇을 희망해도 좋은가? -종교적 희망의 가능성 조건

세 번째 물음은 '실천적'인 동시에 '이론적'이다. 칸트는 이 세 번째 물음을 실천이성의 궁극적 대상이라고 할 수 있는 최고선의 완전한 실현가능성의 조건과 연관시키고 있다. 이는 본질적으로 종교적 성화와 희망에 대한 물음이다. 희망은 '아직 - 아닌 것', '아직 존재하지 않은 것'(블로흐Ernst Bloch)과 관계하며, 구체적으로 아직 오지 않은 삶의 미래지평으로서 역사와 종교의 문제이다. 칸트에 의하면 희망에 관한 물음은 이론이성의 관심과 실천이성의 관심을 매개하는 통일적인 물음이며, 이 물음을 매개로 자연법칙과 도덕법칙의 구조상이성으로 인한 문제점들을 해결하려고 시도한다. 칸트철학에서 도덕법은 '이성의 사실'로서 주어져 있으며, 칸트는 이 도덕법의 자체적 구속력을 확보하기 위하여 실천적 이성사용에서 변증론을 통한 최고선의 실현 가능성을 위한 조건들을 추적하고 있다. 여기에서 가장 중요한 사항은 우리가 도덕적으로 행위하였을 때, 우리가 무엇을 희망해도 좋은가라는 문제이며, 이것은 칸트철학에서 도덕에서 종교로 이행한다는 원칙을 확정하고 있다. 그러므로 칸트에서 도덕과 종교의 문제는 '자율성'과 '신에 대한 믿음'이라는 두 가지 선택지 중의 하나를 취하는 것이 아니다. 도덕은 스스로 그 자체를 무제약적 법칙에 따르게 하는 자유로운 존재의 이념에 근거한다. 따라서 도덕적이기 위하여 신에 대한 믿음이 필연적인 것은 아니다. 오히려 내세의 보상과 처벌 때문에 도덕법칙에 따르려는 사람들은 자율적인 존재가 아니다. 그러므로 도덕적 행위는 '도덕법에 대한 존경' 이외의 다른 동기를 인정하지 않는다. 그러나 도덕은 불가피하게 종교에 이르게 된다.(종교 Biii, Bix; VI 3-6) 종교는 도덕의 토대는 아니지만 도덕의 결과에서 비롯한다. 실천이성은 '최종목적', 즉 '자율적 행위의 의미'에 대하여 묻고, 그것을 '최고선'으로 규정한다. 최고선의 필연적인 전제는 '신의 존재'와 '영혼의 불멸성'이며, 칸트에서 신앙 내용은 이처럼 '위안을 주는 희망'으로 자리 잡게 된다.(회페 295-296 [248-249]) 다시 말하면 칸트철학에서 희망의 문제는 전통적인 의미의 신앙 내용이 아니고, 칸트 고유의 이성종교 또는 도덕신학의 정초를 위한 요청명제로서 신앙을 겨냥하고 있다. 따라서 칸트의 희망 개념은 맹목적인 신앙으로서 얻어지는 것이 아니라 반드시 도덕적인 행위를 전제하고서야 생각해 볼 수 있는 그런 것들이다.

칸트에서 도덕법의 정초를 위해 필연적으로 요구하는 최고선이 실현될 수 있는 가능성 조건을 분별해나가는 실천적 이성 사용의 변증론은 결국 우리를 '이율배반'Antinomie에 이르게 한다. 칸트가 설정하고 있는 최고선은 도덕성과 행복의 완전한 비례적인 결합과 그와 같은 완전한 결합을 보장하는 '도덕적 세계'인데, 우리가 사는 현실세계에서는 그와 같은 최고선의 실현 가능성을 전혀 보장하지 않는다는 것이다. 우리가 칸트의 두 번째 물음과 관련하여 살펴본 도덕성과의 일치에 관한 문제는 우리들 자신의 도덕적 무능과 한계로 인하여 전적으로 불가능한 것으로 여겨졌으며, 이 도덕성에 대한 물음을 해결하지 않은 상태에서는 행복과의 완전한 결합 역시 문제 삼을 수 없다. 우리의 심성Gesinnung이 도덕법에 완전히 적응하는 것을 칸트는 '신성성'Heiligkeit이라고 불렀는데, 그와 같은 경지는 감각적 세계의 이성 존재로서는 그의 현존하는 어떤 시점에서도 결코 도달할 수 없는 완전성이다. 그럼에도 불구하고 도덕법은 우리에게 그러한 완전성에의 도달을 필연적인 것으로 요구한다. 따라서 우리는 "무한한 것으로 나아가는 전진 속에서만"ins Unendliche gehenden Progressus 그런 상태에 도달할 수 있다고 가정할 수 있다. 다시 말하면 그와 같은 무한한 전진은 "무한한 것 속에서 지속하는 실존"ins Unendliche fortdauernden Existenz과 "그러한 이성적 존재의 인격성", 즉

'영혼불멸성'을 전제하고서만 가능하다.(실천 A 219-220, V 122)

칸트는 여기에서 문제의 성격을 약간 다르게, 즉 우리가 만일 현실세계에서 도덕법칙이 우리에게 명하는 것을 의무로 채택하여 행위하였을 때, 어떻게 우리가 도덕적 행위에 완전하게 부합하는 행복을 얻을 수 있다고 희망할 수 있는가를 묻는다. 그러나 이 물음 역시 철저하게 부정하지 않으면 안 되었다. 따라서 실천이성의 이율배반은 최고선의 실현 가능성이 우리가 사는 세계에서는 전혀 제시될 수 없다는 것이라면 그와 같은 최고선의 실현을 우리에게 요구하는 칸트의 도덕법은 그 근본으로부터 위협을 받게 된다. 그리하여 최고선이 실현 불가능한 한에서는 도덕법의 구속성이 사라지고 칸트의 윤리학은 전적으로 붕괴될 위기에 직면하게 된다. 여기에서 칸트가 제시한 우회적인 답변이 바로 최고선의 실현 가능성 조건으로서 요청명제이며, 이것은 그가 『순수이성비판』에서 그 존재를 증명할 수도 없고 반박할 수도 없어서 이론이성적인 판단을 유보할 수밖에 없었던 이념들을 실천적 이성사용의 측면에서 그 존재 사실을 요구함으로써 실천이성의 변증론에서 필연적으로 함몰할 수밖에 없었던 이율배반들을 논리적으로 극복하고자 하였던 것이다. 최고선의 실현 가능성을 위하여 필연적으로 요구했던 요청명제 가운데 하나가 바로 앞에서 다루었던 영혼불멸성의 요청이다. 그리고 그 불멸성의 요청은 도덕성의 문제와 관련이 있으며, 칸트 윤리학에서 최고선의 실현 가능성을 위한 필요조건이었다.[08]

08 브로드는 무한한 것을 향한 현세에서 도덕적 정진에 대한 칸트의 논변이 한편으로는 도덕적 완전성을 가능한 것으로 인정하면서도, 다른 한편으로는 무한한 과정을 다 마칠 수는 없어서 결국 불가능한 것으로 인정하는 점에서 '모순적'이라고 주장한다.(C.D. Broad, *Kant. An Introduction*, Cambridge University Press 1978, 140) 그와 반대로 회페는 그 "최종의 고리를 가져야 한다는 가정이 없이도 무한한 계열을 완전한 것으로 취급할 수" 있다는 쾨르너(S. Körner, *Kant*. Hardmondsworth: Penguin 1955, 166; *Kant*, Göttingen 1967)의 주장을 소개하면서, 칸트 논변에서 모순은 거의 없다고 말한다. 그런 가정은 현대 수학과 일치할 수 있다는 것이다. 그러나 회페는 "구조적으로 인간은 도덕성과의 필연적 일치로 이해하는 신성성에 대하여

최고선의 실현가능성을 위한 두 번째 조건은 우리의 도덕적 행위가 어떻게 그에 완전히 부합하는 행복과 결합할 수 있는가라는 물음에 있다. 우리가 도덕적 행위를 하였을 경우에 그것에 비례하는 행복이 주어질 수 있는가에 대한 물음이 바로 그것이다. 우리가 바랄 수 있는 도덕적 세계란 우리가 수행하는 도덕적 행위에 비례한 행복이 주어질 수 있어야 하기 때문이다. 칸트는 그리스인들이 삶 전체와 관련한 인간의 만족을 '행복'eudaimonia이라고 한 것에 착안하여 그것을 윤리학의 필연적인 요소로 채택한다. 그러나 칸트는 도덕의 원천을 행복에서 찾지 않는다. 칸트에서 '최상선'das oberste Gut은 행복이 아니라 '도덕성으로서 덕'Tugend이다. 그런데 덕과 행복은 일치하지 않는다. 도덕적으로 행복할 가치가 있는 인간, 즉 유덕한 인간이라고 해서 실제로 반드시 행복한 것은 아니다. 행복은 '행복할 가치'Glückwürdigkeit와 필연적으로 비례하는 것이 아니므로, 최상선으로서 덕은 아직 '최고선'das höchste Gut이 아닌 것이다.

따라서 우리의 희망은 우리가 살고 있는 현실 세계에서는 결코 만족될 수 없으며, 칸트가 여기에서 논의하고 있는 도덕성과 행복의 결합은 불가능하다. 왜냐하면 우리가 살고 있는 세계는 자연법칙이 지배하고 있으며, 우리들의 실천적 요구사항과 도덕법칙이 우리에게 명하는 바는 자연법칙과는 아무런 관련도 없기 때문이다. 이 세상은 도덕적으로 선하다고 해서 경제적인 부를 허락하지도 않고, 심성이 착하다고 해서 정치적 권력이나 정신적인 행복감을 얻는 것이 아니다. 도덕적으로 선한 사람이 도덕적으로 악한 사람보다 심리적 정신적 갈등으로 더 큰 불행을 느낄 수도 있

조금도 더 자세히 알지 못하기 때문에". "무한으로 이어지는 도덕화 과정은 그것이 목표하는 바를 성취할 수 있는지는 여전히 문제"라고 지적한다. "유한한 이성적 존재인 인간은 언제나 유혹에 빠질 수 있는 상황에 처해 있다. 신성성은 도덕화 과정이 더 이상 필요 없는 순수한 지성적 존재에게만 가능하다."(회페 298[251])

다. 실력이 있고 양심적인 사람들이 배척당하고 형편없이 실력 없고 기회주의적인 사람들이 등용될 때도 많다. 즉, 이 세상을 지배하고 있는 자연법은 도덕법이 요구하는 대로 행동했던 사람들에게 전혀 그에 준하는 행복을 보장해 주지 않는다. 즉 도덕법과 자연법은 그 적용범위가 각각 다른 구조 상이성을 전제하고 있다.

이와 같은 칸트의 논의는 물론 서구의 자연과학적이고 기독교적인 세계관에 기초하고 있다. 그리고 자연법과 도덕법의 구조 상이성으로 인하여 도덕적 실천은 그에 부합하는 행복과 결합하지 못하고, 따라서 최고선의 실현은 불가능하게 되고 도덕법 역시 그 구속성을 상실하게 될 위기에 직면하게 된다. 이와 같은 위기에서 도덕법을 건져 내고 최고선의 실현을 가능하게 하는 조건으로서 신 존재를 필연적으로 요청한다.

세계의 창조자로서 신은 자연법이 지배하는 현실세계와 도덕법이 지배하는 지성세계를 통일적으로 섭리하는 전지전능하고 전선全善하신 존재자이기 때문에, 오직 그분만이 우리의 도덕적인 성숙성의 여부를 감지하고 판단할 수 있으며 그 도덕적 행위에 완전하게 비례하는 행복을 보장할 수 있는 것이다. 이러한 신은 다음과 같은 네 가지 사실들을 전제한다. 첫째, 도덕적 인간은 행복할 만한 가치가 있다는 사실이다. 둘째, 도덕성은 그에 비례하는 행복을 보장하지 않는다는 사실이다. 셋째, 적절한 행복을 할당하는 힘에 대한 희망만이 이러한 곤경에서 우리를 구원할 수 있다는 점이다. 넷째, 도덕성에 따라 적절하게 덕을 할당하는 힘은 행복에 관하여 결코 기만당하지 않기 위하여 모든 것을 알고 있으며, 적절한 행복을 언제나 할당할 수 있기 위하여 전능하며, 전혀 미혹함이 없이 행복의 할당을 추구하기 위하여 신성한, 그런 존재의 경우에만 찾을 수 있다.

따라서 칸트에 의하면 우리가 도덕적으로 행위했을 때 우리는 그에 대하여 하느님이 은혜로운 판단으로 우리들의 도덕적 불완전성에도 불구하고 도덕성 그 자체에 도달한 것으로 인정해 주실 수 있으며, 오직 하느님만이 우리의 도덕적 행위에 완전하게 부합하는 행복을 보장할 수 있으며, 우리들의 미래적 삶을 위하여 도덕적 세계를 예비하고 있다는 희망을 가져도 좋은 것이다. 그러나 이와 같은 신앙은 반드시 우리들의 도덕적 실천의 결과로서만 주어질 수 있으며, 우리가 어떤 행복을 얻기 위하여 도덕적 행위를 수행하는 것은 더 이상 도덕적인 행위라고 인정할 수 없다. 그리하여 칸트의 요청이론은 최고선의 실현가능성을 위한 조건명제에 관한 이론으로서 도덕법으로부터 종교, 특히 '도덕종교에로의 이행 원칙'을 확정하고 있다. 칸트의 세 번째 물음, 곧 희망에의 물음은 이론이성과 실천이성의 관심을 매개하고 통일하면서 우리들이 도덕적인 행위를 수행하였을 경우에 그에 부합하는 행복을 보장해 줄 수 있는 하느님의 존재와 그가 주재하는 도덕적 세계에 대한 믿음에의 확신을 가질 수 있게 한다.

4. 인간이란 무엇인가?

칸트는 『논리학 강의』에서 앞에서 제기한 세 물음을 모두 포괄하는 것이 바로 "인간이란 무엇인가?"Was ist der Mensch?라는 물음이라고 하였다.[09] 그러므로 볼프강 뢰트가 정확하게 지적한 것처럼 칸트에서 '인간에 관한 학문'인 인간학Anthropologie은 경험 이론, 윤리학, 종교철학에 기반을 두어야 한다고 생각할 수 있지만, 실제로 칸트가 펴낸 『실용적 관점에서 본 인간학』[10]

09 Immanuel Kant, *Logik* (Jäsche), in IX 25. 바바 요시유키, '인간', 『칸트사전』, 324–325 참조.
10 Immanuel Kant, *Anthropologie in pragmatischer Hinsicht*. Friedrich Nicolovius, Königsberg 1798 (A), 1980

은 이러한 취지와는 거리가 있는 것이 사실이며, 칸트 스스로도 이것을 선험적 고찰방식과는 관계가 없는 경험적 학문이라고 말하였다.[11] 그러므로 칸트가 비판철학에서 던진 "인간이란 무엇인가?"라는 물음은 감성계와 지성계에 동시에 속하는 존재로서 "감성계 안에 있는 이성적 존재자들"이 추구하는 '신비체'corpus mysticum, 즉 '도덕적 세계'의 이념을 가지고 있는 존재자에 대한 것이다.(순수 A808 B836) 이 존재자들은 '자연의 나라'와 함께 '은총의 나라'(Leibniz)를 필연적인 것으로 요구할 뿐만 아니라, 도덕적으로 행복할 만한 품격을 가지려고 부단하게 노력하는 것에 그치지 않고, 그에 부합하는 행복을 희망해도 좋을 도덕적 세계의 근거인 '최고의 이성존재자'인 하느님에 대한 신앙을 가지고 있는 그런 존재이다. 이와 함께 칸트는『판단력비판』에서 위의 물음의 주체가 인과성의 법칙에 놓여있는 감성계 안에 살고 있지만 '초감성적 능력'인 자유를 행사할 수 있는 '예지체로 간주된 인간', '도덕적 존재자로서 인간'을 '창조의 궁극목적'이라고 규정하고 있다.(판단 B 398)

비판철학에서 인간은 이성, 즉 시간과 공간의 직관 형식으로 감각적인 것들을 수용하는 감성과, 범주 활동을 통하여 인과적 경험적 인식을 산출하는 자발적인 지성의 종합적용으로 객관적으로 타당한 경험을 산출하는 동시에, 그와 같은 지성적 사유 활동에 통일성을 부여하는 이성 개념들, 즉 영혼, 세계(자유), 신을 의미 있게 말할 수 있는 이성비판적 원리를 자율적으로 수립하는 규제적 원리를 가지고 있는 존재이다. 따라서 칸트가 규정하는 인간은 이론적으로 감성의 한계 안에서 지식을 산출할 수 있으며, 실천적으로 그 자신의 영혼 존재의 단일성과 영원한 지속 가능성과 함께 하느

(B). VII (Oswald Külpe, 1917), Cassirer-Ausgabe 8 (Otto Schöndörffer, 1922), WA 6, 395–690.

11 Wolfgang Röd, *Geschichte der Philosophie* Bd. IX, 1: *Die Philosophie der Neuzeit 3. Teil 1: Kritische Philosophie von Kant bis Schopenhauer*. C.H. Beck, München 2006, 140.

님의 존재를 도덕적 행위의 가능성 조건으로 요청할 수 있는 그런 존재이기도 하다. 이처럼 이론적 측면과 실천적 측면의 상호 보완적 취지는 특히 우리의 이성이 동시에 '판단력'Urteilskraft을 가지고 있다는 것을 말해 준다. 판단력은 보편적인 것과 개별적인 것의 관계를 파악하는 능력으로서, 자연의 궁극목적이 인격으로서 '인간의 완성'이나 '문화'의 완성에 있다고 보는 목적론적 사유능력이다.(순수 A 850 B 878; 판단 B 388)

그리하여 칸트는 우리 인간이 단지 자연의 기계론을 넘어서서 자유의 영역에 존재하는 두 세계에 동시에 속하는 존재라고 이해하면서 지성적인 세계에 속하는 '신비체'의 일원이라고 생각한 것이다. 칸트는 실천철학에서 도덕적 신성성과 행복의 비례적인 결합을 최고선으로 제시하였지만, 인간은 현세에서 그와 같은 궁극목표에 도달할 수 없는 것으로 생각하였다. 그래서 도덕적 행위 자체의 의미를 훼손하지 않기 위해서 필연적으로 도덕적 행위 주체의 무한한 존속 가능성, 즉 영혼불멸성을 요청한 것이다. 이와 함께 칸트는 한 개체로서가 아니라 인류 전체, 즉 유類로서 역사를 통하여 지상에서 하느님 나라의 실현이라는 정치사회적 최고선에 근접할 수 있는 집단적인 무한 지속의 요청을 상정하였다. 이는 영혼불멸성 요청의 새로운 변형으로서 칸트는 인간이 스스로 할 수 있고 반드시 해야만 하는 도덕적 노력의 가능성 조건으로서 요청한 것이다.

칸트는 '인간학' 강의를 1772/1773년 겨울학기에 시작하여 대학에서 활동을 마친 1796년까지 계속했으며, 1798년(74세)에 20여 회에 이르는 강의 내용을 정리하여 『실용적 관점에서 본 인간학』을 출판하였다. 그는 이 책에서 프로이센제국의 중심지인 쾨니히스베르크의 실제생활에 긴요하게 도움이 될 수 있는 인간과 세계에 대한 지식을 풍부하게 제공할 목적으로, 인간의 외면과 내면을 인식하는 방법에 대한 '인간학적 교수론'Anthropologische Didaktik과 인간의 내면을 외면으로부터 인식하는 '인간학적 성격론'Anthropologische Charakteristik을 다루고 있다. 전자는 의식, 이기주의, 자의적인 의식, 의식하고 있지 않은 표상, 자기 표상의 의식, 인식능력, 상상력, 감성적 창조능력, 쾌와 불쾌의 감정, 욕구능력 등을 대상으로 인간의 이성이 발전하는 과정을, 후자는 개인, 양성兩性, 민족, 인종, 인류의 성격을 중심으로 참된 인간의 탄생 비밀을 다룬다. 칸트는 이 강의에서 영국과 프랑스의 문학이나 일화, 여행기록 등을 통하여 매우 다양한 정보를 제공함으로써 청강자들을 매료시켰다. 칸트는 인간학에서 자기의 사고를 정립하는 '기능'(30세)이라는 인생의 단계에서, 타인의 입장에서 사고를 정립하는 '현명'(40세)의 단계를 거쳐서, 자기 자신과 언제나 동조적인 사고를 정립하는 '예지'(60세)의 단계를 거친다고 생각했는데, 이 인생의 단계들은 각각 올바른 지성, 훈련을 거친 판단력, 근본적 이성eine gründliche Vernunft에 대응한다. 예지의 실천은 참된 자유와 구제의 길이며, 이 점에서 칸트주의는 도덕과 윤리의 완성으로 나타나는 순수 이성신앙의 종교에서 정점에 달한다. 그러나 인간은 결코 개인으로서는 궁극목표에 도달할 수 없고, 유Gattung로서 역사를 통해서만 그 도달 가능성을 요청할 수 있게 된다.

『학부 논쟁』 제1편 「신학부와 철학의 논쟁」 "부록"에서 칸트는 의사이자 철학자인 칼 아놀트 빌만스의 『순수한 신비주의와 칸트의 종교론 사이의 유사성』에 있는 논문의 일부를 저자의 허락을 받아서 "보론: 종교에서 순수 신비론에 관하여"라는 제목으로 수록하고 있는데, 칸트는 이 글이 자신의 생각과 무조건적으로 일치하는 것은 아니라고 쓰고 있지만, 그가 이글을 자신의 책에 전격적으로 수록한 사실에서 짐작할 수 있듯이, 칸트의 생각을 거의 그대로 반영하고 있다고 해도 과언은 아니라고 본다. 여기에서 빌만스가 칸트의 이성비판으로 배운 것은 철학이 바로 '인간에 대한 학문',

즉 "인간의 표상, 사유 그리고 행위에 대한 하나의 학문"이라는 것이다.[12] 철학은 인간을 '있다'ist, 즉 존재와 '해야 한다'soll, 즉 당위라는 전혀 다른 두 가지 측면에서 모두 서술해야 한다. 그리하여 철학은 인간의 자연본성뿐만 아니라 인간의 도덕성 및 자유의 관계에서 규정함으로써, 인간 자체를 "근원적으로 자신의 모든 표상과 개념의 창조자이고 자신의 모든 행위의 유일한 창시자"로 이해한다. 그런데 감성과 지성은 자연에 속하며, 지상의 세계만을 규정할 수 있다. 그러나 이성은 감성적 자연을 넘어서서 '초감성적인 것'에로 나아가고자 한다. 자유로운 의지는 외부 사물로부터 독립하여 존재하므로, 이와 같은 외부사물이 인간의 행위에 동인이 되어서는 안 된다. 그렇다면 인간은 자연에 속하는 존재만은 아니다. 그리하여 인간은 "두 가지 완전히 상이한 세계들, 즉 하나는 감관들과 지성의 왕국, 따라서 이 '지상의 세계'에 대해 규정하고 있지만, 다른 하나는 우리가 알지 못하는 다른 세계, 즉 '윤리의 왕국'에 대해 규정하고 있다.[13] 지성은 자연에 속하는 것이 분명하지만, 이것만으로는 인간과 동물의 차이가 드러나지 않는다. 그러나 지성에 속하지 않는 이성과 자유로운 의지와 도덕성이야말로 인간은 그 어떤 가장 영리한 동물들보다도 다른 존재로 규정하게 하는 것이다.[14]

인간은 자신의 능동적인 능력인 지성과 그 활동의 산물인 표상과 개념을 사용하여 '자신의 세계'를 만든다. 따라서 사물들은 그것들 자체가 존재하는 방식으로서는 인식될 수 없고, 언제나 이미 우리의 감관과 지성이 서술하는 현상들로서만 인식할 수 있는 것이다. 그렇지만 우리는 그와 같은 방식으로 인식하는 대상들을 실제적인 우리의 삶에서 우리의 경험적 표

12 학부 A 115, VII 69 (108).
13 학부 A 117, VII 70 (110).
14 학부 A 118, VII 70–71 (111).

상들의 실제적인 사물과 대상으로 간주할 수 있다. 그것은 마치 자연과학에서 '삶' 또는 '생명'Leben을 규정하는 것과 유사하다. 생명 현상은 외부사물들이 하나의 활동력 있는 신체에 작용하면서 그 신체를 자극하도록 활동하는 방식으로 형성해 나간다. 다시 말하면 신체는 외부사물에 반응하면서 그것들을 자신의 세계로 간주하고 자신의 목적으로 사용하면서 살아가는 것이다. 그러므로 지성은 자신의 대상들과 그것들에 대한 표상들로 이루어진 세계의 창조자이다.[15] 그러나 이론능력으로서 이성은 전혀 대상을 가질 수 없다. 칸트에서 이성은 실천적인 사용에서만 자유로운 의지를 위해서 사용될 수 있다. 자유로운 의지는 순수한 객관적 행위이어야 하고, 그 의지활동의 동인들이 그 대상들과 부합해서는 안 된다. 따라서 자유로운 의지의 활동 동인은 인간 자체의 내적 본질 속에 근거해야 하며, 의지 자체의 자유로부터 분리될 수 없는 것이어야 한다. 그것은 우리를 전적으로 자연 본성으로부터 벗어나게 하고, 그것을 넘어 고양시키는 도덕법칙이다.[16]

그런데 칸트철학에서 인간의 영혼능력 또는 이성 자체에 대한 비판적인 연구는 우리 자신과 우주와 도덕법칙의 창시자에 대한 이성의 이념도 타당한 근거를 가지고 있는가라는 물음을 제기하게 한다.[17] 세계창조자로서 신의 현존에 대한 물음에 대하여 칸트는 전통적인 방식과는 전혀 다른 '도덕적 증명'의 방식으로 접근하였다. 결국 세계창조자의 이념으로부터 '실천적 이념', 즉 '우리에게 내주하는 도덕법칙의 창시자로서 모든 우리의 의무들을 위한 한 보편적인 도덕적 입법자에 관한 이념'을 도출하였다. 이것은 인간에게 감관과 지성의 왕국과는 전혀 다른 새로운 세계, 즉 '도덕적

15 학부 A 119–120, VII 71 (112).
16 학부 A 121–122, VII 72 (113).
17 학부 A 124, VII 73 (115).

왕국' 또는 '하느님의 나라'를 제시한다. 그리하여 인간은 "자신의 의무들을 동시에 신적인 명령들로 인식하고, 그 자신 속에 하나의 새로운 인식, 하나의 새로운 감정[느낌], 즉 종교가 발생한다."[18] 그리하여 칸트는 기독교의 종교 또는 성경 해석에서 가장 기본이 되는 원리는 이성, 즉 도덕종교와 이성신앙이라고 강조했던 것이다.

18 학부 A 124–125, VII 74 (116).

제2부

초기 칸트의 신학 이해

제3장 칸트의 신 존재 연구

1. 칸트의 종교신학적 관심: 선험신학에서 자연신학으로

초기 칸트는 신의 존재 문제와 신의 존재 증명에 대해서 어떤 입장이었을까? 그는 존재신학의 문제들을 다룸으로써 무엇을 겨냥하고자 했을까? 그가 안셀무스와 데카르트의 존재론적 논증, 라이프니츠와 볼프의 우주론적 논증, 그리고 이신론자인 라이마루스Hermann Samuel Reimarus(1684~1768)의 자연신학적 논증과 같은 신 존재 증명을 위한 철학적 시도들을 주요 연구 대상으로 설정한 이유는 무엇일까?[01] 그리고 기존의 신학적 주장을 비판하는 칸트의 주장 근거는 무엇이며, 그가 새롭게 제시하는 신의 개념과 선험신학Transzendentale Theologie의 가능성 조건은 무엇인가? 여기에서 우리는 칸트의 초기 신학적 관점, 특히 신의 존재 증명을 시도하고자 했던 그의 앞 세대들에 대해서 어떤 태도를 보이고 있으며, 그런 생각들이 비판철학적 관심의 태동과 함께 어떻게 전개되어 가는지를 개괄하고자 한다.

전통 신학이나 철학에서 신 존재 증명에 대한 칸트의 입장은 그의 대표작인 『순수이성비판』의 「선험적 변증론」에 가장 잘 드러나 있다. 그는 전통

01 Bernard M.G. Reardon: *Kant as Philosophical Theologian*. Macmillan Press, Hampshire and London 1988, 43.

철학에서 가장 대표적인 세 가지 신 존재 증명, 즉 존재론적 논증과 우주론적 논증, 그리고 자연신학적 논증을 비판하면서, 신의 존재는 오직 도덕신학적 논증에 의해서만 증명될 수 있다고 보았다. 그렇다면 칸트는 어떤 근거에서 전통적인 논증 방식들을 비판하였으며, 이 같은 그의 생각은 실제적으로 의미 있는 비판으로 적중하였는가?

칸트는『순수이성비판』에서 신을 '선험적 이상'으로 규정하면서 기존의 논증 작업에 대하여 어느 정도 비판적인 태도를 견지하였다. 칸트에 의하면 무제약자의 이념은 불가피하고 필연적인 것이지만, 그것은 모든 존재자 중의 존재자, 즉 하나의 대상으로 실체화 할 경우에 선험적 가상을 만들어 낸다. 그러나 이것은 모든 완전성과 규정성을 포괄하는 하나의 존재자라는 점에서 그가『유일 가능한 증명 근거』에서 주장했던 사실들을 비판적으로 수용하고 있다.

칸트는 이제 이성 비판의 관점에서 이것을 '선험신학'Transzendentale Theologie이라고 부른다. 여기에서 '선험적', '트란스젠덴탈'이라는 말은 '존재 그 자체에 속한', 즉 '형이상학적'이라는 의미로 사용하고 있다.[02] 이런 의미로만 고정될 수 있다면 '트란스젠덴탈'은 '초월적' 또는 '초험적'으로 번역하는 것이 타당할 수 있다. 그러나 칸트의 시각에 의하면 가능한 모든 사물의 최상의 근거, 즉 '최고의 실재적 존재자'로서 신의 표상은 변증론을 통하여 하나의 가상으로서 우리에게 출현하게 된다. 모든 것을 포섭하는 전체성의 이념으로서 신은 '오직' 경험적 사고를 위한 규제나 단서가 아니라 초월적 '존재자'로 실체화하기 때문이다. 실제로 경험에 의하여 그런 것으로 확인될 수 있는 실재적 대상 존재는 없다. 바로 이 대목에서 '트란스젠덴탈'은

02 Giovanni B. Sala, *Kant und die Frage nach Gott. Gottesbeweise und Gottesbeweiskritik in den Schriften Kants*. Berlin 1990. 275. 순수 A 614; Kant, *Religionslehre*, Pölitz, V XXVIII, 1012–1047.

'초월적'이라기보다는 '선험적'으로 번역하는 것이 타당하게 된다. 신 존재의 물음이 경험 가능성 조건의 지평에서 비판적으로 숙고되기 때문이다. 절대적인 의미에서 전체성이나 모든 규정의 절대적 완전성은 경험 자체의 최종적 통일성과 완결성을 의미하지만, 이것은 결코 경험적으로 도달할 수 있는 것이 아니다. 이 경험의 궁극적 통일성이나 완결성은 다만 '요청'Postulat으로서 이해될 수 있으며, 그것은 경험을 '하나의' 통일적인 연관의 이념에 의하여 질서를 부여하되, 사람들이 절대적 지점에 도달하였다는 근거 없는 생각에 머무르지 않도록 해 주는 신 존재의 이념은 단지 규제적 원리에 지나지 않는다. 칸트는『실천이성비판』에서 신 존재를 도덕적 수행을 위한 가능성 조건으로서 필연적으로 요구할 수밖에 없는 이론명제, 즉 요청으로 규정한다.

선험신학에서 형이상학적 이성은 처음에 어떤 필연적인 존재자, 즉 무제약자의 현존을 생각한다. 그리고 이 무제약적 존재라는 규정에다 다른 술어들을 결합하여, 모든 실재성을 정초하고 모든 긍정적인 술어 전체와 완결성을 의미하는 근거를 찾는다. 이러한 '무제한적 총체'는 그 자체가 절대적 통일인 동시에 유일의 최고 존재자라는 개념을 함축한다. 그리하여 모든 사물의 근원적 근거가 되는 최고 존재자는 무제약적으로 필연적인 존재를 갖는다는 결론을 도출한다. 이처럼 필연적 존재라는 하나의 규정에서부터 모든 실질적인 것의 총체성과 절대적 통일성이라는 또 하나의 다른 규정으로의 이행 방식은 약간의 차이가 있기는 하지만 세 가지 유형의 신 존재 증명에서 결정적인 역할을 하고 있다.

이와 같은 사실에 근거하여 칸트는 근원적 존재자에 대한 인식으로서 신학을 계시신학theologia revelata과 이성신학theologia rationalis으로 구분하고, 이성신학을 다시 선험신학Transzendentale Theologie과 자연신학Natürliche Theologie으로 구분하고 있다.

선험신학은 '근원적 존재자', '가장 실재적인 존재자', '존재자의 존재자' 처럼 순수이성의 선험적 개념에 의한 것을 그 대상으로 하며, 이신론자理神論者들이 이를 지지하고 있다. 이신론자들은 단지 세계 원인만을 표상하며, 근원적 존재의 현존을 우리의 이성이 인식한다는 것을 인정한다. 그들은 근본적 존재자의 현존재를 이성에 의해서만 인식할 수 있다고 주장하지만, 그것은 그 객관적 실재성을 언급할 수 없는 초월적 개념에 지나지 않는다. 선험신학은 다시 근원적 존재자의 현존재를 경험 일반으로부터 도출하려고 시도하는 '우주신학'Kosmologische Theologie과 경험의 도움에 의거하지 않고 순수한 개념에 의하여 최고 존재자의 현존재를 도출하려는 '존재신학'Ontologische Theologie으로 구분한다.

자연신학은 자연에서 취한 개념을 통하여 얻은 최고의 예지자를 대상으로 하며, 이를 지지하는 사람들을 유신론자有神論者라고 부른다. 자연신학자들은 세계 창조자의 특질과 현존재를 이 세계에서 발견한 성질, 즉 질서와 통일에서 추리하고, 이 세계에는 자연과 자유의 법칙이라는 두 가지 유형의 인과성이 있다고 전제한다. 따라서 유신론자들은 세계창조자를 표상하며, 지성과 자유를 통하여 다른 모든 사물의 근원적 근거를 자기 속에 포함하는 존재로 규정할 수 있다고 주장한다. 자연신학은 이 세계로부터 올라갈 최고의 예지자를 모든 자연적 질서와 완전성의 원리로 보는 '물리신학'Physikotheologie과 최고 예지자를 모든 도덕적 질서와 완전성으로 파악하는 '도덕신학'Moraltheologie으로 구분할 수 있다.(순수, B659f) 물론 이 경우에 도덕신학은 '신학적 도덕'이 아니다. 신학적 도덕은 최고의 세계 지배자의 현존을 전제하는 도덕법을 함축하고 있지만, 도덕신학은 도덕을 근거로 하여 최고 존재자의 현존을 확신하는 데서 차이를 나타내고 있다.

칸트에 의하면 이성적 입장에서 본 전통적인 방식(이성신학 또는 합리적 신학)의 신 존재 증명은 세 가지 유형, 즉 선험신학의 두 유형과 자연신학의 한 유형이 있다. 첫째로 존재론적 논증 방식이다. 이것은 근원적 존재자의 현실적 존재를 경험 일반으로부터 도출하려고 하거나 또는 경험을 전적으로 배제하고 오직 개념으로부터 그 존재를 승인하려는 선험적 신학의 유형이다. 두 번째로 우주론적 논증 방식이 있다. 그것은 첫 번째의 경우와는 반대로 경험으로부터 그 존재를 추론하려는 선험적 신학의 유형이다. 세 번째는 자연신학에서 물리신학적 논증 방식이다. 이것은 세계에서 경험할 수 있는 자연의 성질과 질서와 통일에서 세계 창조자의 특성 및 그 현실 존재를 추론하려는 선험적 신학의 유형이다.[03] 칸트는 이 세 가지 신 존재 증명의 방식들을 모두 비판한 후에 자연신학의 한 유형인 도덕신학 또는 윤리신학적 증명만이 오직 유일하게 가능한 신 존재 증명 방식이라는 사실을 주장하고자 한다. 따라서 칸트의 종교철학적 관심이 선험신학에서 자연신학으로 이행하였다는 것은 선험신학에 속하는 존재신학과 우주신학에 대한 논의에서 자연신학에 속하는 도덕신학으로 관심의 변화가 나타났다는 것을 뜻한다.

2. 칸트에서 신 개념의 변천 과정

칸트는 언제부터 종교 문제에 관심을 갖기 시작했는가? 비판기의 삼부

03 신 존재 증명에 대한 최근의 개론적 서술은 브래디(Jules M. Brady)의 『신에 대한 새로운 접근』을 참조하라. Jules M. S. J. Brady, *New Approaches to God. Based on Proofs by Anselm, Aquinas, and Kant.* Massachusetts 1996.

작에서 구체적으로 드러난 이성 사용의 규제적 원리에 입각한 신 존재에 대한 입장 표명은 비판기의 사유 결과인가, 그렇지 않으면 그보다 훨씬 이른 시기까지 소급할 것인가? 이에 대한 답변은 그의 비판기 이전의 작은 논문들에 대한 분석을 통하여 비로소 찾을 수 있을 것이다.

칸트의 『순수이성비판』 제1부 「선험적 요소론」은 「선험적 감성론」과 「선험적 논리학」으로 되어 있고, 「선험적 논리학」은 다시 「선험적 분석론」과 「선험적 변증론」으로 이루어져 있다. 그 유명한 칸트의 전통 신학 비판은 「선험적 변증론」의 제3장 「순수이성의 이상」에서 수행하고 있다. 따라서 사람들은 전통 신학에 대한 비판을 다루고 있는 변증론을 코페르니쿠스적 전회를 통하여 이루어진 감성론과 분석론의 연구 성과라고 잘못 생각할 수 있다. 사실상 변증론에서 다루는 대부분의 내용들은 칸트가 1762년까지 주로 몰두한 라이프니츠와 크리스찬 볼프의 형이상학 체계에 대한 비판적 연구에서 이룩한 것들이다.[04] 비판기 이전의 칸트가 전통 신학 비판에서 얻어낸 성과들은 비판기의 여러 작품들에 대부분 그대로 수용하고 있으며, 거기에다가 약간의 특징 있는 주제를 첨가하고 있을 뿐이다. 이상과 같은 이유에서 칸트가 이루어 낸 종교철학 및 신학의 성과들을 정확하게 이해하려면 무엇보다도 먼저 1762년 이전에 이루어진 연구 성과들, 특히 그의 존재신학과 자연신학에 대한 논의를 다루지 않으면 안 된

04 쿠노 피셔(Kuno Fischer, *Immanuel Kant und seine Lehre*, Heidelberg 1909, 129–131)의 시대 구분에 의하면 1740년에서 1760년까지 칸트는 주로 뉴턴의 물리학과 크누첸의 영향을 받아 라이프니츠와 크리스찬 볼프의 형이상학에 심취해 있었다. 이 시기의 작품에는 합리주의적 경향이 강하게 나타나고 있다. 그러나 1760년부터 약 10여 년 동안 칸트는 영국 철학, 특히 흄으로부터 결정적인 영향을 받게 되면서 독단주의적 형이상학에서 탈피하여 독자적인 입장을 구축하려고 시도한다. 그리고 칸트는 1780년부터 1790년까지 주요 비판서들을 집필하였다. 칸트철학을 비판기 이전과 이후로 구분할 경우에 그 기준이 되는 것은 1770년에 발표 했던 그의 교수 취임논문 「감성계와 지성계의 형식과 원리에 대하여 *De mundi sensibilis atque intelligibilis forma et principiis*」(II 385–419)이다. 이 글에서 로마숫자는 학술원 판의 권수를 뜻한다.

다. 따라서 이 글에서는 비판기 이전의 칸트가 1762년까지 이루어 낸 존재신학적 논의들을 재구성함으로써, 이 시기에 얻어진 형이상학적-존재신학적 신 개념이 비판기 철학에 어떻게 수용하고 변형했는가를 다루려고 한다.

칸트의 초기 저술에 나타난 신 개념은 슈무커Josef Schmucker의 『비판기 이전 칸트의 존재신학』[05]에서 이미 체계적으로 다루어진 바 있다. 슈무커는 칸트가 늦어도 1762년 가을에 이미 완료한 비판기 이전의 저술들에서 특수 형이상학의 과제로 인지하고 있었던 전통적인 신 존재 증명들을 비판하고 있으며, 이러한 연구 결과들을 나중에 『순수이성비판』의 변증론에 그대로 다시 사용하고 있다고 주장한다.(슈무커 2) 이 주장은 1781년에 간행한 칸트의 『순수이성비판』 가운데서 앞부분인 선험적 분석론과 뒷부분인 선험적 변증론의 관계를 이해하는 데 새로운 잣대로 적용될 수 있어서 획기적인 것이었다. 칸트의 선험적 변증론에서 형이상학, 특히 합리적 신학을 비판한 부분들은 사유 방식의 혁명으로부터 오는 논리적 결과라고 보는 것이 지금까지 일반적 견해였다. 그러나 슈무커는 『순수이성비판』의 변증론에 나타난 합리적 신학에 관한 논의들은 일반적으로 칸트철학에서 코페르니쿠스적 전환이 이루어진 두 가지 자료들[06]보다 훨씬 앞서 체계화했기 때문에 변증론은 분석론에 의존하지 않고서도 독해할 수 있다고 본다.[07]

05 Josef Schmucker, *Die Ontotheologie des vorkritischen Kant*. Berlin, New York 1980.(이하 '슈무커'로 줄임) 슈무커는 이 저술에서 칸트의 『형이상학적 인식의 제1원칙에 대한 새로운 해명(*Principiorum primorum cognitionis metaphysicae nova dilucidatio: Neue Erhellung der ersten Grundsätze metaphysischer Erkenntnis*』. 이하 '해명'으로 줄임. I 385–416; WAI, 401–509)과 『신의 존재 논증을 위한 유일 가능한 증명 근거*Der einzige mögliche Beweisgrund zu einer Demonstration des Dasein Gottes*』, Königsberg 1763. (이하 '증명'으로 줄임. II 63–163)를 집중적으로 분석하고 있다.

06 칸트철학에서 코페르니쿠스적 전회, 즉 비판철학의 기초 정립은 1770년에 발행한 그의 교수취임논문과 헤르츠M. Herz에게 보내는 1772년 2월 21일자 편지를 기점으로 한다.(슈무커 2)

07 Dieter Henrich, *Der ontologische Gottesbeweis. Sein Problem und seine Geschichte in der Neuzeit*.

이러한 문제는 칸트의 형이상학 연구, 특히 그의 전통 신학 비판과『순수이성비판』의 변증론이 경험주의의 유입으로 크게 영향받았는가, 그렇지 않으면 경험주의를 도입하기 이전에 형이상학에 대한 연구에서 칸트 특유의 비판 정신이 기능하였는가를 검토함으로써 밝힐 수 있을 것이다. 그렇기 때문에 칸트의 비판주의를 정확하게 이해하기 위해서뿐만 아니라, 칸트 신학과 가톨릭 신학의 관계를 이해하려면 비판기 이전의 존재신학적 요소들을 정확하게 해석하고 평가해야 한다는 입장이 설득력을 갖게 된다.(슈무커 6) 슈무커의 이러한 주장은 확실히 칸트의 초기 철학에서 스콜라적 또는 가톨릭적 측면을 강화하는 경향이 있다. 그리고 이와 같은 슈무커의 주장은 최근에 살라G. B. Sala의 저술『칸트와 신에 대한 물음』에서 대부분 그대로 받아들여지고 있다.[08]

이상과 같은 연구 성과들에 비추어서 우리는 칸트가 전통적 형이상학과 당시의 자연과학에 대하여 어떤 태도를 취하였으며, 특히 자연과학적 주장들과 종교 및 신학적 요구 사이에서 빚어지는 갈등과 반목을 어떻게 해소하려고 했는가를 파악할 수 있다. 비판기 이전의 칸트는 실제로 이러한 문제들을 가장 중요한 철학적 연구 주제로 설정하였다. 이러한 논의를 바탕으로 우리는 계속해서 비판기 이전의 칸트가 체계화하려고 시도한 존재신학의 내용은 무엇이고, 그 속에 담겨 있는 비판적 요소는 무엇인가를 물을 수 있게 된다. 그리하여 다음과 같은 물음들이 계속될 수 있다. 칸트의 자연신학과 존재신학은 어떻게 발전하고 있으며, 이것들은 비판기 작품들에서 어떻게 수용이 되고 있는가? 그리고 특히『순수이성비판』의 변증

Tübingen 1960, 178–180.

08 Giovanni B. Sala, *Kant und die Frage nach Gott. Gottesbeweise und Gottesbeweiskritik in den Schriften Kants*. Berlin, New York 1990.(이하 '살라'로 줄임)

론이 비판기 이전의 연구 성과를 수용한 것이라면 그것은 감성론과 분석론에 나타난 비판철학적 정신과 대립하는 것은 아닌가? 만일 비판적 부분들과 변증론의 부분들이 서로 대립하지 않고 어떤 일관성을 갖고 있다면, 그것은 어떤 요소들에 의하여 가능하게 되었을까? 다시 말해서 비판기 이전의 칸트 신학과 비판기의 칸트 신학의 공통점과 차이점은 무엇인가? 비판주의를 선언한 칸트를 형이상학자로 해석할 수 있는 근거는 충분한가? 그렇다면 비판기 이전의 형이상학적 칸트에게서도 어떤 특이한 비판정신을 발견할 수 있는가? 이러한 물음들을 통하여 우리는 비판기 이전의 칸트가 형이상학 연구를 통하여 제시하였던 존재신학적 논의들을 비판철학적 작품들 속에서 어떻게 수용하고 변형해 나갔는가를 집중적으로 살펴보기로 하겠다.

초기 칸트가 신의 존재 논증을 위해서 유일하게 가능한 것으로 생각했던 것은 무엇일까? 그는 이러한 시도에서 존재신학과 자연신학의 통일을 추구하고 있다. 칸트가 유일하게 가능한 신 존재 증명으로 제시한 존재신학적 논증은 자연신학적 논증과 어떤 관계에 있는가? 모든 가능성의 실재로부터 전적으로 필연적인 현존을 아프리오리하게 정초한 칸트의 존재신학적 논증과, 그리고 자연과학이 찾아낸 자연법칙성으로부터 모든 존재의 실재 근거를 아포스테리오리하게 추론하고자 시도한 자연신학의 개선안은 어떤 관계에 있는가? 이 물음들은 우리가 이미 앞에서 언급한 바 있는 칸트 연구가들과 더불어 제기했던 것이다.

존재신학적 논증에서 칸트는 모든 가능성의 실재가 전적인 존재 필연성인 신 안에서만 정초한다는 것을 보여 주었다. 그리고 이러한 신적인 본성은 최상의 등급으로 이루어진 지성과 의지를 가지며, 그 안에서 신적인 본성과 욕구가 일치할 수 있었다. 이러한 신적인 지성을 매개로 하여 신적인 본성은 자연 사물의 근원을 이루고, 이로써 자연의 통일성과 조화, 그리고 질서가 가능하게 된 것이다. 『보편적 자연사』에 나타난 자연신학에서 칸트는 이러한 조화가 지성과 의지를 가진 신의 존재로부터 기인한다고 생각하였다. 그리하여 칸트는 존재신학과 자연신학을 결합해 주는 것은 바로 '필연적 존재의 정신'Geistigkeit des notwendigen Daseins이라고 보았다. 사물들의 조화와 합목적성이 본질적으로 물질에 내재한 기계적 법칙에 의존하고 있다는 자연과학적 증명은 존재신학적 논증의 주장 사실들을 입증해 주고 있다. 그리하여 자연신학은 세계 속에 있는 질서와 조화로부터 세계의 기저에 있는 존재의 질서와 조화로 진행하고, 세계 속에서 파악한 존재자들로부터 모든 존재와 가능성의 실재 근거, 또는 전적으로 필연적인 존재를 향하여 진행하게 된다. 존재신학과 자연신학은 사물의 존재와 그 가능성으로부터 출발하는데, 다만 존재신학이 우연적 존재자들에 선행적으로 전제되어 있는 존재론적 차원의 가능성으로부터 출발하는 반면에, 자연신학은 우연적 존재자들로부터 출발하고 있으며, 또한 동시에 이 두 신학적 관점은 자연과학의 법칙에 의하여 밝혀지는 상대항이라는 점에서만 다를 뿐이다.(실라144f)

칸트는 『유일 가능한 증명 근거』[09]에서 사물의 가능성 전체를 포섭하는 존재자로서 신의 존재를 증명하고자 하였다. 이 경우의 신은 아무런 부정이나 제약이 없는 존재자인 동시에 모든 실재성과 완전성의 총합으로서 '최고의 실재적 존재자'ens realissimum를 의미한다. '근원 존재'Urwesen, ens originarum, '최고 존재'das höchste Wesen, ens summum, '모든 존재의 존재'das Wesen aller Wesen, ens entium 등 여러 가지 개념으로 지칭해 왔던 신의 존재를 칸트 역시 기존의 형이상학

09 Immanuel Kant, *Der einzige mögliche Beweisgrund zu einer Demonstration des Dasein Gottes*. Königsberg 1763. (II 63–163)

적 영향 속에서 증명하고자 시도했던 것이 사실이다. 실제로 근대의 합리주의자들은 신을 유한한 사물의 모든 가능성이 의존하는 근원 존재로 인식하면서, 그 개념에서 어떤 부정도 포함하지 않은 가장 현실적인 존재자로 이해하였다. 이 논문의 후반부에서 칸트는 우주의 질서와 조화로부터 창출한 신 개념이 일반적 필연적인 자연법칙에 여지를 갖게 함으로써 뉴턴의 자연과학을 인정하더라도 무신론으로는 빠지게 되지 않는다는 사실을 보여 준다. 칸트에 의하면 자연에는 우리가 볼 수 있는 목적 연관이 있다. 수단-목적이나 원인-결과의 법칙성, 즉 기계적 운동법칙을 통하여 자연 및 우주에서 무한한 다양성들이 하나의 통일성을 이루게 된다. 신은 모든 현실적 물질뿐만 아니라 물질의 가능성의 최상 원리이다. 그리고 이러한 사실은 공간을 채우고 있는 모든 것들이 운동법칙을 따르고 있으며, 이 운동법칙은 절대적 필연적이라는 사실을 말해 준다.(증명, AA2, 96ff, 99, 100) 그러나 신이 모든 사물의 최상 원인이라는 것은 모든 것이 신의 의지로부터 나온다는 것을 뜻하지는 않는다. 신의 의지는 존재자의 본질을 가능하게 하는 것이 아니라 이미 가능하게 있는 것을 결정할 뿐이다. 그러므로 어떤 것이 어떻게 창조되었다는 사실은 신의 자유로운 선택일 뿐이다. 모든 사물의 가능성이 신에 근거하기 때문에 우리는 사물의 가능성에서 그 원리와 일치하는 조화를 기대할 수 있다.(증명 II 112) 그러므로 신이 창조한 것과 세계 속에 보낸 것은 그의 선한 의지로부터 온 것이라고 할 수 있다. 그러므로 자연법칙에 의하여 일어난 것은 일반적으로 선하다고 추측할 수 있다(낙관).

자연에서 질서와 합목적성에 대한 인식으로부터 칸트는 신의 존재를 증명하고자 한다. 칸트에 의하면 인간에게 가장 일반적인 신 존재 증명은 자연신학적 방식이다. 물론 칸트는 자연신학적 신 존재 증명에 대하여 지지와 반대를 동시에 표명한다. 칸트는 특히 전통적 자연신학이 모든 사건을 우연적으로 보고 직접적으로 신의 간섭에 의하여 설명함으로써 모든 질서와 아름다움을 신에게 돌린다는 점에서 반대한다. 이 같은 자연신학적 신 개념은 자연과학의 연구에 한계를 설정하고 물리학 이론을 의심스럽게 만들기 때문이다.(증명 II 118-119, 160) 따라서 칸트는 필연적 운동법칙과 합목적적인 신의 간섭을 세계 과정 속에서 동시에 인정할 수 있는 자연신학의 개선안을 제시하면서(증명 II 123), 이를 수학적으로 확실한 신 존재 증명 위에 구축하고자 한다. 그러나 칸트는 전통적 자연신학에서 수학적 척도만을 가지고 신이 창조신이라는 것을 입증하기에는 도저히 불충분하다고 본다. 일반적으로 알려진 자연신학이나 우주론적 논증에서처럼 결과나 작용에서 원인을 추론하거나 또는 경험적으로 주어진 실재로부터 그것을 창조한 신을 추론하려는 시도에 의해서는 신의 절대적 필연성을 정초할 수 없고, 다만 작용이 있는 한에서 원인이 있다는 우연적이고 개별적인 사실만을 입증하기 때문이다. 이러한 증명은 다신론에 대해서 일신론이 정당하다는 사실을 입증할 수 없고, 또한 그 하나의 신이 최상의 신이라는 사실도 입증해 주지 못한다. 작용에서 원인으로의 추리는 하나 또는 다수의 보다 완전한 존재의 실존, 즉 그처럼 완전한 존재가 이 세계의 원인이라는 것을 확실하게 할 수 있을 뿐이다.(증명 II 157) 따라서 칸트에 의하면 존재신학만이 신 개념을 하나의 최고의 신 개념으로 정초할 수 있는 유일한 방안이다.[10] 신 존재 증명의 과제는 하나 혹은 그 이상의 많은 신들의 존재를 개연적으로 만드는 것이 아니라, '수학적 확실성'을 가지고 최상 존재의 실존을 증명하는 데 있다.(근거 II 155) 또한 실제로 존재 증명의 과제는 유신론적 신 개념을 확보하여 그것이 필연적인 운동법칙을 주관하는 것을 보여 주는 데 있다.

10 증명 II 158; 순수 B 578, 591, 596.

칸트는 모든 사물들의 질서와 아름다움, 완전성은 신의 의지와 지성의 증거라고 생각한다. 그러나 칸트는 이것으로 신이 의지와 지성을 가졌다는 '명백한 증명'이라고 여기지는 않는다.

칸트가 『유일 가능한 증명 근거』에서 제시한 자연신학의 개선안은 『보편적 자연사』에서 언급한 내용을 토대로 하고 있다. 그러나 칸트는 이 새로운 자연신학적 논증에서 두 개의 자연 질서를 말함으로써 『보편적 자연사』의 논증과 차이를 보이고 있다. 『보편적 자연사』에서 칸트는 세계의 조화와 합목적성을 기계적 법칙의 결과로 파악하고, 물질의 세계에 대한 신의 역할을 플라톤의 데미우르고스와 같은 세계 제작자Werkmeister의 의미로 생각하였다. 그러나 『유일 가능한 증명 근거』에서는 기계적 자연 질서가 제한을 받게 된다. 칸트는 세계 제작자의 의미를 훨씬 넘어선 '세계 창조자'를 추론하는(증명 A 116, II 122-123) 동시에, 기계적 법칙이 미치지 못하는 살아 있는 유기체의 영역을 구분하고 있다. 칸트는 기계적 법칙이 지배하는 '무도덕적 자연 질서'unmoralische Naturordnung와 창조신의 자유로운 선택이 지배하는 '도덕적 자연 질서'moralische Naturordnung를 구분한다. 무기물적 자연세계에서는 사물의 내적 가능성과 그 수많은 다양한 결과들을 통일하는 기계적 법칙이 철저하게 지배한다. 무기적 세계는 사물의 내적 가능성의 마지막 근거인 신의 '존재'에 의존하지만, 신의 '의지'에 의존하는 것은 아니다.(증명 A 66, II 100) 즉 그것은 신의 의지가 아니라 신이 자연에 소질로서 부여한 법칙에 의하여 조화와 질서를 유지하는 것이다. 이와 같은 의미에서 무기적 자연에서 신에 대한 사물들의 관계를 '무도덕적 의존성'이라고 규정한다. 이와 반대로 칸트는 유기적 자연에서 신에 대한 사물들의 관계는 '도덕적 의존성'으로 규정하였다. 유기체적 자연 사물들은 기계적 법칙을 떠나 있으며,(증명 A 96-97, II 113) 따라서 최고 존재자의 자의적인 지혜와 의지에 의존한다.

물론『보편적 자연사』에서는 신의 자유로운 선택에 의한 특수한 자연법칙에 대해서는 전혀 언급되지 않았으며, 다만 기계적 법칙이 생물을 설명하는 데 적합하지 않다는 사실만이 제시되었다. 칸트는 무기체적 사물의 가능성 안에 있는 자연 질서를 무도덕적 의존성이라고 규정한 반면에 살아 있는 자연의 실존은 도덕적 의존성을 가지며 이성적 근원 존재, 즉 하느님의 의지와 그 자유로운 선택에 달려 있다고 설명한다.(살라 149-150) 칸트는 두 개의 자연 질서가 의존하는 실재 근거로서 신 존재를 이제 모든 가능적인 것과 현실적인 것의 관점에서 '충족적'allgenugsam 존재라고 규정한다.(증명 A 42) 신은 절대적 실재 필연성absolute Realnotwendigkeit(증명 A 27)을 가진 존재일 뿐만 아니라, "실재의 근거들과 함께 모든 가능성의 근거들까지를 포함하는 존재"(증명 A 184, II 152)인 것이다. 그리고 이러한 신 개념 규정을 통하여 칸트는 존재신학과 자연신학의 일치점을 발견하게 된다.

이상의 논의들 가운데서 우리는 비판기 이전의 칸트가 전통 형이상학과 신학 비판을 수행하면서 제시한 존재신학과 자연신학의 개선을 어떻게 이루어 냈는가를 정리할 수 있었다. 그렇다면 비판기 이전의 칸트가 존재신학 또는 자연신학에서 제시한 '최고의 실재적 존재자'ens realissimum로서 신 개념은『순수이성비판』에서 '이념'Idee 또는 '선험적 이상'transzendentales Ideal 개념, 그리고『실천이성비판』에서 '요청'Postulat 개념과 어떤 관계에 있는가? 비판기 이전의 칸트는 합리주의의 방법론적 이상에 충실하였고, 특히 라이프니츠와 볼프의 형이상학에 의존하였으나 그들의 형이상학에 비판적 태도를 견지하고 있었다. 칸트는『참된 힘의 측정들』과『보편적 자연사』에서 물질이 '살아 있는 힘'을 가지고 있으며, 이러한 물질들의 실재적 결합의 총체인 자연은 독자적인 운동법칙을 가진다고 주장하였다. 그리하여 보편적인 기계적 자연법칙이 자연세계를 지배한다고 규정하였다. 그리고 신의 지성은 자연에 이 같은 세계 질서를 기투하여 특정한 체계 구조를 이룩한다고 보았다. 『유일 가능한 증명 근거』에서 칸트는 선천적 수학적으로 확실한 신 증명을 시도하였으며, 여기에서도 형이상학자로서 칸트가 인식의 원형으로 삼았던 것은 뉴턴의 자연과학이었다. 다시 말하면 칸트는 라이프니츠-볼프의 형이상학이 전통 형이상학이나 스콜라 철학에 기반을 둔 것과는 반대로 뉴턴의 자연과학과 그 성과로서 얻어진 기계적 자연법칙성에 기초하고 있었다. 그러므로 비판기 이전의 칸트에게 이미 비판철학의 가능성이 찾아질 수 있는 것이다. 물론 1762년 이후의 칸트철학에서는 영국의 경험주의, 특히 흄의 회의론적 경향이 비판의 무기로 기능하기 시작한다. 그러나 그 이전의 칸트철학에서 보이는 비판 활동은 형이상학적 차원에서 이루어지고 있었고, 주로 뉴턴의 자연과학을 비판의 무기로 활용하였다.

이 시기의 칸트에게 자연과학과 신학의 화해가 가장 큰 과제로 부각되었다. 그는 필연적이고 기계적인 운동법칙 이론을 고려하는 동시에, 의지와 지성을 가지고 있는, 그리고 특히 선한 의지의 원리로써 모든 사물을 창조한 유신론적 신 개념을 확정할 목적에서 자연신학의 개선을 꾀하였다. 이러한 시도를 통하여 칸트는 자연과학적 인식의 발달을 신학자들이 두려워할 필요가 없다는 사실을 보여 주려고 하였다. 역사적으로 자연과학의 발전은 무신론자와 물질론자들에게 종교를 반대하는 논의에 적용하는 계기가 되었다. 그러나 칸트는 스스로 라이프니츠적 이신론이나 스피노자의 범신론적 요소를 떨쳐 버리면서 경건주의 내지는 칼뱅주의적 성향이 강한 유신론적-일신론적, 즉 기독교적 신 개념을 확정하였다. 그러면서도 다른 한편 칸트는 뉴턴의 기계적 운동법칙이 물질에 내재하고, 신이 이 법칙을 존중한다고 주장함으로써 전통적인 신 개념을 약화시켰다. 그리하여 신이 세계를 직접 간섭한다는 이론은 현저하게 영향력을 잃게 되었다. 이로 인하여 칸트는 뉴턴의 자연과학을 철학의 방법적 원형으로 고양했을 뿐만 아니라 자연과학과 신학의 일치를 가능하게 하였다. 칸트는 신의 가능성은 신의 현실성에 의하여 주어지고 모든 존재자는 모든 실재의 총체 개념인 신의 한정에 의해 전적으로 규정할 수 있다고 보았다. 1763년『유일 가능한 증명 근거』에서는 형이상학이 거부되는 동시에 경험주의적 입장이 강화되면서 신 존재의 물음도 '주관적' 성격을 띠게 된다.

그러나 칸트가 아직 합리주의자로서 면모를 보이고 있었던 1762년의 작품『자연신학과 도덕원칙들의 판명성에 대한 연구』[11]에서는 자연과학적 경향과 함께 경험주의적 요소를 동시에 발견할 수 있다. 칸트는 이 논문을 1762년에 완성했으나 2년 후인 1794년에 간행하였다. 살라는 칸트가 비판기 이전의 두 글에서 이미 합리주의적 형이상학에 대한 비판적-부정적 입장을 점진적으로 강화하고 있었다고 지적하고 있다.(살라213) 1762년 이후의 칸트철학에서 가장 특징적인 현상은 '주관적' 경향의 강화와 '도덕주의'라고 할 수 있다. 사고방식의 대전환과 더불어 칸트의 비판주의 철학이 출발한 것이다.

그 이후부터 칸트 사유에서 상당한 변화를 감지할 수 있다. 칸트는 1765년의 한 편지에서 형이상학에서 '독단의 옷'을 벗겨 내겠다고 쓰고 있으며, 1766년『시령자의 꿈』[12]에서는 더 이상 신의 지성을 척도로 삼는 신이성론적 사고에 머무르지 않게 되었다. 이 논문의 마지막 부분에서 칸트는

11 I. Kant, *Untersuchungen über die Deutlichkeit der Grundsätze der natürlichen Theologie und Moral*. II 273-301.(이하 '판명'으로 줄임)

12 I. Kant, *Träume eines Geistersehers, erläutert durch Träume der Metaphysik*. Königsberg, Johann Jakob Kanter 1766.(II 315-373)(이하 '시령'으로 줄임.)

루소의 영향 아래 신에 대한 도덕적 인식을 언급하고 있으며, 합리성의 근거 역시 신의 지성보다는 인간의 지성 속에서 찾고 있다.(살라 204) 1769년에 칸트는 공간시간의 문제를 주관적으로 해석하였고, 1770년의 학위 논문에서는 이론적 지식이나 증명은 우리의 경험이 미치는 범위, 즉 감성의 한계 안에서만 가능하다는 비판철학의 기초를 마련하였고, 1772년에는 순수 지성 개념과 선험적 연역의 문제가 설정되면서 칸트의 신 존재 개념에도 상당한 제약이 따르게 된다. 칸트의 비판주의는 시간공간론을 감성적 직관의 아프리오리한 형식으로 보는 데서 인식을 주관에 의한 객관 구성적 활동으로 보고 존재를 현상과 물자체로 구분하는 것을 내용으로 하고 있다.

이러한 변화 속에서 칸트는 1762년의 존재신학적 논증에 전제되어 있었던 '가능적 사물의 왕국'이라는 형이상학적 잔존물을 경험적(주관적) 개념으로 대체한다. 그리하여 칸트는 1762년에 독단적 또는 형이상적으로 사용한 '가능성' 개념을 경험적으로 제약하기에 이른다. 실재적 질료적 가능성 개념은 경험에 의존하여 현실적인 것 안에서만 주어지고, 무모순성에 기초한 논리적 가능성과 같은 의미로 사용했던 형식적 가능성 역시 경험 안에서 주어지는 내용적 특성과 대응하는 원리로서 새롭게 해석되었다. 비판기 이전의 칸트가 가능성 개념을 형식적 논리적 가능성과 질료적 가능성으로 구분하였다면, 경험주의의 영향을 받은 칸트는 이를 논리적 가능성과 선험적 가능성으로 구분한 것이다. 논리적 가능성은 사고의 형식성과 정확성에서 얻어지며, 이것은 모순이 없는 한 언제나 주어질 수 있다. 그러나 사물의 실재적 내용과 관련이 있는 선험적 가능성은 한 사물을 모든 사물 전체 가운데서 하나의 특수한 경우로 파악할 수 있게 한다.(순수, B601) 선험적 가능성은 대상의 가능성을 의미한다. 그러므로 선험적 가능성으로부터 추론한 최상의 실재 존재자는 질료적인 것을 함축하고 있어야 한다. 이러한 질료적인 것은 각 사물의 특수한 가능성을 위한 '자료'이며, 그 때문에 선험적 이상의 개념은 가능한 세계 사물의 모든 실재적인 규정에 의거하여 있는 근거를 의미하게 됨으로써 존재신학적 성격을 띠게 된다. 그리하여 선험적 이상은 존재하는 모든 사태를 가능하게 하는 최상의 '완전한 질료적 조건'을 정초한다. 그리고 바로 이것은 칸트가 1762년의 존재신학에서 제시한 '최고의 실재적 존재자'로서 신 개념이다. 이 점에서 칸트는 1762년의 존재신학을 『순수이성비판』에 비판적으로 수용하고 있는 것이다.

그러나 이성 비판을 통하여 칸트는 무제약자에 대한 이념은 불가피하고 필연적으로 생기지만, 이것이 모든 존재자 중의 존재자, 즉 하나의 대상으로 실체화되는 그 순간에 '선험적 가상'이 된다는 사실을 지적한다. 선험적 가상은 모든 완전성과 규정성을 포괄하는 최고의 실재 존재자에 대한 우리의 표상이다. 그리하여 1762년에 사물의 가능성으로부터 충족적 근거라고 결론지었던 '최고의 실재적 존재자' 개념은 경험적 개념적 차원으로 이행하여 '주관적 필연적'subjektiv notwendig인 것으로 규정되었다. 이 개념은 1781년의 『순수이성비판』에서 이론이성이 지향하는 신 개념으로서 '오류 없는 이상'fehlerfreies Ideal 또는 '선험적 이상'transzendentales Ideal(순수 A 641)으로 변형되었다. 그러나 이 개념들은 우리의 이성이 요구하는바 제1의 절대적 정립은 어떤 다른 것에 의해서도 설명될 수 없으므로 이론적인 의미에서는 절대자에 대한 객관적으로 타당한 인식이 성립되지 않는다는 측면을 보여 주고 있을 뿐이다. 그러나 이 개념 속에는 아직도 사물의 모든 가능성 전체를 포섭하는 존재자와 모든 실재성과 완전성의 총합으로서 '최고의 실재적 존재자'라는 의미를 함축하고 있다. 칸트는 그 존재를 우리가 이론적으로 증명할 수 없을 뿐이라고 말함으로써 비판기 이전의 존재신학적 주장을 제한적으로 사용하고 있을 뿐이다. 칸트는 이러한 시도 전체를 이제 이성 비판의 관점에서 '선험적 신학'이라고 부른다. 이와 같은 의미에서 신은 가능한 모든 사물의 근거로 간주되는 '최고의 실재적 존재자'이다. 그러나 이론이성의 사용에서 최상의 실재 존재자에 대한 질료적 가능성은 결코 우리에게 감각 내용으로서는 주어질 수 없다. 그렇기 때문에 칸트는 이 개념을 실재적으로 파악하는 대신에 경험의 궁극적 통일성이나 완결성을 지향하는 하나의 '상상의 초점'focus imaginarius[13]이라고 규정하였다.

1762년에 이르는 칸트의 존재신학과 자연신학에서는 주로 형이상학적 이성의 관점에서 '최고의 실재적 존재자'라는 신 개념이 확정되었다. 이러한 신 개념은 자연과 신학을 매개하려는 칸트 자신의 노력의 산물이기는 하지만 이신론적 차원을 완전하게 탈피하지 못하고 있으며, 또한 기독교적 채색에도 불구하고 종교적 신앙의 대상이 되기에는 미흡한 상태에 머물러 있었다. 그러나 칸트는 이 시기에 자연과학적 기초 위에서 형이상학을 비판적으로 분석함으로써 비판기 이전에 이미 비판철학을 수립하고 있었다. '최고의 실재적 존재자'로서 신 개념은 1781년의 『순수이성비판』에서 경험주의의 세례를 받게 되면서 이론이성의 관점에서 '선험적 이상'이라는 신 개념으로 변형되어 나타난다. 이 개념은 인식비판적 차원에서 고안한 것이며 이론적 지식의 통일성을 가능하게 하는 근거로 상정하고 있다. 이것은 증명이나 반박의 대상을 넘어선 선험적 가상 개념이지만 사실상에서는 1762년의 신 개념의 규정 내용을 그대로 함축하고 있다. 1762년에

13 이것은 오목렌즈에서 허초점과 같이 실재하지는 않지만 분산되는 빛을 거꾸로 따라가면 그 지점으로부터 일정한 각도로 빛이 분산되는 것으로 상상할 수 있는 기점을 뜻하는 말이다. '상상의 허점', '심상의 초점', '집약점' 등으로 번역되어도 좋다. 칸트는 이 개념을 『시령자의 꿈』에서 "그것에 의하여 감각이 인상되는 방향선들의 집약점"Sammlungspunkt der Directionslinien, nach welchen die Empfindung eingedrückt wird(시령 II 344)이라고 표현하고 있다. 그리고 칸트는 『순수이성비판』에서 이 개념이 선험적 가상 개념의 역할을 규정하는 데 대단히 적절하다고 생각한다.(순수 A 644 B 672)

서 1781년으로의 이행 과정에서 돋보이는 특징으로서 우리는 주관적 경험적 성향 외에 도덕주의적 성향을 들 수 있다. 『순수이성비판』의 변증론과 그 이전 작품들은 도덕주의적 성향을 문자적으로 표현하고 있을 뿐만 아니라, 특히 1788년의 『실천이성비판』의 요청 이론에서 그 절정에 이른다.[14] 1790년의 『판단력비판』[15]에서는 도덕주의적 경향을 자연신학의 내용과 함께 서술하고 있으며, 1793년의 『이성의 오롯한 한계 안의 종교』[16]에서도 도덕에서 종교로 이행한다는 원칙을 존중하고 있다. 특히 '요청'으로서 신 개념은 실천이성의 측면에서 요구하는 개념이지만, 사실상 칸트가 1762년 이전의 신 개념에 부여한 형이상학적 기독교적 내용 규정들은 도덕적 실천을 가능하게 하는 조건 명제로서 필연적으로 요구하는 신 개념 속에 그대로 수용하고 있다. 특히 1793년에 발표한 칸트의 종교철학에서는 요청적인 신 개념이 이성종교의 테두리 안에서 현실적으로 드러나는 과정들을 상세하게 서술하고 있다. 따라서 칸트는 신 개념을 1762년의 존재신학과 자연신학적 논증에서 이미 확정하고 있으며, 비판기의 여러 작품들을 통하여 그 특징적 현상들만을 변형하고 있을 뿐이다. 그리고 1762년 이후에 태동하여 1770년에 구체적 모습을 드러낸 칸트의 비판주의에 앞서서 『순수이성비판』의 변증론에 담긴 연구 성과들이 얻어진 것이므로, 칸트가 감성론과 분석론 다음에 변증론을 배열한 체계 구도는 적절하지 않다는 비판도 가능한 것이다.(Sala, 217) 또한 동시에 1770년에 이루어진 칸트의 비판철학 이전의 형이상학 연구에서도 뉴턴의 자연과학에 기초한 비판정신이 기

14 『순수이성비판』에 나타난 칸트의 도덕주의적 성향에 대해서는 필자의 『철학과 요청 —이론적 지식과 도덕적 실천, 그리고 종교적 일치의 가능성 조건들에 대한 철학적 탐구』(UUP 1992) 제7장 「칸트의 이성신앙과 요청적 사유방법론」과 『칸트와 선험화용론』(UUP 1994) 제2장 「칸트에서 진보와 최고선」을 참조하라.

15 I. Kant, *Kritik der Urteilskraft*. Berlin und Libau 1790.(이하 '판단'으로 줄임)

16 I. Kant, *Die Religion innerhalb der Grenzen der bloßen Vernunft*. Königsberg 1793.(이하 '종교'로 줄임)

능하고 있었으며, 그러한 요소들이 영국의 경험주의와 만남으로써 결정적으로 칸트의 비판철학이 성립할 수 있었던 것이다.

제4장 초기 칸트의 자연철학과 형이상학[01]

비판기 이전의 칸트는 쾨니히스베르크대학의 학부와 대학원 과정에서 물리학과 자연철학을 중심으로 힘, 물질, 운동의 문제, 자연과학과 신학의 관계를 설정하는 문제, 그리고 인식론이나 인간학의 문제에 이르기까지 광범위하게 섭렵하였다. 젊은 칸트가 살았던 시대의 독일은 '자연과학적 계몽과 경건주의'의 지배 아래 있었다.[02] 칸트는 1747년과 1755년에 주로 형이상학, 특히 특수 형이상학과 관련이 있는 자연의 생성과 진화 과정, 자연체계와 신 존재의 관계 설정에 대한 물음들을 궁구하였다. 이 시기의 대표적인 논저로는 『활력의 참된 측정에 관한 사상들』(1747), 『보편적 자연사와 천체론』(1755), 그리고 『형이상학적 인식의 제1원리에 관한 새로운 해명』(1755)이 있다.

일반적으로 비판기 이전의 칸트철학에는 두 가지 특징적 경향이 있다. 그 하나는 18세기의 자연과학, 특히 뉴턴의 기계적 물리학의 직접적인 영향이고, 다른 하나는 스콜라 철학을 이어 나가는 독일의 강단형이상학, 특

01 이 글은 김진 「칸트의 존재신학」(『칸트와 형이상학』, 『칸트연구』 제1집, 1995, 357-372쪽; 『퓌지스와 존재사유: 자연철학과 존재론의 문제들』의 제11장(문예출판사 2003)에 근거하며, 이 책의 편성에 맞게 수정하고 보완하였으며, 일부는 새로 작성하였다.

02 Ernst Horneffer, *Kant und der Gottesgedanke*. Teil 1, Hildesheim, Olms, 2010, 24.

히 라이프니츠와 크리스찬 볼프의 형이상학 이론으로부터의 영향이다. 이 두 가지 요소는 칸트의 초기 철학을 형성하는 데 결정적인 역할을 하였으며, 1775년에 발표한 『보편적 자연사와 천체론』과 『새로운 해명』에서 특징적으로 잘 나타나 있다.

1. 『활력의 참된 측정에 관한 사상들』(1747)

칸트가 23세(1747년)에 처음으로 저술한 이 논문의 제목은 『활력의 참된 측정에 관한 사상들과 이 문제에 대하여 라이프니츠와 다른 역학자들이 사용한 증명에 관한 평가와 물체의 힘 일반에 관계되는 몇 가지의 선행적 고찰들』[03]이다. 여기에서 칸트는 운동과 힘의 개념들을 둘러싼 근세의 자연과학에 대한 철학적 성찰들, 특히 물질 속에 있는 힘들과 법칙의 문제에 대한 자신의 견해를 서술하고 있다. 이 글은 칸트가 쾨니히스베르크대학의 철학부 졸업논문으로 발표한 것이다.

데카르트와 라이프니츠는 '힘'과 '운동'의 개념을 대립적으로 파악하고 있었다. 우선 데카르트는 기하학적 관점을 모든 자연 현상에 적용하여 물체들의 본질을 '연장' 개념으로 파악하는 동시에 물체들의 운동은 외부 물체의 충격, 즉 외적 원인에 의하여 성립한다고 주장하였다. 그러나 이러

03 칸트, 『활력의 참된 측정에 관한 사상들과 이 문제에 대하여 라이프니츠와 다른 역학자들이 사용한 증명에 관한 평가와 물체의 힘 일반에 관계하는 몇 가지의 선행적 고찰들』. Immanuel Kant, *Gedanken von der wahren Schätzung der lebendigen Kräfte und Beurtheilung der Beweise, deren sich Herr von Leibniz und andere Mechaniker in dieser Streitsache bedient haben, nebst einigen vohergehenden Betrachtungen, welche die Kraft der Körper überhaupt betreffen* (1747)(I 1–181; WA 1, 7–253); 이하 '활력'으로 줄임) 참고논문으로는 하선규 「초기 칸트의 형이상학과 철학적 사유에 대한 고찰: 처녀작 『활력의 올바른 측정(測定)에 관한 고찰』(1747)을 중심으로」(『대동철학』 68, 2014)가 있다.

한 견해를 극단적으로 밀고 가면 운동하는 외부 물체나 절대적인 신이 직접적으로 간섭하지 않고서는 그 어떤 물체 운동도 불가능하다고 주장하게 될 수도 있다. 또한 데카르트는 자연과 물질을 수학적 기하학적으로 인식할 수 있는 순수한 기계적 법칙에 의해 파악하려고 하였다. 그는 정신과 물질을 이원론적으로 구분하여 각각의 실체에 사유와 연장이라는 고유한 속성을 부여하였다. 다시 말하면 데카르트가 기술한 세계는 수학적으로 규정할 수 있는 연장에 기반한 실체res extensa의 결합이며, 이것이 살아 움직이기 위해서는 필연적으로 외적 정신의 간섭을 요구할 수밖에 없다는 것이다. 그러나 생동적인 대상에 대하여 수학적 기하학적 명석성과 판명성을 강조한다면, 그것을 추상적으로 파악함으로써 오히려 그 구체성과 생동성을 잃게 될 수 있다. 명석성과 판명성을 확보할 생각에서 추상과 환원만을 강조할 경우에 구체적인 내용과 충전성을 박탈할 수 있다는 것이다. 이런 이유에서 칸트는 데카르트의 물체 및 운동 개념을 비판하였다.[04]

이와 반대로 라이프니츠는 모든 물체의 운동은 외부의 힘에 의하여 일어나는 것이 아니라 그 자신의 내적인 힘, 즉 그 자체 속에 스스로 '살아 있는 힘'lebendige Kraft, 즉 '활력'活力에 의해 이루어진다고 보았다. 각각의 사물들은 그 자체의 힘과 자율성을 가진 독립적인 단자Monad들이다. 독립적인 단자들로 이루어진 자연은 외부의 어떤 영향도 받지 않으면서 그 자체적인 힘에 의해 질서 있게 진행한다. 그러나 외부 세계와 관계가 단절한 상태에 있는 '창 없는 단자들'의 자유 운동만으로는 외부세계와의 실재적인 결합을 이끌어 내지 못한다. 라이프니츠는 이 문제를 해결하기 위하여 예정조화설을 구상하기도 했으나, 칸트는 이를 거부하였다.

04 Hans Küng, *Existiert Gott? Antwort auf die Gottesfrage der Neuzeit*. München 1978, 51.

칸트는 데카르트와 라이프니츠를 각각 비판적으로 수용하고자 하였다. 그는 어떤 사물이 운동 중에 있는 다른 물체나 신의 개입 없이는 어떤 운동도 할 수 없다는 데카르트의 주장은 잘못된 것이라고 비판하였다.(활력, AA1, 60) 그러나 칸트는 이 세계가 모든 사물들의 결합으로 이루어진 전체라고 파악한 점에서 데카르트적 물체의 연장 개념을 부분적으로 수용하였다.(활력, AA 1, 22f) 그러나 칸트는 이 같은 연장 개념은 결코 기하학적일 수 없고 '실재적'이라는 사실을 강조한다. 칸트에 의하면, 물체의 힘은 결코 기하학적 형상으로 파악할 수 있는 것이 아니다. 그것은 모든 연장 운동이 비롯하는 점과 같은 것이다. 그리고 이러한 연장 운동은 활력과 관련이 있다. 이 활력은 계산할 수 있는 것이 아니고, 어떤 인과관계 속에서 파악하거나 규정할 수도 없다. 그것은 자발성을 가능하게 한다는 의미에서 '우연적' 요소를 가진다. 칸트는 '살아 있는 힘'은 단순하게 가정한 관념이 아니라 물체에 실질적으로 주어져 있는 것이라고 주장한다. 칸트가 라이프니츠로부터 물려받은 이 능동적이고 살아 있는 힘인 '활력'의 개념은 물체의 현재 운동 상태를 유지하면서도 변화를 불러일으키는 모든 영향에 맞서는 '욕구'로 나타난다.

그러나 칸트의 물체 및 세계 개념은 라이프니츠적 단자 개념처럼 개별화한 상태의 것이 아니다. 칸트는 세계를 "다른 사물들과 실재적인 결합을 이루고 있는 것"(활력 I 22-23)으로 파악하고 있다. 세계는 개체로 떨어진 사물들을 하나로 만들고 연속 또는 지속적이게 하는 자족적인 원리를 가지고 있으며, 개별 사물들을 결합시키는 살아 있는 힘으로 가득 차 있다.

2. 『보편적 자연사와 천체론』(1755)[05]

물질이 가지고 있는 힘에 대한 칸트의 이해는 곧바로 자연이 '독자적 자족성을 가진 체계'인가, 그렇지 않으면 '신의 간섭에 의하여 운행하는 체계'인가의 문제로 발전한다. 1755년에 발표한 『보편적 자연사와 천체론』에서 칸트는 '자연적 원리'와 '신적 원리' 가운데서 어떤 것이 이 세계를 지배하는가라는 물음에 집중한다. 세계 속에 있는 모든 사물들은 그 스스로의 자체적인 힘에 의해 움직여지는가, 그렇지 않으면 그 외부로부터 오는 어떤 신적인 힘에 의해 움직여지는가? 이러한 칸트의 물음은 데카르트와 뉴턴, 그리고 라이프니츠의 물리학 논쟁에서 출발한 것이다. 칸트는 이들과의 비판적 논의를 통하여 자연과 신의 관계 설정에 대한 독자적인 견해를 제시하고자 시도하였다.

칸트 이론의 출발점은 뉴턴의 기계론이다. 칸트는 『보편적 자연사』에서 케플러Johannes Kepler(1571~1630)와 뉴턴의 천체물리학에 기초하여 전체 우주의 체계 건축과 그 생성에 대한 기계적 설명을 시도하고 있다. 뉴턴은 자연세계에서 기계적 원리를 찾아내는 데 성공하였다. 그러나 그는 태양계에 속한 물체들이 그 속에서 운동할 수 있는 공간을 설정하지 않음으로써, 이 세계를 처음부터 텅 빈 것으로 파악하여 질료인을 찾을 수 없게 하였다. 뉴턴은 물질의 힘에서 천체의 자전과 원 운동을 설명할 수 있는 가능성을 찾지 못하였다.(천체 A 125, I 321) 예를 들면 그는 유성 운동에서 나타나는 작은 불규

05 임마누엘 칸트, 『뉴턴의 원리에 따라 논구한 보편적 자연사와 천체론, 혹은 전 세계 구조의 기본 틀과 기계적 원천에 관한 시론*Allgemeine Naturgeschichte und Theorie des Himmels oder Versuch von der Verfassung und dem mechanischen Ursprunge des ganzen Weltgebäudes, nach Newtonischen Grundsätzen abgehandelt, anomym*』, Königsberg und Leipzig 1755.(I 215-368, 이하 '천체'로 줄임.)

칙성을 신이 만일 교정하지 않는다면, 시간이 경과하면서 유성들과 혜성들의 상호 작용으로 우주 전체가 무질서에 빠지게 될 것이라고 보았다. 그리하여 뉴턴은 신적인 원리가 기계적으로 작동하는 인과적 질서의 외부에서 작용한다고 전제할 수밖에 없었다.(천체 A 156, I 338) 따라서 그는 '신의 직접적인 손'unmittelbare Hand Gottes, 즉 신의 직접적 간섭das direkte Eingreifen Gottes이 우주를 조정한다고 가정하면서(천체 A 25, I 262), 이 세계를 창조한 신이 그것을 부단하게 수정하고 보완한다고 보았다.

그러나 칸트는 신의 작용이 자연을 간섭하거나 개선한다는 사실을 부정함으로써 뉴턴의 신학을 반박한다. 우주 생성에 대한 진화론이라고 할 수 있는 이 저술에서 칸트는 고유한 법칙에 의하여 자족적으로 발전하는 자연의 체계를 수립한다. 데카르트가 근원적 혼돈 상태로부터 자연세계혼이 이 세계를 생성했다고 가정한 것처럼, 칸트는 뉴턴의 기계론을 태양계의 생성뿐만 아니라 전 우주 구조에 확장하여 적용하고자 하였다. 칸트에 의하면, 세계의 모든 것을 생성한 것은 '신의 선택'이 아니라 운동 세계혼이다. 다시 말하면 이 세계에 존재하는 모든 것은 제1의 원인인 기계적 운동규칙에 의해 움직이고 있으며, 신의 자유로운 선택이 직접 지배하는 것이 아니라고 보았다.(천체 A 166, I 344) 그리하여 칸트는 천체의 점진적인 자체 형성을 '창조의 연속적 완성'(천체 A 111, I 312)이라고 해석하였다. 왜냐하면 그것은 우선 무한한 전 세계의 일반적 중심으로부터(천체 A 117, I 316) 물질의 힘, 그리고 인력과 척력이 점차적으로 천체와 그것의 질서를 이룩하기 때문이다. 또한 이 경우에 질서가 잡힌 세계 건축물의 형성과 존속은 단순한 부패와 절멸이 아니라 새로운 형성 과정의 시작(천체 A 125, I 321)이며, 그 때문에 칸트는 공간적 시간적 창조의 무한성 가운데서 신비한 불사조처럼 다시 살아나는 순환적 우주기원론을 지지한다. 우주 생성의 열쇠는 물질에 내재한 힘과 그것을 수학적 정확성으로 규정하는 자연세계혼에 있다.(천체 A XXXVI, I 23) 그리고 이로부터 "물질을 나에게 주면, 나는 세계를 만들 것이다! 즉 물질을 나에게 준다면 그것이 세계를 어떻게 생성하는가를 보여 주겠다"(천체 A XXXIII, I 230)는 주장이 설득력을 얻게 되는 것이다. 그러나 세계 생성을 기계적으로 설명하려는 이 같은 칸트의 주장에도 한계는 있다. 그것은 바로 물질의 기계적 법칙만으로는 살아 있는 유기체를 충분하게 설명할 수 없다는 사실이다. 이것은 나중에 『유일 가능한 증명 근거』에서 기계학적으로 설명할 수 없는 유기체 영역의 존재를 가능하게 하는 조건으로서 신의 존재가 상정될 수 있다는 단서가 된다.(증명 A 78-80)

칸트에 의하면 자연세계는 보편적이고도 내재적인 발전세계혼을 가진 구조물이다. 그러나 이렇게 되면 신은 불필요하다고 여겨질 수도 있다. 실제로 자연주의자들은 신의 존재를 가정하지 않고서도 자연을 개념적으로 파악할 수 있다고 믿게 되었다. 그러나 칸트는 자연주의자들이 자연을 모든 가능한 완전성과 합목적성, 그리고 법칙성을 가진 것으로 파악하면서도, 다른 한편으로는 자연을 신의 의지에 대립하는 주체widerwärtiges Subject로 해석한 데 대하여 자가당착이라고 지적한다. 칸트는 이처럼 뉴턴의 자연과학이 당시의 신학과 상충한다는 세간의 우려와 비판을 일축하고 새로운 자연과학과 양립할 수 있는 새롭고 확실한 신 개념을 정초할 수 있는 그의 첫 번째 자연신학적 증명의 골격을 제시한다.(천체 A IX-XXIX, I 221-228) 칸트는 물질에 내재한 법칙성으로부터 규칙성과 합목적성을 설명하면 신은 불필요하게 되고 결국 무신론으로 귀착하게 된다는 주장을 받아들이지 않는다. 신 존재를 증명하는 근거의 배후에는 자연세계혼이 필연적인가 우연적인가라는 물음이 도사리고 있는데, 그래서 베를린 학술원에서도 '운동 세계혼은 필연적인가 우연적인가?'라는 문제를 제시한 바 있다. 말브랑슈, 라이프니츠, 볼프, 버클리 같은 철학자들은 우주의 규칙성과 구조를 '선한 하느님의 의지'로부터 설명하면서, 자연세계혼이 자체적 필연성을 가진다고 보지 않았다.

그들과는 반대로 칸트는 뉴턴의 기계적 운동 세계혼에 의하지 않고서는 물질의 가능성을 생각할 수 없다고 주장한다.(증명 II 99-100) 칸트에 의하면, 운동 세계혼의 필연성은 신의 의지에 기인하는 것이 아니라 물질에 내재하여 있다. 칸트는 자연세계혼이 신 존재에 대한 유일한 증인이라는 사실을 강조함으로써, 물질에 내재한 필연적 자연세계혼의 이론이 무신론으로 가는 것을 저지하였다.(천체 I 239, 346) 자연의 체계가 완전하게 질서를 이루고 있다면, 그 같은 자연적 질서를 가능하게 하는 최고의 이성적 존재자인 신을 상정하지 않으면 안 되기 때문이다. 신은 "존재 자체의 근원이고 제1의 작용 세계혼을 자체 속에 가지는 존재"(천체 A 148, I 334)이기 때문에, 자연은 최고의 지혜가 예정한 계획들을 자체적인 법칙에 의하여 실현하는 것이다. 따라서 '세계 구조의 아름다움과 조화'가 신 존재 증명의 가치를 부정하는 '자연의 무능함'(천체 A 146-147; I 133)을 뜻하는 것이 아니라, 오히려 그 충족성은 자연의 창조자인 신을 입증하는 것이다. 그리하여 칸트는 "자연은 혼돈상태에서도 스스로 규칙적이고 질서 있게 운행할 수밖에 없으므로, 신은 존재한다"라고 말한다.(천체 A XXVIII-XXIX, I 228) '종교의 변호자'로서 칸트는 자연이 가지고 있는 기계적 법칙을 '최고의 지혜'인 신이 기획한 것으로 파악함으로써, 신의 개념에다가 '독립적이고 자족적인 자연체계의 창조자'라는 형이상학적, 그리고 특히 자연신학적 의미를 부여했던 것이다.(천체 I 222) 그리하여 칸트는 자연과학적 인식의 발달이 이 세계를 창조하고 영향력을 행사하는 신이 존재한다는 신앙을 저해하지 않을 뿐만 아니라, 뉴턴의 기계적 운동 세계혼이야말로 '가장 좋은 신 존재 증명'(천체 I 239, 346)이라고 생각하였다. 세계의 질서와 합목적성, 그리고 아름다움으로부터 하느님의 존재를 증명하려는 자연신학적 시도에 대한 초기 칸트의 애착은 비판기 저술들에도 지속적으로 계속 나타나고 있다.(살라 25)

칸트에 의하면 신은 세계를 창조한 최고의 이성적인 존재자인 동시에 이 세계에 살고 있는 모든 생명의 통치자이다. 그러나 신이 최고의 이성적 존재자이기 위해서는 자연을 임의로 다루지 않고, 보편적 법칙에 따라서 스스로 발전하고 보존할 수 있는 기본 구조를 자연에다 부여해야 한다.[06] 칸트의 『보편적 자연사』에서 가장 특기할 만한 사실은 바로 칸트가 신에 대한 신앙을 학문에 대한 신앙으로 대체하려는 물질론자와 무신론자의 공격에 대하여 자연과학의 성과들을 수용하면서도 종교와 신학을 변호할 수 있었다는 데 있다. 그리고 이 일은 칸트가 뉴턴의 기계학과 라이프니츠의 창조신 개념을 비판적으로 종합함으로써 가능할 수 있었다. 뉴턴은 자연과 세계가 시시각각으로 신의 간섭과 작용에 의하여 개선된다고 함으로써 자연법칙의 독자성과 자족성을 크게 훼손하였다. 자연의 형성 과정을 설명하면서 칸트는 신의 직접적 간섭 대신에 기계적 자연법칙을 수용하였다. 라이프니츠는 세계의 현실적인 모든 실재를 신이 창조하였으며, 이 모든 존재자들은 신적인 원리에 의하여 운동한다고 주장한다. 그러나 칸트는 신이 모든 존재 자체와 제1의 작용법칙의 근원이라고 규정함으로써, 라이프니츠가 제시한 형이상학적인 예정조화설 대신에 물질에 내재한 힘을 움직이고 지배하는 물리적 법칙들을 승인하였다. 이를 바탕으로 칸트는 자연의 기계성과 신의 존재 및 그 역할을 동시에 확보할 수 있었다. 그는 자연의 보편적 법칙적 기본 구조에 의해 자연의 자유와 독자성을 확보

06 살라Sala는 칸트가 『보편적 자연사』에서 처음으로 시도한 자연신학적 논증에 대한 의미를 자연과학자들이 발굴한 작용인과 신학자들이 추구하는 목적인 사이의 화해라는 측면에서 찾고 있다.(살라 28)

한다고 해서 신이 불필요하게 되는 것은 아니라고 생각하였다. 혼돈 상태에서조차도 자연이 규칙적일 뿐만 아니라 법칙에 따라 진행한다는 사실은 바로 신이 존재한다는 사실을 증명하는 것이다. 절대이성으로서 신은 자연에게 일정한 기본 구조를 부여하였고, 자연은 그것에 의하여 외부로부터의 어떤 강요도 받지 않고 스스로 발전한다.[07] 그리고 신에 대한 신앙과 자연과학은 물질의 일반적 운동법칙 이론 안에서 자연스럽게 하나로 합쳐진다. 칸트는 신이 물질을 창조하고, 이 물질은 기계적 운동법칙에 필연적으로 종속하는 것이라고 정리한다. 기계적 운동법칙 없는 물질은 결코 사유의 대상이 될 수 없다. 그러나 물질의 창조 그 자체가 하느님의 의지로부터 나오기 때문에 물질은 모든 가능성의 근거가 되는 신에 의존한다고 말할 수 있다. 그리하여 칸트는 물질의 내재적 힘과 자연의 자족성이 신 존재를 부정하는 것이 아니라 오히려 증명해 준다는 사실을 확정할 수 있었다.

3. 『형이상학적 인식의 제1원리에 관한 새로운 해명』(1755)[09]

『형이상학적 인식의 제1원리에 관한 새로운 해명』은 1755년(31세)에 칸트가 마기스터 시험을 앞두고 제출한 두 번째 논문이다. 이는 사강사 취업을

07 칸트는 자연의 형성은 영원하게 진행하는 무한 공간을 세계 및 질서로 가득 채우기 위하여 계속 전진하고 확장해 나간다고 보았다. 이 점에서 칸트는 생성과 발전의 사상을 지지하고 있다. 즉 자연의 질서는 단 한 번에 완성을 이룬 것이 아니다. 그러나 이것은 신이 자연에 대해서 창조활동을 계속해 나간다는 것을 의미하지는 않는다. 물론 신에 의한 자연의 창조는 단번에 수행한 작업은 아니지만, 자연은 신이 처음에 부여한 독자적인 법칙에 의하여 자신을 계속 형성해 나간다. 그리하여 칸트는 창조를 '자연의 형성'Ausbildung der Natur이라고 규정한다.(천체 I 312) 신은 창조할 때 자연에다가 영원성을 부여하였다. 이 영원성은 공간과 시간의 무한성으로 나타난다. 무한한 공간은 신의 임재이며, 무한한 시간은 창조의 끝없는 역사를 말한다. 그리하여 칸트에서 공간과 시간의 무한성은 종말이 없음을 뜻한다.

위해 작성한 본격적인 철학서이다. 이 당시의 칸트는 볼프의 형이상학에 반대한 크루시우스Christian August Crusius(1715~1775)로부터 결정적인 영향을 받게 된다.[09] 특히 근거의 원리에 대한 당시의 논쟁에서 칸트는 크루시우스가 주장하는 '규정 근거의 원리'principium rationis determinantis를 받아들여 라이프니츠와 볼프학파의 견해에 대항하였다. 라이프니츠는 규정 근거의 원리를 우연적 존재자나 절대적 존재자 모두에게 적용할 수 있다고 보았으나, 크루시우스는 그 대신에 자유로운 의지결정의 원리를 주장하였다. 그러나 칸트는 이 두 사람의 견해를 종합하여 규정 근거의 원리를 자유로운 의지 결정을 포함한 모든 우연적 영역에 적용할 수 있지만, 절대적 존재자에는 적용할 수 없다는 독자적인 입장을 구축하였다.[10] 칸트는 이 논문에서 신의 존재에 대한 아프리오리한 인식이 어떻게 가능한가라는 형이상학적 주제를 다루면서, 가능성의 실재적인 것으로부터 절대적으로 필연적인 존재 개념을 매개로 하여 신 존재 증명이 가능하다고 주장함으로써 스콜라적 주장에 근접한 존재신학을 제시하였다.

칸트는 전통적으로 안셀무스가 제기하고 데카르트가 발전시켰던 존재론적 논증을 비판하면서 그 자신의 독자적인 논증을 개진하였다. 근거율

08 임마누엘 칸트, 『형이상학적 인식의 제1원리에 관한 새로운 해명*Principiorum primorum conitionis metaphysicae nova dilucidatio. Neue Erhellung der ersten Grundsätze metaphysischer Erkenntnis*』, 1755.(I 385–416; 이하 '해명'으로 줄임) 참고 논문으로는 오창환 「칸트의 "새로운 해명"(Nova Dilucidatio)에서 근거와 자유의 문제」(『칸트연구』 25, 2010)와 김상봉 「칸트의 "새로운 해명"에서 동일성과 모순의 문제: 칸트 전비판기 철학에 대한 한 연구」(『칸트연구』 27, 2011)가 있다.

09 크루시우스는 현실적인 것의 개념이 그 본성에서나 우리의 인식에서 가능적인 것의 개념보다 앞선다는 형이상학적 주장을 전제한다. 이러한 그의 주장은 가능성 개념에서 현실적 존재를 도출하려는 존재론적 논증과 대립적이다. 칸트의 존재신학은 신의 개념의 가능성에서 현실적인 신의 실존을 추론하는 전통적인 존재론적 증명과는 달리, 실재하는 사물 개념의 가능성이 필연적 절대적으로 현존한다는 사실로부터 필연적 실재 존재자인 신의 현존을 증명하는 점에서 차이를 드러낸다. 이러한 칸트의 존재신학 논증에는 크루시우스의 영향이 절대적으로 작용하고 있다.(살라 39–40, 80)

10 해명, Prop. VI.(살라 43)

을 기초로 한 칸트의 존재신학적 논증의 단초는 데카르트에서처럼 신의 가능성 개념이 아니라 '사물의 존재론적 가능성'이다. 칸트는 이 논증 방식을 『새로운 해명』에서는 아무런 이름도 붙이지 않았지만, 『유일 가능한 증명 근거』에서는 '존재론적'이라고 규정한다.(증명 A 199, II 160) 그러나 칸트가 주장하는 존재론적 논증은 안셀무스나 데카르트의 존재론적 논증과는 다른 것이다. 따라서 이 두 논증 방식을 구분하기 위하여 슈무커나 살라 같은 학자들은 칸트의 존재론적 논증을 '존재신학적' 논증이라고 부른다. 칸트의 첫 번째 존재신학적 논증은 다음과 같이 정식화할 수 있다:

> 그 현존 자체가 그 자신과 모든 사물의 가능성보다 앞서 있기 때문에 무조건적 필연적으로 현존한다고 할 수 있는 하나의 존재자가 있으며, 그것은 신이라 불린다.[11]

칸트의 존재신학적 논증은 우리가 그 실존보다 선행하는 가능성의 상태에서 사유할 수 있는 '사물의 가능성', 즉 모든 가능한 것이 가능할 수 있는 존재론적 조건이 되는 현존 그 자체를 출발점으로 한다. 그것은 단지 '사유의 형식적 가능성'이 아니고 '구체적 실재 내용과 객관적 내용을 가진 가능성' 개념이다. 칸트는 가능성 개념을 두 가지 요소, 즉 형식적 가능성formale Möglichkeit과 질료적 가능성materiale Möglichkeit으로 구분하면서, '가능성' 개념에서 '형식적인 것'은 '질료적인 것'을 전제하고 있다고 주장한다. 이로부터 칸트는 '모든 가능적인 것의 개념' 속에는 우리에게 주어진 '실재적인 것의

11 "Es gibt ein Seiendes, dessen Dasein selbst seiner eigenen und aller Dinge Möglichkeit vorangeht, das demnach als unbedingt notwendig daseind bezeichnet werden kann. Es wird Gott genannt."(해명, Prop. VII, I 395–396)

현존'을 이미 전제하고 있다는 존재신학적 증명의 첫 번째 명제를 확정한다. 그리하여 칸트는 존재하지 않는 것이 우리의 지성에 사유로 주어질 수 없다고 말한다. 존재가 사유에 앞선다. 이것을 적극적으로 표현하면 우리가 가지고 있는 '가능성' 개념에서 그 '실재 내용의 현존'은 '절대적으로 필연적인 현존'이다.

그런데 신 존재 증명에 결정적으로 중요한 가능성 개념의 필연적 존재를 우리가 만일 사상하게 된다면, '가능하지 않은 것'nichts Mögliches; nihil omnino possibile 그 자체, 즉 '불가능한 것'Unmögliches; nonnisi impossibile만이 있게 될 것이라고 칸트는 말한다. 그리고 그는 이 같은 전적인 불가능성이란 결코 가능하지 않다고 생각한다. 여기에서 칸트가 말하는 '불가능한 것'이 무엇을 뜻하는가에 대해서는 논란의 여지가 많지만,(Sala, 71f; Schmucker, 48f) 대체적으로 칸트는 우리가 가지고 있는 가능성 개념의 실재 내용이 필연적으로 존재한다는 사실을 부정하게 되면 모순에 빠지게 된다는 점을 강조한 것처럼 보인다. 『유일 가능한 증명 근거』에서 칸트가 제시한 두 번째의 존재신학적 논증에서 '절대적 실재 필연성'absolute Realnotwendigkeit 개념과 상관해서 사용하고 있는 '실재의 불가능성'Realunmöglichkeit이라는 개념은 모든 사유 가능한 것에서 질료적인 것과 자료들을 사상한 '무'Nichtsein를 뜻한다.(증명 A 28, II 82) 여기에서 칸트는 가능한 것 자체의 존재론적 차원이 근거하고 있는 그 '필연적 실존'을 입증하는 데 있어서, 반대로 그 필연적인 것을 부정하고 모든 존재나 사유의 가능성을 철저하게 근절하게 되면, 결국 완전한 무로 귀결되고, 이 같은 완전한 무는 불가능하다는 논의 사실을 이용하고 있다. 다시 말해서 가능한 것의 가능성을 제거하는 것은 전적인 불가능성을 뜻한다는 것이다. 그러므로 전적으로 필연적인 실존은 가능한 것의 근거로서 절대적으로 필연적이라는 반대 논리가 성립하는 것이다. 따라서 칸트의 첫 번째 존재신학적

논증은 실재적인 것의 불가능성은 가능하지 않다는 사실에 근거한다.[12]

칸트의 존재신학 논증에서 첫 번째 명제는 "가능한 것의 질료적 내용이 우리의 사고에 가능성 개념의 형성을 위한 객관적 실재 내용으로 주어질 수 있기 위해서 그것은 절대적 필연적으로 존재해야 한다"는 사실이었다.(슈무커 22, 살라 72) 그 두 번째 명제는 가능성 개념의 실재가 절대 필연적으로 실존하는 사실에서 그 모든 것들을 통일하는 유일한 존재, 즉 신의 무한성과 유일성이 존재한다는 사실로 귀결하는 데 있다.[13] 그러나 모든 실재성의 신성Göttlichkeit에 근접한 가능성의 실재가 필연적으로 실존한다는 명제는 나중에 『유일 가능한 증명 근거』에서는 '실재 근거'Realgrund라는 개념으로 변형이 되었다. 모든 가능성의 무조건적 필연적 근거가 되는 신은 슈무커가 말

12 그러나 이러한 칸트의 주장이 완벽하지 못하다고 비판하는 견해가 지배적이다. 살라는 칸트가 무의 불가능성을 주장한 사실에 대하여 비판한다.(살라 72, 122–123) 살라에 앞서서 슈롤-플라이셔는 아무것도 존재하지 않는다면 모든 가능성이 없어진다는 칸트의 주장으로도 아무것도 존재하지 않을 가능성까지를 제거할 수는 없다고 비판한 바 있다. 칸트는 모든 가능성을 제거하는 것이 불가능하다는 사실을 보여주지는 못하였다. 아무것도 존재하지 않을 경우에 그로부터 아무것도 가능하지 않다는 것은 전혀 문제가 되지 않는다. 왜냐하면 하나의 가능성을 위한 질료가 없기 때문이다. 그 자체적으로 모순 없이는 아무것도 존재하지 않는다고 말하면서 동시에 어떤 것이 가능하다고 말할 수 없다는 점에서는 칸트가 정당하지만, 그러나 여기에는 아직 아무것도 존재하지 않으므로 아무것도 가능하지 않다고 모순 없이 말할 수 있는 가능성이 있다고 슈롤-플라이셔는 주장한다. 또한 그는 칸트가 자신의 증명 근거를 의식이나 객관적 실재의 존재를 전제하지 않는다는 사실을 바탕으로 '완전하게 아프리오리'하다고 성격 짓지만, 그러나 이 모든 경우에 칸트의 논증에는 우리가 사실적으로 어떤 것을 가능하다고 생각하고, 그와 동시에 사유의 대상이 주어져 있다는 사실이 전제되어 있다고 본다. 그런 점에서 슈롤-플라이셔는 칸트의 논증은 후천적이라고 규정한다. 우주론적 논증은 어떤 것이 존재한다는 경험적 사실들로부터 출발한다. 칸트의 증명 근거도 역시 우리가 어떤 것을 가능하다고 생각하는 경험적 사실들로부터 나온다. 그러므로 칸트의 논증은 존재론적이라기보다는 우주론적이며, 모든 가능성을 제거하는 것 그 자체가 불가능하다는 것은 분석적 진리가 아니라는 것이다.(N. O. Schroll-Fleischer, *Der Gottesgedanke in der Philosophie Kants*. Odense University Press 1981, 49. 이하 '슈롤'로 줄임.)

13 이와 같은 칸트의 존재신학적 주장에는 사실상 라이프니츠의 신이성론과 스피노자의 범신론적 요소가 함축되어 있었다. 그러나 칸트는 유신론적 입장을 강화하는 가운데서 스피노자적 신 개념으로부터 벗어나고 있다. 칸트의 초기 존재신학에 스피노자의 범신론적 측면이 있다는 주장은 여러 학자들에 의하여 지적되고 있다.(J. Guttmann, *Kants Gottesbegriff in seiner positiven Entwicklung*. Kant-Studien Ergänzungshefte 1906, 4–6; 슈무커 33–34; 살라 75.)

한 것처럼 '모든 실재성의 근원'(슈무커 123-127)으로서 필연적으로 실존할 뿐만 아니라 그 자신의 고유한 가능성의 원리가 되기도 한다. 그리하여 신 안에서만 실존이 가능성보다 선행하고existentia prior possibilitate, 실존은 가능성과 같게 된다. 신의 현존은 사물의 가능성뿐만 아니라 그 자신의 가능성에도 선행한다.[14] 바로 이 점에서 칸트의 존재신학은 신 개념의 가능성으로부터 실존을 추론하는 데카르트의 존재론적 논증과 차이를 드러낸다.

또한 칸트는 영원한 진리의 실재성으로부터 신 존재를 증명하려는 라이프니츠의 신학과도 다른 입장을 취한다. 라이프니츠는 모든 본질의 근원을 신에서 찾고 있으며, 따라서 모든 실재성은 실존하는 것 속에서만 정초할 수 있다고 본다. 그런데 이와 같은 실재성의 가능성은 표상이고, 그것은 실존하는 지성, 즉 모든 가능성의 근거가 되는 이성적 존재에 기초한다. 그리하여 라이프니츠는 가능성의 개념을 신적인 이성에 근거를 두고 있는 필연적 존재의 표상, 즉 영원한 진리에 비추어서 실재적이라고 규정한다.[15] 그러나 칸트에서 실재성은 질료의 원리를 전제하고 있다. 가능성 개념의 질료적 원리는 그 자체 필연적으로 존재해야 하고, 그것은 필연적이고 무한한 현존의 본질을 형성한다. 라이프니츠가 가능성 개념의 종합적 요소

14 "신은 모든 존재자 가운데서 현존이 일차적이고 가능성과 동일하게 있는 유일한 것이다. 그 현존으로부터 이탈하는 경우에 이것에 대한 어떤 개념도 남지 않는다."(Gott ist das einzige von allen Seienden, in dem das Dasein das erste oder, wenn man lieber will, mit der Möglichkeit identisch ist. Und sobald man von seinem Dasein abgeht, bleibt von dieser gar kein Begriff. 해명 I 437.) 또한 『유일 가능한 증명 근거』에서 칸트는 "그 현존에서 그것의 고유한 가능성이 근원적으로 주어진다"(증명 A 37, II 86)라고 하였다.

15 Leibniz: *Monadologie*. §43–45.(살라 80–81) 라이프니츠는 『변신론*Theodizee*』(§184)에서 "신의 의지가 영원한 진리들의 실재에 아무 역할을 하지 않는다고 해도, 그 실재를 이루는 것은 신의 지성"이고, "모든 실재는 현존하는 어떤 것 안에 근거를 두어야" 하며, "신 없이는 아무것도 현존하지 않을 뿐 아니라 가능한 것도 없을 것"이라고 하면서, "그러나 이러한 사실도 만물의 상호 연결, 만물과 신의 연결을 보지 못하는 이들이 신 안에 있는 그 제일 원천을 인식하지 못하고서 몇몇 지식을 가질 수 있게 되는 것을 막지는 못한다"고 하였다. (라이프니츠, 『변신론』, 이근세 역, 아카넷 2014, 349.)

를 영원한 진리로서 신의 지성에 귀결시킨 것과는 반대로 칸트는 가능성 개념에서 형식적인 것은 인간의 지성, 즉 개념에서 주관적인 것으로 돌리고, 질료적인 것과 객관적인 요소는 필연적 존재의 부분이나 측면으로 제시하였다.[16] 라이프니츠가 말하는 실존은 가능성의 실재에 근거하는 '본질상 필연적인 것'Wesensnotwendiges이며, 여기에서 가능성은 어떤 구체적 질료 원리에 의해서가 아니라 자기 자신을 통하여 현실적으로 된다. 그러나 칸트에서 가능성 개념은 형식적인 것과 질료적인 것으로 나누어지고, 절대적으로 필연적인 실존은 질료적 원리 그 자체이다. 이러한 질료적 원리가 없다면 우리의 지성에는 아무것도 주어질 수 없다. 그리하여 칸트는 자신의 존재신학을 데카르트나 라이프니츠가 주장하는 것과 같은 실존에 선행하는 가능성 개념에 기초한 존재론적 논증과 차이를 드러낸다.

칸트의 존재신학적 논증을 다시 정리한다면, 그것은 첫째로 실재적인 것, 즉 실재 내용은 우리의 가능성 개념에 필연적으로 실존해야 한다. 이 경우에 실재 내용의 실존은 이미 초경험적인 것으로 밝혀졌으나 아직 절대적으로 필연적인 것은 아니다. 둘째로 사물 자체의 가능성보다 선행하는 이 초경험적 실존은 이에 대한 전제 없이는 어떤 것도 가능하다고 생각할 수 없는 절대적으로 필연적인 것이지 않으면 안 된다. 그리하여 우리의 사유에 가능성 개념의 형성을 위한 객관적 실재 내용이 주어질 수 있기 위해서는 가능적인 것의 질료 내용은 반드시 존재해야 한다. 셋째로 우리의 모든 가능성 개념의 실재 내용이 여러 존재자 가운데 분할하여 우연적인 것으로 전락하지 않기 위해서 그것들은 필연적으로 무한하고 유일한 존재

16 1755년에 칸트는 라이프니츠와 함께 '신이성론'Theorationalismus을 지지하는데, 이것은 신이 자연에 투여한 보편적 법칙들은 인간의 이성으로도 인식할 수 있다는 이론이다. (Friedrich Kaulbach, *Immanuel Kant*. Berlin, New York 1982, 38.)

자 안에서 통일을 이루지 않으면 안 된다. 그리하여 우리에게 주어진 가능성 개념의 실재 내용은 이 실재 내용의 초경험적 실존을 통해 사유할 수 있고, 이것은 다시 유일한 절대 필연적 존재자에 의해 가능하게 된다. 1755년의 『새로운 해명』에서 칸트는 데카르트의 신 존재 증명을 비판하고 사물의 가능성으로부터 신의 현존을 증명하는 존재신학을 전개하였는데, 그는 이러한 내용을 1762년의 『유일 가능한 증명 근거』에서 대부분 그대로 수용하면서 몇몇의 부분에 대해서만 수정하고 보충하였다.

제5장 초기 칸트의 존재신학과 도덕신학

1. 『신의 존재 논증을 위한 유일 가능한 증명 근거』(1763)[01]

칸트의 『신의 존재 논증을 위한 유일 가능한 증명 근거』는 비판기 이전의 형이상학적 작품 가운데서 가장 중요한 것이다. 여기서는 그가 1755년에 발표한 두 작품에서 각각 제시했던 두 가지 유형의 신 존재 증명, 즉 『보편적 자연사』에서 자연신학적 논증과 『새로운 해명』에서 존재신학적 논증을 다룬다. 그러나 자신이 제시한 존재신학적 논증을 유일 가능한 신 존재 증명이라고 주장한 칸트가 도대체 어떤 근거에서 전혀 다른 유형의 자연신학적 논증을 서술하고 있는가에 대해서는 학자들 사이에 논란의 대상이 되어 왔다. 칸트는 아마도 이 두 가지 논증을 고유한 방식으로 통일시키려고 시도한 것 같다.[02] 이 두 작품에서 제시된 두 가지 논증은 『유일 가

01 이 글은 「칸트의 존재신학」(『칸트와 형이상학』, 『칸트연구』 제1집, 1995, 372–385; 『퓌지스와 존재사유: 자연철학과 존재론의 문제들』 제12장(문예출판사 2003, 303–317에 수록)을 기본으로 하여 이 책의 편성에 맞게 수정하고 보완하였다. Immanuel Kant, *Der einzige mögliche Beweisgrund zu einer Demonstration des Dasein Gottes* (「신의 존재 논증을 위한 유일 가능한 증명 근거」), Königsberg: Johann Jakob Kanter, 1763. xiv.(II 63–163; WA2, 617–738; 이하 '증명'으로 줄임) 참고논문으로는 이남원 「칸트의 "유일 가능한 신 존재 증명 근거"의 논증 구조」(『철학연구』 91, 2004)와 김승욱 「칸트와 신 존재증명: 칸트의 철학적 신학에 대한 제일철학적 성찰」(『가톨릭 신학과 사상』 62, 2008)이 있다.

02 라이히는 칸트가 1762년의 저서에서 1755년에 발표한 두 가지 신 존재 증명을 보다 상세하게 다루려고 했다고 하였으나, 슈무커는 존재신학 논증을 유일 가능한 증명이라고 제시한 칸트가 같은 자리에서 다시

능한 증명 근거』에서 대부분 그대로 수용하지만, 그렇다고 해서 전적으로 동일한 것은 아니다. 여기에서 우리는 어떤 특징적인 변화를 감지할 수 있다. 『새로운 해명』에서 존재신학은 우리의 표상에 주어진 가능성 개념에 실질적으로 대응하는 실재적인 것의 존재 필연성과 신의 실재성을 무한성 이론에 의하여 정초한 것이었다. 가능한 세계의 실재로서 우리에게 주어진 모든 소재는 무한하고 필연적이며 유일한 존재인 신으로서 실존한다는 것이 주요 논지였으며, 이 때문에 칸트의 존재신학은 스피노자의 범신론적 성향을 갖고 있다고 지적할 수 있다. 그러나 『유일 가능한 증명 근거』에서 칸트가 제시한 신 개념은 유신론적 특성, 특히 경건주의와 칼뱅주의적 성격을 보다 구체화하고 있다. 또한 『보편적 자연사』에서 자연신학적 논증은 순수하게 기계적인 자연 설명에 기초하고 있지만, 『유일 가능한 증명 근거』에서는 필연적인 자연 질서와 우연적인 자연 질서를 제시하고, 일반적인 기계적 법칙에 의해 설명이 안 되는 유기체의 산출을 특별한 신적 질서라고 간주하고 있다.(증명 A 96-97, II 114)

『유일 가능한 증명 근거』에서 칸트가 제시한 신 개념은 '최고의 실재적 존재'ens realissimum이다. 그는 1755년의 자연신학과 존재신학에서 '자기초월성의 근거', '가능성 개념에 선행하는 실재의 필연적 실존이 통일되는 총체적 실재'Allerrealstes 등의 개념들을 수용하여 모든 존재가 신에 의존하고 있다

자연신학적 논증의 가치를 말하는 것은 구성에서 좋지 않다고 지적한다. 슈무커와 살라는 칸트가 이곳에서 존재신학적 논증과 자연신학적 논증 사이의 '본질적인 결합' 또는 '내적 통일성'을 제시하려 했다고 본다.(슈무커 58; 살라 97-98) 다시 말하면 칸트는 『보편적 자연사』에서 다룬 신에 대한 신앙과 근대의 엄밀한 자연과학적 설명 사이의 관계 및 그 양립 불가능성의 문제, 그리고 신에 의존하는 세계의 본성의 문제, 또한 『새로운 해명』에서 다룬 데카르트의 존재론적 증명에 대한 비판과 사물의 가능성 전반에서 신의 현존을 증명하고자 했던 취지를 『유일 가능한 증명 근거』에 모두 수용하여, 『보편적 자연사』에서 개선한 자연신학적 논증을 『새로운 해명』에서 가능성의 실재적인 것으로부터 선험적으로 논증한 존재신학의 후천적인 상대 항으로 간주함으로써, 이 두 유형의 증명을 실제적으로 통합하고자 한 것이다.

는 사실을 논증하고 있다. 칸트는 이러한 신 개념을 '수학적 명증성'에 의하여 주어지는 '최고의 유일한 존재'allerhöchsten einzigen Wesen로 기술함으로써, 신이 선천적으로 인식된 존재론적 가능성 차원의 근거인 동시에 후천적으로 확정할 수 있는 세계 질서의 원리라는 사실을 증명하고자 하였다. 전통적으로 형이상학의 가장 난해한 문제로 인식한 신 존재 증명의 여러 이론들에 대한 비판 작업을 통하여 칸트는 당시에 지배적이었던 라이프니츠-볼프의 형이상학을 극복할 수 있었다. 그리고 칸트의 형이상학 비판 작업, 특히 신 존재 논증에 대한 비판적 성찰은 실제로 비판기 이전부터 그가 이미 비판 정신을 가지고 있었다는 결정적인 전거가 되고 있다. 칸트철학을 이해하는 데 결정적 요소가 되는 비중 있는 논의들을 이미 『유일 가능한 증명 근거』가 함축하고 있기 때문이다.

칸트는 자신의 존재신학적 논증을 유일하게 가능한 신 존재 증명이라고 주장한다. 칸트는 가능한 신 존재 증명의 방식을 우선 지성 개념(존재론적 개념)에 의한 선천적 논증 방식과 실존하는 것에 대한 경험 개념으로부터 출발하는 후천적 논증 방식으로 구분한다.(증명 II 155) 다시 말하면 신 존재 증명은 개념이나 혹은 존재하는 어떤 것으로부터 시작된다. 존재론적 증명 방식에는 특정한 가능성 개념에서 그에 대응하는 실재적 존재를 추론하는 데카르트적 논증과 칸트 자신이 제안한 존재신학적 논증이 있다. 안셀무스와 데카르트의 존재론적 논증은 더 이상 완전한 것을 생각할 수 없는 존재에 대한 개념으로부터 현실적인 신의 존재를 추론하려는 시도였다. 칸트의 존재신학은 가능한 것에 대한 가능성 개념으로부터 모든 가능성 자체의 근거가 되는 신 존재를 추론하는 것이다. 데카르트가 가능성 개념에서 현실성을 가진 존재를 도출하려고 한 반면에, 칸트는 어떤 것이 가능하다는 구체적 사실에서 그 가능성의 필연적 전제가 되는 현실적 존재 근거를 추론함으로써 가능한 것을 실재 필연성의 결과로 파악하였다. 경험에 의한 후천적 증명 방식에는 존재하고 있는 한의 존재(세계), 즉 우연적 존재나 독립된 원인 개념의 분석을 통하여 제1의 근거를 찾거나 신의 존재를 증명하려는 볼프의 논증 방식과, 특정한 성질을 가진 존재자로부터 최상의 존재자, 즉 신의 속성에 이르는 우주론적 증명을 구분한다.

칸트는 이상의 신 존재 증명 가운데서 특히 데카르트의 존재론적 증명과 볼프의 증명 방식은 근본적으로 잘못된 것으로 간주하고 자신의 독자적인 존재신학과 개선된 자연신학을 구축한다. 존재신학적 증명 근거에 대한 칸트의 출발점은 '어떤 것이 가능적으로 있다'daß etwas möglich ist는 사실이다.[03] 어떤 것이 가능적으로 있다는 것은 결코 부정할 수 없는 단적인 사실이다. 가능성은 순수 형식 논리적으로 무모순성Widerspruchsfreiheit이라는 형식적 원리뿐만 아니라, 질료적 원리까지도 전제하고 있다. 칸트는 이러한 가능적인 것의 가능성으로부터 모든 가능성의 필연적 근거가 되는 신 존재를 추론한다. 우리는 모순 없이 아무것도 존재하지 않는다고 사유할 수는 있다. 그러나 아무것도 존재하지 않는다면 아무것도 가능하지 않게 될 것이다. 모든 가능성이 불가능하다는 사실을 칸트는 부정한다. 모든 가능성

03 칸트는 이미 『보편적 자연사』에서도 "모든 존재자 중의 존재자, 하나의 무한한 지성, 그리고 독자적인 지혜가 있으며, 이로부터 자연은 전체 규정들 가운데서 그것의 가능성에 따라 자신의 원천을 이끌어 낸다"(천체 I, 334)고 언급한 바 있다. 여기에서 말하는 '가능성'은 스콜라 철학에서 말하는 '영원한 가능성'possibilitas interna으로서, 사물의 본질 또는 사물을 사물로 되게 하는 실질적 내용realitas을 말한다. 이러한 내적 가능성 또는 실질성은 신의 정신 가운데 그 원천이 있는 영원하고 불변적인 것들이다. 그러므로 자연의 법칙인 기계성도 역시 신의 정신 속에 있으며, 자연의 과정은 신의 예견에 의하여 진행한다. 기계적 연관성 속에서는 모든 것이 보편적 법칙에 의하여 일어나며, 신의 마음에 어긋나는 일은 결코 발생할 수 없다. 자연 질서의 필연적 근거들로서 본질적인 관계는 자신의 속성 전반과 최고의 조화 속에 있는 신 안의 근거들에서 유래한다.(활력 I 110) 칸트는 자연에서 운동법칙은 물질에 내재하며, 이 물질은 다시 모든 가능성과 현실성의 근거가 되는 신에 의존(증명 II 148)한다는 사실을 그 내적 필연성으로부터 입증하려고 한다. 칸트 연구가들이 가능성 개념을 단초로 제시한 칸트의 존재신학을 스콜라 철학(살라)이나 가톨릭 철학(슈무커)의 관점에서 분석하려고 한 것은 이러한 사실과 관련이 있다.

을 지양하여 아무것도 가능하지 않다고 말하는 것은 불가능하다. 그러므로 필연적으로 존재하는 어떤 것이 있다. 칸트는 필연적으로 존재하는 이것은 신이라고 논증한다.

신은 사물들의 현존과 내적 가능성, 그리고 이것들의 법칙적 연관성의 창조자이다. 신은 자연 사물의 본질을 이루는 기계적 법칙적 연관성을 창조한 것이다. 그것은 마치 한 유성 체계가 그 중심에 태양을 가지듯이, 보편적 자연법칙에 의하여 움직이는 존재자들도 모든 존재자 중의 존재자인 신을 가진다. 그런데 칸트에 의하면 '하나의 신이 있다'es ist ein Gott는 진리 확신이 '수학적 확실성의 최상의 등급'höchsten Grad mathematischer Gewißheit을 가지려면 유일한 길에 의하여 입증되어야 한다.(증명 II, 155). 그리고 이 유일한 길은 '가능성' 개념으로부터 도출한 최고 존재의 내적 필연성이다. 『유일 가능한 증명 근거』보다 8년 전에 발표한 『새로운 해명』에서 칸트는 가능성 개념보다 선행적으로 있는 실재 내용의 실존을 보여 주려고 시도한 바 있다.[04]

칸트의 『유일 가능한 증명 근거』는 존재론적 증명을 비판하면서 시작되고 있다. 그는 존재론적 논증을 "존재는 술어가 아니다"Sein ist kein Prädikat라는 명제를 가지고 비판하기 시작한다. 칸트에 의하면 "존재는 어떤 한 사물의 술어나 규정이 아니다."[05] 이것은 존재 개념에 대한 부정적 소극적 서술이다. 칸트는 『순수이성비판』에서는 '존재'가 실재성의 범주(성질의 범주)에 속하지 않고 양상 범주에 속한다고 말한다.(순수 A80) 어떤 책상에서 우리는 크기, 넓이, 형태, 색깔, 질감 등과 같은 수많은 속성들의 계열을 볼 수 있다.

04 가능한 모든 개념에 실재하는 것이 현존하지 않는다면, 아무것도 가능한 것으로 생각될 수 없다. 왜냐하면 만약 우리가 이 점에서 일탈한다면 가능한 것이란 더 이상 없고 오로지 불가능한 것만 남을 것이기 때문이다."(해명 I 395)

05 "Das Sein ist gar kein Prädicat oder Determination von irgend einem Dinge."(증명 II 72)

그러나 우리는 책상의 그 어떤 속성들 가운데서도 책상의 실존을 찾을 수 없다. 그러나 책상은 실제로 존재한다. 책상의 현존Dasein은 다른 속성들 가운데 하나가 아니고 다른 속성들과 함께 책상이 존재한다는 이 사실에 있다. 그러므로 존재는 존재자에 있는 속성이 아니고, 존재자가 실재하고 있는 이 사실이다. 칸트는 존재에 대한 부정적 서술을 통하여 강단철학의 본질주의를 지양하고자 하였다.(살라 109) 칸트에 의하면 현존Dasein은 '사물의 절대적 정립'absolute Position eines Dinges이다. 이것은 '존재'에 대한 적극적 서술이다. '정립'에는 '신은 전능하다'Gott ist allmächtig에서처럼 판단 속에서 계사로 기능하는 경우와 같은 상대적 정립과, '신은 존재한다'Gott ist에서처럼 실존 판단 그 자체로 기능하는 절대적 정립이 있다. '전능하다'라는 술어는 '신' 개념에 관련되어 있다. 이 판단에서 존재는 연결 부분의 기능만을 가진다. 신의 개념 속에 있는 것에 대해서는 언급될 수 있으나, 어떤 한에서 신이 존재하는가에 대하여는 아무것도 언급될 수 없다. 신의 존재에 대하여 아무것도 알려고 하지 않는 사람도 역시 그가 신 개념을 이해한다면 신이 전능하다는 것을 참이라고 인정해야 한다. 그러나 술어들의 집단과 주어 사이의 관계에 의해서는 실존하는 어떤 것이 결코 주어지지 않는다.[06] 또한 마찬가지로 사물의 '절대적 정립'은 결코 주어진 대상의 개념 분석으로부터 얻을 수 있는 것이 아니다. 그러므로 신의 개념에 대한 분석에 의하여 신이 존재한다는 사실을 증명할 수 없다. 그리하여 '존재'에 대한 칸트의 정의는 전통 철학에서 존재론적 논증을 비판하는 핵심적 무기로 활용된다. 따라서 칸트에 의하면 신 개념의 분석을 통하여 신의 실재적 존재를 확증하려

06 '신이 전능하다'고 말한다면 후자는 전자의 특징이므로 신과 전능 사이의 논리적 관계가 생각된다. 여기서 더 이상은 아무것도 제시되지 않는다. 신이 있는가, 즉 그것이 절대적으로 정위되었거나 실존하는가는 그 속에 전혀 포함되어 있지 않다."(증명 II 74, 72–75)

는 시도, 즉 존재론적 논증은 잘못된 것이다.

칸트는 '존재는 술어가 아니고 절대적 정립'이라는 자신의 명제를 기초로 하여 사물의 가능성 개념에 선행하는 존재의 무조건적 필연적 실존을 증명하려고 한다. 사물의 가능성은 주어와의 관계에서 술어가 모순 원리에 일치하면 주어질 수 있다. 그러나 현실성은 주어가 그 모든 술어들과 함께 실존하는 데서 주어진다. 현실성은 주어와 술어의 무모순적 관계를 요구하는 가능성 규정을 넘어서서 사물의 실존을 요구한다.(증명 II 75)[07] 그러므로 칸트는 우리가 가지고 있는 표상에 대응하는 사물의 가능성은 반드시 그 현존을 전제한다고 하였다. 이로써 칸트는 모든 가능성 개념에서 무조건적으로 현실성이 도출되는 것이 아니라, 어떤 특정한 가능성 개념에서만 도출 가능하고, 이 경우의 가능성 개념은 그 내적 필연성을 가지고 현존을 전제한다고 강조하였다. 그리하여 칸트는 가능성을 형식적 측면과 실재적 측면으로 구분한다. 가능성의 형식적 또는 논리적 측면은 무모순성 Widerspruchsfreiheit에 있고, 가능성의 실재적 또는 질료적 측면은 대상Objekt이 주어진 사실에 있다. 모순율은 사유할 수 있는 모든 것에 대한 마지막 논리적 근거이기 때문에 그 자체에서 모순되는 것은 가능적으로 있지 않다. 그러

07 바움가르텐에 의하면 현실성은 대상의 현실성과 더불어 그 일관된 내적 규정이 주어진다는 점에서 가능성보다 우위에 있다. 대상이 가능성으로 있는 한, 그 존재 속에 있고 또한 그로부터 나오는 술어들은 규정되어 있지 않다는 것이다. 그러나 칸트는 이와 반대로 주어와 그 술어의 결합으로써 가능성과 현실성을 분리할 수 없다고 본다. 존재는 실재적 술어가 아니기 때문이다. 또한 칸트는 어떤 술어들이 가능한 대상에 부가된다는 사실에 대한 진술을 타당하게 받아들인다. 예를 들면 우리는 특정한 모습이나 특정한 장소와 시간과 결부시키지 않고서는 어떤 인간도 사유할 수 없다. 그리하여 바움가르텐과는 반대로 칸트는 존재자가 가능성으로 있는 한 그것은 이미 규정되어 있으며, 그것이 현실적으로 실존하는 경우에 비로소 규정되는 것이 아니라고 보았다. 이러한 주장은 존재는 술어가 아니라는 원칙으로부터 귀결되며, 이에 덧붙여 그렇지 않은 경우에 신은 그가 원하는 세계를 창조할 수 없을 것이다. 신이 하나의 세계를 가능적으로 표상하고 이 가능성을 현실화하기를 원한다면, 신에 의하여 창조된 세계는 신이 표상했던 그러한 가능성을 실현하려고 결정한 것 이외의 다른 어떤 술어들도 포함할 수 없을 것이다.(증명 II 72)

나 사물의 가능성은 무모순성 이상의 것을 전제하고 있으며, 특히 질료들이 충족되어야 한다.[08] 그리고 존재는 술어가 아니고 절대적 정립이기 때문에 모순 없이는 아무것도 존재하지 않는다고 생각할 수 없다. 그런데 만일 아무것도 존재하지 않는다는 것을 모순 없이 생각할 수 없다면 우리는 확정적으로 어떤 것이 가능하다고 말할 수 있다. 그러나 만일 아무것도 존재하지 않는다면 사유할 수 있는 아무것도 존재하지 않게 되고, 그렇게 되면 아무것도 가능하지 않게 될 것이다. 그리하여 칸트는 아무것도 존재하지 않는다는 것은 결코 가능하지 않다는 견해를 확정한다. 따라서 존재의 절대적 정립으로부터 사물의 내적 가능성은 필연적으로 그 현존을 전제하고 있다는 사실과, 이러한 필연적 존재의 가능성을 부정하게 되면 모든 가능성이 지양됨으로써, 결국 모든 불가능성의 가능성 또는 무 그 자체만이 남게 되어 모순에 직면하게 되는 사실을 지적하였다.[09] 그리하여 칸트는 사물의 가능성 개념과 그보다 선행하는 현존의 필연성을 단초로 하여 다음과 같은 두 개의 명제를 확정한다.

> 단지 하나의 어떤 가능성이 있고 아무것도 현실적으로 있지 않다는 것은 모순이다. 아무것도 존재하지 않는다면 생각할 수 있는 아무것도 주어지

08 칸트는 이렇게 논증한다: "직각 삼각형은 가능하다. 가능성의 질료적 측면은 삼각형과 직각이고, 그 형식적 측면은 '삼각형'이라는 주어와 '직각'이라는 술어의 논리적 결합이다. 만일 '네 개의 각을 가진 삼각형'이 불가능하다면 그것은 논리적 근거에서 그렇다. '삼각형'이라는 주어와 '네 각을 가진'이라는 술어는 상호 간에서 배타적이다. 그와 반대로 우리는 삼각형과 네 각을 가진 것을 각각 생각할 수 있다. 그러므로 네 각을 가진 삼각형의 불가능성은 사유에 질료의 결여 때문이 아니라 주어와 술어 사이의 논리적 관계에서 기인한다. 이러한 근거에서 칸트는 논리적 가능성과 질료적 가능성을 구분한다. 가능성은 논리적 불가능성이 주어와 술어 사이의 내적 모순의 형식 속에 있는 경우뿐만 아니라 사유에 어떤 질료도 있지 않은 경우에 없어진다."(증명 II 77–78)

09 전적인 무의 가능성이 불가능하다는 칸트의 주장에 대해서 슈무커, 슈롤-플라이셔, 살라와 같은 칸트 연구가들은 공통적으로 의문을 제기한다.(슈무커 105; 슈롤 9; 살라 122–123)

지 않기 때문이다. 또한 동시에 어떤 것이 가능하다고 생각하려는 것은 모순이다.(증명 II 78)

모든 가능한 것에서 질료적인 것과 자료들이 제거된다면 또한 역시 모든 가능성도 부정된다. 이것은 모든 현존을 제거함으로써 일어나고, 모든 현존이 부정된다면 또한 역시 모든 가능성도 제거된다. 그러므로 전혀 아무것도 존재하지 않는다는 것은 전적으로 불가능하다.(증명 II 79; 해명 I 435)

계속해서 칸트는 '어떤 것이 가능하다'는 사실과 '그러한 가능성은 필연적으로 그 현존을 전제한다'는 사실로부터 '전적으로 필연적인 현존'을 도출하려고 한다. 그리고 필연적으로 실존하는 이것은 모든 가능성과 현실성의 근거가 되는 신이고, 이러한 신은 하나이고 합성되어 있지 않으며 영원하고 불변하다는 사실을 증명하려고 시도한다. 칸트에 의하면 사물의 비존재는 모순을 함축하므로 불가능하다. 사물의 가능성은 무모순성뿐만 아니라 어떤 현실적인 것을 전제한다. 그러므로 가능성의 논리적 원리를 부정하는 것이 가능하지 않을 뿐만 아니라, 가능성 개념에 이미 전제되어 있는 실재적인 원리, 즉 질료적인 것의 부정도 가능하지 않다. 따라서 사물의 비존재가 불가능하다는 사실은 논리적 필연성logische Notwendigkeit과 절대적 실재 필연성absolute Realnotwendigkeit에 기초하고 있다. 여기에서 가능성과 현실성의 관계는 두 가지로 파악할 수 있다. 첫째로 가능적인 것은 그것 자체가 현실적으로 있는 것과 관련해서만 생각할 수 있으며, 따라서 가능성은 현실적인 것에서 하나의 규정으로 주어진다. 둘째로 가능적인 것은 어떤 다른 것이 현실적으로 있음으로써 가능하며, 따라서 그 가능성은 현실적으로 있는 다른 어떤 것의 결과로서만 주어진다. 현실적인 것을 통하여 다른 어떤 것의 가능성이 주어지는 경우에 칸트는 이것을 가능적인 것의 '실재 근거'Realgrund라고 부른다.(증명 II 79) 모순의 원리가 가능성의 제1의 논리적 근거인 것처럼, 그것을 통하여 사유의 모든 질료가 주어지는 것이 바로 제1의 실재 근거이다. 이 실재 근거는 모든 가능성과 현실성이 근거하고 있는 필연적 존재이다. 다른 모든 것은 이 필연적 존재에 의존하고 있으며, 그 때문에 그것들은 절대적으로 필연적인 방식으로는 존재하지 않는다. 그리하여 칸트는 필연적으로 실존하는 단 하나의 존재만이 있을 뿐이라고 주장한다.

이처럼 유일한 필연 존재자는 모든 사물의 실재 근거이므로 실재적 속성 가운데서 최상의 등급이 부가된다. 그리하여 필연적으로 실존하는 것에 고유한 존재론적 속성이 다루어지게 된다. 모든 실재성은 최상의 존재에 의하여 주어지고 그것의 고유한 속성이나 결과로서 속하게 된다. 최상의 존재에는 그 규정들 사이에서 결핍으로 인한 어떤 적극적인 갈등도 일어나지 않는다. 칸트는 부정들이 최상 존재의 규정들이어야 한다는 사실을 거부한다. 왜냐하면 그러한 가능성은 현실성에 의하여 주어져야 하는데, 그러한 현실성에 의하여 주어진 모든 가능성들은 최상 존재 자체의 규정들일 수는 없기 때문이다. 자체적으로 독립적이지 못한 대상들이 갖고 있는 모든 적극적 규정들은 그것의 실재 근거인 필연적 존재에 의존한다. 결핍과 부정은 이 대상들이 근원 존재 자체가 아닌 다른 존재라는 사실을 의미한다.(증명 II 85-87) 그리하여 실재성에서 최상의 등급으로서 모든 것에 대한 실재 근거가 되는 영원불변하고 유일한 신이 존재한다. 칸트는 이러한 신에 대한 인식이 선천적이라고 간주한다. 그리하여 칸트는 오직 하나의 신만이 존재하고, 유일 가능한 증명 근거로서 다음과 같은 신 개념을 확정하고 있다. "단적으로 필연적인 어떤 것이 존재한다. 이것은 그 존재에서 유일하고, 그 실체에서 단순하고, 그 본성에서 정신이고, 그 지속에서 영원하며, 그 속성에서 불변적이며, 모든 가능한 것과 현실적인 것이라는 관점에서 충족적이다. 그것은 하나의 신이다."[10]

신은 창조된 유한한 세계 사물들과는 다르다. 신은 현존재로 현실화되기 위하여 관념으로 있는 것이 아니고, 그것의 본질에 현존성이 선행하는 유일한 존재자다. 신에서 현존성은 동시에 본질이다. 그러므로 이 현존성은 절대적으로 필연적인 것이다. 신의 존재에는 본질과 현존의 두 원리가 통일되어 있다. 그런데 이처럼 절대적으로 필연적인 존재자는 단 하나만이 있을 수 있다. 그러한 존재자가 여러 개 있을 경우에는 상호 간에 의존이 있을 수 있고, 그렇게 될 경우에 절대성은 사라지게 되기 때문이다. 그것은 또한 단순하다. 그것이 만일 어떤 집합의 결과라면 그것의 부분들이 서로 의존 관계에 있기 때문이다. 이 밖에 필연 존재자는 불변하고 영원하다. 의존적인 것은 변화한다. 즉 의존적인 것에는 오직 유한한 생명의 기간만이 분배되어 있다. 그러나 독립적인, 절대적으로 필연적인 존재자는 아무런 한계나 유한성에도 종속되어 있지 않다. 필연적 존재자는 '최고 실재성'을 갖는다. 그것은 모든 가능성을 자기 안에서 표출하는 최고의 실재적 존재자ens realissimum이다.

이러한 칸트의 신 개념은 경건주의 신앙과 칼뱅주의에서 신 개념과 거의 일치하고 있다. 그리고 칸트의 신 개념에 나타난 신의 의지는 아직도 형

10 "Es existirt etwas schlechterdings nothwendig. Dieses ist einig in seinem Wesen, einfach in seiner Substanz, ein Geist nach seiner Natur, ewig in seiner Dauer, unveränderlich in seiner Beschaffenheit, allgenugsam in Ansehung alles Möglichen und Wirklichen. Es ist ein Gott."(증명 II 89) 슈롤—플라이셔는 이 같은 칸트의 논증에서 비약을 발견한다. 즉 논증의 마지막 부분에서 필연성을 가지고 어떤 것이 존재한다는 사실에서 필연적으로 존재하는 어떤 것이 도출되지 않는다는 것이다. 어떤 것이 필연성을 가지고 있다는 것은 어떤 특정한 것, 즉 신이 필연성을 가지고 존재한다는 데 대한 증명이 아니라는 것이다. 이 점에서 플라이셔는 칸트의 논증이 성공하지 못하였다고 본다.(슈롤 30)

이상학적 의미를 함축하고 있다. 신의 의지는 신의 존재를 전제하고 있으며 항상 신 존재와의 일치 속에 있다. 그러나 신은 그 의지에 의하여 모든 가능성의 근거가 되는 것이 아니고, 신 자신이 모든 사물의 실재 근거가 되기 때문에 신의 의지는 신의 존재에서 나오는 것을 향하게 된다. 그러므로 신의 본성과 더불어 주어진 모든 사물의 가능성과 신의 의지가 일치하게 되는 것이다. 이러한 일치 속에서 선과 완전성이 있고, 이로부터 사물들의 가능성 안에 통일성과 조화, 그리고 질서가 있다.(증명 II 91) 가능성 개념으로부터 그보다 앞서 전제되어 있는 필연적 존재의 실재성을 제시한 칸트의 존재신학적 논증은 우주론적 증명에서 우연성을 배제하는 동시에, 자연신학적 증명에 전제되어 있는 전통적인 의미에서 존재론적 논증이 채택한 '가능성' 개념까지도 비판한다는 사실에서 근본적인 차이를 나타낸다.

그러나 이 같은 칸트의 존재신학적 논증을 선천적이라고 할 수 있는가에 대해서는 여전히 논란의 여지가 있다. 칸트가 실존하는 사물의 가능성 개념으로부터 그 실재 근거가 되는 필연적 존재를 추론하였다면 그것은 오히려 아포스테리오리한 성격을 가졌다고 규정하지 않을 수 없기 때문이다. 그러나 칸트는 자신의 존재신학적 논증이 자아와 세계의 존재를 전제하지 않고 '어떤 것이 가능하다'는 사실로부터 출발하였기 때문에 아프리오리하다고 주장한다. 그리고 그것의 부정이 전적으로 불가능한 절대 필연적 존재 그 자체의 현실성으로부터 신에 대한 우리의 인식이 기초하고 있기 때문에 자신의 존재신학적 논증이 아프리오리하다고 말한다. 그러나 칸트가 실제로 논증하는 과정에서 보여 준 것은 오히려 아포스테리오리한 측면이었다. 이 점에서 칸트의 존재신학적 논증은 우리에게 인지된 사물과 그 속성, 그리고 자연법칙으로부터 세계의 질서와 합목적성을 발견하였던 자연신학적 논증과 내적 통일성을 가진다. 신이 의지와 지성을 가진 정신적 존재라는 칸트의 논증은 의지와 지성을 가진 존재가 있다는 전제에서 출발하고 있기 때문이다. 그러므로 칸트가 존재신학에서 주장하는 선천성은 사실상 그의 자연신학적 주장에 의하여 약화되는 측면이 있다. 그러나 이러한 문제는 칸트철학 전반에서 나타나는 특징적 현상들, 즉 물자체 개념과 선험철학, 기계적 자연법칙의 적용 범위, 이념으로서 신과 요청으로서 신 등과 같은 문제들에서처럼 칸트 특유의 애매성을 가지고 있다. 그의 철학에 나타난 이러한 애매성과 이중성은 비판철학의 특이한 소산임에 틀림이 없을 것이다.

2. 『자연신학과 도덕원칙들의 판명성』(1762, 1764)[11]

1761년 6월 23일, 베를린 왕립 학술원은 『국정 및 학술에 관한 베를린 소식지*Berlinische Nachrichten von Staats-und Gelehrten Sachen*』에 "형이상학의 진리 일반, 특히 자연신학과 도덕의 제1원칙들이 기하학의 진리들처럼 판명한 증명을 할 수 있는지, 만일 그러한 증명을 할 수 없다면, 그것들의 고유한 본성은 어떤 것인지 그리고 앞에서 언급한 판명성은 어느 정도까지이고, 또한 그 판명성의 정도가 완전히 확신하기에 충분한 것인가 그렇지 않은가"(II 493)에 대한 학술 현상논문을 공모한다고 발표했다.

칸트는 신청 마감일인 1762년 12월 31일에 『자연신학과 도덕원칙들의

11 Immanuel Kant, *Untersuchungen über die Deutlichkeit der Grundsätze der natürlichen Theologie und Moral.*『자연신학과 도덕원칙들의 판명성에 관한 연구에 대한 고찰』(1762, 1764), II 273–301; WA 2, 739–773.(이하 '판명'으로 줄임) 참고논문으로는 김화성 「전(前)비판기 칸트의 철학적 방법론에 관한 한 구상: 베를린 왕립학술원의 현상논문(1763)을 중심으로」(『철학연구』 119, 2011)가 있다.

판명성에 관한 연구에 대한 고찰』이라는 제목의 논문을 제출하였으나, 학술원은 유대사상가 모세스 멘델스존의 논문 「형이상학적 학문들의 명증성에 관하여」[12]를 1위로, 칸트의 논문을 2위로 선정하고 출판하였다.

칸트 논문의 학술적 가치는 그가 이 글에서 최초로 철학의 '방법론'을 다루었으며, 이러한 시도가 비판기 저술들에서 이성능력에 대한 비판을 통하여 사고방식의 변화를 꾀하는 학문방법론으로 터를 잡을 수 있었다는 점에서 그 의의가 크다고 볼 수 있다.[13] 칸트는 여기에서 인식의 흔들리지 않는 토대를 구축하려는 제반 시도들, 즉 연장성에 기초한 데카르트의 기하학적-연역적 방법, 라이프니츠의 '보편언어'characteristica universalis의 연산체계에 의한 '일반학문'scientia generalis 이념의 실현, 그리고 특히 크리스챤 볼프의 수학적 방법을 통한 엄밀성과 확실성의 추구 등에 대하여 반대 입장을 밝히면서 수학과 철학의 방법론적 차이를 분명하게 제시하였다.

첫째로, 칸트에 의하면 수학과 철학은 인식의 확실성을 규정하는 척도로서 '정의'Definition를 하는 방식에서 크게 다르다. 수학에서 정의는 '개념들의 임의적인 결합'으로 얻어지고, 이때 "개념은 정의에 앞서 주어져 있는 것이 아니라 오히려 정의에 의해 비로소 생겨나는 것"이지만, 철학에서 사물의 개념은 이미 주어져 있지만, 그 정의는 오로지 그 개념의 분석을 통해서만 얻을 수 있다. 수학은 정의를 '종합적'으로 얻지만, 철학은 '분석적'으로 얻어야 한다.(판명 II 276)

둘째로, 수학과 철학은 '인식 수단'*Erkenntnismittel*에서도 차이를 드러내는데, 수학은 대상들을 상징기호와 같은 '감성적 인식 수단'(판명 II 291)으로 대체하

12 Moses Mendelssohn, Abhandlung über die Evidenz in Metaphysischen Wissenschaften, in: Wolfgang Vogt (Hrsg.), *Metaphysische Schriften*. Felix Meiner, Hamburg 2008.

13 Lothar Kreimendahl, *Kant – Der Durchbruch vom 1769*. Köln 1990, 108–109.(김화성, 3)

여 복잡한 것을 단순하게, 보편적인 것을 구체적인 기호로 설명하고 증명하지만, 철학은 보편적인 것을 추상적인 단어들(보편개념)만 탐구할 수밖에 없다.(판명 II 278)

셋째로, 수학과 철학은 기초, 토대가 되는 전제들의 수에서도 차이가 있으며, 수학이 크기, 단위, 집합, 공간과 같은 '분해할 수 없는 근본개념들'unauflösliche Grundbegriffe과 '증명할 수 없는 원칙들 또는 공리들'unerweisliche Grundsätze oder Axiome을(판명 II 279) 기반으로 하는 반면에, 철학은 혼란하게 주어진 개념 분석으로부터 그 정의에 도달해야 하는 어려움이 있다.

넷째로, 수학과 철학은 각각의 대상을 형성하는 성질에서도 차이를 드러내는데, 수학은 언제나 대상들을 기초 개념들과 원칙으로 쉽게 파악하여 양화된 크기로 나타낼 수 있지만, 철학의 대상은 단순한 개념들로 분석하기가 어렵고 복잡하다.(판명 II 282)

이처럼 수학과 철학의 방법론은 상호 대립적이어서 그 고유한 방법론의 근본적 차이를 염두에 두어야 할 것이다. 다시 말하면 철학은 혼란하게 주어져 있는 개념들을 분해하여 상세하게 규정하는 것이 그 임무이다.(판명 II 278) 수학에서 개념들의 임의적인 결합으로 생겨난 정의는 논증적 증명의 출발점이지만, 철학에서 정의는 주어진 개념의 분석, 비교, 추상이라는 분석적 방법으로 도달해야 할 목표지점이다. 따라서 칸트는 볼프가 수학적 방식으로 정의를 구하고자 한 방식에 대해서 신랄하게 비판했던 것이다. 볼프는 논리적이고 개념적인 설명에 그치는 명목적 정의Nominaldefinition를 추론의 출발점으로 하여, 모순율과 충족이유율로 개념들 사이의 질서를 근거와 결과라는 논리적 질서로 확립하고, 이를 존재론적 질서라고 주장하였다.[14] 이에 대해 칸트는 사물 자체와 관계하여 그 본질적 규정을 담고 있는 '실질적 정의'Realdefinition를 내세워 볼프를 비판한다. 칸트는 뉴턴이 자연과학에 도입했던 '과학적 방법', 즉 경험 속에서 자연현상들을 관찰, 수집, 검토하여 법칙 가설을 수립하는 방식에서 형이상학의 참된 방법을 찾았다.(판명 II 286) 칸트는 나중에 『시령자의 꿈』(1766)에서도 뉴턴의 과학적 방법에 대하여 상론하고 있다.(시령 II 371) 칸트의 볼프 비판은 크루지우스Crusius의 영향이 크다. 크루지우스는 볼프가 진리를 개념적, 논리적으로만 이해함으로써 질료적 계기를 배제했다고 비판하였다.(판명 II 295) 그는 '지성의 본질'은 사유에서 가능한 사물과 사유 밖에 실재하는 사물의 차이를 분명하게 구분할 수 있는 원칙을 확정해야 한다고 보고서, 개념의 논리적 사유원칙으로는 모순율을, 그리고 현실적 가능성을 확인해 줄 수 있는 시간과 공간을 사물 현존의 지각Empfindung 가능성을 위한 조건으로 요구하였다.[15] 칸트 역시 '사물의 현존 가능성의 조건'인 '시간과 공간' 이외에 '사물의 현존'을 확인할 수 있는 절차로서 '지각'을 사물의 현실성을 정초하는 질료적 조건으로 수용하였다.

마지막으로 칸트는 네 번째 고찰에서 "자연신학과 도덕의 제일 근거들이 제공할 수 있는 판명성Deutlichkeit과 확실성Gewißheit"을 다룬다.(판명 II 296) 그는 먼저 "자연신학의 제1근거들은 가장 큰 철학적 자명성을 제공할 수 있다"(§ 1)고 말한다. 칸트는 '전적으로 필연적인 존재자'인 '신 전반에 관한 가능한 철학적 인식'을 모색하고자 한다. 그는 형이상학자가 '어떤 존재의 전적으로 필연적인 현존'에 도달하려면, 그는 우선 '전혀 아무것도 현존하지 않는 것'

14 Christian Wolff, *Ausführliche Nachricht von seinen eigenen Schriften*. Frankfurt 1757, 81, in: Gesammelte Werke, hrsg. von Jean École u.a. Abt. I, Bd. 9; Max Wundt, *Kant als Metaphysiker. Einen Beitrag zur Geschichte der deutschen Philosophie im 18. Jahrhundert*. Stuttgart 1924, 46–52.(김화성, 9)

15 Christian August Crusius, *Entwurf der notwendigen Vernunftwahrheiten, wiefern sie den zufälligen entgegen gesetzt werden*. Leipzig 1745 (Hildesheim 1964), §48. "존재하는 모든 것은 어느 곳에선가 … 있어야 한다. 더 나아가 존재하는 모든 것은 언젠가 한 번 혹은 어느 순간엔가 존재한다."(김화성, 15)

이 가능한가를 물어야 한다고 말한다. 그리고 "어떤 현존도 주어지지 않고 또한 생각할 아무것도 없으며 어떤 가능성도 발생하지 않는다"는 것을 알게 되면, 이제 "모든 가능성의 기저에 놓여 있어야 하는 그런 존재자의 현존에 대한 개념"을 탐구하게 된다는 것이다.(판명 II 296-297) '전적으로 필연적인 존재자'das schlechterdings notwendige Wesen, '가장 완전하고 필연적인 유일한 존재자의 현존'Dasein des einigen vollkommensten und notwendigen Wesens, 그리고 '신의 편재'göttliche Allgegenwart의 개념으로부터 다른 모든 것들에게 장소를 지정하면서도 자신에게는 어떤 장소도 지정하지 않는 신의 존재를 상정하게 된다. 또한 세계의 잇따르는 사물들은 신의 손 안에 있으므로 신은 세계 안의 어떤 것이든지 지나간 것과 다가올 것까지를 알고 있는 것이 된다. 따라서 신은 세계 안에 있는 모든 것들을 '우주의 현실적인 사물들'로 인식하고 있음을 알 수 있다. 그리하여 칸트는 모든 부분들에 대해서 신에 대한 형이상학적 인식은 확실하지만, 신의 '자유로운 활동', '섭리', '정의'와 '선'의 수행방식에 대해서는 아직 확실하게 단언할 수 있는 형편에 있지 않다고 보았다.(판명 II 297)

그러나 칸트는 여기에서 도덕적 확실성의 원리들에 대해서도 최대한의 철학적 판명성을 요구하였다. 그러나 여기에서 칸트는 "도덕의 제1근거들은 지금의 처지에서는 필요한 모든 자명성을 아직 제공할 수 없다."(§ 2)라고 말한다.(판명 II 298) 칸트는 '책무' 또는 '구속성'Verbindlichkeit이라는 개념과 '당위'Sollen의 개념을 숙고하기 시작하면서, "내가 어떤 다른 것을 (목적으로서) 원할 경우, 어떤 것을 (수단으로서) 행해야만 하든가, 아니면 나는 다른 어떤 것을 직접 (목적으로서) 행해야만 하며 실현해야" 하는 두 가지 경우를 생각한다. 전자는 어떤 목적을 실현하기 위한 수단, 즉 문제해결을 지시하는 '수단의 필연성'Notwendigkeit der Mittel(개연적 필연성necessitatem problematicam)이고, 후자는 '목적들의 필연성'Notwendigkeit der Zwecke(합법적 필연성necessitatem legalem)이다.(판명 II 298) 칸트는 "도덕이 어떤 목적을 전제조건으로 하여 지시하는 모든 행위들은 우연적이고, 또한 그 자체로 필연적인 목적에 따르지 않는 한 결코 책무라고 부를 수 없다"고 말한다. "전체적인 최대의 완전성을 촉진해야만 하거나, 신의 의지에 따라 행동해야만 하는" 경우에도, 이것들이 '책무의 근거이자 규칙'이기 위해서는 "행위를 직접적으로 필연적인 것으로 명령해야" 하고, "어떤 특정한 목적을 전제조건으로 하여 명령해서는 안 된다"는 것이다. 그러나 칸트는 이처럼 '모든 책무의 직접적인 최상의 규칙'은 전적으로 증명할 수 없는 것이라고 말한다.(판명 II 299) 여기에서 칸트가 제시한 명제, 즉 "네가 할 수 있는 한 가장 완전한 것을 행하라"는 규칙은 '행위의 모든 책무의 제1의 형식적 근거'이고, "네가 할 수 있는 최대한으로 가능한 완전성을 방해하는 것을 하지 말라"는 명제는 '금지를 위한 의무에 관한 제1의 형식적 원리'라고 규정하고 있다.

마지막으로 칸트는 윤리학을 이성론과 경험론 중에서 어떤 쪽이 주도해야 하는지를 밝히고자 하였다. 그리하여 칸트는 "이성 능력만이 윤리학의 제일 원리들을 결정하는지, 아니면 감정(욕구능력의 제일의 내적 근거)만이 윤리학의 제일원리를 결정하는지"를 "최우선적으로 결정해야"(판명 II 300) 한다고 말한다. 칸트는 이 논문에서 자연신학과 도덕 원칙의 판명성에서 질료적 측면을 강조하고 있으며, 현존의 실재성이 근거를 두고 있는 것이 바로 신 존재라는 자연신학적 명제와 도덕과의 연관성을 규명하고자 했다. 특히 칸트가 도덕의 최상의 원칙을 제시하려고 하면서도, 그것이 비록 신의 이름으로 행해진다고 하더라도 특정한 목적을 구현하고자 할 경우에 도덕적 책무와 관련이 없다고 단호하게 선을 긋는 태도는 비판기의 윤리학과 도덕신학의 근간이 된다.

3. 『감성계와 지성계의 형식과 원리들』(1770)[16]

칸트는 쾨니히스베르크대학교 윤리학 및 형이상학의 정교수 취임을 위해서 『감성계와 지성계의 형식과 원리들』(1770)이라는 논문을 발표하였는데, 현상계와 예지계라는 두 개의 형이상학적 세계설을 제시하고 있는 칸트의 교수논문은 비판기 형이상학의 '예비학'이라는 평가를 받고 있다. 그는 이 작품에서 제기한 문제의식을 10년 동안 논구함으로써 결국 『순수이성비판』이라는 대작을 내놓게 되었다.

이 저술에서 그는 먼저 '세계 일반의 개념'(교수 §1)을 다룬 후에, 감성과 지성 능력에 따라서 고유한 형식을 가지고 있는 '감성적인 것과 예지적인 것'을 구별한다.(교수 §2) 그럼에도 불구하고 교수논문의 주장 내용은 『순수이성비판』과 상당한 차이를 보여 준다. 『순수이성비판』에서는 사물자체의 인식을 불가능한 것으로 기술하고, 인식을 위한 조건으로서 시간과 공간이라는 직관의 형식 이외에 범주라는 지성 개념을 제시한다. 다시 말하면 『순수이성비판』에서 감성과 지성은 '인상들의 수용성'과 '개념들의 자발성'(순수 A51 B74)으로서 하나의 인식을 성립시키는 두 개의 '요소', 즉 인식의 '두 근간들'zwei Stämme(순수 B29) 또는 '두 원천들'zwei Grundquelle(순수 A51 B74)이다. 이 두 요소의 종합Synthesis에 의하여 객관적 타당성을 담보할 수 있는 경험을 산출한다.

그러나 교수논문에서 칸트는 이것들을 상이한 두 종류의 인식, 즉 '감

16 임마누엘 칸트, 『감성계와 지성계의 형식과 원리들에 관하여』(1770; 최소인 역, 이제이북스 2007); *De mundi sensibilis atque intelligibilis forma et principiis*; *Von der Form ser Sinnen– und Verstandeswelt und ihren Gründen*.(II 385–419; WA5, 7–107; 이하 '교수'로 줄임) 참고 논문으로는 최소인 「'교수취임논문'의 새로운 세계이해의 의미와 한계」(『철학과 현상학 연구』, 35, 2007), 김은하 「칸트 비판철학의 모체로서 1770년 '교수취임논문'의 발달사적 의미」(『해석학연구』, 34, 2014)와 「칸트의 세계와 시간: '교수취임논문'을 중심으로」(『가톨릭철학』, 22, 2014) 등이 있다.

성적 인식의 원천'인 감성과 '지성적 인식의 원천'인 지성으로 규정하고, 감성의 법칙에 따르는 것은 '감성적 인식', 지성의 법칙에 따르는 것은 '지성적 인식'이라고 부른다. "감성은 주관의 수용성으로, 이를 통해 주관의 표상 상태가 어떤 대상의 현존에 의해 특정한 방식으로 자극될 수 있다. 칸트는 여기에서 이미 시간과 공간의 관념성을 주장하고 있는데, 이는『순수이성비판』감성론의 내용과 거의 동일하다. 감성은 '현상하는 것으로서 표상'이고 지성은 '있는 그것으로서 사물의 표상'이다. 그러므로 칸트는 현상을 감성적(주관적) 인식의 대상으로, 예지계를 지성적(객관적) 인식의 대상으로 보았던 것이다.(교수 §4)

그런데 지성(이성)은 감관들 안에 들어올 수 없는 것을 자체의 속성으로 표상할 수 있는 주관의 능력이다."(교수 §3) 따라서 여기에서 칸트는 '지성적 인식'은 시간과 공간이라는 감성적 조건에 의존하지 않고 직접 대상에 관계할 수 있으며,(§3) 따라서 실체 간의 관계 그 자체를 고찰할 수 있다는 입장[17]이어서,『순수이성비판』의 인식 개념과는 상당한 차이를 드러내고 있다.

그렇다면 칸트가 교수논문에서 말하는 예지적 세계란 도대체 어떤 의미를 함축하고 있는가?

『새로운 해명』에서 칸트는 신을 '실체들의 현존의 보편적 원리'이자 '상호관계의 공통원인'이라고 규정한 바 있다.(해명 I 413) 교수논문에서도 칸트는 사물(실체)들의 객관적인 결합과 상호성에 의한 '전체'(세계)의 유일한 원인을 '세계 창조자' 또는 '세계 건축자'로서 '신'이라고 보았다.(교수 §20) 그런데 신은 바로 예지적 세계의 '성립 근거'principium fiendi이자 '인식 근거'principium cognoscendi(교수, §9)라는 사실에서, 칸트는 신을 '예지계의 형식의 원리'라고 불렀다. 그런

17 칸트는 교수논문에서 지성적 인식을 통하여 존재론, 심리학, 이성신학에 대한 지성계의 형이상학이 가능하다는 입장을 취한다.(교수, §9)

데 칸트는『시령자의 꿈』에서 사변 형이상학을 부정하고 윤리적인 '목적의 왕국'을 세웠는데, 교수논문에서도 예지계를 존재론과 사변 형이상학의 영역으로서 '최고 존재자로서 신'뿐만 아니라 '도덕적 신앙의 영역'으로서 '도덕적 완전성'의 의미를 부여하고 있다.(교수 §9)[18] 이는 칸트가 도덕을 순수한 지성인식의 학문으로 규정하고, 그 정초를 위해 예지적 세계를 복원하고자 한 것이며, 비판기 칸트가 내세운 '도덕에서 종교로 이행한다는 원칙'의 밑그림이라고 볼 수 있다.

18 "인식은 감성적이거나 지성적이다. 객관들은 감성적이거나 지성적이다. 우리에게는 감성적 세계 이외에 다른 세계가 주어질 수는 없다. 따라서 모든 물리적 세계mundus physicus는 (질료에서) 감성적이지만 도덕적 세계는 (형식에서) 지성적이다. 자유는 선천적으로 주어지며 선천적인 주어짐에서 존립하는 유일한 것이기에 하나의 세계에서 자유의 선천적 규칙은 예지계의 형식formam mundi intelligibillis을 구성한다. … 신과 미래의 세계, 그 속에서 모든 것은 도덕법칙에 의거하여 존재하게 된다." X VII, 483. 단편 4254) "지성적인 세계가 있다. 그 세계의 개념은 모든 세계에 대해 타당하다. 따라서 이 세계는 물리적 법칙들이 아니라 객관적이며 도덕적인 법칙들을 포함한다. 세계에 대한 예지적 개념은 완전성의 개념이다. 그러므로 예지적인 세계는 도덕적 세계이다. 그리고 이 세계의 법칙들은 객관적인 완전성의 법칙들로서 모든 세계에 대해 타당하다."(X VII, 515–516. 단편 4349; 최소인, 「"교수취임논문"의 새로운 세계이해의 의미와 한계」, 『철학과 현상학 연구』 35, 2007, 109–110.)

제6장 『시령자의 꿈』(1766)[01]

칸트의 1766년 저술 『시령자의 꿈』은 그의 비판철학적 사유의 핵심적인 요소들을 모두 선취하고 있다. 칸트는 특히 『시령자의 꿈』에서 스베덴보리를 강력하게 비판하고 도덕신앙의 길로 들어서는 과정에서, 비판기 도덕신앙의 주요 요소들, 즉 '도덕감', '상상의 초점', '신비체' 등의 개념들을 통하여, 자신의 선험철학을 체계화하고 있다. 칸트가 비판기에 들어서기 직전에 썼다고 알려진 『감성계와 지성계의 형식과 원리들』에 앞서 나온 『시령자의 꿈』은 비판기 칸트가 주장한 종교사상의 핵심 개념들이 모두 등장하고 있어서 종교철학자들에게는 매우 중요한 전거가 아닐 수 없다.

칸트는 『시령자의 꿈』에서 라이프니츠, 볼프, 스베덴보리, 그리고 심지어 자기 자신을 포함한 모든 유형의 독단적 형이상학을 비판했다. 이것은 '영혼'이나 '영의 세계', 그리고 '지성적 세계'와 같은 초월적 이념들에 대한 감성적 직관이 불가능하고, 오직 도덕적 실천의 차원에서 지성적 직관만이 가능하다는 것을 뜻한다. 이러한 사실은 칸트가 스베덴보리의 신비주

01 이 글은 본 연구를 위해 작성 되었으며, 김진 「칸트의 『시령자의 꿈』에 나타난 비판철학의 요소들」(『칸트연구』 32, 한국칸트학회 2013년 12월, 93-136쪽)을 수록한 것이다. 임마누엘 칸트, 『형이상학의 꿈에 의해 해명된 시령자의 꿈』(1766); *Träume eines Geistersehers, erläutert durch Träume der Metaphysik*. Königsberg, Johann Jakob Kanter 1766. (II 315-373; WA2, 919-989. 이하 '시령'으로 줄임.)

의를 제한하고 규제함으로써 자신의 특유한 비판철학의 길로 들어섰다는 것을 보여 준다.

칸트는 『시령자의 꿈』에서 초월적 세계에 대한 스베덴보리의 경험적 진술을 비판하면서 그것을 독단적 형이상학이라고 규정하였다. 또한 그는 지성적 세계에 대한 논의를 이론적 차원이 아닌 실천적 차원에 한정하였다. 그는 지성적 세계에 대한 긍정을 이론적인 이성 사용의 방식에서가 아니라, 초월적 세계에 대한 지성적 직관의 가능성 주장을 바탕으로 이끌어 냈으며, 이러한 선험철학적 정초를 바탕으로 도덕신앙을 수립하고자 하였다. 이는 지성적 세계의 존재를 도덕감 또는 도덕신앙의 차원에서 복원할 수 있다는 것을 뜻한다. 따라서 칸트의 비판기는 1766년에서 1770년에 이르는 시기에 시작한 것으로 볼 수 있다.

1. 문제제기: 칸트와 스베덴보리

최근 우리나라에서도 스웨덴 출신의 자연과학자이자 영지주의 신학자인 에마누엘 스베덴보리Emanuel Swedenborg(1688~1772)[02]의 저술들에 대한 번역 작업이 이루어지는 가운데,[03] 칸트의 스베덴보리에 관한 철학적 입장을 다룬

02 Swedenborg(가끔씩 Schwedenborg)는 '스베덴보리'(스웨덴식 발음), '스웨덴보르그'(영어식 발음, 임승필), '스베덴보르크' 또는 '슈베덴베르크'(독일어식 발음) 등으로 혼용하고 있다. 이 글에서는 출신 국가인 스웨덴 발음에 따라서 표기할 것이나, 인용문에서 다른 표기는 그대로 존중하고자 한다.

03 E. 스베덴보리, 『표징적 교회』 1-28권, 이영근 역, 예수인 1998-2013; 『신학총서개요』 상하권, 이영근 역, 예수원 2002; 『천계비의』 제1권, 곽진평 역, 열린말씀새교회출판사 2003; 『영계일기』 1-6권, 박예숙 역, 예수인 2003-2006; 『참된 기독교』, 1, 2권, 다지리 2004; 『묵시록해설』, 이영근 역, 예수인 2007; 『천상의 증언』, 박보희 역, 청어 2007; 『스베덴보리의 위대한 선물 —천재과학자의 감동적인 천국 체험기』, 스베덴보리 연구회 역, 다산초당(다산북스) 2009; 『스베덴보리의 천상 여행기』 1-2권, 도널드 로즈, 레너드 폭스 편, 김원옥 역, 다산초당(다산북스) 2010.

두 편의 논문이 나왔으며,[04] 그 이전에도 이를 단편적으로 다룬 두 편의 글이 소개된 바 있어서 칸트철학에 관심을 가진 이들에게 많은 관심을 끌고 있다.[05] 따라서 여기에서는 칸트의 『형이상학의 꿈에 비추어 본 시령자의 꿈』[06]에 대한 임승필의 해석을 중점적으로 살펴보겠지만 박찬구와 최소인의 입장도 같이 소개하면서 필자의 소견을 개진하고자 한다.

칸트의 1770년 교수취임논문 『감성계와 지성계의 형식과 원리들』[07]을 중심으로 칸트철학을 비판기의 이전과 이후로 구분할 수 있다고 할 때, 1766년에 나온 『시령자의 꿈』은 비판기 이전에 속하는 저술이지만, 이미 비판철학적 사유의 핵심적인 요소들을 모두 함축할 수 있다고 보여진다. 따라서 필자가 이 글에서 의도하는 바는 교수취임논문에 앞서 『시령자의 꿈』에 나타난 칸트의 비판철학적 요소들을 구체적으로 제시함으로써 그 타당한 논거를 제시하는 데 있다.

먼저 박찬구는 그의 논문에서 칸트의 『시령자의 꿈』이 '초월철학'의 정당화 근거를 제시하고 있다고 보지만, 그의 입론은 '도덕감'에 국한되고 있다. 필자는 칸트가 '도덕감' 이외에도 '상상의 초점', '지성적 세계', '이성적

04 이는 아래에서 제시한 임승필의 두 논문을 말한다. 임승필, 『칸트의 『형이상학자의 꿈』에 비추어 본 시령자의 꿈 : 칸트철학에 미친 스웨덴보르그의 영향』, 『철학』 98, 2009; 임승필, 『『형이상학 강의』에 나타난 스웨덴보르그에 대한 칸트의 태도』, 『철학과 문화』, 20, 2010.

05 이는 박찬구와 최소인의 논문을 가리킨다. 박찬구, 「도덕의 기초에 대한 허치슨과 칸트의 이해」, 『칸트와 그의 시대』, 『칸트연구』 제5집, 철학과 현실사, 서울, 1999; 최소인, 「「교수취임논문」의 새로운 세계이해의 의미와 한계」, 『철학과 현상학 연구』 35, 2007. 박찬구는 도덕감의 보편화 가능성이라는 논의를 중심으로 1766년의 논문 「시령자의 꿈」에서 이미 칸트의 선험철학이 정초되고 있다고 주장한다. 최소인은 칸트의 「교수취임논문」(1770)은 「시령자의 꿈」에서 부정했던 '사변 형이상학의 재건'을 위한 것이라기보다는 "도덕과 종교의 영역을 위해 지성적 세계의 실천적인 근거를 확립하려는 실천적 관심"에서 그 의미를 찾을 수 있다고 주장하였다.

06 Immanuel Kant, *Träume eines Geistersehers, erläutert durch Träume der Metaphysik*. Königsberg; Johan Jacob Kanter, 1766. ('시령'으로 줄임) WA 1, 919–939.

07 I. Kant, *De mundi sensibilis atque intelligibilis forma et principiis. Von der Form der Sinnen- und Verstandeswelt und ihre Gründen*(1770), in: WA 3; 최소인 역, 이제이북스 2007.

존재자의 신비체' 등, 비판기의 주요 개념들을 광범위하게 사용하고 있다는 사실을 보여 주고자 할 것이다.

최소인은 칸트가 교수취임논문을 쓴 목적은 『시령자의 꿈』에서 분명하게 모든 형이상학자들을 '이성의 몽상가'(시령 A58, II 342)라고 비난함으로써 부정했던 '사변 형이상학에 대한 재건에 대한 욕심'에 있는 것이 아니라 "도덕과 종교의 영역을 위해 지성적 세계의 실천적인 근거를 확립"하려는 데 있으며, 이 점에서 칸트의 교수취임논문은 "도덕을 위한 지성적 세계의 복원의 최초의 시도"(최소인 81, 111)라고 평가한다. 그러나 필자는 칸트가 『시령자의 꿈』에서 이미 이성신앙을 위한 지성적 세계의 복원뿐만 아니라, 지성적 세계에 대한 논의가 이론적 차원에서가 아니라 실천적 차원에서 한정되어야 한다는 이른바 이성사용의 규제적 원리가 작동되고 있는 사실을 보여 주고자 한다.

임승필은 2009년과 2010년에 발표한 두 논문에서 대부분의 연구자들이 칸트가 스베덴보리의 신비주의에 대한 반감과 비판만을 강조한 반면에, 그 자신은 칸트가 스베덴보리에 대한 반감과 함께 관심도 가지고 있었다는 것을 주장하면서, 그에 대한 결정적인 증거를 예지계에 대한 칸트의 관심에서 확인할 수 있다고 강조하고 있다. 이에 대하여 필자는 칸트가 『시령자의 꿈』에서 라이프니츠와 볼프, 스베덴보리와 칸트 자신을 포함한 모든 유형의 독단적 형이상학을 거부했으며, '영혼'이나 '영적 존재', 그리고 '지성적 세계'와 같은 초월적 이념들에 대해서는 단지 도덕적 실천의 차원에서만 의미 있게 논의될 수 있다는 사실을 보여 주고자 한다. 이는 칸트가 『시령자의 꿈』에서 반감과 관심을 동시에 표명했다는 임승필의 주장과 강조점이 다르다는 것을 뜻하며, 칸트가 도덕적 실천적 차원에서 예지계의 문제를 인정한 사실이 스베덴보리의 신비주의를 수용한 것이라기보다는 오히려 그것을 제한하고 규제했다고 보는 것이 옳다는 것을 뜻한다. 따라서 임승필이 칸트에 의한 스베덴보리 수용의 전거로 제시하는 예지계의 문제는 칸트 자신의 특유한 비판철학적 논거에 해당하므로 적절한 예시가 될 수 없다고 생각한다. 그렇다고 해서 필자가 칸트에 대한 스베덴보리의 영향을 전면 부정하는 것은 아니다. 그보다는 스베덴보리에 대한 칸트의 예찬이 『시령자의 꿈』을 전후하여 분명하게 그 색조가 달라졌으며, 그것은 칸트가 이미 비판철학에의 길로 들어섰다고 보는 것이 정확할 것이다. 물론 칸트가 이러한 자신의 생각을 비판철학이라고 공표하지는 않았으나, 이미 이 시기에 비판철학의 주요 개념들을 구사하고 있었던 것이다.

따라서 필자는 앞으로의 논의 과정에서 스베덴보리에 대한 칸트의 태도변화를 정리하고, 그것이 전통 형이상학 비판과 비판철학의 구상에 이어서 도덕신앙의 수립으로까지 이어진다는 사실을 보여 주고자 할 것이다. 특히 『순수이성비판』[08]의 변증론에서 다루어지는 도덕신앙의 주요 요소들, 즉 '도덕감', '상상의 초점', '신비체' 등의 개념들이 이미 『시령자의 꿈』에서 전개되고 있으며, 그 의미 함축이 비판서의 것들과 크게 다르지 않다는 점을 부각시키고자 할 것이다.

2. 『시령자의 꿈』에 대한 해석상의 논란

칸트의 『시령자의 꿈』에 대한 학계의 관심이 높아지고 있다. 국내학자로는 박찬구가 도덕감의 문제와 관련하여 칸트의 스베덴보리에 대한 논의

08 Immanuel Kant, *Kritik der reinen Vernunft*, Riga 1781 (A), 1787 (B). WA2.

에 관심을 표명한 바 있다.[09] 최근에 임승필은 칸트의 스베덴보리 이해와 관련하여 앞에서 제시한 두 편의 논문과 영문 저서[10]를 발표하였으며, 이 저술들에서 칸트가 "스베덴보리 신비주의에 대해 반감뿐만이 아니라 관심도 동시에 갖고 있었"다는 입장을 표명하였다.[11]

이들에 앞서 외국에서는 이에 적극적인 논쟁이 이루어졌으며, 에마누엘 괴어비츠Emmanuel Goerwitz는 자신이 편찬한 『시령자의 꿈』[12]에서 프랑크 시월Frank Sewall이 1899년에 쓴 "칸트와 스베덴보리의 관계에 대한 최근 독일에서 논쟁"이라는 글을 서론으로 수록하였으며, 거기에서 프랑크 시월은 파히힝거가 저술한 『순수이성비판 주석』 제2권과 그가 편찬한 『칸트연구』와 『철학사 논총』에서 발췌한 글들,[13] 그리고 라이프치히의 하인체Franz Friedrich Maximilian Heinze(1835~1909) 교수가 『작센의 학문 공동체 논집』에 수록한 저술들,[14] 그리고 P. 폰 린트의 저서 『칸트의 신비적 세계관』[15]과 칼 두 프렐의 『칸트의 심리학 강의』[16] 등을 소개하고 있다. 또한 시그네 톡스빅Signe Toksvig이

09 박찬구, 「도덕의 기초에 대한 허치슨과 칸트의 이해」, 『칸트와 그의 시대』, 『칸트 연구』 제5집, 철학과현실사, 서울, 1999. 임승필 2009, 2010을 참조할 것.

10 Im Seungpil, A study of Kant's *"Dreams of a Spirit-Seer": Kant's ambiguous relation to Swedenborg*, Indiana University Diss., Ann Arbor, MI: ProQuest, UMI Dissertation Publishing, 2008.

11 루카스 토르페 역시 임승필과 비슷한 논지를 펴고 있다. Lucas Thorpe, "The realm of ends as a community of spirits: Kant and Swedenborg on the kingdom of heaven and the cleansing of the doors of perception," in *The Heythrop Journal LII*, 2011, 52–75.

12 Frank Sewall, "Editor's preface & Recent German Discussion of the Relation of Kant to Swedenborg"(1899). In *Dreams of a Spirit-Seer Illustrated by Dreams of Metaphysics*. Trans. Emanuel F. Goerwitz. NY: The MacMillan Co. 1900; *Swedenborg and Modern Idealism. A Retrospect of Philosophy from Kant to the Present Time*. London: James Speirs, 1902.

13 Professor Vaihinger, *Commentar zu Kants Kritik der reinen Vernunft*: Vol. II. The *Kant-Studicn*, edited by Professor Vaihinger at the University of Halle. The *Archiv für Geschichte der Philosophie*. Berlin 1895.

14 Professor Heinze of Leipzig in *Abhandlungen der Sächsischen Gesellschaft der Wissenschaften*, Leipzig, 1894.

15 P. von Lind, *Kants Mystische Weltanschauung*, München 1892.

16 Carl du Prel, *Kants Vorlesungen über Psychologie*, 1889.

1948년에 저술한 스베덴보리의 과학과 신비주의에 관한 저서,[17] 존 마노레스코John Manolesco[18]가 1969년에 번역 소개한 『시령자의 꿈』을 바탕으로 칸트의 스베덴보리 이해에 대한 논쟁이 일기도 하였다.[19] 가장 최근의 논의는 2006년 독일 할레에서 칸트와 스베덴보리 국제 워크숍에서 발표한 자료들을 할레-비텐베르크 마르틴 루터대학교 신학부의 프리데만 스텐겔Friedemann Stengel이 편집한 『칸트와 스베덴보리』[20]가 있는데, 여기서는 두 사람을 일치시키려고 하기보다는 학제 간에 존재하는 상이한 입장들을 있는 그대로 존중하는 관점을 유지하고 있다. 그러나 스텐겔은 2011년에 출판한 저서 『천국에 이르는 계몽』[21]이라는 저서를 통하여, 『시령자의 꿈』에서 칸트의 혹독한 비판으로 인하여 공식적인 역사 서술에서 스베덴보리의 이름이 점차적으로 사라졌지만, 기계론적 자연철학과 영혼 및 뇌 연구, 라이프니츠-볼프의 형이상학, 그리고 루터신학을 재구성한 그의 자연 및 신학 저술들은 당대의 수많은 사람들에게 읽혀져서 계몽주의에 엄청난 영향을 끼쳤으며, 이루 말할 수 없는 전망을 열었다고 스베덴보리를 적극적으로 평가하고 있다.

그렇다면 칸트가 『시령자의 꿈』을 집필한 의도는 무엇일까? 칸트가 이 저술을 쓰게 된 동기와 배경을 분명히 알아야 그에 대한 정확한 평가를 내릴 수 있을 것이다. 이 물음은 칸트사상의 전개 과정과 긴밀한 연관이 있

17 Signe Toksvig, *Emanuel Swedenborg: Scientist and Mystic*. New Haven: Yale University Press, 1948.

18 John Manolesco, "Translator's Preface and Introduction." In *Dreams of a Spirit-Seer* by Immanuel Kant and Other Related Writings. Trans. John Manolesco. NY: Vantage Press, 1969.

19 각주 10 참조.

20 Friedemann Stengel(Hrsg.), *Kant und Swedenborg: Zugänge zu einem umstrittenen Verhältnis*. Tübingen: Niemeyer, 2008.

21 Friedemann Stengel, *Aufklärung bis zum Himmel: Emanuel Swedenborg im Kontext der Theologie und Philosophie des 18. Jahrhunderts*, Tübingen: Mohr Siebeck, 2011.

다. 1750년대의 칸트는 주로 라이프니츠와 크리스찬 볼프의 철학에 심취하였지만, 1760년대에 들어와 크루지우스, 루소, 흄의 영향 속에서 라이프니츠와 볼프주의에 대하여 비판적 태도를 취하게 된다. 1766년의 『시령자의 꿈』은 칸트가 바로 라이프니츠와 볼프의 형이상학을 독단주의라고 배척하는 시기와 맞물려 있다. 이 시기에 칸트는 진리를 인식하는 능력과 도덕을 인식하는 능력을 구별하기 위하여 천착했는데, 그 결과는 철학적 사유를 이론적인 것과 실천적인 것으로 구분하는 방향으로까지 이어지게 된다. 특히 『자연신학과 도덕 원리의 판명성에 대한 연구』[22]에서 칸트는 진리의 '인식 능력'과 대비되는 이른바, '어떤 해결하기 어려운 선善의 감정'ein unauflösliches Gefühl des Guten에 대하여 말하고 있다.(판명 A97, II 299) 그러나 칸트는 여기에서 주관적인 감정이 어떻게 보편적인 것이 될 수 있는가의 문제를 해결하지 못했다. 그는 『미와 숭고의 감정에 대한 고찰』[23]에서 '최대의 완전성의 감정'이자 '보편적인 존경'으로서 도덕의 형식적, 실질적 원리를 통합하는 유일한 근거가 되는 '보편적 도덕감'das allgemeine moralische Gefühl을 제시함으로써 이 문제를 풀고자 하였다.(숭고 A24, II 217) 그러나 칸트는 도덕적 의무가 도덕의 감정에 근거할 수 있는가라는 곤란한 물음에 빠지게 되면서, '이성적 인식 능력에 근거한 보편적 형식'처럼 '도덕적 감정에 근거한 실질적 내용'을 취할 수 있을 것인가를 고심하게 된다.(판명 A98, II 300; 박찬구 228) 칸트는 1766년 『시령자의 꿈』에서 '도덕감'das sittliche Gefühl을 '개인 의지의 보편 의지에의 의존감'diese empfundene Abhängigkeit des Privatwillens vom allgemeinen Willen으로 새롭게 규정함으로써 이 문제를 타개했다.[24] 이처럼 칸트가 『시령자의 꿈』에서 전개한 도

22 I, Kant, *Untersuchung über die Deutlichkeit der Grundsätze der natürlichen Theologie und Moral*(1763), in: WA1.

23 I, Kant, *Beobachtungen über das Gefühl des Schönen und Erhabenen*(A:1764, B:1766, C:1771), in: WA1.

덕철학적 내용들을 바탕으로, 박찬구는 1770년, 즉 비판 시기의 시작을 알리는 그의 생각을 찾아볼 수 있다고 주장한다.[25]

칸트가 스베덴보리를 한편으로 극찬했던 사실과 다른 한편으로 비판했던 사실들에 대해서 임승필은 이 두 가지 상반된 주장들이 『시령자의 꿈』에서 양립 가능한 것으로 해석될 수 있다는 입장을 강력하게 피력하고 있다.(임승필 2009, 117,119) 그러나 이와 같은 관점은 칸트가 스베덴보리를 극찬한 시점이나 맥락을 칸트가 스베덴보리의 한계를 발견하여 극복하고 그 자신의 고유한 비판철학을 수립해 나가는 시점이나 맥락을 단순하게 양립 가능한 것으로 규정하려는 것이어서, 예지적 세계에 대한 형이상학적 인식의 가능성 주장을 이론적 지식의 영역이 아닌 도덕적 실천 영역에 국한하고자 하는 칸트의 도덕 형이상학 내지는 도덕적인 이성 신앙의 수립 의지를 왜곡할 위험이 있다. 칸트는 스베덴보리뿐만 아니라 허치슨의 경우에도 극찬과 함께 경계를 보인 바 있다. 1755/1756년 겨울학기부터 칸트의 강의를 들었던 보로프스키L.E. Borowski에 의하면, 칸트는 허치슨과 흄을 높이 평가했다고 한다. 허치슨은 도덕의 영역에서, 흄은 깊이 있는 철학적 탐구에서 뛰어났기 때문에 이들을 주의 깊게 연구할 것을 권고했다는 것이다.[26] 그러나 「헤르더의 후기Herders Nachschrift」에 의하면 칸트는 바움가르텐과 허치슨을 모두 비판하는데, 바움가르텐은 도덕감을 무조건 부정했기 때

24 시령 A43, Ⅱ 335; 박찬구 228. 포르시너는 여기에서 '도덕감'을 "개인적인 지성과 의지가 인간의 보편적인 지성과 의지에 속해 있음을 자각하는 능력"으로 파악하였으며(M. Forschner, *Gesetz und Freiheit. Zum Problem der Autonomie bei I. Kant*. München 1980, S.93), 슈무커 역시 이 보편적 지성과 의지는 모든 이성적 존재가 정신계의 법칙에 따라서 일종의 이성-의지적 통합을 이룩하도록 한다고 이해하였다.(J. Schmucker, *Die Ursprünge der Ethik Kants*. Meisenheim 1961, 164; 박찬구 229.)

25 P.A. Schilpp, *Kant's Pre-Critical Ethics*. Northwestern University 1938, 79; 박찬구 248.

26 F. Gross(Hrsg.), *Immanuel Kant: Sein Leben in Darstellungen von Zeitgenossen*. Darmstadt 1993, 69; 박찬구 243.

문이고, 허치슨은 비이기적 감정을 지나치게 강조했기 때문이다.[27] 이러한 사실에서 칸트는 훌륭한 사상가라고 해서 무조건적으로 수용한 것이 아니고 비판적으로 대했다는 것을 알 수 있다.

박찬구는 칸트와 스베덴보리의 관계 규명보다는 『시령자의 꿈』 제2권 "영적 세계와의 공동체를 여는 비밀스런 철학의 단편"에서 비물질적 실체가 그 고유한 영적 법칙에 따라 서로 연결되어 있는 어떤 정신적인 공통체, 즉 '지성적 세계'mundus intelligibilis에 대한 형이상학적 이론을 이끌어 내는 칸트의 구상에 집중한다.(시령 A29-31, II 329-331; 박찬구 249) 여기에서 칸트는 인간의 이론적, 실천적 태도에 들어 있는 고유한 경향성, 즉 단지 형이상학적 사유를 통해서는 접근할 수 없지만 자신과 타인의 관찰을 통하여 보편적으로 드러날 수 있는 경향성에 대하여 각각 언급하고 있다. 첫째로, 이론적인 측면에서 우리는 다른 사람들의 판단과 상호 비교하여 일치에 도달하려는 경향성이 있다. 이는 "자신의 판단이 보편적 인간 지성에 의존해 있다는 느낌"인데, 이것은 사유하는 존재 전체에게 '이성의 통일성'Vernunfteinheit을 가져다준다.(시령 A48-49, II 334; 박찬구 248-249) 둘째로, 인간은 실천적 영역에서도 자신의 욕구를 추구하고 타인의 행복을 배려하는 두 가지 성향의 충돌에서 우리 안에 "보편적 의지의 규칙에 의존하는 내밀한 동인"이 있으며, 그로부터 모든 사유하는 존재의 세계 안에 '도덕적 통일성'moralische Einheit, 즉 오직 정신적 법칙에 따른 어떤 '체계적인 기구'systematische Verfassung가 성립하게 된다. 우리의 의지를 보편적 의지와 일치하도록 강요하는 우리 안의 느낌, 즉 '보편 의지에 대한 개인 의지의 의존적 느낌'을 칸트는 '도덕감'das sittliche Gefühl이라고 불렀다.(시령 A43, II 335; 박찬구 250) 이로써 '보편적 의지의 규칙에 대한 감정'으로서

27 H.D. Irmscher(Hrsg.), *Immanuel Kant aus den Vorlesungen der Jahre 1762 bis 1764. Auf Grund der Nachschriften Johann Gottfried Herders*. Kant-Studien Ergänzungshefte 88, Köln 1964, 103.

도덕감은 이제 주관적 감정이 아니라 객관적, 보편적 타당성을 갖게 된 것이다. 여기에서 슈무커는 '의존감'empfundene Abhängigkeit, '강요적 느낌'empfundene Nötigung이라는 표현에서 감정적 요소가 남아 있기는 하지만, 칸트가 도덕적 의무의 보편성과 절대성을 확보하려는 형식주의 윤리학의 방향으로 변화하고 있다고 지적한다.[28]

이러한 사실들에 근거하여 박찬구는 "개별적 지성과 의지는 보편적 인간의 지성과 의지에 의존해 있음"을 느낌으로써 모든 정신적 존재가 정신세계의 법칙에 따라 이성과 의지의 통일성을 이루게 되는 '초월철학'이 이미 칸트의 『시령자의 꿈』에서 수립되었다고 주장한다.(박찬구 251) 이는 칸트가 『시령자의 꿈』에서 사실상 이성사용의 규제적 원리를 작동시키고 있으며, 지성적 세계와 영적 신비체의 개념 구상 역시 오직 도덕적인 맥락에서만 의미 있는 것으로 한정하고 있기 때문에 타당한 주장이라고 생각한다. 박찬구와 반대로 임승필은 "칸트의 이중적 세계관은 『시령자의 꿈』에서 출발하여, 『순수이성비판』 등의 세 비판서, 칸트의 『유작*Opus Postumum*』에 이르기까지 그의 비판 철학 전체를 관통하는 커다란 주제로서, 칸트는 그의 학자적 삶 전체를 통해 이 주제에 대한 지속적 관심을 견지하였다"(임승필 2009, 122)고 하면서도, 인간을 두 세계에 속하는 것으로 보는 칸트의 세계관은 이미 『시령자의 꿈』에서 나타난 스베덴보리주의라고 본다.(임승필 2009, 132) 그러나 필자는 칸트가 이성사용의 규제적 원리를 통하여 예지체에 대한 감성적 지각은 불가능하지만, 도덕적 실천적인 경지에서는 가능하다고 한정한 데서 중요하게 읽어야 할 것은 스베덴보리와의 '연속성'이 아니라 '단절'이라고 본다. 칸트는 『시령자의 꿈』을 발표한 1766년부터 1770년의 교수취임

28 Schmucker, *Ursprünge*, 168; 박찬구 251.

논문에 이르는 5년 동안에 「공간에서 영역 차이의 제1근거에 대하여」[29]라는 작은 글 이외에는 아무것도 발표하지 않았으며, 이러한 사실에서 『시령자의 꿈』과 교수취임논문은 그의 비판기 저작 활동을 알리는 신호탄이라고 생각할 수 있다.

3. 칸트와 스베덴보리, 그리고 『시령자의 꿈』

칸트는 1766년의 저술 『시령자의 꿈』에서 스베덴보리를 비판함으로써 초월적인 이념들의 인식이 가능하다는 독단적 형이상학을 부정하는 동시에 초월적인 영성신앙의 의미를 도덕이론의 맥락에서만 부여할 수 있는 근거를 마련하고자 하였다. 이와 같은 칸트의 시도는 이후 1770년의 교수취임논문과 1781년의 『순수이성비판』의 비판철학의 대세를 형성하게 된다.

칸트는 『시령자의 꿈』에서 자신과 동시대인이었던 스웨덴의 신비주의자 스베덴보리의 영적 세계에 관한 사상을 다루고 있다. 스베덴보리는 칸트의 시대에 공학자, 수학자, 과학자, 철학자, 신비주의자로서 18세기 스웨덴의 계몽주의를 대표하는 유명인사였다.[30] 스베덴보리는 처음에 물리학, 생리학, 심리학 등 자연과학의 분야에서 주목할 만한 성과를 이룩하여 학자적 명성을 쌓았으며, 그의 인생의 후반기에 신비적 경험을 계기로 종교

29 I. Kant, *Von den ersten Grund des Unterschiedes der Gegenden im Raume*(1767), in: WA 1.

30 스베덴보리의 자연철학과 신비주의에 대해서는 Signe Toksvig의 책, *Emanuel Swedenborg: Scientist and Mystic* (New Haven: Yale University Press, 1948)을, 또한 스베덴보리의 자연철학이 초기 칸트철학에 미친 영향에 대해서는 Georgio Tonelli, "Divinae paricula aurae; genial ideas, organism, and freedom: a note on Kant's reflection N. 938"(In *Journal of the History of Philosophy*, Volume 7, Number 2, 1969, 192–198)을 참조하라.(임승필 2009, 110 이하)

사상가로 변신한 이후에는 일반 대중들에게도 널리 알려지게 되었다.

칸트는 익명으로 발표한 『시령자의 꿈』(1766)에서 스베덴보리의 사상, 특히 그의 신비주의에 관심을 가지면서도 그것을 전통 형이상학 비판이라는 측면에서 철저하게 논박하고 있다. 그는 이 저술에서 신비주의 철학의 가능성 자체를 부정하고 있지는 않다. 다시 말하면 칸트는 스베덴보리의 신비주의적 사유 자체를 인정하면서, '영혼'의 존재 가능성에 대한 형이상학적 사유와 '영적 존재의 공동체', 즉 '이성적 존재자의 신비체'(순수, A808 B836f)에 대한 적극적인 언표를 하고 있다. 그러나 칸트는 죽은 자들의 영혼과 직접 소통할 수 있다는 스베덴보리의 신비적 주장에 대해서는 조롱과 비판의 태도를 숨기지 않고 있다. 이와 같은 스베덴보리의 영향 속에서 칸트는 초월적인 영적 존재에 대한 의미 있는 사유의 개진 가능성을 위한 조건으로서 '도덕감'과 도덕신앙에 대한 이론적인 토대를 예비하고 있다.

1) 스베덴보리와 관련한 칸트의 편지

독일 페릭스 마이너 출판사의 "철학서고"Philosophische Bibliothek 시리즈로 간행된 칸트의 『시령자의 꿈』을 편집한 클라우스 라이히Klaus Reich는 스베덴보리에 관하여 샤를로테 폰 크노블로흐Charlotte von Knobloch에게 보낸 1763(?)년 8월 10일자 칸트의 편지,[31] 그리고 모제스 멘델스존Moses Mendelssohn[32]에게 보낸

31 Immanuel Kant, "Kants Brief über Swedenborg an Fräulein Charlotte von Knobloch. 10. August 1763(?)", in: *Träume eines Geistersehers*, hrsg. von Klaus Reich. Hamburg: Felix Meiner Verlag, 1975. 71–76. 이 편지의 독일어 원본은 최초로 Borowsky, *Darstellung des Lebens und Charakters Immanuels Kant*. Königsberg 1804, 211–225에 수록되었다. Immanuel Kant, *Philosophical Correspondence, 1759–99*. Trans. Arnulf Zweig. The University of Chicago Press, 1967, 70–76; Immanuel Kant, *Dreams of a Spirit-Seer*, translated by Emanuel F. Goerwitz, Cambridge, Mass., 1899; Key Texts, Thoemmes Press, Appendix II, 155–159.

32 Immanuel Kant, "An Moses Mendelssohn. 8. April 1766", in: *Träume eines Geistersehers*, hrsg. von Klaus Reich. Hamburg, Felix Meiner Verlag, 1975. 87–91. "Kant on Swedenborg in letter to Moses

1766년 4월 8일자 칸트의 편지를 참고자료로 수록하였는데, 우리는 이 두 편지에서 스베덴보리에 대한 칸트의 입장을 확인할 수 있다.

칸트의 『시령자의 꿈』을 번역한 존 마노레스코John Manolesco 역시 이 두 편지들을 활용하여, 칸트가 스베덴보리에 대하여 부정적인 논조를 보였던 이유를 밝히고자 하였다. 마노레스코는 1763년 8월 10일에 칸트가 샤를로테 폰 크노블로흐에게 보낸 편지에 근거하여, 칸트 자신이 스베덴보리에게 직접 편지를 보내면서 그의 신비주의에 관심을 표명했지만 그에게서 아무런 반응이 없자 철저히 무시당했다는 실망감과 복수심에서 스베덴보리를 신랄하게 비판했을 것이라고 주장하였다. 잘나가는 스톡홀름의 '엠마누엘'(스베덴보리)이 『시령자의 꿈』이 나온 1766년까지도 교수직을 확보하지 못한 보잘것없는 프러시아 출신 강사 '임마누엘'(칸트)을 의도적으로 무시했을 것이라는 심리적인 추측을 제시한 것이다.[33] 마노레스코의 이 같은 주장은 역설적으로 칸트에 대한 스베덴보리의 사상적 영향이 매우 크다는 간접적인 의미 함축을 담고 있다.

칸트의 제자이자 나중에 그에 대한 전기를 썼던 보로프스키Borowski가 집사로 일했던 폰 크노블로흐 장군에게는 샤를로테 아말리아Charlotte Amalia라는 딸이 있었는데, 그녀는 보로프스키의 권고에 따라서 『시령자의 꿈』이 나오기 전인 1763년 경에 칸트에게 스베덴보리에 대해서 설명해 주기를 청하였다. 칸트는 애써 스베덴보리의 저술을 읽었으며, 그에 대한 불확실한 소문들을 모두 조사한 후에 1763년 8월 10일, 샤를로테 폰 크노블로

Mendelssohn, from the letter of February 7th, 1766, and from the letter of April 8th, 1766," in: *Immanuel Kant, Dreams of a Spirit-Seer*, translated by Emanuel F. Goerwitz, Cambridge, Mass., 1899; Key Texts, Thoemmes Press, Appendix IV, 162.

33 John Manolesco, "Translator's Introduction," in *Dreams of a Spirit-Seer by Immanuel Kant and other related writings*. New York: Vantage Press, 1969, 15; 임승필 2009, 118.

흐 양Fräulein Charlotte von Knobloch의 물음에 대하여 답하였다. 이 편지에서 칸트는 『시령자의 꿈』에서와는 전혀 다르게 존경에 가득 찬 목소리로 스베덴보리는 "이성적이고 훌륭하며 개방적인 마음을 가진 학자"(Swedenborg ist ein vernünftiger, gefälliger und offenherziger Mann; er ist ein Gehehrter …)라고 답변하였다.[34] 칸트는 이 편지에서 스베덴보리에 대한 어떤 조소나 적개심도 표명하지 않았다. 그보다는 오히려 존경에 가득 차 있었다.[35]

칸트가 1766년 4월 8일에 멘델스존에게 보낸 편지에서 우리는『시령자의 꿈』에 대한 칸트 자신의 설명을 살펴볼 수 있다. 칸트는 그 스스로 조롱거리가 되지 않도록 스베덴보리에 대한 적절한 표현 수위를 찾기 위해서 고심했다고 쓰고 있다. 그는 다른 사람의 조롱을 사전에 방지하려면 자기 자신을 먼저 조롱하는 것이 최선의 길이라고 솔직하게 털어놓았다. 칸트는 영혼의 보고와 같은 이야기에 매혹되지 않을 수 없었으며, 그것들이 비록 이성적 가치를 손상시키는 불합리함, 망상, 불가해함을 가지고 있음에도 불구하고, 이러한 경험들이 어떤 타당성을 가지고 있다는 생각을 지워버릴 수는 없다고 밝힌 것이다.[36]

칸트는 멘델스존에게 보낸 편지에서 스베덴보리의 신비주의에 대하여 심각한 갈등을 겪었으며, 그 결과 스베덴보리의 신비주의를 비난하기에 앞서서 칸트 자신의 형이상학에 대한 비판적인 검토를 하지 않을 수 없었다는 심중을 토로하고 있다. 이것은 칸트가 스베덴보리가 말한 초월적 형

34 "Kants Brief über Swedenborg an Fräulein Charlotte von Knobloch [10. August 1763(?)]," in: Immanuel Kant, *Träume eines Geistersehers*, Hamburg: Felix Meiner Verlag, 1975, 73.

35 Wolfgang Ritzel, *Immanuel Kant. Eine Biographie*. Berlin, New York: Walter de Gruyter, 1985, 105.

36 Kant on Swedenborg in letter to Moses Mendelssohn, from the letter of April 8th, 1766, in: *Immanuel Kant, Dreams of a Spirit-Seer*, translated by Emanuel F. Goerwitz, Cambridge, Mass., 1899, Appendix IV, 162; "Kants Brief an Moses Mendelssohn(8. April 1788)," in: Immanuel Kant, *Träume eines Geistersehers*, Hamburg: Felix Meiner Verlag, 1975, 87–91.

이상학에 대한 태도 변화를 암시하며, 따라서 스베덴보리를 극복할 수 있는 방안을 찾기 위하여 심사숙고했다는 것을 뜻한다. 그리하여 칸트는 『시령자의 꿈』에서 '시령자', 즉 '신비주의자의 꿈'뿐만 아니라 '형이상학의 꿈'까지를 비판적으로 작업함으로써 "형이상학을 위한 올바른 절차를 확립"하고자 하였다.[37] 이처럼 크노블로흐 양에게 편지를 보낸 1763년의 형이상학자 칸트와 멘델스존에게 편지를 보낸 1776년의 형이상학자 칸트의 모습은 전혀 다르다는 알아야 한다. 전자가 독단적 형이상학을 신봉하고 있는 스베덴보리의 찬양자인 반면에, 후자는 비판철학의 정초를 모색하고 있는 스베덴보리의 비판자인 것이다.

2) 칸트의 스베덴보리 비판

칸트는 『시령자의 꿈』에서 스베덴보리에 대하여 두 가지 태도를 취하고 있는데, 그중 하나는 초월적인 영적 세계의 존재를 인정함으로써 스베덴보리를 수용하는 것이고, 다른 하나는 그것을 경험적인 방식으로 보여줄 수 있다는 스베덴보리의 주장을 비판하는 것이다. 그리하여 카시러는 스베덴보리에 대한 칸트의 역설적인 표현을 농담과 진담 사이에서 그 정확한 의도를 파악할 수 없게 하는 애매와 모호의 전형이라고 표현했다.[38] 그러나 칸트의 의도는 너무나 분명하다. 칸트의 1766년 저작 『시령자의 꿈』은 독단적 형이상학에 대한 거부 의사였으며, 따라서 칸트가 형이상학으로 이루고자 하는 바는 더 이상 시령자 에마누엘 스베덴보리처럼 영적 세계에 대하여 감성적으로 인식할 수 있다는 것을 입증하는 것이 아니었

37 Immanuel Kant, *Philosophical Correspondence, 1759–99*. The University of Chicago Press, 1967, 56/10:71; 임승필 2009, 119–120쪽.

38 Ernst Cassirer, *Kant's Life and Thought*, New haven and London: Yale University Pres, 1981, 78–79.

다. 신비한 영적 세계를 직접 '보고 들은 것'은 칸트에게 기껏해야 "형이상학의 잠자는 나라의 동화"Märchen aus dem Schlaraffenlande der Metaphysik에 지나지 않을 뿐이었다.[39]

칸트는 『시령자의 꿈』 제1부 '도그마적인' 부분에서 '영혼' 혹은 '신령'Geist과 '영의 세계'Geisterwelt에 대한 형이상학적 물음을 개진하면서, 초월적 존재에 대한 감성적 직관을 주장하는 독단적인 형이상학을 부정한다. 그리고 제2부 '역사적인' 부분에서는 스베덴보리의 신비주의 사상을 중심으로 초월적 존재와 영적 세계에 대한 지성적 직관이 가능하지만, 그것은 오직 도덕적 신앙의 차원에서만 허용될 수 있다는 결론에 이르게 된다. 이 점에서 우리는 칸트가 이미 『시령자의 꿈』에서 비판철학의 토대를 성공적으로 구축했다는 사실을 확인할 수 있다.

우선 칸트는 "그 자신은 영혼이 존재하는지 존재하지 않은지를 알지 못하며, 더군다나 '영혼'이라는 말이 무엇을 뜻하는지조차도 알지 못한다"고 털어놓고 있다.(시령 A8, II 320) 근대철학자들이 이 물음을 쉽게 생각하여 "영혼이란 이성을 가진 존재"라고 답한 사실에 대하여, 칸트는 "그렇다면 영혼을 보는 데 어떤 기적의 힘도 필요하지 않을 것"이라고 지적하였다. 왜냐하면 이성을 가진 인간이 보는 것은 '이성을 가진 존재'이기 때문이다.(시령 A7, II 319) 그러나 칸트는 인간에게 이성이 있다는 사실은 인간의 일부에 지나지 않으며, 그에게 생기를 주는 것은 영혼이라고 보았다. 여기에서 칸트는 '영혼 존재'geistiges Wesen, spirit-being만이 이성을 가질 수 있다는 사실을 증명하기도 전에, 그 스스로 '영혼 존재'라는 개념을 말하는 자기기만Selbsttäuschung에 빠졌던 것이다. 따라서 칸트는 무엇보다도 먼저 영혼 개념이 어떤 환영Etwas ein

39 Wolfgang Ritzel, *Immanuel Kant. Eine Biographie*. Berlin, New York: Walter de Gruyter, 1985, 104, Anm. 82; 시령 A89, II 356.

Hirngespinst에 불과한 것인가 그렇지 않으면 실재하는 것Wirkliches인가를 분별할 필요가 있었다.(시령 A9, II 320) 칸트는 우리가 '영적'geistig이라고 부르는 것은 결코 공간, 즉 입방체 안에 가득 차서 다른 것과 대립하여 있는 어떤 것이 아니라고 보았다.(시령 A10, II 320) 우리가 '물리적'materiell이라고 부르는 것은, 칸트에 의하면, "모든 물체와 같이 연장 가능하고, 침투 불가능하고, 분할 가능하며, 충돌의 법칙Gesetzen des Stoßes에 예속하는" 것이다.

칸트는 이제 이성을 가진 단순한 존재가 영혼의 개념을 충족시키는가를 묻는다. 칸트는 이성을 그 외적인 관계들에서 보아 단순한 존재에 주어진 하나의 '내적 속성'eine innere Eigenschaft으로 규정한다.[40] 그런 후에 칸트는 물질로 가득 찬 입방체의 공간 속에 있는 이 단순한 실체를 정립하고자 할 경우에, 영혼이 가득 차기 위해서 그 실체의 단순한 요소는 자리를 치워야 하는가라고 묻는다.(시령 A11, II 321) 만일 두 번째의 영혼이 들어오기 위하여 물질적 공간이 두 번째의 요소 부분들을 잃어야 한다면, 그것은 결국 영혼이 충돌의 법칙에 따라야 하는 물질이라고 간주함으로써, 침투 불가능성에 의하여 대립하는 공간의 입방체 속에 있는 그 물질적 실체의 부분들이 영혼에 의하여 채워질 것이라고 보는 것과 같다. 그렇다면 그 안에 이성 능력을 가진 그런 실체들은 외적으로 물질의 요소들과 다를 것이 없을 것이다. 그리하여 칸트는 '영혼'의 개념을 "물질로 가득 찬 공간들 속에 현존할 수 있는 존재", 즉 "그 스스로 침투 불가능성이라는 속성을 갖지 않은 존재"라고 보았으며, 이런 유형의 존재를 '비물질적 존재'immaterielles Wesen이라고 불렀다.(시령 A12-13, II 321) 그리고 이성을 가진 비물질적 존재를 '영적 존재'Geister라고 하였다. 칸트는 여기에서 영혼은 세계의 창조자나 섭리자인 무한 정신보다는 세계

40 칸트는 라이프니츠를 인용하여 모든 외적인 관계들과 그 변화의 내적 근거를 '표상력'Vorstellungskraft, the power of representation이라고 하였다.(시령 A27, II 328 Anm.)

전체의 부분으로서 '인간 영혼'의 경우를 생각하고 있다. 인간 영혼은 물질적 존재를 넘어서서 그것들과 상호작용을 하고 있기 때문이다.[41]

칸트는 영혼 개념의 본성이 실재하고 가능하다는 사실을 철학자들의 저술[42]에서 찾고 있다. 즉, "생각하는 모든 것은 단순해야 한다는 것, 이성적으로 사유하는 모든 실체는 본성의 통일성이고, 불가분적 자아는 수많은 사물들이 결합한 전체 속에서 분할될 수 없어야 한다는 것이다. 그러므로 나의 영혼은 하나의 단순한 실체이다."(시령 A13, II 322) 그러나 칸트는 이 증명으로도 그 단순 실체가 공간 속에서 연장성과 비침투성을 가진 물질적인 것으로 주어지는가, 아니면 비물질적인 영혼, 즉 사람들이 영적인 것이라고 부르는 방식의 존재로서 가능한지가 아직 밝혀지지 않았다고 지적한다.(시령 A13-13, II 322) 그리하여 칸트는 다시 "물체의 세계에서 인간 영혼의 위치는 어디인가?"라고 묻는다.(시령 A19, II 324) 칸트는 우리의 인간 영혼이 우리의 신체 속에 있다고 말한다. "나의 영혼은 전적으로 나의 모든 신체 속에, 그리고 그 각각의 부분들 속에 위치한다."[43]

칸트는 『시령자의 꿈』 제1부 2장 "신비神秘 철학의 단편, 영적 세계와 함께하는 공동체의 개시開示"에서 논의의 방향을 영혼 개념에서 영적 세계로 바꾼다. 그는 우선 세계 공간을 가득 채우고 있는 '죽은 물질'로 이루어진 물리적 기계적 현상들과 세계 전체에 깃들어 있는 '생명의 근거'를 구

41 시령 A 12, II 321, Anm.

42 Daries, *Elementa metaphysica*(1743), 특히 Psychologia metaphysica, §4, 그리고 Baumgarten, *Metaphysica*(1739), §742 참조. Immanuel Kant, *Theoretical Philosophy 1755–1770*, The Cambridge Edition of the Works of Immanuel Kant, Cambridge University Press, 1992, TG Footnote 4, 449.

43 Daries, *Elementa metaphysica*(1743), 특히 Psychologia rationalis, §103. 추론Corollary 1에서 칸트는 다음 구절을 인용하고 있다. *totam animam in toto corpore omnibusque partibus corporis organicis praesentam esse*('that the whole soul is present in the whole body and in all the organic parts of the body'). (Kant, *Theoretical Philosophy 1755–1770*, 시령 Footnote 11, 449.)

분한다.(시령 A 29, II 329) 칸트는 생명의 근거를 포함하고 있는 비물리적 존재들은 '물체적 사물들의 매개'를 통하지 않고서도 그 자체 간의 결합이 가능하다고 보았으며, 그러한 결합에 근거하여 '비물질적 세계'immateriale Welt, mundus intelligibilis라고 부르는 '하나의 커다란 전체'ein großes Ganze를 형성할 수 있다고 하였다.(시령 A30, II 329)

그런데 칸트는 인간의 영혼은 신체 속에 존재한다는 자신의 생각에 근거하여, 그것은 물질적 세계에 속하는 동시에 비물질적 세계에도 속한다고 보았다.[44] "그러므로 인간의 영혼은 현재의 삶에서도 이미 두 개의 세계와 동시에 관계하는 것으로 보아야 할 것이다. 인간의 영혼은 개인적인 통일성을 위하여 신체와 결합하고 있는 한에서 물질적인 것만을 분명하게 지각할 수 있으며, 그와 반대로 그것이 영적 존재 세계의 한 구성원으로서 비물질적 본성들의 순수한 영향을 받고 나눌 경우에 물질적인 것과의 결합은 곧장 중지되고 언제나 영적인 본성과 함께하는 공동체만을 머물게 함으로써 분명한 직관에 대한 의식을 개시하게 한다."(시령 A36-37, II 332)

이처럼 칸트는 우리가 물리적 세계와의 결합으로부터 자유롭게 될 때

44 인간이 두 세계, 즉 감성적 본성을 가진 '감성계'Sinnenwelt와 초감성적 본성을 가진 '지성계'Verstandeswelt의 '시민'이라는 칸트의 주장(Immanuel Kant, *Kritik der praktischen Vernunft*, Riga 1788, A74)은 스웨덴의 신령주의자 스베덴보리의 영향이라는 설이 지배적이다. 파울젠은 칸트가 『시령자의 꿈』의 형이상학적 영혼론pneumatology으로부터 인간이 두 세계, 즉 감성 세계mundus sensibilis와 지성 세계mundus intelligibilis에 속하는 시민이라는 입장을 암시하고 있다고 지적하였다.(Friedrich Paulsen, *Immanuel Kant. His Life and Doctrine*. NY: Charles Scribner's Sons, 1902, 84–85.) 안토노풀로스는 칸트의 두 세계 시민론을 주제화하였으며(Georg Antonopoulos, *Der Mensch als Bürger Zweier Welt*, Bonn: Bouvier Verlag, 1958), 케이스 워드Keith Ward 역시 스웨덴의 시령자가 인간 안에 물리적 세계와 영적 세계가 결합하고 있다고 주장한 신비적 형이상학이야말로 칸트철학의 발전에 중요한 역할을 했다고 강조한다. 인간은 한편으로는 뉴턴 물리학의 기계적 원칙들의 지배하에 있는 물질적 세계의 시민인 동시에, 다른 한편으로는 도덕적 행위를 의미 있게 사유할 수 있도록 하는 비물질적 세계의 시민이다.(Keith Ward, *The Development of Kant's View of Ethics*. Oxford: Basil Blackwell, 1972, 36.) 그러나 칸트의 두 세계 시민론 역시 스베덴보리의 독단적 형이상학을 비판적으로 해석한 결과임이 분명하다. 여기에서 칸트는 자연의 기계적 인과성과 자유의 인과성을 구분함으로써, 지성계가 오직 실천적, 도덕적 맥락에서만 의미를 가진다는 점을 보여 주고 있다.

에 비로소 영적 공동체가 인간 영혼에 그 모습을 분명히 드러나게 될 것이라고 추측하였다. 그리하여 인간의 영혼은 신체와 결합되어 있는 한에서는 물리적 세계에 속하지만, 그것은 동시에 "인간의 영혼은 현세의 삶에서 영적 세계의 비물질적 본성들과 불가분적으로 결합하는 공동체 안에 있다."(시령 A38, II 333) 일반인들은 '축복받은 자'Seligen들이 거하는 곳인 '천국'Himmel이 측량할 수 없이 높은 우주 공간에 있다고 생각하지만, 칸트는 우리가 사는 지구가 바로 다른 세계의 거주자들에게는 하늘에 있는 별들 가운데 하나로 보일 수 있다는 사실을 잊고 있다고 지적하면서, 비물질적 전체는 물체적 사물들의 원근에 의해서가 아닌, 그 구성원 상호 간의 영적 결합의 측면으로부터 표상하기 때문에 영적 세계인 천국을 '우리의 머리 위나 발아래에서' 찾으려 해서는 안 된다고 말하였다.(시령 A 7-38, II 332-333 Anm.)

칸트는『시령자의 꿈』제2부에서 12권으로 된 스베덴보리의 저작『천국의 신비*Arcana Coelestia, Celestial Mysteries*』[45]를 바탕으로 스베덴보리의 사상을 소개하고 있다. 제2부 1장에서 칸트는 스베덴보리의 독자들이 직접 검토한 신비적 능력에 관한 몇 가지 일화를 소개하고 있는데, 그는 여기에서 스베덴보리가 단지 "모든 시령자들 가운데서 최고의 시령자Erzgeisterseher이고, 모든 광신자들 가운데서 최고의 광신자Erzphantast"(시령 A84, II 354)이며, 그런 망상들 속에서 참된 것으로 생각할 수 있는 것은 아무것도 없다고(시령 A85, II 354) 규정하면서, 스베덴보리의 신비주의를 매우 회의적이고 비판적으로 평가하였다. 바로 이 부분에서 칸트는 독단적 형이상학을 버리고 비판철학이라는 새로운 무기를 선택한 것이다.

45 칸트는 그의 1766년『시령자의 꿈』에서 1749년부터 1756년까지 나온 스베덴보리의『천국의 신비』, 여덟 권의 책들을 활용하였다.(Kant, *Theoretical Philosophy 1755-1770*, Swedenborg, in: Biographical-Bibliographical Sketches, 518.)

또한 칸트는 제2부 2장에서 영적 세계를 통한 몽상가의 신비 여행을 다루고 있다. 칸트는 스베덴보리가 영적 세계를 직접 '눈으로 보고 귀로 들었다'audita et visa고 말하는 사실, 즉 모든 인간이 가시적인, 물리적 세계 이외에 영적 세계와 관련을 맺고 있으며, 영적 세계를 직접 보고 들을 수 있는 것으로 기술하는 점을 중시한다.(시령 A98, II 360) 스베덴보리는 우리가 비록 영적 세계와의 관계를 의식하지 못한다고 하더라도, "모든 인간 영혼은 현세의 삶에서 이미 영적 세계 안에서 그의 위치를 차지하고" 있으며, 또한 영적 세계에서는 물리적 세계의 거리 개념과 아무런 상관도 없기 때문에 인도인과 유럽인이 영적으로는 아주 가까운 이웃이 될 수 있다고 믿었다.(시령 A104-105, II 363) 그러나 칸트는 스베덴보리의 이러한 주장들은 감성적 직관의 방식으로가 아니라 지성적 직관의 방식에 의해서만 가능하며, 그것도 오직 실천적, 도덕적 맥락에서만 그렇다는 사실을 확인하고 있다.[46]

『시령자의 꿈』 제2부에서 스베덴보리는 어떤 죽은 사람의 영혼과 교통할 수 있는 능력을 가진 것으로 소개하고 있다. 이에 대하여 레이와인은 "칸트가 그 자신의 입장에 충실하다면 스베덴보리의 예를 따라야 하고, 죽은 사람의 영혼들과의 직접적인 교통의 가능성을 인정하여야 한다. 스베덴보리가 죽은 사람과 대화할 수 있다고 주장했다면, 칸트는 그들과 부딪

46 임승필에 의하면 칸트 연구자들의 일반적인 견해는 『시령자의 꿈』에서 칸트의 의도가 형이상학 비판에 있으며, 따라서 스베덴보리의 신비주의 역시 칸트의 형이상학 비판을 위한 도구에 불과한 것이라고 이해하여 왔다. 이러한 시각은 칸트가 『시령자의 꿈』에서 이성적 사변에 의한 형이상학자를 '이성의 몽상가'Träumer der Vernunft로 부른 반면에 특수한 경험에 의하여 영적 세계에 도달할 수 있다고 주장하는 자를 '감각의 몽상가'Träumer der Empfindung라고 규정한 데서 비롯한다.(시령 A 59, II 342) 예를 들면, 자미토John Zammito는 칸트가 영혼에 관한 형이상학적 논의를 시령자에 관한 논의보다 앞서 다룬 것은 형이상학의 비판에 무게가 있기 때문이라고 이해하였다.(John Zammito, *Kant, Herder, and the Birth of Anthropology*. The University of Chicago Press, 2002. 196–197; 임승필 2009, 115–117.) 임승필은 이런 주장을 비판하려는 의도를 가지고 있지만, 필자는 이를 비판해야 할 타당한 이유를 찾지 못했다.

힐 수 있다는 것을 인정해야 한다"[47]라고 주장한다. 레이와인이 보기에 영적 세계의 죽은 자들과 교통할 수 있다는 스베덴보리의 주장은 정신이 물리적 세계에 나타날 수 있다는 칸트의 형이상학적 전제와 일치하기 때문이다. 그리하여 레이와인은 칸트가 스베덴보리의 저술을 읽으면서 그 자신의 형이상학적 문제들을 진단할 목적으로 『시령자의 꿈』을 쓰게 되었다고 주장하였다.

칸트가 초기에 스베덴보리의 사상에 경도된 것은 분명한 사실이다. 그렇지만 스베덴보리의 사상에 대한 칸트의 생각은 그에 대한 흄의 영향이 강화되면서 큰 변화를 가져오게 되었고, 결국 『시령자의 꿈』을 통하여 스베덴보리의 형이상학 전반에 대한 비판적인 입장을 표명하게 된 것이다. 따라서 『시령자의 꿈』에서도 여전히 칸트에 대한 스베덴보리의 영향력이 엄존하고 있다는 임승필의 주장은 비판주의 노선을 예고하고 있는 칸트 자신의 취지와 부합하지 않는다고 보아야 할 것이다. 이러한 사실은 동시에 칸트의 비판철학이 1770년의 교수취임논문에서 시작한다는 기존의 인식에도 변화를 요구한다. 보다 넓은 의미에서 1770년의 논문의 근본 주장은 이미 『시령자의 꿈』에서 선취되고 있기 때문이다. 따라서 칸트의 비판철학은 1766년에서 1770년에 이르는 5년 동안의 갈등과 번민 속에서 나온 창조적인 산물이라고 볼 수 있으며, 이점에서 스베덴보리의 사상을 비판

47 Alison Laywine, *Kant's Early Metaphysics and the Origins of the Critical Philosophy*. Ridgeview Publishing Co, 1994, 56–57. 레이와인Alison Laywine 역시 자미토의 관점에 따라서 『시령자의 꿈』을 칸트의 형이상학 비판이라는 측면에서 이해하면서, 칸트가 자신의 초기 형이상학에서 사물들 사이의 변화 가능성을 실체들의 상호작용에서 찾으려고 한 사실을 중시하였다. 그에 의하면 칸트는 모든 변화는 실체 자체에 의해서가 아니라 실체들 사이의 상호작용에 의존하며, 이것은 물체적 사물들뿐만 아니라 물체와 정신 사이의 상호작용에도 타당한 것으로 보았다. 신체가 정신에 작용하게 되면 그에 따라서 정신의 변화가 발생하고, 또한 정신이 신체에 영향을 주면 그에 따라서 신체의 변화가 발생한다는 것이다. 칸트는 이러한 입장을 확립하는 과정에서 정신도 물질적 사물처럼 공간을 차지하는 것으로 보아야 한다고 생각하게 되었다.(임승필 2009, 115–117)

적으로 바라보는 『시령자의 꿈』은 비판기 정신에 충실한 저작이라고 할 수 있는 것이다.

4. 도덕신앙의 단초 구상: '도덕감', '상상의 초점', '신비체'

우리는 이제 칸트가 『시령자의 꿈』에서 어떻게 스베덴보리의 신비주의에 대한 관심과 비판을 넘어서서 독자적인 새로운 형이상학의 정초 가능성을 모색하는지를 살펴보고자 한다. 1760년대에서 1770년대에 이르기까지 두 가지 사실에서 칸트사상의 혁명적인 변화가 일어났다. 그 하나는 인식론에서 '코페르니쿠적 전회', 즉 대상이 지성을 규정하는 것이 아니라 지성이 대상을 규정한다는 비판주의 또는 구성주의라고 부르는 칸트의 선험철학Transzendentalphilosophie이다. 칸트는 선험철학을 객관적인 경험을 가능하게 하는 조건들에 대한 연구로 이해했다. 다른 하나는 전통 형이상학에 대한 태도 변화인데, 칸트는 기존의 모든 가능한 신 존재 증명을 거부하고 도덕신학적 논증만이 유일하게 가능하다는 입장을 지지한다. 이 두 가지 칸트의 비판철학적 골격은 이미 『시령자의 꿈』과 교수취임논문에 구체적으로 드러났으며, 그의 3비판서와 종교철학 저술에서 공통적인 사유기반을 형성하고 있다. 따라서 우리는 『시령자의 꿈』에서 칸트가 가장 중요하게 제시하고 있는 개념들, '도덕감'das moralishe Gefühl, '상상의 초점'focus imaginarius, '영적 세계'와 '신비체'corpus mysticum 등에 대한 논의를 통해서 그의 선험철학적 단초가 이미 여기에서 정착하고 있음을 보여 주고자 할 것이다.

1) 도덕감과 영적 세계

앞에서 우리는 칸트가 초월적 존재에 대한 지성적 직관의 가능성을 도덕성과 연결하여 설명하려고 했다는 사실을 언급한바 있다. 박찬구는 칸트가 그러한 가능성을 '도덕감'에서 찾았다는 사실을 강조한 바 있다. 칸트는 『시령자의 꿈』 제1부 2장에서 '영적 세계'Geisterwelt에 대한 체계적인 이해가 지극히 개연적인 영혼의 본성 자체에 대한 개념으로부터 이루어질 것이 아니라, '어떤 실재적 보편적으로 받아들일 수 있는 관찰로부터'[48] 이루어져야 한다고 제안하였다. 이는 스베덴보리를 대표로 하는 신비주의자와 영지주의자, 또는 칸트 이전의 형이상학자들이 추구하는 철학적 방법이 자의적이고 주관적이어서 뜬구름 잡는 것에 불과하기 때문에, 모든 사람들이 동의할 수 있는 보편적인 방법을 통하여 접근해야 한다는 것이다. 칸트는 여기에서 도덕철학적 접근 방식을 택한다. 그는 우리들 인간의 행위가 단지 이기심으로부터만 이루어지지 않고 다른 이들에 대한 배려에서 비롯한다는 사실을 지적한다. 이 경우에 도덕이란 모든 사람에게 받아들여질 수 있는 보편적인 것으로서 기능한다. '좋다'gut와 '참되다'wahr는 것은 기본적으로 '보편적인 인간 지성의 판단'Urteile vom allgemeinen menschlichen Verstande으로부터 나온다.(시령 A 41, II 334) 그러므로 '도덕적인 충동'sittliche Antriebe에 의한 행위, 즉 도덕적 행위는 나 자신의 준칙 의지에 따라서 임의로 이루어지는 것이 아니고, 모든 사람이 존중해야 할 '보편적인 의지의 규칙'Regel des allgemeinen Willens에 따라 이루어진다.(시령 A 42, II 335) 칸트에 의하면 보편적인 의지의 규칙은 "모든 사유하는 존재자들의 세계에 도덕적 통일성과 체계적 기구를 부여한다."(시령 A 42, II 335) 여기에서 칸트는 나의 개인적인 의지가 일반적인 의지

48 "aus irgend einer wirklichen und allgemein zugestandenen Beobachtung."(시령 A 39,II 333)

에 전적으로 매여 있는 느낌을 '도덕감'das sittliche Gefühl, moral feeling이라고 규정한다.(시령 A 42-43, II 335) 우리는 도덕감을 가지고 있기 때문에 나 자신의 이익보다는 다른 사람을 배려하기 위하여 행위할 수 있다. 그렇다면 이와 같은 도덕감과 도덕적 충동의 근거는 어디에 있는 것일까?

칸트는 이를 설명하기 위하여 모든 물질 속에 존재하는 인력의 경향성을 뉴턴Newton이 중력Gravitation의 법칙으로 확립한 사실에 관심을 집중한다. 뉴턴이 중력을 "물질 상호 간의 일반적인 활동의 참된 작용"이라고 생각한 것처럼, 칸트 역시 사유하는 존재에게서 나타나는 도덕적 충동의 현상을 "영적 존재자들이 상호 간에 영향을 미치는 참된 활동적 힘의 결과"로 설명하고자 하였다.(시령 A 43, II 335) 그러므로 중력이 물리적 세계에 작용하는 것처럼, 일반 의지의 규칙은 영적 세계에 작용하는 법칙인 것이다. 이로부터 칸트는 "개인 의지가 일반 의지에 의존하는 것, 그리고 자연적이고 보편적인 상호작용의 결과"인 도덕감을 통하여 비물질적인 세계가 그 도덕적인 통일성에 도달하는 것"이라고 파악하였다.(시령 A 43, II 336)

칸트는 도덕감의 근원을 이처럼 영적 법칙에 의하여 설명함으로써, "여기 현세의 인간이 처한 도덕적 관계들과 물리적 관계들 사이의 모순"Widerspruch der moralischen und physischen Verhältnisse der Menschen hier auf der Erde으로 인하여 낯설게 보이는 '여러 부분들에서 불균형'die Unregelmäßigkeiten mehrenteils을 해소할 수 있게 되었다.(시령 A 44, II 335-336) 칸트의 바로 이 언질은 이후의 도덕철학이나 종교철학에서 매우 중요한 하나의 원리로 전개하여 나가는데, 그것은 바로 자연법칙과 도덕법칙 사이의 '구조 상이성'이다. 여기에서 칸트가 의도하는 바는 우리들이 물질적 세계, 즉 현세에서는 도덕적 행위에 부합되는 기대 결과를 얻지 못한다는 사실을 보여 주는 데 있다. 어떤 사람이 현세상에서 도덕적으로 고결한 행위를 하는 경우에, 그에게 반드시 걸맞은 보상이 주어진다고 주장할 수 없다. 물질적 세계를 지배하는 것은 도덕법칙이 아니라 자연법칙이기 때문이다. 칸트는 "현세에서 도덕성과 그 결과 사이의 불완전한 조화에서"aus der unvollendeten Harmonie zwischen der Moralität und ihren Folgen in dieser Welt 생겨나는 심각한 어려움, 즉 '재앙'Übelstand을 염두에 두었다.(시령 A 46-47, II 337)

그러나 칸트는 여기에서 '도덕감'에서 우러나오는 우리의 도덕적 충동이 영혼의 내적 상태와 연관된 것이라면, 영적 세계에서 그 완전한 작용을 기대할 수 있다고 보았다. 그리하여 칸트는 "자연의 질서에 따라서 모든 행위의 도덕성은 결코 인간의 신체적인 삶에서 그 완전한 작용을 기대할 수 없지만, 그러나 영의 법칙에 따르는 심령세계에서는 가능하다"고 주장하였다.(시령 A 44, II 336) 그러므로 칸트는 '도덕감'과 '도덕적 충동'이라는 일반 의지를 바탕으로 인간이 신체와 영혼을 통하여 '현재의 삶'과 '다른 세상의 삶'에 동시에 연결된 존재라는 생각을 하게 되었던 것이다. 우리는 물질세계에서는 도덕적 행위에 대한 완전한 결과를 기대할 수 없지만, 우리가 현재의 삶에서 취하는 도덕적 상태에 따라서 우리의 영혼은 이미 영적 세계의 한 부분을 차지하고 있다는 것이다.(시령 A 44-45, II 336) 이처럼 칸트는 '다른 세상에서 삶'das Leben in der anderen Welt이란 그가 '이 세상에서 행한 것과 연관된 자연적인 연속'이라고 해석하였다. 칸트에 의하면 현세에서는 도덕적 행위에 대한 직접적인 작용을 기대할 수 없지만, 그와 같은 현세의 행위에 대한 작용을 내세에서는 완전하게 이루어지는 것으로 기대할 수 있다는 것이다. 비물질적 세계에서는 "개인 의지와, 그리고 심령세계의 통일성 및 전체로서 일반 의지의 결합의 결과 작용"Folge der Verknüpfung des Privatenwillens und des allgemeinen Willens, d.i. der Einheit und des Ganzen der Geisterwelt은 영적인 법칙에 의거하여 "자유로운 개인 의지[자의]의 도덕적 속성에 부합하는 결과 작용"eine der sittlichen

Beschaffenheit der freien Willkür angemessene Wirkung으로 나타난다.(시령 A 45, II 336) 칸트는 우리의 삶이 현세에서 그치지 않고 내세에서 계속되어 간다는 사실에서, 현재와 미래는 자연의 질서에 따라서 '계속 이어지는 하나의 전체'를 이루고 있다고 보았다.(시령 A 46, II 336-337)

칸트는 초월적인 심령세계의 존재를 인정하고, 그것이 현세적인 삶의 연장이라는 사실을 강조하고 있다. 이것은 현세적인 삶을 살고 있는 어떤 개인이 자유로운 의지사용을 통하여 다른 세상에서 삶에 영향을 미칠 수 있다는 것을 뜻한다. 그런데 칸트의 이와 같은 진술들은 도덕감의 작용 또는 직접적인 신령 공동체에서 도덕성이 작용을 미친다는 실천적 의미에서 그 타당성을 가진다고 할 수 있다.

2) '상상의 초점'과 이성 사용의 규제적 원리

『시령자의 꿈』 제1부 3장 "안티 카발라: 영적 세계와 더불어 있는 공동체를 지양하고자 하는 일반철학의 단편"에서 칸트는 '상상의 초점'focus imaginarius의 문제를 다루고 있다.

칸트는 아리스토텔레스를 들어서 "우리가 깨어 있을 때는 공동세계를 취하지만 꿈을 꾸고 있을 때는 각자 그 자신의 세계를 생각한다"고 말하였다.(시령 A 58, II 342) 그러나 이 인용문은 아리스토텔레스가 아니라 헤라클레이토스의 단편으로 알려지고 있다.[49] 칸트는 이 문장을 뒤집어서 "만일 서로 다른 사람들이 각자 그 자신의 세계를 가지고 있다면 그들은 꿈을 꾸고 있다고 추측할 수 있다"고 말한다. 그래서 칸트는 '감각의 몽상가'는 '이성의 몽상가'와 어떤 친화성을 가지고 있다고 생각했다.(시령 A 59, II 342) 몽상

49 H. Diels und W. Kranz, *Die Fragmente der Vorsokratiker*, Dublin 1903, 6ste Auflage 1972, 171. Kant, *Theoretical Philosophy 1755–1770*, Dreams, Note 30, 451.

Träumereien라는 표현이 '단순한 망상을 생각하는 현상들'die gedachte Erscheinungen auf bloße Hirngespenster이라고 할 때(시령 A 60, II 342), '깨어 있는 몽상가'ein wachender Träumer는 감관의 지각이 보다 더 강하게 남아 있다고 볼 수 있다.(시령 A 60, II 343) '참된 꿈'wahre Träume이란 이처럼 감관의 지각에 의하여 지지를 받고 있는 것을 뜻한다. 이는 감관의 지각이 그 강도에서 과도한 경우에 중지하는데, 그가 잠들게 되면 이전의 환영은 참된 꿈이 되는 것이다. 그 환영이 깨어 있을 때 존재하지 않는 이유는 그가 환영을 시간상에서 그 자체 안에 있는 것으로, 그러나 그가 다른 대상들은 그 자체 밖에 있는 것으로 지각하기 때문이다. 전자는 그 자신의 활동 결과이지만, 후자는 그가 밖으로부터 받아들이는 것으로 간주했던 것이다. 그러므로 각성 중에 있는 상像은 그 자신을 속일 수 없는데, 그것은 자기 자신과 그 물체의 표상은 그의 두뇌 속에서, 외적 감관을 통한 그 신체의 실재적인 감각을 형성하기 때문이다. 그러므로 시령자는 깨어 있는 몽상가와는 그 정도나 유형에서 전적으로 다르다.(시령 A 62-63, II 343)

여기에서 칸트는 대상적 사유의 판명성을 외적 감관의 사용에서 찾고 있다.(시령 A 63, II 344) 그러나 언제나 이러한 대상이 우리의 감관에 위치하는 것은 아니다. 그럼에도 불구하고 감각의 필연적 조건이 만족되지 않으면 사물을 우리 밖에 있는 것으로서 표상하기란 불가능하다. 우리의 영혼은 발견된 대상을 동일한 존재자가 만든 상이한 인상의 방향 선들이 충돌하는 그 표상 안에 있는 대상으로 전환시킨다. 그리하여 사람들은 광선의 입사 방향에서 거꾸로 물러나는 선을 자르는 곳에서 어떤 한 장소에서 빛이 분산되는 지점을 보게 된다. 이 시점視點은 분산점Zerstreuungspunkt의 작용과 방향 선의 수렴점Sammlungspunkt의 표상에 의거하여 감각을 일으키게 된다. 칸트는 여기에서 빛을 발산하는 반대 방향으로 연장했을 때 만나게 되는 점을 '상상의 초점'focus imaginarius이라고 지칭하고 있다.(시령 A 63, II 344) 그러므로 이 시점은 사물의 밖에 있는 것이 아니라 눈 속, 즉 시신경 안에 있다.(시령 A 65, II 344 Anm.)

또한 진동 속에 설정된 신경조직의 직선이 두뇌 속에서 계속 충돌하는 경우에, 상상의 초점의 표상과 함께 그것에 대한 감각을 동반한다. 진동의 방향 선이 영혼의 표상 안에서 계속 진행하면 진동하는 대상은 그 충돌의 지점으로 옮겨 간다. 감각의 대상이 유기체와 직접 접촉하게 되면 감성적 자극의 방향 선은 이 유기체 안에서 스스로 그 일치의 점을 갖게 된다. 그런데 '환상'에서 신경 운동과 '감각'에서 신경 운동의 차이는, 전자에서 운동의 방향 선은 두뇌의 내부에서 잘리고, 후자에서 그것은 두뇌의 바깥에서 잘린다는 것이다. 왜냐하면 그 안에서 대상이 표상되는 상상의 초점은 내가 시간에 대해서 무언가를, 그리고 내 속에 생긴 환상들에 대하여, 나를 제외한 분명한 감각, 즉 내가 깨어 있는 한, 구상들Einbildungen을 감각의 인상에 대한 내 자신의 환영meine eigene Hirngespinste과 구분할 수 있기 때문이다.(시령 A 66, II 344)

칸트는 여기에서 광기Wahnsinn 또는 높은 단계의 발작Verrückung인, 일종의 '정서 장애'Störung des Gemüts에 대하여 말한다. 이 병의 고유한 특징은 미친 사람der verworrene Mensch이 자신의 구상의 단적인 대상들을 전도시킴으로써 그 앞에 현재하는 사물을 실재적인 것으로 간주하는 데 있다. 이때에 상상의 초점은 사유하는 주체의 밖에 있으며, 단순한 구상의 작품으로서 상은 외적인 감관에 현전하는 것처럼 보이는 대상으로 표상된다.(시령 A 67, II 346) 이러한 '속임'Betrug은 모든 외적 감관들과 관련된다. 우리가 구상에서 상들을 모방할 때, 신경조직의 발작은 상상의 초점을 실재로 존재하는 물체적 대상의 감성적 인상이 나오는 곳으로 전도하는 원인이 된다.(시령 A 69, II 347) 이처럼 환영을 실재하는 사물로 간주하는 속임과 기만 행위는 상상의 초점의 기능과 긴밀한 관련이 있다. '환상의 환영들'을 진지한 방식으로 해석하려는 것은 광기, 즉 미친 짓Wahnsinn이다.(시령 A 71, II 347) 그러므로 칸트는 상상의 초점이 언제나 규제적인 의미로만 사용되어야 하며, 환영을 실재로 오인하는 이성의 기만을 경계하도록 요구하고 있다. 이와 같은 상상의 초점은 현실적으로 존재하지 않지만, 모든 지성적 사유의 방향을 지시한다는 필연적인 의미를 가지고 있다. 칸트는 이 '상상의 초점'에 대하여 『순수이성비판』에서 이렇게 말하고 있다.

그러므로 나는 선험적 이념은 결코 구성적인 사용에서가 아니므로 어떤 대상들의 개념들을 제공하는 것이 아니며, 사람들이 만일 이념을 그렇게 이해할 경우에, 그것은 다만 궤변적(변증적)인 개념에 지나지 않는다고 주장한다. 그러나 그와 반대로 선험적 이념은 소중하고 불가피하게 필연적인 규제적 사용을 갖는다. 다시 말하면 그것은 지성이 어떤 목표를 향하도록 하며, 지성의 모든 규칙의 방향 선은 이 목표를 향하면서 어느 한 점으로 집주集注한다. 그 점은 물론 하나의 이념, 즉 상상의 초점focus imaginarius에 불과하다. 그리고 지성 개념은 가능한 경험의 한계 밖에 있기 때문에 실제로 이 점에서 출발하는 것은 아니다. 그럼에도 불구하고 그 점은 지성 개념이 최대 통일과 최대 확장을 가능하게 한다. 그런데 이제 이로부터 이 방향 선이 가능한 경험적 인식의 영역 밖에 있는 대상 그 자체로부터 발산되는 것 같은 착각Täuschung이 발생한다. 마치 대상이 렌즈의 저편에 있는 것처럼 보이듯이. 그러나 (우리를 속이지 못하도록 방지할 수 있는) 이 착각은 그럼에도 불구하고 우리가 전면에서 보고 있는 대상 이외에, 또 동시에 이와 멀리 떨어져 후면에 있는 대상을 보려고 하는 경우에, 다시 말하면 우리의 당면 문제에서 지성을 가능한 경험의 (일부분인) 모든 주어진 경험의 저편으로, 따라서 또 최대로 가능한 한도까지 확장하도록 하고자 할 경우에는 필요 불가결한 것이다.(순수 B 673-674, A 645-646)

칸트는 『순수이성비판』, 「선험적 변증론」의 부록'으로 순수이성의 이념의 '규제적 사용'에 대하여 다루고 있는데(순수 B670 A642), 여기에서 그가 오목렌즈에서 '상상의 초점'으로 비유하고 있는 것은 바로 '선험적 이념'transzendentale Idee이다. 여기에서 핵심은 칸트가 이념을 초월적인 대상 개념으로 상정하면서도, 그것을 경험의 가능성 조건에 부합하는 것으로 보지 않고 있다는 사실이다. 그렇다고 해서 이념이 경험 활동에 어떤 영향도 미치지 않는 것은 아니다. 선험적 이념은 그 개념에 대응하는 직관내용이 발견될 수 없기 때문에 이론이성이 경험대상으로 취할 수는 없으나, 지각내용의 다양성에 논리적인 통일성을 부여하고 있는 지성의 활동에 질서정연한 합목적성을 가질 수 있도록 목표를 설정하여 최종적인 그 곳으로까지 도달할 수 있도록 수렴하고 있는 사실에서 보이지 않는 '상상의 초점'focus imaginarius(허촛점)과 같은 역할을 수행한다고 보았다. 바로 이 점에서 '상상의 초점'으로서 '이념'은 순수 이성 사용의 '규제적 원리'에 의하여 한정되는 것이다.

칸트는 순수이성의 변증론에서 이성은 가능한 경험의 한계 영역을 초월하여 '가상'假像을 초래하는 경향성이 있다고 지적하였다.(순수 B670 A642) 그리하여 선험적 이념을 현실적인 사물의 개념으로 이해할 경우에, 그것은 초험적인 적용이 됨으로써 기만적인 사용으로 될 것이다. 그러나 칸트는 선험적 이념을 '가능한 모든 경험과의 관계'에서, 즉 '지성이 다루는 대상과의 관계에서만' 내재적으로 사용할 수 있다.(순수 B671 A643) 이성이 대상에 직접적으로 관계하지 않고, 오직 지성을 통하여 경험적 사용에만 관계를 가질 경우에, 그것은 대상에 대한 개념을 만드는 것이 아니라, 단지 개념을 정돈하고 통일성을 부여하는 일에 종사할 뿐이다. 그런데 이러한 통일성의 개념은 지성이 착안할 수 있는 것이 아니고, 계열의 가능한 최대의 확장, 즉 계열의 총체와의 관계에서 생각할 수 있는 것이다. 지성이 관계하는 통일은 오직 객관에서 다양을 개념에 의해서 결합하는 것일 뿐이다. 이성도 지성처럼 제 나름대로 개념의 다양을 이념에 의해서 결합하는데, 이로써 이성은 어떤 전체적 통일을 오직 부분적 통일에만 몰두하는 지성 활동의 목표로 정립한다.(순수 B672 A644)

칸트가 말하는 선험적 이념은 신, 세계, 영혼과 같은 전통 존재론의 핵심 개념들이다. 그런데 칸트는 이런 대상 개념들을 이성의 '구성적인 사용'에서 다루는 것이 아니라고 분명하게 선을 그었다. 그렇다고 한다면 그것은 필시 궤변이자 가상에 지나지 않을 것이기 때문이다. 칸트가 의도하는 것은 선험적 이념을 규제적인 의미에서만 언급하는 것이다. 이러한 선험적 이념들은 지성이 어떤 목표를 향하도록 하면서 어느 한 점으로 모아지게 하는 역할을 한다. 그런데 그런 점이란 실제로는 존재하지 않는 '상상의 초점'에 지나지 않는다. 여기서 말하는 '상상의 초점'이란 오목렌즈에서 빛이 반사되어 나오는 방향 선을 거꾸로 연장하였을 때 렌즈의 반대편에 모아지는 것으로 상정되는 허초점을 뜻한다. 이 허초점은 실제로 존재하지 않지만, 그 존재를 상정함으로써 모든 빛의 분산에 통일적인 방향을 부여하는 역할을 하고 있다. 선험적 이념 역시 지성 개념의 활동에 통일성을 부여하는 역할을 수행한다. 그 과정에서 마치 대상이 렌즈의 저편에 있는 것처럼 보이듯이, 그러한 방향 선이 가능한 경험적 인식의 영역 밖에 있는 대상 그 자체로부터 발산되는 것 같은 착각Täuschung이 발생하는데, 그러한 혼란을 회피하기 위하여 칸트는 선험적 이념을 이론이성의 구성적 사용이 아닌 규제적 사용에서만 한정해야 한다고 강조한 것이다.(순수 A645-646 B673-674) 지성이 언제나 이미 어떤 특정한 대상 인식과 관련되어 있어 특정한 부분에 대한 인식에 그치는 사실을 넘어서기 위해서는, 항상 "특정한 부분의 인식에 앞서서 각 부분에 대한 그 위치와 관계를 선천적으로 규정할 조건들을 포함한 인식 전체의 형식의 이념을 전제하는 것"이 필요하다. 그리하여 선험적 이념은 지성 인식의 완전한 통일을 요청하고, 이 이념을 통하여 지성 인식은 하나의 우연적인 집합체만이 아니라 필연적 법칙과 연관된 하나의 체계가 될 수 있다. 그것은 대상에 대한 개념이 아니라, 지성 사용에 통일적인 규칙성을 부여해 주는 맥락에서만 의미 있게 작동되는 것이다. 따라서 칸트의 선험적 이념은 경험을 확장하는 대상 개념이 아니라 지성 인식에 통일성을 부여하는 이성의 정당하고도 적절한 통제적 원리로서만 그 의미를 갖는다. 그러나 이 원리는 경험이나 또는 관찰이 미칠 수 있는 범위 이상으로 나아가면서도, 어떤 무엇을 규정하는 것이 아니라 경험에 '체계적 통일의 길'을 지시할 뿐이다. 칸트는『순수이성비판』의 선험적 방법론에서 '이성의 훈련'과 '이성의 규준'에 대하여 다루고 있는데, 이것은 이성이 감성의 한계 안에 서라는 규제적 원리를 무시하고 작동하는 경우에 필연적으로 '선험적 가상들'을 만들어 내기 때문에, 이성의 과도한 사용을 방지할 수 있는 규칙들을 수립하고자 한 것이다. 칸트는 이러한 장치들을 통해서 "가능한 경험의 좁은 한계를 벗어나 확장하려는 이성의 경향을 제어하고, 이성을 방황과 오류로부터 보호"하고자 하였다.(순수 A711 B739) 그러므로 '상상의 초점'은 초월적 실재를 감성적 직관으로 인식할 수 있다는 스베덴보리의 독단적 형이상학을 규제하는 상징적인 의미를 가지고 있는 것이다.

3) '신비체'와 도덕적 세계질서

임승필은『순수이성비판』에서 칸트의 예지계에 대한 관심, 즉 "모든 삶은 예지적이다"(순수 A779)라는 칸트의 언명이, 도덕법의 질서에 따르는 세계인 '자기보상의 도덕적 체계'(순수 A809 B837), 즉 '도덕적 세계' 또는 '이성적 존재자들의 신비체'(순수 A808 B836)로 변화하는 과정을 살피면서(임승필 2009, 128-130), 파이힝거의 논거를 바탕으로 이러한 칸트의 신비체 사상이 『시령자의 꿈』에서 '영적 세계', '영적 결합체', '영들의 공동체' 사상과 연결되며, 이 사상이 결국에는 스베덴보리에게서 직접 받아들인 것이라는 입장을 밝히고 있다.(임승필 2009, 130)

칸트는 『시령자의 꿈』 제1부 2장 "영적 세계와 함께 공동체를 여는 신비철학의 단편"에서 '비물질적 세계'immateriale Welt, 즉 '예지계'mundus intelligibilis를 다루고 있는데(시령 A30, II 329), 우리는 앞에서 이미 도덕감과의 연관 속에서 살펴보았다. 다시 말하면 칸트가 여기에서 말하는 영적 세계 또는 예지계는 어디까지나 도덕적 실천의 삶에서만 의미를 갖는다. 그런데 특기할 만한 사실은 칸트가 『시령자의 꿈』에서 이미 『순수이성비판』의 변증론에서 전개하는 초감성적, 지성적 세계, 즉 비물질적인 신령의 세계로서 영적 공동체의 존재 가능성을 선취하고 있다는 점이다. 그리고 임승필도 이러한 관점을 이미 확인하고 있다. 그러나 임승필은 칸트가 스베덴보리의 사상을 『시령자의 꿈』과 『순수이성비판』에서 수용하고 있다는 사실을 강조하는 반면에, 필자는 이 두 곳에서 칸트의 생각은 이미 스베덴보리를 벗어나 있다고 생각하는 점에서 차이를 드러낸다. 이제 그의 논지를 따라가면서 차이의 근거를 살펴볼 것이다.

임승필은 칸트가 선험적 변증론에서 이성이 경험을 넘어서서 사용될 경우에 생겨나는 '선험적 가상'의 문제와 관련하여 감성적 직관에 전혀 주어지지 않는 신과 영혼과 같은 비물리적 대상들을 전제할 수 있는가를 검토한다.(임승필 2009, 123-124) 칸트는 "어떠한 물리적 변화도 겪지 않는 영혼의 비물질적 특성"(순수 A778 B806)을 전제하는 데서 제기 가능한 두 가지 반대 주장을 비판적으로 검토한다. 첫째, 우리는 정신적 힘의 변화가 신체적 조건에 의하여 영향을 받는다는 사실을 잘 알고 있으므로, 영혼이 비물질적이라는 견해를 수용하기가 어려울 수 있다는 주장이다. 이에 대하여 칸트는 신체는 감성적, 동물적 삶을 증진하는 요소일 수는 있지만 지성적, 영적 삶에 대해서까지 그런 것은 아니며, 오히려 후자에 대해서는 방해적 요소가 될 수도 있다고 지적한다.(순수 A779 B807)[50] 둘째, 우리의 삶의 시작, 곧 출생이 임신의 우연성이나 영양과 같은 수많은 우연적 요소들에 의하여 영향을 받는다는 사실을 잘 알고 있으므로, 영혼의 영원한 지속을 믿지 않을 수도 있다. 이에 대하여 칸트는 "실제로 모든 삶은 예지적이므로 시간적 변화에 전혀 제약되지 않고, 출생과 더불어 시작하거나 죽음과 더불어 끝나지도 않는다"고 말한다.(순수 A780 B808) 여기에서 칸트는 '현세의 삶'은 '순수한 영적인 삶의 감성적 표상'으로서 하나의 '현상'에 지나지 않으며, 따라서 감성의 전체 세계는 우리가 현재 가지고 있는 인식의 이미지나 꿈과 같은 것이어서, 그것만으로는 어떤 객관적 실재도 가지고 있지 않다고 보았다. 그러나 만일 우리가 사물들과 우리 자신을 있는 그대로 직관할 수 있다면, 우리 자신이 영적 본성의 세계 속에 있다는 사실을 발견하게 될 것이고, 거기에서는 우리의 실제적인 공동체가 출생과 더불어 시작하거나 단지 현상에 불과한 신체적 죽음과 더불어 소멸하지도 않을 것이라고 피력하였다. 임승필은 『순수이성비판』에서 이러한 논의가 『시령자의 꿈』에서 영적 세계에 대한 주장들과 유사하다고 본다.(임승필 2009, 125)

이에 덧붙여서 임승필이 주목하는 것은 파이힝거가 "모든 삶은 예지적

50 William James, "Human Immortality," New York: Dover Publications, Inc., 1956, 28-29 참조.

이다"(순수 A779)라는 칸트의 명제를 '신비체'(순수 A808 B836-837)의 사상과 연결하면서, 이러한 칸트의 주장은 이미 『시령자의 꿈』에서 '영적 결합체', '신령들의 공동체'의 형태로 나타났다고 주장한 사실이다.[51] 파이힝거는 칸트의 "두 세계 이론이 스베덴보리에게서 직접 받아들인 것"이라고 보았지만(이 점에서 칸트와 스베덴보리의 연관성을 강조하려는 임승필의 주장이 타당하다), 거기에는 "단지 이 이론만을 받아들였을 뿐이다! 칸트 자신이 언제나 망상으로 간주하였던 스베덴보리의 자칭 경험적 증명까지 받아들인 것은 아니다"[52]라는 단서가 붙어 있다(이 점에서 임승필의 주장은 부당하다). 다시 말하면 칸트는 '신비체'의 개념을 스베덴보리와는 전혀 다른 맥락에서 사용하고 있는 것이다. 칸트가 말하는 '이성존재자들의 신비체'corpus mysticum(순수 A808 B836-837)는 『시령자의 꿈』에서 '신령들의 공동체'처럼 어디까지나 도덕적 맥락에서만 그 의미를 가질 수 있다. 칸트에 의하면 "이성은 그 본성상 그 경험적 사용을 넘어 나아가며, 그 순수 사용에 있어 이념들만으로 모든 인식의 극단까지 감행하고, 그리하여 자족적 전체 체계의 완성에 도달해야만 만족을 얻는다."(순수 A797 B825) 이와 같은 이성의 경향성에 대하여 칸트는 먼저 이성 사용에서 오류 발생을 사전에 차단할 수 있는 방책을 마련하고자 했으며, 이와 함께 이성이 가지고 있는, 이른바 "경험의 모든 한계를 뛰어 넘어 확고한 지반을 발견하려는 꺼질 수 없는 욕구"가 도대체 어디에 근거하는 가를 살펴보았다.(순수 A795-796 B823-824)

그렇다면 이성은 어떤 규준을 통하여 대상을 인식할 수 있는가? 칸트는 원칙의 분석론에서 지성Verstand의 규준을 확립한 바 있는데, 그것은 어떤 인식 능력의 정확한 사용을 위하여 우리가 따라야 하는 원칙의 총체를 지칭

51 Hans Vaihinger, *Kommentar zu Kants Kritik der reinen Vernunft*. Vol. II, Stuttgart: Union Deutsche Verlagsgesellschaft, 1892, 512; 임승필 2009, 130.

52 Vaihinger, *Kommentar*, 431.

한다.[53] 분석론에서 규준은 지성의 인식 능력과 관련한 것으로서, 경험 가능성 조건과 관련한 원칙들을 제공하고 있다. 그러나 변증론에서는 신, 자유, 영혼의 불멸과 같은 이성의 이념들이 대상을 가지고 있지 않으므로 지성의 규준이 원하는 것을 가질 수 없다. 칸트가 이곳 변증론에서 말하는 "경험의 모든 한계를 뛰어 넘어 확고한 지반을 발견하려는 꺼질 수 없는 그 욕구"는 기본적으로 사변적 관심보다는 실천적 관심에서 일어나는 것이다. 따라서 사변적 이성은 규준을 가질 수 없지만, 실천적 사용에서 이성은 규준을 가질 수 있는 것이다.(순수 A797 B825)

칸트는 『순수이성비판』「선험적 분석론」의 마지막 장 "현상계와 예지계의 구별의 근거에 대하여"에서 칸트는 지성 범주들과 그 원칙들의 사용이 오직 경험적이고 초월적이지 않다는 분석론의 논의 결과에 비추어서 현상계와 예지계를 구분한다.(순수 A246 B303) 칸트는 감성적 직관에 주어진 것에다가 지성의 원칙을 사용하여 얻은 대상을 '현상'Erscheinung이라고 불렀으며(순수 A249 B306), 이론적인 이성 사용을 통한 인식이 감성의 한계를 넘어서지 못하는 사실을 드러내기 위하여 예지계 개념을 한계개념으로서 상정하였다.(순수 A254 B310) 따라서 칸트의 철학 체계에서 이론적인 이성 사용의 방식으로 예지계에 관한 판단을 내릴 수 있는 길은 없다. 오직 남은 유일한 가능성은 도덕을 통해서이다. 바로 이 점에서 칸트와 스베덴보리의 차이가 드러난다. 칸트는 이미 『시령자의 꿈』에서 비물질적인 영적 세계에 대한 일반적인 접근을 가능하게 하는 것은 도덕이라고 말한 바 있다. 도덕적 충동을 가진 인간의 영혼은 현세의 현상적 질서와 관계하는 것이 아니라 내세의 예지적 질서와 관계한다. 칸트는 "도덕법이 이러한 행위들이 발생해

53 순수, A132, B171; A796, B824.

야 한다고 명하기 때문에 그런 행위들이 발생해야 하고, 따라서 특별한 종류의 체계적 총체, 즉 도덕적 총체가 존재해야만 한다"라고 주장하였다.(순수 A807 B835) 그리하여 칸트는 도덕법에 따라서 행위하는 존재들로 이루어지는 세계를 '도덕적 세계'moralische Welt(순수 A808 B836) 또는 '이성적 존재자들의 신비체'corpus mysticum(순수 A808 B836)라고 부른다. 도덕적 세계로서 예지적 세계는 더 이상 감성적 경향성 같은 요소들이 개입할 여지가 없다. 그것은 이제 현세에서나 내세에서 도덕적으로 노력한 사람들이 희망해도 좋을 행복과의 일치 문제, 즉 최고선의 실현 가능성 조건의 문제로 탈바꿈한 것이다.

5. 비판기 출범의 신호탄으로서 칸트의 스베덴보리 비판

일반적으로 칸트의 비판철학은 1770년 교수취임논문 『감성계와 지성계의 형식과 원리들』에서 시작하는 것으로 인정되고 있으나, 1766년의 『시령자의 꿈』은 비판기 이전에 속하는 저술이면서도 비판철학적 사유의 핵심적인 요소들을 모두 함축하고 있다. 이 저술과 관련하여 세 사람의 국내 학자들이 제시한 의견들이 매우 흥미로웠다. 박찬구는 '도덕감' 개념의 형성 과정을 보여 주면서 칸트의 『시령자의 꿈』이 '초월철학'의 정당화 근거를 제시하고 있다고 본다. 최소인은 칸트의 교수취임논문이 "도덕을 위한 지성적 세계의 복원의 최초의 시도"라고 평가한다. 임승필은 대부분의 연구자들이 칸트의 스베덴보리 비판만을 강조하지만, 『시령자의 꿈』에서 칸트는 그에 대한 반감과 함께 관심도 가지고 있었다고 주장한다. 이러한 주장들에 근거하여 우리는 칸트철학에서 『시령자의 꿈』의 위치를 새롭게 자리매김할 수 있으며, 그 저술의 의미 함축을 다음과 같이 정리할 수 있을 것이다.

첫째로, 『시령자의 꿈』에서 칸트는 '도덕감' 이외에도 '상상의 초점', '지성적 세계', '이성적 존재자의 신비체' 등의 주요 개념들을 광범위하게 사용하고 있는데, 이것들은 비판기의 저술들에서 초월적 실재에 대한 경험적 진술들을 유보하고 이성의 실천적 사용을 강조하는 데 주로 활용되었다. 지성적 세계에 대한 논의를 이론적 차원이 아닌 실천적 차원에 한정하려는 칸트의 시도는 이론적 이성 사용에 규제적 원리를 적용하고, 초월적 세계에 대한 지성적 직관의 가능성을 도덕신앙의 수립과 연관된 것으로 보아야 한다. 이로써 칸트는 『시령자의 꿈』에서 이미 그 자신의 선험철학을 선취하고 있는 것이다.

둘째로, 칸트의 1770년에 발표한 교수취임논문은 비판기를 알리는 서곡이 분명하지만, 실제로 1766년의 『시령자의 꿈』에서 칸트는 그러한 주장들을 이미 선취하고 있다는 사실이다. 이 작품에서 칸트는 초월적 세계에 대한 스베덴보리의 경험적 진술을 독단적 형이상학이라고 비판하는 동시에, 초월적 세계에 대한 인식은 경험적 직관이 아닌 지성적 직관의 형태로만 가능하다고 주장한다. 이는 지성적 세계에 대한 논의가 이론적 차원에서가 아니라 실천적 차원에서 한정되어야 하며, 지성적 세계의 존재를 도덕감 또는 도덕신앙의 차원에서 복원할 수 있다는 것을 뜻한다. 이로써 초월적 존재와 영적 세계에 대하여 지성적 직관이 가능하다는 칸트의 주장에는 이미 이성사용의 규제적 원리가 작동되고 있음을 알 수 있다. 따라서 칸트의 비판기는 1770년에 시작된 것이 아니라 1776년에서 1770년에 이르는 5년 동안에 준비된 것이라고 볼 수 있다.

셋째로, 칸트가 1763년경의 서신에서 스베덴보리에 대한 존경심을 표현하고 있고, 그의 형이상학 강의에서도 비슷한 표현들이 있음에도 불구하고, 『시령자의 꿈』에서 칸트는 스베덴보리를 단호하게 비판하고 있다. 그런데 최근 칸트가 이 작품에서 예지계에 대한 지성적 직관을 다루고 있는 사실을 내세워 스베덴보리에 대한 비판과 함께 그에 대한 존중감도 찾아볼 수 있다는 주장(임승필)이 강력하게 제기되고 있다. 그러나 이러한 주장은 칸트의 비판철학적 의도를 곡해할 수 있으며, 독단주의 형이상학을 배척하고 도덕 형이상학을 새롭게 수립하려는 칸트의 시도 자체를 폄하할 위험이 있다. 『시령자의 꿈』에서 칸트는 라이프니츠, 볼프, 스베덴보리, 그리고 심지어 자기 자신을 포함한 모든 유형의 독단적 형이상학을 거부했는데, 이것은 '영혼'이나 '영적 존재', 그리고 '지성적 세계'와 같은 초월적 이념들에 대한 감성적 직관이 불가능하고, 오직 도덕적 실천의 차원에서 지성적 직관만이 가능하다는 것을 뜻한다. 이러한 사실은 칸트가 스베덴보리의 신비주의를 제한하고 규제함으로써 자신의 특유한 비판철학의 길로 들어섰다는 것을 보여 준다.

칸트는 『시령자의 꿈』에서 스베덴보리를 강력하게 비판하고 도덕신앙의 길로 들어서는 과정에서 비판기 도덕신앙의 주요 요소들, 즉 '도덕감', '상상의 초점', '신비체' 등의 개념들을 전진 배치하여 자신의 선험철학을 체계화하고 있다. 이런 점에서 칸트의 『시령자의 꿈』은 그의 교수취임논문과 더불어 그의 비판기 저술활동의 출범을 선언하는 신호탄이라고 볼 수 있는 것이다.

제3부

비판기 칸트의 종교철학

제7장 칸트의 전통신학 비판

: 칸트와 '하느님에 관한 물음'

1. 칸트의 존재신학 비판

존재신학Ontotheologie에 대한 칸트의 입장은 무엇일까? 존재신학, 즉 존재론적 신 존재 증명은 가장 강력한 전통을 가지고 있다. 아우구스티누스와 안셀무스에 의하여 제기된 하느님의 존재 사실에 대한 증명은 가장 완전하고 절대적인 존재자에 대한 '개념'으로부터 그 '존재'를 추론하는 논리적인 시도였다. 전통적인 의미에서 존재론적 논증은 '가장 완전한 최고의 존재자', 즉 '모든 실재적 술어를 포함하는 존재자' 개념은 필연적으로 그 존재도 내포하고 있다는 논리적 사고를 바탕으로 한다. 전적으로 아프리오리한 단순한 개념으로부터 최고 원인의 존재를 도출하려는 시도인 것이다. 근대에 들어오면서 존재신학은 데카르트, 스피노자, 라이프니츠 등으로 확산되었다.

데카르트는 신의 존재에 대한 개념을 우리가 가지고 있다면, 그것은 신이 존재한다는 것을 뜻한다고 생각하였다. 유한하고 상대적인 인간 존재가 무한하고 완전한 신에 대한 개념을 가질 수 없으며, 그것은 신이 우리에게 부여하는 한에서만 가능하다고 여겼던 것이다. 이것이 데카르트의 '인과론적 증명' 또는 '이념이론적 증명'이다. 더 나아가서 데카르트는 안셀무스처럼 신의 개념에서 존재를 도출할 수 있다고 보았다. 그러나 라이프니츠는 데카르트의 존재론적 논증이 "가장 위대하고 가장 완전한 존재의 관념"의 가능성과 무모순성을 암묵적으로 전제하고 있다고 비판하면서, 필연적으로 완전한 존재의 관념이 단지 가능하기만 해도, 그런 사실에서 신의 현존을 추출할 수 있다고 주장하였다. 칸트는 이와 같은 존재론적 신 증명의 한계를 비판하였다.

1) 안셀무스의 존재론적 논증[01]

안셀무스Anselmus(1033~1109)는 이탈리아 출신이며 베네딕트 수도원에서 문법, 수사학, 변증법 등을 배우고, 1059년에 불란서의 르벡Le Bec 수도원에 들어가서 1063년에 부원장이 되었으며, 이 시기에 그는 『모놀로기온*Monologion*』(1076), 『프로슬로기온*Proslogion*』(1077-78),[02] 『진리론*De veritate*』(1080), 『자유의지론*De libero arbitrio*』(1080)을 저술하였다. 1079년에 안셀무스는 이 수도원의 원장으로 취임하여 14년간 일하였으며, 영국 국왕은 1093년에 그를 다시 캔터베리Cantabery 성당의 대주교로 임명하였다.

안셀무스는 『프로슬로기온』의 서문에서 기독교 신학이 고백하고 있는

01 최근에 편찬된 『안셀무스에서 괴델까지의 신 증명』(*Gottesbeweise von Anselm bis Gödel*, hrsg. von Joachim Bromand und Guido Kreis, Frankfurt 2011)의 제1부는 안셀무스와 고닐료의 논쟁, 그리고 안셀무스에 대한 토마스 아퀴나스의 반박을 다루고 있으며, 제2부에서는 근대철학자들의 존재론적 논증과 그에 대한 반박을 소개하고 있다. 이에 앞서 볼프강 뢰트는 존재론적 논증의 역사적 서술을 시도한 바 있다.(Wolfgang Röd, *Der Gott der reinen Vernunft. Ontologischer Gottesbeweis und rationalistische Philosophie*. München 1992, 2009.) 참고논문으로는 이경재 「안셀무스 존재론적 신 존재 증명의 두 전제」(『중세철학』, 11, 2005); 박찬수 「안셀무스의 존재론적 논증」(『철학적 분석』, 16, 2007); 김승욱 「안셀무스의 신(神) 개념에 나타난 선험논리적 의미」(『중세철학』 13, 2007); 양태범 「안셀무스의 "모놀로기온"과 "프로슬로기온"에서 신 존재증명의 논증구조와 무로부터의 창조」(『가톨릭철학』, 11, 2008) 등이 있다.

02 켄터베리의 안셀무스, 『모놀로기온 & 프로슬로기온』, 박승찬 역, 아카넷 2002.

하느님의 존재와 섭리, 그리고 최고선으로서 하느님을 단적으로 입증할 수 있는 논의의 필요성에 대하여 언급하고 있다. 그리하여 그는 신앙에 근거하여 명상을 하는 한 예를 제시하려고 시도할 뿐만 아니라 이성적인 이해를 추구하는 신앙을 논리적으로 보여 주었다. 그는 첫 번째 시도를『모놀로기온*Monologion; An Example of Meditation based on Faith*』, 그리고 두 번째 시도를『프로슬로기온*Proslogion; Faith Seeking Understanding*』이라고 지칭하였다. 그는 이 저술들을 통하여 체계적으로 하느님의 존재에 대한 증명을 시도하였다. 이것이 바로 그 유명한 존재론적 논증이다.

먼저『모놀로기온』 제1장에서 안셀무스는 "존재하는 것들 중의 가장 좋은 것, 가장 큰 것, 가장 높은 것이 존재한다"라고 주장한다.(모놀로기온 15) 안셀무스에 의하면 '가장 큰 선', 즉 '최고선'은 오직 '자기 자신만을 통해서 선하다.' 그러므로 최고선은 '가장 큰 것'이고, '존재하는 모든 것들의 최고'이다.(모놀로기온 18-19) 제3장에서 안셀무스는 이 '가장 큰 것', 즉 '최고선'은 그 스스로 존재하고, 모든 존재들 중에서 가장 높은 것으로서, 그것을 통하여 모든 것들이 존재한다고 주장하였다.(모놀로기온 20) 그리하여 '자신을 통하여 존재하는 것'은 '모든 것 중에서 가장 위대한 것'이다. 따라서 "〈모든 것 중의 최고이며 선한 것, 큰 것, 특히 존재하고 있는 모든 것이 그것을 통해서야 존재할 수 있는 바로 그것〉은 필수적으로 최고선, 최고로 위대한 것, 존재하고 있는 모든 것 중의 최고의 것이다. 그렇기 때문에 그것이 본질 · 실체 · 본성 등 무엇으로 불리더라도, 최고선, 최대의 것, 존재하고 있는 모든 것 중 최고인 어떤 것은 존재한다."(모놀로기온 22) 또한 안셀무스는『모놀로기온』 제14장에서 "최고 본질은 모든 것 안에, 모든 것을 통해 있고, 모든 것은 그것으로부터, 그것을 통해 그것 안에 있다"고 하였다.(모놀로기온 47)

『모놀로기온』에서 안셀무스는 최고 존재, 최대 존재, 최고선의 존재는 그 스스로 존재하며, 다른 모든 것을 존재하게 하는 근거로서 존재한다고 주장하였다. 하느님의 존재 특성으로 인하여 우리는 그 존재를 부정할 수 없다는 것이다. 이것은 나중에 데카르트에 의하여 다시 수용된다. 그런데 안셀무스는『프로슬로기온』에서 '가장 크고 완전한 것'의 개념으로부터 그것의 존재를 도출하고자 하였다. 하느님의 개념에서 하느님의 존재를 필연적인 것으로 증명하고자 했던 것이다.

> 하느님께서는 참으로 존재하신다.
>
> 그러므로 신앙에 대한 이해를 주는 주님, 당신께서 이롭다는 것을 아는 한 저에게 우리가 믿는 것처럼 당신이 존재하시며, 당신이 바로 우리가 믿는 그분임을 이해하게 해 주십시오. 바로 우리는 당신께서 〈그것보다 더 큰 것이 아무것도 생각될 수 없는 어떤 것〉임을 믿습니다.
>
> 그러므로 〈어리석은 자가 자기 마음속으로 "하느님은 존재하지 않는다" 라고 말했기 때문에 그러한 실재가 존재하지 않을 수 있겠습니까? 그러나 확실히 이 어리석은 자도 내가 〈그것보다 더 큰 것이 아무것도 생각될 수 없는 어떤 것〉이라고 말하는 것을 들으면, 그가 들은 것을 이해합니다. 그리고 그가 이해한 것은 그의 지성 속에 존재합니다. 비록 그가 그것이 [실제로] 존재한다는 것을 이해하지 못했다 할지라도.
>
> 왜냐하면 한 사물이 지성 속에 존재한다는 것은 다른 것이고, 사물이 존재하는 것을 인식한다는 것은 또 다른 것이기 때문입니다. 즉 한 화가가 만들어질 것을 미리 생각한다면, 그것은 확실히 지성 속에 있는 것입니다. 그렇지만 만들어지지 않은 것이 존재한다는 것은 아직 이해하지 못합니다. 그러나 그가 만일 이미 그림을 그렸다면, 그는 그가 이미 만든 것을 지성 속에 가지고 있을 뿐만 아니라, 그것이 [실제로] 존재한다는 것도

이해합니다.

그러므로 어리석은 자도 〈그것보다 더 큰 것이 생각될 수 없는 어떤 것〉이 적어도 지성 속에 존재한다는 것을 확신하게 됩니다. 그는 이것을 들을 때 이해하고, 이해된 것은 무엇이든지 지성 안에 존재하기 때문입니다.

그리고 확실히 〈그것보다 더 큰 것이 생각될 수 없는 어떤 것〉은 단순히 지성 속에만 존재할 수는 없습니다. 왜냐하면 만일 그것이 지성 속에만 존재한다면, 실제로도 존재하는 것이 생각될 수 있고, 이것은 [지성 속에만 존재하는 것보다] 더 큰 것이기 때문입니다. 만일 〈그것보다 더 큰 것이 생각될 수 없는 어떤 것〉이 단지 지성 속에만 존재한다면, 〈그것보다 더 큰 것이 생각될 수 없는 어떤 것〉이라는 것에 대해 [사실] 그것보다 더 큰 것이 생각될 수 있을 것입니다. 그러나 이것은 확실히 불가능합니다. 그러므로 아무 의심 없이 〈그것보다 더 큰 것이 생각될 수 없는 어떤 것〉은 지성 속에 뿐만 아니라 실제로도 존재합니다.[03]

안셀무스는 그리스도교의 신 개념을 "그 보다 더 위대한 것을 생각할 수 없는 존재"[04]라고 정의하였다. 존 힉John Hick은 여기에서 안셀무스가 말하는 '더 위대하다'greater는 표현은 공간적 크기를 뜻하는 것이 아니라 완전성의 정도에서 보다 완전한 것을 의미한다고 해석한다.[05] 그러므로 안셀무스가 말하는 "가장 완전하게 상상할 수 있는 존재에 대한 개념"the idea of the most

03 안셀무스, 『프로슬로기온』 제2장, 아카넷 2002, 183-187.

04 Anselmus, *Proslogion*, 제2장: a being than which none greater can be thought(aliquid quo nihil maius cogitari possit), in: John Hick, *The Existence of God*. New York 1964. 25.

05 John Hick, *The Existence of God*. New York 1964. 23. 이와 같은 해석은 안셀무스의 다른 저술 『모놀로기온』에 나오는 신 존재 증명이 완전성의 개념을 중심으로 전개되고 있으며, 나중에 토마스 아퀴나스의 우주론적 논증과도 비슷한 구조를 가진 사실에서 설득력을 가진다.

perfect conceivable being은 "존재하는 가장 완전한 존재의 개념"the idea of the most perfect being that there is과는 다르다. 왜냐하면 있는 것들 가운데서 가장 완전한 것이 기독교가 말하는 신이라는 보장이 없기 때문이다. 그럼에도 안셀무스는 "너무나 완전하기 때문에 그 보다 더 완전한 것을 생각할 수 없는 존재"를 신이라고 이해한다.[06] 안셀무스에 의하면 이러한 하느님의 존재에 대한 지식은 오직 믿음에 의해서만 주어질 수 있다. 그리하여 그는 "나는 알기 위하여 믿는다"Credo, ut intelligam라고 말한다. 이러한 믿음에 근거하여 그는 "그 보다 더 위대한 것이 생각될 수 없는 존재"라는 개념으로부터 그 실재적 사실을 추론하고 있다. 그리하여 하느님의 존재를 부정하는 '어리석은 사람'(시편 14, 1; 53, 1)일지라도 안셀무스는 "그보다 더 위대한 것이 생각될 수 없는 존재"라는 하느님의 개념을 가지고 있다고 주장한다.

안셀무스의 첫 번째 논증은 "마음속에서만 존재하는 어떤 것"somthing, x, existing in the mind only과 "마음속에서뿐만 아니라 실제로도 존재하는 것"something existing in reality as well의 본질적 차이를 설명하는 데서 출발한다. 무엇보다도 먼저 이제 우리는 가장 완전하게 생각될 수 있는 하느님이 마음속에만 존재하는 경우를 생각해 볼 수 있다. 이런 경우에 우리는 그 보다 더 완전한 존재를 생각할 수 있을 것이다. 다시 말하면 마음속에서만 완전하다고 생각하는 존재보다 더 완전한 존재, 즉 마음속에서 완전하다고 생각할 수 있을 뿐만 아니라 실재적으로도 완전하다고 생각할 수 있는 그런 존재를 생각할 수 있기 때문이다. 그렇다면 이전에 마음속에서만 완전하다고 생각할 수 있는 존재는 사실상 완전하지 않은 것을 완전하다고 주장한 것이 된다. 그러므로 안셀무스는 가장 완전하다고 생각할 수 있는 존재는 마음속에서

06 John Hick, *The Existence of God*. New York 1964. 26.

뿐만 아니라 실재적으로도 존재해야 한다고 결론을 내린다. 그는 『프로슬로기온』 제2장에서 "만일 보다 위대한 것이 생각될 수 없는 존재가 마음속에서만 있다면 보다 위대한 것이 생각될 수 없는 존재는 보다 위대한 것이 생각될 수 있는 존재가 될 것이다.[07] 그러나 이것은 분명히 불가능하다. 그러므로 보다 위대한 것이 생각될 수 없는 존재는 마음속에서 뿐만 아니라 실재적으로도 있다"라고 결론짓는다.

『프로슬로기온』 제3장에서 안셀무스는 제1장에서 강조한 자존적 존재로서 하느님 개념을 발전시켜서 "그 비존재를 생각할 수 없는 존재", 혹은 "필연적으로 존재해야 하는 존재"라는 개념을 발굴하는 두 번째 논증을 시도한다.[08]

> 그가 존재하지 않는다는 것은 생각될 수 없다.
> 그런 실재는 확실히 존재하기 때문에 그 실재는 존재하지 않는다고 생각할 수 없습니다. 왜냐하면 우리가 존재하지 않는다고 생각할 수 없는 어떤 것을 존재한다고 생각할 수 있으며, 그런 것은 존재하지 않는다고 생각할 수 있는 것보다 위대하기 때문입니다. 그러므로 〈그것보다 더 큰 것이 생각될 수 없는 어떤 것〉이 존재하지 않는다고 생각할 수 있다면, 그 실재는 〈그 보다 더 큰 것을 생각할 수 없는 어떤 것〉이 아닙니다. 그러나 이것은 불가능합니다. 그러므로 〈그것보다 더 큰 것이 생각될 수 없는 어떤 것〉은 진실로 존재하기 때문에 존재하지 않는다고 생각할 수 없습니

07 Anselmus, *Proslogion*: "Therefore, if that than which a greater cannot be thought is in the understanding alone, this same thing than which a greater cannot be thought is that than which a greater can be thought." (John Hick, *The Existence of God*. New York 1964. 26.)
08 John Hick, *The Existence of God*. New York 1964. 27.

다. 그리고 이 실재가 바로 우리의 주님이요 우리의 하나님인 당신입니다.(프로슬로기온 188-189)

프랑스의 마르모띠에Marmoutiers 지역 출신의 수도승 가우닐로Gaunilo는 안셀무스의 존재론적 논증을 비판하였다. 그는『어리석은 자를 위해*In Behalf of the Fool*』라는 책에서[09] 개념과 존재의 관계를 비판적으로 성찰하면서 안셀무스를 반박한다. 그는 안셀무스의 입장을 검토하기 위하여 '가장 완전한 섬'이라는 개념이 있다면 그런 섬이 실제로 존재할 수 있는가를 물었다. 그러나 안셀무스에 의하면 '가장 완전한 섬'이 실재하지 않는다면, 그것은 가장 완전한 것이라고 생각할 수 있는 섬일 수 없다는 것이나 마찬가지이다. 그러나 가우닐로는 '가장 완전한 섬'은 실재하지 않더라도, 그것을 만일 생각할 수 있다면 모순이 아닌가라고 비판하였다.[10] 이에 대하여 안셀무스는 가우닐로의 완전한 섬에 대한 존재론적 논증은 신에 대한 자신의 존재론적 증명과는 별개의 것이라고 주장한다.[11] 왜냐하면 '가장 완전한 섬'이라는 개념은 '하느님'이라는 개념에 부여된 '필연적 존재'라는 특성을 가지고 있지 않으므로 한낱 우연적 존재에 불과하기 때문이다. 안셀무스에 의하면 '완전한 섬'이란 개념 자체가 논리적 모순을 범하고 있는데, 그 어떤 섬도 완전할 수 없기 때문이다. 그와 같은 섬의 개념은 존재하지 않는다고 생각해도 모순이 없는 의존적 실재에 관한 것이다. 안셀무스는 자신의 논증

09 가우닐로Gaunilo,「어떤 사람이 어리석은 자를 위해 이에 대해 무엇이라고 대답할 것인가?」Quid ad haec respondeat quidam pro insipiente, 안셀무스,『모놀로기온 & 프로슬로기온』, 박승찬 역, 아카넷 2002, 235–248.

10 John Hick, *The Existence of God*. New York 1964. 27–29.

11 안셀무스,「[가우닐로의] 이 반론에 대한 답변」,『모놀로기온 & 프로슬로기온』, 박승찬 역, 아카넷 2002, 249–277.

은 '허약한 논증'이 아니라 '어떤 강한 반론'을 통해서도 반박될 수 없는 '충분히 필연적인 논증'이라고 주장하였다. 하느님의 실체는 '믿어야만 하는 것'이고, 존재하지 않는 것보다 존재하는 것이 더 좋은 것이라고 주장하였다.(프로슬로기온 276)

그러나 토마스 아퀴나스Thomas Aqinas(1224/5~1274)는 『신학대전*Summa Theologica*』 제1부의 두 번째 문항에서 다마스케누스Joannes Damascenus와 안셀무스의 존재론적 논증에 대하여 비판한다.[12] 토마스는 신은 '존재 자체'suum esse이므로 그 자신이 존재한다는 것은 자명한 일이지만, 우리는 신이 무엇인지를 모르기 때문에 하느님의 존재 사실은 특정한 결과들을 통하여 논증되어야 한다고 보았다. 토마스는 존재론적 논증에 대하여 두 가지 사실에서 이의를 제기한다. 첫째, 하느님을 '그것보다 더 큰 것을 생각할 수 없는 가장 큰 것'이라고 규정할 경우에 그것은 어떤 사람들에게 '물체'로 생각할 수 있다는 점이다. 둘째, 설사 '그것보다 더 큰 것을 생각할 수 없는 가장 큰 것'을 하느님이라고 생각하더라도, 그 개념에서 실제로 그 존재가 귀결되지 않는다는 점이다. 토마스는 그와 같은 개념 규정은 '지성의 파악'에 불과하며, 따라서 "[하느님이] 실제로 존재한다는 것은 그것보다 더 큰 것이 인식될 수 없는 어떤 것이 실제로 존재하지 않는 한 논증될 수 없다"는 것이다.[13] 토마스는 신의 명칭, 개념에서 신의 현존재가 귀결되는 것은 아니라는 사실, 즉 아무리 지성 안에서 신의 현실성을 생각한다 하더라도, 지성 안에서 존재와 현실적인 존재는 엄격하게 구별되어야 한다는 취지에서 존재론적 논증

12 토마스 아퀴나스, 『신학대전』 1, 정의채 역, 바오로딸 2002 (1985), 133. 다마스케누스는 『정통신앙론*De Fide Orthodoxa*』 제1권 3장에서 "하느님이 실재한다는 인식은 모든 사람에게 본성적으로 주어진 것이다. 그러므로 하느님이 존재한다는 것은 자명한 것이다"라고 주장하였다. 위의 책, 같은 곳에서 재인용.

13 『신학대전』 1, 139.

의 불가능성을 지적했던 칸트의 선구자라고 할 수 있다.[14]

2) 데카르트의 존재론적 논증[15]

데카르트Rene Descartes(1596~1650)는 두 가지 방식으로 신 존재 증명을 시도하였다. 첫 번째는 우리의 의식에 주어진 '신에 대한 표상'으로부터 하느님의 존재를 증명하는 것(인과론적 논증)이고, 두 번째는 하느님의 개념에서 그 존재를 증명하는 것(존재론적 논증)이었다. 데카르트는 『철학의 원리』에서 존재론적 논증을 인과론적 논증 앞에 두었으나, 『성찰』에서는 그 반대로 존재론적 논증을 인과론적 논증 이후에 기술하였다.[16]

데카르트는 세 번째 『성찰』에서 '인과론적 증명' 또는 '이념이론적 증명'der ideentheoretische Beweis을 시도하고 있다.[17] 이것은 하느님의 표상으로부터 신의 존재를 증명der Gottesbeweis aus der Vorstellung von Gott하려는 시도이다.[18] 우리가 사유하는 것은 그 전에 우리가 어떤 것에 대한 관념을 가지고 있기 때문이다. 만일 내가 일체의 완전성에 대한 관념을 가지고 있다면 그러한 관념에 대한 원인은 신일 것이다. 데카르트는 '사유하는 자아 존재'의 확실성으로

14 Wilhelm Weischedel, *Der Gott der Philosophen*. Darmstadt 1983, 135f.; 빌헬름 바이셰델, 『철학자들의 신』, 최상욱 역, 동문선 2003, 213 참조

15 참고논문으로는 김동규 「데카르트의 존재신론을 어떻게 극복할 것인가 : 장-뤽 마리옹의 논의를 중심으로」(『철학논집』 15, 서강대학교철학연구소 2008), 양진호 「스피노자의 "데카르트 철학원리"(1663) 연구(1) 서론에서 신 증명과 순환논증의 문제」(칸트연구 22, 2008), 김선영 「데카르트의 신: 주체 안에 있는 신」(『가톨릭철학』 19, 2012), 김은주 「데카르트 "성찰"의 신 존재 증명과 새로운 관념이론」(『철학연구』 104, 2014), 손흥국 「데카르트의 존재론적 증명에서 신의 관념」(『철학탐구』 37, 2015) 등이 있다.

16 소두영, 「데카르트의 생애와 사상」, 르네 데카르트, 『방법서설/성찰/철학의 원리/정념론』, 소두영 역, 동서문화사 2007, 655 이하.

17 Joachim Bromand und Guido Krei, Die Neuformulierung der Gottesbeweise in der frühen Neuzeit, 5. René Descartes, Die Gottesbeweise aus den Meditationen. *5.1 Der ideentheoretische Beweise(3. Meditation)*, in: *Gottesbeweise*, Frankfurt 2011, 133–142.

18 Weischedel, *Der Gott der Philosophen*, 169ff.; 『철학자들의 신』, 257 이하.

부터 신 존재 증명을 시작하고 있다. 나는 사유하는 것이다. 그리고 생각하는 나의 존재는 더 이상 의심할 수 없는 것이다. 그런데 신이 전능하다는 선입견이 나에게 떠올랐을 때, 무엇보다도 먼저 신이 있는지 없는지의 여부와 신이 우리를 속일 수 있는지를 검토해야 할 것이다. 데카르트에 의하면 '신의 관념'은 "무한하고, 영원하고, [불변의] 독립적인, 전지全知 전능全能한, 그리고 나 자신과 만일 나 이외에 역시 존재하는 것이 있다면 그러한 것들 일체를 창조한 실체"로서, 나 자신에게서 나올 수 없는 것이다. 신은 내가 이해할 수는 없더라도 어떤 사유에 의하여 접촉할 수 있는 일체의 완전성을 가지고 있으며 어떤 결함이나 불완전성을 갖지 않은 것이다. 따라서 "신은 필연적으로 존재한다"고 결론지을 수밖에 없다는 것이다.[19] 신이 실제로 존재하지 않는다면 신의 관념을 속에 가지고 있는 나 역시 존재할 수 없다. 그러므로 '자연의 빛'에 의하여 신은 결코 속이는 자일 수 없다는 것이 분명하게 된다. 데카르트는 우리가 갖고 있는 관념들의 원인을 추적함으로써 궁극원인에까지 이르게 되는데, 그것을 신이라고 불렀다. 따라서 데카르트의 후차적 논증은 관념의 원인 계열을 활용하는 점에서 우주론적 논증과 유사한 구조를 가지고 있다.

『철학의 원리』 §18에서 데카르트는 최고의 존재자인 신의 관념이 '모든 완전성들이 실제로 충만되어 있는 것', 즉 '실재하는 신'에 의하여 우리 안에 놓여 있으며, 그와 같은 최고의 완전성들은 우리와는 전혀 다른 신 가운데서 발견되는 것이라고 주장하였다.[20] 신의 관념이 신에 의하여 우리에게

19 René Descartes, Dritte Meditation: Über das Dasein Gottes, in: *Meditation über die Erste Philosophie*. Stuttgart 1971, 66; 『성찰』, 114 이하.

20 René Descartes, *Die Prinzipien der Philosophie*. Hamburg 1992, §18, S. 7; 르네 데카르트, 『철학의 원리』, 원석영 역, 아카넷 2002, §18, 21.

부여되었다는 인과론적, 이념이론적 논증은 "우리를 만든 것은 우리가 아니라 신이다. 따라서 신은 존재한다"[21]라는 데카르트의 명제에서 분명하게 성취된다. 우리는 신의 관념이 언제 우리에게 왔는지는 기억하지 못하지만, "자기 자신보다 더 완전한 것을 아는 존재는 자기 자신에 의해 만들어지지 않았다"는 것은 '자연의 빛'에 의해 잘 알려져 있다.[22]

데카르트에 의하면 '이념' 또는 '관념'ideas이란 의식 자체의 밖에서 생기거나 또는 더 높은 존재에 의하여 주어질 수 있다. 그런데 외부 세계는 명료한 표상을 제공할 수 없기 때문에 신의 관념과는 아무런 관계가 없다. 그리고 의식도 역시 그 자체적으로 신의 표상을 산출할 수 없다. 나는 유한하기 때문에 무한한 실체인 신의 표상을 만들 수 없는 것이다. 존재론적으로 더 낮은 것이 더 높은 신적인 실체의 관념, 즉 원인일 수는 없기 때문이다. 따라서 오직 가능한 방식은 무한한 실체가 무한한 표상을 산출한다는 사실이다. 그리하여 데카르트는 "신의 지각은 나 자신의 지각보다 앞서 있는 것으로서 내 안에 있다"[23]라고 말한다. 이와 같은 신의 관념은 '본유관념'이자 '생득관념'으로서, 신 그 자신이 우리의 의식 속에 부여하는 한에서만 생겨날 수 있다.

그러나 메르센[24]과 가상디[25]는 데카르트의 논증에 문제가 있다고 지적한다. 메르센은 우리들 자신의 안에서 모든 존재의 연결로부터 완전한 본질의 표상을 구성할 수 있다고 보았다. 무한실체인 신의 관념이 유한실체

21 *Die Prinzipien der Philosophie*, §20, 7; 『철학의 원리』, §20, 22.

22 *Die Prinzipien der Philosophie*, §20, 7; 『철학의 원리』, 22.

23 Dritte Meditation, 66; 『성찰』, 115.

24 Joachim Bromand und Guido Krei, 6.3. Mersenne, Einwände gegen Descartes' ontologischen Beweis, in: *Gottesbeweise*, Frankfurt 2011, 153–155.

25 Joachim Bromand und Guido Krei, 6.5. Gassendi, Einwände gegen Descartes' ontologischen Beweis, in: *Gottesbeweise*, Frankfurt 2011, 156–158.

인 인간의 사유에 의하여 구성될 수 있다는 것이다. 이와 반대로 홉스는 '신적 무한성'의 표상이 '무한'이라는 단어가 아니라 인간의 고유한 한계에서 생긴 것이라고 보았으며, 가상디는 인간의 지성은 무한성을 파악할 수 없으므로 '무한한 것'[하느님]을 현재화하는 어떤 표상도 가질 수 없다고 비판하였다.[26]

데카르트의 두 번째 신 존재 증명은 신의 개념에서 신의 존재를 도출하는 것der Gottesbeweis aus dem Begriff Gottes이다.[27] 다섯 번째 『성찰』에서 데카르트는 존재론적 논증을 시도하고 있다. 완전한 존재자의 경우에 존재는 그 자신의 본질적 속성이다. 그것이 실제로 존재하지 않으면 가장 완전한 존재가 될 수 없으므로, 그와 같이 완전한 존재, 즉 신은 반드시 존재해야 하는 것이다. 하느님의 존재 특성이 우리에게 관념으로 주어진 이상 하느님은 필연적으로 존재한다. 안셀무스의 존재론적 논증이 재현된 것이다. 완전한 존재로서 신의 관념에서 데카르트는 언제나 존재한다는 것이 신의 본성이라는 것을 명석 판명하게 받아들인다. 신의 존재가 그 본질에서 분리될 수 없는 것은 3각형의 세 각의 크기가 두 직각과 같다는 것이 3각형의 본질에서 분리될 수 없다는 것과 같다. 산과 골짜기의 관념이 분리될 수 없는 것처럼 데카르트는 존재가 없는 신, 어떤 완전성도 없는 완전한 실재를 사유하는 것은 모순이라고 보았다. 신의 존재를 사유한다고 해서 신의 존재가 귀결되지 않는다고 생각할 수도 있다. 나의 사유는 사물에 어떤 필연성도 부과하지 못하기 때문이다. 그러나 데카르트는 그 이전의 토마스나 그 이

26 Weischedel, *Der Gott der Philosophen*, 171; 『철학자들의 신』, 260.

27 Weischedel, *Der Gott der Philosophen*, 174–175; 『철학자들의 신』, 264 이하. Joachim Bromand und Guido Krei, 5. René Descartes, Die Gottesbeweise aus den Meditationen, *5.2 Der ontologische Beweise(5. Meditation)*, in: *Gottesbeweise*, Frankfurt 2011, 143–145.

후의 칸트가 제기했던 이런 비판들이 부당하다고 본다. 산과 골짜기, 신과 존재는 분리할 수 없는 것이기 때문이다. 존재하는 것으로서가 아니면 신을 사유할 수 없다. 존재를 신으로부터 분리할 수 없다는 사실로부터 신이 실제로 존재한다는 사실이 귀결되는 것이다.[28]

데카르트는『철학의 원리』에서 "우리가 가지고 있는 신의 관념 속에 필연적인 존재existentia necessaria가 포함되어 있다는 사실로부터 신이 존재한다는 사실이 올바르게 귀결된다"(§14)라고 주장하였다.[29]

> 자신이 가지고 있는 관념들 가운데 하나이며 다른 모든 관념들보다 훨씬 두드러진 관념인 전지하고 전능하고 또한 최고로 완전한 자者에 대한 관념을 고찰하면, 정신은 그 속에서 존재를 인식한다. 그 존재는 그가 판명하게 지각하는 다른 모든 것들의 관념 속에서 인식하는 단지 가능하고 우연한 존재와는 전혀 다른 것이다. 그것은 전적으로 필연적이며 영원한 존재이다. … 최고로 완전한 존재자의 관념 속에 필연적이며 영원한 존재가 포함되어 있다는 것을 지각하기 때문에 정신은 그것 하나 때문만으로도 최고로 완전한 신이 존재한다고 분명하게 결론 내려야 한다.[30]

그러나 신의 개념에서 신의 존재를 도출하려는 데카르트의 존재론적 논증이 순환논증에 불과하다는 비판이 있다. 현존재가 신의 완전성이나 속성 중의 하나로 간주되었다는 비판이다. 칸트에 앞서서 데카르트를 비판했

28 Fünfte Meditation, 86;『성찰』, 136 이하.
29 *Die Prinzipien der Philosophie*, §14, 5; 데카르트,『철학의 원리』, §14, 17 이하.
30 *Die Prinzipien der Philosophie*, §14, 5;『철학의 원리』, 18.

던 카테루스Caterus[31]는 토마스를 언급하면서 "비록 최고의 완전한 본질이 단지 이미 그의 이름을 통해 자신의 현존재를 갖는다 하더라도, 이것으로부터 바로 이 현존재가 사물들의 자연 안에서 현실성으로 존재한다는 사실이 연역되지 않으며, 오히려 최고의 본질의 개념과 현존재의 개념이 분리될 수 없이 연결되어 있다는 사실만이 연역될 뿐이다"(VII 99)라고 지적하였다. 또한 가상디도 "신 안에도, 어떠한 사물 안에도 현존재는 완성이 아니다. … 실존하는 것, 그리고 더 많은 완전성을 가지고 있는 것은 현존재를 하나의 단독적인 완전성으로 갖는 것이 아니라, … 오히려 그것 자체를 완전성들과 마찬가지로 실존적이게 하는 그러한 것으로 갖기" 때문이다.(VII 323)[32] 그런데 이런 비판에 대하여 데카르트 자신은 이미 무시한 바 있다.

그럼에도 불구하고 철학사가 코플스톤은 데카르트의 존재론적 논증에서 '신'이라는 단어가 '정신의 관념'뿐만 아니라 그 '현존'을 동시에 확보하려는 태도가 '논증의 형식에서 명백한 오류'라고 규정하였다.(합리론 178) 단어는 단지 어떤 것을 의미할 뿐이고, 단어 자체가 의미하는 바가 곧 참이라는 근거는 아니기 때문이다. 따라서 코플스톤은 데카르트의 존재론적 논증은 신의 본성(본질)에 대하여 적극적인 통찰을 할 수 있다는 전제 아래서만 타당할 수 있다고 비판했다.(합리론 179)[33] 또한 코플스톤은 데카르트가 다섯 번째 『성찰』에서 존재론적 논증을 통하여 신의 현존을 증명한 사실이 무신론

31 Joachim Bromand und Guido Krei, 6. Die Debatte über Descartes' ontologischen Gottesbeweis. *6.1 Caterus, Einwände gegen Descartes' ontologischen Beweis; 6.2 Descartes: Erwiderung auf Caterus*, in: *Gottesbeweise*, Frankfurt 2011, 146–153.

32 Weischedel: *Der Gott der Philosophen*, S.183; 『철학자들의 신』, 265.

33 라이프니츠에 의하면 데카르트는 '신의 관념'이 가능하다는 전제하에서 존재론적 논증을 전개했다. 그러나 라이프니츠가 보기에 데카르트의 논증이 성립하려면 신이 '가능한 존재의 관념'이라는 것을 선결적으로 증명해야 한다. 따라서 데카르트의 논증은 "가장 위대하고 가장 완전한 존재의 관념이 가능하며 어떤 모순도 포함하지 않는다는 점을 암묵적으로 가정하고"(합리론, 519) 있는 '불완전한 논증'이다. Leibniz, *New Essays*, 4, 10, 7, 503–504; Schriften, 5, 418–419.

자에게는 아무런 의미도 갖지 못하므로 실패한 것이나 다름없다고 비판한다. 따라서 그는 데카르트의 신 존재 증명은 세 번째 『성찰』에서 시도한 이념이론적, 후차적인 증명만이 참된 것이라고 평가하였다.(합리론 180)

3) 라이프니츠의 존재론적 논증[34]

라이프니츠의 존재론적 논증은 『모나드론』 §31에서 §45까지 계속된다.[35] 그는 데카르트의 존재론적 논증을 불완전한 증명이라고 비판하면서, '가장 위대하고 완전한 존재의 관념'을 이미 전제하고 있는 데카르트의 논증적 한계를 보완하고자 했다. 라이프니츠는 '현존'을 완전성에 대한 술어로 보고서, 필연적이고 완전한 존재의 관념이 단지 가능하기만 하더라도 그런 사실들로부터 완전한 존재의 현존을 추론할 수 있다고 생각했다. 이것이 바로 라이프니츠가 수정한 새로운 형태의 존재론적 논증이다.[36]

라이프니츠가 데카르트의 존재론적 논증에다 부가한 것은 "가장 완전한 것은 현존한다"라는 것이다. 그는 동일 제목의 소논문을 1676년에 작성하여 스피노자에 보여 주었다고 하는데, 그는 여기에서 '완전성'이란 바로 "긍정을 표현하며 절대적이고, 무엇을 표현하건 간에 모든 한계를 넘어서 표현하는 단순한 성질"을 뜻한다.[37] 라이프니츠는 '현존'을 일종의 '완전성'으로 보았으며, 이 때문에 자신의 본질 때문에 현존하는 존재가 가능하고, 또한 그것이 현존할 수 있다는 생각을 갖게 되었다.(합리론,522) 그리하여

34 참고논문으로는 박진 「칸트의 라이프니츠 비판」(『철학』 65, 2000), 윤선구 「라이프니츠 철학에서의 신과 실체」(『기독교철학연구』 8, 2007), 이상명 「라이프니츠 변신론과 인간의 자유」(『철학』 106, 한국철학회 2011), 윤선구 「라이프니츠와 칸트에서 이성과 신앙의 조화」(『철학연구』 103, 2013) 등이 있다.

35 Leibniz, *Monadologie*. Stuttgart 1954; 「모나드론」, 『형이상학 논고』, 윤선구 역, 아카넷 2010.

36 라이프니츠의 존재론적 논증에 대한 설명은 코플스톤의 『합리론』 517-527쪽, 바이셰델의 『철학자들의 신』 278-282를 참조할 것.

37 Leibniz, *New Essays*, Appendix 10, 714-715; Schriften 7, 261-262; 합리론, 521에서 재인용.

라이프니츠는 필연적이고 완전한 존재가 단지 가능하다면, 그 사실로부터 그 현존을 확증할 수 있다고 생각한 것이다. 그는 실제로 『모나드론』 §45에서 "따라서 신(또는 필연적 존재)만이 가능하다면 그것들은 필연적으로 존재한다는 특권을 갖는다. 그런데 아무것도 어떠한 제약과 어떠한 부정 그리고 그 결과로 어떠한 모순도 포함하지 않는 것의 가능성을 저지할 수 없으므로, 이것만으로도 신의 현존을 선험적으로 인식하기에 충분하다. 우리는 이미 그러한 존재를 또한 영원한 진리의 실재성을 통하여 증명한 바 있다. 그러나 우리는 신의 현존을 이미, 그들의 최후의 또는 충분한 근거를 단지 자신의 존재 근거를 자신 안에 가지고 있는 필연적 존재 안에서만 가질 수 있는 우연적 존재의 현존으로부터 후험적으로 증명한 바 있다."[38]

또한 라이프니츠는 '영원하고 필연적인 진리로부터의 논증'을 통하여 신의 현존을 증명하고자 했다. 수학적 명제들은 영원한 진리들이다. 세 개의 직선을 둘러싸인 도형은 세 각을 가지며, 그 세 각의 합은 180°인 삼각형이다. 그리고 이 사실은 삼각형의 현존 여부와 관계없이 영원한 진리인 것이다. 그런데 라이프니츠는 이 영원한 진리들은 신성한 의지에 의존하며, 따라서 신의 지성 속에 존재한다고 믿었다. 그는 『모나드론』 §43에서 신은 '존재의 근원'이자 '본질의 근원'이라고 보았다. 왜 그럴까? 라이프니츠는 그 이유를 이렇게 말한다. "신의 지성은 영원한 진리 또는 그것이 의존하고 있는 관념들의 영역이기 때문이다. 따라서 신의 지성 없이는 가능적인 것들 안에 어떤 실재적인 것도 존재할 수 없게 될 것이다. 따라서 신이 없이는 존재하는 어떠한 것도 없을 뿐만 아니라 가능한 것도 아무것도 없게 될 것이다."[39] 라이프니츠는 그 이유를 "본질이나 가능적인 것 안에

38 *Monadologie* 23, 모나드론 272.

39 *Monadologie* 23, 모나드론 271–272.

또는 영원한 진리 안에 실재성이 존재한다면, 이 실재성은 어떤 현존하는 것 그리고 실제적인 것, 따라서 그에게 있어서는 본질이 존재를 포함하는, 그리고 현실적이기 위해서는 가능한 것으로 충분한, 필연적인 존재의 현존 안에서 그 근거를 가져야만 하기 때문"이라고 말했다(§44).[40]

라이프니츠는 충족이유율을 통하여 각각의 우연적인 사실 진리로부터 신의 현존을 증명하고자 했다. 어떤 존재자가 바로 그것이도록 규정하는 궁극적인 이유나 근거가 바로 충족이유율이다. "충족이유는 우연적 진리 또는 사실 진리에서도, 모든 창조된 사물들의 결과 연관 속에도 존재해야 한다"(§36).[41] "사물의 최종 근거는 변화들의 세부 사항들이 그 근원 안에서와 같이 단지 탁월한 방식으로 포함되어 있는 필연적인 실체 안에 놓여야" 하는데, 라이프니츠는 그런 실체를 '신'이라고 불렀다(§38).[42] 모든 것의 근거가 되는 신은 모든 것에 대한 충족이유이다. 신은 "서로 빈틈없이 연결되어 있는 모든 개별적인 것들에 대한 충분한 근거이기 때문에 단지 하나의 신만이 존재하고, 이 신은 충족적이다"(§39).[43]

라이프니츠에 의하면 '최고 실체'는 유일하고 모든 것을 포괄하며 필연적이다. 그것은 어떤 제한도 가질 수 없으며, 가능한 한 많은 실재성을 가져야 한다(§40). 그런 사실로부터 "신은 절대적으로 완전하다"는 결론이 나온다(§41). 여기에서 '완전성'은 "우리가 실재성을 가지고 있는 사물들의 한계나 제한을 도외시 할 때 얻는, 적극적 실재성 그 자체의 크기이기 때문이다." 신 안에서 완전성은 절대적으로 무한하다. 신 이외의 다른 모든 사물

40 *Monadologie* 23, 모나드론 272.
41 *Monadologie* 21, 모나드론 267.
42 *Monadologie* 22, 모나드론 268.
43 *Monadologie* 22, 모나드론 269.

들, 즉 피조물은 신의 영향을 받아서 완전성을 도출하지만, 그것들은 언제나 불완전하다는 사실에서 신과 구분된다.

4) 존재론적 논증에 대한 칸트의 비판[44]

칸트는 존재신학, 즉 존재론적 신 존재 증명의 허점을 가장 실재적인 존재가 구성하는 실재성이나 완전성에는 현존이 속하지 않는다는 사실에서 찾으려고 하였다.[45] 존재론적 논증은 신의 개념으로부터 신의 현존Existenz을 추론하고자 하였다. 신이 필연적이고 완전한 존재라면 그것의 현존도 역시 그 필연성과 완전성에 속한다는 취지인 것이다. 여기서는 경험적 요인들은 전혀 고려되지 않았다. 칸트가 존재신학을 선험신학으로 분류한 것은 바로 그 때문이다. 칸트 이전의 전통신학에 의하면 최고 존재의 개념을 상정할 경우, 그 비존재를 생각하는 것은 불가능하며, 따라서 필연적으로 그 존재가 부가되지 않으면 안 된다. 그러나 칸트는 신의 현존에 대한 존재론적 증명은 불가능하다고 보았다. 왜냐하면 '절대적인 필연적 존재'라는 개념은 순수한 이성 개념, 즉 '이념'에 지나지 않기 때문이다.(순수 A591 B619) 칸트에서 이념은 확실하지만, 도달할 수 없는 완전성을 지시하는 것으로서 이성이 필요로 하지만, 그렇다고 해서 그 객관적 실재성이 제시되는 것은 아니다. 이성은 이념을 필연적인 것으로 요구하지만, 그것은 결코 지성의 새로운 대상이 될 수 없으며, 단지 지성을 제한하기 위해서만 사용되는 것이다.

44 참고논문으로는 김진 「칸트의 존재신학」(『칸트연구』 1, 1995), 최소인 「칸트의 존재론적 증명 비판의 전개과정」(『철학논총』 71, 2013) 등이 있다.

45 헨리히는 『존재론적 신 증명』에서 칸트의 전통 신학 비판을 존재신학에 대한 비판으로 규정하고 있다. Dieter Henrich, *Der ontologische Gottesbeweis. Sein Problem und seine Geschichte in der Neuzeit*. Tübingen 1960. 137–139.

물론 칸트가 이러한 지적을 처음 시도한 것은 아니다. 안셀무스는 최고 절대 존재의 개념은 신을 부정하는 사람들에게조차도 적용 가능하다고 보았다. 신의 존재를 부정하는 자들은 '더 이상 큰 것을 생각할 수 없는 가장 큰 것'이 단지 지성[사유] 속에in intellectu 존재하고 현실에서는in re 존재하지 않는다고 주장한다. 그러나 신을 절대적인 최고의 존재로 생각하면서 신의 현존을 부정하는 것은 모순이라는 것이다. 그것은 최고의 절대 존재의 개념이 아니다. 최고의 절대 존재가 현존하지 않는다는 것은 모순이다. 따라서 절대적으로 최고의 존재는 반드시 존재해야 한다는 결론이 나온다. 가우닐로와 토마스 아퀴나스는 이와 같은 안셀무스의 주장을 반박했지만, 존재론적 논증은 나중에 데카르트의 『성찰』(세 번째와 다섯 번째)과 『철학의 원리』(§14-25), 스피노자의 『에티카』(제1부, 정리 7-11), 라이프니츠의 『단자론』(44-45절), 그리고 볼프와 바움가르텐에서도 다시 살아났다. 이들 모두는 가장 완전한 존재인 신의 개념 속에 그 현존재Dasein가 필수적으로 포함된다고 믿었다. 그러나 가상디가 데카르트를 반박하면서 존재론적 논증에 대한 비판도 되살아났다.(회폐 157[182-183])

필연적 존재ens necesssarium에 대한 명목상의 정의는 "그 비존재는 불가능하다"는 것이다.(순수 A591 B620) 그러나 이 정의는 사물의 비존재를 생각하는 것을 불가능하게 하는 어떤 조건들도 제시하지 않는다. 그것은 특정한 내용을 갖지 않는 공허한 개념이기 때문이다. 따라서 그에 상응하는 대상이 존재한다는 것을 증명하는 일 자체가 무의미하게 된다. 즉 인식비판적 측면에서 존재론적 논증의 공허성을 지적한 것이다. 이 경우에 실재성은 사실내용Sachgehalt이나 사실성Sachheit을 뜻하지만, 현존을 포함하고 있지 않은 것이다. 여기에서 칸트는 판단에 대한 현존과 사물에 대한 현존 사이의 차이를 지적하고자 했다.

초기 저술에서 칸트는 존재란 본질적 실재성에 속하는 술어가 아니라 '절대적 정립'이라고 규정한 바 있다. 존재는 사물의 개념에 부가되는 어떤 것에 대한 개념이 아니라 사물의 정위이다. 따라서 가장 실재적인 존재라는 개념에 그 사물의 현존이 필연적으로 포함되는 것은 아니다. 물론 논리적 가능성과 실재적 가능성의 크기가 같을 수 있다고 하더라도 칸트는 그것의 현존 또는 실존의 문제만큼은 전혀 별개의 것이라고 생각하였다. 따라서 칸트에 의하면 존재론적 논증의 오류는 현존재를 완전성에 속하는 일종의 성질로 이해했다는 사실에 있다.

이러한 사실을 칸트는 이제 "신이 존재한다"와 같은 명제는 분석적일 수 없고 종합적이어야 한다는 생각과 결합시킨다. 칸트에 의하면 모든 실존 명제Existentialsatz는 분석적이지 않고 종합적이다. 존재론적 논증에서는 '신은 존재한다'라는 명제가 분석적이고, 그것을 부정하면 모순이라는 사실을 전제하고 있다. 그러나 칸트에서는 그 부정이 모순을 포함하는 모든 진술은 분석적이다. 칸트에 의하면 존재론적 논증자들은 논리적 술어와 사물의 실재적 규정을 혼동하는 실수를 범하였다.[46]

칸트에 의하면 존재는 가능한 경험의 대상에 적용되는 경우에만 얻는 범주이다. 그러나 이 순수한 범주만으로는 존재를 가능성과 구별하지 못한다. 초월적 개념에서는 경험이 들어설 여지가 없기 때문에 존재론적 논증의 길에서 하나의 존재 명제를 만드는 것은 불가능하다. 어떤 경우에도 최고의 무제한적 실재성이라는 개념이 자체적으로 자기 존재의 여부를 결정할 수 없기 때문이다. 이러한 결정은 '완전한 존재자'라는 대상이 인식하고 사고하는 나의 주관과 어떤 관계(존재 양태)로 정립되는가에 달려 있는 것

46 Jan Rohls, *Theologie und Metaphysik. Der ontologische Gottesbeweis und seine Kritiker*. Gütersloh 1987, 276.

이다. 그리하여 칸트는 '현존재'Dasein 또는 '현존'Existenz이라는 의미에서 '존재'Sein는 '실재적' 술어가 아니라고 주장하였다. 즉 그것은 "한 사물의 개념에 부가될 수 있는 어떤 무엇에 대한 개념이 아니다. 그것은 단지 어떤 사물의 혹은 그 사물의 어떤 규정들 자체의 정립일 뿐이다."(순수 A600 B628)[47] 그러므로 단지 이념만으로는 존재를 얻을 수 없다. 존재 명제는 언제나 내가 개념을 넘어서서 경험되는 세계로 진출하는 것을 전제하기 때문이다. 최고의 실재적 존재에 대한 개념으로부터 그 존재의 '실존 사실'Faktum der Existenz은 도출되지 않는다.

따라서 칸트는 제멋대로 꾸며 낸 이념 속에서 이에 합치하는 대상 자체의 현존재를 도출하려는 것은 부자연스러운 일이라고 보았다. 그와 같은 필연적 존재자의 현존을 '가장 실재적인 존재자'라는 개념 속에서 찾으려고 했던, 이른바 존재론적 신 존재 증명은 개념적 사유로부터 현실적 존재를 유추하려는 시도였다. 칸트는 절대적으로 필연적인 존재자의 개념은 순수이성의 개념으로서 하나의 '이념'에 불과하다고 보았다. 따라서 비록 이성이 그것에 대한 객관적 실재성을 요구한다 할지라도 그것은 결코 증명될 수 없는 것이다. 절대적으로 필연적인 존재의 개념으로부터 우리가 취할 수 있는 것은 무제약적인 논리적 필연성이지 실재적 필연성이 아니

47 이에 대하여 힌티카는 '현존재' 역시 하나의 술어라고 반박한다. 그는 기술의 목적을 가진 모든 것은 술어의 특성을 가진다고 보았다.(J. Hintikka, *Models of Modalities*, 1969, 45–54) 그러나 회페는 힌티카의 의도와는 달리 칸트가 존재는 '실질적 술어'reales Prädikat가 아니라고 했을 때, '실질적'real은 오늘날의 '현실적'wirklich이라는 의미가 아니므로, 힌티카의 반박은 통하지 않는다고 지적한다. 칸트의 범주표에 의하면 '실질성'Realität은 성질의 범주로서 '본질내용'Sachhaltigkeit, '사태의 본질'das Wesen der Sache을 뜻한다. 존재론적 논증에서 신을 '가장 완전한 또는 실질적인 존재'로 정의할 때는 '어떤 긍정적인 본질내용, 어떤 바람직한 성질도 그것에서 부족하지 않다는 것을 뜻하는데, 칸트는 신에 대한 그와 같은 표상은 옳다고 인정한다. 그러나 칸트는 '현존'은 가능한 성질을 나타내지 않으며, 따라서 신의 현존에 대한 주장은 신의 본질내용에 아무것도 더하지 못한다고 보았다. 신은 전지전능 이외의 현존이라는 속성은 갖지 않는다.(회페 157–158[183–184])

다. 예를 들면 "삼각형은 세 각을 가지고 있다"는 것은 논리적 필연성을 가진 판단이다. 그러나 이 무제약적인 필연성은 판단에서 취한 것이고 사물의 현존재에서 취한 것은 아니다. 그러므로 판단의 무제약적 필연성이란 판단에서 술어의 피제약적 필연성에 지나지 않으므로, 결코 사물의 무제약적 또는 절대적 필연성이 될 수 없다.(순수 A593 B621) 결국 그것은 삼각형의 현존을 위한 필연성이 아닌 것이다. 세 각은 삼각형에 필연적으로 존재하는 것이지만, 그것은 삼각형이 주어져 있는 경우에만 작동하는 원리이다. 그러나 세 각을 필연적으로 가진 삼각형이 주어져 있다는 사실은 전혀 별개의 사건이다.

존재론적 논증을 지지하는 사람들은 어떤 하나의 사물에 대한 선천적 개념을 만들고 존재가 이 개념의 외연에 속한다고 정립하고 나서, 이제는 다시 존재가 그 개념의 대상에 속하기 때문에 그 존재 자체가 절대적인 필연성을 갖는다고 추리하였다. 이러한 논리적 필연성은 개념 속에 자체모순만 없으면 언제나 성립될 수 있으며, 칸트는 이것을 '판단의 필연성' 또는 '논리적 가능성'logische Möglichkeit이라고 부른다.(순수 A596 B624) 따라서 이처럼 논리적 필연성을 가진 개념은 실제로 객관적 실재성을 갖추지 못한 공허한 것에 지나지 않는다. 그것은 결코 사물의 필연성이 아니다.(살라 280) 논리적인 단계에서는 만일에 동일 판단 중에서 술어를 제거하고 주어를 보유하면 모순이 생기지만, 그렇다고 해서 무모순성을 보장하는 것만으로 그 현존이 확보되는 것은 아니다. 술어와 주어를 모두 제거하면 어떤 모순도 발생하지 않기 때문이다. 칸트는 절대 필연적인 존재의 경우에도 마찬가지라고 본다. 만일 우리가 절대 필연적 존재의 현존을 제거하면, 그것의 모든 술어와 함께 사물 자체를 제거한 것이 된다. 삼각형을 정립하고서 세 각을 제거하면 모순이지만, 삼각형까지도 제거하면 아무것도 아닌 것이 된다.

칸트는 이 사실을 신의 개념에도 적용한다.[48]

"신은 전능하다"라는 것은 하나의 필연 판단이다. 이 경우에 '전능'이라는 것은 제거될 수 없다. 왜냐하면 우리가 신이나 무한 존재자를 정립할 경우에 그것은 이 '전능'이라는 개념과 동일하기 때문이다. 그러나 우리가 만일 "신은 존재하지 않는다"라고 말할 경우에는 '전능'은 물론 그 밖의 어떤 술어도 주어지지 않는다. 왜냐하면 그 모든 술어는 주어와 더불어 모조리 제거되기 때문이다. 그리고 이렇게 모든 것을 사상시키는 것 속에서는 어떤 모순도 나타나지 않는다. 왜냐하면 그러한 술어들은 주어와 함께 모두 제거되기 때문이다.(순수 A595 B623) 따라서 어떤 판단의 술어를 주어와 함께 제거하면 그 술어가 어떤 성질이든지 간에 내적 모순은 생겨나지 않는다. 그러나 만일 '제거될 수 없는 주어', 즉 "존속하지 않을 수 없는 주어가 있다"라고 한다면, 그것은 곧 "단적으로 필연적인 주어가 있다"라고 말하는 것에 불과하다. 칸트는 이러한 존재의 가능성을 부정한다.

여기에서 칸트는 또 다시 비존재 자체가 모순되는 개념, 즉 '가장 실재적인 존재의 개념'der Begriff des allerrealesten Wesens의 개념을 논증할 것을 촉구한다.(순수 A596 B624) 실제로 존재론적 신 존재 증명을 시도한 사람들은 어떤 경우에도 결코 지양할 수 없는 하나의 주체Subjekt가 있다는 입장을 고수하였다. 그리고 그것은 '최고의 실재적 존재'라는 개념으로 표현되었다. 이것은 모든 실재성Realität을 갖고 있으며, 그 존재를 생각하는 것이 가능하다고 정당화되는 그런 가능적인 것에 대한 개념이었다. 그리고 그 속에는 실재성으로서 현존Dasein도 함께 포함되어 있다고 믿었다. 따라서 만일 최고 실재적 존재의 현존이 부정되면, 그 가능성도 지양된다. 이 경우에 존재는 가능

48 Bernard M.G. Reardon, *Kant as Philosophical Theologian*. Macmillan Press, Hampshire and London 1988, 43–44.

성 자체에 속하므로 현실성의 지양은 가능성의 지양과 같은 것이 된다. 그러나 이것은 최고의 실재 존재가 가능하다는 대전제와 모순되며, 따라서 최고의 실재 존재는 존재한다.

살라는 칸트가 볼프의 『자연신학』에 나오는 존재론적 논증[49]을 정리해서 소개한 적이 있는데,(살라 282) 이 경우에 모든 실재성의 총체 개념은 그 내적 존재 가능성, 즉 실재적 가능성까지를 함축한 것으로 생각할 수 있으며, 또한 실재성의 총체 개념은 현존까지도 그 속에 포함하고 있기 때문에 가능적으로뿐만 아니라 필연적으로 존재하는 것으로 여길 수 있다고 말한다. 그러므로 만일 칸트가 존재론적 논증을 반박하려면, 무엇보다도 먼저 최고 실재적 존재의 개념이 그 내적 가능성을 승인한다는 사실을 부정함으로써 가능적 실재성이 곧 필연적 실존은 아니라는 사실을 드러내야 할 것이라고 지적하였다. 또한 동시에 현존은 술어가 아니며, 그 때문에 최고 실재적 존재의 내적 가능성에 속하지 않는다는 사실을 통하여 가능적인 것으로부터 현실적인 것이 귀결되지 않는다는 사실도 드러내야 한다는 것이다.

칸트에 의하면 존재는 분명히 실재적 술어, 즉 물의 개념에 부가될 수 있는 그 무엇의 개념이 아니다. 그것은 다만 물 그 자체나 또는 규정 그 자체의 정립이다. 그것은 결국 논리적 사용에서 판단의 계사에 지나지 않는 것이다. "존재는 분명히 실질적 술어가 아니다"라는 칸트의 명제는 '존재한다'existieren는 의미에서 '있음'sein이 아니라 실존론적 계사적 의미에서 '이다'ist에 관계한다. 이 두 경우에 존재Sein는 술어와 관계하지 않고 '정위' 또는 '정립'과 관련이 있다. 그것은 논리적 사용에서 판단의 계사이다. '신은 전능

49 Christian Wolff, *Theologia Naturalis, II*, §6, 12, 13, 20–28.

하다'Gott ist allmächtig라는 명제는 그 대상을 갖고 있는 신과 전능이라는 두 개념을 포함하고 있으나, 'ist'라는 말은 아직 술어가 아니고 주어와 관련해서 술어를 정립하는 것에 지나지 않는다.

신의 개념에는 어떤 새로운 술어나 객관적 실재성이 부가되는 것이 아니라, 주어 그 자체 속에서 모든 술어가 절대적으로 정립되어 있다. 이렇게 보면 '신은 전능하다'라는 명제는 분석적일 것이다. 그러나 칸트의 경우에 실재적 가능성을 가진 신 개념의 실존은 실질적 술어가 아니며, 따라서 그 실존 명제는 결코 분석적인 명제일 수가 없다.[50] 물론 "신은 전능이다"라는 명제는, 각기 그 객관을 갖고 있는 '신'과 '전능'이라는 두 가지 개념을 포함하지만, 그 외에도 '이다'라는 말은 술어가 아니라, 술어를 주어와 관계시켜서 정립하는 것이다. 이제 ('신'이라는) 주어를 그 모든 술어(이 가운데는 '전능'도 포함된다)와 합해서 "신이다" 또는 "그것은 신이다"라고 말한다면, 이것은 신의 개념에 새로운 술어를 부가한 것이 아니라 다만 주어와 더불어, 그리고 대상을 나의 개념과 관계시켜서 정립한 것에 불과하다.(순수 A598-599 B626-627)

> 그러므로 한낱 가능성을 표시하는 개념에 가능성 이상의 것을 보탤 수는 없다. 나는 개념의 대상이 ("그것이 있다"라는 표현을 통하여) 단적으로 주어져 있다고 생각하기 때문이다. 그리하여 현실적인 것은 단지 가능한 이상의 것을 포함하지 않는다. 현실의 100탈러짜리 화폐는 가능한 100탈러 화폐 이상의 가치를 전혀 포함하지 않는다.(순수 A599 B627)

칸트의 유명한 '백 탈러'의 비유에 의하면 '현실적인 것'은 '가능적인 것'

50 Jan Rohls, *Theologie und Metaphysik. Der ontologische Gottesbeweis und seine Kritiker*. Gütersloh 1987, 278–279.

이상의 아무것도 포함하지 않는다.[51] 이 두 가지 존재 방식에서 논리적으로 내용상의 본질적인 차이는 없다. 그러나 논리적 가능성과 실재적 가능성의 크기가 같다 하더라도 그것이 현실에서 존재하는 것과 존재하지 않는 것 사이에는 엄연한 차이가 있다. 이와 마찬가지로 최고의 실재적 존재자 개념도 가능한 경험적 인식 일반의 일반적인 조건과 일치한다는 사실을 생각할 수 있으며, 그것이 경험적 법칙에 의하여 이루어지는 감관의 대상인 한에서 경험 밖에 존재하는 실존이 전혀 불가능하다고 말할 수도 없지만, 그것은 우리가 어떤 경우에도 증명할 수 없는 그런 전제인 것이다. 그 때문에 칸트는 존재론적 논증의 모든 노력과 노고는 실패로 돌아갔다고 보았다. 데카르트나 라이프니츠의 천재성으로도 존재론적 논증을 성공시킬 수 없었던 것이다. 그것은 마치 "상인이 자기의 재산 상태를 개선하기 위하여 그의 현재 재산에다 영을 몇 개 더 첨가한다고 해서 그의 재산이 더 늘어나는 것이 아니듯이 이념만으로 지식이 풍부해질 수 없는 것이다."(순수 A602 B630)

칸트의 존재론적 논증 비판은 지성의 한계 설정이라는 비판철학적 논거에 바탕을 두고 있다. 반대로 존재론적 논증자들은 신의 개념에 이미 그 현존의 실존까지 포함시켰다. 존재론의 문제를 칸트는 인식론으로 비판하고 나섰던 것이다. 신의 개념에서 그 현존은 결코 실질적인 술어가 아니며, 따라서 최고의 실재적 존재 개념에서 그 현존을 도출하려는 존재론적 논증은 잘못된 결론에 이르게 된 것이다. 칸트는 존재론적 논증에서 선험적 이념과 초월적 이념을 혼동하게 하는 변증적 가상이 출현하는 사실을 보

51 헨리히에 의하면 이 생각은 존재론적 논증에 대한 충분한 비판이 되지 못한다. 모제스 멘델스존은 존재론적 논증을 다시 인정하였다. Dieter Henrich, *Der ontologische Gottesbeweis. Sein Problem und seine Geschichte in der Neuzeit*. Tübingen 1960. 139.

여 준 것이다. 이성비판은 지각과 경험만이 존재 사실, 즉 객관적 대상들의 현존을 보증하지만, 신의 존재는 결코 경험의 대상이 될 수 없는 것이다.

이런 사실에서 이탈리아 출신 칸트학자 살라는 신의 존재와 신의 개념의 관계를 "무한한 존재 속에서 본질과 실존은 동일하지만, 무한한 존재에 대한 우리의 유한한 개념은 결코 실존의 판단으로부터 나오지 않는다"라고 정식화하면서 아퀴나스주의자들과 칸트주의자들의 시각 차이를 극적으로 드러내었다.(Sala 296)

2. 칸트의 우주신학 비판

우주론적 논증이란 우리의 경험적인 현실에서부터 그 원인을 추적하여 제1의 존재자인 신의 존재를 증명하려는 시도이다. 우주론적 신 존재 증명은 자연의 경험 가능한 현실과 연결점을 찾으려고 한다. 이것은 전체성의 이념에서 무제약적 존재를 추론하는 것이 아니라, 어떤 존재자가 주어진 무제약적 필연성으로부터 이 존재자의 무제한적 실재성으로 나아간다. 경험적으로 주어진 우연하고 특정한 존재 사태로부터 그 존재가 필연적으로 가능하게 된 무제약적 근거를 찾는 것이 우주론적 논증의 과제인 것이다. 그러므로 공간과 시간 속에 어떤 것이 존재하더라도 이 논증은 작동될 수 있다. 이 증명은 우주의 체계 연관에 대한 경험에서 출발하여 처음에는 세계의 우연성으로부터 절대적인 필연성으로 이행하면서 우연적인 존재의 가능 근거로서 '절대적인 필연적 존재'를 추론하고, 그다음에는 '가장 실질적인 존재'das allerrealste Wesen인 최고 실재 존재자라는 초월적 개념으로 넘어간다. 그런데 문제는 바로 이 지점에서 논리적 비약이 생기게 된다는 데 있다. 자연을 지배하는 경험적 인과성의 법칙에 의거하여 초월적 존재자인 제1의 근거를 추론하는 것은 논리적으로 적절하지 않기 때문이다. 존재론적 논증에 비하여 우주론적 논증은 '현존'의 결여라는 논증적 약점을 떨쳐 버린 점에서 진일보한 것으로 보이지만, 현실적인 경험세계에만 타당한 인과성의 법칙을 초월적인 지성세계에까지 적용한 점에서 잘못된 범주 적용의 오류를 범한 문제점이 있다.

데카르트가 『성찰』에서 존재론적 논증과 결합한 두 번째 논증, 즉 인과론적, 이념이론적 논증은 우주론적 논증에 해당된다. 여기에서 그는 결과는 그 원인보다 완전하지 못하므로 무한한 절대 존재의 표상은 유한한 인간 지성의 산물일 수 없다고 보았다. 따라서 우리의 지성에 최고 절대 존재의 개념이 있다면 그 표상의 모상模像인 최고 절대 존재는 현존해야 한다는 것이다. 칸트는 우주론적 논증에서 데카르트보다는 오히려 라이프니츠에 대한 비판[52]을 시도하고 있는데, 우연적인 사실적 진리로부터 과연 절대적으로 필연적인 완전한 존재가 정당하게 추론될 수 있는가를 검토하고 있다.

1) 아리스토텔레스의 우주론적 논증[53]

아리스토텔레스는 『형이상학』 제12권에서 '제1의 부동의 원동자'der erste unbewegte Beweger, the first unmoved mover의 존재를 이 세계에서 모든 우연적인 운동자들의 운동 원인들의 소급을 통하여 논증하고 있다.(Metaphysik XII, 6-7) 그는 네 가지 원인들을 좇아서 존재자의 제일 원인 또는 근거에 도달하고자 했다.

52 이것은 라이프니츠가 '세계의 우연성에 의한 증명'이라고 불렀던 것을 말한다.(순수, A604 B632) Leibniz, Monadologie §37–38, §44–45; Wolff, Theologia Naturalis, §69; Baumgarten, Metaphysica, §308–310.

53 참고논문으로는 손병석 「부동의 원동자로서의 신은 목적인이자 작용인이 될 수 있는가」(『철학연구』 61, 2003), 김요한 「아리스토텔레스의 질서의 원인으로서 신 개념 연구」(『범한철학』 55, 2009) 등이 있다.

그 마지막 최후의 존재는 모든 것의 존재를 가능하게 존재 근거로서 '제1의 부동의 원동자'이다. "영원한 것이 없다면 생성도 있을 수 없다. 생성의 과정을 거쳐 가는 그 무엇이 존재해야 하기 때문이다. 그리고 모든 운동의 마지막 단계는 다른 것에 의하여 발생된 것이 아니다. 무로부터는 아무것도 생겨날 수 없고 모든 운동의 연속은 어떤 것으로부터 시작되어야 하기 때문이다."(『형이상학』, 999b) 움직여진 것은 모두 다른 어떤 것에 의하여 그렇게 되고, 결국에는 최초의 운동자인 신에 의하여 움직여진다. 이처럼 아리스토텔레스는 이 세계에서 우연적인 존재자의 운동 증명Bewegungsbeweis을 중시하였으나, 칸트는 정작 운동의 문제는 관심을 갖지 않았다.

2) 토마스 아퀴나스의 우주론적 논증[54]

토마스 아퀴나스Thomas Aqinas(1224/5~1274)는 그의 주저 『신학대전*Summa Theologica*』에서 신 존재 증명을 위한 다섯 가지 길을 제시한 바 있다.[55] 성 토마스는 출애굽기 3장 14절에 나오는 말을 인용하여 하느님을 "나는 내가 있다는 것이다"Ich bin der Ich-bin라고 규정한다. 다시 말하면 하느님은 그 존재 방식이 존재 그 자체인 존재, 즉 스스로 존재하는 자라는 특수한 존재방식을 가지는 존재인 것이다. 신 존재는 다섯 가지 방식으로 증명될 수 있다.

신의 존재 증명은 원인에서 결과를 입증하는 방식과 결과에서 원인을 입증하는 방식이 있다. 토마스의 신 존재 증명의 방법적 특징은 "우리에게

54 참고논문으로는 이재룡 「토마스 아퀴나스의 신 존재 증명에 관한 소고」(『가톨릭 신학과 사상』 47, 2004), 양태범 「토마스 아퀴나스의 신 존재 증명에서 다섯 가지 길과 그것의 형이상학적 구조」(『철학과 현상학 연구』 35, 2007), 이상섭 「신 존재 증명의 타당성에 관한 하나의 고찰: 토마스 아퀴나스의 신학대전 제1부 제2문제를 중심으로」(『중세철학』 14, 2008), 남기호 「우주론적 신 현존 증명의 사변적 의미」(『가톨릭철학』 19, 2012) 등이 있다.

55 Thomas Aquinas, *Summa Theologica*, I, Q2, Art.3. Joseph Bernhart(Hrsg.): *Summe der Theologie. Bd.1: Gott und Schöpfung*. Stuttgart 1985. 22–26; 정의채 역, 『신학대전』 I, 바오로딸 2002, 145–175.

있어서 먼저 있는 것"과 "우리에게 더 명백하게 알려진 것", 즉 결과의 사실로부터 "단적으로(무조건적으로) 먼저 있는 것", 즉 원인의 사실을 논증하는 것이다.[56] 우리에게 가까이 있으나 그 자체적으로는 나중의 것에 대한 경험적 관찰을 바탕으로 하여 우리에게 멀리 있으나 그 자체적으로는 먼저의 것 또는 가장 처음의 것에 도달하고자 한 것이다. 토마스는 비록 우리가 그 결과들을 통하여 하느님의 본질을 완전하게 인식하지 못한다 하더라도 하느님의 존재 사실을 그 결과들에서 논증할 수 있다는 입장을 유지한다.[57] 그리하여 토마스는 운동 사실을 바탕으로 제1의 운동자인 하느님의 존재를 증명하고, 인과법칙으로부터 제1원인인 하느님의 존재를 추론하며, 우연적 존재 사태로부터 필연적 존재인 하느님의 존재를 증명하고, 가치의 상대적 계층으로부터 가장 완전한 가치인 하느님의 존재를 증명할 뿐만 아니라, 자연 속에 있는 모든 존재자들의 합목적성으로부터 그 목적들을 부여하신 하느님의 존재를 증명한다.

첫째 길은 운동 변화로부터ex parte motus 신의 존재를 증명하는 것이다. 이는 아리스토텔레스의 '가능태에서 현실태로 이행' 또는 '가능태 안에 있는 존재의 가능태 안에서 현실태'[58]라는 운동 개념에서 착안한 것이다. "이 세계 안에는 어떤 것이 움직이고 있는 것이 확실하며, 또 그것은 감각으로 확인되는 것이다. 그런데 움직이는 모든 것은 다른 것에 의하여 움직여진다."[59] 만일 어떤 것이 움직일 수 있는 가능성을 갖지 않았다면 결코 움직일 수 없을 것이다. 그리하여 움직이는 모든 것은 다른 어떤 것에 의하여 움직

56 『신학대전』 I, 145.
57 『신학대전』 I, 147.
58 아리스토텔레스, 『자연학』 제3권 1장; 토마스 아퀴나스, 『자연학 주해』 제2강 2 이하; 『신학대전』 I, 151에서 재인용.
59 『신학대전』 I, 153.

여지며, 그것은 다시 어떤 다른 것에 의하여 움직여지는데, 그러나 이 같은 사실을 무한하게 소급할 수는 없다. 그 운동 원인을 무한 소급할 수 있다는 것은 처음으로 다른 것을 움직여 주는 자, 곧 제1의 동자第一動者가 없다는 것이고, 그럴 경우 다른 것을 움직여 주는 자도 없게 되기 때문이다. 그리하여 우리는 어떤 다른 가능태로 더 이상 소급되지 않은 존재, 즉 그 스스로 다른 것에 의하여 움직이지 않으면서 최초로 다른 것을 움직이게 하는 제1의 동자에 필연적으로 도달하게 되며, 이것을 하느님이라고 이해하는 것이다.[60] 하느님은 운동 계열에서 '제1의 부동의 원동자'인 것이다.

둘째 길은 인과법칙, 즉 작용인ex ratione causae efficientis, Wirkursache으로부터 제1원인을 추론하는 것이다. 우리는 감성적 세계에서 작용인의 계열을 볼 수 있다. 그런데 이 세계에서는 어떤 것도 그 자체의 작용인으로 발견되지 않으며, 또한 가능하지도 않다. 그것이 가능하다면 그것은 자기 자신보다 먼저 있어야 하는데, 어떤 것이 자신에 앞서 존재한다는 것은 불가능하기 때문이다. 작용인의 계열에서 첫째 것은 중간 것의 원인이고 수많은 중간원인들은 최종적인 것의 원인이다. 이때 중간 원인은 하나이건 다수이건 관계없으며, 원인이 제거되면 결과도 제거된다. 그러므로 작용인의 계열에서 최초의 것이 존재하지 않으면 중간의 것들과 최후의 것 역시 존재하지 않는다. 그런데 작용인의 계열에서 무한 소급이 가능하다면 제1작용인이 없을 것이고, 따라서 중간의 것들과 최후의 것 역시 존재하지 않을 것이다. 그러나 이것은 분명히 거짓이다. 그러므로 우리는 작용인들의 계열에서 제1작용인을 인정해야 하는데, 이것을 우리는 하느님이라고 부른다.[61]

셋째 길은 우연적 존재자로부터 필연적인 존재를 가능성과 필연성의ex

60 『신학대전』 I, 154-155.

61 『신학대전』 I, 157-159.

possibili et necessario 계열에서 증명하는 방식이다. 우리는 자연 속에서 존재할 수도 있고 존재하지 않을 수도 있는 '가능적인 존재자'들을 발견한다. 그것들은 생성되고 소멸하기 때문에 존재할 수도 있고 존재하지 않을 수도 있다. 그러므로 그것들은 언제나 존재할 수는 없다. 그런데 만일 자연의 모든 것이 이처럼 존재하지 않을 수도 있다면, 과거의 어떤 시점에서는 아무것도 존재하지 않았을 수도 있다. 그리고 그것이 사실이라면 오늘날 아무것도 존재하지 않아야 할 것이다. 그러나 이것은 명백히 거짓이다. 그러므로 모든 존재가 가능적인 것은 아니고 필연적인 존재esse necessarium도 있다는 것을 알 수 있다. 그런데 모든 필연적인 것은 자기 필연성의 원인을 다른 데서 갖거나 갖지 않아야 하며, 이 계열에서 무한 소급할 수는 없다. 따라서 우리는 "자기 필연성의 원인을 다른 데서 갖지 않고 다른 것들에게 필연성의 원인이 되는 어떤 것, 즉 그 자체로 필연적인 어떤 것을 인정"하게 되는데, 우리는 그것을 하느님이라고 부른다.[62]

넷째 길은 사물들 가운데서 발견되는 등급에서ex gradibus qui in rebus inveniuntur 신의 존재를 논증하는 방식이다. 우리는 사물들이 좋음bonum과 참됨verum과 고상함nobile의 차이가 있다는 사실을 알고 있다. 또한 그 밖의 다른 것들도 역시 사물들의 등급과 단계에 영향을 미치고 있다. 어떤 영역에서 최고의 것은 그 영역에 속하는 다른 모든 것들의 원인이다. 존재에서도 가장 진실하고 가장 선하고 가장 고귀한 것으로서 최고도의 어떤 존재가 있을 수 있다. 아리스토텔레스가 말하는 것처럼 진리에서 가장 위대한 실재는 존재에서 가장 위대하기 때문이다.[63] 그러므로 "어떤 사물의 경우이든 그 존재와 선성과 모든 완전성의 원인인 어떤 것이 있는 것"이고, 그런 존재를 우

62 『신학대전』 I, 163–165.

63 Aristoteles, *Metaphysik*. II, 1, 993 b 30.

리는 하느님이라고 부른다.[64]

다섯째 길은 사물들의 통치에서ex gubernatione rerum 신의 존재를 증명하는 방식이다. 이것은 자연적 사물들의 존재 목적과 그것들에 대한 통치에 대한 것이다. 다시 말하면 자연 사물들 속에 존재하는 합목적성으로부터 신의 존재를 유추할 수 있다는 것이다. 우리는 자연 사물들이 지적 인식을 결여하고 있음에도 불구하고, 어떤 특정한 목적을 지향하는 사실을 발견한다. 그런데 인식을 갖지 않은 자연 사물들이 지성을 가진 어떤 존재에 의하여 통솔되지 않는다면 그와 같은 목적을 지향할 수 없을 것이다. 그러므로 우리는 자연 사물들에게 특정한 목적을 부여하여 질서를 유지하는 어떤 지성적 존재를 상정할 수 있는데, 그것을 하느님이라고 부른다.[65]

토마스의 신 존재 증명 역시 다음과 같은 반론의 여지들이 있다. 이 논증은 근본적으로 아리스토텔레스의 운동개념과 그의 형이상학적 체계에 기초하고 있다. 아리스토텔레스나 토마스가 운동의 계열을 상정하면서도 그 무한한 소급을 불가능한 것으로 간주하고 최초의 운동자 개념을 확보하기 위하여 중단하는 것은 한스 알버트Hans Albert가 제시한 뮌히하우젠 트릴렘마 가운데서 절차단절에 해당된다. 철학자에 따라서 운동 계열은 사실상 무한 소급할 수 있거나 순환논리의 구조를 가지고 있다고 생각할 수도 있기 때문이다. 그러므로 토마스가 제시한 다섯 가지 신 존재의 증명은 모두 이 같은 방법론적 한계를 벗어나지 못하고 있다. 그리고 그 때문에 그것은 증명이 아니라 독단적 주장이라고 해석할 수도 있는 것이다.

특히 둘째 길에서 감성적 세계에서 발견되는 작용인의 계열 속에 들어서는 어떤 것은 그 자체의 작용인이 될 수 없다고 단정하고 있다. 어떤 것

64 『신학대전』 I, 165–167.
65 『신학대전』 I, 169–171.

이 그 자체의 원인이 된다는 것은 바로 그것이 그것에 앞서 존재한다는 것을 뜻하는, 이른바 모순을 낳기 때문이다. 그럼에도 불구하고 토마스는 절차단절을 통하여 얻어낸 제1의 원인을 자기원인causa sui이라고 규정함으로써 작용인의 계열 속에서 그가 지정한 규칙을 스스로 무시하고 있다. 여기에서 우리는 최소한 두 가지 문제를 거론할 수 있을 것이다. 첫째로 작용인의 계열 속에서 타당한 논리구조는 제1원인에도 적용되어야 한다는 것이다. 그러므로 가상적으로 추론된 제1원인이 자기원인이라고 할 경우에 그것은 그것에 앞서 존재해야 할 것이다. 그런데 이 같은 현상은 앞에서 모순이라고 지적된 바 있다. 그리고 비록 그것에 앞서 존재하는 어떤 것이 가정되는 경우에도 그것은 제1원인이 아니거나 혹은 안셀무스가 말한 것처럼 〈그것보다 더 위대한 것이 생각될 수 없는 것〉이 아니라는 결론으로 된다. 그리고 절차단절을 통하여 제1원인을 자기 원인이라고 상정할 수 있다면, 그와 같은 단절은 원인계열의 어떤 순간에라도 가능해야 할 것이다. 실제로 어떤 사람들은 우리가 살고 있는 세계는 인과성의 원칙에 의하여 진행하는 논리적 체계라는 사실을 반대한다. 다시 말하면 이 세계는 철저하게 우연적이고 맹목적일 수도 있다는 것이다. 토마스는 이러한 가능성을 완전하게 논박했다고 보기는 어렵다.

그리고 토마스의 신 존재 증명에서 가장 결정적인 결함은 경험적인 방식을 통하여 소급한 최후정초의 내용이 기독교적인 의미에서 하느님이라고 보장할 방법이 없다는 것이다. 운동 계열에서 제1의 부동의 원동자나 최초의 운동자를 신, 그것도 기독교의 하느님이라고 단정하는 것은 학문적 논증이 아니라 독단주의적 규정에 지나지 않기 때문이다. 경험적인 세계에 적용되는 인과성의 법칙을 초월적인 영역에까지 적용하는 것은 범주적 오류일 뿐만 아니라, 그 최초의 운동인의 존재사실이 기독교의 신과 일치하는가의 문제는 전적으로 별개의 문제인 것이다.

3) 라이프니츠의 우주론적 논증[66]

신의 현존을 증명하기 위한 라이프니츠의 우주론적 논증에 대한 전거들은 데카르트의 존재론적 논증에 대한 그의 비판이나 사물들의 제1 근원, 그리고 자연과 은총에 대한 논의들에서 나타난다.[67] 그리고 앞에서 살펴본 충족이유율에 근거한 라이프니츠의 신 존재 증명은 이미 우주론적 논증의 성격을 띠고 있다. 모든 우연적인 사실 존재들이 바로 그렇게 존재할 수 있는 충분한 근거는 모든 것들의 연속 가운데서 최종적으로 추구될 수밖에 없는 영원하고 필연적인 신 존재였기 때문이다. 여기에서는 주로 1714년의 논문「자연과 은총의 이성적 원리」(『형이상학 논고』, 225-247)를 중심으로 라이프니츠의 우주론적 신 존재 증명을 위한 논증 절차를 살펴볼 것이다.

라이프니츠에 의하면 자연 안에는 모든 것이 충만해 있다. 중심 모나드의 육체는 수없이 많은 모나드들로 이루어진 복합적인 집단들로 이루어진다. 모든 모나드들은 "자신의 관점으로부터 우주를 표현하고 우주 자체와 동일하게 규정되어 있는, 내적 활동성이 가능한 살아 있는 거울"이며, 모나드의 지각과 물체들의 운동 사이에는 "태초부터 작용인의 체계와 목적인의 체계 사이에 예정된 완전한 조화가 존재한다."[68] 이 세계에는 기계, 자동기계, 동물, 정신들과 같은 우연적 사물들의 계열이 존재한다. "그런데 우

66 참고문헌으로는 박진「칸트의 라이프니츠 비판」(『철학』 65, 2000), 윤선구「라이프니츠 철학에서의 신과 실체」(『기독교철학연구』 8, 2007), 이상명「라이프니츠 변신론과 인간의 자유」(『철학』 106, 한국철학회 2011), 윤선구「라이프니츠와 칸트에서 이성과 신앙의 조화」(『철학연구』 103, 2013) 등이 있다.

67 Leibniz' Kritik an Descartes' ontologischem Beweis: Über die universale Synthese und Analyse(ca. 1679–1685), in: *Gottesbeweise*, 172–176; Über den ersten Ursprung der Dinge(1697), in: *Gottesbeweise*, 169–171; Prinzipien der Natur und der Gnade(1714), in: *Gottesbeweise*, 171–172.

68 라이프니츠, 자연과 은총의 이성적 원리, 230.

주의 존재에 대한 충분한 이유는 우연적 사물들의 계열 안에, 즉 물체들과 영혼 안에 있는 이들의 표상들의 계열 안에서 찾아질 수는 없다."[69] 그런 물질 안에서는 운동의 이유와 원인을 찾을 수 없기 때문이다. 라이프니츠는 비록 물질 안에 존재하는 현재의 운동이 그 이전의 운동으로부터 나오고, 동일한 방식으로 소급해 나가더라도 이를 통하여 운동의 이유를 설명하는데 진전이 없다는 사실을 잘 알고 있다. 그래서 그는 그런 원인을 '우연한 사물들의 계열 외부에 존재'하는 그 '계열의 원인'이면서 '자신의 존재 이유를 자신 안에 가지고 있는 필연적 존재'를 찾으려고 했는데, 그것은 바로 '사물의 최종 근거'인 '신' 그 자체이다.[70]

라이프니츠는 이 '근원적인 단순실체'는 그의 결과로서 파생된 실체들 안에 있는 '모든 완전성'을 최고의 정도로 포함하고 있으며, 따라서 "능력, 지식, 의지에서 완전"하고, "전능하고 전지하고 최고로 선하다." 그리고 정의롭기까지 하다. 그래서 라이프니츠는 이 세계가 신이 그 자신의 '최고의 완전성'으로부터 창조되었으며, 그렇기 때문에 그는 이 세계가 '모든 가능한 세계 중에서 최선의 세계로서 실제 세계'로서 '가장 좋은 선택'이라고 생각하였다.[71] 이처럼 라이프니츠는 이 세상에서 발견되는 힘의 작용의 원인과 목적의 원인을 좇아서 사물들의 근본을 규명하고자 했다. 그리하여 '최고원인의 완전성'으로부터 비롯되는 '우주의 질서'가 '가능한 질서 중에 최고로 완전한 질서'이며, 따라서 '신의 영상', 즉 '우주를 자신의 관점에서 표현하는 각각의 살아 있는 거울'로서 '각각의 모나드', 그리고 '각각의 실체적 중심'은 그 밖의 사물들의 총체와 조화되는 '가장 질서 있는 지각과 욕

69 자연과 은총, 237.
70 자연과 은총, 238.
71 자연과 은총, 238-239.

구'를 가져야 한다고 보았다. 최고의 지혜와 선은 '완전한 조화'를 이루고 있으며, 사물들 안에서 모든 것은 그것이 가능한 한도의 질서와 조화를 가지고 있는 것이다.[72]

모든 정신들은 이성과 영원한 진리를 통하여 신과 공동체를 이루고, 신국(하느님의 나라)의 가장 완전한 구성원이 된다. 이 국가는 어떤 범죄도 처벌받지 않는 일이 없고, 어떤 선행도 보상받지 않는 법이 없는, 그야말로 도덕성과 행복이 완전하게 결합되어 있는 이상적인 나라인 것이다. 따라서 "신이 영혼들에게 규정한 것이 물체의 법칙을 교란하게 되는 자연의 전복을 통하여 일어나지 않고, 자연의 왕국과 은총의 왕국 사이, 건축사로서 신과 군주로서 신 사이에 영원부터 예정되어 있는 조화를 통하여 자연 사물 자체의 질서에 따라 일어난다." 이러한 '예정조화'의 세계에서는 은총이 자연을 완성하듯이 자연도 은총을 따름으로써 순수하고 진정한 사랑을 베풀고 가장 큰 기쁨을 선사하게 하는 것이다.[73] 그럼에도 불구하고 라이프니츠는 최고의 행복은 완전히 도달할 수 없는데, 신이 무한하므로 결코 완전히 인식할 수 없고, 따라서 새로운 기쁨과 새로운 완전성으로서 부단한 진보를 요구하기 때문이다.[74]

4) 우주론적 논증에 대한 칸트의 비판[75]

우주신학Kosmotheologie, 즉 신의 존재에 대한 우주론적 논증이 가능한가?

72 자연과 은총, 240-241, 243. 그런데 바이셰델은 라이프니츠의 모나드론, 즉 사실적 진리로부터의 세계 기획은 필연적으로 질서를 부여하는 신에 의한 '예정조화'를 요구하기 때문에 딜레마에 봉착하게 된다고 보았다. "사람들이 자신을 그때마다 사유하는 단자의 관점에 위치시킨다면, 어디서부터 그 사유하는 단자가 하나의 공동의 세계에 대한 확실성을 가질 수 있는지 알 수 없다. 이렇게 근거지어지지 않은 전제와 더불어 단자적 사유 안에서 하나의 붕괴가 일어난다. 그러나 이와 더불어 그 위에 세워진 신 존재 증명 역시 의심스러워진다."(*Der Gott der Philosophen*, 188; 철학자들의 신, 282.)

73 자연과 은총, 244-245.

우주론적 논증은 공간과 시간 속에 우연적인 어떤 것이 현존한다는 사실에서 출발하여 그것을 그것으로서 존재하게 하는 필연적인 근거를 추구하는 절차를 뜻한다. 우주론적 논증은 세계의 우연성으로부터 '하나의 절대적으로 필연적인 존재'ein absolut notwendiges Wesen로 나아가는 동시에 '가장 실질적인 존재'das allerrealste Wesen에로 이행한다. 회페는 데카르트가 『성찰』에서 시도한 인과론적, 이념이론적 논증은 사실상 우주론적 논증에 가깝다고 보았다. 데카르트는 우리의 지성 속에는 '절대적으로 무한한 존재의 표상'Vorstellung eines schlechthin unendlichen Wesens이 주어져 있는데, 결과는 그 원인보다 더 완전할 수 없으므로, 우리 안에 있는 표상의 원형이 원인으로서 존재해야만 한다. 그와 같은 원형적인 완전한 무한 절대의 존재를 우리는 신이라고 부르고 있는 것이다.(Höffe: *Kant*, 185-186[159]) 칸트의 우주신학은 주로 인과성의 증명Kausalbeweis에 정향되어 있다. 인과성을 바탕으로 한 우주론적 논증은 신의 개념에서 그 현존을 도출하는 존재론적 논증과는 반대로 세계의 현존에서 신을 추론하고자 한다.[76]

칸트에 의하면 우주론적 증명은 절대적 필연성과 최고 실재성의 연결을 확보한다. 우주론적 증명은 "존재론적 증명에서처럼 최고 실재성에서 현존재의 필연성을 추리하는 것이 아니라, 오히려 이미 주어져 있는 어떤 존재자의 무제약적 필연성에서 그 무제한적 실재성을 추리한다."(순수 A604 B632). 이것은 데카르트의 인과론적, 이념이론적 증명보다는 오히려 라이프

74 자연과 은총, 247.

75 참고논문으로는 신상형 「우주론적 신존재 증명의 현대적 의미」(『철학연구』 88, 2003), 홍범기 「자연적 이성에서의 신의 존재 논증」(『누리와 말씀』 26, 2009), 남기호 「우주론적 신 현존 증명의 사변적 의미」(『가톨릭철학』 19, 2012), 이종진 「셰플러에 의한 우주론적 신 증명의 비판적 재해석: 철학자들의 신 논쟁의 맥락에서」(『철학논집』 43, 서강대학교철학연구소 2015) 등이 있다.

76 Ralf Ludwig, *Kant für Anfänger. Die Kritik der reinen Vernunft*. München 1995, 152; 한국어판: 『쉽게 읽는 칸트. 순수이성비판』, 박중목 역, 이학사 1999, 180.

니츠가 '세계의 우연성에 의한'a contigentia mundi 증명이라고 불렀던 것에 더 가깝다.

> 우주론적 증명은 무엇인가가 실존한다면, 하나의 단적인 필연적인 존재자도 실존해야 한다는 것이다. 그런데 적어도 나 자신은 실존한다. 그러므로 하나의 절대적으로 필연적인 존재자가 실존한다. 소전제는 하나의 경험을 포함하고, 대전제는 경험 일반으로부터 필연적인 것의 현존에 대한 추론을 포함하고 있다.(순수 A604-605 B632-633)

이 증명은 경험으로부터 출발한다는 점에서 개념적 사유로부터 시작되는 존재론적 증명과 구분된다. 그러나 칸트는 외형상으로 다르게 보이는 이 두 논증이 실제로는 거의 유사한 논증 구조를 가졌다고 지적한다. 그렇다면 그 구조적 유사성이란 무엇을 말하는 것일까?

우주론적 증명은 경험을 필연적 존재자 일반의 현존재를 향하여 나아가는 데 사용하고 있다. 그러나 이성은 실제로 절대 필연적 존재자의 내용 규정과 그 필요조건을 개념 속에서만 찾으며, 그 개념 속에서 다시 절대 필연적 존재자를 추리하고 있다.(순수 A607 B635) 우주론적 증명의 핵심이라고 할 수 있는 "모든 절대 필연적 존재자는 동시에 가장 실재적인 존재자다"라는 명제가 정당하다면, 이것은 적어도 "약간의 가장 실재적인 존재자는 동시에 절대 필연적인 존재자이다"라는 명제로 제한 환위가 가능하다. 그리고 여기에서 '가장 실재적인 존재자'는 그 개념에 포함되는 약간이나 전체 모두에 대하여 타당해야 하므로, "가장 실재적인 모든 존재자는 필연적 존재자이다"라는 단순 환위가 가능하게 된다.(순수 A608 B636) 그런데 이 명제는 선천적 개념으로 규정되어 있기 때문에 '가장 실재적인 존재자'라는 개념은 반드시 그 절대적 필연성을 갖지 않으면 안 된다. 그리고 이것은 존재론적 증명의 핵심 논증이다. 그리하여 우주론적 논증은 존재론적 논증과 동일한 구조를 가지게 된 것이다.

그 밖에도 칸트는 다음과 같은 이유에서 우주론적 논증을 계속 비판한다.(순수 A609f B637f) 우주론적 논증에 '변증적 월권'dialektischen Anmaßungen이 숨어 있다는 것이다.

1. 우연적인 것에서 하나의 원인을 추리하는 선험적 원칙이 있는데, 이것은 오직 감성세계에서만 의미를 가지며, 그 밖에서는 결코 단 하나의 의의도 없다. 우연적인 것이라는 단지 지성적인 개념은 인과성의 명제와 같은 종합적 명제를 전혀 산출할 수가 없고, 또 인과성의 원칙은 오직 감성세계의 밖에서는 전혀 아무런 의미로도 사용할 수 없기 때문이다. 그러나 여기서 그것은 바로 감성세계를 넘어가기 위한 데에 쓰이고 있다.
2. 감성계에서 소급하여 주어지는 원인들의 무한계열은 불가능하다는 사실로부터 제1원인을 추정하는 추론이 있는데, 이성 사용의 원리들 자신은 경험에서 우리에게 이런 추론을 할 권리를 주지 않으며, 더구나 이 원칙을 경험을 넘어서까지 —이 연쇄는 결코 거기까지 늘릴 수 없다— 연장할 수 없다.[77]

77 우주론적 논증에 대한 러셀의 지적은 칸트의 비판과 같은 맥락에 있다. 우주론적 논증은 인과성과 관련하여 무한 퇴행의 불가능성을 전제하고 있다. 그러나 칸트는 감성적인 영역에서 사태와 초감성적인 영역에서 사태를 인과성의 원리에 의하여 매개하려는 시도는 범주적 오류를 범하게 된다고 비판하였다. 이는 인간의 지성 구조상 그와 같은 유형의 존재에 대한 인식이 불가능하다는 사실에서 빚어진 것이다. 러셀의 지적은 이보다 더 진전된 것이다. 즉 두 영역의 존재 사태가 인과적으로 결합된다고 하더라도 그것만으로 신이라고 부를 수는 없다는 것이다. 이 세계를 창조한 것이 신이라면, 우리는 계속해서 신의 창조자에 대해서 물을 수 있기 때문이다. Bertrand Russell, *Warum ich kein Christ bin. Über Religion, Moral und Humanität*.

3. 거기에는 또 이 인과성 계열의 완성에 대한 이성의 그릇된 자기만족이 있는데, 그것은 결국 모든 조건들, 곧 그것이 없으면 어떤 필연성의 개념도 생길 수 없는 모든 조건들을 제거하고 나면, 더 이상 아무것도 파악할 수 없으므로, 그런 것을 그 개념의 완성으로 간주하는 것이다.
4. (내적 모순 없이) 통합된 모든 실재성이라는 논리적 가능성과 선험적 가능성의 혼동이 있는데, 선험적 가능성은 그러한 종합을 실행할 원리를 필요로 하지만, 이 원리는 오직 가능한 경험들의 영역에만 관여할 수 있다.(순수 A609-610 B637-638)

첫 번째에서 세 번째까지는 필연적 존재에 대한 우주론적 결론에 관한 것이다. 첫 번째 명제는 인과성의 법칙Kausalprinzip이다. 칸트는 인과성의 법칙이 적용될 수 있는 한계, 즉 그것은 감성세계에서만 의미 있게 적용될 수 있다는 사실을 강조하고 있다. 여기에서 칸트가 말한 범주에서 '의미'Bedeutung와 '사용'Gebrauch이라는 말마다는 전적으로 '대상에 대한 객관적이고 직접적인 연관'objektiven, direkten Referenz auf ein Objekt을 의미한다.[78] 두 번째 명제에 대한 비판은 세계 내부적 원인들의 무한퇴행을 감성세계를 넘어서서 초감성적 세계에까지 확장하는 것은 부당하다는 것이다. 세 번째 비판은 필연성과 모순되는 조건들을 전적으로 부정하는 방식을 통하여 내용적으로 제일원인의 개념을 적극적으로 완성할 수 없다는 것이다. 그리하여 칸트는 네 번째로 모든 것을 통일하고 있는 실재성ens realissmum의 개념에서 내적 모순 없는 논리적 가능성과 실재적인 선험적 가능성 사이의 혼동이 있

Hamburg 1968, 19–21.

78 Ruben Schneider, *Kant und die Existenz Gottes. Eine Analyse zu den ontologischen Implikation in Kants Lehre vom transzendentalen Ideal*. Lit, Berlin 2011, 190.

다는 사실을 지적했다. '실재 존재'의 논리적 가능성은 경험과 관련 없이도 성립할 수 있지만, '실재 존재'의 선험적 가능성은 경험과 관련 없이는 성립할 수 없다는 것이다. 이로써 칸트는 절대적으로 완전한 존재가 가능하기만 해도 그 현존을 증명할 수 있다는 라이프니츠의 입장을 비판한 것이다.

슈무커Schmucker는 칸트의 네 가지 명제 비판에서 나중의 두 개는 비판기 이전에 확립되었으며, 처음의 두 개는 비판기에 확립했다고 주장했다. 그는 칸트가 비판기에 확립한 처음 두 개의 원칙을 우주론적 증명의 전체적인 비판에서 '유일한 결정적인 요소'das einzige Element라고 보았다.[79] 반면에 살라Sala는 이 두 명제가 비판기에 확립된 것은 사실이지만 우주론적 논증 비판에는 어떤 기여도 하지 못했다는 입장을 밝혔다. 그 명제들은 비판주의적 이론에서 생겨난 것이 아니라는 것이다. 그 대신에 비판기 이전에 확립된 나중의 두 명제는 비판주의의 관점에서 확립되었으며 우주론적 신 증명의 비판에 적용할 수 있다는 것이다.[80]

우주론적 논증은 '절대적인 필연적인 존재'의 개념에서 '가장 실질적인 존재'의 개념을 추론하면서 신 존재 증명으로 된다. 그런데 우주론적 논증에서는 이 원칙을 감성계를 넘어서서 사용하지 않을 수 없게 되었다. 예를 들면 데카르트가 인과적, 이념이론적 논증에서 경험적 결과에서 선험적 원인을 유추한 것이 이에 해당한다. 그러므로 감성의 세계 안에서만 적용될 수 있는 것을 그것을 넘어서 적용하려는 것은 명백한 월권이다. 그리하여 절대적으로 필연적인 존재는 가장 실질적인 존재이므로, 그 개념 속에 현존을 포함하고 있다는 결론에 이르게 되며, 그 순간 우주론적 논증은 존

79 Josef Schmucker, *Das Problem der Kontingenz der Welt*. Freiburg 1969, 67; Ruben Schneider, 191.
80 살라 308; Ruben Schneider, 191.

재론적 논증과 동일한 것으로 된다.[81] 따라서 우주론적 논증은 존재론적 논증과 동일한 비판에 직면하게 된다. 그러나 우주론적 논증은 존재론적 논증에서는 전혀 찾아볼 수 없는 전혀 새로운 것을 가미할 수도 있으며, 그 경우에 물리신학적 논증으로 이행하게 된다.

칸트에 의하면 존재론적 증명과 우주론적 증명은 경험적 원리와 관계없이 시도된 초월적 증명이다. "그렇다면 이 초월적 증명에서 필연성의 개념과 최고 실재성의 개념을 연결하며, 다만 이념일 수밖에 없는 것을 실재화하고 실체화하는 변증적이면서도 자연적인 가상의 원인은 무엇인가?"(순수 A615 B643) 칸트는 실존적으로 주어진 모든 것에 대한 제1의 필연적인 근거를 찾는 작업은 이른바 '발견적', '규제적' 원칙에 의해서만 가능하고, 그 때문에 그것은 '주관적 원리'라고 규정한다.[82] 이 원리는 우리에게 지각되는 모든 것은 결코 절대 필연적인 것으로 인정될 수 없다는 사실을 말하고 있다. 그리하여 칸트는 이제 최고 존재자의 이상을 현실적으로 실존하는 절대적 필연적 최고 존재자로서 이해하지 않고, "세계의 모든 결합물들이 마치 하나의 보편적 필연적인 원인에서 발현하는 것처럼 간주하는 이성의 규제 원리"라고 해석한다.(순수 A619 B647) 그 개념은 그 자체에서 필연적인 실존을 주장하기 위해서라기보다는 보편적 법칙에 따르는 필연적 통일 규칙의 근거를 세우기 위한 것이다. 그럼에도 불구하고 이성은 초월적 술책에

81 회페는 '절대 필연적인 것'과 '가장 실질적인 것'이라는 두 개념은 너무 포괄적이어서 우주론적 논증에서 두 번째 단계인 "가장 실질적인 존재는 절대적으로 필연적이다"라는 명제를 역전시킬 수 있다고 지적했다. 그럴 경우에 "절대적으로 필연적인 존재는 가장 실질적인 존재이며 현존을 그 개념 속에 포함하고 있다"라는 존재론적 논증이 되기 때문이다.(회페 187[161])

82 "그래서 어떤 사람들은 자연에 대하여 철학적으로 사색할 경우에는 마치 실존에 속한 모든 것에 대해서 구상된 최상의 근거를 추구함으로써 인식에 체계적 통일성을 가져다주는 제1의 필연적 근거가 있는 것처럼 생각하라고 말한다. 다른 어떤 사람들은 사물의 실존에 관한 어떤 규정도 그러한 최상의 근거에 대하여 절대 필연적인 것으로 인정될 수 없다고 경고하면서, 더 멀리 도출할 수 있도록 길을 열어 놓고서 그 규정을 언제나 제약된 것으로 다루어야 한다고 말한다."(순수 A616–617 B644–645)

빠져서 이 형식적 원리를 구성적인 것으로 표상하고 실체화하는 잘못을 범하게 된다. 예를 들면 공간이 감성의 형식에 지나지 않은데도 선천적으로 그 자체에서 주어진 하나의 대상으로 간주되듯이, 자연의 체계적 통일도 가장 실재적인 존재자라는 이념을 최상의 원인으로 하지 않는 경우에는 이성의 경험적 원리로 설정될 수 없기 때문에 이 이념을 현실적 대상으로 파악하는 경향이 있다. 그리하여 규제적 원리가 구성적 원리로 바뀌게 된 것이다.(순수 A620 B648)

3. 칸트의 물리신학 비판

1) 자연신학적 논증

칸트는 신의 개념에서 신의 존재를 도출하려는 선험신학Transzendentale Theologie의 두 가지 형태, 즉 존재신학Ontotheologie과 우주신학Kosmotheologie에서 신의 존재를 증명하려는 시도를 비판하였다. 존재론적 논증뿐만 아니라 우주론적 논증 역시 신의 존재 증명에 실패했다고 본 것이다. 칸트는 순수한 이성적 사유나 어떤 현존재에 대한 경험으로도 결코 신의 현존을 증명할 수 없다는 입장을 분명히 하였다. 그는 선험신학과 대조되는 자연신학Natürliche Theologie은 인과적 법칙과 자유의 법칙을 전제함으로써 특별한 경험으로부터 하느님의 존재를 증명하고자 하는 사실에서 존재론적 논증보다 진일보한 것으로 평가하였다. 칸트는 자연신학을 인과법칙이나 자연목적에 근거한 물리신학Physikotheologie과 자유의 원리에 근거한 윤리신학Ethikotheologie으로 구분하였다. 칸트가 보기에 물리신학은 자연의 경이로운 질서와 합목적성으로부터 세계에 질서와 목적을 부여한 자연의 최고 원인 및 그 속성을 이끌어 내는 이성의 시도에 다름 아니다. 사물 자체의 개념이나 어떤 현존재 자체에 대한 개념에서 신의 존재가 증명될 수 없다면, 현존하는 세계에서 우리가 보게 되는 다양성, 질서, 합목적성, 아름다움 등과 같은 특정한 경험으로부터 신의 존재를 유추하려고 시도할 수 있다. 따라서 자연신학적 또는 물리신학적 논증을 칸트는 '목적론적' 논증이라고 부르기도 한다.[83] 이는 세계가 어떤 위대하고 완전한 존재자의 설계와 계획에 의하여 만들어졌다는 사실을 입증하려는 시도이다. 플라톤의 『티마이오스』 편에서 데미우르고스에 의한 세계제작설, 그리고 토마스 아퀴나스의 다섯 가지 논증 가운데서 마지막에 나오는 합목적성에 의한 논증이 바로 그 대표적인 경우에 해당한다. 근대에 이르러 흄David Hume의 자연종교론에 대한 저서들,[84] 그리고 페일리William Paley(1743~1805)의 저서 『자연신학, 또는 자연현상에 나타난 신의 존재와 속성에 대한 증거』[85]에서도 자연신학적 논증이 집중적으로 거론된 바 있다.

물리신학적 증명은 자연의 경이로운 조화와 합목적적 질서에 대한 구체적인 경험에서 출발한다. 우리는 자연의 합목적성을 볼 때 그것이 무한한 지성과 온갖 능력과 완벽한 기술을 갖춘 예술가로서 자연 창시자를 암시하는 것으로 파악할 수 있다. 그런 연후에 경험적으로 접근할 수 있는 질서와 합목적성으로부터 그것들의 절대적 완전성을 추론한다. 칸트는 초기부터 자연신학적 논증에 대해서는 비교적 긍정적으로 평가하였는데, 이

83 랄프 루트비히는 칸트의 '물리신학적 증명'(der physikotheologische Beweis)을 '목적론적 신 증명'(der teleologische Gottesbeweis)으로 바꾸었다.(Ralf Ludwig: 순수 153 [181])

84 David Hume, *Writings on Religion*. Edition by Antony Flew, Paul Carus Student Editions, Open Court, 1999.

85 William Paley, *Natural Theology: Or Evidence of the Existence and Attributes of the Deity, Collected from the Appearances of Nature*(Oxford World's Classics), Oxford University Press, 2008 (1802).

증명은 신과 자연과의 관계를 말하면서도 신보다는 자연에 보다 가까이 다가서고 있기 때문이다.[86] 칸트는 물리신학적 증명을 다음과 같이 이해하고 있다.

> 현재의 세계는 우리에게 그토록 측량할 수 없는 잡다성, 질서, 합목적성, 그리고 아름다움의 무대를 보여 주기에, 무릇 이것들을 무한한 공간상에서나 그것의 무제한적인 분할에서 추적할 수 있으나, 우리의 박약한 지성이 취할 수 있는 지식의 면에서 보더라도, 모든 언어는 그토록 수많은 예상할 수 없는 위대한 기적에 대해 표현할 말을 잃고, 모든 숫자는 측량할 수 있는 힘을 잃으며, 우리의 사유조차도 모든 한계를 잃는다. 그로 인하여 전체에 대한 우리의 판단은 말을 잃은 만큼 더욱더 웅변적인 경탄으로 녹아들 수밖에 없다. 곳곳에서 우리는 작용결과들과 원인들의 연쇄, 목적들과 수단들의 연쇄, 발생과 소멸에서 합규칙성을 본다. 그리고 어떤 무엇도 스스로는 그것이 있는 상태에 들어간 것이 아니므로, 그 상태는 언제나 계속해서 그것의 원인으로 다른 사물을 지시하고, 이 원인은 곧바로 똑같은 원인을 계속해 문의하는 것을 필연적이도록 만든다. 그리하여 이런 식으로 전체 모두는 만약 사람들이 이 무한히 우연적인 것의 바깥에서 독자적으로 근원적이고 독립적으로 존립하면서, 우연적인 것을 지지하고, 우연적인 것의 근원의 원인으로서 그것에게 동시에 지속을 보장하는 그런 것을 받아들이지 않는다면, 무의 심연으로 가라앉을 수밖에 없을 것이다.(세계의 모든 사물들에 대한) 이 최고 원인, 그것을 얼마나 위대한 것이라고 생각해야 할 것인가?(순수 A622 B650)

86 칸트는 자연신학적 논증을 "가장 오래되고, 명료하며, 인간 이성에 가장 적합한" 증명이라고 하면서도, 우주론적 논증의 전략을 위장하고 있다고 비판하였다.(순수 A623 B651)

'사물 일반의 개념'을 바탕으로 한 존재론적 논증, '어떤 현존재 일반에 대한 경험'을 바탕으로 하는 우주론적 논증에 대한 비판적 검토를 한 후에 칸트는 이제 '어떤 특정한 경험', 즉 '현존하는 세계의 사물들에 대한 경험 및 그것들의 성질과 질서'를 바탕으로 '최고의 존재자의 현존'을 확신할 수 있는 논거가 가능한가에 대하여 논의를 시작한다.(순수 A620 B648) 여기에서 칸트가 언급한 신 존재 증명은 그 스스로 "가장 오래되었으며, 명료하고, 인간 이성에 가장 적합한", 이른바 '목적론적'teleologisch, '물리신학적'physikotheologisch 논증을 말한다. 이것은 전통적으로 토마스 아퀴나스의 철학에서 전개된 스콜라철학의 목적론적 논증과는 구분되어야 할 계몽주의 시대의 물리신학적 증명 방식을 가리키고 있다. 이는 근대의 자연철학을 기반으로 하는데, 기계론Mechanismus의 맥락에서 세계 법칙은 공간, 분량, 운동의 지성적 특성만을 나타낸다. 그리하여 세계 자체는 마치 기계처럼 작동하며, 따라서 이 기계적 자연 설명과 유비적으로 신 존재 증명은 무기물적 세계와 자연의 목적성Finalität을 바탕으로 한다.[90] 계몽주의 시대의 기계론적 합목적성 논의와는 반대로 스콜라 학파의 목적론적 증명은 완전태Entelechien라고 하는 실체적 형식들의 내적 역동과 본질부합적인 욕망Streben에 착안했다. 그리하여 유한한 모든 것은 그 자신을 초월하여 '신적인 것', 즉 '초월적인 텔로스(목적) 자체'에 참여하려는 욕망을 가지고 있다.[88]

그럼에도 불구하고 비판기 이전의 칸트는 물리신학적 증명이 신을 자연 가운데 있는 우연적인 예술성을 가진 특수한 것들의 창시자로서만 파악함으로써, 자연의 법칙적인 기본 구조를 포착하지 못한다고 지적하였

87 살라 322; Ruben Schneider, 212.

88 Robert Spaemann, und Reinhard Löw, *Natürliche Ziele. Geschichte und Wiederentdeckung des teleologischen Denkens*. Stuttgart 2005, 88–90.

다. 당시에 그는 자신의 존재신학적 증명을 정당화하면서 신을 세계의 창조자로 보는 한편, 법칙적인 기본 구조를 바탕으로 하는 자유로운 여러 조각들로 구성된 이 세계가 바로 이 창조자의 의도를 반영하고 있다고 논변하기도 하였다.

칸트는 물리신학적 논증에 상당한 정도에 이르기까지 공감하고 있었던 사실을 숨기지 않았음에도 불구하고 이 논증에 대한 더 많은 반론을 제시하였다. 『순수이성비판』의 전통신학 비판에서 칸트는 물리신학적 논증이 주로 자연의 질서와 합목적성에서 이루어지는 점을 강조한다. 칸트에 의하면 물리신학적 논증은 철저하게 "우연적인 배치인, 세계 내에서 일관적으로 관찰되는 질서와 합목적성in der Welt so durchgängig zu beobachtenden Ordnung und Zweckmäßigkeit으로부터 그것에 비례하는 원인의 현존Dasein einer ihr proportionierten Ursache에 이르고자" 했다.(순수 A627 B655) 여기에서 칸트는 주로 '무기적 자연의 목적성과 합목적성'Finalität und Zweckmäßigkeit der anorganischen Natur을 거론하였으나, 나중에 『판단력 비판』에서는 '유기적 자연'organischen Natur의 목적성을 주로 다루었다.[89]

2) 물리신학적 증명의 불가능성

칸트는 물리신학적 증명의 주요 계기를 다음과 같이 네 단계로 정리하고 있다.[90]

1. 세계 곳곳에 위대한 지혜에 의해 완성된, 특정한 의도에 따른 질서의 분명한 징후가 보이고, 어디서나 형언할 수 없는 다양한 내용의 전체

89 살라 323–324; Ruben Schneider, 212.
90 순수 A625–626 B653–654, Ⅲ 416–417; 살라 335–337; Ruben Schneider, 213.

에서도 그러하며, 무한히 큰 외연의 전체에서도 그러하다.[91]

2. 세계의 사물들에게 이 합목적적인 질서는 전적으로 무관하고 것이고, 단지 우연적으로 주어진 것이다. 여러 사물들의 자연본성은 그것들이 질서를 세워 주는 이성의 원리에 의해, 즉 그 근저에 있는 이념들에 따라, 그렇게 되도록 특별히 선택되고 배치되지 않고서는, 그 스스로는 그토록 여러 방식으로 통일되는 수단에 의해 특정한 궁극의도들에 합치할 수가 없을 것이다.
3. 그러므로 단지 맹목적으로 작용하는 전능한 자연으로서 풍성한 생산에 의해서가 아니라, 예지자로서 자유에 의해서 세계의 원인일 수밖에 없는, 숭고하고도 현명한 하나의 (또는 여럿의) 원인이 실존한다.
4. 이 원인의 통일성은 어떤 인공적 건축물의 여러 부분들처럼 같은 세계의 부분들의 상호적 관계의 통일성으로부터, 우리의 관찰이 미치는 부분에서는 확실하게 추리되지만, 반면에 그 너머에서는 모든 유추의 원칙에 따라서 개연적으로 추리된다.(순수 A625-626 B653-654)

물리신학적 증명은 작용에서 원인으로 이행하는 모든 법칙을 초감성적인 존재자에 적용하는 동시에, 자연의 합목적성으로부터 이성적인 세계

91 이 경우에 의도Absicht는 볼프가 사용하였던 라틴어 개념 '목적'finis, Zweck에 해당한다.(살라 335) 칸트는 『판단력비판』에서 자연적인 목적들을 설명하는 네 가지 방식을 소개하고 있다.(판단 B293, 323, 328) 첫째로 에피쿠로스주의자에 의하면 자연 현상은 인과적 메커니즘의 작용으로부터의 기회에 의하여 순수하게 발생한다. 자연 존재는 생명 없는 질료이다. 둘째로 스피노자주의자들은 자연 현상을 맹목적 자연적 필연성의 원리로부터 귀결되는 것이라고 설명한다. 자연은 생명 없는 신이다. 셋째로 물활론자들은 자연 현상을 태생적인 원리나 본질적 수용 능력과 같은 생명 또는 자기 조직을 가진 살아 있는 질료라고 생각한다. 넷째로 유신론자들은 자연적 목적들의 복잡한 배열을 예지적인 자연의 창조자의 현명한 의도로 설명하고자 한다. 그들에게는 살아 있는 신이 있다. 칸트는 에피쿠로스주의와 스피노자주의를 합목적성의 관념론으로 규정하면서, 여기에서 자연의 합목적성이란 실재적이지 않고 관찰자의 정신 속에 있는 것으로 여겨졌다고 설명하였다.

창시자를 도출하려는 시도였다. 칸트는 물리신학적 논증 역시 결국에는 선험적, 존재론적 사유 방식에 머물러 있다고 비판하였다. 물리신학적 증명에서도 핵심적인 요소는 역시 선험적 존재론적인 부분이며, 따라서 신은 현실적인 존재자들의 주인이 아니라 '가능성'의 원리로 머물러 있을 뿐이라고 지적하였다.

칸트에 의하면 이와 같은 물리신학적 논증은 세 가지 사실에서 비판될 수 있다. 무엇보다도 먼저 자연 질서의 조화라는 경험적 사실에서 초경험적 최고 존재자를 도출하려는 시도는 인과성의 범주를 잘못 사용하는 문제를 안고 있다. 가능한 경험은 인과성의 범주가 미치는 한계 안에서만 적용될 수 있기 때문이다. 두 번째로 특정한 자연 사건들은 목적에 의하여 행위하는 세계 원인으로부터 일어났다고 볼 수도 있다. 그러나 그것은 어디까지나 반성적 판단력을 위한 주관적 원칙에 지나지 않으며, 따라서 객관적 실재성을 담보하고 있지 않다. 따라서 단정적으로 말할 수 있는 것이 아니다. 마지막으로 이 논증은 신의 개념을 모든 것을 설계한 세계 창조자 Weltschöpfer가 아니라, 그 당시 계몽주의자들이나 이신론자들이 매료되었던 세계 건축자Weltbaumeister로 한정하는 잘못을 범하고 있다.[92]

이처럼 칸트는 물리신학적 논증에서 사용하는 유비추리에 문제점을 발견한다. 물리신학적 논증에서는 자연 상태들이 가옥, 배, 시계와 같은 인간 기술의 산물들처럼 지성과 의지를 가진 존재에 의하여 만들어진다고 가정하고 있다. 그러나 이러한 가정에는 허용되지 않은 부분들을 포함하고 있다. 예를 들면 인간의 기술은 이미 주어져 있는 질료를 목적에 맞도록 형태화하는 것에 불과하다. 인간은 가장 최초의 물질을 창조하는 것이 아

92 *Der Gott der Philosophen*, 198f; 철학자들의 신, 296 이하.

니다. 따라서 물리신학적 논증에서 말하는 그처럼 많은 자연의 조직적 합목적성과 정합성은 단지 형식의 우연성을 증명할 뿐이지 질료, 즉 세계 내의 실체의 우연성을 증명하는 것은 아니라는 것이다.(순수 A627 B655) 이러한 증명은 세계를 건축한 존재자를 명시할 수 있을지 모르나, 모든 것이 그의 이념에 복종하는 세계의 창조자를 명시하지는 못한다.[93](순수 A627 B655) 따라서 칸트에 의하면 물리신학은 최상의 세계 원인에 대한 어떤 특정한 개념도 제시하지 못한 것이다.

그러나 이 원인의 개념은 우리에게 그 원인에 대해 완전히 규정된 어떤 것을 인식토록 해 주는 것이 아니면 안 된다. 그러므로 그것은 전능alle Macht, 전지Weisheit 등, 한마디로 최고 충족적인 존재자ein allgenugsames Wesen로서, 모든 완전성alle Vollkommenheit을 갖는 존재자의 개념 이외의 것일 수 없다. 무릇 '매우 큰, 놀랄 만한, 측량할 수 없는 능력과 탁월성을 가진'이라는 술어들은 전혀 아무런 규정된 개념도 주지 못하고, 본래 사물 그 자체가 무엇인가를 말하는 것이 아니라, 단지 (세계의) 관찰자Beobachter der Welt가 자기 자신 및 자기의 이해력과 비교한 대상의 크기에 대한 관계표상들일 따름으로, 그것들은 사람들이 그 대상을 크게 키우든, 아니면 관찰하는 주관을 그 대상에 비해 더 작은 것으로 만들든 마찬가지로 찬미하는 것으로 끝난다. 사물 일반의 (완전성의) 크기가 문제인 곳에서는 전체 가능한 완전성die ganze mögliche Vllkommenheit을 포괄하는 개념 외에는 다른 어떤 규정된 개념이 없으며, 오로지 실재성의 전체das All [omnitudo] der Realität만이 개념에서

93 회페는 플라톤의 『티마이오스』 편에서 세계건축가Weltbaumeister는 유대-기독교적 전통에서 전지전능한 세계창조주Weltschöpfer가 아직 아니라는 사실을 강조한다. 다시 말하면 칸트가 보기에 물리신학적 논증은 플라톤적인 의미에서 세계건축가를 발견했으나, 유대-기독교적 의미에서 세계창조주를 발견하지는 못했다는 것이다.(회페 162[189])

일관적으로 규정되어 있을 뿐이다.(순수 A627-628 B655-656)

목적 개념은 원인 개념처럼 우리에게 초월적인 본질존재Sosein에로 이끄는 것이 가능하지 않다. 목적 개념은 우리에게 단지 경험 안에서만 본질존재의 규정을 제공한다. 그러므로 칸트는 물리신학은 최고 세계 원인의 규정적인 개념을 제공할 수 없다고 한 것이다.(순수, A628 B656)[94]

물리신학적 증명은 세계의 어디서나 관찰되는 질서와 합목적성, 즉 어디까지나 우연적인 조직으로부터 이에 대응하는 원인의 현존재를 지향하고 있다. 따라서 이러한 원인의 개념은 그 원인에 대해서 확정적인 그 어떤 것을 우리가 인식할 수 있게 해야 한다.(순수 A627 B655) 그러나 그것은 반성적 판단력으로만 유추할 수 있을 뿐이고, 어떤 경우에도 지성의 사용을 통한 이론적 논증이 불가능하다. 우리는 세계 창조자의 위대성과 지혜와 힘을 경탄하는 데까지 도달하고서도 그 이상 더 진전할 수 없게 된 것이다. 경험적 방식을 통한 절대적 전체로의 진행은 우리에게 전적으로 차단되어 있기 때문이다.(순수 A628 B656)

여기에서 물리신학적 증명은 좌절될 수밖에 없으며, 이러한 곤경에서 탈피하기 위하여 그것은 갑자기 우주론적 증명으로 선회하게 된다. 그리하여 세계의 질서와 합목적성에서 추리된 세계의 우연성으로 되돌아가서, 그 우연성으로부터 다시 초월적 개념을 통하여 필연적인 것의 현존재를 지향하는 동시에, 절대적 필연성을 가진 제1원인의 개념으로부터 모든 것을 포괄하는 실재 개념으로 향하는 우주론적 증명에 머무르게 된다. 그러나 이것은 본래 존재론적 증명의 위장에 불과한 것이기 때문에 물리신학

94 Ruben Schneider, 214-215.

적 증명은 비록 처음에는 오직 경험에 의한 증명을 시도하였음에도 불구하고, 사실상 순수이성의 사변에 봉착할 수밖에 없었던 것이다.(순수 A629 B657)

3) 자연 목적론과 물리신학

칸트는 『순수이성비판』뿐만 아니라 『판단력비판』 §85에서도 물리신학적 논증의 문제를 다루고 있다. 여기에서도 그는 물리신학Physikotheologie을 경험적으로 인식될 수 있는 자연사물의 목적들로부터 자연의 최고원인과 그 특성을 추론하려는 이성의 시도라고 규정한다. 그리고 물리신학적 논증이 자연적 목적론에 기초하고 있음을 밝히고 있으며, 반대로 도덕신학Moraltheologie은 선천적으로 인식될 수 있는 이성 존재자의 도덕적 목적으로부터 자연의 최고 원인과 특성을 추론하려는 시도라고 규정하고 있다. 그런데 칸트는 이 두 경우 모두에서 우리가 자연의 여러 산물들 가운데서 합목적적 작용의 가능한 근거를 물어야 할 이유와 근거를 가지고 있지 않다고 말한다. 우리는 다만 반성적 판단력이 지시하는 바대로 자연에서 목적을 주관적으로 추론할 수 있을 뿐이다. 그러므로 칸트는 물리신학은 결코 창조의 궁극목적을 드러낼 수 없다고 주장한다.(판단 A396 B401) 우리는 지성적 세계 원인이라는 개념을 반성적으로는 생각할 수 있지만 이론적으로는 그렇게 하기가 불가능하다. 우리의 경험은 체계로서 자연 전체를 포괄할 수 없기 때문이다. 물리적 목적론은 신학을 요구하고 있지만, 경험적으로 자연을 아무리 깊게 탐색할지라도 물리적 목적론이 신학을 만들어 낼 수는 없다. 우리의 지성은 자연이 가지고 있는 기계적 조직을 파악하는 일뿐이다. 그러므로 지성은 자연에 있는 기계적 인과성을 넘어서서 자연의 전 체계를 포괄하고 지시하는 어떤 궁극목적이나 최고원인에로 우리를 인도하지 못한다.

고대인들은 자연 속에 있는 사물들의 질서와 경과를 파악하는 경우에 기계적인 것 이상의 어떤 원인을 상정하는 경향이 있었다. 그럼에도 불구하고 그들은 자연적 기계장치의 배후에 도사리고 있을지도 모르는 가장 완전한 창조자라는 이념을 생각하지는 못했다. 그 후에 자연학자이면서 신학자였던 사람들은 이성이 요구하는 자연사물들의 원리의 절대적 통일성을 하나의 존재자의 이념에서 찾으려고 하였다. 그리하여 모든 자연 사물들은 이 절대적 존재자의 이념에 속하는 규정에 지나지 않게 되었다. 모든 사물들은 주체의 규정으로 파악되었고, 하나의 실체 속에서 모든 것이 관계를 맺게 되었다. 칸트는 이러한 사상의 절정을 스피노자의 범신론에서 발견하고 이를 "목적인의 관념론"이라고 불렀다.(판단 A402 B406) 칸트는 범신론적 체계는 자연의 합목적성의 제 1근거의 문제를 해결하기보다는 오히려 무의미하게 만들었다고 비판한다.

그리하여 칸트는 이론적 원리에 의한 이성사용에서는 우리가 자연을 목적론적으로 판정하는 데 충분한 '신성'이라는 개념은 도출될 수 없다고 주장한다. 이렇게 된다면 우리는 목적론을 포기하고 자연의 인과적 조직 원리로 도피하거나 혹은 목적인의 관념론 대신에 인과성의 실재론의 원칙이라는 특수한 유형에 집착할 수밖에 없게 된다. 후자의 경우에 우리는 자연의 근저에 다수 혹은 유일의 근원적인 지성존재자를 인정해야 할 것이다. 그러나 우리는 어떤 경우에도 경험적 지식으로 그러한 사실을 도출하거나 증명할 수 없다. 그러므로 자연적 목적론은 우리에게 신학에 이르게 하지만 우리의 경험적 지식에 의하면 그 어떤 자연 탐색의 경우를 보더라도 자연적 목적론이 신학을 창출하지는 못한다. 그렇기 때문에 자연적 목적론에서는 아무런 궁극목적이나 의도를 찾을 수 없다. 그러나 자연에 궁극목적이 없다면 어떻게 그리고 어떤 권리를 가지고 우리의 제한된 지식으로 근원적 지성 존재자와 그 의지에 대한 개념들을 확장할 수 있는가라는 문제가 나타난다.

칸트는 우리의 인식능력의 성질과 원리에 비추어 우리에게 알려진 합목적적 질서 가운데 있는 자연을 어떤 절대적인 지성존재자의 산물이라고 생각할 수밖에 없다는 입장을 취한다.(판단 A405 B409) 그러나 이러한 지성이 자연 전체와 그 산출에 대해서 어떤 궁극적 의도를 가졌는가의 문제는 이론적 자연 연구의 대상이 아니라고 본다. 그러므로 칸트에서 최고의 원인이 언제나 하나의 궁극목적에 따라서 자연의 근원적 근거인가, 그리고 그 자신의 본성적 필연성에 의하여 어떤 형식을 산출하도록 규정되어 있는 지성이 자연의 근원적 근거가 아닌가의 문제는 자연에 대한 지식이 아무리 많아져도 해결되지 않는 문제로 남게 된다.(판단 A405 B409) 그러므로 자연신학은 잘못 이해된 일종의 자연적 목적론으로서, 다른 원리가 여기에 부가되어야만 그 의도가 성취될 수 있다. 칸트는 현상의 세계에서 존재하는 사물의 실재적 원인을 연결하는 것만으로는 자연의 최고원인을 파악할 수 없다는 사실을 이미 분명히 하였다.

그런데 칸트에 의하면 자연적 목적론의 결함을 보완하여 신학을 정초하는 것은 도덕적 목적론이다. 물론 자연적 목적론은 도덕적 목적론에 의하여 완성되지만, 도덕적 목적론은 자연적 목적론에 반드시 의존하는 것은 아니다. 이 원리는 자체적으로 충분하고, 도덕법칙 아래에서 실천이성은 우리로 하여금 자연형식의 배후에 숨어 있는 목적들의 체계 가운데서 최고 존재자를 선천적 원리로서 제시한다. 칸트는 세계를 목적에 따라서 연관되어 있는 하나의 전체, 즉 궁극원인의 체계로 볼 수 있는 근거를 도덕적 존재자로서 인간을 창조의 궁극목적이라고 이해하는 데서 비로소 가능하다고 생각한다.(판단 A409 B413, A418 B422) "이성이 선천적으로 지시하지 않으면 안 되는 하나의 궁극목적이 반드시 성립해야 한다면, 그것은 도덕적 법칙 아래에 있는 인간(모든 이성적 세계존재자) 이외의 다른 것일 수 없다."(판단, A417-418 B421-422) 인간은 도덕적 존재자로서만 창조의 궁극목적일 수 있다. 다시 말하면 인간은 '선의지'를 가지고 도덕적으로 행위하려는 경우에만 창조의 목적과 합치한다.

4. 칸트의 윤리신학 정초[95]

칸트는 선험신학에서 존재론적 논증과 우주론적 논증, 그리고 자연신학에서 물리신학적 논증의 불가능성을 단적으로 보여 주었다. 이로써 전통신학에서 모든 신 존재 증명의 가능성은 논박되었다. 그러나 칸트는 신의 존재 증명이 이루어지지 않았다고 해서 신이 부재한다고 주장할 수도 없다는 사실을 분명히 보여 주고 있다. 칸트 이후에 포이에르바흐는 신의 비존재를 증명할 수 있다고 주장했으나, 칸트는 그것이 왜 불가능한지를 단적으로 확언하고 있다.

> 그러므로 최고 존재das höchste Wesen는 이성의 사변적 사용에 대해서는 순전한, 그러나 오류가 없는 이상fehlerfreies Ideal으로 남는다. 그것은 인간의 모든 인식을 완결하고 영예롭게 하는 개념으로, 그 객관적 실재성은 이런 도정에서는 증명될 수 없으나, 또한 반박될 수도 없는 것이다.(순수 A642 B670)

95 참고논문으로는 임혁재 「칸트의 도덕적 신 존재 증명」(『철학』 50, 1997), 윤종한 「칸트의 이성 신앙과 그 역사적 실현에 관한 연구」(『광신논단』 8-1, 1997), 최종천 「칸트의 도덕종교」(『범한철학』 17, 1998), 박찬구 「칸트 도덕신앙의 윤리적 종교적 의미」(『인문학연구』 5, 2000), 김영태 「칸트의 도덕종교론에 대한 신학적 고찰」(『칸트연구』 15, 2005), 이진오 「지식과 믿음의 갈등 칸트의 종교철학을 중심으로」(『칸트연구』 17, 2006) 등이 있다.

칸트는 신학에 대하여 이성을 사변적으로만 사용하려는 모든 시도는 전혀 무익하고, 또한 이성을 자연에 사용하려는 원리들 역시 어떤 이론에도 도달할 수 없다고 지적하였다. 지성의 모든 종합적 원칙은 내재적으로만 사용할 수 있다. 최고 존재의 인식을 위해서는 지성의 원칙이 초월적으로 사용되어야 할 것이지만, 지성은 결코 그와 같은 사용을 위하여 있는 것이 아니다. 그럼에도 불구하고 칸트는 신 존재 증명의 가능성을 열어 두었다. 그리고 말하기를 "우리가 도덕법을 근저에 두거나 길잡이로 삼지 않는다면, 무릇 이성의 신학은 존재할 수 없다"(순수 A636 B664) 라고 분명한 입장을 밝혔다. 자연신학에서 두 번째 길, 즉 도덕신학 또는 윤리신학적 신 존재 증명의 가능성이 아직 남아 있다는 것이다. 이러한 시도는 칸트의 두 번째 비판서인 『실천이성비판』에서 최고선의 실현 가능성을 위한 조건 명제로서 하느님의 존재를 요청하는 절차를 통해서 다시 한 번 분명하게 드러난다. 그리고 칸트의 요청적 신 개념은 『판단력비판』과 그가 종교이성비판을 시도하였던 『철학적 종교론』에서도 확장적으로 변형되고 있는 사실을 여실히 확인할 수 있다.

도덕적 법칙은 자유를 사용하고 있는 이성의 형식적 조건으로서 어떤 목적에 좌우됨도 없이 우리에게 의무를 부과한다. 도덕법칙은 우리에게 궁극목적을 선천적으로 규정하고 이를 위해서 노력해야 할 의무를 부과해 준다. 이 궁극목적이 자유에 의하여 가능한 이 세계의 최고선이다.(판단 A418 B423) 유한한 이성존재자인 인간이 도덕법 아래에서 자기의 궁극목적을 정립할 수 있는 주관적 조건을 칸트는 **행복**이라고 부른다. "이 세계에서 가능한 최상의 자연적 선", 그리고 "우리의 힘이 닿는 한 궁극목적으로서 촉진되어야 할 자연적 선"으로서 행복은 **행복할 가치가 있는 것**을 의미하며, 이것은 인간과 도덕법이 일치하는 객관적 조건하에서만 성립하게 된다.(판단

A419 B424) 그런데 이와 같은 일치는 자연이 절대적 전체로서 고찰되고 인간이 창조의 궁극목적으로 이해되는 경우에만 비로소 가능하게 된다. 다시 말하면 근원적 존재자가 자연의 나라와 도덕의 나라에서 동시에 입법의 원리로 인정되는 경우에 도덕법과 그것이 부여하는 의무를 수행하는 인간에게 행복이 주어질 수 있는 것이다.(판단 A409 B413-414)

그리하여 도덕법칙에 의하여 궁극목적을 설정하기 위해서는 어떤 하나의 도덕적 세계 원인, 즉 세계 창조자를 상정하지 않을 수 없게 된다. 그리고 이 세계에서 궁극목적, 즉 "도덕적 법칙의 준수와 조화에 일치되는 이성적 존재자들의 행복" 또는 '최고의 세계선'(판단 A420 B425)이 필연적인 만큼, 도덕적 세계 원인(신)의 존재도 그만큼 필연적으로 상정되는 것이다.(판단 A419 B424) 만일에 이와 같은 최상의 이성적 존재자가 존재하지 않는다면, 도덕적으로 성실하게 삶을 산 어떤 이들은 행복을 누릴 만한 충분한 자격이 있음에도 불구하고, 그런 사실에 전혀 유의하지 않는 자연에 의하여, 지상의 다른 동물들이 궁핍과 질병, 그리고 불시의 죽음을 당하는 것처럼 온갖 재액에 빠질 것이고, 마침내는 스스로 궁극목적이라고 믿었던 인간들이 물질이라는 목적 없는 혼돈의 나락으로 던져지게 될 것이다.(판단 A423 B428) 그러므로 도덕적 소명의식에 충실하고자 하는 모든 사람들에게는 필연적으로 도덕적 세계 창조자가 요구될 수밖에 없는 것이다. 이와 같은 이론명제는 물론 기계적 인과성에 의한 사변적 고찰에 의해서는 파악될 수 없으나, 이 요구 자체가 이론적으로 모순되지 않을 뿐만 아니라 실천적으로는 필연적인 것이기 때문에 정당성을 가질 수 있다. 그리하여 칸트는 최상의 세계 창조자가 도덕적 인간에게 그에 부합되는 행복을 보장하기 위해서는 특정한 존재특성, 즉 완전한 지혜와 지식, 완전한 능력, 그리고 완전한 선과 정의와 같은 성질들을 가져야 한다고 보았다.

이 근원존재자의 지배 하에서만 가능한 최고선, 곧 도덕법칙들 아래에 있는 이성적 존재자들의 현존과 관련해서 우리는 이 근원존재자를 전지全知 allwissend하다고 생각하지 않으면 안 되는데, 그것은 (이성적 세계존재자들의 행위에서 그 본래적인 도덕적 가치를 이루는) 심정의 가장 깊은 내면조차도 근원존재자에게 숨겨져 있지 않도록 하기 위한 것이다. 또한 우리는 이 근원존재자를 전능全能 allmächtig하다고 생각하지 않으면 안 되는데, 이는 곧 근원존재자가 전 자연을 이 최고목적에 적합하게 하기 위한 것이다. 그리고 우리는 이 근원존재자를 전선全善 allgütig하고 동시에 정의롭다gerecht고 생각하지 않으면 안 되는데, 그것은 (결합하여 지혜를 이루는) 이 두 속성들이 도덕법칙 아래에서 최고선으로서 세계 최상의 원인이라는 인과성의 조건들을 이루기 때문이다. 또한 그처럼 그러한 궁극목적과 관련해서 전제되는, 영원성, 편재 등과 같은 그 밖의 모든 초월적 속성들도 —무릇 선과 정의는 도덕적 속성들이다— 이 근원존재자에서 생각하지 않을 수 없는 것들이다. —이렇게 해서 도덕적 목적론은 물리적 목적론의 결함을 보완하고, 비로소 신학을 기초 짓는다.(판단 A409 B414)

칸트가 이곳 『판단력비판』에서 전개하고 있는 논의 방식도 『순수이성비판』이나 『실천이성비판』에서 했던 방식과 동일하다. 그에게서 도덕법은 언제나 그 스스로 완전한 것으로 기술되고 있다. 도덕의 순수성을 지키기 위해서 어떤 개념에도 의존할 필요가 없다. 도덕법은 구속성을 가진다. 그런데 이 도덕법은 최고선을 지향할 수밖에 없다. 그런데 『판단력비판』에서 최고선은 이 세상에서 최고선이다. 이 최고선이 인간의 궁극목적이다. 그런데 최고선의 요소 가운데 오직 행복만이 "인간이 도덕법칙 아래서 자기의 궁극목적을 정립할 수 있는 주관적 조건"이다. 『판단력비판』에서는 행복도 "이 세계에서 가능한 최고의 자연적 선, 그리고 우리의 힘이 자라는 한 궁극목적으로서 촉진되어야 할 자연적 선"이다. 이 행복은『순수이성비판』이나『실천이성비판』에서와 같이 "행복할 만한 자격이 있음을 의미하는 것으로서, 인간과 도덕의 법칙의 일치라고 하는 객관적 조건하에 성립한다."(판단 A419 B424) 이와 같이 최고선으로 규정된 도덕법칙에 의해서 과해진 궁극목적, 즉 최고선은 두 개의 요구를 동등하게 자신 속에 포함하고 있다. 하나는 주관적 조건 즉 행복이요, 또 하나는 객관적 조건 즉 도덕이다. 그런데 자연 원인에 의하여서는 이 두 개의 요구의 필연적 결합도, 상술한 궁극목적에 적합한 표상도 불가능하다. 왜냐하면 도덕 주체인 인간이 도덕법을 완수할 능력도 도덕법에 비례하는 행복을 부여받을 능력도 가지고 있지 않기 때문이다. 그러나 도덕법칙이 과해 준 궁극목적의 추구는 필연적이라고 칸트는 주장한다. 이 딜레마를 해결하기 위해서는 우리의 자유에 자연의 인과성을 결부시켜야만(요청해야만) 할 것이다. "우리는 도덕법칙에 맞추어 궁극목적을 설정하기 위해서는 하나의 도덕적 세계 원인(하나의 세계 창시자)을 상정하지 않으면 안 된다. 그리고 궁극목적이 필연적인 한, 그만큼(다시 말하면 동일한 정도로, 그리고 동일한 근거에서) 도덕적 세계 원인도 필연적으로 상정"된다고 칸트는 주장한다. 즉 신이 있다는 것을 필연적으로 상정하는 것이다.

그러나 위의 증명을 곡해하여 "신의 현존재를 상정하는 것은 도덕적 법칙의 타당성을 승인하는 것과 마찬가지로 필연적이요, 따라서 전자[신의 현존재]를 납득할 수 없는 사람은 자신을 후자[도덕적 법칙]에 따른 책임에서 벗어나 있다고 판단해도 좋다"고 말할 수 없다.(판단 A423 B428) 또 한편으로 "신의 현존재"를 납득할 수는 없지만 "도덕적 법칙"에는 성실한 사람은 어떻게 판단할 것인가? 칸트는 그 같은 사람의 노력에는 "한계가 있다"는 사실과 그 같은 사람들은, "자기가 도덕적 법칙을 준수하면서 염두에 두었던, 그리고 염두에 두어야 했던 목적을 불가능한 것으로 포기할 수밖에 없을 것"이라고 주장한다. 도덕적, 내면적 사명의 부르심에 충실하려고 하면, 도덕법칙에 대한 존경을 약화시키려 하지 않는다면, 우리는 도덕적 세계 창시자, 즉 신의 현존재를 상정하지 않을 수 없다고 칸트는 주장한다. 이 상정하는 행위가 요청이 아니고 무엇이겠는가?

계속해서 칸트는 도덕적 증명의 타당성이 어떻게 한정되는가에 대하여 언급한다. 도덕적 증명에 의하여 "최고의 도덕적-입법적 창시자의 현실성은 단지 우리의 이성의 실천적 사용에 대해서만 충분히 입증될 뿐이고, 그러한 창시자의 현존재에 관해서 어떤 것이 이론적으로 규정된 것은 아니다"(판단 A429 B434)라고 주장한다. 칸트는 여하한 경우에도 신의 객관적 실재성을 인정하지 않는다. 또 한편 자연적 목적만으로는 도덕적 세계 창시자로서 신이라는 이념의 객관적 실재성을 입증할 수는 없으나 그럼에도, 자연적 목적의 인식이 도덕적 목적의 인식과 결부된다면, 자연적 목적은 될 수 있는 한 원리들의 통일을 추구해야 한다고 하는 순수이성의 격률 때문에 중대한 의미를 갖는다고 본다. 자연적 목적은 신이라는 이념이 이론적 견지에서는 판단력에 대하여 이미 가지고 있는 실재성에 의해서 이 이념의 실천적 실재성을 보강해 주는 역할을 한다.

칸트는 초감성적인 것을 실천적 사용의 조건에 맞도록 제한하는 것은 명백한 효용을 가진다고 주장한다. 칸트는 도덕신학이 "신학이 신지학에로(이성을 혼란시키는 초절적 개념에로) 잘못 올라가든가 또는 귀신론(최고의 존재자에 관한 의인관적 표상 방식)에 떨어지는 것을 방지하여 종교가 무속(다른 초감성적 존재자와 서로 감정과 영향을 주고받을 수 있다고 믿는 광신적 망상)이나 우상숭배(도덕적 심정 이외의 다른 수단에 의해서 최고의 존재자의 호의를 살 수 있다고 믿는 미신적 망상)에 빠지는 것을 방지한다"(판단 A435 B440)고 주장한다.

칸트는 이성의 이론적 사용에 대해서는 초절적인 대상들은 망각된 신앙 사실에 불과하고, 최고선 개념 역시 그 객관적 실재성이 증명될 수 없지만, 이성의 실천적 사용에서는 존재 가능한 것으로 상정할 수 있다고 본다. 우리가 실천해야 할 최고의 궁극목적은 실천적 관계에서는 객관적 실재성을 가지지만 이론적 견지에서는 객관적 실재성을 부여할 수가 없기 때문에 순수이성의 한갓된 신앙 사실에 지나지 않는다. 이 개념과 함께 신과 영혼불멸성도 신앙 사실이다. 칸트는 신앙 사실의 특징을 요청적 성격으로 규정한다.

> 그러나 신앙의 사실에서 성립하는 의견[참이라고 여기는 것]은 순수한 실천적 견지에서 의견, 다시 말하면 도덕적 신앙이다. 그리고 이 도덕적 신앙은 이론적 이성 인식에 대해서는 아무것도 증명하는 것이 없고, 단지 자기의 의무의 준수를 목표로 하는 실천적 순수이성 인식에 대해서만 증명을 하며 따라서 사변도 … 전혀 확장하는 일이 없다. 모든 도덕법칙의 지고한 원리(자유)가 하나의 요청이라면, 동시에 이러한 도덕법칙의 최고의 객체의 가능성(즉 최고선), 따라서 우리가 이러한 가능성을 생각할 수 있는 조건(신의 현존재와 영혼의 불멸)도 역시 그 원리에 의해서 함께 요청되는 것이다.(판단 A454 B460)

위의 언급에서 『판단력비판』도 요청적 사유가 그 기초가 되고 있음을 알 수 있고, 요청적 사유가 확대 발전한 것이라 해석할 수 있다. 『판단력비판』도 요청적 사유구조 속에서 도덕에서 종교로 이행한다는 원칙을 근본적인 사유 원리로 인정하고 있다. 칸트는 자연적 목적론에 의한 지성적 세계 원인의 현존재는 신앙의 사상이 아니라고 주장하였다. 왜냐하면 이 같은 존재자는 나의 의무를 완수하기 위해 상정하기 때문이다. 여기서 신앙 사실은 도덕과 의무와 관련되어 있음을 알 수 있다. 자연적 목적론은 신이라는 명확한 개념에는 이르지 못하고, 신이라는 개념은 도덕적 창시자라는 개념 속에서만 발견된다고 한다. 왜냐하면 이 도덕적 세계 창시자만이 우리에게 궁극목적으로 과해 주는 것, 우리에게 의무로 지워 주는 것에 맞도록 처신하는 한에서만 궁극목적이 된다. 칸트에 의하면 신이라는 개념은 우리의 의무의 대상과 관계함으로써만 신앙 사실로 간주될 수 있는 특권을 가진다. 여기서, 칸트의 도덕주의를 다시 한 번 바라볼 수 있다. 칸트의 도덕에서 종교로 이행한다는 원칙은 다음과 같은 신앙에 대한 칸트의 정의에 의해서도 추론해 볼 수 있다.

> (행위로서가 아니라 태도로서) 신앙은 이론적 인식이 도달할 수 없는 것을 참이라고 생각하는 데에 성립하는 이성의 도덕적 태도이다. 그러므로 신앙은 최고의 도덕적 궁극목적의 가능을 위한 조건으로서 필연적으로 전제되어야 하는 것을 그러한 궁극목적에 대한 책무 때문에 참이라고 상정하는 심정의 확고부동한 원칙이다. 물론 이 필연적으로 전제되어야 하는 것의 가능은 우리에게는 통찰될 수 없는 것이다. 그러나 그 불가능성도 마찬가지로 통찰될 수 없는 것이다. 신앙(오롯이 그렇게 불리는)은, 어떤 의도를 촉진하는 것이 의무인 때에 그 의도의 도달에 대해서 가지는 신뢰이다. 그러나 그 의도가 수행될 수 있다는 가능성은 우리에게는 통찰될 수 없다. 따라서 우리가 생각할 수 있는 단 두 가지의 조건들(신의 현존재와 영혼의 불멸)의 가능성도 우리는 통찰할 수 없다.(판단 A456 B462)

칸트는 "가능적 지식이나 또는 억견의 대상이 아닌 특수한 대상에 관계하는 신앙은 전적으로 도덕적"이라고 주장한다.(판단 A457 B463) 도덕에서는 자유의 개념이 중요하다. 칸트는 자유의 이념이 아니었다면 신의 현존과 영혼은 완전히 은폐되어 있을 존재자들이라고 말한다.(판단 A460 B466)

이 세계에서 자유에 의하여 실현되어야 할 '최고선' 개념의 객관적 실재성은 우리에게 가능한 경험, 즉 이성의 이론적 사용에서는 증명할 수 없지만, 그것은 이성의 실천적 사용에서는 가능한 것으로 상정하지 않으면 안 된다. 최고선은 순수한 실천이성의 명령이기 때문이다. 그리고 이러한 최고선은 그것을 가능하게 하는 조건들, 즉 신의 존재와 영혼불멸성과 함께 '신앙의 사실'res fidei을 이룬다.(판단 A453 B458)

칸트는 이성적 존재자 개념의 객관적 실재성을 최소한 이성의 실천적 사용에서 주장하는 것은 가능하다고 보았다. 그러나 이 같은 이념의 대상은 이론적 측면에서는 그 객관적 실재성을 부여할 수가 없으므로 신앙의 사실에 지나지 않게 된다. 그리고 여기에서 신앙은 도덕적 구속성을 확보하기 위한 수단으로서 채택된 것이다. 그러므로 칸트에서 도덕적 신앙은 이론적 이성인식에 대해서는 아무것도 증명하지 못하고 단지 의무의 이행을 목표로 하는 실천적 순수이성의 인식에 대해서만 입증하는 것이다. 따라서 그것은 사변적 지식들이나 또는 자애의 원리에 따르는 실천적 영리의 규칙도 확장하지 않는다. 모든 도덕법칙의 최상원리가 요청이라면 동시에 이러한 도덕법칙의 최상의 객체의 가능성, 즉 우리가 이러한 가능성을 생각할 수 있는 조건도 실천이성이 함께 요청해야 한다.(판단 A453 B459-460)

그러나 이와 같은 최고 존재자를 자연적 목적론에서는 도출할 수 없다. 자연적 목적론은 신의 개념에 이르지 못하며, 또한 그럴 만한 정당성도 없기 때문이다. 그것은 도덕적 목적론에서만 도달 가능하며, 인간은 도덕적 세계창시자가 부여한 의무를 이행하려고 노력하는 한에서 창조의 궁극목적으로 간주할 수 있다. 그러므로 하느님의 개념은 우리에게 부여된 의무,

즉 궁극목적에 도달할 가능성 조건으로서 대상에 관련해서만 신앙의 사실로 간주할 수 있다.(판단 A454 B460-461)

신앙은 "최고의 도덕적 궁극목적의 가능을 위한 조건으로서 필연적으로 전제되어야 하는 것을 그 궁극목적에 대한 책무 때문에 참이라고 상정하는 심정의 확고부동한 원칙이다."(판단 A456 B462) 이러한 신앙은 어떤 것을 참이라고 생각하는 자유로운 의견이다. 그러나 그것은 이론적 규정적 판단력에 대한 독단적 증명이 발견될 수 있는 것에 대한 의견이나 우리가 의무로 생각하는 것에 대한 의견도 아니다. 신앙은 오히려 우리가 자유의 법칙에 따르는 어떤 의도를 위하여 상정하는 것에 대한 자유로운 의견이다.

신, 자유, 영혼의 불멸성은 형이상학이 그 해결을 그 마지막 유일의 목표로 삼았던 과제였다. 신과 영혼은 이론철학에 속하고 자유는 실천철학에 속한다. 그러나 신학과 심령학은 사변적 이성의 학을 위한 과제이기는 하지만 우리의 인식능력에 대하여 초월적인 것이므로 경험적 소여와 술어에 의하여 성립될 수 없다. 인간의 이성 가운데서 발견할 수 있는 유일한 이념은 자유의 개념이다. 칸트에 의하면 자유의 이념에 의하여 우리에게는 완전하게 은폐되어 있는 존재자들의 현존과 그 성질이 추론될 수 있다는 것이다.(판단 A460 B466) 그러나 단지 이론적인 길을 따라서 신과 불멸성을 증명하려는 의도는 실패할 수밖에 없다. 이론적인 자연 개념에 의해서는 초감성적인 것에 대한 어떤 인식도 불가능하기 때문이다. 그러나 이러한 증명은 도덕적인 자유 개념의 길을 따르게 되면 성공할 수 있는 데, 이 경우에는 초감성적인 것으로서 자유로부터 나오는 일정한 인과성의 법칙에 의하여 다른 초감성적인 것들, 즉 신과 불멸성을 인식하기 위한 소재가 제공될 뿐만 아니라 그 실재성을 행위에서 사실로서 입증하기 때문이다. 그 때문에 이러한 초감성적인 것은 실천적 견지에서만 타당한 설명근거를 가지

되 다른 어떤 증명 근거도 가질 수 없다.(판단 A462 B467)

> 신, 자유, 불멸성이라는 세 가지의 순수이성이념 가운데서 자유의 개념만이 자연에서 초감성적인 것의 객관적 실재성을 (이 초감성적인 것에서 사유되는 인과성을 매개로 하여) 이 이념이 자연 안에 산출할 수 있는 결과에 의하여 증명하고, 또 그렇게 함으로써 다른 두 가지의 이념과 자연과의 결합을 가능하게 하며, 다시 세 가지의 이념을 모두 서로 결합시켜 하나의 종교가 될 수 있도록 하는 유일한 초감성적 개념이다. 그리하여 우리의 내부에 있는 초감성적인 것의 이념을 규정함으로써 다시 우리의 내부에 있는 초감성적인 것의 이념도 규정하여, 단지 실천적인 견지에서라도 가능한 인식이 되도록 할 수 있는 원리를 우리의 안에 가지고 있는 것이다.(판단 A462 B467)

칸트는 목적론에 대한 총주에서 이제까지의 논의를 요약하고 있다. 필자가 지금까지 논의해 온 것을 입증하는 의미에서 몇 가지만을 열거하고자 한다.

> 이성은 이때 자연 개념의 아무런 지도도 받지 않지만 자유 개념과 이 자유 개념 위에 기초를 두고 있는 도덕적 이념에서 하나의 실천적으로 충분한 근거, 즉 이 도덕적 이념에 알맞은 근원적 존재자, 즉 신성으로서 근원적 존재의 개념을 요청하고, 또 자유와 자유의 법칙에 맞는 궁극목적으로서 자연을 (우리들 자신의 현존재까지도) 요청할 수 있는, 그것도 실천이성의 피치 못할 명령을 고려하여 요청할 수 있는 충분한 근거를 발견할 것이다.(판단 A468 B474)

칸트는 자연적 목적론은 근원적 존재라는 신학에 유용한 명확한 개념에 이르지 못하지만 도덕적 목적론은 "신학을 가능케 하기 위해서 필요한 것에, 즉 도덕적 법칙에 따르는 세계 원인으로서 지고한 원인이라는, 따라서 우리의 도덕적 궁극목적을 만족시켜 주는 원인"이라는 명확한 개념으로 우리를 인도한다고 한다.(판단 A470 B476) 이 같은 목적을 위하여 지고한 원인에 전지, 전능, 편재 등을 부여하고, 이 같은 지고한 원인의 자연적 특성들이 무한한 도덕적 궁극목적과 관계하고 있다고 칸트는 주장한다. 그리고 오로지 도덕적 목적론만이 신학에 유용한, 유일한 세계 창시자라는 개념을 단독으로 부여할 수 있다고 주장한다. 그리하여 칸트는 도덕신학이 직접 종교에, 즉 "신의 명령으로서 우리의 의무의 인식"에 이른다고 한다. 우리는 여기에서 도덕에서 종교로 이행한다는 칸트의 원칙을 다시 확인할 수 있다. 칸트는 "우리의 의무와 이 의무에서 이성이 우리에게 과하는 궁극목적의 인식이 신의 개념을 낳게 되었다고 말하고, 신의 개념은 이미 그 기원에서 이 존재자에 대한 책무와 불가분적"이라고 주장한다.(판단 A471 B477) 칸트는 도덕적 법칙에 따르는 인과성 없이는 신학적 개념은 종교에 대한 기초가 될 수 없다고 주장한다. 칸트는 전지전능한 세계 창시자를 전제한 다음에 의무 개념을 가지면 그 의무 개념은 속박과 강제된 복종이라는 외관을 띠지 않을 수 없으나, 도덕법칙에 대한 존경이 우리 자신의 이성의 준칙에 따라 우리에게 우리 사명의 궁극목적을 제시해 주는 경우에는 이 궁극목적과 합치하고 그 실현과 조화하는 하나의 원인인 신에게 공포가 아니라 진정한 경외를 가지고 기꺼이 받아들이고 기꺼이 복종할 수 있다고 주장한다.(판단 A472 B478) 이상에서처럼 『판단력비판』에서는 도덕에서 종교로 이행한다는 원칙을 지배적으로 적용하고 있으며, 따라서 여기서도 요청적 사유가 근본토대를 형성할 뿐 아니라 확장적으로 적용하고 있는 것을 확인할 수 있다.

제8장 선험적 이상과 도덕적 세계

: 『순수이성비판』의 종교철학

1. 순수이성의 변증론과 선험적 이념[01]

칸트는 전통 형이상학에서 초월적이고 무제약적인 대상은 모순 없이 사고될 수 없으나, 그가 제시한 새로운 사고방식에서는 그와 같은 모순이 해소될 수 있다는 의견을 제시하였다.(순수 BXX) 그 이전의 이성론과 경험론의 전통에서 극단적으로 치달았던 독단주의와 회의주의를 비판하고 제3의 길을 제시하려는 시도 속에서 칸트는 가능한 경험의 한계를 설정하고 이론적 학문으로 다루어 낼 수 없는 것들을 분명하게 구분하는 선험철학을 제시하였다. 그러나 칸트는 선험철학의 변증론에서 우리의 이성은 자연적이고도 필연적인 방식으로 감성의 한계를 초월하여 비상하려는 속성이 있다는 사실을 밝히면서, 그러나 이것은 어떤 특별한 방식으로 이론적 이성사용의 통일성을 위하여 기능한다고 보았다. 칸트는 하느님의 존재를 증명하려는 전통신학의 노력이 사실상 '철학의 추문'으로 드러났음에도 불구

01 참고문헌으로는 문성학 「순수이성의 제3이율배반과 선험적 관념론」(『철학연구』 107, 2008), 정성관 「칸트 종교철학의 초월철학적 성격」(『종교와문화』 15, 2008), 김승욱 「이성의 변증성과 종교의 정초」(『누리와말씀』 26, 2009), 김희봉 「이성개념과 선험적 가상의 문제: 칸트의 "순수이성비판"을 중심으로」(『철학과 현상학 연구』 44, 2010), 서정욱, 「칸트에 있어서 이성과 이념의 관계」(『동서철학연구』 65, 2012), 홍우람 「"순수이성비판"에서 칸트의 신(神) 이념」(『철학논집』 37, 2014) 등이 있다.

하고, 그러한 모든 시도들이 의미 있게 받아들여질 수 있는 새로운 가능성을 찾고자 고심하였다. 이와 같은 칸트의 생각은 선험적 변증론에서 잘 드러나고 있으며, 우리는 이러한 그의 입장을 바탕으로 전통적인 형이상학의 대상 개념들이 이론이성의 규제적 사용원칙에 의하여 이론적인 인식활동에 어떤 기능을 행사할 수 있는가를 살펴보기로 한다.

1) 지성활동의 통일성과 가상의 논리

칸트에서 경험은 직관을 통하여 주어진 감성적 소재들이 지성의 개념적 사유작용을 통하여 종합됨으로써 성립된다. 이 경우의 지성은 규칙에 의하여 현상을 통일하는 능력이다. 그런데 칸트에서 객관적 타당성을 가진 경험내용, 즉 이론적인 지식의 산출을 위해서 지성은 감성이 지시하는 한계를 결코 초월할 수가 없다. 만일 지성이 감성의 한계를 초월한다면, 그것은 곧 그에 부합되는 직관 내용이 없다는 것을 의미하기 때문에 내용 없는 공허한 사유가 되고, 따라서 객관성은 들어설 자리가 없게 된다.(순수 A50-52 B74-76) 앞서 말한 것처럼 칸트에서 경험은 직관(감성)의 수용적 기능과 지성의 자발적인 작용의 상호 관계를 통해서만 가능하기 때문이다.

이러한 지성의 활동에 선천적인 통일성을 부여하는 것은 바로 이성의 기능이다. 그러나 이성은 감성의 한계 또는 직관 내용에 의한 규정 제약성을 넘어서서 무제약적인 초월의 영역으로 이행하려는 성향을 감추지 않고 있다. 순수 이성의 변증론은 모든 인간 이성이 필연적으로 부딪칠 수밖에 없는 문제이고, 결코 즉각적으로 해소하거나 말살할 수 없는 자연적이고 불가피한 가상이 우리를 현혹하는 현상을 기술한다.(순수 A421 B449) 이것을 칸트는 변증론, 즉 '가상의 논리'Logik des Scheins라고 부르고 있다. 물론 여기에서 가상은 경험적 가상이 아니라 선험적 가상을 말한다. 논리적 규칙에 대한 주의의 결여나 경험적 적용의 잘못에서 유래되는 가상들은 그 규칙에 주의하거나 신중하게 적용하게 되면 사라지게 된다. 그러나 칸트가 말하는 선험적 가상은 순수이성 그 자체에서 생겨나는 것으로서, "비판의 모든 경고에도 불구하고 우리 자신을 유혹하여 범주의 경험적 사용을 떠나서 순수지성의 확장이라는 환상에 사로잡히게 하는 것이다."(순수 A296 B352)

선험적 가상은 경험의 한계를 철폐하여 그것을 넘어서도록 명령하는 원칙, 즉 초월적 원칙에서 비롯되는 일종의 '착각'Illusion이다. 칸트는 여기에서 그것이 실제로는 주관적 원칙에서 비롯되는 것이면서도 마치 객관적 원칙에서 나오는 것처럼 사칭한다는 의미에서 '착각'이라는 말을 사용하고 있다.(순수 A298 B354) 그러나 이 착각, 즉 선험적 가상은 선험적 비판을 통하여 그 잘못이 폭로되더라도 여전히 사라지지 않는, 즉 바로잡을 수 없는 그런 유형의 착각이다. 이러한 착각은 우리의 지성에 연결된 주관적 필연성이 마치 물자체에 대한 규정인 객관적 필연성인 것처럼 보이는 데서 비롯되기 때문이다.(순수 A297 B353) 그것은 마치 우리가 바다의 수평선을 바라보게 될 경우에 바다의 한복판이 바닷가보다 더 높아 보이는 것과 같은 이치이다. 천문학자에게도 떠오르는 달이 더 크게 보이는 것은 불가피한 현상이다.(순수 A298 B354) 이것은 어리석은 자가 지식의 부족으로 말려드는 현상도 아니고, 이성적인 사람이 고의적인 궤변에 의하여 갈피를 잡지 못하는 그런 상황도 아니다. 그것은 인간의 이성에 밀착되어 떨어지지 않고, 그 허망함을 깨달은 후에도 여전히 이성을 현혹시킴으로써 순간적으로 그리고 부단하게 이성을 미로에 빠뜨리는(순수 A299 B354-355), 이른바 자연적이며 불가피한 착각인 것이다.

2) 순수이성의 변증론과 선험적 이념

이성의 대상 개념은 우리들의 감관에 결코 부합되지 않는, 그리고 경험에서 어떤 대상도 상응하지 않는 선험적 가상 개념, 즉 '선험적 이념들'transzendentale Ideen이다.(순수 A327 B384) 그런데 이성은 지성의 인식을 통일하기 위하여 그 제약된 계열들을 넘어서서 무제약적인 전체를 발견하려고 고심한다. 그러나 그것은 결코 경험적인 것이 아니기 때문에 감성의 한계 안에서 포착될 수 없는 것이며, 따라서 우리에게 결코 경험의 대상으로서 주어지지 않는 가상Schein이다. 그렇기 때문에 우리의 지성은 결코 무제약적인 것을 인식할 수 없다. 그리하여 이성은 경험적으로는 결코 파악될 수 없지만 지성의 통일적 사용을 위하여 필연적으로 요구하지 않으면 안 되는 무제약적인 전체에 대한 표상, 즉 이념이라는 변증론적 가상 개념을 창출하기에 이른다.[02] 따라서 칸트에서 변증론이란 가상의 논리학에 지나지 않는다. 칸트에 의하면 순수 이론이성의 이념에는 선험적 심리학transzendentale Psychologie의 이념과 선험적 우주론transzendentale Kosmologie의 이념, 그리고 선험적 신의 인식, 즉 신학Theologie의 이념으로서, 영혼의 존재, 세계(자유)의 정합성, 신(선험적 이상)의 존재요구가 그것에 해당한다. 이것은 전통 형이상학의 세 가지 주요 영역과도 일치하는데, 사유 주체의 절대적 통일이라는 이념에서 기인하는 이성적 심리학psychologia rationalis, 현상을 규정하는 조건 계열의 절대적 통일이라는 이념에서 기인하는 이성적 우주론cosmologia rationalis, 그

02 이념은 지성 인식이 한갓 우연적인 집합이 아니라 연관체계의 필연적인 법칙이 되도록 완전한 통일을 요구한다.(순수 A644 B672) 이성의 통일성 요구는 첫째로 사유주체의 통일성("나는 생각한다"의 주체 문제, 즉 영혼의 존재요청), 현상 조건계열의 절대 통일성(모든 조건과 결과의 보편적 연쇄로서 세계의 포괄적 전체성), 사유일반의 모든 대상들의 절대 통일성(선험적 이상으로서 신의 존재 요구)이라는 세 가지 이념으로 표상할 수 있다.(Richard Schaeffler, *Erfahrung als Dialog mit der Wirklichkeit*. Freiburg, München 1995, 115–116) 칸트는 『순수이성비판』에서 이념을 규제적 원리로서 제한적으로(실천적인 이성사용의 의미로 한정하여) 사용하지만, 칸트 자신이 구상한 체계철학의 완성을 위해서는 '요청적으로'postulatorisch 사용해야 한다. 이와 같은 해석에 대해서는 셰플러 교수의 앞의 책, 134쪽과 제3부: "이론적 이성사용의 요청과 이론적 이성신앙"(650 이하), 그리고 졸저 『선험철학과 요청주의』(UUP 1999)에 수록한 "선험적 연역과 이론이성의 요청", "선험비판주의와 경험적 사유요청"을 참조할 수 있다.

리고 사유 일반의 모든 대상들의 조건의 절대적 통일이라는 이념에서 기인하는 이성적 신학theologia rationalis이 바로 그것들이다. 이들 세 가지 영역에서는 인식할 수 있는 관찰의 대상이 주어질 수 있다는 전형적인 오류들이 발생하는데, 구체적으로 오류추리Paralogismen, 이율배반Antinomien, 선험적 이상Transzendentales Ideal이 있다.

(1) 이성적 영혼론 비판(오류추리론)

인간 이성의 본성 가운데는 형식상 논리적으로 잘못된 이성 추리가 발생하는데, 그처럼 피할 수 없는 환상들, 즉 선험적 오류추리는 특별한 선험적 근거들을 가지고 있다. 심리학의 경우에 우리는 내적 경험을 단서로 삼아서 심성의 모든 현상 및 활동과 감수성을 마치 그것들이 인격적 동일성을 가지고 있으며, 연속적으로 변화하면서도 지속적으로 실존하는 단순실체의 이념을 생각하게 된다.(순수 A672 B700) 다시 말하면 단일하면서도 자기동일성을 가진 영혼의 존재를 상정하게 된다. 이것을 실체, 성질, 분량, 관계라는 칸트의 범주표에 의거할 때, 영혼은 실체Substanz이고, 그 성질에서 '단순'einfach하고, 영혼은 그것이 현존하는 여러 시간들에서도 '수에서 동일'numerisch-identisch하고 '다수'Vielheit가 아니라 '하나'Einheit이며, 공간들에서 가능적인 대상들과 관계하고 있다.(순수 A344 B402) 이로부터 비물질성Immaterialität, 불후성不朽性 Inkorruptibilität, 인격성Personalität, 물체와의 관계Verhältnis라는 술어를 통하여 영혼의 존재를 말하게 되는 것이다. 전통 형이상학에서는 경험 영역을 초월하는 사유를 통하여 나타나는 '자아'Ich(Platon) 또는 '사고하는 실체'substantia cogitans(Descartes)의 존재를 무비판적으로 승인하고 있다.

그러나 칸트는 이와 같은 이성적 요구를 이론적으로 승인하는 경우에 이성은 오류추리Paralogismus라는 사태에 직면하게 된다고 지적한다. 우리는

'사고하는 자연(마음)'[denkende Natur(Seele)]으로서 나 자신의 존재에서 우리는 언제나 무수한 시간과 공간 계기 속에서 항상 자기 자신이기를 유지하면서 변하지 않는 어떤 통일적 크기를 생각하게 되지만(순수 A682-683 B710-711), '사고하는 존재자 그 자체'가 갖고 있는 성질을 탐구하려고 할 경우에는 경험에 호소할 수밖에 없다. 그러나 칸트에 의하면 범주의 도식은 감성적 직관에 주어져 있으므로, 그 어떤 범주도 사고하는 존재자에 대하여 적용할 수 없다. 따라서 범주로는 내감의 모든 현상의 구체적 통일에 도달할 방법이 없다. 그리하여 이성은 이제 경험 대신에 모든 사고의 무제약적이고 근본적인 경험적 통일의 개념을 바탕으로 어떤 불변적인 단순실체, 즉 '단순한 독립적 예지'라는 하나의 이성개념(이념)을 창출하게 된다. 여기에서 이성은 모든 규정이 유일한 주체에 있으며, 모든 힘이 유일한 근본력에서 파생되고, 모든 변천이 동일한 지속적 존재자의 상태에 속하며, 공간에서 모든 현상이 사고활동과 전혀 다른 것으로 표상함으로써, 마음의 현상에 대한 체계적 통일의 원리를 드러나게 하고자 한다. 그러나 이 경우에 실체의 단순성과 같은 성질들은 경험에 의하여 얻은 것이 아니기 때문에 마음의 특성을 나타내는 현실적인 근거라고 전제해서는 안 되고, 통제적 원리의 도식으로만 이해되어야 한다. 그것들은 우리가 전혀 알지 못하는 다른 근거에서 기인할 수도 있으며, 마음 그 자체를 현실적으로 인식할 수 있게 하는 것이 아니라, 체계적 이성사용과 관련된 오롯한 이념에 지나지 않기 때문이다.

먼저 제1판(A)에서 순수이성의 오류추리를 살펴본다.

> 실체성의 제1 오류추리: "사물의 표상이 우리 판단의 절대적 주어[주체]이고, 따라서 그것 밖의 다른 사물의 규정[술어]으로 사용할 수 없는 그런 사물은 실체다. 생각하는 존재로서 나는 나의 모든 가능적 판단의 절대

적 주어[주체]이고, 이 나 자신의 표상은 그 외 다른 사물의 술어로 사용될 수가 없다. 그러므로 생각하는 존재[마음]로서 나는 실체이다."(순수 A348)

'생각하는 자아'라는 실체 개념은 범주에 의하여 다루어질 수 없는 대상이다. 우리는 자아를 경험의 한계 안에서 인식할 수 있는 대상을 규정하는 활동의 원리로서 경험한다. 사고가 경험적 대상을 규정할 때 사용하는 실체, 우유성의 범주를 반대로 그것을 생각하는 자아에 적용할 수 없는 것이다.

단순성의 제2 오류추리: "어떤 사물의 활동이 작용하는 많은 사물의 경합으로 간주할 수 없다면, 그런 사물은 단순하다. 그런데 마음, 즉 생각하는 나는 '그러므로 등'과 같은 것이다."(순수 A351)

영혼의 불멸성 증명에서 사용하는 논거로서 '단순성' 주장은 자아가 자기인식의 객관적인 확인이나 확장을 위한 표시일 수 있다는 가상에 의한 것이다. 자아는 우리의 인식을 가능하게 하는 조건이지만, '제시된 대상'은 아니다.

인격성의 제3 오류추리: "서로 다른 시간 속에서 자기 자신의 수적 동일성을 의식하는 것은 그런 한에서 하나의 인격이다. 그런데 마음은 기타 등등이다.(즉, 자신의 수적 동일성을 의식하고 있다.) 그러므로 마음은 하나의 인격이다."(순수, A361)

인격의 동일성은 자기 자신의 자아를 순수 통각을 기반으로 한 자서전적 동일성을 의식한다고 생각하는 오류이다. 그러나 내적인 자기의식을 기반으로 자기의식의 동일성을 주장할 경우에 그것은 나에 대한 객관적인 인식 주장이 아니라 예지적인 자아와 그 역사 전체에 대한 주장이 되고, 다른 사람이 외적으로 나를 시간 가운데 나타나는 개별적인 대상으로 파악할 경우에, 나의 자아는 그에게 사물 자체로 남아 있기 때문에 나의 자아에 속한 객관적인 고정 불변성을 파악할 수 없게 된다.

관념성(외적 관계)의 제4 오류추리: "그 현존재가 다만 주어진 지각에 대한 원인으로서만 추리될 수 있는 것은 오직 의문적인 실존을 가질 뿐이다. 그런데 모든 외적 현상은 그 현존재가 직접적으로 지각되는 것이 아니라, 주어진 지각의 원인으로서만 추리될 수 있는 종류의 것이다. 그러므로 외감의 모든 대상의 현존재는 의심스럽다. 이 불확실성을 나는 외적 현상의 관념성이라 부르고, 이 관념성의 학설이 관념론이다. 관념론과 비교하여 외감의 대상의 가능한 확실성을 주장하는 것이 이원론이다."(순수 A365-366)

칸트가 생각하는 자아는 외적 세계의 사물에 이르는 연속적이고 부단한 초월성을 갖는다. 반대로 데카르트의 경우에 자아와 세계 사이의 관계는 차단되어 있으며, 회의적-관념론적 가상을 불러일으킨다. 그러나 칸트는 내가 나의 감각들을 진지하게 받아들이는 것처럼 외적 세계의 사물의 실재에 대한 직접적 의식도 진지하게 받아들여야 한다고 보았다.

(2) 이성적 우주론 비판(이율배반론)

우주론에서는 현상들의 연관성 또는 세계 전체가 문제시된다. 우리는 내적 및 외적 자연현상의 조건들이 마치 그 자체에서 무한적이고 제1의,

그리고 최상의 것을 지향하고 있으며, 이 모든 현상의 외부에 현상의 지성적인 제1의 근거가 있다는 사실을 부정하려고 하지 않는다. 다만 우리는 그 근거를 전혀 알지 못하기 때문에 자연 설명과 연관시킬 수 없다고 생각한다. 우리는 세계 개념 일반(순수 B712-713)을 생각하게 된다. 자연은 본래 유일하게 주어진 객체이고, 이에 대하여 이성은 통제적 원리를 필요로 하고 있다. 자연에는 사고적 자연과 물체적 자연이 있다. 물체적 자연의 내적 가능성을 사고하기 위해서, 즉 그것에 대한 범주 적용을 규정하기 위해서 우리는 어떤 이념도 필요로 하지 않는다. 그것은 우리가 감성적 직관으로 도달할 수 있으므로 어떤 이념도 필요로 하지 않는다. 이것은 확실히 심리학적 개념과는 사정이 다르다. 그러나 이성의 경험적 사용에서는 완전하게 성립될 수 없으나 주어진 현상의 설명에서는 마치 계열 그 자체가 무한적인 것처럼 보이는 경우도 있으며, 자유에서와 같이 이성 그 자체가 규정적 원인으로 간주하는 경우도 있다. 이러한 경우에는 우리는 감성의 객체가 아니라 마치 순수지성의 객체와 대립하고 있는 것처럼 생각되거나 또는 상태의 계열이 마치 가상적 원인에 의하여 시작된 것처럼 간주될 수도 있다. 그러나 이것을 만일에 구성적인 맥락에서 이해하려고 할 경우에 우리의 이성은 이율배반Antinomie이라는 사태에 직면하게 된다.[03] 따라서 세계 개념 일반, 즉 우주론적 이념은 하나의 통제적 원리에 지나지 않으며, 구성

03 칸트에서 이율배반은 체계철학의 '건축술적 균형'architektonische Symmetrie을 유지하고 있다. 순수이성의 우주론적 이율배반은 '실천이성의 이율배반', '취미Geschmack의 이율배반'과 '판단력Urteilskraft의 이율배반', '지복을 구하는 신앙과 관련된 이성의 이율배반'(종교), '정치와 도덕 사이의 이율배반'(영원한 평화), '소유 가능성에 대한 명제들의 이율배반'(법이론), '자기 자신에 대한 의무 개념에서 이율배반'(덕론)과 균형을 이루고 있다.(Michael Albrecht, *Kants Antinomie der praktischen Vernunft*. Hildesheim 1978. 10.) 그러나 칸트 정신의 고유한 특징을 마치 고딕 양식의 교회 건축물처럼 질서를 부여하고 있는 균형에 대한 특별한 호감("건축술적 균형에 대한 사랑")이라고 평가하였던 쇼펜하우어는 칸트의 이율배반을 자의적인 산물로서 불필요한 것이라고 비판하였다.(Albrecht, 24-31: *Arthur Schopenhauers sämtliche Werke*, hrsg. von Paul Deussen. München 1926, Bd. II, 208, 493, 625; VII 113.)

적으로 그 현실적 총체를 정립하기에는 너무나 요원한 것이 사실이다. 칸트가 이론철학에서 우주론과 관련하여 제시한 이율배반은 네 가지 유형의 정립과 반정립 명제들로 구성되어 있다. 처음의 두 개는 수학적 이율배반이고, 나중의 두 개는 역학적 이율배반이다.

> 첫 번째 이율배반은 세계의 시간적·공간적 유한성과 무한성에 대한 것이다.
> 정립: 세계는 시간적으로 시초가 있으며 공간적으로 한계가 있다.(순수 A424 B454)
> 반정립: 세계는 시초와 공간적인 한계가 없고, 시간이나 공간에서 무한적이다.(순수 A428 B456)

첫 번째 이율배반은 유한성과 무한성에 관련되며, '모든 현상 전체', '세계 연관의 절대적 완전성'은 다음과 같은 모순 대립 관계에 있다. 세계는 시간상 시초를 가지며, 공간적으로 일정한 한계를 갖는다는 정립과 세계는 시초를 갖지 않으며 공간적 한계도 없고, 시간적 공간적으로 무한하다는 반정립이 대립한다. 칸트는 여기에서 '세계'가 경험의 궁극적인 규제적 원리가 아니라 객관적으로 실재화된 것과 같은 것으로 서술되면서 논리적 모순에 직면한다고 보았다. '하나의 전체'는 언제나 일정한 경험 가능성 조건 하에 있고, 따라서 유한한 것이지만, '절대적 전체'는 그와 같은 모든 경험적 종합을 위한 궁극적인 규제이어야 한다. 그러므로 만일 지성이 절대적 전체의 이념을 경험의 가능적 대상으로 설정하고자 한다면, 경험의 한계를 넘어서서 무한으로까지 초월적 명제를 만들어 내는 잘못을 범하게 된다.

두 번째 이율배반은 세계의 구성요소에 대한 것이다.

정립: 세계 안에 있는 모든 합성실체는 단순한 부분으로 구성되어 있으며, 단순체나 또는 단순한 것으로부터 합성된 것 이외에는 아무것도 없다.(순수 A434 B462)

반정립: 세계 안에 있는 어떤 합성체는 단순한 부분으로 이루어져 있지 않고, 세계에는 단순한 것이 전혀 존재하지 않는다.(순수 A435 B463)

두 번째 이율배반은 가분성과 불가분성에 관한 것이다. 형이상학적 원자론에서 세계 내의 모든 복합실체는 단순한 부분들로 이루어져 있으며, '단순한 것' 또는 '단순한 것으로부터 복합된 것'만이 실재한다는 정립과, 기하학의 입장에서 세계 내의 어떤 복합적 사물도 단순한 부분들로부터 나온 것이 아니라는 반정립이 대립한다. 라이프니츠의 단자론, 즉 '선험적 원자론'을 염두에 두고 있는 정립에서는 단순한 것의 원리를 바탕으로 "경험적인 분할을 통하여 그에 관해 실질적인 언표를 할 수 있는 절대적으로 단순한 것이 마치 획득될 수 있는 것처럼" 말한다. 반대로 반정립에서는 경험의 여러 조건들을 고려하지 않고서 공간의 절대적 무한 가분성을 주장하고 있다. '절대적으로 단순한 것'은 경험적인 분할 과정을 아무리 연장해도 얻어질 수 없는 것으로서 '규제적인 의미'에서 사용되어야 하는 이념에 불과하다. 무한분할의 이념은 "연장적인 것을 분할함에서 경험적 배진背進이라는 현상의 본성상 결코 완전한 것일 수 없다고 여기는" 이성의 규칙을 포함한다.

세 번째 이율배반은 자연의 인과법칙과 자유에 대한 것이다.

정립: 자연법칙에 의한 인과성은 세계의 현상이 모두 거기에서 도출될 수

있는 유일한 인과성이 아니다. 현상들을 설명하기 위해서는 또한 자유의 인과성을 인정할 필요가 있다.(순수 A444 B472).

반정립: 자유라는 것은 존재하지 않고, 세계 안에 있는 모든 것은 자연법칙에 의하여 발생한다.(순수 A445 B473)

세 번째 이율배반은 자유와 필연성에 관한 것인데, 여기서는 인간 실존에서 자유와 필연성의 화해 가능성의 문제를 다룬다. 자연법칙에 따르는 인과성이 이 세계의 현상을 있게 하는 유일한 것은 아니며, 따라서 자유에 의한 인과성도 있다는 정립과, 세계 내의 모든 것은 자연의 법칙에 따라서만 생성하고, 따라서 자유라는 것은 없다는 반정립이 대립한다. 정립과 반정립 모두 원인과 결과라는 인과성의 계열을 전제하고 있다. 후자는 모든 인과성의 계열을 그보다 선행하는 계기가 규정하는 것으로 기술하지만, 전자는 자연 현상의 계기 계열의 시초에 무제약적인 자유의 원인성을 설정함으로써 전체적인 완성을 도모한다. 자유는 '원인의 절대적인 자발성'을 뜻하며 무제약적이고 초월적인 것으로서, 그로부터 비로소 자연법칙에 따르는 현상 계열이 시작한다. 그런데 그와 같은 시초는 '절대적인 것'이자 '예지적인 것'이므로 결코 현상으로 드러날 수 없다. 이성비판의 사변적인 영역에서는 자유의 원인성은 원인 계열의 필연적인 연관성을 중단시키므로 불가능한 것으로 간주한다. 그러나 칸트는 이성이 이 정립과 반정립을 바르게 해석할 경우에 이율배반의 해소가 가능하다고 본다. 이 두 주장은 서로 다른 지평과 조망에 서 있으므로, 이 사실을 깨달은 이들에게는 '가상'이 발생하지 않는다. 만일에 어떤 이들이 자유 혹은 자연 필연성을 서로 다른 지평과 조망에서 접근한다면, 그 양자가 '한 동일한 사태에서도 서로 다른 관계에서 생길' 수 있으므로(순수 A533 B564) 동시에 승인하는 것이 가능하다는 것이다. 만일 현상과 사물 자체가 동일한 것이라면 자유는 들어설 자리가 없게 된다. 그러나 현상과 물자체가 서로 다르고, 특히 현상이 그 성립 근거를 사물 자체에 두고 있다면, 자유의 인과성이 들어설 수 있게 된다. 다시 말하면 인과성의 법칙은 현상의 세계, 그리고 자유의 법칙은 예지적 세계의 관점에서 판단할 경우에 이 두 가지 논점은 동시에 성립할 수 있는 것이다. 그러나 자유가 전제하는 예지계와 자유 주체로서 나의 '예지적 성격'(순수 A539 B567)은 경험적인 언어로 기술할 수 없고 지성 범주의 적용 대상이 아니므로 자유 존재의 객관적 실재성을 사변적으로 논증할 수 없다. 따라서 비록 이성은 세계 안에서 자유로운 행위의 원인이기는 하지만, 동시에 그런 이성적 존재로서 인간도 현상의 계열에 속한다. 그리하여 감성계와 예지계의 존재를 인정하지 않을 경우에는 자유와 자연 인과성 사이의 이율배반은 해소되지 않은 채로 그대로 남아 있게 된다.

> 네 번째 이율배반은 세계의 필연적 원인에 대한 것이다.
> 정립: 세계에는 그 부분으로서나 혹은 원인으로서 절대로 필연적인 존재자인 그 무엇이 있다. (순수 A432 B480)
> 반정립: 절대 필연적인 존재자는 세계의 안에서나 세계의 밖에서나 존재하지 않는다. (순수 A453 B481)

네 번째의 이율배반은 세계의 의존성과 독립성에 대한 것이다. 이성은 경험적으로 주어진 현상 계열의 상대적 통일에다가 절대적 총체성을 부여하고자 하고, 우연적인 것에다가 절대적으로 필연적인 것을, 그리고 제약된 것들에다가 무제약자를 부가하고자 한다. 여기에는 세계에는 그것의 원인이나 혹은 적어도 그것의 부분으로서 하나의 무제약적으로 필연적인 존재자인 무엇인가가 속한다는 정립과, 세계 안에도 세계 밖에도 그것의 원인으로서 어떤 무제약적으로 필연적인 존재자란 없다는 반정립이 대립한다.

(3) 이성적 신학 비판(선험적 이상론)

신학의 경우에 우리는 언제나 가능한 경험의 연관 중에 속할 수 있는 모든 것, 즉 모든 현상의 총괄(감성계 그 자체)이 그 범위 밖의 모든 것을 충족하는 유일한 최고의 근거, 즉 독립적이고 근원적이며 창조적인 이성을 갖고 있는 것처럼 생각하고 있다. 우리는 이성의 모든 경험적 사용을 최대한으로 확장시키되, 마치 대상들 자체가 독립적이고 근원적인 이성과의 관계에서 모든 이성의 원형에서 발생한 것처럼 지도한다. 우리는 모든 우주론적 계열의 유일하면서도 보편적인 원인으로서 한 존재자, 즉 신에 관한 이성개념을 가지고 있다.(순수 A685-686 B713-714) 우리는 이 이념의 대상을 절대적으로 인정할(그 자체를 독립적으로 예상할) 하등의 이유도 갖고 있지 않다. 이와 같은 존재자의 이념은 이성이 세계의 모든 결합을 체계적 통일의 원리에 의하여 고찰하고, 또한 그것이 모두 최고 보편적인 원인에서 발현한 것 같이 고찰할 것을 명령한다는 것 이외의 다른 의미는 없다. 우리는 비록 이론적으로 증명할 수는 없지만 '최고의 세계 원인의 합목적적 인과성'(순수 A688 B716)을 부정할 필요는 없다. 그리하여 세계질서와 보편적 법칙에 따르는 그 관계와의 근거를 포함하며 세계와 구별되는 무엇이 있는가라고 묻는 경우에 칸트는 분명하게 있다고 대답한다.(순수 A696, B724-725) 세계는 현상의 총체이므로 순수이성에 의해서만 사고할 수 있는 선험적인 근거가 있지 않으면 안 되기 때문이다. 그러나 만일 그 존재자가 최대의 실재성을 가지며 필연적이고 기타 그러한 실체인가라고 묻는다면, 칸트는 이 물음을 전혀 무의미하다고 단정한다. 왜냐하면 그러한 대상의 개념을 구성하기 위한 모든 범주는 경험적 사용 이외에 달리 사용할 수 없으며, 그것이 가능한 경험의 객체, 즉 감성계에 적용되지 않을 경우 전적으로 무의미하기 때문이다.

그런데 심리학적 이념과 신학적 이념은 모순을 함축하고 있지 않으므로 이율배반, 즉 '두 개의 대립적인 명제들의 모순'Widerspruch zweier sich widerstreitender Sätze에 직면하지 않는다.(순수 A424 B452) 이것들은 우리의 인식능력의 한계 밖의 문제이기 때문에 그 존재를 긍정할 수도 없고 부정할 수도 없는 성격을 갖고 있다.(순수 A673 B701) 그러나 우주론적 이념은 자연현상에 관한 것이며, 따라서 세계 일반이나 그 법칙성 또는 존재방식의 문제를 직접적으로 거론하게 될 경우에는 필연적으로 이율배반에 직면하게 된다. 칸트에 의하면 이 같은 이념적 존재자의 인정은 가능한 경험적 객관에 대한 인식의 확장을 위한 것이 아니라, 다만 경험적 대상들에 대한 인식을 체계적으로 통일하기 위한 주관적 격률로서 사용될 뿐이다. 세계와 구별되는 특별한 존재자들, 특히 자아의 통일성을 보장할 수 있는 실체적 존재와 절대적인 총체성으로서 신 개념은 경험대상으로부터 유추를 통해 사고할 수 있는 것이 아니기 때문에 실재성을 가진 대상이라고 할 수 없는 이념적 대상이다. 이것들은 이성의 체계적 사용과 관련하여 우리가 실천적인 의미에서, 그리고 규제적인 방식으로만 언급할 수 있는 것이다. 우리는 그것들을 전제할 수 있으나, 그것은 우리의 인식을 경험의 영역 밖으로 확장하기 위해서가 아니다. 우리가 여기에서 전제하는 것은 그 자체에 대해서 하등의 개념도 갖고 있지 않은 선험적 대상, 즉 이념에 지나지 않을 뿐이다.

3) 사변적 이성의 격률: 이성사용의 규제적 원리

선험적 변증론에서 이성은 자연적이고도 필연적으로 불가피한 가상을 만들어 낸다. 전통 형이상학에서 다루어졌던 심리학(영혼론), 우주론, 신학의 대상개념들, 즉 영혼, 세계(자유), 신의 존재가 바로 그것들이다. 그렇다면 이와 같은 선험적 가상들은 전통적인 형이상학에서 개념기능들과 어떻게 구분되는가? 이 물음에 대한 칸트의 비답은 선험적 변증론에서 가장 중요한 사변적 이성의 격률, 즉 이성사용의 규제적 원리에서 찾을 수 있다. 순수이성의 이념은 잘못 사용될 경우에 기만적 가상을 만들 수 있다. 그 정확한 사용이란 '실천적' 사용을 의미한다. 다시 말하면 순수 사변적 이성은 감성의 한계 안에서 규제적으로 사용되어야 하고, 그것을 초월하는 이성의 자연적 성향은 실천적 이성사용과 연관시켜서만 이해되어야 한다.(순수 A796-797 B824-825)

선험적 이념은 그 개념에 객관적으로 부합되는 대상이 결코 우리에게 주어질 수 없으므로 구성적으로konstitutiv 사용해서는 안 되고, 오직 통제적인 regulativ 의미로만 인정해야 한다고 칸트는 강조한다. 따라서 칸트에 의하면 이념은 지성Verstand 개념이 그 경험 가능성의 제약성 때문에 도저히 접근할 수는 없지만, 그럼에도 불구하고 지성의 개념 작용에 최대의 통일성을 지향할 수 있도록 방향과 목표를 설정해 준다. 그런데 지성에게 그 마지막 무제약적인 종극점으로 유도해 주는 이론이성의 이념은 그 개념에 상응하는 경험 대상이 없기 때문에 결국 하나의 '허점' 또는 '상상의 초점'focus imaginarius 에 지나지 않는다.(순수 A644 B672) 현실적으로 지성 개념은 가능한 경험의 한계 밖에 있는 이 점에서 출발하는 것은 아니지만, 그것은 지성 개념에 대하여 최대 통일과 최대 확장을 가능하게 한다. 바로 이런 사실에서 그 방향선은 마치 가능한 경험적 인식의 영역 밖에 있는 대상 그 자체로부터 발사되는 것 같은 착각이 발생한다.

이와 같은 사실들은 이론적 지식의 체계성과 관련하여 지성과 이성의 관계를 새롭게 설정하는 중요한 계기가 된다. 지성 인식의 체계성은 이성의 대상개념, 즉 이념의 기능과 연관되어 있다. 인식의 체계적 통일성은 특정한 부분의 인식에 앞서서 언제든지 각 부분에 대한 그 위치와 관계를 선차적으로 규정할 제약들을 포함한 인식 전체의 형식의 이념을 전제하고 있다. 그 이념은 지성인식의 완전한 통일을 요청하고, 이를 바탕으로 지성인식은 하나의 우연적인 집합체가 아니라 필연적 법칙에 따라 연관된 하나의 체계가 되는 것이다. 그러나 이 이념은 객관의 개념은 아니다. 그것은 오히려 통일이 지성에 대하여 규칙으로 사용되는 한에서 객관의 여러 개념을 전반적으로 통일하는 개념이다. 이 이성개념은 자연에서 얻어지는 것이 아니라, 그 반대로 우리가 이 이념에 따라서 자연을 탐구하는 것이다.(순수 A645 B673)

여기에서 우리는 다시 한 번 칸트의 선험주의를 확인하게 된다. 칸트는 객관 그 자체의 체계적 통일은 선천적, 필연적으로 상정되는 아프리오리한 원리를 전제하지 않고서는 알 수 없다고 하였다. 그와 같은 아프리오리한 원리가 없다면 규칙들을 통일하는 이성의 논리적 원리가 어떻게 성립될 수 있는가를 전혀 알 수 없을 것이다.(순수 A650 B678) 칸트는 이와 같은 아프리오리한 전제들이 철학자들의 원칙 중에 숨어 있으나, 그들은 그 사실을 알지도 못하고 인정하지도 않는다고 하였다.(순수 A651 B679) 그러나 규제적 원리를 구성적 원리로 간주하게 되면 모순이 발생된다. 순수이성이 지성사용의 체계적 통일을 위하여 요구한 이념은 단지 규제적 원리에 지나지 않으며, 이것을 마치 초험적 인식의 구성적 원리라고 고집하게 되면 기만적인 가상에 의하여 신념과 허구적인 지식 사이에 영원한 모순과 갈등이 일어난다.(순수 A702 B730) 이성의 이념은 반드시 '사변적 이성의 격률'Maxime der spekulativen Vernunft (순수 A666 B694)에 의하여 한정적으로 사용되어야 한다. 그리하여 칸트는 이성의 본성에 의하여 우리에게 부여되는 이념 그 자체가 근원적인 허위와 기만을 포함하는 것이 아니고 그것이 오용될 경우에만 기만적인 가상이 나타난다고 보았다.(순수 A669 B697)

아프리오리한 개념은 그 선험적 연역이 이루어지지 않는 한 확실하게 사용될 수 없다. 그런데 순수이성의 이념은 범주와 같은 유형의 연역이 결코 허용되지 않기 때문에, 경험에서 대상과 이념에서 대상은 분명하게 구분하지 않으면 안 된다. 어떤 것이 이성에 대하여 하나의 대상으로 주어졌다면, 그것에 대한 나의 개념은 그 대상과 직접적으로 관련될 뿐만 아니라 객관적 실재성을 갖게 된다. 그러나 이념에서 대상은 직접적으로 주어지는 것이 아니라 대상들의 체계적 통일을 드러내기 위하여 간접적으로 사용되는 단순한 도식에 지나지 않다. 그것은 우리의 이성을 경험적으로 사용함에서 최대의 체계적 통일을 획득하기 위해서 필요한 것이다. 우리의 이성의 경험적 통일은 심리학적, 우주론적, 신학적 이념의 대상을 전제하는 경우에만 체계적 인식에 도달할 수 있다. 그러나 이론이성의 세 이념은 우리의 인식을 경험이 제공할 수 있는 대상 이상으로 확장하는 구성적 원리로서 이념이 아니라 경험적 인식 일반의 다양을 체계적으로 통일하는 통제적 원리로서 이념이다. 따라서 이성의 이념은 '규제적 원리'라는 이성의 사용 원칙에 의하여 제약되며, 이론이성의 학문적 대상으로서 그 객관적 실재성을 부여받지 못하고, 이론적 학문의 한계개념으로 설정됨으로써, 비트겐슈타인이 지적한 것처럼 '말할 수 없는 것'의 차원으로 한정되기에 이른다.

인간의 모든 인식은 직관에서 출발하여 개념으로 나아가며 이념에 이르러서 끝나게 된다. 그런데 완성된 이성비판은 이 모든 경우에 이성의 사변적 사용은 가능한 경험의 영역 밖으로 나갈 수 없다는 원칙을 확인해 주고 있다. 그러나 가장 이성적인 사람일지라도 속을 수밖에 없는 가상의 진정한 원인의 배후를 규명하지 않으면 문제가 종결될 수 없기 때문에 사변 이성의 사용 규칙을 정확하게 심사하여 필연적으로 제기되는, 매혹적이고 자연적이며, 장래에도 그렇게 출현하게 될, 변증론의 가상을 비판할 필요가 있었던 것이다.

2. 순수이성의 '이념'과 '이상'

1) 순수 이성의 이념: 영혼, 세계, 신

칸트에 의하면 최고존재자가 존재한다는 주장에 대하여 인간의 이성은 무능력할 수밖에 없으며, 그것은 또한 필연적으로 모든 반대 주장의 부당성을 증명하기에 충분하다고 본다.(순수 A641 B669) 이성의 사변적 사용에 대해서 최고존재자는 다만 어떤 결함도 없는 '이상'이며, 모든 인간적 인식의 마지막과 절정을 이루는 개념이다. 이 개념의 객관적 실재성은 이론적으로는 증명되지도 않고 반박될 수도 없다.(순수 A641 B669)

> 이성은 결코 대상에 직접적으로 관계를 갖는 것이 아니라 오로지 지성에만 관계를 갖는 것이며, 그리고 지성을 통해서 이성 그 자체의 경험적 사용에 관계를 갖는 것이다. 그러므로 이성은 (객관에 대한) 어떤 개념을 만들어주는 것이 아니라, 다만 개념을 정돈하고 개념에 통일성을 부여하는 것이다.(순수 A643 B671)
>
> 지성의 모든 규칙의 방향선은 지성이 어떤 목표를 바라보는 한에서 그것을 향하여 어느 한 점으로 모으게 된다. 이 점은 물론 하나의 이념, 즉 상

상의 초점focus imaginarius에 불과하여, 지성 개념이 실제로 이 점에서 출발하는 것은 아니지만, ―왜냐하면 지성개념은 가능한 경험의 한계 밖에 있기 때문에,― 그럼에도 불구하고 지성 개념의 최대 통일과 최대 확장을 마련하여 준다. 그런데 여기서 이 방향선이 가능한 경험적 가능한 경험적 인식의 영역밖에 있는 대상 그 자체로부터 발사되는 것 (마치 객체가 거울의 저편에 있는 것처럼 보이듯이) 같은 착각이 발생한다. (순수 A644 B672)

칸트는 이러한 이념적 대상을 전제하는 경우에만 인식의 체계적 통일을 생각할 수 있다는 사실을 "사변적 이성에서 모든 이념의 선험적 연역"이라고 불렀다.(순수 A670 B699) 물론 이것은 구성적 원리로서가 아니라 규제적 원리에서 이념이다. 이러한 이념에는 세 가지 형태가 있다. 첫째로 심리학에서 내적 경험을 단서로 삼아 심성의 모든 현상, 활동과 감수성을 마치 그것들이 인격적 동일성을 가지고 지속적으로 실존하는 단순실체이고, 그 반면에 이 실체의 상태는 연속적으로 변화하는 것처럼 연결시키고자 한다. 둘째로 우주론에서 내적 및 외적인 자연현상의 제약이 마치 그 자체에서 무한적, 제1의, 최상의 항이 없어서 결코 완결될 수 없는 탐구를 계속하지 않으면 안 된다. 그러나 우리는 모든 현상의 외부에 현상들의 지성적 제1의 근거가 있다는 것을 부인하려고 하지 않는다. 그러나 우리는 그러한 근거를 알지 못하기 때문에 그것을 자연 설명의 관련 중에 끌어들일 수 없는 것이라고 생각한다. 셋째로 신학에 대하여 우리는 언제나 가능한 경험의 연관 중에 속할 수 있는 모든 것을 그것이 마치 절대적인, 그러나 의존적인, 그리고 언제나 감성계의 내부에서 제약된 통일체를 형성하고 있는 것처럼, 그러나 동시에 마치 모든 현상의 총괄(감성계 그 자체)이 그 범위 밖의 모든 것을 충족하는 유일한 최고의 근거, 즉 독립적이고 근원적이며 창조적인 이성을 갖고 있는 것처럼 고찰하지 않으면 안 된다.(순수 A672 B700-701) 이러한 이성적 존재자ens rationis ratiocinatae는 물론 하나의 이념에 지나지 않으며, 지성의 개념을 갖고서는 그것에 도달할 수 없으므로 절대적으로 그리고 그 자체에서 현실적인 그 무엇이라고 인정될 수 있는 것이 아니라, 우리가 감성계에 속하는 모든 사물들이 총체적 연결 근거가 마치 이성존재자에게 있는 것처럼 생각하기 위해서 필요한 것이다.

칸트는 『순수이성비판』의 「선험적 원리론」 제3장 7절 중 "인간이성의 자연적 변증성의 궁극적 의도"에서 이성의 대상들 가운데서, 특히 신의 이념을 목적론적으로 접근해 가는 시도를 보여 주고 있다.(순수 A685 B713-714)

> 순수이성의 셋째 이념, 즉 모든 우주론적 계열의 유일하면서도 보편적인 원인으로서 한 존재자를 다만 관계적으로 예상하는 이념은 신에 관한 이성 개념이다.(순수 A685 B713)

이성은 이 세계의 모든 결합을 최고의 보편적인 원인에서 발현한 것처럼 보이는 체계적 통일의 원리에 의하여 고찰하려는 성향이 있다. 이성개념에서만 기인하는 최고의 형식적 통일은 사물들의 합목적적 통일이며, 이성의 사변적 관심은 세계내의 모든 질서를 마치 그것이 필연적으로 최고 이성의 의도에서 싹튼 것처럼 보이게 한다. 이런 원리는 경험의 영역에만 적용되고 있는 우리의 이성에게 목적론적 법칙에 따라 세계의 사물을 연결시킴으로써 최대의 체계적 통일에 도달할 수 있도록 한다. 그리하여 세계 전체의 유일한 근본 원인으로서 최고예지자의 가정은 이성이 그것을 이념으로만 가정하고 또한 규제적 원리로서만 사용한다면 체계적 지식을 구축하는 데 유용할 수 있다. 우리는 자연에서 '기계론적 물리적 연쇄'nexus effectivus는 발견할 수 있으나 '목적론적 연쇄'nexus finalis를 증명할 방법을 찾지는 못했다. 그러나 자연조직이 어떤 특정한 목적을 갖고 있지 않다는 것을 증명하기도 불가능하다. 그렇기 때문에 우리는 최고의 세계 원인의 합목적적 인과성이라는 이념에 의해서, 그리고 세계 원인을 마치 최고의 예지자로서 가장 현명한 의도에 의해 모든 것의 원인인 것처럼 생각하는 것은 자연에서 최대의 체계적 통일성을 구축하려는 이성의 규제적 원리에 지나지 않는 것이다.(순수 A688 B716-717)

그런데 최고존재자를 규제적 원리가 아닌 구성적 원리로 사용하게 되면 '이성의 태만'ignava ratio(순수 A689 B717)과 '이성의 전도'perversa ratio(순수 A692 B720)가 생기게 된다. 모든 독단주의적 태도는 이성으로 하여금 자신의 과제를 완수한 것처럼 여기게 할 수 있다. 그리하여 이성은 태만에 빠지게 된다. 최고 예지자의 근거를 자연신학적 체계 속에서 찾으려는 것도 이와 비슷한 결과를 초래하게 된다. 다시 말하면 원인이 물질에 관한 기계론의 일반법칙 중에서 탐구되지 않고 최고지혜의 불가사의한 결의에서 기인된다고 생각하게 되면 이성의 노력은 이미 완료된 것이나 다름없을 것이다. 그리하여 칸트는 목적론적 연결의 체계적 통일을 규제적 원리로서만 설정함으로써, 경험에 관한 이성사용에서는 반드시 물리적 기계론적 연결을 탐구할 수 있게 하였다. 또한 동시에 보편적 법칙에 의하여 자연의 통일을 보완해야 할 목적론이 최고존재자를 구성적으로 주장하게 될 경우에, 그것은 오히려 자연의 통일을 파기하는 방향으로 기울어지게 한다. 자연의 통일은 사물의 본성과는 전혀 관계가 없고 우연적이기 때문에 자연의 보편적인 법칙으로 인식할 수 없다. 그러므로 자연 통일의 전제 근거로서 최고존재자를 구성적으로 주장하게 되면, 우리는 먼저 증명해야 할 것을 전제하게 되는 잘못된 순환논증에 빠지게 된다. 그리하여 이성의 대상개념인 선험적 이념을 결코 구성적으로 사용하는 것이 아니므로, 어떠한 대상의 개념을 제공하는 것이 아니며, 따라서 그것은 규제적으로만 사용해야 한다.

2) 순수이성의 이상 : 비판철학적 신 개념

"첫째로 세계질서와 보편적 법칙에 따르는 그 관계와의 근거를 포함하며 세계와 구별되는 그 무엇이 있는가라고 묻는다면, 의심하지 않고 나는 있다고 대답할 것이다. 왜냐하면 세계는 현상의 총체이며, 그 어떤 선험적인, 즉 오로지 순수한 지성에 의해서만 사고될 수 있는 근거가 있지 않으면 안 되기 때문이다. 둘째로 이 존재자는 최대의 실재성을 가지며, 필연적이고, 또한 어떤 성질을 가진 실체인가라고 묻는다면, 나는 이 물음이 전혀 무의미하다고 대답할 것이다. 왜냐하면 내가 그러한 대상의 개념을 구성하기 위한 모든 범주는 경험적 사용 이외에 달리 사용될 수 없는 것이며, 만일 그것이 가능한 경험의 객체, 즉 감성계에 적용되지 않으면 전혀 무의미하기 때문이다. 경험의 범주 밖에서는 모든 범주가 다만 개념의 명칭에 불과한 것이며, 그것은 그런대로 허용되지만, 그러나 그것을 가지고서는 아무것도 이해할 수 없는 것이다. 셋째로 우리는 적어도 세계와 구별되는 이 존재자를 경험의 대상과의 유추에 의하여 사고할 수 있는가라고 물을 수 있다. 이에 대해서는 물론 있다고 대답할 수 있다. 그러나 그것은 다만 이념의 대상으로만 사고할 수 있다는 말이지 실재의 대상으로 사고할 수 있다는 말은 아니다. 다시 말하면 그 대상이 세계 조직의 체계적 통일, 질서 및 합목적성의 아직 알려지지 않은 기체인 한에서만 사고될 수 있다는 말이다. 이성은 그것을 자연연구의 통제적 원리로 삼지 않으면 안 된다."(순수 A696 B724-725)

> 우리는 유일하고 전지전능한 세계창조자를 받아들일 수 있는가?(라고 묻는 사람이 있을 것이다.) 전혀 의심할 여지가 없다. 그리고 뿐만 아니라 도리어 우리는 그러한 세계창조자를 전제하지 않으면 안 된다.(순수 A697 B725-726)

「선험적 방법론」 제2장: "순수이성의 규준", 제2절: "순수이성의 궁극목적의 규정 근거인 최고선의 이상에 관하여"(순수 A804-805 B832-833)에서는 도덕적 실천과의 연관성 속에서 신을 '최고선의 이상'으로 설정하고 있다. 칸트의 세 번째 물음 "나는 무엇을 희망해도 좋은가?"라는 물음은 종교철학을 겨냥하고 있으며, 희망을 주제로 하고 있다. 칸트는 희망과 실천적인 것 또는 도덕법과의 관계를 사물에 대한 이론적 인식 또는 지식과 자연법칙의 관계와 동일하게 파악한다. 그런데 희망은 궁극적으로 인간의 행복과 관련된다. 그리고 칸트는 도덕적 행위와 관련하여 '행복'Glückseligkeit을 '행복할 가치가 있는 것'Glückwürdigkeit과 구분한다. 행복은 우리가 추구하는 모든 성향의 만족을 말한다. 그리고 이와 직접적으로 관련된 실천적 법칙은 실용적인 '영리의 규칙'이며, 우리가 경험적으로 행복하기를 원하는 경우에 무엇을 할 것인가를 지시해 준다. 왜냐하면 경험을 매개하지 않으면 자신이 어떤 성향이 만족되기를 바라는지, 그리고 어떤 자연 원인이 만족을 줄 수 있는가를 알지 못하기 때문이다. 그러나 행복해도 좋을 품격만을 동기로 하는 것은 도덕법이다. 도덕법은 우리가 행복할 가치를 누리기 위해서 마땅히 어떻게 행동할 것인가를 명령한다. 그러나 이 경우에 그것은 어떤 특정한 성향이나 혹은 이를 만족시킬 수 있는 자연수단을 추상하고, 오직 이성적 존재자 일반의 자유가 행복의 분배와 원리적으로 합치할 수 있는 필연적 조건만을 고찰한다.(순수 A806 B834) 그런데 도덕법은 절대적으로 명령하고 있기 때문에 "도덕적 사용에서 경험의 가능성 원리", 즉 "인류의 역사에서 발견될 수 있는 도덕적 규칙에 적합한 행동의 원리"를 포함해야 한다. 다시 말하면 이성은 그러한 행동이 마땅히 일어나야 한다고 명령하기 때문에 그것이 일어나지 않을 수 없는 것이다. 이러한 일이 가능하기 위해서는 자연에서 인과적 통일성 이외에 또 하나의 특수한 체계적 통일, 즉 도덕적 통일이 가능하지 않으면 안 된다. 그러나 이성의 사변적 원리에 의하여 체계적 자연 통일이 증명될 수 없다는 문제가 제기된다. 이성은 자유 일반에 대해서는 인과성을 가지지만 전 자연에 대해서는 인과성을 갖지 않으며, 도덕적인 이성 원리는 자유 행동을 산출하지만 자연법칙을 산출할 수는 없기 때문이다.(순수 A807 B835) 한마디로 순수이성의 사변적 사용과 도덕적 사용 사이에서는 구조상이성이 자리 잡고 있으며, 그 때문에 행복할 가치가 있는 품격을 요구하는 도덕법과 경험적으로 충족되어야 하는 행복의 관계에서도 동일한 문제가 발생한다.

3. 최고선의 이상과 신비적 단체[04]

이러한 문제를 해소하기 위하여 칸트가 『순수이성비판』에서 상정하고 있는 세계가 바로 '도덕적 세계' 개념이다. 그러나 칸트가 말하는 도덕법과 합치된 세계는 하나의 가상적 세계 이념 또는 실천적 이념으로서 세계를 가능한 한 이 이념에 합치하도록 하기 위하여 감성계에 그 영향을 줄 수도

04 이 글은 김진 「칸트에서의 최고선과 도덕적 진보」(『칸트연구』 2, 1996)에 기초한 것이다. 참고문헌으로는 신상형 「도덕론적 신존재 증명에 대한 논박」(『대동철학』 23, 2003), 강지영 「칸트 윤리학의 맥락에서 본 최고선에 대한 논의들」(『철학사상』 27, 2008), 백종현 「칸트에서 '가능한 세계의 최고선'」(『철학연구』, 96, 2012), 안현석 「칸트 최고선의 도덕적 해석과 비판」(『감성연구』 13, 2016) 등이 있다.

있고, 또 마땅히 주어야 하는 것이다. 물론 칸트는 지성적 직관과 대응한다는 의미에서가 아니고 그 실천적 사용에서 도덕적 세계 이념의 객관적 실재성을 요구한다.(순수 A808 B836) 이러한 요구는 그의 종교철학에서는 대단히 구체적이고도 발전적으로 논의되고 있다. 이성적 존재자의 자유의지가 도덕법 아래에서 자기 자신의 자유와 다른 모든 사람들의 자유와 전반적 체계적 통일을 이루게 될 경우에 도덕적 세계는 감성계에서 이성적 존재자의 '신비적 단체'corpus misticum가 된다.(순수 A808 B836) 이러한 개념 구상은 역시 그의 종교철학에서 지상에서 하느님의 나라를 무한하게 실현하기 위하여 노력하는 '불가시적 교회' 개념으로 구체적으로 드러난다. 이와 같은 도덕적 세계는 필연적으로 "도덕성과 비례적으로 결합된 행복의 체계"이라고 설계하지 않으면 안 될 것이다.(순수 A809 B837) 다시 말하면 행복을 누리려는 희망과 행복을 누릴 가치를 이루기 위한 부단한 정진과의 필연적 연결은 자연을 근거로 하는 동시에, 도덕법을 의무로서 이행할 것을 명령하는 최고 이성이 동시에 원인으로서 자연의 근저에 놓이는 경우에만 희망할 수 있다.(순수 A810 B838) 이처럼 칸트는 "도덕적으로 가장 완전한 의지가 세상의 모든 행복의 원인인 최고의 정복과 결부한 그런 지성의 이념이 도덕법(행복할 가치)과 긴밀한 관계를 가졌을 경우에 그것을 최고선의 이상"das Ideal des höchsten Guts이라고 부른다.(순수 A810 B838)

칸트에 의하면 도덕성은 그 자체가 하나의 체계를 구성한다.(순수 A811 B839) 그러나 행복은 그것이 도덕성에 적합하게 있지 않는 이상 그 자체적으로 체계를 구성하지 못한다. 이성은 가상적 세계에서 전지한 창조자와 지배자나 그런 세계에서 생존을 상정하거나, 그렇지 않으면 도덕법을 공허한 망상이라고 볼 수밖에 없을 것이다.(순수 A811 B839) 그러므로 신과 내세적 희망의 세계가 없으면 도덕의 이념은 찬사와 탄복의 대상은 될지언정 기도와 실행의 대상은 되지 못한다.(순수 A813 B841) 그러나 이러한 세계는 감성계가 물의 성질로 보아서 그와 같은 목적의 체계적 통일을 약속하지 않기 때문에, 그리고 그 실재성은 근원적 최고선의 전제 이외에 어떤 다른 것에도 근거를 두고 있지 않으므로 가상적 세계에 지나지 않는다. 그리하여 도덕신학은 사변적 신학이 우리에게 보여 주지 못하는 근본적 존재자, 즉 유일하고 가장 완전한 이성적인 근본적 존재자에로 이끌어 가고 있다. 선험적 신학이나 자연신학에서는 이성이 유일한 존재자를 상정할 어떤 근거나 이유도 발견할 수 없었으나, 도덕적 통일의 관점에서는 이 법칙에 적당한 효력과 구속력을 부여할 수 있도록 모든 자연원인들을 종속시킬 수 있는 최상의 유일존재자를 상정할 수 있게 된 것이다. 이러한 최상의 의지가 아니고서는 여러 가지 의지들 가운데서 목적의 완전한 통일을 발견할 수 없을 것이다. 칸트에 의하면 "이러한 의지는 모든 자연과 세계에서 도덕에 대한 모든 자연의 관계와 이 의지에 복종하기 때문에 전능이 아닐 수 없으며, 이 의지는 가장 내면적인 심정과 그 도덕적 가치를 인식하기 때문에 전지全知가 아닐 수 없으며, 이 의지는 세계의 최고와 최선을 요구하는 모든 욕망에 직접적으로 접근하기 때문에 편재하지 않을 수 없으며, 자연과 자유의 이와 같은 합치가 어느 시대에나 없는 것이 아니기 때문에 이 의지는 영원한 것이 아닐 수 없다."(순수 A815 B843) 그리하여 칸트는 도덕신학적 요구를 근거로 하여 최상의 존재자의 객관적 실재성을 요구하고 있으며, 신의 구체적인 현실적 작용들까지 기술한 것이다.

칸트는 이러한 도덕적 세계를 자유의 체계인 가상계라고 규정하고 자연으로서 감성계와 대비시키고 있다. 그리고 예지적 세계에서 목적의 체계적 통일은 전체 만물의 합목적적 통일을 이루게 된다. 그리하여 목적의 체계적 통일은 보편적 필연적 도덕법에 의거하고 만물의 합목적적 통일은 보편적 자연법칙에 의거함으로써, 목적의 체계적 통일은 실천이성을 사변이성과 결합시킨다.(순수 A815-816 B843-844) 그러나 이러한 원리들은 언제나 내재적 또는 규제적으로만 사용해야 한다.

칸트는 『순수이성비판』의 「선험적 원리론」 제3장 7절 "이성의 사변적 원리에서 성립한 모든 신학의 비판"에서 '신'의 개념을 자연의 근원으로 보지 않고, 지성과 자유에 의하여 만물의 창조자가 되어야 할 최고존재자로 규정하고 있다. 물론 이와 같은 개념규정은 이론적 인식의 한계를 넘어서서 실천적 인식, 이성의 실천적 사용과 긴밀한 관계가 있다. "절대 필연적인 실천법칙(도덕법칙)이 있다. 그렇기 때문에 이 법칙의 구속력의 가능한 제약으로서 그 어떤 것의 현존재를 필연적으로 전제하는 경우에는 이 현존재가 요청되어야 한다."(순수 A634 B662) 칸트는 여기에서 절대적인 최고존재자의 현존이 도덕법의 구속성을 확보하는 데 필수적으로 요구해야 할 조건이라는 사실을 밝히고 있다. 신을 실천적인 맥락에서 요청한 것이다.

1) 최고선 개념의 다의성과 통일성

칸트의 최고선 개념은 그의 사상 형성의 추이에 따라 여러 형태로 나타나고 있다. 그러나 그처럼 여러 형태로 표현된 최고선 개념이 함축하고 있는 의미와 그러한 개념 사용의 의도는 통일적인 것처럼 보인다. 칸트는 최고선 개념을 도덕적 실천의 최종목표로 제시하고 있다. 그러나 문제는 칸트가 도덕적 실천의 최종목표로 설정하고 있는 최고선 개념을 내용적으로 그 실현 가능성을 위해 요청하는 이론명제들과 명확하게 구별하지 않고 있다는 점이다. 따라서 칸트가 최고선 개념을 어떤 식으로 이해하고 있는가를 면밀하게 주시할 필요가 있다.

먼저 초기와 비판기의 칸트는 최고선 개념을 기독교적 신 개념이나 그로부터 소급가능한 세계 개념에서 찾고 있다. 비판기 이전 시대의 작품, 특히 『낙관주의에 대한 몇 가지 고찰의 시도』[05]에서 칸트는 이미 최고선의 개념을 사용하고 있으며, 그것은 기독교 신학에서 변신론이나 라이프니츠의 형이상학적 신 개념과 직접 관련이 있다. 라이프니츠는 "이 세계가 가능한 세계 가운데서 최선의 세계이거나 그와 같은 세계이고, 신이 그 자신의 외부에 창조해 놓은 만물의 총체는 창조될 수 있었던 가운데서 최선의 것"이라고 말한다.(낙관 WA 1, A3) 그러나 반대론자들은 가장 완전한 최선의 세계란 모든 수 가운데서 가장 큰 수처럼 모순적인 개념이라고 주장한다. 그러나 칸트는 수학에서 무한성 개념과 실재세계에서 무한성 개념을 구분한다. "수학에서 무한성과는 달리 여기서는 유한한 것이 끊임없이 계속되며, 또한 언제나 가능한 증가로 인하여 연속성의 법칙에 의하여 무한한 것과 연결된다. 여기에서 유한한 실재와 무한한 실재의 간격은 그 차이를 만드는 어떤 특정한 크기에 의하여 확정된다. 그리고 존재들의 사다리의 연쇄로 이루어져 있는 세계는 그 속에 측정 불가능할 정도로 많은 완전성의 정도들을 포함한 간극이 있는데, 이러한 완전성의 정점에 신이 위치한다. 나는 이러한 세계를 유한한 모든 것 중에서 가장 완전한 것이라고 부른다."(낙관 WA 1, A6) 칸트는 이 세계가 가능했던 모든 것 가운데서 가장 탁월한 세계이고 '유한한 최고선'das höchste endliche Gut이라고 주장한다. 신이 모든 가능한 세계들 가운데서 가장 탁월하다고 선택했던 이 세계 자체가 최고선인 것이다. 여기에서 칸트는 이와 같은 세계가 유한하다고 지적하는 것을 잊지 않고 있다. 그리고 물론 이 논문에서 최고선 개념은 존재론적 관심에서 규정

05 Immanuel Kant, *Versuch einiger Betrachtungen über den Optimismus*. Königsberg 1759.(『낙관주의에 관한 몇 가지 고찰들에 대한 탐구』. 이하 '낙관'으로 줄인다.) 이한구 역, 「낙관주의에 관한 시론」, 『칸트의 역사철학』, 서광사 1992, 135 이하.

되고 있으며 도덕적 실천의 종국목표라는 성격은 찾아볼 수 없다. 그러나 신에 의하여 창조될 수 있는 세계 가운데서 최선의 것으로 만들어진 이 세계는 도덕적 실천 주체에게 생존할 수 있는 공간을 제공하여 도덕적 수행을 가능하게 한다. 칸트의 종교철학적 저술에서는 이 세계 기반위에서 불가시적 교회, 즉 지상에서 하느님의 나라를 확장하는 것을 도덕적 실천의 중요한 과제로 설정하고 있다.

그러나 칸트는 『순수이성비판』에서 최고선 개념을 '이 세계'에서 '저 세계'로 변형하고 있다. 그리고 여기에서는 적어도 두 가지의 최고선 개념, 즉 도덕적 세계로서 미래세계 또는 "그 자체적으로 보상하는 도덕성의 체계"와, "도덕성과 그에 부합되는 행복이 비례적으로 결합된 체계"로 구분하고 있다. 이러한 개념들은 결국 하느님 존재의 작용 안에서만 가능적으로 상정할 수 있는 도덕적 세계질서이다. 칸트가 『순수이성비판』에서 "도덕성과 그에 부합되는 행복이 비례적으로 결합된 체계"라고 규정한 최고선 개념은 『실천이성비판』에 이르게 되면서 보다 새롭게 변형된다. 그는 우선 "도덕성과 행복의 완전한 비례적 결합"을 최고선 개념으로 규정하지만, 그것이 가능하게 주어질 수 있는 '세계' 개념은 그것과 독립적으로 파악한다. 특히 그는 신적인 세계 개념을 비례적 결합의 가능성을 위한 조건명제, 즉 신의 현존요청으로 변형하였다. 칸트는 최고선의 완전한 실현 가능성을 위해서 하느님의 존재를 요청한 것이다.

또한 『판단력비판』이나 『세계의 시민사적 관점에서 본 보편사의 이념』[06]에서는 최고선이 자연과 역사의 최종목적으로 설정되어 있고, 『학부

06 Immanuel Kant, *Ideen zu einer allgemeinen Geschichte in weltbürgerlicher Absicht*, Akad. Ausg. Bd.8, Berlin 1912, 15–31: Der Aufsatz erschien in der Berlinischen Monatsschrift Jg. 1784, November-Heft, 385–411.(이하 '세계'로 줄임.)

논쟁』[07]이나 『영원한 평화에 대하여』[08] 등의 작품에서는 세계시민정부에 의한 영원한 평화의 확보가 정치적 최고선으로 규정되고 있다. 최고선을 실현하는 인간의 노력 역시 보다 나은 선을 향한 무한한 접근 노력이라는 적극적인 양태와 이 세상에서 가능한 모든 질병과 기근, 전쟁과 같은 부정적 사실들조차도 결국에는 선을 촉진하는 도구로 사용된다는 소극적 양태로 구분될 수 있다. 이처럼 칸트의 최고선 개념은 여러 형태로 사용되고 있으며, 사상의 발전에 따라서 달라지고 있다. 다시 말하면 칸트는 최고선이라는 개념을 '유한한 세계', '하느님의 존재'와 그로부터 파생되는 신적 세계로서 '도덕적 세계', 그리고 그러한 세계 속에서만 가능하게 생각될 수 있는 '도덕성과 행복의 완전한 비례적 결합', 자연의 '궁극 목적', 세계 시민정부에 의한 '영원한 평화' 등에 적용시켰다. 이러한 최고선 개념의 여러 형태들은 그의 사상적 발전의 추이를 짐작해 볼 수 있는 좋은 자료가 된다. 왜냐하면 처음에는 애매하게 규정하였던 최고선 개념을 도덕철학의 정리와 더불어 점점 구체적으로 발전시켰으며, 초기에 최고선으로 상정했던 하느님의 존재와 그로부터 가능한 세계 개념을 요청 개념으로 전환하고 있기 때문이다. 그러나 최고선 개념의 다양성과 다의성에도 불구하고 그 속에 들어있는 의미와 개념 사용의 의도는 통일성을 유지하고 있다. 칸트는 최고선을 도덕적 실천의 최종목적으로 제시하고 있으며, 이 세계에 살고 있는 도덕적 주체들에게 그것은 '이념'으로 주어져 있으나, 요청명제를 통하여 실현가능한 것으로 실재적 의미를 갖게 된다.

07 Immanuel Kant, *Der Streit der Fakultäten*. Königsberg, bei Friedrich Nicolovius 1798. 129–162. 2. Abschnitt. *Der Streit der philosophischen Fakultät mit der juristischen. Erneuerte Frage: Ob das menschliche Geschlecht im beständigen Fortschreiten zum Besseren sei*.(이하 '학부'로 줄임.)

08 Immanuel Kant, *Zum ewigen Frieden. Ein philosophischer Entwurf*. Königsberg A: 1795, B: 1796.(이하 '평화'로 줄임.)

2) 최고선의 이상과 도덕적 세계

도덕적 실천의 가능성 조건과 관련된 최고선의 개념 규정은『순수이성비판』의 방법론에서 찾아볼 수 있다. 칸트는『낙관주의에 대한 몇 가지 고찰의 시도』에서 유한한 최고선으로 규정한 '가장 탁월한 세계로서 이 세계' 개념을 비판기에 이르러서 더 이상 최고선이라고 여기지 않고, 이 세계의 다음에 올 것이라고 기대하는 '미래 세계' 또는 '도덕적 세계질서'를 파생적인 의미에서 최고선으로 정의하고 있다. 그리하여 칸트는 최고선의 개념을 신이 창조한 '이 세계'로부터 신이 예비하고 있는 가능세계로서 '예지적 세계'의 개념으로 변형하고 있다. 순수이성의 실천적 사용과 관련한 칸트의 두 가지 중요한 물음은 실천적 행위 내용의 규정과 그에 따른 도덕신학적 희망의 내용에 대한 것이다. 이 두 개의 물음은 칸트의 도덕법과 최고선 개념에 직접적인 연관성을 갖는다. 칸트에서 도덕법은 단적인 사실로서 주어져 있으며, 우리는 그것을 숭고한 의무로서 인식하고 있다. 그리고 이러한 도덕법은 우리에게 최고선의 실현을 요구하고 있다. 그렇다면 우리는 도대체 무엇을 해야 하고 무엇을 희망해도 좋은가?

칸트가 말하는 도덕법은 행복을 직접적으로 목표하는 것, 즉 행복의 추구를 도덕적 행위의 동기로서 채택하는 것이 아니라, 어떤 도덕적 주체가 그 행위로 인하여 행복을 누릴 수 있다고glückwürdig 여겨도 좋은 일만을 동기로 삼을 것을 명하고 있다. 그리고 순수이성은 그 실천적 사용에서 이와 같은 도덕적 규정에 의거하여 인간의 역사 속에서 드러날 수 있는 행위를 가능하게 하는 원리를 가지고 있다. 칸트에 의하면 이성은 이런 행위가 마땅히 해야 할sollen 것을 명령하기 때문에 이런 행위는 반드시 행할 수 있어야 한다können müssen. 그러나 이런 사실들이 가능하기 위해서는 하나의 특수한 체계적 통일성, 즉 도덕적 통일을 선행적으로 요구하지 않으면 안 된다.

다시 말하면 도덕적 행위들을 자연에서 인과적 사건들처럼 체계적으로 설명할 수 있거나, 자연의 사건들에 대해서도 실천적 자유 사용이 가능해야 할 것이다. 그렇지만 이성의 사변적 사용의 원리에 의하면 그와 같은 체계적 자연통일은 증명할 수 없다. 이성은 자유 일반에 대해서는 원인을 갖지만 자연 전체에 대해서는 원인성을 갖지 않기 때문이다. 또한 도덕적 이성 원리는 자유로운 행위를 산출하지만 자연법칙을 산출하지 못하기 때문이다. 여기에서 도덕법칙과 자연법칙은 각각 그것을 적용하는 차원을 달리하고 있다. 도덕적 규정은 자연법칙이 지배하는 세계에 아무런 영향도 미치지 못하고 어떤 구속력도 가지지 못한다. 이것을 우리는 칸트에서 '자연법칙과 도덕법칙 사이의 구조상이성'이라고 정의할 수 있으며, 칸트철학에서 가장 중요한 세계관적 전제의 하나라고 생각할 수 있다.

그리하여 칸트는 이제 전혀 다른 구조차원을 가지고 있는 자연 질서에도 도덕법을 적용할 수 있는 새로운 세계 개념을 구상하게 된다. 그리고 이와 같은 세계 개념을 칸트는 새로운 최고선 개념으로 상정하면서, 이처럼 새로운 세계를 '도덕적 세계'라고 부른다. 도덕적 세계란 이성적 존재의 자유라고 하는 관점에서 보면 그 존재가 가능하고, 도덕성의 법칙에서 보면 필연적으로 존재해야 하는 세계로서, 그 모두가 도덕법에 의거해 있다고 가정하는 한에서 세계를 말한다.(순수 A808 B836) 그런 세계의 존재는 순수이성의 사변적 원리로는 증명할 수 없는 '예지적 세계'이다. 그것은 도덕의 조건들뿐만 아니라 인간의 나약성과 불순성까지도 배제하는 실천적 이념으로서 세계이지만, 칸트는 이와 같은 이념을 실제로 감성계에 영향력을 행사할 수 있고 또한 행사해야 하는 세계이념으로 상정한다. 물론 칸트는 도덕적 세계가 지성적 직관의 대상이 아니라는 사실은 분명하게 강조한다. 그러나 순수 이성의 실천적 사용에서 그와 같은 도덕적 세계는 감성계와 교섭하고 영향을 미칠 수 있다고 본다. 다시 말해서 그것은 실천적 도덕적 사용에서 객관적 실재성을 가진다. 또한 칸트는 이성존재의 자의성이 도덕법 아래에서 그 자신뿐만 아니라 다른 모든 사람의 자유와 철저하게 체계적 통일을 이루는 한에서 도덕적 세계를 바로 감성계에서 이성존재의 '신비체'corpus mysticum라고 부른다. 그리고 이러한 도덕적 세계의 설정은 도덕적 실천을 수행하는 이성존재자에게 희망의 가능 근거로 작용한다.

이와 같은 근거에서 칸트는 "나는 무엇을 해야 하는가?"라는 물음에 대하여 "네가 행복할 만한 가치가 있도록 행위하라"(Tue das, wodurch du würdig wirst, glücklich zu sein.)고 대답할 수 있게 된다.(순수 A809 B837) 또한 우리는 칸트의 두 번째 물음과 대답을 그의 세 번째 물음에 적용할 수 있다. 이런 경우에 "나는 무엇을 희망해도 좋은가?"라는 물음은 이제 "만일 내가 행복할 가치가 없지 않도록 행동하였다면, 이로써 나는 행복을 나눌 수 있으리라고 희망해도 좋은가?"라는 구체적인 물음으로 이행할 수 있다. 이에 대하여 칸트는 "도덕 원리가 이성의 실천적 사용에서 필연적인 것과 마찬가지로 이성의 이론적 사용에서도 필연적으로 모든 사람은 그 행동에서 행복할 만한 가치가 있도록 한 것과 같은 정도로 행복을 희망할 수 있는 근거를 가지며, 따라서 도덕성의 체계는 행복의 체계와 불가분하게, ―물론 그것은 순수이성의 이념에서만,― 결합하여 있는 것으로 생각할 수 있다"고 말한다. 칸트가 여기에서 상정하고 있는 도덕적 세계는 필연적으로 "도덕성과 그에 부합하는 행복이 비례적으로 결합하여 있는 체계"ein solches System der mit der Moralität verbundenen proportionierten Glückseligkeit일 수밖에 없다. 그러나 이처럼 "그 자체적으로 보상하는 도덕성의 체계"System der sich selbst lohnenden Moralität는 하나의 실천적 이념으로서 언제나 모든 사람이 그가 해야 할 것을 행하는 것을 조건으로 요구한다. 다시 말하면 도덕적 세계는 이성존재자들의 모든 행위들, 즉 개인적인 자의성이나 집단적 행위들이 최고 존재자의 의지에서 비롯되는 것처럼 이루어져야 한다는 것을 조건으로 하고 있다.(순수 A810 B838)

그러나 칸트가 말하는 도덕성의 체계는 그 실재성을 이론적으로 입증할 수 없다는 어려움에 직면하여 있다. 그리고 이러한 도덕적 체계를 보장하는 신의 존재 역시 이론적 사유대상이 되지 못한다. 그러므로 "도덕법으로부터 구속성은 비록 다른 사람들이 도덕법에 맞게 행동하지 않더라도 모든 특별한 자유 사용에 대해서 타당하므로, 도덕법의 결과가 행복과 어떤 관계를 가지는가의 문제는 세계의 사물의 성질이나, 또는 행위 자체의 인과성, 그리고 행위와 도덕성의 관계가 결정하는 것은 아니다. 그리고 앞에서 지적한 '행복하기 위한 희망'Hoffnung, glücklich zu sein과 '행복할 가치[행복해도 좋은 품격]를 위한 부단한 정진'unablässiges Bestreben, sich der Glückseligkeit würdig zu machen 사이의 필연적 연결은 자연을 근거로 하는 경우에 이성으로는 인식할 수 없고, 도덕법에 따라서 청원하는 최고의 이성höchste Vernunft이 동시에 자연의 원인으로 있는 경우에만 가능할 수 있는 것이다."(순수 A810 B838) 칸트는 여기에서 도덕법의 구속성은 자연법칙이 지배하는 세계 속에서는 확증적으로 논의할 수 없으나, 도덕법의 원인을 동시에 자연법칙으로 운용하는 세계의 원인인 최고의 이성 존재자 또는 도덕적으로 가장 완전한 의지 존재자인 경우에는, 그것을 결정적으로 확보할 수 있다는 점을 시사한다. 계속해서 칸트는 도덕적으로 가장 완전한 의지가 세상의 모든 행복의 원인인 최고의 정복Seligkeit과 결합하여 있는 그와 같은 지성의 이념이 도덕성(행복할 가치가 있는 것)과 긴밀한 관계를 가지는 경우에 '최고선의 이상'das Ideal des höchsten Guts이라고 부른다.(순수 A811 B839) 그리하여 순수이성은 '근원적 최고선의 이상'das Ideal des höchsten ursprünglichen Guts에서만 '파생적 최고선'das höchste abgeleitete Gut인 지성적, 도덕적 세계를 구성하는 두 계기들의 실천적 필연적 결합의 근거를 찾게 된다. 그러나 우리의 감관에서 그와 같은 도덕적 세계를 결코 현상들의 세계로 표상하지 않으므로, 우리는 그것을 하나의 '미래 세계'künftige Welt로 상정하지 않을 수 없게 된다. 그러므로 도덕적 세계는 하느님과 내세적 삶이라는 두 가지 전제하에서 비로소 가능하게 된다. 칸트는 여기에서 '최고선의 이상'으로 불리는 신의 존재와 그가 통치하는 도덕적 세계가 실천적 도덕적 의미에서만 실재성을 가진다는 사실을 강조한다.

칸트는 도덕성 그 자체가 하나의 체계를 구성하지만, 행복은 도덕성에 비례하여 정확하게 배분해 주는 경우를 제외하고는 결코 체계를 구성하지 못한다고 보았다. 그러나 그와 같은 배분은 지성적 세계 안에서 전지한 창조자와 통치자 아래서만 가능하다. 이성은 그와 같은 존재자와, 그리고 우리가 내세라고 보는 그러한 세계에서 삶을 상정하거나, 그렇지 않으면 도덕법이 사실성을 결여한 '공허한 망상'leere Hirngespinste이라고 보지 않을 수 없다. 왜냐하면 전지한 창조자가 도덕법과 행복을 연결시켜 주지 못하면 도덕법의 구속성은 위협받기 때문이다. 그러므로 모든 사람들은 도덕법을 하느님의 계율Gebote인 동시에 신적인 의무라고 생각하는 것이다. 만일 도덕법이 이러한 합목적적인 통일을 가능하게 할 수 있는 최고선인 필연적 존재자에게 있는 것이 아니라면 우리에게 의무를 부과하거나 희망을 약속하는 일은 결코 성립할 수 없을 것이다.(순수 A811-812 B839-840) 그러나 칸트는 우리가 실현 불가능한 일을 도덕법이 의무로 부과할 경우에 그와 같은 명령은 도덕적 구속성을 상실할 뿐만 아니라, 그의 도덕철학 체계 전제를 위협할 수 있다는 사실에 대해서는 『순수이성비판』에서 크게 유의하지 않았다.

○

제9장 최고선과 요청

: 『실천이성비판』의 종교철학[01]

1. 순수이성의 '이상'에서 실천이성의 '요청'으로

칸트는 『순수이성비판』에서 모든 신 존재 증명을 비판하고 도덕성의 개념을 바탕으로 최고의 신적 존재에 대한 철학적 인식을 모색한다.(순수 B842) 이를 위하여 칸트는 단순히 '교의적 신앙'과 '도덕적 신앙'을 대립시켰다.(순수 B855-856) 칸트는 형이상학적 우주신학을 제거한 후에 가능한 신의 개념은 오직 윤리학 안에서만 발견할 수 있다는 입장을 취한다. "종교는 (주관적으로 보아) 신적인 사명으로서 우리의 모든 의무에 대한 인식이다."(종교 VI 153) 그러므로 신은 윤리학의 영역에 속한다. 따라서 '도덕신학'(순수 B842) 또는 '윤리신학'(판단 86)은 필연적으로 특별한 종류의 신앙, 즉 지식이나 객관적 인식의 대상이 아닌 '희망의 대상'으로서 신, 곧 '순수한 실천이성의 요청'으로서 신에 대한 신앙을 요구한다.[02] 칸트는 『실천이성비판』의 「변증론」, 『판단

01 참고논문으로는 신상형 「도덕론적 신존재 증명에 대한 논박」(『대동철학』 23, 2003), 문성학 「칸트 윤리학에서 '실천이성의 사실'」(『철학연구 90, 2004), 맹주만 「칸트의 실천이성의 이율배반: 독법과 해법」(『철학탐구』 21, 2007), 강지영 「칸트 윤리학의 맥락에서 본 최고선에 대한 논의들」(『철학사상』 27, 2008), 백종현 「칸트에서 "가능한 세계의 최고선"」(『철학연구』 96, 2012), 김종국 「칸트의 행복주의 비판은 아리스토텔레스를 적중하는가?」(『칸트연구』 31, 2013), 안현석 「칸트 최고선의 도덕적 해석과 비판」(『감성연구』 13, 2016), 김진, 「칸트에서 행복의 의미」(『철학논집』 44, 2016) 등이 있다.

02 빌헬름 바이셰델은 칸트의 철학적 신학에서 '보편타당성 주장'을 부정하는데, 칸트의 철학적 신학은

력비판』의 「방법론」, 그리고 『이성의 오롯한 한계 안의 종교』에서 '실천이성의 종교'를 다루고 있는데, 이것은 주로 최고선과 악의 개념을 주축으로 한다.

칸트는 이 문제를 『실천이성비판』 제1부 「순수한 실천이성의 원리론」, 제2권 "순수 실천이성의 변증론", 제5절 "순수한 실천이성의 요청인 신의 존재"Das Dasein Gottes, als ein Postulat der reinen praktischen Vernunft 중에서 계속 발전시키고 있다.(실천 A223-225) 『순수이성비판』에서는 '이념'Idee이었던 하느님의 존재 문제를 『실천이성비판』에서는 '요청'Postulat으로 규정하고 있는 것이다.

칸트는 '하느님의 존재'를 도덕법에 적합한 행복을 가능하게 하는 필연적인 조건으로서 요구하였다. 행복이란 현세에 살고 있는 이성존재자가 자기의 뜻대로 할 수 있는 상태를 말하는데, 이것이 가능하게 되려면 무엇보다도 자연이 이성 존재자의 전 목적과 일치하지 않으면 안 된다. 그러나 현세의 이성존재자는 자신의 의지를 가지고 자연의 원인이 될 수는 없다. 그러므로 인간의 실천적 도덕적 의지사용이 그 행위에 필요한 결과로서 행복을 자연의 법칙에 따라서 보증할 수는 없는 것이다. 자신의 힘에 의하여 자연을 그 자신의 실천원칙들과 조화할 수 없기 때문이다. 그럼에도 불구하고 최고선의 추구에서는 이와 같은 연관이 필연적인 것으로서 요구된다. 우리는 최고선의 촉진을 추구해야 한다. 그렇기 위해서는 도덕성과 행복이 조화될 수 있는 가능한 근거를 함축하는 원인 또는 자연과는 구별되는 '전체 자연의 원인', 즉 하느님의 존재가 요청되지 않으면 안 된다.(실천

도덕적 실존을 스스로 결단하는 사람에게만 명증적이기 때문이다. 신의 확실성은 '도덕적 감정'moralische Gesinnung에 그 원천을 두고 있지 않다.(*Der Gott der Philosophen*, 1979, I 212–213) 회페 역시 순수한 실천이성의 요청으로서 신에 대한 칸트의 생각은 도덕성을 향한 결단을 전제하지 않는다고 보았다. 그것은 실제로 도덕적 행위 여부에 상관없이 도덕적 능력이 있는moralfähig 모든 존재에게 타당하다. 그리고 (유한한) 이성적 존재로서 인간은 실제로 도덕적 능력이 있다.(회페, 294–295[247–248])

A224-225)

이와 같은 최상의 원인은 자연이 이성존재자의 의지와 일치하는 근거를 함축하고 있다. 이것은 자연의 최상원인이면서 또한 동시에 도덕적 심정의 원인성이 되는 존재자여야 한다. 자연의 원인이면서 동시에 도덕성의 원인이 될 수 있는 이러한 존재자는 신이다. 그리하여 "최고의 파생적 선(최선의 세계)의 가능성 요청은 동시에 최고의 근원적 선의 현실성, 즉 신의 존재 요청이다."[03] 최고선의 실현을 촉진하는 요구는 우리에게 의무인 동시에 권리이기 때문에, 그 실현 가능성을 위하여 불가피하게 요구되는 신의 존재를 요청하는 것은 도덕적 필연성이다. 칸트에 의하면 이것은 이론적 측면에서 보면 '가설'Hypothese이지만, 실천적 관점에서 보면 순수한 '이성신앙'Vernunft-Glaube이기도 하다.(실천 A227) 특히 하느님의 존재 요청을 기독교 신앙의 연관성 위에서 살필 경우에는 도덕성과 행복의 관계가 보다 명확하게 드러나게 된다. 칸트가 주장하는 도덕법은 기독교가 신성성의 형태로 제시하고 있는 것이지만, 이것은 사실상 피조물들에게 무한한 진보의 대상으로 주어져 있다. 하지만 도덕법 그 자체는 우리에게 아무것도 약속하지 않는다. 자연 질서 안에서 도덕법은 행복과 아무런 연관도 없기 때문이다. 그런데 기독교에서는 도덕법과 행복이 조화할 수 있는 가능한 세계를 '하느님의 나라'Reich Gottes로 표현하고 있다.(실천 A230) 다시 말하면 도덕적 신성성은 우리가 이미 현세에서 도덕의 성취를 위해 부단하게 노력해야 하지만, 그에 비례하는 행복은 반드시 내세에서만 가능한 희망의 대상으로 생각할 수 있는 것이다. 칸트는 기독교에서 '하느님 나라' 개념에 기대어, 그리고 순수한 실천이성의 대상이면서 절대 목적인 최고선 개념에 의하여

03 "Folglich ist das Postulat der Möglichkeit des höchsten abgeleiteten Guts(der besten Welt) zugleich das Postulat der Wirklichkeit eines höchsten ursprünglichen Guts, nämlich der Existenz Gottes."(실천 A226)

종교에 이르게 된다. 이로써 칸트에서 종교는 "모든 의무를 하느님의 명령으로서 인식하는 것이다."(실천 A233) 그리하여 도덕법은 이제 최고선의 실현 가능성을 위해 필연적으로 요구하지 않으면 안 되는 이론명제에 대한 신앙으로 이행하게 된다. 칸트의 이성신앙에서 세계를 창조한 하느님의 최후 목적은 최고선이며, 그것은 바로 현세에서 이성존재자인 인간이 도덕적으로 행한 경우에 그에 부합하는 행복을 희망해도 좋다는 근거가 되는 것이다.

2. 실천이성의 변증론과 모순의 출현

이성은 언제나 합리적인 것만을 추구하는 것은 아니다. 정확하게 말하면 칸트의 이성이 언제나 합리성을 지향하는 것은 아니다. 칸트의 이성은 합리적인 것 이외에 감성적인 것까지도 포괄하는 능력이다. 이성은 감성적인 것과 사변적인 것과 초월적인 것을 동시에 지향하는 인간의 인식능력이다. 따라서 이성은 논리적인 사유 틀에 의거하여 인과적인 사고작용을 하기도 하고, 꿈을 꾸고 환상을 보기도 한다. 꿈을 갈망하고 환상을 추구하는 이성은 경험적 지식의 한계를 초월하여 언제나 새로운 자신만의 형이상학적 세계를 기획하고 설계한다. 이성이 추구하는 '객관적 환상'Objektive Phantasie(에른스트 블로흐)은 그 자신만의 특유한 '변증론'Dialektik을 창출하게 된다. 칸트의 이성 역시 절대적 총체성을 추구하는 자연적이고도 필연적인 성향을 갖고 있다.

칸트의 변증론은 이성이 감성적 한계를 초월하여 무제약적인 대상을 추구하는 데서 나타나는 현상을 기술하고 있다. 『순수이성비판』은 모든 조건적인 것으로부터 무제약적인 대상 개념, 즉 '이념'Idee을 추구하는 이성의 변증론을 기술하고 있으며, 『실천이성비판』은 무제약적인 대상 개념, 즉 '최고선'을 목표로 하는 실천이성의 변증론을 기술하고 있다. 이 두 개의 대표적인 저술에서 칸트는 '선험적 이상'으로 불리고 있는 신神 개념과 '최고선의 이상' 또는 '도덕적 세계'의 개념을 매우 중요한 비중을 갖고 있으면서도 서로 다른 기능을 하고 있는 것으로 이해하고 있다. 『순수이성비판』은 이성의 선험적 대상인 신의 존재를 도덕적 세계와 같은 의미를 갖고 있는 최고선 개념으로 사용하고 있지만, 『실천이성비판』은 '도덕과 행복의 비례적 결합'이라는 의미로 한정하는 '새로운 최고선' 개념의 실현 가능성을 위하여 필연적으로 요구하지 않으면 안 되는 요청명제로 규정하고 있다.

여기서는 칸트가 순수 실천이성의 변증론에서 최고선을 어떻게 규정하고 있으며, 그와 같은 최고선의 실현 조건들이 과연 무엇이고, 이성이 우리에게 요구하는 무제약적인 대상, 즉 실천적인 이성사용에서 필연적으로 요구하는 논의 구조에 들어 있는 자체모순의 구조를 밝히려고 할 것이다. 이 물음을 해결하기 위하여 순수이성의 변증론은 어떻게 생겨나고, 또한 실천철학적 변증론 속에 들어 있는 칸트의 세계관적 전제들이 그 전개 과정에서 어떤 모순을 빚어내고 있는가를 살피게 될 것이다. 그리고 현상적으로 드러나는 이성의 자체모순이 어떤 방식으로 도덕법을 위기에 몰아넣고 있으며, 그와 같은 모순들의 내용과 해소방안은 또한 무엇인가를 분석하고자 한다.

칸트는 이론이성의 변증론에 이어서 순수 실천이성의 변증론도 서술하고 있다.(실천 A192-194) 실천이성도 주어진 조건들에 대하여 그 조건들의 절대적인 전체를 요구함으로써 변증론을 기술하게 된다. 조건이 규정하는 것과 조건들 사이의 현상적인 계열에서 '무조건적인 것'das Unbedingte을 발견할 수 없으므로 '조건들의 전체'라는 이성의 이념을 현상에 적용할 경우에는 '불가피한 가상'ein unvermeidlicher Schein이 생겨나게 되고, 바로 이 때문에 이성은 자체모순에 직면하는 것처럼 보이는 변증론이 출현한다. 그러나 칸트는 이처럼 이성이 스스로 빠지게 되는 모순 현상이야말로 이성 자체를 비판적으로 규명하는데 결정적인 단초가 된다고 생각하였다.(실천 A193) 다시 말하면 순수 실천이성의 모순들이 그 자체의 고유한 능력에 대한 완전한 비판을 가능하게 한다는 것이다.(실천 A196)

이성의 이론적 사용과 마찬가지로 이성의 실천적 사용도 무제약자를 추구하는 데서 생기는 불가피한 가상, 즉 변증론을 기술하게 된다.[04] 이론이성이 영혼, 세계(자유), 신이라는 세 가지 이념을 무제약적인 대상으로 추구하는 것처럼, 실천이성은 성향Neigung과 자연욕구에서 기인하는 실천적으로 제약을 받고 있는 것들로부터 무조건적인 전체에 대한 이념을 요구하게 되는데, 칸트는 이것을 최고선das höchste Gut이라고 규정하였다.(실천 A194) 이와 같은 칸트의 최고선 개념은 그의 도덕철학의 성격을 근본적으로 결정하고 있다. 칸트의 도덕철학은 자율성Autonomie과 의무Pflicht를 강조하는 심정의 윤리학Ethik der Gesinnung을 특징으로 하고 있다. 칸트는 절대적인 정언명령kategorischer Imperativ의 형태로 주어진 도덕법을 '순수이성의 사실'Faktum der reinen Vernunft로서 인정하고 있으며,(실천 A81) 또한 동시에 도덕법에 대한 존경심을 바탕으로 도덕적인 삶을 살았던 사람에게 허용해도 좋을 행복에 대한 기대 및 희망의 문제를 제기하고 있다. 그리하여 칸트의 도덕철학적 요구, 특

04 셰플러는 이성의 실천적 사용에서 출현하는 변증론은 이론적 이성사용의 변증론과 달리 가상이나 또는 선험적 가상이 아니라, '목적의 세계'(Welt der Zwecke)의 전체성이나 도덕적으로 판단하고 행위하는 주체의 무모순적 통일성에 대한 실제적인 위협이라고 파악한다. Schaeffler, *Erfahrung als Dialog mit der Wirklichkeit*, 140.

히 실천이성적 변증론의 과제는 "최고선의 실현은 어떻게 가능한가?"라는 물음으로 집약할 수 있다.

3. 도덕법의 요구와 최고선

칸트는 '도덕적'이라는 규정을 사용할 때 무엇이 의지를 규정하고 있으며, 규정할 수 있는가라는 물음과 철저하게 연관시켜서 생각한다. 그리하여 그는 실천의지의 사용이 도덕법에 근거하고 있을 경우에만 도덕적이라고 규정한다. 칸트에서 "도덕법은 순수의지의 전적인 규정근거이다."(실천, A196) 칸트는 이미 『순수이성비판』에서 "도덕법은 적어도 순수이성의 단순한 이념에 의해서만 선천적으로 인식될 수 있다"고 지적한 바 있다.(순수 B834) 이것은 선천적으로 이성적 존재 일반의 자유 사용을 규정하는 '순수한 도덕법'이 실제로 존재한다는 사실을 뜻한다. 칸트는 이와 같은 도덕법은 단적으로 명령하며 언제나 필연적이라고 주장한다.(순수 A807) 따라서 칸트에 의하면 도덕법은 그 자체만으로 완전하며, 도덕의 신성성을 확보하기 위하여 다른 개념을 끌어들일 필요가 없다. 도덕법은 언제나 자족적이며 그 이외의 다른 동기를 필요로 하지 않는다. 이와 같은 주장은 칸트의 실천철학을 관통하는 근본정신이며, 종교적 희망을 요구하는 도덕적 주장의 기본 지침이다.

이 경우의 도덕법은 각 개인의 행위원칙(준칙Maxime)을 보편적 입법의 원리와 일치시킬 것을 요구하는 형식적 규정으로서, 가능한 모든 실제적인 성향과 욕구뿐만 아니라 실천이성의 대상인 최고선까지도 순수의지의 규정근거로 생각하지 않았다. 칸트는 사람들이 어떤 대상을 선의 이름으로 도덕법에 우선하는 의지의 규정근거로 여기면서, 그로부터 최상의 실천원리를 이끌어 내려고 할 경우에는 결국 타율성에 귀착될 것이라고 경고하면서, 아주 사소한 오해의 여지도 남기려고 하지 않았다.(실천 A197) 그러나 칸트는 최고선 개념 속에 그 최상 조건으로서 도덕법을 이미 포함하고 있을 경우에는, 최고선은 실천의지의 대상일 뿐만 아니라 순수한 의지의 규정근거로 인정할 수 있다고 주장하였다.

그러나 다른 한편 도덕법은 실천적 규정이기 때문에 그것을 경험적으로 가능하게 하는 원리를 가져야 한다. 다시 말하면 인간은 도덕법의 요구를 자신의 도덕적 행위를 통하여 실현해야 하고, 또한 이성이 요구하는 당위적 주장들을 무조건적으로 실행할 수 있어야 하는 것이다.(순수 A807 B835) 여기에서 우리는 '해야 하기'sollen 때문에 '할 수 있다'können는 칸트 윤리학의 기본 테제를 확인할 수 있다. 그러나 만일 도덕법이 도덕적 행위의 가능성을 함축하지 못함으로써, 결국 우리가 할 수 없는 것을 명령하는 것으로 판명될 경우에는 그러한 도덕법은 구속성을 상실하게 되고 무의미하게 될 것이다. 칸트가 제시한 실천이성의 변증론은 바로 이성이 추구하는 무제약적인 전체성, 즉 최고선의 실현에 대한 요구가 현상적으로 실현 불가능한 것처럼 보이는 사실을 드러냄으로써 도덕법이 구속성을 잃게 될 위험에 직면하게 되는 사태를 기술하고 있다.

『실천이성비판』의 변증론에서 칸트가 제시한 최고선 개념은 『순수이성비판』의 변증론에서 제시한 '근원적인 최고선'으로서 '신 존재'나 '파생적 최고선'으로서 '도덕적 세계'의 개념들과는 전적으로 다른 성격을 갖고 있다.[05] 최고선의 개념 규정에 커다란 변화가 생긴 것이다. 『순수이성비판』에

05 "예지의 이념(신)에서는 도덕적으로 가장 완전한 의지가 최고선의 정복Seligkeit과 결합하여 현세에서 모든 행복의 원인이 된다. 나는 이런 이념(신)을 그것이 도덕성(행복할 만한 가치)과 엄밀히 비례(일치)하는

서 최고선 개념은 신이나 또는 신적 개념과 유사한 측면이 있었다. 그러나 『실천이성비판』은 최고선 개념을 적어도 신 개념과는 분리해서 사용하고 있으며, 최고선의 실현 가능성 조건을 요청명제인 신 개념으로 제시하고 있다. 이론이성이 무제약적인 것을 추구하여 초월적인 영역으로 향하였던 것과 마찬가지로 실천이성 또한 무제약적인 것을 지향하게 되는데, 칸트는 "순수한 실천이성의 대상이 되는 무제약적 전체성"을 최고선이라고 규정하였다. 그렇다면 구체적으로 그것은 무엇을 뜻하는 것일까?

순수 실천이성의 변증론은 최고선 개념을 규정하는 것으로부터 시작되고 있다. 그는 '최고'의 개념을 '최상'das Oberste, supremum과 '완전'das Vollendete, consumatum의 의미로 구분하여 이해한다. '최상'은 다른 어떤 조건에도 종속되지 않는 무제약적이면서 원초적인 것originarium이고, '완전'은 같은 유형의 보다 큰 전체의 부분이 아닌 그것 전체perfectissimum를 뜻한다.(실천 A198)

이와 같은 개념 구분에 기초하여 칸트는 덕을 '최상선'崔上善oberstes Gut으로 규정하였다. 칸트의 최상선 개념은 도덕주의를 표방하고 있다. 그러나 덕은 우리가 바랄 만한 것으로 생각하는 모든 것, 특히 행복의 추구를 위한 최상 조건이다. 그러나 덕은 유한한 이성존재자의 욕망능력이 대상으로 추구하는 '전적이고도 완전한 선'das ganze und vollendete Gut은 아니다. 이와 같은 상태에 도달하기 위해서는 행복이라는 새로운 조건을 요구하지 않으면 안 되기 때문이다. 여기서 행복은 단순히 그 자신을 목적으로 삼는 '인격의 당파적인 시각에서가'in den parteiischen Augen der Person 아니라 세계 안에서 인격 일반을 목적 자체로 간주하는 '무당파적인 이성의 판단에서'im Urteile einer unparteiischen

한에서 최고선의 이상이라고 한다. 그리하여 순수 이성은 근원적 최고선이라는 이상에서만 파생적 최고선, 즉 예지적인 도덕적 세계의 두 요소(도덕성과 행복)를 실천적으로 반드시 결합하는 근거를 발견할 수 있다."(순수 A811-812 B839)

Vernunft 욕구 대상으로 요구하고 있다.(실천 A198-199)

그런데 칸트에 의하면 "행복할 가치가 있고 행복을 필요로 하지만 행복을 누리지 못하는 것"은 우리가 그와 같은 일을 시도하려고 생각할 경우에 모든 권한을 가지고 있을 이성존재자의 완전한 욕구와 전혀 양립할 수 없다.(실천 A199) 어떤 사람이 행복할 만한 가치가 있는 덕을 가지고 있어서 행복을 희망해도 좋은 상태에 있다면, 전지전능한 이성존재자는 그의 도덕적 행위에 일치하는 행복을 마땅히 그에게 보장하는 것이 좋고, 또한 그렇게 할 것이라고 생각할 수 있다. 만일 그 반대의 경우라면 우리는 그와 같은 세계지배자를 완전한 의미에서 이성존재자라고 생각할 수 없을 것이기 때문이다. 그리하여 칸트는 덕과 행복이 일치하는 형태의 최고선 개념을 상정하게 된 것이다. 전적으로 무죄한 자의 불행에 대한 항의는 결코 당파적인 시각을 가진 인격 존재로서는 무마할 수 없고 무당파적인 이성의 판단에서만 수용할 수 있을 것이다. 이를 위해서는 어떤 인격 존재에게 행복이 도덕성에 완전하게 비례하게 주어질 수 있는 이른바 '가능한 세계의 최고선'이 성립할 수 있어야 하고, 그것은 바로 '전적인', 그리고 '완전한 선'이라는 의미를 갖게 된다. 그러나 이러한 경우의 행복은 모든 측면에서 선을 전제하는 것이 아니고, 언제나 도덕적으로 적합한 태도만을 그 전제조건으로 요구하고 있다.[06]

이러한 논의 속에서 칸트는 사실상 자신이 앞으로 서술하고자 하는 실천이성의 이율배반에 대한 해결책을 이미 보여 주고 있다. 칸트의 도덕철

06 칸트의 최고선 논의와 관련하여 개념 규정상의 혼란이 야기될 수 있다. 이는 칸트 스스로 최고선 개념을 다양한 방식으로 언표하고 있기 때문이다. 벡Beck은 칸트의 최고선이 덕과 행복의 비례적 결합인가, 그렇지 않으면 완전한 덕(신성성)에 비례적으로 주어질 수 있는 완전한 행복의 결합인가를 분명히 할 필요가 있다고 지적하였다.

학은 그 유명한 최고선에 대한 물음을 통하여 새로운 국면에 들어서게 된다. 최고선 개념이 논의되기 전까지의 도덕철학은 이성의 사실로서 주어진 도덕법과 그것을 인지할 수 있는 양심과 그것을 실행할 수 있는 자유에 대한 설명이 핵심을 이루고 있었다. 그러나 이제 도덕법이 구속성을 갖기 위해서는 도덕적으로 행위 한 사람들에게 그에 부합되는 행복을 보장해 주지 않으면 안 된다는 새로운 요구 앞에 직면하게 된 것이다. 도덕주의를 표방한 최고선이 전체적 완전선의 위상을 확보하기 위해서는 행복주의를 새롭게 요구하지 않으면 안 되었던 것이다. 이와 같은 칸트의 주장은 관점의 차이에 따라서 엄청난 오해와 반향을 불러일으킬 소지가 충분히 있었다. 신적인 계명으로서 의무 이행을 요구하는 도덕법이 참으로 이성 존재자로부터 주어진 것이라면, 그와 같은 이성 존재자는 동시에 행복할 가치가 있는 도덕적 행위를 실천한 사람들에게 행복을 기대할 수 있게 할 뿐만 아니라 또한 현실적으로 행복을 누리게 할 수 있고 마땅히 그렇게 해야 할 것이다. 그러나 도덕주의와 행복주의의 결합 가능성에 대한 논의는 이성론과 경험론을 결합하려는 이성비판의 시도만큼 어려운 난제였던 것이 분명하다.

이러한 새로운 요구 속에서 칸트는 이제 도덕성과 행복의 결합과 일치는 어떻게 가능한가를 묻고 있다. 칸트에 의하면 도덕과 행복은 분석적이거나 종합적인 방식으로 결합할 수 있다. 분석적 결합은 도덕과 행복이 동일한 하나의 개념이라는 전제 하에서 동일률에 입각한 논리적 결합을 뜻한다. 종합적 결합은 도덕과 행복이 서로 다른 개념이라는 전제 하에서 인과율에 입각한 실재적 결합을 뜻한다.(실천 A199-200)

도덕과 행복의 결합이 분석적이라면 실천이성의 변증론은 생겨나지 않는다. 실제로 고대 그리스의 윤리학자들은 도덕과 행복이 하나의 동일한 개념이라고 생각하였다. 즉 에피쿠로스학파와 스토아학파의 경우가 그 대표적인 사례에 속한다. 행복주의 또는 쾌락주의자로 알려진 에피쿠로스학파는 행복으로 이끄는 그 자신의 준칙을 의식하는 것이 덕이라고 규정하였다. 이들은 명민성Klugheit을 도덕보다 우선적인 것으로 간주하였다. 금욕주의로 알려진 스토아학파는 그와 반대로 자신들의 덕성을 의식하는 것을 행복이라고 규정하였다.(실천 A200) 이들에게는 도덕만이 참된 지혜Weisheit였으며, 따라서 그것을 행복보다 더 고차적인 것으로 이해하였다. 이 두 학파의 경우에 최고선은 각각 행복과 도덕이었지만, 결과적으로 그 두 가지 개념은 서로 다른 것이 아니고 같은 것이라는 점에서 일치한다.

에피쿠로스Epikuros(BC.341~271)는 행복이 전적인 최고선이고, 덕은 다만 행복을 추구하기 위한, 즉 행복에 대한 수단을 합리적으로 사용하기 위한 준칙의 형식에 지나지 않는다고 주장하였다.(실천 A202) 인간의 모든 자연적 추구 목표는 고통을 피하고 행복을 산출하는 데 있다. 에피쿠로스는 '만족'Zufriedenheit 대신에 '쾌락'hedone, Wollust이라는 말을 즐겨 썼으나, 선의 공정한 실행을 내면적 기쁨의 향유로 보았고, 성향의 충족과 절제를 즐거운 마음을 위하여 만족을 추구하려는 그의 계획 속에 포함시켰다.(실천 A208) 그는 이러한 만족을 의지의 규정근거로 인식하였다. 그러나 만족이 곧 덕이라고 주장하는 에피쿠로스에 대해서 칸트는 '사취의 오류'Fehler einer Erschleichung, vitium subreptionis에 빠질 위험이 있다고 지적한다.(실천 A209)[07] 칸트에 의하면 도덕적

07 칸트는 여기에서 성향의 만족을 추구하는 '감성적 만족'ästhetische Zufriedenheit에 대해서 도덕적 법칙의 수행에 수반하는 불변적인 '지성적 만족'intellektuelle Zufriedenheit을 구분하고 있다.(실천 A212) 이보다 앞서 칸트는 『순수이성비판』에서 행복의 개념을 적어도 두 가지 유형, 즉 '경험적 행복'empirische Glückseligkeit과 '예지적 행복'intellektuelle Glückseligkeit으로 구분하고 있다. 경험적 행복은 우리의 모든 애착을 만족시키는 것으로서 경험적 행복의 동기에 근거하거나 경험적 동기로부터 발생하는 실천법칙 또는 실용적인 명민의 규칙이다.(순수 A807 B835) 그와 반대로 예지적인 행복은 도덕법이 명하는 바를 절대적으로 수행하고 나서 희망해도 좋다는 권리로서 부여받게 되는 행복이다. 그런데 칸트에 의하면

심정은 의지를 순수한 법칙에 의하여 규정함에서 실천적 행위 과정에서 만족과 쾌감을 유발할 수 있다. 그러나 이러한 쾌감의 근거는 이성이 의지를 도덕법에 의하여 규정하는 데서 비롯되는 수동적 현상이며, 실천적 욕망능력은 순수 실천적인 동시에 비감성적인 방식으로 규정되고 있다. 그런데 에피쿠로스는 의지 규정에서 비롯되는 이러한 쾌감이나 만족이 감관의 능동적인 작용에 의한 특수한 감정이라고 잘못 생각했다는 것이다.(실천 A210) 그리하여 칸트는 인간의 본성 가운데서 가장 숭고한 것에 대한 존경의 감정, 즉 동기로서 도덕적 규정근거를 불순하게 접근함으로써 추락시키려는 일종의 사기행위에 대한 경각심을 불러일으켰다.(실천 A211)

스토아학파는 세네카(65년 사망), 마르쿠스 아우렐리우스(121~180)를 중심으로 한 도덕중심주의 체계를 말한다. 이들은 덕에 준한 바른 삶과 바른 행위를 강조하였다. 스토아학파는 덕을 전적인 최고선으로 여겼으며, 따라서 행복은 다만 덕을 소유한 주체의 상태를 나타내는 의식으로 간주되었다.(실천 A202) 이와 같은 스토아학파의 주장은 도덕성이 의지의 규정근거라는 사실에서 칸트의 도덕철학적 논의와 일치하고 있다. 그러나 스토아학파가 도덕적 행위를 행복과 동일한 개념 축으로 이해한 것과는 반대로, 칸트는 도덕성이 행복과 동일한 분석적 개념이라고 생각하지 않은 점에서 근본적인 차이를 보이고 있다. 어떤 사람이 도덕적인 행위를 하는 것과 그렇게 행한 사람이 행복하게 되는 것은 전혀 별개의 사실일 뿐만 아니라 어떤 인과적 관계도 가지고 있지 않기 때문이다. 물론 이와 같은 칸트의 해석에는 자연계의 법칙과 지성계의 법칙이 구조적으로 다르다는 그의 독특한 자연철학이 전제되어 있는 것이 사실이다.

도덕법칙은 행복할 만한 가치Glückwürdigkeit를 제공하는 실천적 법칙이다. 따라서 실천적인 명민성의 규칙은 행복의 질료이고, 순수한 도덕법칙은 그 유일한 가능적 형식이다.

에피쿠로스학파와 스토아학파의 방법론적 차이에도 불구하고 이들은 공통적으로 도덕과 행복을 하나의 동일한 실천원리로 인지하고 있다. 따라서 이들은 최고선의 실현, 즉 도덕과 행복의 완전한 비례적인 결합이 이 세상의 삶에서 성취될 수 있으며, 행복은 삶에서 덕의 의식으로부터 비롯된다고 믿었다.(실천 A208) 그러나 칸트는 실천이성의 선험적 분석론을 토대로 하여 덕과 행복의 원리는 전혀 이질적이며, 이 두 가지 요소 모두가 최고선을 구성하지만 서로 일치하지 않은 상이한 개념이라고 단정한다.(실천 A202) 이처럼 칸트는 최고선을 덕과 행복의 완전한 비례적인 결합이라고 이해하였다. 그러나 그와 같은 결합이 어떻게 가능한가의 문제는 실천이성의 변증론에서 새로운 이율배반을 구성하게 된다.

4. 실천적 이성 사용에서 제기되는 이율배반의 해소 가능성 조건

칸트의 논의에 의하면 도덕법의 실제적인 구속력을 위해서 최고선, 곧 도덕성과 행복의 비례적 일치는 반드시 실현 가능해야 한다. 만일에 최고선이 처음부터 실현될 수 없는 것이라면, 도덕법은 잘못된 것이고 아무 의미도 없게 된다. 따라서 칸트의 도덕철학 체계 안에서 최고선은 반드시 실현 가능해야 한다. 그러나 이와 같은 요구는 실천적 이성사용의 변증론에서 이율배반Antinomie[08]에 직면하게 됨으로써 덕과 행복의 완전한 결합은 현

08 아무도 따질 수 없고 억지로 매듭지을 수도 없는, 그러나 이성이 스스로 불가피하게 그리고 매우 자연스럽게 빠져 들어가는 이른바 배반背反이라는 인간 이성의 새로운 현상이 나타난다. 이러한 역리Antithetik 현상은 '건전한 철학의 죽음'을 뜻하는 '순수 이성의 안락사'로 비유하기도 한다.(순수 A4-7 B433-434) 칸트에서 이율배반은 '순수 이성의 … 모순(충돌)'(순수 A407 B434)으로서 무제약자를 요구하는 이성이 '자연적으로'natürlich, '불가피하게'unvermeidlich, 그리고 '필연적으로'notwendig 두 개의 대립적인 법칙들

실적으로 불가능한 것처럼 보인다. 그리하여 실천이성의 변증론에서 순수 의지의 규정근거로서 도덕법(형식)과 의욕의 대상인 행복(질료) 사이에서 일어나는 이율배반은 다음과 같이 기술할 수 있다.

칸트에 의하면 최고선의 두 요소, 즉 행복과 도덕은 근본적으로 다르기 때문에, 양자는 종합적으로 결합해야 한다. 따라서 "행복의 욕구가 덕의 준칙을 추동하는 원인이거나, 그렇지 않으면 덕이 행복을 일으키는 원인이어야 한다."[09] 여기서는 행복의 추구가 도덕성의 필요하고도 충분한 조건이어야 한다는 정립명제와 도덕적 행위의 준칙은 행복의 필요하고도 충분한 조건이어야 한다는 반정립명제가 대립하고 있다. 그런데 칸트에 의하면 정립명제, 즉 행복이 도덕의 원인이 되는 것은 절대로 불가능하다. 왜냐하면 의지의 규정근거를 행복에서 찾으려고 하는 준칙은 결코 도덕적이지 않기 때문이다.

그렇다면 이제 결합의 가능성은 도덕이 행복의 원인이라는 사실로 압축될 것이다. 그런데 도덕의 준칙이 행복의 원인이 되어야 한다는 반정립명제 역시 현상적으로 불가능한 것처럼 보인다. 이 세상, 즉 현상계에서 도덕과 행복의 결합은 다만 자연법칙에 근거해야 하지만, 이 세계를 지배하고 있는 자연의 인과성은 도덕적 요구를 전혀 고려하고 있지 않기 때문에 그와 같은 결합은 사실상 불가능하기 때문이다. 다시 말하면 세계 안에서 원인과 결과의 모든 실천적인 결합은 의지의 도덕적 심정에 의해서가 아니라 자연법칙의 지식과 그것을 자신의 의도에 사용하려는 자연적 능력에 의거하기 때문에, 이 세상에서 덕과 행복의 필연적 결합이라는 최고선의

아래 처하게 만드는 상태를 말한다.

09 "Es muß also entweder die Begierde nach Glückseligkeit die Bewegursache zu Maximen der Tugend, oder die Maxime der Tugend muß die wirkende Ursache der Glückseligkeit sein."(실천 A204)

필요 충분한 조건의 실현은 기대할 수 없다. 순수 이성은 확실히 자유일반에 관해서는 원인성을 갖지만 자연 전체에 관해서는 원인성을 갖지 않으며, 도덕적 이성 원리 역시 자유로운 행위를 가능하게 할 수는 있지만 자연법칙을 생겨나게 할 수는 없다. 자연과 도덕의 세계는 각각 구조적으로 전혀 다른 원리들이 지배하고 있다. 따라서 어떤 사람이 비록 도덕적인 행위를 했다고 하더라도, 그것은 자유의 세계에 속하는 원인 행위에 지나지 않으며, 따라서 그에 일치하는 행복이 자유의 세계와는 구조적으로 상이한 현상적인 자연세계에서 결과로서 주어진다고 기대할 수 없는 것이다.

이와 같은 이유에서 이 세상에서 최고선을 완전하게 실현하는 것은 현상적으로 불가능하다. 우리에게 주어진 두 개의 가능성 모두가 불가능하다고 판명하게 드러나는 이율배반적 사태에 직면하게 된 것이다. 그러나 앞에서 지적한 것처럼, 최고선의 실현이 불가능하게 된다면, 최고선의 실현을 촉진하고 있는 도덕법의 주장 역시 무의미하게 될 뿐만 아니라 가공적인 것으로 전락하기 때문에, 도덕법이 실천적으로 구속성을 갖기 위해서는 반드시 최고선의 실현 가능성을 확보하지 않으면 안 된다.(실천 A205) 그러나 그와 같은 실현 가능성은 이율배반을 해소하는 경우에만 찾을 수 있을 것이다.

그리하여 이제 칸트는 『순수이성비판』의 세 번째 이율배반의 해소에 착안하여 실천이성의 이율배반을 비판적으로 해소하고자 한다.(순수 B472) 자연적 필연성과 자유 사이에 나타난 제3의 이율배반은 동일한 행위자가 현상계의 일원으로서는 자연적 필연성의 법칙에 따라야 하지만, 가상계의 일원으로서는 자유의 법칙에 따른다고 설정함으로써 비판적으로 해소할 수 있었다.(실천 A205-206) 이와 같은 맥락에서 칸트는 도덕이 행복의 원인이라는 사실은 절대적인 거짓이 아니고 조건적으로만 거짓이라는 새로운 명제를 제시한다.(실천 A206) 칸트에 의하면 이성적 존재인 인간은 감성계, 즉 자연 인과성의 세계 안에서만 존재하는 것이 아니라 가상적 도덕적 세계에도 존재하기 때문이다. 그리하여 자연체계의 통일에 대해서는 아무런 권리도 갖지 못하는 순수 이성의 원리는 실천적인 사용에서만 그 객관적 실재성을 허용하는 도덕적 세계를 설정하게 된다.[10] 물론 칸트에서 이와 같은 세계 개념은 이성사용의 구성적인 의미가 아니고, 도덕적 실천을 가능하게 하는 규제적인 의미에서만 사용할 수 있다. 또한 동시에 그것은 도덕법의 완전성에도 불구하고 도덕적 세계를 가능하게 하는 신적 존재자를 필요로 하고 있다는 사실에서 요청적 사유의 단초를 이루고 있다.[11]

칸트가 기술한 실천적 이성사용의 변증론은 어떤 성격을 갖고 있는가? 그리고 칸트가 실천이성의 변증론에서 기술한 이율배반은 진정으로 극복할 수 없는 모순적 사실의 대립이었는가? 다시 말하면 최고선을 구성하는 두 가지 요소, 즉 도덕성과 행복의 결합은 현실적으로 전혀 불가능한 것이

10 "세계가 모든 도덕법에 합치해 있다고 가정하는 한에서(세계는 실로 이성적 존재의 자유에 의하여 그럴 수 있고, 또한 도덕성의 필연적인 법칙에 의해서 그렇게 되어야 하겠지만), 나는 이러한 세계를 도덕적 세계라 부른다. 이런 사실에서 도덕적 세계는 가상적 세계라고 생각된다. 왜냐하면 여기서는 그 세계에서 도덕의 모든 조건(목적)뿐만 아니라, 모든 장애(인간의 나약성과 불순성)까지도 배제하기 때문이다.(순수 A808 B836)

11 이러한 논의의 가능성은 세계를 현상으로서 경험적 세계와 예지적인 도덕적 세계로 나누고, 이것을 다시 실천이성을 통하여 결합하려는 칸트의 시도에서 찾아볼 수 있다. 이성은 그 근저에 자연만을 고려하는 경우에는 행복에 대한 희망과 행복에의 가치가 있는 일을 부단하게 하려는 노력, 그리고 이 두 가지의 필연적 결합을 인식할 수 없다. 따라서 만일에 도덕적 세계(예지적 세계)와 경험적 세계의 결합이 불가능하다면 어떤 윤리적 실천도 가능하지 않을 것이며, 결국 도덕법의 실천적 구속력도 위협받게 될 것이다. 그러나 도덕적 세계는 하나의 이념이지만, 동시에 그것은 실천적 이념이기에 감성계에 영향을 미칠 수 있어야 하며 객관적 실재성을 가져야 한다. 그리하여 칸트가 제시한 도덕적 세계질서는 도덕법 아래에서 이성적 존재의 자유로운 결정이 다른 이성적 존재의 자유로운 결정과 완전한 체계적 통일을 이루어 내면서, "감성계에서 이성적 존재들의 신비적 단체"를 구축하게 된다.(순수 A808 B836) 그리하여 도덕법에 의해서 명령하는 최고 이성이 자유의 원인인 동시에 자연의 원인이 될 경우에는 그런 필연적 결합을 기대할 수 있다.(순수 A810-811 B838) 이와 같은 도덕적 세계의 개념은 나중에 칸트의 종교철학에 관한 저서를 통하여 지상에서 무한하게 확장해 나가는 하느님 나라의 이념으로 구체화되었다.

었는가? 이러한 물음들을 통하여 우리는 지금까지 실천이성의 무제약적 대상 개념인 동시에 도덕적 실천의 지향점이었던 최고선의 문제를 다루어 보았다. 그리고 이와 같은 최고선의 실현을 촉진하는 도덕법의 요구는 최고선의 실현 불가능성이라는 자체모순적 결합에서 최고의 위기를 맞는 것으로 드러났다. 이런 사실에서 셰플러Richard Schaeffler는 실천이성의 변증론은 더 이상 가상의 논리가 아니라 최고선의 실현을 불가능하게 위협하는 사태논리라고 이해하였다. 그런데 칸트는 실천적 이성사용의 변증론에서 필연적으로 드러나는 이율배반, 즉 최고선을 구성하는 두 구성요소들의 결합이 조건적으로 참이라고 주장함으로써 이율배반을 해소할 수 있는 가능성을 열어 두었다.

그러나 이와 같은 칸트의 문제제기와 그 해결방식 사이에는 약간의 부정합성이 있는 것 같다. 물론 사람들에 따라서 생각을 달리할 수 있겠지만, 칸트가 문제를 구성하는 시점과 그것을 해결하는 시점의 조건이나 상황에 큰 차이가 있는 것이 사실이다. 해결시점을 기준으로 보면 그와 같은 문제는 처음부터 성립하지 않을 수도 있다. 우리가 만일 '감성계', 즉 '자연 인과성의 세계'만을 생각하면 도덕이 행복의 원인이라는 명제는 분명히 거짓이다. 그렇기 때문에 최고선의 실현은 불가능한 것처럼 생각할 수밖에 없다. 그러나 '가상계', 즉 '도덕적 세계'까지를 생각하게 되면, 도덕이 행복의 원인이라는 명제는 참이 될 수도 있다.(실천 A207) 그러나 이와 같은 전제조건에서는 칸트가 실천적 이성사용의 변증론에서 기술한 것과 같은 이율배반은 처음부터 성립할 수 없을 것이다. 이처럼 칸트는 순수 실천이성의 현상적인 이율배반을 가상적 세계와 그것을 창조한 도덕적인 이성존재를 전제함으로써 해소하려고 하였다. 도덕과 행복의 결합에서 현상적으로 드러났던 실천이성의 자체모순은 사실상 현상들 사이의 관계를 현상과 물자체와의 관계로 오해한 데서 비롯되었을 뿐이다. 그렇다고 한다면 칸트가 기술한 이율배반은 엄밀한 의미에서 모순적 주장의 대립이 아니라 언어적 개념사용의 불명료성에서 비롯한 현상에 지나지 않게 된다.

그러나 이와 같은 이율배반의 해소는 오히려 비판의 대상이 될 수도 있다. 그것이 만일 진정한 이율배반이었다면 절대로 해소할 수 없을 것이고, 그것을 해소할 수 있다면 진정한 의미에서 이율배반이 아니기 때문이다. 칸트는 이율배반을 해소하는 과정에서 반정립 명제를 "전적으로 불가능한 것은 아니다"(실천 A206)라고 함으로써, 이율배반의 참된 구성요건을 만족시키는가에 대한 비판을 받았다. 그 때문에 루이스 화이트 벡은 칸트가 구성한 실천이성의 이율배반은 엄밀한 의미에서 이율배반이 아니라고 지적하였다.[12] 그리하여 화이트 벡은 칸트가 제시한 이율배반을 두 가지 방식으로 변형하고 있다. 첫 번째의 경우는 덕의 준칙은 행복의 원인이어야 한다는 정립 명제와 덕의 준칙은 행복의 원인이 아니며, 행복은 자연법칙의 인식과 그 성공적인 적용을 통해서만 도달할 수 있다는 반정립 명제 사이의 이율배반이다. 두 번째의 경우는 최고선은 가능하다는 정립 명제와 최고선은 불가능하다는 반정립 명제 사이의 이율배반이다. 정립 명제는 도덕법이 최고선을 요구하기 때문에 가능하다고 주장한다. 그러나 반정립 명제는 덕과 행복의 결합은 분석적으로나 선천적 종합적으로, 그리고 심지어는 경험적으로도 주어지지 않기 때문에 그것이 불가능하다고 주장한다. 화이트 벡은 이러한 이율배반들은 확실히 반대가 아닌 모순 관계를 드러내는 실질적인 것이라고 주장한다.[13] 각각의 경우에 반정립 명제는 자연

12 L.W. Beck, *A Commentary on Kant's Critique of practical reason*. Chicago 1960. Deutsche Fassung: *Kants Kritik der praktischen Vernunft. Kritische Information*. München 1985, 229.

13 Beck, *Kants Kritik der praktischen Vernunft*, 229–230.

법칙이 전적으로 지배하고 있는 감성적 세계에서는 참이다. 그러나 정립명제는 덕(근거)과 행복(결과)의 종합적 결합이 절대적으로 불가능하지는 않으며, 적어도 지성적 세계에서는 참일 수 있다. 그러나 지성적 세계의 존재나 그 세계를 설계하고 통치하는 실재적인 최고 이성존재자는 우리가 결코 경험적인 방식으로 획득할 수 없는 이론명제에 속하기 때문에, 칸트가 기술한 이율배반은 성립한다고 보아야 할 것이다.

도덕성과 그에 비례하는 행복의 자연적, 필연적 결합은 감성계의 법칙 안에서는 불가능하지만, 사물의 초감성적 관계에 속하는 실천이성의 대상개념으로 정립할 수는 있다.(실천 A214) 그러나 칸트는 이 같은 결합을 이론적으로 인식하거나 통찰할 수는 없다고 지적하였다. 실천이성의 변증론에서 현상적으로 최고선의 실현이 불가하다는 사실은 이율배반을 구성하고 있으며, 도덕성과 행복의 결합 가능성은 자연을 넘어선 지성계의 존재를 승인하는 한에서만 조건적으로 언표할 수 있다. 그러나 그것은 우리가 인식하거나 통찰할 수 없는 영역이기 때문에 이론적으로나 구성적으로 주장할 수 없는 한계가 있다. 그렇기 때문에 도덕법의 구속성은 여전히 위기를 노출하고 있는 것이다. 그리하여 칸트는 도덕법의 확실한 정초를 위하여 최고선의 실현 가능성을 위한 조건들을 새롭게 요구하게 되었으며, 그것은 실천이성의 요청명제들로서 가시적으로 드러나게 된다.

칸트는 순수이성의 변증론에서 제시한 세 가지 이념들이 최고선의 실현을 위하여 필연적으로 요구하지 않으면 안 되는 명제들이라고 생각하였다. 그는 최고선의 실현을 가능하게 하는 새로운 이론적 명제들을 요구하면서, "우리의 힘으로 직접 할 수 있는 것"was unmittelbar in unserer Gewalt ist과 "우리의 힘이 미치지 못하는 것"was … nicht in unserer Gewalt ist을 구분하여 설명하고 있다.(실천 A215) 이와 같은 개념 구분은 칸트에서 도덕과 종교의 관계를 규정할 수 있는 척도가 된다. 그리고 이처럼 최고선의 실현을 가능하게 하는 조건명제는 이론이성의 변증론에서 나타났던 세 가지 이념들 가운데서, 자유의 요청은 윤리학의 근본요청으로서 인간의 실천적 행위 자체를 가능하게 하는 특성을 갖고 있다. 영혼불멸성의 요청 역시 우리의 힘으로 직접 할 수 있는 것을 스스로 하고자 하는 자율성과 심정의 윤리학이라는 칸트 특유의 실천적 요구를 충족시키는 데 필요한 이론명제임에 틀림이 없을 것이다. 다만 우리의 계속적인 노력에도 불구하고 우리의 힘으로 할 수 없는 부분들에 대한 희망을 가능하게 하는 것은 바로 신 존재의 요청에 의하여 근본적으로 해소할 수 있다고 본다. 이로써 감관의 영역에서 직관의 질료적 내용들을 포착할 수 없기 때문에 주관적이고 가언적 차원의 표상에 지나지 않았던 이성의 대상 개념들은 도덕적 실천의 가능성 조건으로서 그 현실적 실재성을 새롭게 요구하기에 이른 것이다.

5. 실천이성의 요청명제들

칸트는 도덕과 행복의 완전한 결합, 즉 최고선의 실현을 가능하게 조건명제, 즉 요청명제들을 제시한다. 이와 같은 칸트의 사유방식은 전대미문의 것으로서 그 이전의 어떤 철학자도 요청이론과 같은 독특한 사유방식을 제안하지 않았다. 막힌 문제를 해결할 수 있는 가상적인 조건에 현실적인 힘을 부여함으로써 실제적인 구속력을 갖게 하는 이와 같은 요청적 사유방식은 칸트만의 독창적 소산이었다.

칸트는 '요청'Postulat을 "이론적인 명제이기는 하나, 그것이 선천적.무제약적으로 타당하는 실천법칙에 필수불가결한 한에서 이론적으로 증명할 수 없는 명제"라고 정의하였다.[14](실천 A220) 칸트가 구체적으로 제시하고 있는 요청 명제는 이론이성의 영역에서 '이념'으로 규정하였던 이성의 대상개념과 동일한 것들로서 자유, 영혼의 불멸성, 신 존재이다. 따라서 이 세 가지 요청은 이미 『순수이성비판』에서 그 모습을 드러내고 있다. 『순수이성비판』에서 영혼불멸성, 세계(자유), 신의 이념은 단지 가능성의 개념일 뿐이었다.

자유는 도덕적 주체로 하여금 자연법칙이 지배하는 현상의 세계 속에 실천적으로 행위할 수 있는 근거가 되지만, 칸트는 여기에서 선험적 자유를 한갓 이념으로만 인정하였다. 또한 칸트는 인식의 통일적 근거를 다룸에서 자기의식의 존재를 설정하고 있으나 그것의 존재근거가 되는 영혼의 문제에 대해서는 '오류추리'로 처리하여 그 실재성에 관한 판단을 유보하였다. 신의 개념에 대해서도 칸트는 그 존재를 증명하거나 반박할 수 없는 것으로 규정하는 한편 '근원적인 최고선의 이상' 또는 '파생적 최고선'으로서 '도덕적 세계' 개념을 제안함으로써 도덕법의 구속성을 위하여 요구해야 할 개념으로 상정하고 있었다. 이처럼 영혼불멸성, 세계(자유), 신의 개념은 『순수이성비판』에서는 이념으로 규정하였으나, 그것들은 이제 요청이론을 통하여 이성 사용의 실천적 측면에서 그 객관적 실재성을 인정받게 되었다.

자유와 영혼불멸성의 요청은 덕이나 신성성Heiligkeit의 개념과 관련한 것

14 칸트의 '요청' 개념은 '이론적인 교의적 독단'theoretische Dogmata이 아니고 실천적인 이성사용의 변증론에서 필연적으로 제기되는 모순들을 지양하기 위하여 요구되는 '전제들'Voraussetzungen이다. 그리고 이 전제들은 최고선의 실현 가능성을 위한 필요충분한 조건으로서 이론적으로 그 객관적 실재성을 증명할 수도 없고 또한 동시에 반박할 수도 없는 이론명제들이며 도덕법과 긴밀하게 관련을 맺고 있는 개념들이다. 따라서 칸트는 요청 개념의 사용을 통하여 이론 이성의 영역을 확장하지 않고도 이론이성의 대상 개념이었던 이념에 객관적 실재성을 부여하여, 이론이성에서는 다만 개연적problematisch이고 초월적transzendent이었던 것을 실천적인 이성사용의 관점에서는 필연적notwendig이고 내재적인immanent 것이 되게 하였다.(실천 239–240)

이고 "우리의 힘으로 할 수 있는 것"에 속한다.(실천 A215) 따라서 이것들은 칸트 윤리학에서 자율성 및 도덕적 동기주의, 심정의 윤리학을 뒷받침하고 있으며 칸트의 도덕적 주장들에 대해서 계속성과 일관성을 유지하는 중요한 요소들이다. 자유와 영혼불멸성 요청은 도덕적 행위 자체의 가능성 또는 도덕적 주체의 존립 가능성을 확보하기 위한 것이다. 그에 반하여 신 존재의 요청은 도덕적인 노력을 수행한 사람들에게 그에 비례적으로 일치하는 행복을 보장할 수 있는 근거가 되는 동시에, 우리의 힘으로 할 수 없는 종교적 희망을 가능하게 한다.

1) 자유의 요청

칸트철학에서 자유 개념은 윤리학의 가능성을 위한 근본요청Grundpostulat이다. 자율성을 강조하는 칸트의 윤리학에서 도덕적 실천이 원천적으로 가능할 수 있기 위해서는 자유 개념을 전제하지 않으면 안 된다. 칸트철학에서 도덕법의 존재는 우리로 하여금 최고선의 촉진을 수행하도록 강제하고 있다. 이 같은 도덕법의 명령은 인간의 자유를 전제하는 한에서만 그 수행이 가능하다. 자유를 전제하지 않을 경우에 도덕법의 의미는 사라지고 자명한 것으로 인식할 수 없으며, 헛된 망상에 기초한 것으로 배척해야 할 것이다.(실천 A205) 자유는 인간이 선천적으로 가진 단 하나의 이념이며 도덕법의 조건이다. 그래서 칸트는 "자유는 도덕법의 존재 근거ratio essendi이고 도덕법은 자유의 인식근거ratio cognoscendi"라고 단정하였다.(실천 A6)

그러나 칸트의 철학 체계 안에서 인과성의 법칙이 지배하는 자연세계에 자유의 법칙이 존재한다는 사실을 이론적으로 입증할 수 없다. 칸트에 의하면 현상의 세계는 인과성의 법칙이 지배하고, 지성의 세계는 보다 더 포괄적인 새로운 인과성의 법칙, 즉 자유의 법칙에 따르고 있다. 그러나 자유는 우리에게 존재 사실로서 주어져 있음에도 불구하고, 그 존재를 이론적으로 증명할 수 없다. 따라서 자유의 요청Postulat der Freiheit은 윤리학의 가능성을 위한 근본 요청으로 확보하지 않으면 안 된다.

칸트는 자유 개념의 실재성은 실천이성이 입증하는 사실에서 사변이성까지를 포괄하는 모든 이성 체계의 초석이라고 강조했다.(실천 A3) 사변적 이성 비판에서는 단지 생각할 수만 있었던 자유는 이성의 실천적 사용에서 양심의 사실이 확증하고 있다. 도덕법이 자유와 실제적으로 상호 연결될 경우에 그 도덕법은 '순수이성의 사실'Faktum der reinen Vernunft로서 주어진다. 우리는 그러한 도덕법을 선천적으로 인식하는 동시에 절대적으로 확신한다. 칸트는 도덕법의 객관적 실재성(타당성)은 그 자체적으로 확실하다고 주장한다. 따라서 도덕법은 "선험적 자유의 가능성뿐만 아니라 그 현실성까지도 그것이 자신을 구속한다고 인식하는 존재자를 통하여 증명한다."(실천 A81) 순수이성은 도덕법의 실천적 사용에서 불가피하게 또한 자유의 객관적 실재성을 요청한다. "자유의 실재성을 실천이성은 도덕법을 통해서 명시하고, 인해서 사변이성이 지시할 수만 있었고, 그 개념을 규정할 수는 없었던 가상계의 법칙도 동시에 명시한다." 그리하여 칸트는 "오직 자유의 원인성이 있다는 것은 도덕법이 요청하고, 또한 도덕법을 위해서 그렇다"고 주장한다.(실천 A240)

또한 칸트에 의하면 신과 영혼불멸성의 개념은 자유의 개념과 결합하고 있으며, 이를 통해서만 비로소 존립하고 객관적인 실재성을 얻게 된다. 따라서 신과 영혼불멸성 개념의 가능성은 자유가 실제로 존재하기 때문에 입증할 수 있는 것이다. 그리하여 칸트의 요청체계 안에서 자유는 근본요청으로서 위상을 갖고 있다.

2) 영혼불멸성의 요청

칸트는 이성의 이론적 사용에서 영혼존재에 대한 주장은 오류추리라고 주장하였다. 다시 말하면 의식의 초월적 통일을 대상으로 직관하려는 동시에 실체의 범주를 잘못 적용하고 있다는 것이다. 선험적인 의식의 통일성은 단지 사유에서 형식적 통일성으로서 대상에 대한 어떤 인식도 제공하지 못한다. 그럼에도 불구하고 사람들은 영혼을 실체화하여 변증론적 가상에 빠지게 된 것이다. 그러므로 "영혼은 실체이다. 영혼은 단순하다. 영혼은 단일하다. 영혼은 가능한 대상들과 관계를 가진다" 등의 명제들은 순수한 가상에 지나지 않는다. 그리하여 칸트는 영혼의 개념을 구성적으로konstitutiv 사용하려는 모든 시도에 대해서 논박하는 동시에 지성사용의 통일성을 부여하는 지향점으로서 규제적regulativ 기능만을 인정하였다. 칸트는 영혼의 존재를 이론적 이성 사용에 의해서는 접근할 수 없는 것으로 간주하였으나, 이성 사용의 실천적 측면에서는 요청 명제로 규정함으로써 그 객관적 실재성을 인정하였다.

칸트는 최고선의 첫 번째 요소인 덕(신성성)에 대한 고려를 통하여 영혼불멸성 요청에 접근하고 있다. 도덕법은 현세에서 최고선을 수행하도록 명하고 있으며, 심정이 도덕법 그 자체와 완전하게 일치하는 것을 "최고선의 최상 조건"으로 규정하고 있다.(실천 A220) 실천이성은 우리로 하여금 덕을 추구하여 행복을 얻도록 요구하고 있다. 우리가 추구해야 할 덕의 가장 이상적인 원형은 의지와 도덕법이 완전하게 일치하는 신성성Heiligkeit이다. 그러므로 이 신성성은 완전성Vollkommenheit을 뜻한다. 그러나 이것은 "감성계의 어떠한 이성 존재라도 그 생존의 어느 순간에서나 소유할 수 없는" 것이다.(실천 A220) 칸트는 도덕적 심정이나 주관적 의지가 도덕법과 완전하게 일치하기 위해서는 신성성을 향하여 무한한 노력을 해야 한다고 가정하였으나,

이와 같은 가정은 우리들의 존재가 상대적이고 유한하기 때문에 무의미하게 되어 버리며, 우리들 자신이 결국 신성성에 이르지 못하므로 행복에 대한 기대나 희망조차 불가능하게 된다. 따라서 최고선의 실현 가능성이 좌초하면서 결국 도덕법의 존재가 위협을 받게 된다.

우리가 살아 있는 그 어떤 순간에서도 현실적으로 확보할 수 없는 신성성은 최고선의 촉진을 위해 필연적으로 요구하는 가능성 조건이므로, 우리가 그것에 도달하기 위해서는 선행적으로 "완전한 일치를 향한 무한한 전진"이라는 전제 조건을 확보하지 않으면 안 되는 것이다. 의지와 도덕법이 완전하게 일치할 수 있기 위해서는 도덕적 주체가 신성성에 도달하기 위해 노력할 수 있는 무한 시간을 확보할 수 있어야 하는데, 이처럼 무한 시간을 통한 무한한 전진의 가능성 조건이 바로 영혼불멸성 요청이다. 칸트는 이러한 무한한 전진은, 동일한 이성 존재자가 무한히 지속하는 생존과 인격성, 즉 영혼불멸성을 전제하는 경우에만 가능하다고 보았다.(실천 A220) 그리하여 칸트는 최고선의 실현 가능성을 위한 필요조건으로서 무한한 전진과 접근을 시도할 수 있는 인격 존재, 곧 영혼불멸성을 요청하게 된다. 영혼불멸성 요청은 최고선의 최상 조건인 도덕성의 완성을 가능하게 하는 필요조건이다.

도덕법과 완전한 일치를 위해 무한한 전진을 요구하는 영혼불멸성 요청은 자유의 요청과 마찬가지로 사변이성의 무능력을 보완하는 한편, 종교에 대해서도 유익한 측면을 가지고 있다. 실천이성은 영혼불멸성을 최고선의 완전한 실현을 위하여 필연적으로 요구해야 하는 단적인 사실로 받아들이기 때문에 이성의 이론적 사용과는 달리 그 존재에 대하여 회의하거나 부정하는 것을 허용하지 않는다. 영혼불멸성의 부정은 곧 최고선의 실현을 불가능하게 하고 도덕법의 구속성을 상실하게 하기 때문에 그렇다. 따라서 영혼불멸성은 순수 이성의 실천적 필요에 의하여 무한한 전진의 가능성 조건으로 요청해야 한다.(실천 A220) 또한 동시에 영혼불멸성은 나의 죽음을 통해서 나의 존재가 허무 속에 내던져지는 것이 아니고, 자신의 육체적 죽음에도 불구하고 도덕적 완성을 위하여 정진한다는 신앙을 함축하고 있다. 인간은 비록 신성성의 경지에 도달할 수 없으나 신성성에 대한 무한한 접근을 통하여 보다 높은 도덕적 단계와 보다 순수한 도덕적 심정을 향해 나아갈 수 있다. 그리하여 칸트는 "이성적인 유한한 존재자에게 가능한 일은 도덕적 완전성의 보다 낮은 단계에서 보다 높은 단계에로 점진적으로 나아지는 무한한 전진뿐이다"라고 강조했다.(실천 A221) 이 같은 전진을 통하여 피조물은 자신의 심정의 연단과 정화를 기대할 수 있다.

신성성을 향한 무한한 전진과 무한한 접근을 위한 영혼불멸성의 요청을 통해서 칸트는 도덕법의 심화를 겨냥하고 있다.[15] 무한한 전진은 도덕적 노력에서 어떠한 나태함도 허용하지 않고 그보다도 인간의 적극적인 계속적 노력을 요구하기 때문이다. 자유와 영혼불멸성의 요청은 도덕적 실천 주체의 존재 확보와 그 자율적인 실천 가능성과 관련이 있다. 자유의 요청이 도덕적 주체의 실천, 특히 선택과 책임의 문제를 결정하는 반면에, 영혼불멸성의 요청은 칸트의 도덕 철학에서 일관적으로 나타나는 자율성 Autonomie 개념과 관계가 있다. 칸트는 이 두 가지 요청을 우리의 힘으로 할 수 있는 자율적이고 실천적인 노력을 가능하게 하는 조건으로 규정함으로써 '종교'에 대한 '도덕'의 우선성을 강조하고 있다.

15 Jin Kim, *Kants Postulatenlehre*. Frankfurt 1988, 61.

3) 신 존재의 요청

자유의 요청이나 영혼불멸성의 요청은 우리에게 도덕성 또는 신성성에의 완전한 일치와, 그 도덕성에 비례하는 행복을 아직 보장해 주지 못한다. 비록 도덕성과의 완전한 일치를 향하여 무한한 전진과 접근을 시도할지라도 우리는 아직도 여전히 흔들리지 않는 심정의 확고함을 가지고 있지 않은 처지에 있다. 무한한 시간 공간 속에서 우리가 아무리 도덕적인 삶을 살아가려고 노력할지라도, 결국 도덕성에 이르지 못하기 때문이다. 따라서 우리는 도덕적인 불완전성에도 불구하고 행복에 이를 수 있다는 위안적 희망의 가능성에 기대를 걸 수밖에 없게 된다. 이와 같은 결함을 보충해 주면서 최고선의 실현을 가능하게 하는 필요충분조건이 바로 신 존재의 요청Postulat des Daseins Gottes이다. 그리고 이와 같은 이유에서 일부 학자들은 신 존재의 요청과 함께 영혼불멸성이 요청은 불필요하게 되었다고 비판하기도 한다. 그러나 이와 같은 주장은 칸트철학에서 도덕과 종교의 관계설정을 곡해함으로써 빚어진 것이다. 지금까지 강조한 것처럼 칸트는 철저하게 도덕에서 종교로 이행한다는 논점을 유지하고 있으며, 따라서 영혼불멸성 요청은 자율성에 기반을 둔 칸트의 도덕주의적 주장을 위하여 필수적으로 지지하는 명제로 받아들여야 하는 것이다. 물론 칸트는 이곳『실천이성비판』에서 영혼불멸성에 대한 논의를 진행하면서 간과하였던 몇 가지 논리적 결함을 나중에 다시『이성의 오롯한 한계 안의 종교』(1793)[16]에서

16 칸트는 이 책에서 인간은 근본적으로 악하지만 선으로 전향할 수 있는 가능성이 아직 남아 있다고 본다. 그리고 이것은 실천 주체가 도덕적 심정의 혁명을 통하여 신성성을 향하는 무한한 노력을 계속할 경우에 영혼의 불멸성 요청이 가지고 있는 한계를 극복할 수 있다는 것이다. 다시 말하면 그처럼 도덕적 실천을 무한하게 수행하는 자들에게는 비록 그들이 신성성의 경지에 도달하지 못했다 할지라도 의롭다고 말할 수 있는 '하느님의 은총 판단'Urteilsspruch aus Gnaden과 그들에게 약속한 '지상에서 하느님의 나라'Reich Gottes auf Erden 또는 '불가시적 교회'unsichtbare Kirche 개념이 신의 존재 요청에 대한 변형으로 나타난다.

보완하고 있다.

순수 이성의 이론적 사용에서 신의 이념은 그것을 대상으로 인식할 수 없기 때문에 그 존재를 인정할 수도 부정할 수도 없는 입장에 빠져 있었다. 그러나 실천적 이성의 관심은 자유와 영혼불멸성의 경우에서와 마찬가지로 이론이성이 그 존재를 증명하거나 반박할 수 없다고 규정한 사실을 넘어서서 신 존재의 객관적 실재성을 요구하게 된다.

세계 안에서 행위하는 이성 존재자인 인간은 도덕 영역에서 실천적 행위와 자연 영역에서 기계적 사건의 원인이 될 수 없다. 인간은 자신의 의지사용과 관련하여 자연의 원인일 수가 없고, 또한 자신의 행복과 관련하여 자연을 자신의 도덕적인 실천원칙들과 완전하게 비례적으로 조화시킬 수 있는 능력이 없다. 그럼에도 불구하고 최고선이 실현 가능하기 위해서는 필연적으로 도덕법과 자연법의 일치 및 도덕성과 행복의 결합이 이루어질 수 있어야 한다. 그런데 도덕성의 준칙이 행복에 대하여 원인으로 작용할 수 있기 위해서는 그 양자를 조화시킬 수 있는 근거로서 자연과 구별할 수 있는 '전체 자연의 원인'의 현존, 즉 신의 존재를 요청하지 않으면 안 된다.(실천 A225) 자연의 세계와 도덕의 세계를 동시에 규제할 수 있는 최고 원인의 존재, 즉 신 존재를 최고선의 완전한 실현을 위한 가능성 조건으로서 요구한 것이다. 이것은 칸트가 제1비판서에서 '파생적 최고선'인 '도덕적 세계'의 존립 근거를 '근원적 최고선'인 '신의 실존'에서 찾으려고 했던 것과 같은 맥락에 있다.

칸트는 신 존재 요청을 통하여 현상 세계에서 인과성과 지성 세계에서 자유의 법칙을 통일적으로 규제할 수 있는 가능성을 확보함으로써, 사실상 도덕법의 구속성을 되살리는 동시에 최고선의 완전한 실현을 가능한 것으로 상정할 수 있었다. 따라서 실천이성에 의한 신 존재의 요청은 전통

신학에서 초월적 신 개념과는 전혀 다른 성격을 갖는다. 물론 요청으로서 신 개념 속에 전통적 신 개념의 속성을 포함하거나 일치한다 하더라도, 그것은 다른 의미와 다른 목적으로 기능하는 것이다. 실천이성이 신에 대한 신앙을 허용하는 유일한 동기는 도덕법의 구속성 확보에 있다. 그러므로 신의 존재를 요청했다고 해서 도덕적인 자율성을 약화하거나 폐기하는 것은 아니다. 그와 반대로 신 존재의 요청은 영혼불멸성 요청과 마찬가지로 '도덕법의 심화'를 위한 실천적인 기능을 가지고 있다.[17]

6. 최고선과 요청 내용의 변형

1) '신'의 존재 요청과 '신적 질서'의 요청

『순수이성비판』에서 최고선 규정은 그것이 비록 이성의 도덕적 실천적 사용과 결합해 있다고 하더라도 존재론적 신 존재 증명과 같은 사변신학적 특성을 완전하게 지우지는 못하고 있다. 그러나 칸트는 『실천이성비판』에서 최고선의 개념을 최고선의 이상과 구분하고 있다. 다시 말하면 최고선의 내용규정과 그 가능성 조건을 구분한다. 『실천이성비판』은 최고선을 "도덕성의 의식과 그에 대한 결과로서 기대하는 비례적인 행복의 자연적 필연적 결합"(실천 A214)이라고 정의하고 있다. 그리고 도덕법이 우리에게 명하는 최고선의 완전한 실현을 가능하게 하기 위해서는 우선 도덕성의 완전한 단계에 이르러야 하고, 그 도덕적 행위에 대하여 비례적으로 행복을 누려도 좋을 만한 결과적 조치들을 보장받아야 할 것이다. 이와 같은 최고

17 Jin Kim, *Kants Postulatenlehre*. Frankfurt 1988, 64–65.

선의 완전한 실현을 위한 가능성 조건으로 제시한 것이 바로 요청명제들이다. 그러므로 칸트는『낙관주에 대한 시론』과『순수이성비판』에서 최고선으로 규정한 신 존재와 신적 세계질서를 이제 더 이상 최고선 개념이 아닌 요청 개념으로 사용한 것이다. 칸트는 하느님의 존재 요청 이외에도 자유와 영혼불멸성을 최고선의 실현 가능성을 위한 조건명제로 요구하고 있다. 칸트에서 요청 개념은 최고선의 실현을 가능하게 하는 필연적인 조건으로서 요구하지 않으면 안 되는 이론 명제들이다.

칸트가 제시한 세 가지 요청명제 가운데서 '신 존재' 요청은 자신의 비판기 이전 저술들과『순수이성비판』에서 최고선 개념으로 규정했다가 다시 변형한 것이다. 이제 '하느님의 존재'라는 이론명제는 실제로 칸트의 도덕철학을 최종적으로 완전하게 지지하는 기능을 가지고 있다. 그러나 하느님의 존재가 이성사용의 이론적인 측면에서도 실재성을 가진 명제라고 요구하게 된다면 칸트의 도덕철학은 기독교 신학과 어떤 차이도 보여 주지 못할 것이다. 칸트에서 하느님의 존재요청은 도덕법의 구속성을 확보하는 데 결정적인 역할을 하고 있으며, 특히 종교철학적 저술에서는 '지상에서 하느님 나라의 무한한 확장'이라는 도덕적 실천 요구로 발전하는 양상을 보여 주고 있다. 칸트는 여기에서 '유한한 최고선'인 '이 세상'을 '파생적 최고선'인 '저 세상', 즉 미래의 도덕적 세계를 결합함으로써, 예지적인 하느님의 나라가 현실적으로 이 세계의 도덕적 실천에 영향력을 가지고 있는 것으로 서술하고 있다. 그리하여 하느님의 존재 요청과 그에 준하는 요청 개념들은 칸트에게서 도덕철학적 요소뿐만 아니라 이성신앙의 대상이라는 신학적 요소까지도 함축하게 된다.

그러나 '자유'의 요청과 '영혼불멸성' 요청은 칸트의 도덕철학에서 결정적인 요소이며, 그의 자율성에 입각한 윤리학의 핵심을 이루고 있다. 자유와 영혼불멸성은 도덕적 행위수행에서 반드시 필요한 명제들이기 때문이다. 그리고 칸트가 우리에게 실질적으로 요구하고 있는 도덕철학적 규정과 요구들은 자유와 영혼불멸성 요청과 긴밀한 관계를 가지고 있으며, 특히 자유의 요청은 윤리학의 근본요청으로서 도덕적 의사결정과 그에 대한 책임의 문제를 논의할 수 있는 근거가 되고, 영혼불멸성의 요청은 인간이 원초적으로 가지고 있는 도덕적 본성의 한계에도 불구하고 도덕성의 완성, 즉 신성성의 경지에 도달할 수 있는 가능한 조건으로 요구하고 있다.

최고선의 완전한 실현을 위한 가능조건으로 제시하고 있는 세 가지 요청명제들 가운데서 우리들의 도덕적 심성의 계발과 진보에 직접적으로 관련이 있는 것은 영혼불멸성의 요청이다. 신성성을 향한 도덕적 심성의 진보는『실천이성비판』에서는 개별적인 도덕적 주체의 경우에 한정하지만,『보편사의 이념』이나『이성의 오롯한 한계 안의 종교』에서는 집단적인 도덕주체의 경우로서 기술하고 있다. 이와 같은 차이에도 불구하고 도덕적 주체가 자율적인 의지사용을 통한 최고선의 촉진 행위가 가능하기 위해서는 바로 그와 같은 행위 주체가 부단하게 노력할 수 있는 일차적인 조건, 즉 영혼불멸성을 필연적으로 요청하지 않으면 안 된다. 우리는 이제 최고선의 완전한 실현을 촉구하는 도덕법의 명령을 신적인 의무로서 수행하려는 도덕적 행위 주체들이 어떻게 그와 같은 목표에 접근해 가는가를 살펴보기로 하겠다.

칸트에 의하면 의지가 도덕법에 완전하게 일치하는 이른바 신성성의 상태는 완전한 일치를 향하는 무한한 전진에서만 발견할 수 있다.(실천 A219-220) 그는 여기에서 유한한 이성 존재자에게 가능한 일은 도덕적 완전성의 보다 낮은 단계에서 보다 높은 단계를 향하여 점진적으로 개선하는 무한한 전진일 뿐이라고 단정하였다.(실천 A221) 도덕적 완전성과 일치하기 위해서는 무엇보다도 먼저 그것을 향하여 무한하게 다가설 수 있는 가능한 조건들을 요구하지 않으면 안 될 것이다. 여기에서 칸트는 한편으로는 인간이 도덕적 불순성이나 자력에 의한 구원의 불가능성이라는 기독교적 전제, 그리고 다른 한편으로는 인류가 문화 형성을 위한 부단한 진보를 이루고 있다는 낙관주의라는 전혀 다른 두 개의 세계관적 전제들을 상정하고 있다.

기독교의 원죄설에 의하면 모든 인간은 죄악에 빠져 있고 그 자신의 힘으로 구원에 이를 수 없다. 그러므로 하느님의 아들인 예수 그리스도의 권능에 의해서만 구원에 이를 수 있다. 칸트는 이와 같은 기독교의 기본 교의를 도덕신학적으로 변형한다. 그리하여 모든 인간은 죄악에 빠져 있다는 원죄설의 전제를 받아들여 특유의 '근본악' 개념을 구성하기에 이른다. 그러나 도덕적 주체가 구원에 이르기까지의 과정이나 조건은 기독교의 경우와 약간 다르다. 기독교의 계시신앙에서 구원의 조건은 신에 대한 믿음이었고, 따라서 실천적 행위 주체의 도덕적 노력 여부는 특별한 의미를 갖지 못한다. 그러나 칸트의 이성신앙에서 구원의 일차적인 조건은 실천적 주체의 도덕성이고, 신의 은총은 그와 같은 도덕적 노력의 성과를 인정하는 차원에서만 기능한다.

그러나 기독교적 세계관에서 인간은 근본적으로 악한 존재로서 죄악에 빠져 있을 뿐만 아니라, 그 영혼은 단지 일회적으로 주어져 있는 유한한 존재이기 때문에, 인간이 자연 상태에서 아무리 도덕적 노력을 수행한다 하더라도 도덕적 신성성의 경지에 도달할 수 없게 된다. 시간적 제약이 없는 무한 존재자는 그가 도덕적 진보를 원할 경우에 도덕법과 전적으로 일치할 수 있는 가능성을 가진다. 그러나 시간적으로 유한하고 상대적인 인간에게 도덕법이란 끝없는 전진 계열에서나 가능한 것으로 기대할 수 있을 뿐이고, 그 목표에 이르는 과정에서 죽어 없어지고 말 것이다. 피조물은 최고선에 이른다는 한 가지 희망만을 가지고, "보다 악한 상태에서 보다 좋은 도덕적 선을 향한 지금까지의 진보"를 이루어 왔다. 그리고 이처럼 신성성에의 완전한 일치는 이 세상이나 혹은 예측 가능한 미래의 어떤 시점이 아니라, 하느님만이 예견할 수 있는 피조물의 무한한 존속에서만 가능하게 된다.(실천 A223) 따라서 기독교 중심의 서구적인 세계관 속에서 칸트 자신이 말하는 도덕적 진보가 가능하기 위해서는, 그것도 특히 최고선의 이상 실현에 도달하기 위해서는, 도덕적 행위 주체의 존재, 즉 영혼불멸성을 요청하지 않으면 안 된다. 인간의 영혼이 불멸하다면, 인간은 그가 원하는 도덕적 신성성에 도달할 때까지 자율적인 노력을 할 수 있을 것이다. 이와 같은 점에서 볼 때 영혼불멸성 요청은 칸트 자신이 강조하고 있는 '자율성'Autonomie의 원리를 보존하기 위해 도입했을 가능성이 매우 높다. 사실상 칸트의 논의에 의하면 최고선의 이상은 영혼불멸성의 요청만으로 이루어지지 않고 후속적으로 신 존재 요청, 특히 '신의 은총판단'과 '지상에서 하느님 나라의 실현'이라는 요청명제들을 통해 완전하게 해소할 수 있다. 그렇기 때문에 어떤 칸트 연구가들은 영혼불멸성의 요청이 불필요하거나 무의미하다고 주장하기도 한다. 그러나 만일 영혼불멸성을 요청명제로 설정하지 않을 경우에 칸트의 이성신앙과 기독교의 계시신앙은 아무런 차이를 갖지 못할 것이다. 따라서 칸트의 영혼불멸성 요청은 기독교의 원죄설을 도덕적 자율성과 결합한 결과라고 할 수 있다. 그리고 여기에서는 인간이 도덕적 신성성을 향하여 무한하게 도덕적 진보를 하는 경우만을 기술하고 있다.

그러나 우리는 최고선의 완전한 수행이 칸트가 여기에서 기술한 것과 다른 방식으로 가능하지 않는가, 그리고 도덕적 진보라는 것도 어떤 경우에는 신성성을 향하지 않고 오히려 악성을 향하게 되는 도덕적 퇴보로 나타나지는 않을까라는 문제를 거론하지 않을 수 없게 된다. 칸트는 이러한 문제들을 『실천이성비판』에서는 다루지 않고 다른 저술들에서만 단편적으로 다루고 있다. 이 문제는 칸트 특유의 낙관주의 사상과 긴밀한 관계가 있다.

칸트의 실천적 이성사용에서 비롯한 변증론적 모순을 극복하기 위해서는 도덕적 세계질서의 도래를 요구하지 않으면 안 된다. 그런데 이와 같은 도덕적 세계질서의 이념은 어떤 최고의 이성존재자가 그의 전능하심으로 자연의 법칙을 관장하고 그의 선하심으로 도덕(자유)의 세계까지를 동시에 통치한다는 희망을 가져도 좋을 경우에만 모순 없이 생각할 수 있다. 이로써 현상세계에서 자연법칙과 지성세계에서 자유법칙은 서로 다른 구조를 갖고 있지만, 현상계와 지성계 모두를 창조한 '최고의 이성존재자'[18]를 매개로 하여 통일할 수 있는 가능한 지평이 열리게 된 것이다. 신 존재 요청과 '하느님의 은총판단'의 요청은 구성적으로 받아들여질 경우에 도덕법의 자존성 요구를 훼손시킬 위험이 있다. 따라서 도덕철학과 신 존재 요청 사이의 모순적 측면에 대한 해석상의 논란은 사실상 불가피한 측면이 있다.[19] 그러나 칸트의 도덕성에 대한 강력한 주장, 즉 도덕적 세계의 존재요청은 나중에 칸트 그 자신이 개념화하고 있는 '지상에서 하느님 나라의 무

18 "(도덕성과 행복의) 일치는 지혜로운 창조자와 통치자 아래 있는 가상적 세계에서만 가능하다. 이성은 이러한 통치자를 우리가 내세라고 간주해야 하는 세계에서 삶과 함께 상정하지 않을 수 없으며, 그렇지 않을 경우에 도덕법은 공허한 망상이 될 것이다."(순수 A811 B839)

19 가장 대표적인 논쟁으로는 지오반니 살라Giovanni Sala와 리하르트 셰플러Richard Schaeffler의 논쟁을 들 수 있다. 살라는 1979년에 출판된 셰플러의 저서 『우리는 무엇을 희망해도 좋은가?』(Richard Schaeffler, *Was dürfen wir hoffen? Die katholische Theologie der Hoffnung zwischen Blochs utopischem Denken und der reformatorischen Rechtfertigungslehre*. Darmstadt 1979)에 대한 서평을 『신학과 철학*Theologie und Philosophie*』지에 게재하였고(Giovanni Sala, Kant und die Theologie der Hoffnung. Eine Auseinandersetzung mit R. Schaefflers Interpretation der kantischen Religionsphilosophie, in: *Theologie und Philosophie* 56, 1981), 이 서평에 대해서 셰플러가 다시 반박하였다.(Kant als Philosoph der Hoffnung, *Theologie und Philosophie*, 56, 1981.) 필자는 1986년 루어-대학(보쿰)에 제출한 학위논문 『칸트의 요청이론*Kants Postulatenlehre*』, Frankfurt 1986, 194–251)에서 두 분의 이론을 비판하면서 요청적 사유방법론에 대한 단초를 모색한 바 있다.

한한 확장'이나 칼-오토 아펠이 그의 선험화용론(또는 담론윤리학)에서 새롭게 제시하고 있는 '무제한적으로 확장 가능한 이상적인 의사소통공동체의 실현 요청'과 긴밀한 관련을 맺고 있다. 칸트는 최고선의 실현 가능성을 저해했던 '자연법과 도덕법 사이의 엄격한 구조상이성'을 도덕법적 요구의 완수를 위해 그 자신이 요청하였던 '신 존재' 또는 신이 통치하는 '세계'를 통해 극복하고자 했던 것이다.

2) 도덕신학에서 요청주의적 전제들

칸트는『순수이성비판』에서 확립한 '도덕에서 종교로 이행한다는 원칙'을『실천이성비판』의 요청이론을 통하여 완전하게 실현하였다. 칸트가 제시한 요청명제들은 도덕에서 종교로 이행한다는 원칙에 따라서 구성한 것이며, 그 결과 도덕법은 다양한 형태의 심화 양상으로 전개한다. 이로써 칸트철학 전반에 걸쳐 있는 그의 종교철학적 논의들은 도덕신앙의 정립을 위한 것이며, 그것은 요청이론을 통하여 구체화하고 있다는 사실을 발견할 수 있다.

그러나 전통적 종교가 제시한 신앙 개념과 칸트의 요청이론에 기초한 도덕신앙 사이에는 약간의 긴장이 도사리고 있다. 칸트에서 신앙의 동기는 전통신학에서 신앙 유형과 전혀 다르기 때문이다. 그러나 요청이론도 절대적인 신 존재에 대한 신앙을 요청한다는 점에서 종교와 신학의 영역으로 이행하는 사실을 발견할 수 있다. 그리하여 칸트의 요청이론은 순수 도덕철학과 순수 신학의 연결고리Bindeglied 역할을 하고 있으며, 그 때문에 도덕신학의 전 단계Vorstufe라고 볼 수 있다.[07]

칸트에 의하면 요청(내용)은 이론이성의 관계에서는 가설Hypothese이지만 실천적 관점에서는 신앙Glaube이다. 이 신앙은 바로 순수한 이성의 신앙이다. 왜냐하면, 순수이성만이 신앙이 발생하는 원칙이 될 수 있기 때문이다.(실천 226-227) 칸트는 도덕법이 순수한 실천이성의 대상이고 종국 목적Endzweck인 최고선의 개념에 의하여 종교에 도달한다고 주장한다.(실천 A232) 그는 종교를 "모든 의무를 신의 명령으로 인식하는 것"이라고 정의한다. "도덕법은 모든 의무를 제재, 즉 남의 의지가 내리는 임의적이고 그 자체 우연적인 지령Verordnung이 아니라, 그 자신에서 모든 자유로운 의지의 본질적 법칙으로 인식하는 데(믿는 데) 도달한다"고 말함으로써 도덕법의 자율성을 강조하였다.

칸트에 의하면 도덕법칙은 최고 존재자의 명령이다. 도덕적으로 완전하고 전능한 의지를 가진 존재자에 의해서만 최고선의 완전한 실현이 기대될 수 있다. 그러나 도덕법은 순전히 의무로서 주어져야 하고, 공포나 희망을 동기로 해서는 안 된다. 칸트는 어디까지나 의무를 위한 의무와 도덕법을 위한 도덕법만을 주장한다. 칸트에서 모든 유가치성Würdigkeit은 도덕적 태도에 달려 있다.

칸트는 종교가 도덕에 부가될 경우에만 인간이 행복에 대한 희망을 가질 수 있다고 보았다. 이로부터 칸트에서 희망 철학이 성립된다. 칸트는 도덕설이 행복설과 결합될 수 있는 것은 행복에 대한 희망이 종교와 더불어 시작될 때라고 주장한다.(실천 A235) 세계를 창조한 신의 최후 목적은 이성 존재자의 행복에 있는 것이 아니라 최고선의 실현에 있다. 이 최고선은 이성 존재자의 희망에다가 도덕성을 덧붙인 것이다. 따라서 도덕성만이 이성 존재자로 하여금 지혜로운 창조자의 힘을 빌려서 행복에의 참여를 희망할 수 있다.(실천 A236) 그리하여 칸트는 이성신앙의 대상인 신의 속성에 대

20 Jin Kim, *Kants Postulatenlehre*. Frankfurt 1988, 66.

하여 다음과 같이 말한다.

> 세계 창조자는 나의 태도를 내 심정의 가장 깊은 내부에 이르기까지 모든 가능한 경우에서, 그리고 또한 모든 미래에 걸쳐, 인식하기 위해서 전지가 아닐 수 없다. 나의 도덕적 태도에 적합한 결과(행복)을 배려하기 위해서 전능이 아닐 수 없다. 이와 마찬가지로 세계 창조자는 무소부재하며 영원하지 않을 수 없다. 따라서 도덕법은 순수한 실천이성의 대상인 최고선의 개념에 의하여 최고 존재자로서 근원 존재자라는 개념을 규정한다.(실천 A252)

칸트의 이성신앙에서 신의 개념은 도덕에 속한다. 칸트는 신만이 갖고 있는 도덕적인 속성을 성스러움과 축복, 그리고 지혜라고 주장한다. 이러한 개념을 좇아서 신은 신성한 입법자(창조자)이고 인자하신 통치자(유지자)이며, 올바른 심판자로서 규정된다. 칸트는 이 세 가지 속성이야말로 신이 종교의 대상이 되게 하는 일체를 포함한다고 하였다.(실천 A237)

이상에서 살핀 것처럼 칸트의 요청신앙에서 가장 중심적인 원칙은 도덕에서 종교로 이행한다는 원칙이며, 각각의 요청 명제들은 도덕법의 심화와 관련이 있다. 도덕에서 종교로 이행한다는 원칙은 나중에 칸트의 두 저서, 즉 『판단력비판』과 『이성의 오롯한 한계 안의 종교』에서도 계속되고 있으며 도덕법의 심화는 여기에서 계속 확대되고 있다. 칸트에 의하여 의도된 도덕법의 심화의 첫 번째 확대의 단계는 『판단력비판』에서 도덕신학에 대한 설명에서 찾을 수 있다.[08] 칸트는 『판단력 비판』안에서 특히 도덕법과 인간의 도덕적 심정에 기초하여 자연과 인간에 대한 목적론적 고찰이 허용될 수 있는가의 문제를 다루고 있다. 그런데 사실 이 문제는 『실천이성비판』에서도 이미 부분적으로 다루어지고 있다. 신 존재의 요청과 관련하여 인간은 목적의 순위에서 '목적 그 자체'라는 사실, 그래서 칸트는 인간을 어떤 자에 의해서든지 심지어는 '신'에 의해서도 목적이 아닌 수단으로서만 사용할 수는 없다는 점을 강조했던 것이다. 칸트는 "우리들 인격 안에서 인간성은 우리들 자신들에게 신성한 것이 아닐 수 없다"고 강조한다. "왜냐하면 인간은 도덕적 주체이므로 그 자신 신성한 것의 주체이며 이런 주체를 위하여 또 이런 주체에 일치해서만 그 어떤 것을 일반적으로 신성하다고 부를 수 있기 때문이다."(실천 237)

또한 도덕법의 심화는『이성의 오롯한 한계 안의 종교』에서도 이루어지고 있다.[22] 칸트는 종교철학적 저술에서 특히 기독교의 중심적 교리 내용과 그의 도덕에 근거한 이성종교의 의미에서 기독교 교회론을 새롭게 해석하고 있다. 그런데 사실 그는『실천이성비판』에서도 이미 이러한 문제들을 다룬 바 있다. 그는 신의 요청이론을 수립하면서 최고선의 문제, 즉 도덕성과 그에 비례적으로 일치하는 행복의 문제를 기독교적 도덕론에 비추어서 다루었던 것이다. 그러나 도덕 그 자체는 결코 행복론이 아니다. 왜냐하면 도덕은 오직 행복에의 합리적 조건만을 기술하고 그것을 획득하기 위한 수단을 기술하지 않기 때문이다. 따라서 도덕은 필연적으로 항상 먼저 출발점이 되어야 하고, 종교가 출현하기 전에 인간은 언제나 도덕적 심정에 도달해야 한다.(실천 A235)

이 같은 입장에서 볼 때 후기 칸트의 두 저작은 분명하게 칸트의 요청이론과 연관이 있으며, 따라서 도덕에서 종교로 이행한다는 지배적인 사유 원칙을 통일적으로 철저하게 적용하고 있음을 알 수 있다.

21 Jin Kim, *Kants Postulatenlehre*., 70–71.
22 Jin Kim, *Kants Postulatenlehre*, 71–72.

○

제10장 물리신학과 윤리신학[01]

: 『판단력비판』의 종교철학

1. 칸트의 목적론 사상

프랜시스 베이컨은 서양세계를 지배해 오던 아리스토텔레스의 목적론적 사고를 아무것도 분만하지 않은 자궁을 가진 '성처녀'라고 조롱한 바 있다. 그 여파로 칸트 시대에는 세계를 원인과 결과의 관계에서 파악하려는 인과론적 사고가 지배적이었다. 하지만 라메트리J.O. de la Mettrie가 『인간기계』(1748)를 발표했던 전형적인 기계론의 상황에서도 칸트는 그의 철학에서 목적론을 비중 있게 다루었다. 회페는 칸트의 목적론 사상은 단순한 전통철학의 잔재가 아니라 '선험적 이성비판에서 필수적인 부분'을 이루고 있다고 해석한다.(회페 309[259]) 회페에 의하면 『순수이성비판』에서 '규제적 이념'은 절대적으로 완전한 인식이라는 이성의 목적을 이루게 하는 목적론적 판단이다. 칸트는 『실천이성비판』에서 '최고선'을 요청이론의 바탕이 되는 목

01 참고논문으로는 김진 「칸트의 목적론적 유기체론과 그 이후」(『철학연구』 50, 1993), 김양현 「칸트의 목적론적 자연관에 나타난 인간중심주의: 목적론적 판단력 비판을 중심으로」(『철학』 55, 1998), 최준호 「칸트의 자연목적론, 그리고 형이상학」(『철학연구』 43, 1998), 윤일환 「칸트의 목적론적 판단력: 자연에서 자유로의 이행」(『비평과이론』 18-2, 2013), 김재호 「칸트에게서 자연의 합목적성은 어떻게 가능한가」(『철학연구』, 108, 2015), 박필배 「칸트의 목적론에서 합목적성 개념: 유기체와 자연 전체의 체계에 대한 연구」(『인문과학』 58, 2015) 등이 있다.

적론적 사고로, 법철학과 역사철학에서 '영원한 평화'를 역사의 궁극적 목적과 의미로 기술하고 있다. 칸트의 목적론적 사고는 『판단력비판』에서 그 절정에 달하고 있다.(회폐, 310[260]) 칸트는 이 책에서 이론철학과 실천철학, 순수이성의 자연 개념과 실천이성의 자유 개념, 감성적(현상적) 세계와 도덕적(예지적) 세계의 균열을 극복할 수 있는 가능성 조건을 다루고 있는데, 그는 특히 판단력을 지성(오성)과 이성 사이의 매개자로 파악하면서 '선험적으로 타당한 판단력의 조건들'을 탐구하고자 하였다. 칸트는 먼저 자연과 자유, 감성(수용성)과 지성(자발성), 인식과 행위의 대립적인 영역들의 화해와 연결을 시도함으로써 분화의 통일이라는 독일관념론의 핵심적인 동인을 선취하고 있다. 이 고유한 임무를 완수하기 위하여 칸트는 미감적 판단력ästhetische Urteilskraft과 목적론적 판단력teleologische Urteilskraft이라는 두 가지 근본 형식을 정립한 후에 자연과 도덕의 세계, 아름다움과 숭고함의 세계, 기술과 천재, 유기체와 모든 자연 사이의 '체계적 통일'을 구축하고자 하였다.(회폐 311[261])

칸트는 목적론적 유기체론은 이 세계가 기계적 법칙만으로 설명이 가능한가, 아니면 다른 원리가 있는가, 생명 현상의 근원과 그 속에 담겨 있는 내적 원리는 무엇이며, 그 생명 속에 담겨 있을 수도 있는 의도와 목적을 우리는 어떻게 인식할 수 있는가 등을 묻고 있다. 칸트는 여기에서 자연 존재자 또는 유기체적 존재자들의 자연 목적에 대한 지식이 성립될 수 있는 가능성 조건의 문제를 다루고 있다.

1) 자연의 합목적성

오늘날 유기체를 인식하는 데 있어서도 기계적 화학적 법칙들 이외에 어떤 특정한 원리를 전제할 수 있는가에 대한 논의는 데카르트나 라이프니츠의 시대보다 더 활발하게 전개되고 있다.[02] 목적론적 생명 사상은 아

리스토텔레스의 자연 철학[03] 이래 칸트의 『판단력비판』에서 가장 중요한 과제로 다루어졌다.[04]

엠페도클레스의 기계론적 생명 이해는 16, 17세기에 들어서면서 갈릴레이, 파라켈수스와 같은 과학자들에 의하여 급격하게 확산되었으며, 베이컨, 홉스, 데카르트, 스피노자와 같은 철학자들들을 중심으로 자연적인 원인만으로 유기체를 설명하려는 시도로 이어졌다. 갈릴레이와 뉴턴의 역학, 케플러와 라이프니츠의 수학적 물리학, 그리고 데카르트와 라메트리를 거치면서 자연은 필연적으로 상호 결합되어 결코 분리될 수 없는 유일한 인과 연쇄로 파악되었다.

반면에 아리스토텔레스의 합목적적 유기체 사상은 근대의 생기론 Vitalismus으로 전개된다. 아리스토텔레스는 태아 발생이 후성설Epigenesistheorie에 의하여 이루어진다고 보았다. 태아의 구성 부분들은 전성설Präformationslehre에서 주장하는 것처럼 미리 주어져 있는 것이 아니라 정자에 내재해 있는 운동 원리와 형성 원리에 의해 모체로부터 발생된다. 종자는 현실적으로 존재하는 유기체로부터 그 형성 원리를 받아 혼을 얻게 된다. 이와 같은 아리스토텔레스적 전통을 충실하게 전승한 하비William Harvey(1578~1657)는 중세의

02 K. Düsing, Naturteleologie und Metaphysik bei Kant und Hegel, in: H. – F. Fulda u. R.– P. Horstmann, *Hegel und die "Kritik der Urteilskraft"*. Stuttgart 1990.

03 아리스토텔레스는 학문적 생물학의 창시자로서 경험적 연구에 의하여 생명 현상이 같은 종에서 발생한다는 사실과 생명을 가진 유기체적 존재자가 어떤 목적을 가지고 활동하고 있다는 사실을 밝혔다. 그에 의하면, "자연적으로 생성된 존재자들은 무엇인가를 향하고 있다. … 예를 들면 식물의 경우에 잎이 열매를 보호하는 것처럼, 어떤 한 목적에 기여하는 것들이 생겨나는 것 같다. 그러므로 제비가 그 집을 짓고 거미가 거미줄을 치는 것이 자연적인 일임과 동시에 무엇인가를 겨냥하고 있는 일이라면, 또한 식물의 잎이 돋는 것은 열매를 위한 것이고, 그 뿌리가 위를 향하지 않고 아래로 내려가는 것이 영양분을 섭취하기 위한 것이라면, 분명히 이와 같은 유형의 원인은 자연적으로 생성된 존재자에 나타난다."(『자연학』, 제2권 제8장 198b34–199a8)

04 Reinhard Löw, *Philosophie des Lebendigen. Der Begriff des Organischen bei Kant, sein Grund und seine Aktualität*. Frankfurt 1980. 23–24, 34–53.

자연 발생론을 부정하고 "모든 생물은 배胚로부터 생긴다."omne animal ex ovo라는 정식을 세우게 된다. 이러한 생각은 칸트 시대에 블루멘바흐Johann Friedrich Blumenbach(1752~1840)[05]의 '형성충동'nisus formativus이라는 개념을 통하여 계속 전승되고 있었다. 생기론은 현대에 이르러서 드리쉬[06]나 베르그송[07]에 의하여 전개되고 있다.

칸트는 1756년 이래 자연지리학, 동물학, 그리고 식물학 분야에 대한 많은 강의를 했다. 생명을 가진 유기체적 존재에 대한 그의 입장은 기계론적 사고와 평행적인 관계를 유지하고 있다. 칸트는 『보편적 자연사』(1755)에서 태양계의 생성과 전개를 물질의 일반적 법칙과 특성으로 설명하려고 했다. 여기에서 그는 유기체는 태양계보다 더 설명하기 어렵다고 실토한다. 한 포기의 풀과 유충의 산출은 천체의 생성과 운동에 대한 기계론적 설명 이후에 제기할 수 있는 문제였던 것이다.

칸트는 천체이론에서 신의 간섭을 철저하게 배제했다. 만일 천체가 시간이 경과하면서 형성되었고 유기체가 생존할 수 있는 조건들이 성립되었다면, 물질 자체가 생명을 산출하였거나 또는 신이 이미 성립된 세계에 간섭하여 생명을 창조했을 것이다. 후자의 경우에는 생명 현상은 과학적 설명의 되지 못할 것이다. 그러나 칸트가 다른 천체에 생명을 가진 거주자가 존재할 수 있다(천체, 378-379)고 주장한 사실에서 볼 때, 그는 생명을 가진 유기체적 존재자가 생존할 수 있는 물리적인 환경이나 조건이 주어질 경우에는 자연발생도 가능하다고 생각했던 것 같다.

05 J. F. Blumenbach, *Über den Bildungstrieb und das Zeugungsgeschäfte*. Göttingen 1781, repr. Stuttgart 1971 (ed. Karolyi).

06 Hans Driesch, *Philosophie des Organischen*. Leipzig 1909; *Die Geschichte des Vitalismus*. Leipzig 1922.

07 Henri Bergson, *Schöpferische Entwicklung*. Paris 1907, Jena 1912.

칸트는 1763년에 출판한 『유일 가능한 증명 근거』에서 유기체를 학문적인 설명이 필요한 문제로 인식하고 있다. 여기에서 칸트는 "하나의 식물이나 동물의 첫 번째 산출을 보편적인 자연법칙에 의거한 기계적인 산물로 보는 것은 인정될 수 없다"고 주장했다. 따라서 모든 개체는 신에 의하여 직접 만들어지고, 그 번식은 자연법칙에 위임(전성설)되었거나, 그렇지 않으면 어떤 생물만 신에 의하여 만들어지고, 그 나머지는 자연법칙에 따라서 파악할 수 없는 어떤 능력에 의하여 자신과 동일한 것이 산출(후성설)되었을 것이다.(증명 680-681) 물론 칸트는 전성설은 초자연적 사실들을 전제하고 있기 때문에 후성설적 입장을 선호했다. 칸트는 전성설과 후성설 가운데서 어떤 것이 옳은가를 규명하기보다는 가능한 한 초자연적인 사실들에 대해서는 유보적인 입장을 취하는 동시에, 기계적으로 완전하게 설명될 수 없는 감동적 여운을 남겨 주고 있는 생명 존재의 신비에 대하여 환기시키고 있다.

『인간의 다양한 종족에 대하여』(1775)에서 칸트는 동물에서 유와 종의 분류는 공통적인 번식의 법칙에 기초하고 있으며, 유의 통일성은 동물들의 특정한 다양성에 대하여 일관되게 적용되고 있는 산출하는 능력의 통일성에 있다고 지적했다. 일찍이 뷔퐁은 비록 외모는 다르더라도 같은 종류의 수많은 새끼들을 낳는 동물은 하나의 특정한 자연적 유, 즉 종에 속한다는 사실과, 그리고 이것은 동물 일반의 자연 유형과는 구분된다는 사실을 밝혔다. 즉 동물의 학명상 분류는 산출에서 유사성과 근친성이 기반을 두고 있으며, 칸트는 이것을 '지성을 위한 자연체계'라고 불렀다. 그리고 모든 인간 역시 공통적으로 적용되는 산출 능력을 가지고 있기 때문에 하나의 특정한 자연 유형이라고 할 수 있다.

그런데 칸트는 어떻게 통일성을 가진 하나의 유적 존재로부터 전혀 예기치 못한 상이성들이 출현하고, 또한 그것들이 다시 유전될 수 있는가에 대하여 의문을 제기했다.[08] 다시 말하면 유와 종을 결정짓는 유전된 특성이 어떻게 환경에 합목적적으로 적응하고, 또한 그와 같은 합목적적 특성들이 어떤 방식으로 유기체의 형식에 부가되어 유전되는가를 물었던 것이다.

칸트는 다른 저술에서 이와 같은 유기체의 구조 발생을 역학적으로만 설명할 수 없다고 주장하면서, 유기체에서 모든 합목적적 변화를 가능하게 하는 '최종원인의 체계'System von Endursachen를 가정함으로써 목적론적 사유로의 전환을 시도하였다.[09] 칸트는 여기에서 모든 유기화 작용은 근원적으로 어디에서 비롯되는가를 물었으며, 이 물음은 적어도 물리학에서나 기계론적 설명 방식으로 해결되지 않는다는 사실을 인정했다. 유기체적 존재자의 유기화가 '근원적 소질'의 점진적 변화로부터 비롯된다 하더라도, 그와 같은 종자의 유기화는 또한 어떻게 가능한가라는 물음이 여전히 남게 되기 때문이다. 생명을 가진 유기체적 자연 존재자를 어떻게 인식할 것인가의 문제는 칸트에게 주어진 커다란 숙제였던 것이다.

칸트의 목적론적 세계 이해는 근대의 기계론적 자연 이해에 대한 반대 입장이라는 사실을 넘어서서, 기계적 생명론과 목적론적 생명 이해를 통일적으로 조화시키려는 시도로 발전되고 있다. 칸트는 『판단력비판』에서 반성적 판단력의 선험적 원리에 근거한 자연의 합목적성 개념으로 접근하면서 기계론과 생기론의 한계를 동시에 극복하고자 했다. 합목적성은 특수하게 규정된 모든 자연의 다양성을 통일적으로 이해할 수 있는 원리이다. 따라서 물리적으로, 단순한 자연 기계론에 의하여 파악할 수 없는 유기체와 같은 특수한 형식들은 반성적 판단력에 의하여 포착되고 이해 가능

08 I. Kant, *Von den verschiedenen Rassen der Menschen*. 1755, WA 6, 11.
09 I. Kant, *Über den Gebrauch teleologischer Prinzipien in der Philosophie*. WA 5, 163–164.

한 것으로 상정된다. 데카르트의 기계적 자연 이론에 반대하여 유기체를 자연 기계론에서 분리하여 목적론적 원리로 파악하려는 움직임은 칸트 이후 셸링과 헤겔이 주도하는 독일 관념론 시기에 이르러 절정에 달하였다. 특히 칸트철학에 대한 비판을 주도한 헤겔조차도 칸트의『판단력비판』, 특히 유기체의 내적 합목적성에 대해서는 칸트의 견해를 호의적으로 받아들였다.

그렇다면 신의 존재를 믿고 있는 유신론은 자연목적에 대하여 어떤 입장을 취하는가? 칸트에 의하면 유신론자들은 자연 목적의 가능성을 목적론에 대한 열쇠라고 독단적으로 정초한다. 유신론은 지성을 가진 근원적 존재자를 상정하여 자연 목적에서 자연의 의도적 기술을 인정한다. 자연 존재자의 존재 근원을 신적 원인으로부터 찾으려는 모든 시도가 여기에 속한다. 이 점에서 칸트는 유신론이 자연의 의도적 기술을 보여 주는 데 있어서 모든 다른 설명보다 우월하지만, 유신론도 역시 자연 목적의 가능성을 정초하지 못한다고 비판한다. 자연 목적의 통일 근거를 자연을 넘어서서 정립하려면 우선 물질에서 목적통일이 물질의 한갓된 기계적 조직에 의해서는 불가능하다는 것이 규정적 판단력으로 입증되어야 하는데, 그것은 결코 불가능하기 때문이다. 그렇기 때문에 칸트는 자연존재자, 특히 유기체적 존재자를 기계적 인과성에 의하여 접근하려는 시도에는 무리가 있다고 본다. 그래서 칸트는 "자연의 한갓 기계적인 원리들에 따라서는 유기체적 존재자와 그 내적 가능성을 결코 충분하게 알 수 없으며 설명할 수 없다는 것은 확실하다"라고 말한다.(판단 A333 B337)

칸트는 기계론적 원리의 한계를 한마디로 이렇게 정리하였다. 과학이 고도로 발전한 미래에서도 자연을 기계적 인과성으로만 파악하려는 "아마 언젠가는 뉴튼과 같은 사람이 나타나서, 한 그루의 풀줄기의 산출조차도 자연법칙에 따라서, 즉 의도가 질서를 세워 준 것이 아닌 자연법칙에 따라서 설명하리라고 예측한다거나 기대하는 것만도 인간에게는 불합리한 일이요, 오히려 우리는 이러한 통찰을 인간에게는 절대로 거부하지 않으면 안 된다"는 것이다.(판단 A334 B338) 이것은 칸트가 자연 인과성의 법칙을 거부하고 자연 목적론으로 대체하려는 것이 아니라, 우리의 인식 능력, 특히 논증적 지성 능력의 한계를 겨냥한 표현이다. 우리의 인식 능력에 비추어 볼 때 우리는 물질의 기계적 조직의 일차적인 내적 근거조차도 통찰하지 못하므로 물질에서 특정한 목적 관계들의 원리를 찾지 못한다. 자연 목적을 파악하는 유일한 방법으로는 이제 세계 원인이 되는 최고의 지성에 의한 판정 가능성만 남게 되는데, 이것도 역시 객관적 주장을 펼 수 있는 규정적 판단력의 대상이 아니고 반성적 판단력의 근거에 불과한 것이다.(판단 A324 B328-329) 최고 존재자인 신이 자연존재자에게 합목적성을 부여한다는 사실은 규정적 판단력의 인식 대상이 아니므로 이론적으로 증명되거나 반박될 수 없다는 이성 사용의 통제적 원칙에 저촉된다. "우리가 정당하게 자연목적이라고 부르는 것의 근저에는 의도에 따라 활동하는 존재자가 세계 원인(창조자)으로서 있는가라는 명제에 대하여 객관적으로는 긍정적이거나 부정적으로 판단을 전혀 내릴 수가 없다."(판단 A334 B338)

그러므로 이제 자연의 합목적성의 개념은 지성의 범주적 인과성의 유비로부터 자연 속에서 의도적으로 작용하는 하나의 원인을 반성적 판단력에 의해서만 추론할 수 있다. 그리하여 칸트는 "우리가 자연을 그 유기적 산물들에서나 부단한 관찰을 통하여 탐구하려고 하는 경우, 우리는 자연의 근저에 하나의 의도라는 개념을 반드시 인정하지 않을 수 없다"고 말한다.(판단 A330 B334) 그리고 전체로서 자연은 우리에게 유기적인 것으로서 주어져 있는 것이 아니기 때문에, 세계의 밖에 존재하는 의도를 가진 지성적 존재자에 근거한다는 신학적 설명 근거가 유일한 것처럼 보인다.(판단 A331 B335) 자연에서 목적은 하나의 최고 원인의 의도적 인과성이라는 원리 이외의 다른 원리에 의해서는 사유될 수 없다. 그리하여 사람들은 "세계에서 유기체적 존재자는 의도적으로 작용하는 원인에 의해서만 가능할 뿐이다"(판단 A332 B336)라고 말한다. 그러나 "하나의 지성적인 근원적 존재자가 있다"는 명제도 역시 객관적으로 입증할 수는 없다. "신이 존재한다"는 것도 우리의 반성적 판단력에만 기인하는 명제일 뿐이다. 우리는 다만 제한적인 방식으로 "우리가 많은 자연 사물의 내적 가능성을 인식하는 데서조차도 그 근저에는 합목적성이 인정되지 않으면 안 되는데, 우리가 이러한 합목적성을 사유할 수 있고 이해할 수 있기 위해서, 우리는 그러한 자연 사물들과 일반으로 세계를 하나의 지성적 원인(하나의 신)의 산물로서 표상하는 수밖에 없다."(판단 A333 B337) 결론적으로 칸트는 자연 목적의 관념론이나 실재론 모두가 자연과 유기체적 존재자를 완전하게 설명하지 못한 것으로 간주하면서 비판적 목적론을 하나의 가능한 대안으로 제시한다.

2) 반성적 판단력

칸트는 동시대적 생물학자들이 주장하는 여러 학설들을 비판적으로 연구하면서 생명을 가진 유기체적 존재자들의 자연 목적 또는 합목적성을 말할 수 있는 인식 근거가 무엇인가를 작업한다. 그는 유기체를 기계적으로 설명하려는 시도에 대하여 회의적이었다. 그러나 그도 역시 비판 이전의 시기와 비판 초기에는 유기체를 물리적으로 접근하였다.[10] 그러다가 『판단력비판』에서는 유기체적 존재자들의 자연 목적을 파악하는 특수한 인식 능력을 작업하는 동시에 이를 바탕으로 우주에서 인간의 위치를 설정하려는 적극적인 시도를 하였다. 칸트는 여기에서 유기체적 존재자가 기계적 인과성 이외의 다른 법칙을 필요로 하는 이른바 자연 목적 또는 합목적성을 가지고 있는가, 그리고 그것은 어떻게 인식될 수 있으며, 그와 같은 인식을 주도하는 능력은 무엇인가를 작업하고 있다. 이와 같은 논의는 그의 『순수이성비판』에서 주로 분석한 순수 이성에 해당되는 규정적 판단력이 기계적 인과성의 원리에 부합되는 존재자를 대상으로 한다는 사실을 출발점으로 하여 인간이 가지고 있는 세 가지 유형의 사유 능력을 분석하고 있다. 그 첫째는 보편을 인식하는 능력, 즉 지성Verstand이다. 둘째는 특수를 그러한 보편에 포섭하는 능력, 즉 판단력Urteilskraft이다. 셋째는 특수를 원리로부터 도출하는 능력, 즉 이성Vernunft이다.

판단력 가운데서도 범주나 도식, 원칙과 같이 보편이 이미 주어져 있을 때 특수를 주어진 보편 아래 포섭하는 것을 '규정적 판단력'bestimmende Urteilskraft이라 하고, 특수만이 주어져 있을 때 보편을 상정해서 특수를 거기에 포섭시키는 것을 '반성적 판단력'reflektierende Urteilskraft이라고 한다.[11] 규정적 판단력은 범주적 구성적 원리를 가지고서 대상에 대한 경험을 주도하는 인식 능력이다. 자연의 특수로부터 보편에까지 거슬러 올라가야 할 임무를 띠고 있는 반성적 판단력은 경험으로부터는 결코 도출할 수 없는 하나의 원리를 필요로 한다. 지성은 이러한 선천적 원리인 반성적 판단력을 그 자신에게 법칙으로 부여하여 우리가 자연을 통일적으로 이해할 수 있게 한다.[12]

10 I. Kant, *Allgemeine Naturgeschichte und Theorie des Himmels oder Versuch von der Verfassung und dem mechanischen Ursprunge des ganzen Weltgebäudes, nach Newtonischen Grundsätzen abgehandelt*. 1755; *Kritik der reinen Vernunft*. 1781; *Metaphysische Anfangsgründe der Naturwissenschsft*. 1786.

11 "판단력 일반은 특수를 보편 아래에 포함된 것으로서 사유하는 능력이다. 보편(규칙, 원리, 법칙)이 주어져 있는 경우에는, 특수를 이 보편 아래에 포섭하는 판단력은 (판단력이 선험적 판단력으로서 이 보편에의 포섭을 가능케 하는 조건들만을 선천적으로 지시할 경우에도) 규정적이다. 그러나 오직 특수만이 주어져 있고, 판단력이 특수에 대하여 보편을 찾아내야 할 경우에는 판단력은 단지 반성적이다."(판단 Axxiii Bxxvi)

12 "지성이 자연(단지 자연이라는 보편적 개념에서 본 자연으로서)에 대하여 지정하는 보편적인 자연법칙들은 그 근거를 우리들의 지성 속에 가지고 있다. 그런데 [자연의] 특수한 경험적 법칙에는 보편적 자연법칙에

반성적 판단력이 통찰하려는 것은 목적 개념이다. 칸트는 어떤 하나의 대상에 관한 개념이 그 대상의 실재성의 근거를 포함하고 있는 경우에 이를 '목적'이라고 규정한다. 칸트의 목적 개념은 두 가지 유형으로 구분할 수 있다. 그것은 바로 순수하게 기술적인 의미에서 제품의 생산 과정에서 완성품Produkt을 기대하는 형상인causa formalis과 그 생산품의 활동 작용Auswirkungen des Produkts이라는 목적인causa finalis으로 구분한다. 예를 들면 집을 짓는 데 있어서 두 가지 유형의 목적 표상이 가능하다. 건축 행위는 집의 형태, 모양, 설계, 생각처럼 집을 만드는 데 실질적인 지침이 되고 있으며, 이와 같은 형상인은 집이라는 특정한 대상의 개념에 관한 것이다. 그러나 집을 짓는 또 다른 목적으로서 집세Miete를 생각할 수 있다. 집세는 집이라는 대상의 유용한 활동과 유관한 주관적 동기에서 비롯한 것으로서, 대상 개념에 들어 있는 특정한 사용 가능성에 기초한 목적 개념이다. 그것은 일반적 의미에서 '행위의 목적'이다. 칸트가 '목적'이나 '최종 원인'Endursache이라고 말하는 경우에 일반적으로 형상인을 의미하지만, 앞에서 그가 정의한 목적 개념은 합목적성을 뜻하는 목적인 개념까지를 포함하고 있어서 분명하게 구별해서 사용한 것은 아니다.

그렇다면 자연의 이념도 목적의 규칙에 따라서 파악될 수 있는가? 자연 존재자의 존재 목적 또는 합목적성에 대한 인식은 이성 사용의 통제적 원리 하에서 가능하다는 것이 칸트의 기본적인 입장이다. 그는 목적에 의해

의해서는 규정되지 않는 것이 남는다. 이렇게 보편적 자연법칙에 의해서 규정되지 않는 것에 관해서 특수한 경험적 법칙들은 어떤 하나의 통일에 의하여 고찰되지 않으면 안 된다. 즉 마치 어떤 지성이 (비록 이것은 우리의 지성이 아니지만) 특수한 자연법칙에 따르는 경험의 체계를 가능케 할 목적으로 우리의 인식능력을 위하여 부여하기나 한 것 같은 그러한 통일에 의하여 고찰되지 않으면 안 된다. … (이러한 지성의 이념은 반성적 판단력만이 원리로서 사용하되, 규정을 위해서가 아니라 반성을 위해서 사용하기 때문이다.) 오히려 이 반성적 판단력의 능력은 그러한 지성의 이념에 의하여 자연에 대해서가 아니라, 단지 자기 자신에 대해서만 하나의 법칙을 부여하는 것이다."(판단 Axxv Bxxvii–xxviii)

서만 가능한 어떤 사물과 그 사물이 가진 성질과의 일치를 그 사물들의 형식의 합목적성Zweckmäßigkeit이라고 부른다. 판단력의 원리는 다양한 자연 존재자들에게 통일성을 부여할 수 있는 합목적성이다. 자연은 이 합목적성 개념에 의하여 마치 어떤 하나의 지성이 다양한 자연의 경험적 법칙들을 통일하는 근거를 포함하고 있는 것처럼 보인다는 것이다.[13]

이처럼 자연 산물에 대한 우리의 인식 활동을 위해 가정하는 합목적성은 자연의 주관적 합목적성이다. 자연의 주관적 합목적성은 우리가 특정한 사물을 설명함에 있어서 객관적 합목적성을 설정해야 한다는 선천적인 근거를 가지고 있지도 않으면서도 목적에 관한 설명을 요구하는 자연 사물이 있다고 전제하고 있다.[14]

그렇다면 이론적으로 접근할 수 없는 자연의 합목적성을 인식할 수 있는 근거는 무엇일까? 칸트는 우선 자연의 합목적성 개념이 선험적 원리에 속한다는 사실은 판단력의 격률에서 충분하게 알 수 있다고 말한다. 칸트에 의하면 판단력의 격률은 경험과 관계를 가진다. 그리고 이것은 다양한 특수 법칙들을 통하여 우리로 하여금 자연을 인식할 수 있게 만든다. 예를 들면, "자연은 최단 행로를 취한다(절약의 법칙: lex parsimoniae), 그러나 자연은 그 변화가 계속될 때나 또한 종별적으로 상이한 여러 형식이 병존할 때에도 결코 비약을 하지 않는다.(자연에서 연속의 법칙: lex continui in natura) 그럼에도 불구하고 경험적 법칙들 가운데 나타나는 극히 다양한 자연은 소수의 원리 하에 통일

13 판단, Axxvi Bxxviii 참조. "자연의 합목적성은 그러므로 단지 반성적 판단력에만 그 근원을 가지고 있는 하나의 특수한 선천적 개념이다. 왜냐하면 우리는 자연 산물들에서 자연이 목적에 대하여 가지는 관계와 같은 것을 이 자연 산물들에게 귀속시킬 수가 없고, 경험적 법칙들에 따라 부여된 자연에서 현상들의 결합에 관하여 자연 산물들을 반성하기 위해서만 이 개념을 사용할 수 있을 뿐이기 때문이다."(판단 Axxxvi Bxxviii)

14 "그러나 자연 사물이 차례로 목적에 대한 수단으로 기여하고 있으며, 그 가능성 자체는 단지 이러한 유형의 인과성에 의해서만 충분하게 이해된다는 사실에 대하여 우리는 감각 대상들의 총체 개념이라는 자연의 일반적 이념에서 근거를 가지지 못한다."(판단 A263 B267)

되어 있다(원리는 필요 이상으로 증가하지 않는다 principia praeter necessitatem non sunt multiplicanda)" 등이다.(판단 Axxix Bxxxi) 이와 같은 여러 특수한 법칙들은 자연에 어떤 통일적인 특성이 있다는 사실을 감지하게 한다. 그러나 우리가 자연에서 발견하는 특수한 법칙들을 통일적으로 이해할 수 있는 지성의 선천적 원리를 상정하지 않는 한, 그것은 한갓 우연적인 것에 지나지 않게 된다. 그러므로 칸트는 판단력이 선천적 원리를 가지고 있는 것으로 이해하였다.[15]

다시 말하면 우리의 주관적인 인식 능력, 특히 지성에 부여한 선천적 원리로써 자연법칙이나 생명을 가진 자연 존재자들의 존재 이유와 목적을 포착할 수 있다. 그렇기 때문에 칸트는 그것을 통일적으로 인지할 수 있는 지성의 선천적 원리를 미리 전제하지 않고서는 어떤 경우에도 자연의 합목적성을 거론할 수 없다는 입장을 취하고 있다. 그리고 이러한 칸트의 생각은 자연에서 인간의 위치를 궁극 목적 또는 창조의 최종 목적으로 확정하는 결정적인 단초가 되고 있다.

무한하게 다양한 경험적 법칙들을 포함하고 있는 자연은 직관에 주어진 지각 내용과 지성의 개념화 작용에 의한 종합을 통해 특정한 경험 내용을 구성하면서 우리에게 드러난다. 그러므로 자연의 보편적 법칙들을 선천적으로 가지고 있는 지성이 없다면 자연은 전혀 경험의 대상이 될 수 없다. 지성은 단지 경험적으로만 알려질 수 있는 우연적인 자연 사실들의 배

15 "특수한 (경험적) 자연법칙들에는 인간의 통찰에 대해서 우연적인 것이 있으나, 이 우연적인 것도 다양한 이 자연법칙들을 결합하여 그 자신 가능한 하나의 경험을 이루는 법칙적 통일을 내포하고 있다. 이러한 법칙적 통일은 우리에게는 물론 구명되지 않지만 그러나 사유될 수는 있는 것이다. 그 결과 우리가 지성의 필연적 의도(요구)에 따라 인식하지만, 그러나 동시에 그 자신 우연적인 것으로서 인식하는 [다양한 자연법칙들의] 하나의 결합에서 이 법칙적 통일은, 대상의 (자연의) 합목적성으로서 표상되기 때문에, 가능적 경험적 법칙들 아래에 있는 사물들에 관해서는 판단력은 단지 반성적이요, 따라서 이러한 판단력은 경험적 법칙들과의 관계에 있는 자연을 우리들의 인식 능력에 대한 합목적성의 원리에 따라 사유하지 않으면 안 된다."(판단 Axxxi Bxxxiii–xxxix)

후에도 자연의 어떤 질서가 있다고 생각한다. 이런 규칙들이 없다면 지성은 결코 가능적 경험 일반의 보편적 유비로부터 특수한 경험으로 나갈 수 없게 될 것이다. 그러므로 칸트는 "비록 지성이 자연의 질서(대상)에 대하여 선천적으로 어떤 규정도 할 수는 없지만, 그러나 지성은 이 경험적인 법칙들에 의거하여 인식할 수 있는 자연의 질서가 가능하다고 하는 선천적 원리를, 자연에 관한 모든 반성의 기초로 삼지 않을 수 없다"고 말함으로써, 자연의 형식적 합목적성이 바로 지성에 선천적으로 주어져 있는 주관적 합목적성의 원리라는 사실을 보여 준다.(판단 Axxxiii Bxxxv)

자연 목적으로서 사물의 개념은 경험 안에 주어진 것을 이성으로 사유할 수 있는 인과성에 포섭하여, 자연(존재자)을 이성의 원리에 따라 판단하기 위한 개념이다. 그러나 이러한 사물 개념은 경험에서 주어진 특정한 조건 아래에서 가능한 개념이지만 특정한 현상들에 대한 경험으로부터 주어진 개념은 아니기 때문에, 그 객관적 실재성을 통찰할 수도 없고, 또한 독단적으로 정초할 수도 없다. 그러므로 이 개념은 결코 규정적 판단력으로 다루어질 수 없다. 그렇기 때문에 칸트에 의하면 자연 목적으로 간주한 자연의 사물들을 통일적인 체계 속에서 이해하기 위해 어떤 특수한 유형의 인과성, 즉 어떤 특정한 의도나 목적에 부합하는 인과성을 필요로 하는가의 문제는 이론적인 영역에서 논의할 성질의 것이 아니다. 왜냐하면 "자연 목적의 개념은 이성에 의하여 그 객관적 실재성을 증명할 수 있지 않기 때문이다."(판단 A326 B330-331) 다시 말하면 이 개념은 구성적인 것에 관여하는 규정적 판단력에 대한 것이 아니고, 단지 통제적인 특성을 가지는 지식에만 관여하는 반성적 판단력에 대한 것이다. 동력인적 결합nexus effectivus 또는 실재적 원인의 연결은 구성적인 것이지만, 목적인적 결합nexus finalis 또는 '관념적 원인의 연결'은 통제적인 의미를 가지기 때문에 이론적 증명의 대상이 되지 않는 것이다.(판단 A286 B290) 그러므로 유기체적 존재자의 통일성은 인식이 아닌 평가의 대상이며, 설명이 아닌 논의의 대상일 뿐이다. 그러므로 자연은 우리들의 인식 능력에 대한 합목적성의 원리에 따라 지각이 지성에 제공해 주는 특수에 대하여 보편을 찾아낸다. 자연의 주관적 합목적성에 대한 우리의 개념은 객체에 관한 개념이 아닌 판단력의 원리이며, 이 원리에 의하여 자연은 어떤 목적의 유비에 따른 우리의 인식 능력을 고려하고 있다.

3) 목적론적 판단력의 이율배반

칸트는 목적론적 판단력의 분석론에서 기계론과 목적론이라는 이분법적 구분을 통하여 자연목적 개념을 확보하고 유기체를 적절하게 설명하려고 시도했다. 유기체는 특수한 것으로서 경험의 대상들이기 때문에 다른 현상들과 마찬가지로 범주와 직관의 형식 아래 놓이게 된다. 문제는 모든 유기체를 포괄해야 하는 보편적인 것으로서 '자연 목적' 개념의 도입으로부터 비롯한다. 그러나 유기체라는 특수한 것이 경험에 주어지는 경우에, 그 특수한 것을 포괄해야 하는 보편자는 없기 때문에, 판단력 스스로 그것을 찾아야 할 규칙을 부여한다. 이 경우에 가능한 판단력의 격률은 실제로 18세기의 생물학에 주요 논쟁점을 이루었던 기계론과 발생론의 명제와 일치한다.

칸트는 현상적으로 대립적이고 모순되는 것처럼 보이는 자연에 대한 두 가지 유형의 판단들을 열거한다. 세계와 자연이 기계적 법칙에 의하여 완전하게 설명될 수 있다는 주장과 그렇지 않다는 주장 사이의 대립이 바로 그것이다. 그리고 이러한 대립은 판단력에서 규정적 특성과 반성적 특성과 관련이 있다. 칸트에 의하면 "판단력은 두 개의 격률에 대한 반성에서 비롯하는데, 그 하나는 오롯한 지성이 판단력에 대하여 아프리오리하게 제시한 격률이고, 다른 하나는 이성을 활동하게 하는 특수한 경험들을 통하여 하나의 특수한 원리에 따라 물체적 자연과 자연법칙들을 판정하는 데서 연유한 격률이다."(판단 A310 B314) 판단력의 첫째 격률은 "물질적 사물들과 그 형식들의 모든 산출은 단지 기계적인 법칙들에 따라 판정 가능해야 한다"는 정립 명제이다.(판단 A310 B314) 판단력의 두 번째의 격률은 "물질적 자연의 어떤 산물들은 단지 기계적인 법칙들에 따라 가능적으로 판정될 수 없다(이러한 산물들의 판정은 전혀 다른 인과성의 법칙, 즉 목적인의 법칙을 필요로 한다)"는 반정립 명제이다.(판단 A310 B314) 이 두 개의 정립 명제와 반정립 명제는 현상적으로 병존할 수 없는 통제적인 원칙들로서 하나의 변증론을 도출한다. 그러나 이것은 겉으로 보이는 분석적 대립에 지나지 않는다. 왜냐하면 이러한 통제적 원칙들은 다시 구성적 의미를 가지는 기계론에 대한 두 개의 상이한 명제로 환원될 수 있기 때문이다. 그리하여 칸트는 "물질적 사물의 모든 산출은 단순한 기계적 법칙들에 의하여 가능하다"는 정립과 "물질적 사물의 약간의 산출은 단순한 기계적 법칙에 의하여 불가능하다"는 반정립이라는 구성적 명제로 환원한다. 그리고 이것은 더 이상 판단력의 이율배반이 아니고 18세기의 생물학에 실제로 나타난 대립 관계이다.

그리하여 칸트는 정립 명제가 실제로는 전혀 모순을 내포하고 있지 않다고 보았다. 물질적 자연에서 모든 존재자나 자연의 산물들은 기계적인 법칙들에 의거해서 판정하지 않으면 안 된다. 모든 것은 기계적으로 판정해야 한다. 그러나 어떤 것은 그렇게 판정할 수 없다. 여기에서 대립은 기계론과 목적론 사이의 이율배반이 아니고 기계론에 대한 두 개의 상이한 명제 사이의 대립, 즉 기계적 해석의 일반적 필연성과 그 불가능성 사이의 대립이다. 이것은 지성이 가지고 있는 범주적 작용에 의해 얻어지는 판단들로서 규정적 성격을 가지고 있다. 이론적 인식은 실제로 기계적 법칙에 따른 범주적 판단 작용에 의하여 성립한다. 그러나 칸트에 의하면 이상과 같은 정립 명제만으로는 모든 유형의 자연 존재자를 그 완전한 의미에서 판정하기는 어렵다고 생각한다. 물론 기계적 법칙만으로 자연 존재자를 완전하게 판정할 수 없다는 어떤 증거도 자연 속에서 찾을 수 없다는 사실을 칸트 자신도 인정하고 있다. 그럼에도 불구하고 칸트는 자연 속에서 정립 명제는 어떤 특정한 자연 형식의 경우, 즉 유기체적 존재자에서 자연의 기계적 법칙에 따른 설명과는 전혀 다른 하나의 원리인 목적인의 원리를 요구한다는 사실과 전적으로 대립하지 않는다고 주장한다.(판단 A311 B315-316) 다시 말하면 반정립 명제인 목적인의 원리에 의해 정립 명제인 기계적 인과성의 원리를 폐기하는 것이 아니라는 것이다. 규정적 판단력의 격률은 유용하지만 필수적인 것은 아니다. 자연 목적으로 파악하는 유기체에서 반성적 판단력의 격률은 근본적으로 필연적이다. 실재적인 이율배반은 규정적 판단력의 격률이 필연적인 경우에만 성립하지 않으며, 판단력의 격률이 구성적인 의미로 받아들여지는 경우에도 이율배반은 성립하지 않는다.

칸트는 생명의 발생 이론과 관련하여 자연의 합목적성을 무의도적으로 파악하는 합목적성의 관념론과 의도적으로 파악하는 실재론의 대립으로 정리하고 있다. 칸트에 의하면 이 두 가지 이론은 독단적 구성적 주장들로서 합목적성의 객관적 실재성을 한 번도 보증할 수 없다. 이 두 주장들은 칸트 시기까지 똑같이 옳은 것으로 받아 들여졌고, 반성적 판단력의 통제적 격률 사이의 가능한 논쟁으로 이행하였다. 여기에서 칸트는 유기체와, 전체로서 자연을 목적론적 관점에서 다시 정리한다. 유기체는 경험적으로 주어진다. 그리고 우리는 유기적 자연 존재자가 자연의 오롯한 기계적 조직만으로 산출할 수 없다는 사실을 증명하지 못한다. 우리는 사물을 경험적으로만 인식하고 있기 때문에 우연적으로 보이는 특수한 자연법칙들의 무한한 다양성을 그 내적인 제1근거에서 보아 통찰할 수도 없고 자연을 가능하게 하는 충족한 내적 원리에 도달할 수도 없기 때문이다. 그러므로 우리의 이성은 자연의 생산 능력이 "단지 자연의 기계적 기능만을 필요로 하는지", 그렇지 않으면 "물질적 자연이나 그 가상적 기체 안에는 결코 들어있을 수 없는 전혀 다른 종류의 근원적인 인과성이 그 근저에 있는가"를 알 수 없는 것이다.(판단 B317)

칸트는 '지성의 특성'에 근거하여 판단력의 이율배반을 해소하려고 한다. 모든 것을 기계적으로 판정해야 하는 규정적 판단력의 일반적 필연성과, 그것만으로 유기체를 설명하는 것은 현실적으로 불가능하다는 문제는 객관적 자연이 아닌 주관적 자연과 관련이 있다. 지성은 모든 현상들을 기계적으로 설명하려는 특성을 가지고 있다. 이 특성에 의하여 지성은 모든 자연 산물을 단순한 기계적 법칙으로 판정해야 하지만müssen, 자연을 항상 그렇게 설명할 수 없다는 사실에서 모순이 발생한다. 이 두 격률 사이의 모순은 이 필연성과 불가능성이 객관적이라는 전제 아래서 생긴다. 기계적인 설명에서 우리의 주관적 무능함과 특정한 사물을 기계적으로 설명할 수 없는 우리의 무능력은, 우리가 모든 것을 설명할 수 있어야 한다können müssen고 전제하는 경우에만 모순 관계에 있다. 그러나 경험의 모든 대상들을 기계적으로 환원하는 지성에 의해 설명할 수 있어야 한다는 이런 전제가 없어진다면, 이 두 개의 격률은 모두 참이 되고 이율배반을 해소하게 된다. 칸트에 의하면 기계적 설명은 그것이 가능하다면 언제나 옳다. 그러나 목적을 가지고 수행하는 지성에게 어떤 객관적 실재성도 주어지지 않는 경우에, 아직 기계적인 환원이 이루어지지 않은 것은 마치als ob 그것이 그런 질서에 놓인 것처럼 고찰하는 것이다. 이것은 기계론과 자연 합목적성의 일치가 불가능한 것이 아니라 단지 상대적인 인식 능력을 가진 우리들 인간에게만 불가능하다는 것을 보여 줄 뿐이다. 그러나 반성적 판단력은 우리에게 규정적이고 구성적인 의미에서는 아니지만, 자연에 합목적성의 체계가 존재하고 있다는 사실을 알려 준다. 반성적 판단력은 우리에게 기계적 인과성과는 전적으로 다른 목적론적 인과성이 유기적 자연 존재자들의 통일적인 이해를 가능하게 한다고 말해 준다. 반성적 판단력이 목적론적으로 판정한 현상들을 새로 발견한 경험 법칙은 기계적으로 설명할 수 있으며, 이런 경우에 이전의 설명에 들어 있는 목적론적 요소는 불필요하게 되고 기계적인 요소는 불변적으로 타당하게 된다. 목적론적 설명방식은 기계적 설명이 불충분한 경우에만 작용하며, 그러한 전제들이 사라지면 그런 유형의 설명조차 불필요하게 된다.

그리하여 칸트는 목적론적 판단력의 변증론이 직면한 이율배반을 다음과 같이 해소한다. 유기적 존재자들의 기계적 산출 원리는 규정적 판단력의 대상이고, 그 목적론적 산출 원리는 우리가 그 체계적 연관을 해명할 수 없는 특수한 법칙에 따라 형성하는 자연에 대해서 반성적 판단력의 대상에 속한다는 것이다. 자연의 기계적 조직은 어떤 유기체적 존재자의 가능을 생각하기에 충분하지 않고, 오히려 의도적으로 작용하는 원인에 근원적으로 종속하지 않으면 안 된다. 자연의 산물의 기계적 조직은 의도적으로 작용하는 원인의 도구이지만, 자연은 그 기계적 법칙에서 의도적으로 작용하는 원인의 목적에 종속해 있는 것이다. 그리하여 유기체적 존재자들은 기계적 법칙에 따르는 자연산물 이상으로 자연의 목적을 가지고 있다.(판단 A370 B375)

4) 자연의 최종 목적: 행복과 문화

외적 합목적성은 땅, 물, 공기와 같은 무기적 존재자들에게도 적용할 수 있다. 그러나 유기체적 존재자들은 자신의 가능을 위해서 내적 합목적성을 가지고 있으며, 그것은 자연 목적을 이룬다. 그렇기 때문에 칸트에 의하면, 기계적 조직에서 나오는 결과만을 인식하는 사물들에 대해서는 "그것은 무엇을 위해서 존재하는가?"라고 물을 수 없지만, 내적 합목적성을 가진 유기체적 존재자에게는 그런 물음을 던질 수 있다는 것이다.(판단 A376 B380) 그리고 이런 물음에 대하여 칸트는 두 가지로 대답할 수 있다고 본다. 첫째로 "그 사물의 현존재와 그 사물의 산출은 의도에 따라 작용하는 원인과 전혀 관계가 없다."(판단 A376 B381) 이것은 자연의 기계적 조직에서 나오는 경우에 해당한다. 둘째로 "그 사물(하나의 우연적 자연 존재자로서)의 현존재에는 어떤 하나의 의도적 근거가 있다." 이것은 유기적 사물의 경우에 해당한다. 유기체적 존재자의 경우에는 다시 두 가지 대답이 가능하다. 첫째로 "그와 같은 자연 존재자가 존재하는 목적은 그 자신 속에 있다. 다시 말하면 그런 자연존재자는 단지 목적일 뿐만 아니라 궁극 목적이기도 하다"(판단 A376 B381)는 주장이다. 또한 "이런 궁극 목적은 이 자연 존재자의 밖에 있는 다른 자연 존재자 안에 있다. 즉 이 자연 존재자는 합목적적으로 존재하지만 궁극 목적으로서가 아니라 필연적으로 동시에 수단으로서 존재하는 것이다"라고 주장할 수도 있다.(판단 A377 B382)

그러나 칸트에 의하면 자연 속에 우리가 창조의 궁극 목적이라는 특권을 요구할 수 있는 사물적 존재자가 없다. 자연 사물은 궁극 목적일 수 없다는 것이다. 식물계가 가지고 있는 유기적 조직을 감안하게 될 경우 그 존재 목적을 묻게 된다. 그리고 우리는 식물들이 그것을 먹고사는 동물들을 위해서 존재한다고 대답할 수 있다. 여기에서 다시 "그렇다면 무엇을 위해서 이러한 초식동물들은 존재하는가?"라는 물음이 다시 묻게 된다. 그리고 그것은 육식동물을 위한 것이고, 그것은 다시 인간을 위해서 존재한다고 소급해 나갈 것이다. 인간의 지성은 모든 생물들을 다양하게 사용하도록 한다. 그렇기 때문에 칸트는 오직 인간만이 지구상에서 '창조의 궁극 목적'이라고 단정하였다.(판단 A379 B383) 인간은 목적을 이해하고, 자신의 이성으로 합목적적으로 형성한 사물들의 집합을 목적의 체계로 만들 수 있는 유일한 지상 존재자이기 때문이다. 칸트에 의하면 린네는 그 반대로 설명했다. "초식동물은 식물계의 많은 종이 질식할 정도로 식물계가 무성하게 자라는 것을 조절하기 위하여 존재하고, 육식동물은 초식동물의 탐식을 제한하기 위하여 존재하며, 마지막으로 인간은 육식동물을 수렵하고 감소시킴으로써 자연의 산출력과 파괴력 사이에 일정한 균형을 유지하기 위하여 존재한다."(판단 A379 B383) 따라서 칸트는 린네의 이론에 의하면, 어떤 경우에는 인간을 목적으로 인정할 수 있지만, 다른 경우에는 수단으로 전락할 수도 있을 것이라고 지적하였다.

우리가 합목적적으로 구성한 유기체적 존재자(생물)의 외적 상호관계에서 객관적 합목적성을 원리로 채택한다면, 여기에서 목적인에 따르는 모든 자연계의 하나의 체계를 생각할 수 있다. 그러나 이런 생각은 자연에서 경험과 모순적이다. 그와 같은 자연의 목적 체계는 자연의 최종 목적을 인간이라고 상정함으로써 가능하게 되기 때문이다. 그러나 자연은 인간을 많은 동물들 가운데 한 종류에 속하는 것으로 보고, 또한 인간을 자연이 가지고 있는 엄청난 파괴력과 산출력에서 제외하지 않고 자연의 기계적 조직에 종속하는 것으로 간주한다. 자연 존재자들의 살아가는 터전과 생활환경, 그리고 서식처라는 관점에서 보더라도 인간은 다른 생물들에 의존하고 있으며, 다른 생물들을 보편적으로 지배하는 자연의 기계적 조직을 인정하는 경우에는 인간도 자연의 기계적 조직의 지배하에 들어가게 된다. 그러므로 인간은 자연의 최종 목적일 수 없으며, 같은 근거에서 모든 유기적 사물 존재자들의 집합이 목적의 체계일 수도 없다는 사실을 입증한다. 그리고 자연 목적이라고 생각했던 자연 산물조차도 자연의 기계적 조직 이외의 다른 기원을 가지지 않는다는 사실을 입증한 것이다.(판단 A382 B386)

자연의 최종 목적으로서 인간의 목적이라고 규정할 수 있는 두 가지의 가능성은 바로 '행복'Glückseligkeit과 '문화'Kultur이다. 모든 자연적 욕구를 통해 이루어지는 행복은 결코 인간의 목적이 될 수 없다. 왜냐하면 그와 같은 자연적 욕구에 대한 추구는 인간의 수준을 자연 상태로 저하하는 동시에 자연 역시 인간에게 특별한 대우를 하지 않기 때문이다. 자연은 인간에게 행복을 보장하기보다는 오히려 악질과 기근, 수해와 냉해와 같은 온갖 재해를 동원하여 공격하고 있다.(판단 A385 B389) 그리고 비록 자연이 인간의 행복을 증진하는 데 기여한다 할지라도, 인류는 그 내면적 본성에 의해 압제와 전쟁과 같은 만행을 저지르면서 스스로의 행복을 저해하게 된다. 그러므로 이제 칸트에서 인간의 목적으로 간주할 수 있는 유일한 가능성은 문화이다. 문화는 "임의적인 목적 일반에 대한 이성적 존재의 유용성 산출"Hervorbringung der Tauglichkeit eines vernünftigen Wesens zu beliebigen Zwecken überhaupt이라는 형식적 규정이다.(판단, A386 B391) 이 유용성은 자신의 목적을 실현하기 위하여 자연을 자유롭게 목적 일반의 격률에 맞도록 수단으로 사용하는 것을 말한다. 그러므로 문화는 자연을 목적론적 체계로 파악하게 하는 결정적 계기가 된다. 그러나 칸트는 모든 문화를 인간의 목적으로 보지는 않았으며, 특히 욕망과 폭력을 전제하는 문화는 배제하였다.

궁극 목적이란 "자신의 가능 조건으로서 다른 어떤 것도 필요로 하지 않는 목적"이다.(판단 A392 B396) 자연의 합목적성에 대하여 자연의 기계적 조직을 설명 근거로 상정한 경우에는 세계 사물의 존재 목적을 물을 수 없다. 그러나 이 세계에서 목적 결합을 실재적인 것으로 생각하고, 여기에 의도적으로 작용하는 원인의 인과성을 상정하는 경우에는 그 유기체적 존재자들의 존재 목적을 생각할 수 있게 된다. 칸트에 의하면 이 세계에서 목적론적 인과성을 가진 유일한 종류의 존재자들은 인간이다. "세계의 사물들은 그 현존에서 의존적 존재자이므로, 목적에 따라 활동하는 어떤 지고한 원인을 필요로 한다면 인간은 창조의 궁극 목적이다. 인간이 없으면 상호 종속적인 목적들의 연쇄를 완성하지 못할 것이기 때문이다. 인간에서만, 그리고 도덕성의 주체로서 인간에서만 목적에 관한 무조건적인 입법이 성립하며, 이 무조건적 입법만이 인간으로 하여금 전 자연을 목적론적으로 종속하는 궁극목적일 수 있게 하는 것이다."(판단 A393 B398-399) 그리고 칸트는 인간이 자연의 최종목적이라는 사실은 규정적 판단력에 대한 것은 아니지만 반성적 판단력에서는 설득력을 가진다고 주장한다. 결국 칸트는 인간중심주의적 시각에서 자연 목적을 반성적 판단력으로 구성한 것이다.

2. 자연신학의 두 형식: 물리신학과 윤리신학

칸트는 목적론적 판단력의 방법론에서 "목적론은 자연학에 속하는 것인가"라는 물음을 제기하고 있다.(판단 A360 B365) 자연 산출과 그 원인을 대상으로 하는 목적론은 자연학에 속하는 것인가, 그렇지 않으면 신학에 속하는 것인가? 이러한 물음에 대해서 칸트는 반성적 판단력의 대상이 되는 목적론이 자연의 결과에 관한 객관적 근거를 제시하기 위해 규정적 원리들을 필요로 하는 자연학과는 전적으로 다른 것이라고 말한다. 자연 산물을 설명하기 위해서 할 수 있는 데까지는 자연의 기계적 인과성을 소급해 나가는 것이 합리적인 일이지만, 유기체적 존재자를 판정할 경우에 기계적 인과성의 원리는 목적론적 원리 아래 포섭해야 한다는 것이다. 그렇다고 해서 목적론이 신학일 수도 없다. 칸트가 자연신학을 비판한 이유는 바로 이론적으로 논증 불가능한 명제에 범주적, 구성적 특성을 부여하려는 초월적-독단적 경향에 있었다. 그러나 반성적 판단력을 매개로 하는 칸트의 목적론은 통제적인 의미에서 엄격하게 접근할 필요가 있다.

『판단력비판』의 근본 문제는 인간과 자연에 관한 목적론적 고찰이 가능한가, 또한 가능하다면 그것은 어느 정도까지 가능한가라는 물음으로 정리할 수 있다. 칸트는 인간과 자연에 관하여 궁극목적을 전제하는 것과 자연 가운데서 목적 체계를 정돈하는 문제는 이성존재가 오직 실천적, 도덕적 필연성의 관점에서 다룰 경우에만 허용할 수 있다고 보았다.

『판단력비판』의 모든 설명은 도덕적 목적의 체계적 통일성에 대한 이념을 자연에 수여하는 것을 정초하고 정당화하는 올바른 방식에 대해서, 또한 자연 안에 있는 궁극목적으로서 인간과 함께 정연한 자연의 합법칙성을 전제할 수 있는 근거를 성취할 수 있는가에 모아지고 있다. 칸트적 사고는 인간의 사유가 사실상 항상 윤리적이며 자연적인 궁극목적의 표상을 제기한다는 사실에서 출발한다. 그리고 칸트는 어떠한 형식과 어떠한 권리로 인간의 사유는 그와 같은 궁극목적을 지향하는가를 묻고 있다.[16]

칸트는 그의 「목적론적 판단력의 방법론」에서 신학에도 속하지 않고 자연학에도 속하지 않는 학으로서 목적론이 선험적 원리들을 바탕으로 자연을 판단할 수 있는가를 제시하려고 한다.(판단 A361 B366) 칸트는 모든 자연신

16 Jin Kim, *Kants Postulatenlehre*. Frankfurt 1988, 74.

학에 반대하면서 자연 자체 안에서 지배하고 있는 법칙에 대한 단순한 관찰은 '목적' 혹은 '궁극목적'을 인식할 수 없다는 것을 분명히 하였다. "자연의 합목적성에 대하여 자연의 한갓된 기계적 조직이 그 설명 근거로 상정되는 경우에는, 우리는 세계의 사물들이 무엇을 위하여 존재하는가를 물을 수 없다."(판단 A392 B396) 자연관찰은 단지 사물의 물리적 가능성만을 문제로 삼기 때문이다. 자연의 합목적적 형식이 우연이라고 해석하든지 맹목적 필연이라고 해석하든지 간에 궁극목적에 관한 물음은 공허하게 된다. 칸트에 의하면, 오직 인간만이 궁극목적을 판단하는 주체이고 또한 궁극목적이라고 한다.

도덕적 존재자로서 인간(따라서 이 세계의 모든 이성적 존재자)에 관해서는 '무엇을 위하여quem in finem 그는 현존하는가'라고 더 물을 수 없다. 인간의 현존재는 최고의 목적 그 자체를 자신 속에 가지고 있어서, 인간은 가능한 한 이 최고에 전 자연을 예속할 수 있으며, 적어도 이 최고의 목적에 반해서는 자연의 어떠한 영향에도 복종해서는 안 되는 것이다. 그런데 세계의 사물들이 그 현존으로 보아 의존적 존재자이고 목적에 따라 활동하는 어떤 지고한 원인을 필요로 한다면, 인간이야말로 창조의 궁극목적이다. 왜냐하면 인간이 없으면 상호 종속적인 목적들의 연쇄가 완결되지 못할 것이기 때문이다. 인간에서만, 그리고 도덕성의 주체로서 인간에서만 목적에 관한 무조건적 입법은 성립하며, 따라서 이 무조건적 입법만이 인간으로 하여금 전 자연이 목적론적으로 종속하는 궁극목적일 수 있게 하는 것이다.(판단 A393-394 B398-399)

1) 물리신학에 대하여

칸트는 『판단력비판』의 「목적론적 판단력의 방법론」에서 '물리신학'(§

85)의 문제를 다루고 있다.(판단 A395 B400) 자연의 궁극문제와 관련하여 칸트는 목적을 자연의 목적과 도덕적 목적으로 분류한 후에 신학 역시 '물리신학'Physikotheologie과, '도덕신학'Moraltheologie 또는 '윤리신학'Ethikotheologie으로 구분한다. 물리신학은 자연의 관찰에서 자연의 목적들을 찾고, 그러한 자연의 목적들로부터 다시 궁극목적을 찾고, 이 궁극목적에 대하여 '이 최상의 원인의 인과성의 원리'das Prinzip der Kausalität dieser obersten Ursache를 찾는 신학이다.(판단 A395 B400) 도덕신학은 자연에서 이성적 존재자의 도덕적 목적을 선천적으로 인식하고, 이 도덕적 목적으로부터 자연의 최상의 원인과 그 특성을 찾으려는 신학이다. 따라서 물리신학은 도덕신학에 선행한다.

그런데 칸트는 여기에서 이와 같은 목적론적 원리에 의한 자연의 탐구는 결코 지성을 통하여 사유할 수 없다는 원칙, 즉 '반성적 판단력의 격률'Maxime der reflektierenden Urteilskraft을 확립하였다.(판단 A396 B401) 자연이 특정한 목적을 가지고 있는가의 문제는 경험적으로 객관적 타당성을 구할 수 없는 성격의 것이고, 경험은 '체계로서 자연 전체를 포괄'할 수 없기 때문이다. 물리신학은 목적 관계가 언제나 자연 속에 들어 있는 것으로만 고찰하기 때문에, 자연은 현존하는 목적의 근거를 자연 밖에서 찾아야 한다. 따라서 물리신학은 그것을 아무리 밀고 나간다고 해도 창조의 궁극목적에 관해서 아무것도 보여 주지 못한다. 물리신학은 자연적 목적론에만 머물기 때문에 신학을 정초하는 데 실패한다.(판단 A398 B402) 칸트는 자연적 목적론이 우리로 하여금 신학을 찾도록 하지만 신학에 도달하기에는 부족하다고 보았다. 그는 물리신학은 "하나의 오해된 자연적 목적론이요, 신학에 대한 준비(예비학)로서만 유용할 뿐이다. 그리하여 자연신학은 그것이 의거할 수 있는 별도의 원리가 더 부가됨으로써만 이러한 의도를 성취할 수 있다."(판단 A405 B410)

자연에서 목적이라는 이념은 경험의 구성적 원리에 해당하는 것은 아니지만, 그 목적의 이념만이 '최상의 지성적 세계 원인'이라는 개념으로 우리를 인도한다. 이 자연세계에 속하는 사물들이 무엇을 위하여 존재하고, 어떤 다른 사물들에게 어떤 방식으로 유용한가는 결국 판단력만이 규정할 수 있다. 그런데 판단력은 목적론적으로 판정할 수밖에 없는 객체를 가능하게 하는 원리를 자신의 능력 안에 가지고 있기는 하지만, 그 원리는 자연의 기계적 조직을 지성적 세계창시자의 건축술에 종속하는 원리에 다름 아니다.(판단 A398 B402) 따라서 목적론적 세계 고찰에서 지성적 세계 원인의 개념을 규정하기 위한 원리들은 단지 경험적인 것에 지나지 않으므로, 이 원리들로써 우리는 경험이 세계 원인의 결과로서 보여 주는 것 이외의 다른 특성을 추론하지는 못한다. 더구나 경험은 '체계로서 자연 전체'를 포괄할 수 없으므로, 현상적으로 '지성적 세계 원인'이라는 개념과는 모순 상태에 놓일 수밖에 없다. 자연 전체의 체계 역시 어디까지나 오롯한 자연이기 때문에, 우리에게 비록 그것을 경험적으로 개관할 수 있는 능력이 있다 할지라도, 우리는 자연을 넘어서서 '자연 현존 그 자체의 목적', 즉 '저 최고의 지성'jener obern Intelligenz이라는 특정한 개념에까지 도달할 수 없다.(판단 A398 B403)

칸트는 여기에서 물리신학이 해결해야 할 과제를 축소함으로써 보다 쉽게 문제를 풀고자 한다. 만일에 그와 같은 '지성적 존재자'verständiges Wesen가 하나 또는 다수이든지 관계없이, 모든 자연 사물에 대하여 최대한의 목적을 부여할 수 있는, 즉 자연 일반을 정초하는 데에 필요한, 모든 특성을 가지고 있지 않은 그런 지성적 존재자에게 '신성'Gottheit이라는 개념을 사용한다면, 그리고 또한 우리가 어떤 이론에서 증명 근거가 미치지 못하는 결함을 자의적으로 보충하는 것을 아무렇지도 않게 생각하여 모든 가능적 완전성을 전제할 수 있다고 한다면, 자연적 목적론은 신학을 정초하고자 하는 명예를 당당히 요구할 수 있을 것이다.(판단 A398 B403)

그러나 무엇이 우리에게 그와 같은 보완을 요구하고, 보완할 수 있는 권리를 주는가를 밝혀야 할 경우에는 '이성의 이론적 사용의 원리'Prinzipien des theoretischen Gebrauchs der Vernunft에서 설명할 근거를 찾을 수 없다.(판단 A399 B404) 이성의 이론적 사용은 경험의 대상을 설명하기 위한 것이고, '최고 존재자의 이념'은 그것과는 전혀 다른 실천적 이성 사용에 기초하기 때문이다. 우리의 내부의 근저에 선천적으로 있는 실천적 요구가 자연 목적의 근원적 근거에 관한 자연적 목적론의 불충분한 표상을 신성의 개념에 이르기까지 보완하게 한다. 따라서 우리는 최종적인 자연 목적의 이념을 이론적인 이성 사용에 의하여 그 실재성을 증명할 수 있다고 오인하는 일이 없어야 한다.

칸트는 고대인들이 기계적인 것 이상의 초인간적인 어떤 것을 자연 사물들의 원인으로 상정하였으며, 세계에서 선과 악, 합목적적인 것과 반목적적인 것이 서로 혼재하고 있음을 인지하면서도, 그 근저에 은밀히 숨어 있는 현명하고 자비로운 목적을 증명할 수 없었다고 지적한다. 특히 칸트는 이성이 요구하는 자연 사물들의 원리의 절대적 통일성을 하나의 존재자의 이념에서 찾으려고 했던 스피노자의 범신론을 비판하였다. 여기에서 모든 자연 사물들은 유일한 실체로서 신에 속하는 규정들에 불과하다. 이 실체는 지성에 의하여 세계 원인이 되는 것은 아니지만, 주체로서 이 실체 속에 세계 존재자들의 모든 지성이 들어 있다. 그러므로 실체로서 이 존재자는 어떤 것을 목적에 따라 산출하는 것은 아니지만, 이 존재자 안에서 모든 사물들은 주체의 규정에 지나지 않는다. 그리하여 스피노자는 실체와 자연세계를 인과적 의존 관계 대신에 내속관계로 전화시킴으로써 '목적인의 관념론'을 도입하였다. 그 결과 이 체계는 자연의 합목적성의 제1근거의 문제를 해결하는 대신에 무의미한 것으로 간주하였다. 자연 합목적성의 개념이 실체의 모든 실재성을 박탈하고, 사물 일반이라는 보편적 존재

론적 개념으로 오해받게 되었다.(판단 A399-400 B404-405)

칸트는 이성의 이론적 사용 원리에 근거하고 있는 물리신학은 자연을 목적론적으로 판정하는 데에 충분한 신성이라는 개념을 결코 도출할 수 없다고 단정한다. 그 이유는 두 가지이다.(판단 A411 B406) 첫째로, 우리는 일체의 목적론을 사물들의 인과 결합을 규정하는 과정에서 발생한 판단력의 착오라고 단언함으로써 자연의 기계적 조직이라는 유일한 원리로 피하는 것이다. 이 경우에는 자연은 실체의 다양한 규정에 불과하며, 자연은 그 실체의 통일성 때문에 목적에 대한 하나의 보편적 관계를 내포하고 있는 것처럼 비쳐질 수 있다. 이것을 '목적인의 관념론'이라고 부른다. 둘째로, 우리는 특수한 종류의 인과성의 실재론의 원칙을 주장함으로써, 자연목적의 근저에 다수 또는 유일의 지성적인 근원적 존재자를 인정할 수 있다. 이것을 '목적인의 실재론'이라고 부른다. 그러나 이 실재론 개념을 정초하기 위하여 우리가 가지고 있는 것은 이 세계에서 현실적 목적 조합에서 얻은 경험적 원리에 불과하다. 그러나 우리는 한편으로 자연이 목적 통일에 관하여 많은 사례들을 제시하고 있는 부조화를 거부할 방법이 없다. 또한 동시에 '유일한 지성적 원인'이라는 개념을 경험만으로 도출하고자 할 경우에, 우리는 이론적으로나 실천적으로 유용한 그 어떤 신학을 경험적 원리로부터 충분히 명확하게 도출할 수가 없다.

> 자연적 목적론은 우리로 하여금 하나의 신학을 찾지 않을 수 없도록 만들지만, 우리가 경험을 통하여 아무리 자연을 깊이 탐색하고, 또 자연 가운데서 발견되는 목적 결합을 이성 이념(이것은 자연적 과제에 대해서는 반드시 이론적인 것일 수밖에 없다)의 도움을 받아서 구명한다 하더라도, 자연적 목적론이 신학을 만들어낼 수는 없다.(판단 A402-403 B407-408)

그러나 궁극목적이 없이는 자연 목적의 어떤 공통적 관계도 찾을 수 없다. 본래 '예술지성'Kunstverstand의 규정 근거를 내포하고 있는 것은 바로 이 궁극목적이다. 그런데 궁극목적을 선천적으로 암시해 줄 수 있는 것은 오직 순수이성뿐이다. 그리고 자연을 목적론적 체계로 판정할 수 있도록 자연의 지고한 원인에 대하여 특성, 정도, 관계 등을 생각하게 하는 것 역시 궁극목적이다. 우리는 반성적 판단력을 통하여 자연의 목적들을 그 전체적 관련에서 통찰하고, 또 그 위에 다른 모든 가능적 세계 계획들을 생각할 수 있으며, 그것들에 비하여 현재 계획이 최선의 계획이라고 판정할 수 있는 충분한 근거를 갖게 된다. 이와 같은 결과에 대한 완결된 지식이 없이는 최고 원인에 관한 명확한 개념을 추론하여 '신학의 기초'Grundlage zur Theologie를 확립할 수 없기 때문이다. 그런데 이러한 개념은 '모든 점에서 무한한 지성이라는 개념'eine in allem Betracht unendlichen Intelligenz, 즉 '신성의 개념'Begriffe einer Gottheit에서만 찾을 수 있다.(판단 A404-405 B408-409)

그리하여 칸트는 "물리적 목적론을 가능한 한 확장할 경우에 우리의 인식능력의 성질과 원리에 의거하여, 우리에게 알려진 합목적적 질서 안에 있는 자연을 하나의 지성, 즉 자연이 종속하고 있는 지성의 산물"로 생각할 수 있다고 말한다.(판단 A405 B409) 그러나 이 지성이 자연의 전체와 이 전체의 산출에 관해서 어떤 궁극의도를 가졌는가는 감성계의 자연에 있는 문제가 아니므로, 이론적 자연연구로써 밝혀질 수 것이 아니다. 따라서 최고 원인이 자연의 근원적 근거가 되는 필연적인 궁극목적인가의 문제 역시 자연에 관한 지식이 아무리 많아도 미결 상태로 남을 것이다. 그러므로 칸트는 물리신학을 '하나의 오해된 자연적 목적론'이자, '신학에 대한 준비(예비학)'로서만 유용하다고 보았다. 따라서 물리신학은 그 자체로서 그런 의도를 성취하지 못하고, 별도의 원리를 추가적으로 요구하게 된다.(판단 A405 B410) 그것은 바로 이성의 실천적 사용에서 나온 도덕신학, 윤리신학의 요구이다.

2) 윤리신학에 대하여

칸트는 『판단력비판』 §86 「윤리신학에 대하여」에서 자연의 궁극목적에 이르는 길은 오직 도덕신학뿐이라고 주장한다. 그는 자연적 목적이 아니라 도덕적 목적만이 체계적 통일의 이념을 자연에 부여할 수 있으며, 따라서 인간이 창조의 궁극목적이라는 사실을 다시 한 번 강조한다. 신 존재를 증명할 수 있는 유일 가능한 방식은 도덕신학 논증이라는 것이다.

> 세계의 사물들의 현존재와 세계 그 자체의 현존을 숙고할 때에, 아무리 범상한 지성도 벗어날 수가 없는 하나의 판단이 있다. … 만일 그들 가운데 인간(이성적 존재자 일반)이 없다면, 아무런 목적도 없이 존재하게 될 것이라고 하는 판단, 즉 인간이 없으면 삼라만상은 하나의 황무지에 지나지 않으며 헛되고 궁극목적이 없게 될 것이라고 하는 판단이 그것이다. … 따라서 거기에는 이미 세계의 어떤 궁극목적을 전제하지 않으면 안 되고, 이러한 궁극목적과 관계해서 세계 고찰 그 자체도 하나의 가치를 갖게 될 것이다.(판단 A406-407 B411-412)

이 세계는 이미 하나의 궁극목적을 전제하고 있다. 따라서 세계 존재자의 참된 의미와 가치는 그와 같은 궁극목적을 염두에 두고서 바라볼 경우에 드러날 수 있다. 우리는 쾌락, 안녕, 행복을 창조의 절대 가치라고 평가하지 않는다. 인간은 행복을 그 자신의 궁극목적으로 삼는다는 사실만으로 자신의 현존에 대한 이유를 설명할 수 없다. 칸트는 우리가 자연을 목적의 원리에 따르는 하나의 '절대적인 전체'로 볼 경우에, 인간은 창조의 궁극목적이며, 바로 여기에 자연은 왜 인간의 행복에 합치하지 않으면 안 되는가를 설명할 수 있는 이성적 근거가 있다고 말한다. 칸트에 의하면 인간만이 자기 자신에게 가치를 부여할 수 있다.(판단 A406 B411) 칸트는 이 점에서 전통 신학과 다르다. 전통 신학은 신만이 피조물에게 가치를 부여한다고 가르친다. 그러나 칸트는 신본주의가 아닌 인본주의를 중시한다. 칸트는 인간의 가치란, "그가 무엇을 행하는가, 그가 자연의 한 항으로서가 아니라 자기의 욕구 능력의 자유에서 어떻게, 그리고 어떠한 원리에 따라 행위하는가 하는 데 있다"(판단 A407 B412)고 말한다. 인간의 '욕구 능력의 자유'Freiheit seines Begehrungsvermögens가 곧 '선의지'ein guter Wille이며, 이 선의지에 의해서만 인간의 현존재는 하나의 절대적 가치를 가질 수 있으며, 궁극목적일 수 있다는 것이다.(판단 A408 B412) 또한 이와 같은 인간의 가치와 관계하여 다른 세계의 모든 것들은 비로소 가치를 부여받게 된다.

칸트에 의하면 건전한 인간 이성의 가장 일반적인 사실은, "인간은 도덕적 존재자로서만 창조의 목적일 수 있다" 라는 판단이다. 제아무리 많은 능력을 가진 사람일지라도 그가 선의지를 가지고 있지 않다면 멸시의 대상이 될 것이다.(판단 A407 B412) 그러나 창조가 궁극목적을 가지고 있다면, 그런 창조에 속한 인간은 이 세상에서 자신을 지배하는 도덕법칙으로 인하여 자신의 '주관적 목적'인 행복을 저버리게 될 것이다. 이 행복은 궁극목적과 양립할 수 있는 유일한 조건이다. 우리는 이 세계에서 하나의 조건적인 목적들을 무조건적이고 지고한 목적에 종속시킴으로써 자연 전체가 현존하는 목적, 즉 '창조의 최종목적'에 이르게 된다. 이것은 세계존재자들을 산출하는 최고 지성의 규정 근거인 최종목적이 성립할 수 있는 유일의 최상 조건이다.(판단 A408 B413) 칸트는 인간이 도덕적 존재자인 사실에서만 창조의 목적이라고 보았다. 우리는 우선 세계를 '목적에 따라 연관된 하나의 전체', 즉 '궁극원인의 체계'로 볼 수 있는 근거를 조건으로 한다. 이러한 근거에서 도덕신학은 자연신학이 할 수 없는 일을 비로소 할 수 있다. 다시 말하면 우리의 이성은 "자연 목적과 지성적 세계 원인과의 관계에 대하여 목적의 왕국에서 지고한 근거로서 이러한 제1원인의 본질과 특성을 생각하고, 그리하여 그 제1원인의 개념을 규정하기 위한 하나의 원리를" 갖게 되는 것이다.(판단 A409 B413)

칸트에 의하면 '근원적 존재자'Urwesen는 단지 자연에 대하여 입법적인 지성으로만 생각할 것이 아니라 또한 도덕적인 목적의 왕국에서 입법적인 지도자로서도 생각해야 한다고 주장한다. 최고선은 이 근원적 존재자의 통치 하에서만 가능하다. 또한 칸트는 이 근원적 존재자가 다음과 같은 속성을 가져야만 한다고 주장한다.

> 우리는 이 근원적 존재자를 전지全知 allwissend 하다고 생각하지 않으면 안 되는데, 이것은 곧 심정의 가장 깊은 내면(이것이 이성적 존재자들의 행위의 본래의 도덕적 가치를 이루는 것이다)까지도 근원적 존재자에게 숨겨져 있지 않도록 하기 위한 것이다. 또한 우리는 이 근원적 존재자를 전능全能 allmächtig하다고 생각하지 않으면 안 되는데, 이것은 곧 근원적 존재자가 전 자연을 이 최고 목적에 적합하게 만들 수 있기 위한 것이다. 그리고 우리는 이 근원적 존재자를 전선全善 allgütig함과 동시에 정의正義 gerecht롭다고 생각하지 않으면 안 되는데, 이것은 곧 이 두 가지 특성이(이것이 결합하여 지혜Weisheit가 된다) 도덕적 법칙 하에서 최고선으로서 세계의 지고한 원인이라는 인과성의 조건을 이루기 때문이다. 그리하여 또 우리는 영원성Ewigkeit, 편재성Allgegenwart 등과 같은 그 밖의 모든 선험적 특성들(선Güte과 정의Gerechtigkeit는 도덕적 특성이다)도 이 근원적 존재자에서 생각하지 않으면 안 되는데, 이것은 그와 같은 궁극목

적과의 관계에서 전제되는 것들이다.(판단 A409 B414)

이는 오직 인간의 이성의 상태로부터 발생하는 필연적이고, 유일하게 허용될 수 있는 도덕적 관점으로부터 가능한 출발이다. 그리하여 '도덕적 목적론'moralische Teleologie은 '물리적 목적론'physische Teleologie의 결함을 보충하고 신학Theologie을 정초할 수 있게 된다. 이른바 도덕신학(윤리신학)이다. 물리적 목적론이 도덕적 목적론으로부터 아무것도 취하지 않고 그 자체만의 단독적인 논리적 진행에 의거한다면 그것은 귀신론Dämonologie에 지나지 않게 된다.(판단 A410 B414)

칸트는 세계의 어떤 존재자들, 즉 인간의 도덕적 목적 규정을 근거로 하여 신성이라는 지고의 원인과 관련시키는 원리는 반드시 자연적 목적론의 증명 근거를 보완함으로써만 얻어지는 것은 아니라고 보았다. 그 원리는 자체적으로 그 일을 할 수 있으며, 자연 목적과 자연 형식의 배후에 숨어 있는 순수 실천이성의 이념들을 자연 목적들에 비추어서 부수적으로 확증하는 것이다. 도덕법칙 아래 있는 세계 존재자라는 개념은 선천적 원리로서 그것에 따라서 인간은 자신을 판정한다. 의도적으로 작용하고 어떤 목적을 향하는 세계 원인이 있다면, 그런 도덕적 관계는 창조를 가능하게 하는 필연적 조건이다. 지성적 원인이 궁극목적을 가진다면, 이성 또한 사물들의 현존을 목적론적으로 판정하는 필연적인 원칙을 가지는 것이다. 따라서 칸트는 목적에 따라서 활동하는 지고한 원인에 대하여 궁극목적을 귀속시킬 수 있는 어떤 근거의 존재 여부를 그 '궁극목적이 도덕법칙 아래에 있는 인간'에게서 찾는다. 반대로 칸트는 물리적 질서 안에 있는 자연 목적들을 선천적으로 인식할 수는 없으며, 그런 목적 없이 자연이 현존할 수 없다는 것도 통찰할 수 없다고 보았다.(판단 A410-411 B414-415)

3. 신 존재의 도덕적 증명

칸트는 『판단력비판』 §87에서 「신의 현존재의 도덕적 증명」에 관하여 논의하고 있다. 물리적 목적론은 우리의 이론적인 반성적 판단력에 대하여 지성적 세계 원인의 현존재를 상정하기에 충분한 증명 근거를 제공해 주는 목적론이다. 그러나 우리의 내부에서는 자유를 매개로 한 도덕적 목적론을 발견할 수 있다.(판단 A414 B419) 후자는 그 내적 합법칙성을 설명하기 위하여 외부의 어떤 지성적 원인도 필요로 하지 않는다. 여기에서 칸트는 "도덕적 목적론은 자연을 도덕적, 내면적 입법 및 그 가능적 현실과의 관계에서도 합목적적인 것으로 표상하기 위하여, 우리의 이성적 판정으로 하여금 이 세계를 초월하도록 강요하고, 또한 자연과 우리의 내부의 도덕적인 것과의 관계에 대해서 하나의 지고한 지성적 원리를 찾도록 강요하는가?"(판단 A415 B420)라는 물음을 제기하고 있다. 도덕적 목적론은 한편으로는 자유의 법칙 정립과, 그리고 다른 한편으로는 자연의 법칙 정립과 필연적으로 관련된다.

1) 자연 목적론에서 도덕 목적론으로의 이행: 신학을 향한 이성의 진전

칸트는 도덕적 목적론이 자연적 목적론과의 관계에서 출발하여 신학에 이르는 이성의 진전 및 그 추론 방식의 가능성과 유효성에 대하여 다루고 있다. 어떤 현존재를 우연성의 산물로 간주하여 그것에 대한 원인을 상정할 경우에 자연 질서 안에서 작용인적 결합nexu effectivo이나 목적론적 결합nexu finali을 근거로 하여 제약된 것에 대한 무제약적인 것의 최상 근거를 찾을 수 있다. 그렇다면 이 '최상의 산출적 원인', '최상의 무제약적 원인', 그리고 '모든 산물들을 산출하는 궁극목적'은 도대체 무엇인가? 칸트는 이 원인은 목적의 표상을 가질 수 있는 지성적 존재자로서 그런 법칙들에 따라서 행위하는 자라는 전제를 요구한다고 말한다. 칸트는 그러한 질서를 따라가면 누구나 찬동하지 않을 수 없는 다음과 같은 원칙을 만나게 된다고 하였다. "이성이 선천적으로 제시하지 않으면 안 되는 하나의 궁극목적이 반드시 성립해야 한다면, 그것은 도덕적 원칙 아래에 있는 인간(모든 이성적 세계존재자) 이외의 다른 것일 수 없다."(판단 A417 B421)

그 이유는 다음과 같다. 만일 세계가 전혀 생명이 없는 존재자들로 이루어졌거나 또는 부분적으로는 생명이 있지만 이성이 없는 존재자들로 이루어졌다면, 그런 세계에서는 가치를 조금이라고 이해하는 존재자가 없을 것이다. 따라서 그런 세계의 현존재는 전혀 가치를 갖지 않을 것이다. 그와 반대로, 이성적 존재자들이 있지만 그 이성이 사물들의 현존재의 가치를 자연이나 그들의 안녕과의 관계에서만 정립할 수 있고, 그 가치를 근원적으로(자유를 통하여) 스스로 만들 수 없다면, 그런 이성적 존재자들의 현존재는 언제나 목적이 없을 것이므로, 이 세계에는 상대적인 목적은 있을지 모르지만 절대적인 궁극목적은 없을 것이다.

그러나 도덕적 법칙들은 어떤 것을 목적으로 무조건적, 궁극적인 개념이 요구하는 바처럼 이성에게 대하는 특별한 성질을 가지고 있다. 따라서 목적관계에서는 자기 자신에게 지고한 법칙일 수 있는 이성의 현존, 즉 도덕적 법칙 아래에 있는 이성적 존재자들의 현존만이 세계의 현존재의 궁극목적일 수 있다. 그렇지 않다면 이 세계의 현존재의 원인 속에는 어떤 목적도 없든가, 아니면 이 세계의 현존재의 근저에는 궁극목적이 없는 목적들만이 있을 것이다.(판단 A418 B423)

도덕법칙은 우리의 자유를 사용하는 데서 이성의 형식적 조건이나 실질적 조건으로서 어떤 목적에 좌우됨이 없이 그 자체만으로서 홀로 우리에게 의무를 부과한다. 그러나 도덕법칙은 그래도 우리에게 하나의 궁극목적을 천적으로 규정하면서, 이 궁극목적에 도달하려고 노력해야 할 의무를 우리에게 부여하는데, 이 궁극목적이 곧 자유에 의하여 가능한, 이 세계에서 최고선das höchste durch Freiheit mögliche Gut in der Welt이다.(판단 A419 B424)

인간, 즉 모든 유한한 이성적 존재자가 도덕법칙 아래에서 자신의 궁극목적을 정립할 수 있는 주관적 조건은 '행복'Glückseligkeit이다. 그런데 '이 세계에서 가능한 최고의 자연적 선', 그리고 우리의 힘이 가능한 한에서 '궁극목적으로서 촉진해야 할 물리적 선'das höchste in der Welt mögliche … als Endzweck zu befördernde, physische Gut은 행복이지만, 그러나 그것은 '행복할 만한 가치가 있음'Würdigkeit glücklich zu sein으로서 '인간과 도덕의 법칙의 일치'Einstimmung des Menschen mit dem Gesetze der Sittlichkeit라는 객관적 조건 아래서 성립하는 행복이다.(판단 A419 B423-424)

칸트는 도덕법칙이 우리에게 부과하는 궁극목적의 이 두 가지 요건이 단순한 자연 요인에 의하여 결합된 것이라고 볼 수 없다는 입장이다. 따라서 우리가 이 자유의 개념에다가 자연 인과성 이외의 다른 인과성을 결부하지 않을 경우, 그러한 목적의 실천적 필연성은 목적 실현의 자연적 가능성이라는 이론적 개념과 부합하지 않는다. 따라서 도덕법칙에 맞게 궁극목적을 설정하려면 하나의 도덕적 결과 원인(하나의 세계창조자)을 상정하지 않으면 안 된다. 궁극목적이 필연적이라면 동일한 근거에서 도덕적 세계 원인, 즉 신의 존재를 필연적으로 상정할 수 있다.[17](판단 A419 B424)

17 칸트는 제2판에서 이 부분에 대한 각주를 새로 붙였다. "이 도덕적 논증은 신의 현존재에 관하여 객관적으로 타당한 증명을 제공하거나, 회의적 신앙가에게 신의 존재를 증명하려는 것이 아니라, … 실천이성의 격률

칸트는 도덕적 증명이 신의 현존재를 상정하는 것은 도덕법칙의 타당성을 승인하는 것처럼 필연적이며, 따라서 신의 현존재를 납득할 수 없는 사람이 자신을 도덕법칙에 따른 책임에서 벗어나 있다고 판단해도 좋다는 의미가 아니라고 강조한다. 그 경우에 도덕법칙의 준수에 의해 실현해야 할 이 세계에서 궁극목적, 즉 도덕법칙의 준수와 일치하는 이성 존재자들의 행복(최고의 세계최선das höchste Weltbeste)을 성취하려는 의도는 포기할 수밖에 없다. 모든 이성 존재자는 도덕의 준칙이 자신을 엄격하게 속박하고 있다는 사실을 인식해야 한다. 도덕의 준칙은 형식적이며, 목적을 고려하지 않고 무조건 명령하기 때문이다. 이성은 도덕과 일치하는 행복의 촉진을 궁극목적으로 삼고 있는데, 그것은 도덕법칙이 우리의 힘이 미치는 한에서 궁극목적을 촉진하라고 명령하기 때문이다.(판단 A421 B426)

어떤 사람이 신의 현존재에 관한 사변적 논증의 약점과 자연과 감성계에서 나타나는 여러 가지 불규칙성으로 인하여 신의 부재를 확신하게 되었을 때, 그가 그로 인하여 의무의 법칙을 허구적이고 타당하지 않으며 구속력이 없는 것으로 생각하여 그것을 위반하고자 결심한다면, 그는 스스로 무가치한 자에 지나지 않을 것이다. 그런 인간은 처음에 의심했던 것을 나중에 확신하게 되더라도 그런 사유방식 때문에 여전히 무가치한 자에 불과하다. 모든 도덕적 책임에서 자유롭게 되었다고 믿는 사람이 있다면, 그의 내면적 도덕적 심정은 분명히 좋은 상태가 아닐 것이다.(판단 A422 B427)

신과 내세의 존재를 부정하는 사람 중에는 스피노자처럼 매우 성실한

가운데에 받아들일 수밖에 없다는 사실을 증명하려는 것"이라고 밝혔다. 또한 "모든 이성적 세계존재자의 행복을 그들의 도덕성에 따라 상정하는 것이 도덕을 위하여 필연적이라는 것이 아니라, 도덕에 의하여 필연적이라고 하는 것이다. 따라서 그것은 도덕적 존재자들에게 주관적으로 충분한 논증이다."(판단 B425Anm.)

사람도 있다. 칸트는 그런 사람이 그 스스로 존중하는 도덕법칙이 자신의 내면적 목적을 규정하는 사실을 어떻게 생각하는가에 관심을 나타냈다. 그 사람은 도덕법칙을 준수하면서 자신을 위한 이익을 요구하지 않을 것이고, 오히려 사욕을 떠나서 신성한 도덕법칙이 자신으로 하여금 선을 행하게 한다고 믿을 것이다. 그럼에도 불구하고 칸트는 그의 노력에 한계가 있다고 보았다. 그 사람은 자연으로부터 우연한 협조를 기대할 수 있을지 몰라도 '목적들에 대한 적절한 합치'eintreffende Zusammenstimmung zu dem Zwecke,[18] 즉 '불변적 법칙'에 따라서 일어나는 합치를 기대할 수 없다는 것이다.(판단 A422 B427-428) 그는 이 목적을 실현하는 것이 자신의 절박한 의무임을 통감할 것이다. 그러나 그 사람 자신은 성실하고 온화하고 친절할지라고, 그의 주위에는 언제나 기만과 폭력과 질투가 횡행할 것이다. 또한 그는 자기 이외에도 성실한 사람들을 발견하겠지만, 그들 역시 '행복을 누릴 자격'이 충분함에도 불구하고, 그런 것을 유의하지 않는 자연에 의하여 지상의 다른 동물들처럼 궁핍, 질병, 불시의 죽음이라는 온갖 재액과 부딪칠 것이고, 앞으로도 그런 상태가 계속되어, 마침내 드넓은 묘지가 성실 여부에 관계없이 그들 모두를 삼켜 버리고, 창조의 궁극목적이라고 믿었던 그들을 '목적 없는 물질의 혼돈' 속으로 던져 버릴 것이다.(판단 A423 B428)

그러므로 이러한 선의의 사람들은 자기가 도덕적 법칙을 준수하면서 생각했던 목적을 불가능한 것이라고 포기하지 않을 수 없게 된다. 그러나 만일 그가 이 경우에도 자기 내면의 도덕적 사령의 부름에 충실하고자 한다면, 그리고 그가 도덕법칙을 존경하고 순종하라는 요구에 상응하는 유일의 이상적 궁극목적이 공허하다는 이유만으로 약화하려고 하지 않는다

18 초판에는 "목적에 대한 자연의 합법칙적 합치"로 되어 있다.

면, 그는 하나의 '도덕적 세계 창조자의 현존재'das Dasein eines moralischen Welturhebers, 즉 '신의 현존재'를 상정하지 않을 수 없다. 그리고 이러한 상정은 그 자체에서도 모순되는 것이 아니기 때문에 실천적 견지, 즉 그에게 도덕적으로 지정된 궁극목적의 가능을 이해하기 위해서도, 신의 존재를 상정할 수 있는 것이다.(판단 A423 B428)

2) 도덕적 증명의 타당성의 제한

칸트는 『판단력비판』 §88에서 신 존재의 도덕적 증명이 어떤 의미에서 타당한가를 밝히고 있다. 칸트에 의하면 '실천적 능력'으로서 순수이성은 이념을 통하여 우리의 인과성의 자유로운 사용을 규정하고 있다. 또한 동시에 그것은 도덕법칙 속에서 우리 행위의 '규제적 원리'regulatives Prinzip를 내포하고 있을 뿐만 아니라, 이성만이 사유할 수 있고 이 세계에서 도덕법칙에 따라서 우리의 행위로써 실현해야 할 대상의 개념 속에 '주관적-구성적 원리'subjektiv-konstitutives Prinzip도 부여하고 있다. 따라서 도덕법칙에 따르는 자유의 사용에서 궁극목적의 이념은 '주관적-실천적 실재성'subjektiv-praktische Realität을 가진다. 칸트에 의하면 우리들 인간의 이성은 전력을 다하여 '세계 최선'das Weltbeste을 선천적으로 촉진하도록 되어 있다. 세계 최선은 "이성적 세계존재자의 최대의 복과 세계 최선에서 선의 최고 조건의 결합, 즉 보편적 행복과 합법칙적 윤리성의 결합"Verbindung des größten Wohls der vernünftigen Weltwesen mit der höchsten Bedingung des Guten an demselben, d.i. der allgemeinen Glückseligkeit mit der gesetzmäßigsten Sittlichkeit에서 성립한다.(판단 A424 B429)

이 궁극목적에서 행복의 자연의 성질과 관련된 경험적인 것으로서 이론적 견지에서 볼 때 개연적problematisch이다. 반대로 윤리성은 자연의 공동작용으로부터 자유로우며, 그 가능성의 견지에서 볼 때 선천적으로 확립되어 있고, 독단적으로 확실dogmatisch gewiß하다.(판단 A425 B430) 따라서 이 궁극목적의 개념이 '객관적 이론적 실재성'objektive theoretische Realität을 가지려면 우리에게 선천적으로 목적이 주어져 있다는 사실을 넘어서서 '창조'와 '세계 그 자체'도 하나의 궁극목적을 가지고 있다는 사실을 요구한다. 그런데 이런 사실들을 선천적으로 증명할 수 있다면, 그 궁극목적은 '주관적 실재성'에다가 '객관적 실재성'을 추가하게 될 것이다. 그러나 자연의 궁극목적을 자연 자체 안에서 찾는 것은 현실적으로 헛된 일이다. 우리는 단지 그 객관적 가능성의 측면에서 궁극목적에 대한 이념을 가지고 있는 이성 존재자들 속에서만 찾을 수 있으며, 그것을 제시하는 것은 바로 실천이성이다.

칸트는 더 나아가서 '창조의 궁극목적'이라는 개념의 '객관적 실재성'이 '규정적 판단력'은 아니라 하더라도 '이론적-반성적 판단력'theoretisch-reflektierende Urteilskraft으로는 충분히 입증할 수 있는 것은 아닌가라는 새로운 물음을 제기한다.(판단 A426 B431) 이 물음에 대하여 칸트는 이론적-반성적 판단력의 원리로 비추어 볼 때, "만약 우리가 자연의 합목적적인 산물에 대해서 자연의 하나의 최고 원인을 상정할 근거를 가지고 있고, 또한 자연의 현실성에 관한 이 최고 원인의 인과성(창조)이 자연의 메커니즘에 필요한 것과는 다른 종류의 것, 즉 어떤 지성의 인과성으로 생각하지 않으면 안 된다고 한다면, 우리는 또한 이 근원존재자에게서 자연 어디에나 있는 목적들을 귀속할 뿐만 아니라, 하나의 궁극목적도 귀속할 수 있는 충분한 근거를 가질 것이다. 따라서 우리는 비록 그와 같은 존재자의 현존을 증명하지는 못하지만, 적어도 (물리적 목적론에서처럼) 우리가 그와 같은 세계의 가능을 목적들에 의해서뿐만 아니라, 단지 그와 같은 세계의 현존의 근저에 하나의 궁극목적을 상정함으로써도 이해할 수 있다고 확신하게 된다."(판단 A426-427 B431-432)

그러나 칸트는 곧바로 "궁극목적은 단지 우리의 실천이성의 개념이고,

자연의 이론적 판정을 위한 경험의 자료로부터 추론할 수도 없고, 또 자연의 인식에 관계할 수도" 없어서, "오직 도덕법칙에 따르는 실천이성에 대해서만 사용할 수 있다"는 단서조항을 추가하고 있다.(판단 A427 B432) 도덕법칙은 이 궁극목적을 실천적 의도에서 우리에게 부과하고 있지만, 만일에 자연이 우리의 힘이 미치지 않는 그 실행 가능성의 조건에 협조하지 않으면 그 궁극목적의 실현은 불가능할 것이므로, 바로 그 때문에 우리는 이 궁극목적과 합치하는 사물들의 자연적 본성을 상정할 수 있는 근거를 갖게 되는 것이다. 그리하여 칸트는 하나의 세계에서 창조의 한 궁극목적을 생각할 수 있는 도덕적 근거를 갖는다고 주장했다.

칸트는 이 추론이 도덕적 목적론에서 출발하여 신학, 곧 '도덕적 세계 창시자의 현존'Dasein eines moralischen Welturhebers에 이르는 것이 아니라 단지 '창조의 궁극목적'Endzweck der Schöpfung에 이르는 추론에 지나지 않는다고 말한다.(판단 A428 B433) 칸트는 그러나 이제 이 창조, 즉 하나의 궁극목적에 맞는 사물들의 현존을 위해서는, 첫째 지성적 존재자가 상정되어야 하고, 둘째 도덕적인 존재자가 세계창시자, 즉 신으로서 상정되어야 한다. 그런데 칸트는 이 두 번째의 추론은 실천이성의 개념에 따르는 판단력, 그것도 규정적 판단력이 아닌 반성적 판단력에 대해서만 내려질 수 있는 것이라고 말한다. 우리는 "궁극목적을 위해서는 자연의 목적들을 위해서 필요한 것과는 다른 특수한 종류의 인과성이 이 세계 원인에게 필요하다는 것과 우리는 궁극목적에서 창조의 궁극목적을 상정할 수 있는 도덕적 근거를 가질 뿐만 아니라, 창조의 근원적 근거로서 도덕적 존재자를 상정할 수 있는 도덕적 근거"도 가진다는 것을 감히 통찰한다고 주장할 수 없지만, 우리는 "도덕법칙과 그 객관에 관계하는, 이 궁극목적 안에 있는 합목적성의 가능성을, 세계창조자 내지 통치자이자 도덕적 입법자를 떠나서는 전혀 이해할 수가 없다"고 말할 수는 있다.(판단 A428-429 B433-434) 따라서 칸트는 "최고의 도덕적-입법적 창조자의 현실성은 그 현존에 관해서 무언가를 이론적으로 규정하지 않고서도, 단지 우리 이성의 실천적 사용을 위해서는 충분하게 밝혀진다"(판단 A429 B434)라고 보았다. 이것이 바로 그 유명한 신 존재 증명의 도덕신학적 논증이다.

여기에서 우리는 세계 창시자의 현존에 관한 실천적 요구와 이론적 규정을 구분해야 한다. 칸트의 도덕신학적 논증은 실천이성이 신의 존재를 언제나 이미 전제하고 있다는 것을 밝힌 것이지, 그것을 이론적으로 증명한 것은 아니라는 사실을 주의해야 한다. 물리적 목적만으로는 도덕적 세계창시자로서 신이라는 이념의 객관적 실재성을 증명할 수 없다. 그러나 이 자연적 목적의 인식이 도덕적 목적의 인식과 관련될 경우에 그것은 판단력에 대해서 최고 존재 이념의 실천적 실재성을 보강해 줄 수 있다.(판단 A429-430 B434-435) 칸트는 궁극목적에서 최고 존재의 현존이 어떤 방식으로 파악될 수 있는가를 다음과 같이 정리하고 있다. 첫째, 최고 존재자의 특성들은 유비Analogie에 의해서만 사유할 수 있다는 점이다. 최고존재자의 본성에 관한 경험은 현실적으로 불가능하기 때문이다. 둘째, 최고 존재자를 유사한 것에 의하여 사유할 수 있다 하더라도 그 본성에 의거하여 인식하거나 최고 존재자에게 이론적으로 귀속시킬 수 없다.

그리하여 칸트는 자연 목적들과 그 궁극목적의 이념을 이론적으로 규명하고자 한 것이 아니라, 단지 그것이 우리의 인식능력의 성질에 대하여 단지 주관적으로 필연적인 것이라는 점, 그리고 '객관적 규정적 판단력'에 대해서가 아니라 '반성적 판단력'에 대해서만 타당한 것으로 상정할 수 있을 뿐이라는 제한을 가하였다. 그러나 실천적인 것과 관련해서는 우리 인식능력의 성질상 어떤 방식으로만 가능하다고 우리에게 생각될 수 있는 것에 부합하게 행위하라는 '규제적 원리'는 '구성적'이고 '실천적으로 규정적'이다. 그러나 이 원리는 사물의 객관적 가능성을 '이론적으로 규정'하는 원리가 아니라, 반성적 판단력에 대한 '규제적 원리'에 지나지 않는다.(판단 A432-433 B437-438)

3) 도덕적 논증의 효용

칸트는『판단력비판』§89에서 신 존재의 현존에 대한 도덕적 논증이 어떤 점에서 의미를 갖는가를 다루고 있다. 이성은 '초감성적인 것'Übersinnliches의 이념들을 이성의 실천적 사용이라는 관점에서만 제한함으로써 신학Theologie이 신지학Theosophie이나 귀신론Dämonologie으로 추락하는 것을 방지하고, 종교가 주술Theurgie이나 우상숭배Idolatrie에 빠지는 것을 차단하는 효과가 있다고 말한다.(판단 A434 B440) 여기에서 칸트는 정상적인 신학과 종교 개념과 대비하여 신지학과 귀신론, 그리고 주술과 우상숭배를 비정상적인 것으로 구분하고 있다. 신지학은 이성을 혼란시키는 애매한 개념이고, 귀신론은 최고 존재자의 의인론적 표상 방식이다. 주술은 다른 초감성적 존재들과 감정과 영향을 주고받을 수 있다는 광신적 망상이고, 우상숭배는 도덕의 수단이 아닌 다른 방식으로 최고 존재자를 만족시킬 수 있다는 미신적 망상이다.

칸트는 만일 감성계를 넘어서 있는 것에 대하여 어떤 식으로든지 인식을 확장하는 방식으로 언급하는 것을 허용할 경우에 이성의 월권에 대하여 한계를 설정하는 것은 어렵다고 지적한다.(판단 A435 B441) 따라서 초감성적인 것에 관해서는 절대로 아무것도 이론적으로 규정할 수 없다고 상정하거나, 또는 이성은 광대한 지식을 보유하고 있는 미발굴의 갱구와 같은 것이라고 생각할 수밖에 없다. 칸트는 종교, 특히 입법자인 신과의 관계에서 도덕을 언급하고자 할 경우에, 신에 관한 이론적 인식이 도덕보다 선행해야 한다면, 도덕은 신학에 종속될 수밖에 없게 되는 어려움을 지적한다. 그렇게 되면 이성은 내적, 필연적인 입법 대신에 하나의 최고 존재자의 외적, 자의적 입법을 도입하게 되고, 이 최고 존재자의 본성에 대한 통찰적 결함들이 결국 도덕의 준칙에 영향을 미치게 되면서, 종교가 비도덕화하고 잘못된 방향으로 치닫게 될 것이다.(판단 A436 B441-442)

'내세의 희망'Hoffnung eines künftigen Lebens에 대해서 우리가 실천적 관점에서만 필연적이고 받아들일만한 이성 판단의 단서를 얻기 위하여, 도덕법칙의 지시에 따라서 우리가 완수해야 할 궁극목적 대신에 이론적 인식능력에 문의한다면, 심리학은 사유하는 존재자의 내감의 어떤 활동과 현상도 유물론적으로 설명할 수 없으며, 따라서 이 내감 현상의 고립된 자연본성과 그 인격성의 사후의 지속 여부에 대해서 우리의 전체 이론적 인식능력에 의한 사변적 근거에서도 그 어떤 확장적인 규정적 판단도 우리에게 절대로 가능하지 않다고 대답할 것이다.(판단 A436 B442)

그리하여 칸트는 모든 것이 실천적-필연적 관점에서 우리의 현존에 대해 목적론적으로 판정하는 것과 우리의 사후 영속을 상정하는 일이 우리에게 단적으로 부과한 이성이 궁극목적의 실현을 위하여 필요한 조건으로 상정하게 했으므로, 신학이 신지학이 될 수 없는 것처럼 '이성적 심리학'rationale Psychologie 역시 우리의 인식을 확장하는 학으로서 '심령학'Pneumatologie이나 '유물론'Materialism으로 추락하지 않게 되는 효용성이 있다고 주장했다. 이성적 심리학[영혼론]은 '내감의 인간학'Anthropologie des inneren Sinnes, 즉 '살아 있는 사유하는 자아'das denkende Selbst im Leben에 관한 지식에 불과하며, 또한 이론적 인식으로서도 '경험적인 것'에 머무를 따름이다. 그에 반하여 '우리의 영원한 현존'에 관한 물음과 관련해서는 이성적 심리학은 전혀 이론적 학문이 아니고, 도덕적 목적론의 유일한 추론에 의거하고, 또한 이성적 심리학의 전체 사용도 순전히 우리의 실천적 사명으로서 도덕적 목적론으로 인하여 필연적이다.(판단 A437-438 B442-443)

4. 목적론과 도덕신학

1) 실천적 신앙과 최고선의 촉진

칸트는 『판단력비판』 §91 "실천적 신앙에 의한 견해의 유형에 대하여"에서 그의 도덕과 종교 이론에서 가장 중요한 '최고선' 개념을 통한 그 두 영역의 관계 문제를 다루고 있다.(판단 A448 B454) 우선 칸트는 '인식 대상'Objekte der Erkenntnis, res cognoscibilis의 문제가 '사물 자체의 가능성'Möglichkeit der Dinge selbst에 관한 문제가 아니라 '사물 자체에 대한 우리의 인식 가능성'Möglichkeit unserer Erkenntnis derselben에 관한 문제라는 사실을 강조한다. 인식이 가능한 사물들은 '의견의 사상'Sachen der Meinung, opinabile, '사실의 사상'Tatsachen, scibile, '신앙의 사상'Glaubenssachen, mere credibile, 이 세 종류가 있다. 말할 수 있는 것, 알 수 있는 것, 믿을 수 있는 것이 바로 그것들이다.

칸트는 첫째, 순수이성의 이념들은 어떤 가능적 경험에서도 전혀 나타날 수 없는, 이른바 인식 가능한 사물들이 아니므로 결코 의견을 가질 수 없다고 말한다.(판단 A449 B454) 둘째, 순수이성이나 경험에 의한 어떤 개념이 그것에 대응하는 직관을 매개로 하여 그 객관적 실재성을 증명할 수 있는, 그와 같은 개념의 대상을 칸트는 '사실'res facti[19]이라고 규정했다. 기하학에서

19 여기에서 '사실'이라는 개념을 이 말의 보통의 의미 이상으로 확장하는 것이 필요하다고 본다. 사물과 우리의 인식능력과의 관계가 문제인 경우에는, 이 말을 단지 현실적 경험에만 제한해서 쓴다는 것은 필요한 일이

양量의 수학적 특성이나 경험이 그런 것들이다. 그리고 직관에 현시할 수 없으며, 따라서 이론적으로 증명할 수도 없는 특수한 유형의 인과성인 자유의 이념도 여기에 속한다. 칸트는 자유와 도덕법과 같은 것을 '이성의 사실'이라고 규정했다.(판단 A450-451 B456-457) 셋째, 칸트는 순수 실천이성의 의무에 맞는 사용과 관련하여 선천적으로 주어져 있으나 이성의 이론적 사용에서 초월적인 대상들인 경우에 신앙에 관한 것으로 여겼다. 이 세계에서 자유에 의하여 실현되어야 할 '최고선'이 이에 해당한다. 이 최고선 개념은 우리에게 가능한 어떤 경험에서도 이성의 이론적 사용으로는 그 객관적 실재성을 증명할 수 없지만, 실천적 순수이성은 그 목적을 최고도로 잘 실현하도록 명령하고 있어서 가능한 것으로 상정하지 않으면 안 된다. 이처럼 칸트는 실천이성의 명령 사실로서 최고선을 그 실현을 가능하게 하는 조건들로서 신의 현존이나 영혼 불멸과 더불어 신앙의 사상res fidei으로 규정했다.(판단 A452 B457-458)

칸트에 의하면 순수 이성의 대상 개념, 즉 이념들만이 신앙의 사상일 수 있다. 그것들은 순수 사변이성의 대상들로서 그런 것이 아니다. 순수 사변이성의 대상들은 우리에게 가능한 인식의 대상이 될 수 없기 때문이다. 다시 말하면 이념들의 객관적 실재성은 이론적으로 보증될 수 없다. 그와 반대로 "우리가 실현해야 할 최고의 궁극목적은 우리에게 창조의 궁극목적이 될 자격을 가질 수 있게 하는 유일의 것으로서, 실천적 관계에서는 우리에게 객관적 실재성을 가지게 하는 하나의 이념이요 또한 사상事象이다. 그러나 우리는 이론적 관점에서는 이 개념에 대하여 이 객관적 실재성을 부여할 수가 없기 때문에, 그것은 순수이성의 순전한 신앙의 사상인

아니요, 더구나 실행할 수조차도 없는 일이다. 사물들을 단지 일정한 인식방식의 대상들로서만 논하기 위해서는, 단지 가능적인 경험만으로 이미 충분하기 때문이다.

것이다."(판단 A453 B458-459)

그러나 이와 함께 우리가 그 아래서만 우리(인간) 이성의 성질상 신[의 현존]과 [영혼의] 불멸도 신앙의 사상인 것이다. 그러나 신앙의 사상들에서 견해는 순수한 실천적 관점에서 견해, 즉 도덕적 신앙이며, 이것은 이론적 인식에 대해서는 아무것도 증명하지 못하여 단지 자기의 의무 준수를 목표로 하는 실천적인 순수 이성인식에 대해서만 증명을 하고, 따라서 사변이나 또는 자애自愛 Selbstliebe의 원리에 따르는 실천적 영리怜悧 Klugheitsregeln의 규칙도 전혀 확장하지 못한다. 만약 모든 윤리법칙의 최상 원리das oberste Prinzip aller Sittengesetze[자유]가 요청Postulat이라면, 동시에 그런 도덕법칙의 최상의 객관의 가능성Möglichkeit ihres höchsten Objekts, 즉 그 아래서 우리가 이런 가능성을 생각할 수 있는 조건[신의 현존과 영혼 불멸]도 그 원리에 의해 함께 요청을 하게 되는postuliert 것이다.(판단 A454 B459-460)

칸트는 여기에서 최고선의 실현을 촉진할 수 있는 세 가지 가능성 조건을 제시하고 있는데, 가장 근본적인 조건은 윤리학의 근본 요청이자 윤리법칙의 최상 원리인 자유의 요청이다. 또한 동시에 도덕법이 요구하는 최고선의 실현이 가능하기 위해서는 도덕적 행위 주체의 존재 요구인 영혼불멸과 우리들 인간의 도덕적 노력을 판단하고 평가하는 하느님의 현존이 요청 명제로 주어지지 않으면 안 된다. 그런데 이처럼 우리가 자유를 사용하여 최고선의 완전한 실현을 가능하게 하는 유일한 조건을 상정하는 것은 신앙의 사상에 대한 의견[참이라고 여기는 것], 즉 순수한 실천적 관점에서 의견으로서 '도덕적 신앙'이다. 그리고 이 도덕적 신앙은 이론적 이성인식에 대해서는 아무것도 증명하는 것이 없고, 이러한 조건의 인식은 이 조건들의 현존과 성질에 대한 지식이나 의견이 되는 것도 아니다. 그것은 다만 이성의 도덕적 사용에 대한 실천적 관계를 보여 줄 뿐이다.(판단 A454 B459-460)

칸트는 물리적 목적론이 우리에게 풍부하게 보여 주는 자연의 목적들 위에서 하나의 지성적 세계 원인의 개념을 확립할 수 있더라도 그것은 신앙의 사상이 아니라고 했다. 그것은 실천적 의무를 완수하기 위한 것이 아니라 자연을 설명하기 위한 것이기 때문이다. 그러나 물리적 목적론은 신이라는 명확한 개념에는 이르지 못하는데, 이것은 오직 우리에게 궁극목적을 제시해 주는 도덕적 세계창시자라는 개념에서만 발견된다. 우리는 도덕법칙이 궁극목적을 우리에게 의무로 부과하는 한에서만 신의 현존을 우리의 의무를 수행할 수 있는 가능성의 조건으로서 신앙의 사상으로 간주할 수 있는 것이다. 그와 반대로 우리는 신의 개념을 사실의 사상으로 간주할 수는 없는데, 비록 의무의 필연성이 실천이성에게는 명백하지만, 의무의 궁극목적에 도달하는 것은 이성의 실천적 사용을 위해서만 상정하였으며, 따라서 의무 자신처럼 실천적으로 필연적인 것은 아니기 때문이다. 도덕법칙이 궁극목적을 촉진하라는 명령의 이행과 관련하여 칸트는 매우 긴 다음과 같은 각주를 붙였다.

> 도덕법칙이 촉진하라고 명한 궁극목적은 의무의 근거가 아니다. 왜냐하면 형식적 실천적 원리로서 궁극목적은 욕구능력의 객관(의욕의 질료)에, 다시 말하면 어떤 목적에도 신경 쓰지 않고 정언적으로 지도하는 도덕법칙 안에 놓여 있기 때문이다. 나의 행위의 내면적 도덕적 가치는 바로 전적으로 우리의 힘이 미치는 범위 안에 있는 나의 행위의 형식적 성질(나의 행위가 보편타당성의 원리 아래 종속한다는 것)에서만 성립한다. 그리고 나는 도덕적 법칙에 맞도록 촉진해야 할 의무를 지고 있는 목적들의 가능성 또는 수행불가

능성을, 완전히 나의 힘이 미치는 범위 안에 있지 않은 것으로 보아, 그것을 전적으로 도외시할 수도 있고(목적들에는 단지 나의 행위의 외면적 가치만이 성립하기 때문에), 단지 내가 행하는 것만을 주목할 수도 있다. 그러나 모든 이성적 존재자들의 궁극목적(의무와의 일치가 가능한 한에서 행복)을 촉진하려는 의도는 바로 의무의 법칙이 부과한 것이다. 그러나 사변적 이성은 이러한 의도의 수행가능성을 (우리 자신의 신체적 능력의 측면이나 자연의 협력의 측면에서도) 전혀 통찰하지 않는다. 오히려 사변적 이성은, 우리가 이성적으로 판단할 수 있는 한, 신[의 현존]과 [영혼의] 불멸을 상정하지도 않고, 순전한 자연(우리의 내부와 외부에 있는)에서 그런 원인으로부터 우리의 선행의 그러한 성과를 기대함은 비록 선의에서 나온 것이기는 하지만 근거 없고 헛된 것이라고 간주할 수밖에 없다. 그리고 만일 사변적 이성이 이러한 판단에 대해 완전한 확신을 가질 수 있다면, 사변적 이성은 도덕법칙 그 자체를 실천적 관점에서 우리 이성의 순전한 착각이라고 볼 수밖에 없다. 그러나 사변적 이성도 이런 일이 결코 일어날 수 없고, 반대로 그 [신과 불멸이라는] 이념들의 대상은 자연을 넘어서 있는 저 이념들은 모순 없이 사유될 수 있음을 충분히 확신하므로, 사변적 이성은 자기모순에 빠지지 않기 위해서, 그 자신의 실천 법칙과 그것을 통해 부과되는 과제를, 따라서 도덕적 관점에서는, 실재적인 것이라고 인정하지 않을 수 없을 것이다.(판단 A456 B462 Anm.)

칸트는 '신앙'을 이론적 인식으로 도달할 수 없는 것에 대하여 이성이 도덕적 태도를 가진 상태에서 견해를 취하는 것으로 이해한다.(판단 A456 B462) 그러므로 신앙은 최고의 도덕적 궁극목적의 가능을 위한 조건으로서 필연적으로 전제되어야 하는 것을 그 궁극목적에 대한 책무 때문에 참이라고 상정하는 마음의 확고부동한 원칙이다. "신앙은 도덕적 법칙의 약속에 대한 하나의 신뢰이다."(판단 B462 Anm.) 그러나 이 약속은 도덕법칙 안에 내포되어 있는 것이 아니고, 이성이 궁극목적의 달성 가능성을 생각할 수 있는 유일한 조건들, 즉 하느님의 현존과 영혼 불멸을 통하여 가능한 것으로 상정된다. 칸트는 이러한 신앙fides 개념이 기독교와 함께 도입되었으며, '이 놀라운 종교'를 통하여 발달된 도덕 개념들로 인하여 철학이 보다 풍부하게 되었다고 말한다. 칸트는 '신앙'Glaube을 '역사적 경신'輕信, historische Leichtgläubigkeit이나 '교조적 불신앙'dogmatischer Unglaube과는 다른 도덕신학적 차원에서 이해하였다.

2) 최고선의 실현 가능성 조건: 신, 자유, 영혼불멸

칸트는 전통신학과 형이상학에서 논의하였던 세 가지 이념들, 즉 신Gott, 자유Freiheit, 영혼 불멸성Seelenunsterblichkeit을 도덕적 실천의 조건 명제라는 새로운 관점에서 조망하였다.(판단 A459 B465) 전통적으로 자유에 대한 이론은 실천철학의 소극적 조건으로, 신과 영혼의 이론은 이론철학에 속하는 것으로 여겨져 왔다. 이 문제들에 대한 논의는 각각의 주제로 다루어졌으며, 나중에 이르러서야 신과 영혼의 문제는 자유의 조건 아래서만 가능한 도덕법칙의 명령 사실과 결합하여 종교를 성립하게 만들었다고 생각해 왔다.(판단 A459 B465) 칸트는 이러한 시도가 실패할 수밖에 없다고 지적한다. 왜냐하면 '사물 일반'이나 '필연적 존재자의 현존'이라는 순전한 존재론적 개념들로부터는 '근원존재자'Urwesen에 대한 어떤 개념도 만들 수 없기 때문이다.

또한 칸트는 자연의 물리적 합목적성에 기초하고 있는 개념 역시 도덕이나 신의 인식을 위한 충분한 증명을 제공하지 못한다고 지적했다. 마찬가지로 우리가 현생에서만 가지는 경험에 의한 영혼 인식, 즉 심리학(영혼론)도 '영혼의 정신적인 불멸 본성의 개념'Begriff von der geistigen, unsterblichen Natur der

Seelenerkenntnis을 도덕에 대해서 충분하게 제공하지 못했다.(판단 A460 B465)

칸트는 신학Theologie과 심령학Pneumatologie도 사변 이성의 학문을 위한 과제이므로, 그 개념들 역시 우리의 모든 인식능력에 대하여 초절적überschwenglich이기 때문에, 어떤 경험적 소여와 술어에 의해서도 성립할 수 없다고 보았다. 따라서 신과 영혼 불멸의 개념을 규정할 수 있는 술어들 자신은 '초감성적 근거'에서만 가능함에도 불구하고 경험에서 그 실재성을 증명해야 하는 것들뿐이었다. 초감성적인 존재자에 관한 인식조차도 경험적 술어들을 통하여 구성하지 않으면 안 되기 때문이다. 그런데 이와 같은 개념으로 인간 이성에서 찾을 수 있는 유일한 개념은 도덕법칙들 아래에, 아울러 이성이 도덕법칙을 통해 규정하는 궁극목적 아래에 있는 인간의 자유 개념이다. 여기에서 도덕법칙은 신과 영혼을 가능하게 하는 필연적 조건을 내포하고 있는 특성들을 자연 창시자에게 귀속시키는 데 알맞고, 궁극목적은 이 특성들을 인간에게 귀속시키는 데 알맞다. 따라서 칸트는 이 자유의 이념으로부터 신과 영혼이라는 존재자의 현존과 그 성질을 추론할 수 있다고 보았다.(판단 A460 B466)

칸트는 이론적인 방식으로 신과 불멸의 증명 시도들이 모두 실패하는 이유는 자연 개념의 길에 의해서는 초감성적인 것에 관한 어떤 인식도 불가능하기 때문이라고 설파하였다. 그와 반대로 도덕과 자유의 길을 따라가게 되면, 초감성적인 자유의 인과성 법칙에 의해 다른 초감성적인 것, 즉 도덕적 궁극목적과 그 수행능력의 조건들인 신과 영혼 불멸을 인식하기 위한 소재를 제공할 뿐만 아니라, 자기의 실재성을 행위들에서 사실로서 입증하는 것이다. 바로 그 때문에 이 초감성적인 것은 종교가 필요로 하는 오직 실천적 관점에서만 타당한 증명 근거를 발견하게 된다.(판단 A461 B467)

그리하여 칸트는 "신, 자유, 불멸이라는 세 개의 순수 이성이념들 가운데서 자유의 이념만이, 초감성적인 것의 객관적 실재성을(그것에서 사유되는 인과성을 매개로 하여) 자연 속에서 가능한 그 이념의 작용결과를 통해 증명함으로써 다른 두 이념[신과 불멸]과 자연의 결합을 가능하게 하며, 다시 세 개의 이념들 모두를 서로 결합하여 하나의 종교가 될 수 있게 하는 유일한 초감성적 개념이다. 그리하여 우리 안에 있는 초감성적인 것의 이념을 규정함으로써 다시 우리 밖에 있는 초감성적인 것의 이념을 규정하여, 비록 실천적 관점일지라도 가능한 인식이 되게 할 수 있는 원리를 우리 안에 가지고 있다. 그러나 이런 인식은 (그 또한 자유에 대해 단지 소극적인 개념만을 부여할 수밖에 없었던) 순전한 사변철학을 절망하게 했던 것이다. 따라서 (모든 무조건적-실천적 법칙의 기초개념으로서) 자유개념은 그 안에서 모든 자연개념(이론적 개념)이 희망을 잃고 속박되어 있을 수밖에 없을 그런 한계들을 넘어 확장할 수 있다."(판단 A462 B467-468)

3) 목적론에 대한 칸트의 도덕신학적 이해

칸트에 의하면 모든 사실은 자연 개념에 속하거나 자유 개념에 속한다. 자연 개념은 그 실재성을 감관의 대상들에서 증명하는데, 이 대상들은 자연 개념에 앞서서 주어진 것들이다. 그리고 자유 개념은 그 실재성을 이성의 인과성에 의하여 감성계에 나타날 수 있는 어떤 결과를 보아 충분하게 입증하는데, 이 인과성은 이성이 도덕적 법칙에서 반드시 요청하는 것이다. 그런데 자연 개념은 형이상학적이고 선천적으로 완전히 사유할 수 있는 존재론적 자연 개념과, 물리학적이고 후천적으로 일정한 경험에 의해서만 사유할 수 있는 자연 개념으로 나눌 수 있다.(판단 A462 B468-469)

첫 번째의 존재론적-형이상학적 추론에는 두 가지 방식이 있을 수 있다. 그것은 존재론적 신 존재 증명과 우주론적 신 존재 증명이 바로 그것이다. '가장 실재적인 근원적 존재자'라는 개념으로부터 그 존재자의 단적인 현존재를 필연적으로 추론하는 신의 존재론적 증명은 존재론적 술어(개념)로부터 절대적-필연적 현존재에 도달하려는 시도이다. 그리고 어떤 사물의 현존의 절대적 필연성으로부터 가장 실재적인 근원적 존재자의 술어를 추론하는 것을 형이상학적-우주론적 증명이라고 한다.(판단 A463 B469)

두 번째의 경험적 추론방식은 감관의 대상의 총괄로서 자연의 한계를 넘어서는 자연 개념을 기초로 하는 자연의 목적에 의한 논증, 즉 목적론적 논증이다.(판단 A464 B470) 자연 목적의 개념은 선천적이 아니라 경험적으로 주어질 수 있으나, 이것은 우리가 사유할 수 있는 모든 개념 가운데서 초감성적인 것에 알맞은 유일한 개념인 자연의 근원적 근거라는 개념, 즉 세계 원인으로서 최고의 지성 개념을 약속한다. 그러나 앞에서 지적한 것처럼 자연 목적에 대한 기술로서는 신이나 도덕적 세계창시자의 존재 또는 객관적 실재성을 말할 수 없는 한계를 가진다. 자연 목적은 세계 원인 속에 깊이를 알 수 없는 지성이 있다고 말하기에는 충분하지 못하다. 자연 목적은 이성의 다음과 같은 물음과 요구들에 대하여 적절한 대답을 줄 수 없기 때문이다. "저 모든 기술적 자연사물들은 무엇을 위해서 존재하는가, 인간은 자연에서 우리가 생각할 수 있는 최종목적이고, 또한 우리는 그런 인간이 아니면 안 되는데, 그런 인간 그 자신은 무엇을 위해서 존재하는 것인가, 이 자연 전체는 무엇을 위해서 존재하는가, 그리고 그토록 위대하고 다양한 기술의 궁극목적은 도대체 무엇인가?"(판단 A465 B471) 그리하여 자연적-목적론적 증명은 세계 원인으로서 지성을 분명하게 제시할 수는 없으나, 그럼에도 불구하고 칸트는 여기에 이미 도덕적 증명 근거가 부지중에 깃들어 있다고 지적한다.(판단 A466 B472) 자연적-목적론적 논증은 자연의 근거를 판정하고, 또한 경험에 의해서만 우리에게 알려지는 자연의 우연적인, 그러나 동시에 경탄할 만한 질서를 판정함에서 이성을 인도하고 목적에 따라 자연의 근거를 내포하고 있는 어떤 원인의 인과성에 주목하게 하여 이성으로 하여금 도덕적 증명을 받아들이기 쉽게 한다.(판단 A467 B473) 이성은 도덕적 논증에서 비로소 자연 개념과는 아무런 관련도 없는 자유 개념과 그 도덕적 실천적 이념을 바탕으로 한 '신성으로서 근원적 존재자'를 '요청'하고, 또한 자유와 자유의 법칙에 맞는 궁극목적으로서 자연을 (우리들 자신의 현존재까지도) 실천이성의 불가피한 명령을 고려하여 요청할 수 있는 충분한 근거를 발견할 수 있었다.(판단 A468 B474)

그리하여 도덕적 목적론은 도덕법칙에 따르는 최상의 원인, 즉 우리의 도덕적 궁극목적을 만족시켜 주는 원인이라는 개념에 이르게 된다. 이러한 최상의 원인에 귀속되는 자연적 특성으로서는 전지, 전능, 편재 등으로서 신학에다가 유일한 세계창조자의 개념을 부여할 수 있게 된다. 그리하여 신학은 이제 종교, 즉 "신의 명령으로서 우리의 의무의 인식"에 이르는 것이다.(판단 A471 B477) 이와 같은 이성의 종교는 도덕법칙에 의한 인과성을 전제하지 않고서는 성립될 수 없다.

『판단력비판』의 마지막 부분에서 칸트는 자연 목적성의 개념에 기반한 자연신학의 결함들을 다음과 같이 정리하였다. 경험적으로 자연 안에 계획성이나 목적성이 있다고 확신하면서 신의 존재를 주장하는 자는 기껏해야 '자연의 건축가'라는 개념을 얻을 수 있을 뿐이고, 우주 존재의 최상 원인의 개념이나 그 존재의 도덕적 속성에 대해서는 알 수 없다는 것이다. 칸트는 자연신학적 논의가 '산재한 목적들에 대한 기술적 이해'(판단 V 408), 즉 물질적 존재자(유기체)에 대한 반성이 그것 속에서 드러난 초인간적 예지적 존재자의 개념에는 이를지 모르나, 하나의 최상의 목적을 위하여 전 우주를 창조했던 신의 개념에는 이르지 못한다고 보았다. 자연신학적 논의는 경험적 자료에 기반 하지만, 전체로서 우주는 경험으로 파악될 수 없다. 따라서 자연 안에서 발견되는 '산재한' 목적들을 일반적인 궁극적 목적의 통일성으로 생각할 수는 없는 것이다. 그러나 칸트는 도덕의 관점에서 초월적인 예지적 존재자의 현존뿐만 아니라 모든 유한한 사물들의 최상의 무한한 원인인 신의 현존을 요청할 수 있다고 보았다. 이 경우에 신은 궁극목적을 위하여 우주를 창조하고 존속하게 하는 존재자이며, 궁극목적은 인간 자신인 것이다. 칸트에 의하면 "인간이 없다면 모든 창조는 황무지에 지나지 않을 것이고 헛되고 궁극목적도 없을 것이다."(판단 V 410) 그러나 "우리는 도덕적 존재자로서만, 인간을 창조의 목적으로 인정한다."(판단 V 413) 칸트는 창조의 목적을 도덕적 목적으로 간주한 것이다. 인간은 그 자신이 목적의 왕국에서 도덕적 존재자로 존재하고, 그의 행복이 물리적 질서와 도덕적 질서의 궁극적인 조화 속에서 실현될 때, 비로소 완전한 발전을 이루었다고 볼 수 있다. 이처럼 칸트의 도덕신학은 자연신학의 결함들을 보완하고 있다. 그러나 그의 도덕신학이 자연신학을 전제하는 것은 아니다. 자연신학은 '잘못 이해된 물리적 목적론'일 뿐이며, 도덕신학의 도움을 받을 경우에만 신학으로서 의미를 가질 수 있다. 칸트의 도덕신학 역시 신의 현존에 대한 객관적인 증명을 제시하는 것은 아니며, 무신론이나 회의론에 대하여 신의 존재를 증명하는 것도 아니다. 그것은 단지 실천이성의 요청에 의하여 신의 현존을 가정할 뿐이어서, 이론적 인식의 문제가 아닌 실천적 신앙의 문제로 한정된다. 그러므로 칸트에서 이론적 인식으로 얻을 수 없는 신앙은 이성의 도덕적 요구로부터 생겨나는 것이다.(판단 V 462) 그리하여 미적 판단력과 목적론적 판단력은 자연을 궁극적 원인성을 위한 가능한 영역으로 생각하게 하는데 그치지만, 실천이성은 자연의 산물들 안에 어떤 '객관적인' 목적성이 존재한다고 상정하게 하는 것이다.

제4부

칸트와 그리스도교 신학

제11장 칸트와 범신론 논쟁

1. 스피노자, 그리고 레싱의 스피노자 주의

칸트의 시대만 하더라도 유럽 전역에서 스피노자를 레싱의 표현처럼 "죽은 개처럼" 여겨 왔으며, 독일에서는 더 심각한 지경이었다. 스피노자의 『신학정치론』과 『에티카』는 1670년과 1677년에 각각 출판되었다. 스피노자는 특히 『신학정치론』에서 성서의 문헌학적, 역사적 비판을 시도하고 '하느님의 선민'이라는 유대인들의 우월적 지위를 비판하면서, 도덕종교론, 관용, 언론과 양심의 자유, 민주주의에 대한 지지, 보편종교의 이상, 국가와 교회의 분리 등과 같은 진보적, 혁명적 이슈들을 제공하여 기존체제를 위태롭게 하였다. 그래서 하이네가 범신론을 '급진주의자들의 종교'라고 말한 것은 매우 적절한 표현이었다.[01]

1710년 무렵, 라이프치히에는 『반스피노자 저술 목록』이 돌아다녔고, 트리니우스Trinius는 『자유사상가 사전』(1759)에서 스피노자의 적들을 129명으로 헤아렸다. 당시 스피노자는 '암스테르담의 저주 받은 유대인'이나 '악의

01 Heine, *Zur Geschichte der Religion und Philosophie in Deutschland*. Werke VIII/1, hrsg. Renate Francke. Berlin, Akademie Verlag, 1972, 57 이하. 프레더릭 바이저, 『이성의 운명』, 이신철 역, 도서출판 b, 2018(이하 '운명'으로 줄임), 116.

화신', 즉 사탄 그 자체로 여겨졌으며, '무신론자'의 대명사였다. 심지어 계몽시대를 열었던 라이프니츠, 볼프, 토마지우스와 같은 초기 선각자들도 스피노자를 호의적으로 생각하지 않았다. 이들은 섭리와 계시, 의지의 자유와 초자연적 인격신을 거부하는 스피노자를 무신론과 숙명론으로 규정하고 적대시하였다. 라이프니츠는『에티카』를 '위험한 책'이라고 보고 비판적인 주해를 썼으며,[02] 스피노자주의의 악들을 경고하고 이단으로 간주하였다. 볼프는『자연신학』(1737)에서 자신의 철학이 스피노자주의에 대한 방어벽이라고 자랑하면서 볼프주의자들에게 표준적인 전거를 제공하고자 하였다.[03] 토마지우스는『월간 담화*Monatsgespräche*』(1688)에 매우 정교한 스피노자 비판 기사를 실어, 스피노자주의가 모든 종파 중에서 가장 싸우기 어려운 자들이라고 경고하였다. 그러나 18세기로 접어들면서 계몽의 선봉에는 '극좌익의 수호성인'인 스피노자의 이름이 있었고, 고트프리트 아르놀트Gottfried Arnold, 요한 크리스티안 에델만Johann Christian Edelmann, 프리드리히 빌헬름 스토쉬Friedrich Wilhelm Stosch, 테오도로 루트비히 라우Theodor Ludwig Lau, 요한 로렌츠 슈미트Johann Lorenz Schmidt 등과 같은 급진적인 자유사상가들이 그를 추종하였다.

18세기, 칸트시대의 대표적인 사상가 모제스 멘델스존은 스피노자주의의 대표적인 반대자로 알려졌다. 라이프니츠-볼프학도였던 멘델스존은 처녀작『철학적 담화』(1755)에서 스피노자에 대한 진지하고 공정한 검토를 처음으로 호소했던 인물로 평가되는데, 그것은 스피노자와 멘델스존이 유대사상가 모세스 마이모니데스를 따른 데서 형성된 사유공감대일지도 모른다. 이런 멘델스존을 두고서 레싱은 그가 "제2의 스피노자를 꿈꾸었을지 모른다"고 말하기도 했다.[04] 하지만 그는『아침시간』(1785)에서 스피노자

02 Leibniz, *Die Philosophische Schriften I*, ed. C. Gebhardt, Hildesheim, Olms 1960, 139–150.(운명 112)
03 Wolff, Gesammelte Werke, hrsg. H.W. Arndt, Hildesheim, Olms 1965, VIII/2, 672–730.(운명, 112)

를 강하게 비판하였다. 멘델스존의 『철학적 담화』가 나온 지 8년 후인 1763년에 야코비는 존재론적 논증을 연구하면서 우연히 "스피노자주의는 과장된 데카르트주의 이외에 아무것도 아니다"라는 라이프니츠의 논평을 보고서 스피노자의 『에티카』로 향하였고, 거기에서 '단일한 보편적 실체'인 '스피노자의 신'을 마주하게 된다. 그리고 야코비는 데카르트의 존재 논증이 보여 준 것은 바로 스피노자의 신 개념이라고 믿었다. 바로 야코비가 스피노자의 위대성을 발견한 이 사건은 그의 저서 『데이비드 흄』(1787)에만(79-81) 나타나는데, 그 이후의 판에서는 삭제되었다.(운명 123) 야코비는 칸트의 「신의 존재 논증을 위한 유일 가능한 증명 근거」를 읽으면서 가슴이 세차게 뛸 정도의 흥분에 사로잡혔다고 술회하고 있는데, 그것은 바로 칸트의 증명이 오직 스피노자의 신에 대해서만 참일 수 있다는 생각에 사로잡혔기 때문이다. 그것이 사실이라면 칸트를 충격에 빠트리고도 남을 만한 것이었다.(운명 124) 프레데릭 바이저는 야코비가 칸트의 논문을 편향되게 독해함으로써, 칸트가 행한 "신의 존재에 대한 유일하게 가능한 증명이 스피노자의 신의 존재에 대한 증명이라는 것을 보여 주었"으며, 따라서 칸트야말로 "야코비로 하여금 모든 사변철학이 스피노자주의로 끝난다고 확신"시켰을 것이라고 말한다.(운명 125) 야코비가 라이프니츠와 데카르트와 칸트를 통해서 스피노자를 발견한 바로 그때, 레싱은 스피노자의 『시학정치론』과 『에티카』에 대한 본격적인 연구를 시작하였다. 이렇게 하여 스피노자는 1763년에 야코비와 레싱을 통해 새롭게 부활하고 있었다.

04 1754년 10월 16일, 미카엘리스Michaelis에게 보낸 레싱의 편지, G. E. Lessing, *Sämtliche Werke, XVII. Textausgabe*, hrsg. K. Lachmann und F. Muncker, Berlin, de Gruyter, 1979, 401.(운명 119) 프레데릭 바이저는 『철학적 담화』가 네오필(레싱)과 필로폰(멘델스존)의 대화를 통해서 "스피노자의 명예를 회복하는 것"을 명시적 목표로 삼고 있다고 평가한다. 멘델스존은 1754년에 레싱을 스피노자에게로 처음 이끌었던 사람이었으며, 이것은 매우 의미심장한 일이 아닐 수 없다. 바이저는 그 시기에 나온 레싱의 초기단편

레싱은 1774년부터 1778년까지 H.S. 라이마루스의 『신의 이성적 숭배자를 위한 변론 또는 옹호의 글』[05]에 대한 발췌와 주해로 이루어진 저작 『볼펜뷔텔 단편들』을 출간하였다.[06] H.S.라이마루스의 원고는 그 자신도 생전에 출판할 엄두조차 내지 못했던 이단적인 원고였다. H.S. 라이마루스의 『변론』은 종교는 오직 이성에만 토대해야 하고, 어떤 이성적 인간도 성서에 포함된 역사적 기록을 받아들일 수 없을 것이라고 주장함으로써 실정종교를 비판하고 자연종교를 옹호하고자 했다. 그는 많은 성서 이야기들이 날조되었으며, 정통 기독교의 교의들 중에서 부활, 원죄, 심위일체, 영원한 형벌과 같은 것들은 버려야 한다고 주장하였다. H.S. 라이마루스는 스피노자의 『신학정치론』의 진정한 후계자였다. 그 폭탄과도 같은 원고를 그의 딸 엘리제 라이마루스Elise Reimarus가 레싱에게 건네주자, 레싱은 저자의 이름을 드러내지 않고 볼펜뷔텔 도서관에서 발견한 것이라고 속여서 출판하였다. 이로써 레싱의 『볼펜뷔텔 단편들』의 출간은 사실상 스피노자의 교설을 공표한 것이나 마찬가지였다.[07] 레싱의 행동은 당시에 주도적인 두 신학 노선, 즉 계시와 성서의 교조적 진리에 근거한 종교를 주장하는 정통파와, 이성에 근거하여 성서에 포함된 모든 진리를 논증하려고 시도한 신해석론파 모두에게 큰 충격을 주었다. 레싱은 정통파가 이성적 비판을 넘어선 믿음을 옹호하기 위해 신앙의 영역을 지나치게 확대한 반면에, 신

「이성의 그리스도교」에서 범신론적 요소를 찾을 수 있다고 말한다. 그러나 레싱의 스피노자주의는 1763년의 두 작품들, 즉 「신 이외의 사물들의 현실성에 대하여」, 「스피노자에 의해 라이프니츠는 비로소 예정조화의 단서에 도달했다」에서 분명하게 나타난다고 주장한다. 레싱의 『현자 나탄』은 사실상 스피노자의 『신학정치론』의 철학적 교설들을 극화한 것에 지나지 않는다.(운명 120, 125–126)

05 Hermann Samuel Reimarus, *Apologie oder Schützschrift für die vernünftige Verehrer Gottes*. Gerhard Alexander(Hrsg.), 2 Bände. Frankfurt, Insel-Verlag, 1972.

06 Gotthold Ephraim Lessing(Hrsg.), *Fragmente des Wolfenbüttelschen Ungenannten*. Berlin 1835.

07 H. Hettner, *Geschichte der deutschen Literatur im 18. Jahrhundert*, Berlin, Aufbau, 1979(4th), I, 360–372; L.W. Beck, *Early German Philosophy*, Cambridge, Harvard University Press 1969, 293–296. (운명 127)

해석론파는 단지 역사적인 믿음들을 정당화하기 위해 이성의 영역을 지나치게 확대했다고 비판했기 때문이다. 18세기 중엽의 과학의 발달로 인해 유신론과 이신론이 퇴조하기 시작했으며 기적에 대한 믿음이 약화되었고, 특히 라이프치히의 에르네스티J.A. Ernesti와 괴팅겐의 미하엘리스J.D. Michaelis의 역사적 · 문헌학적 성서비판으로 성서적 권위가 추락하면서, 스피노자주의가 확산되기 시작하였다.(운명 132)

마침내 기독교 정통 루터파 함부르크 교회의 괴체H.M. Goeze 목사가 레싱을 탄핵하였다.[08] 그는 성서가 신의 영감으로 쓰인 절대적인 무오류성의 문서이며 신앙의 토대라는 루터교의 입장을 재확인하였다. 그러나 레싱은 "문자는 정신이 아니고 성서는 종교가 아니므로, 문자나 성서에 대한 반대가 사실 그 자체에 의한 종교에 대한 반대는 아니다"[09]라고 말한다. 성서의 진리가 사실진리라고 하더라도 그것만으로 필연적인 이성진리가 귀결되는 것은 아니라는 것이다. 따라서 레싱은 종교의 토대는 계시가 아니라 이성이어야 한다고 보았다. 괴체와 레싱 논쟁에서 이와 같은 쟁점은 야코비와 멘델스존의 논쟁에서도 그대로 이어진다. 특히 야코비와 그를 심정적으로 지지했던 하만은 그렇게 생각하였다.[10] 그뿐만 아니라 이 논쟁은 독일에서 스피노자를 복권하고 스피노자-르네상스를 이룩하는 데 발단이 되었다. 이 논쟁에서 레싱은 단적으로 계시가 쓸모없다거나 종교로부터 추방해야 한다고 결론 내리지는 않았으며, 오히려 『인류의 교육』에서는 계시

08 H. M. Goeze, *Etwas Vorläufiges gegen des Herrn Hofraths Lessings feindselige Angriffe auf unser allerheiligste Religion und auf den einigen Lehrgrund derselben, die heiligen Schrift*. Hamburg, Harmsen, 1778.

09 Lessing, Werke XII, 428.(운명 130)

10 1784년 12월 5일, 야코비에게 보낸 하만의 편지, 1784년 12월 30일, 하만에게 보낸 야코비의 편지. Hamann, *Briefwechsel*, V, hrsg. W. Ziesemer und A. Henkel, Wiesbaden, Insel, 1955–1957, 274, 301.(운명 130)

를 신이 인류를 교육하는 수단이라고 말하기도 했다.[11] 계시에 대한 스피노자, 라이마루스, 레싱의 관점은 나중에 칸트의 철학적 종교론에도 그대로 수용된다. 그리하여 칸트는 역사적인 계시신앙을 부정하지는 않았으나 그것은 부단하게 이성적인 종교신앙으로 이행하지 않으면 안 된다고 강조할 수 있었던 것이다. 레싱의 시도는 성서적 권위 없이도 루터교의 이상을 구현할 수 있다는 사실을 보여 줌으로써 '성서 없는 루터주의'(운명 135)라는 새로운 위상을 갖게 되었다.

2. 멘델스존과 야코비의 범신론 논쟁

1783년 초부터 야코비와 멘델스존 사이에 새로운 기류가 형성되기 시작하였다. 헤르만 사무엘 라이마루스의 딸 엘리제는 야코비에게 최근 베를린 소식을 전하면서, 멘델스존이 1781년 레싱의 사망을 계기로 집필하기 시작했던 레싱 전기를 마무리할 생각이라는 소식도 알려 주었다.[12] 그 소식을 전해 들은 야코비는 E. 라이마루스를 통해 멘델스존이 레싱의 최종적인 종교적 견해, 즉 레싱이 말년에 '헌신적인 스피노자주의자'였다는 사실을 알고 있는지를 물었다.[13] 야코비는 레싱이 자신의 최근 견해를 멘델스

11 Lessing, *Werke*, III, 416, 431–432.(운명 130)

12 Jacobi, *Werke*, IV/1, 38n.(운명 136)

13 Jacobi, *Werke*, IV/1, 39–40.(운명 136) E. 라이마루스는 1783년 8월 4일, 멘델스존에게 보낸 편지에서 그 사실을 알리고 자신에게 보내온 야코비의 7월 21일 편지를 동봉하였다. 당황한 멘델스존은 엘리제에게 보낸 8월 16일 편지에서 "레싱이 스피노자주의자였다는 것은 무엇을 의미하나요?"라고 다시 물음으로써 시간을 벌었다.(Mendelssohn, *Schriften*, XIII, 120–125; 운명 140) 그는 야코비의 함정을 정확하게 간파하고, 레싱의 스피노자주의가 초기 단편 「이성의 그리스도교」에서 이미 개진되고 있다는 사실을 야코비보다 먼저 출판하고자 했다.("1785년 10월 8일, 니콜라이에게 보낸 편지"와 "1785년 10월 21일 E. 라이마루스에게 보낸 편지", *Schriften*, XIII, 309; 운명 142) E. 라이마루스는 1783년 9월 1일, 멘델스존의 8월 16일 편지 개요를

존에게 알린 적이 없다는 사실을 들어서 아주 잘 알고 있었다.[14] 프레더릭 바이저는 그것을 "멘델스존을 위한 덫"이라고 보았다. 레싱의 오랜 친구이자 '유일한 적통 후계자'인 동시에 그의 '대변인'으로 자타가 공인하는 멘델스존이 레싱의 스피노자주의에 대해서 무지했다는 사실은 그의 명예에 치명적인 손상을 불러올 것이 자명하기 때문이다.(운명 137-138) 이와 함께 독일인의 존경을 한에 받았던 레싱이 스피노자주의자였다는 사실을 터뜨릴 경우에 레싱의 추락은 기정사실이었다. 레싱과 멘델스존의 추락으로 야코비는 그들의 명성과 지위를 가로챌 수 있다고 생각했을지도 모른다. 멘델스존은 1783년 11월 18일, 레싱이 스피노자주의를 받아들였다는 야코비의 주장을 인정한 것으로 보이는 편지를 엘리제에게 보냈다. 1784년 7월 4일, 엘리제는 야코비에게 멘델스존이 스피노자주의자들과 논쟁을 벌이기 위해 준비하고 있다는 사실을 알려 주었다. 멘델스존은 모든 철학이 스피노자주의로 끝난다는 야코비의 주장에 논점을 맞추고자 했으며, 야코비와 레싱의 대화에 대한 자신의 입장을 야코비에게 직접 보냈다.[15] 야코비는 9월 5일, 멘델스존에게 보낸 답신에서 건강을 이유로 대답을 미루는 한편, 자신의 철학은 스피노자의 것이 아니라고 경고하면서, "자연은 퓌론주의자들을 침묵시키고, 이성은 교조주의자들을 침묵시킨다"는 파스칼의 명구를 보냈다.(운명 153)

그로부터 8개월 후에 기력을 찾은 야코비는 1785년 4월 26일에 자신의

야코비에게 보냈으며, 야코비는 그로부터 두 달 후인 1783년 11월 4일, 레싱이 자신에게 스스로 고백했다고 주장하는 대화 내용을 4절지 36쪽의 긴 편지로 작성하여 멘델스존에게 보내왔다. 야코비에 의하면 레싱과의 대화는 1780년 여름에 그가 레싱이 있는 볼펜뷔텔을 방문했을 때 이루어졌으며, 아직 출판되지 않은 젊은 괴테의 시 「프로메테우스」를 레싱에게 읽어 보도록 건네주었다고 한다.(Jacobi, Werke, Ⅳ/1, 43–47; 운명 143)

14 Jacobi, *Werke*, Ⅳ/1, 42.(운명 137)

15 Mendelssohn, *Schriften*, Ⅲ/2, 200–207. Erinnerungen an Herrn Jacobi.(운명 152)

스피노자 해석 요약본을 보냈다.[16] 그러나 야코비의 답신을 기다리다가 지친 멘델스존은 편지가 베를린에 도착하기 전에 자신의 책 『아침시간』의 제1부를 출간할 계획을 엘리제에게 알렸다. 이 소식을 들은 야코비는 한 달 만에 『스피노자의 학설에 관하여. 모세스 멘델스존 씨에게 보내는 서한들』이라는 책을 준비하였으나, 이 출판 시도를 멘델스존에게는 알리지 않았다. 야코비의 『서한』은 9월 초에 나왔지만, 멘델스존의 『아침시간』은 출판이 지연되어 10월 초에서야 출판되었다. 출판 경쟁에서 야코비가 승리한 것이다. 더구나 멘델스존이 레싱과 아무런 철학적 관계도 갖지 않았다는 사실을 교활하게 암시함으로써 멘델스존에게 최후의 일격을 가함으로써, 야코비 자신이야말로 "레싱에 대한 정통 상속인이자 대변인"이라고 선언했던 것이다.(운명 159) 멘델스존은 야코비의 고발에 대적하기 위해 1785년 10월과 11월, 두 달 동안 『레싱의 친구들에게』라는 짧은 논고를 마련했으며, 레싱을 "스피노자주의의 가시 많은 수풀"에서 "정통적이고 신비적인 판본의 그리스도교로 전향"을 인도하는 인물로 묘사하였다. 이 원고는 12월 말에야 완성되었으며, 12월 31일 포스 & 존 출판사에 초고를 건네주기 위해 외투 없이 집을 나섰다가 베를린의 혹한에 노출되어 1786년 1월 4일 아침에 세상을 떠났다. 야코비와 멘델스존의 범신론 논쟁은 두 사람 모두 건강을 담보로 한 처절한 고투였으며, 핵심적인 논점에 접하지도 못한 채로 끝나고 말았다. 계몽시대의 철학자 멘델스존은 칸트의 『순수이성비판』에서 일격을 당했으며, 야코비의 멘델스존 '살해'를 통해서 계몽 그 자체는 '파괴'와 '해체'의 길로 들어서게 되었다.(운명 160-162) 그러나 야코비가 의도했던 것과는 전혀 다르게 레싱의 스피노자주의 폭로가 레싱을 추락시키지는 못

16 Jacobi, *Werke*, IV/1, 210–214.(운명 154)

했다. 오히려 그의 명성이 더 높아지면서 스피노자-르네상스의 직접적인 계기가 되었다.[17]

모제스 멘델스존은 칸트의 『순수이성비판』에서 논박된 철학자로 기억되고 있지만, 칸트시대에 칸트를 능가하는 유일한 철학자이자 '계몽의 지도적인 빛'이었으며, "그의 시대의 소크라테스"로 불리었던 위대한 사상가였다.(운명 199) 칸트조차도 멘델스존의 저작들을 "철학적 정확성의 모델"이라고 찬탄해 마지않았을 정도였다.[18] 멘델스존을 평생 동안 사로잡았던 것은 형이상학의 문제였다. 『아침 시간』(1785)에서 멘델스존은 칸트와 야코비를 형이상학 전통을 위협하는 새로운 위협으로 간주하였다. '목숨을 건 도약'으로 비판의 요구들을 회피하고자 했던 야코비가 멘델스존에게 교조주의자나 신비주의자로 보였다면, 도덕적 · 종교적 믿음을 정당화하기 위해 형이상학을 파괴한 칸트는 회의주의자나 니힐리스트로 비쳐졌다. 멘델스존은 칸트의 『시령자의 꿈』(1766)에 대한 논평에서 그의 회의적인 어조에 대해 실망감을 나타냈으며(AdB 4/2, 1767, 281), 『아침 시간』에서는 "모든 것을 부서뜨리는 칸트"의 작품들을 언급하면서 베를린의 대중철학자들[19]과 함께 칸트

17 레싱과 괴체, 그리고 야코비와 멘델스존의 논쟁 주제가 동일한 지평에 있다고 보기는 어렵다. 야코비는 레싱과 멘델스존에 대항하여 실정종교를 옹호했던 점이나 종교의 토대가 이성이 아니라 계시여야 한다고 보았던 점에서 괴체의 편에 서 있는 것처럼 보인다. 그러나 그는 계시가 반드시 성서에서 나오는 것은 아니고, 내적 경험으로부터 나올 수도 있다고 보았다. 따라서 종교는 현재 사건들의 경험이나 성서의 과거 사실들의 증언이라는 역사적 사실에 근거를 두어야 한다. 또한 야코비는 레싱처럼 사실의 진리와 이성의 진리를 구분했지만, 그와는 대립되는 결론을 이끌어 냈다. 이성은 존재, 특히 신의 존재를 증명할 수 없으며, 신의 존재를 위한 모든 증거는 계시로부터 나와야 한다고 믿었다. 여기에서 앞부분은 칸트의 생각과 일치하는 것 같지만, 뒷부분은 칸트의 주장과 다를 뿐만 아니라 앞의 주장과도 배치된다. 전체적으로 보아 야코비는 성서의 무오류성을 옹호하거나 레싱의 스피노자주의가 정치적 반동주의라고 주장한 것은 아니어서 단순하게 괴체의 편이라고 말하기는 어렵다.

18 1785년 11월 말 쉬츠C.G. Schütz에게 보낸 편지(*Briefwechsel* 280–281)와 『프로레고메나』(IV 262)에서 칸트는 멘델스존의 문체에 대해 찬사를 보냈다.(운명 202)

19 베를린의 대중철학Popularphilosophie 그룹에는 비스터J.A. Biester(『베를린월보』 편집자), J.A. 에베르하르트Eberhard(『철학잡지』 편집자), 엥겔J. Engel, 페더J. G. Feder(『철학문고』 편집자), 가르베C.

를 '회의주의자'로 규정하였다.(운명 224) 멘델스존은 자신이 칸트와 야코비의 중간에 위치한 사상가라는 보여 주고자 했으나 야코비와 칸트를 동시에 대적하기에는 너무나 노쇠하였다. 『순수이성비판』 이후의 시점에서 멘델스존은 자신이 서 있는 이성주의 전통에 대한 칸트와 야코비의 비판을 심사하고 싶었을 것이다. 그러나 멘델스존은 『아침 시간』에서 야코비는 물론이고, 장차 자신을 이어서 야코비와 대적하게 될 칸트가 직면한 문제들에 대해서도 적절한 대답을 제시하지 못하였다. 그럼에도 불구하고 멘델스존은 우리들이 신과 불멸성 그리고 섭리를 믿어야 할 도덕적 의무를 가질 수 없다고 보았는데, 그에게 믿음에 동의할 필요성은 '도덕적'이 아니라 '물리적'인 것이기 때문이다.(운명 209) 그런데 이처럼 신에 대한 신앙의 문제가 도덕적인 것이 아니고 물리적인 것이라고 한다면, 그것은 칸트의 실천적 영역을 다시 이론적 영역으로 변형하지 않으면 안 된다는 사실을 보여 준다. 칸트는 신의 존재를 도덕적 필요에 의한 실천이성의 요청명제로 설명하고 있지만, 그와 같은 실천적 요구로서 신의 존재가 어떤 방식인가의 문제는 칸트 본래의 선험철학의 정신을 왜곡할 수 있는 부메랑으로 다시 돌아온다. 이것은 야코비가 칸트의 사물 자체를 걸고넘어진 것과 근본적으로 같은 맥락에 있다. 멘델스존이 본 야코비는 교조적 신비주의자가 분명하고, 야코비가 본 멘델스존은 사변적 이성주의자에 지나지 않는다. 왜냐하면 멘델스존은 나중에 헤겔과 셸링이 제시하는 것처럼 자신의 본성을 '외화하는 신'의 가능성을 부정하는데, 그렇게 되면 신은 "자기 자신을 유한자 속에서 체현하는 무한한 지성"으로 드러나면서 결국 자신의 무한성과 양립할 수 없다고 보았기 때문이다.[20]

Garve, 니콜라이F. Nicolai(『일반독일문고』 편집자), 플라트너E. Platner, 바이스하우프트A. Weishaupt 등이 있었다.(운명 345)

멘델스존이 세상을 떠난 후 3개월이 지난 1786년 4월에 출간된 『멘델스존의 고발에 반대하여』[21]에서 야코비는 지식이 신앙을 정당화할 수 없으며 신 존재의 증명 가능성을 부정했던 칸트의 입장과 유사한 자신을 사람들이 '광신'이라고 비난한 사실에 항변하였다. 칸트를 '광신주의자'라고 부를 수 없다면 자신도 그렇게 불러서는 안 된다는 것이다. 그러나 이러한 칸트의 입장을 멘델스존은 '광신'과는 전혀 다른 '회의주의'라고 비난하였다. 야코비가 '광신'이라고 지목된 것은 그가 스피노자주의는 필연적으로 회의주의로 귀착하고, 그것을 극복할 수 있는 유일한 길은 '목숨을 건 도약'이라고 규정했기 때문이다. 하지만 칸트는 실천이성이 요구하는 이성신앙의 길을 제시하였다. 야코비와 칸트의 종교 이해는 전혀 다른 세계관적 지평을 전제하고 있으며, 그들의 철학적 변증론에서 출현하는 모순들을 해결하는 방식도 전혀 달랐다. 그럼에도 불구하고 야코비는 자신의 논거를 확보하기 위해 칸트철학에서 많은 부분을 끌어들이려고 노력했으며, 칸트 역시 그런 시도를 너그럽게 받아들였다.[22]

3. 비첸만과 칸트의 범신론 논쟁

칸트 역시 멘델스존과 야코비의 중간에 서고자 하였으나, 양자가 바라본 칸트의 위치는 그들보다 더 위태하였다. 멘델스존이 보기에 칸트는 사

20 Mendelssohn, *Morgenstunde*, Schriften, III/2, 120.(운명 223)

21 Jacobi, *Wider Mendelssohns Beschuldigungen*, in Werke, IV/2.

22 하만은 1785년 9월과 10월에 야코비에게 칸트가 그의 『서한』에 만족했고 멘델스존을 공격할 것이라는 소식을 전해 주었으나 그 결과는 야코비의 기대에 이르지 못했다. 1785년 9월 28일과 10월 28일에 야코비에게 보낸 하만의 편지. Hamann, *Briefwechsel*, VI, 77, 107.(운명 259)

물 자체와 신의 존재에 대한 직접적인 인식 가능성을 부정한 회의주의자에 지나지 않으며, 야코비는 칸트를 사물자체의 존재 인식을 부정하면서도 그의 선험철학은 언제나 이미 사물자체의 존재를 전제하는 사실에서 자체모순을 범하고 있다고 폄하하였다. 그렇다면 이 세 사람 중에서 누가 양 극단을 피하여 최종적으로 중간에 서게 되는 것일까? 현대의 대표적인 학문이론 철학자 중의 한 사람인 한스 알버트는 뮌히하우젠 트릴렘마 가설을 제시하였는데, 우리는 가능한 세 가지의 길, 즉 절차단절, 무한퇴행, 순환논리 가운데서 그 어떤 방식으로도 학문적인 마지막 근거설정에서 실패할 수밖에 없다고 주장함으로써 결국 학문에서 니힐리즘의 도래를 예고하였다. 지금 우리 앞에 서 있는 세 사람의 철학자들, 즉 멘델스존과 칸트와 야코비의 철학적 주장도 이와 동일한 운명에 처해 있다. 그런데 18세기의 범신론 논쟁에서 칸트에게 우월적인 지위를 차지하게 한 사람은 칸트와 야코비 사이의 또 다른 중간자였던 토마스 비첸만Thomas Wizenmann(1759~1787)이었다. 비첸만은 범신론 논쟁에서 모든 철학은 스피노자주의로 끝나서 오직 '목숨을 건 도약'에서만 무신론과 숙명론을 피할 수 있다는 야코비의 주장에 동의하였다. 그러나 그 후에 비첸만은 야코비와는 독립적인 연구를 통해서 회의주의를 선호하는 지경에 이르렀다. 멘델스존의 『아침 시간』과 야코비의 『서한』이 출간된 지 6개월 후인 1786년 5월에 『자원 봉사자에 의한 야코비와 멘델스존의 철학의 결론들』[23]이라는 익명의 책자가 발표되었다. 이 학문적 '자원 봉사자'는 헤르더라는 소문이 있었지만 야코비의 친구 비첸만으로 밝혀졌다. 그의 나이는 26세였다.

프레더릭 바이저의 평가에 의하면, 비첸만은 첫째 야코비와 멘델스존

23 T. Wizenmann, *Die Resultate der Jacobischer und Mendelssohnischer Philosophie von einem Freywilligen*. Leipzig, Göschen, 1786.

의 유사성과 차이를 명확하게 하면서 특히 멘델스존이 비이성주의를 숨기고 있다고 지적했고, 둘째 당시 라바터를 따르는 단순한 광신주의자로 여겼던 야코비의 입장을 공정하게 대하도록 했으며, 셋째 야코비와 멘델스존 추종자들이 상호 비난하는 당시 상황에서 범신론 논쟁을 철학적 문제들에만 집중하도록 하였다.(운명 234-234) 비첸만은 칸트에게서 큰 충격을 받았으며, 범신론 논쟁에서 칸트의 길을 예비하고 있었다. 비첸만은 야코비와 멘델스존 둘 다 비이성주의라는 위험한 방향으로 질주하고 있다고 지적했는데, 바로 이것이 칸트가 범신론 논쟁에 참여하도록 확신을 주었다.[24] 그래서 바이저는 비첸만의 『결론들』이야말로 "범신론 논쟁에 대한 칸트의 반성을 위한 출발점"이었다고 평가했다. 사실상 비첸만은 범신론 논쟁에서 야코비와 멘델스존을 물리칠 비법을 칸트에게 알려 주고 있었다. 멘델스존은 믿음에 대한 이론적 정당화를 얻기 위해 직접적인 앎의 근거를 상식에서 찾았으며, 야코비는 의지에서 믿음의 발생을 정당화하고자 했다. 비첸만은 신앙에 대한 이런 야코비의 주장은 지식에 대한 것이 아니고 심정의 요구라고 보았다. 야코비는 지식이 아니라 올바른 성향과 행위 수행으로 신앙을 얻는다고 본 것이다. 여기에서 멘델스존과 야코비의 공동 관심사는 신앙의 정초이고, 그렇다면 의지의 요구로서 신앙은 지식이 아니므로 이성의 영역일 수 없다고 본다. 실천적 요구는 이론적인 검증이나 반증의 대상이 아니라는 것이다. 비첸만은 이와 같은 논지를 칸트의 비판철학적 전제들에 대한 비판을 통해 구성하였다. 비첸만은 이성의 과제가 사실을 관계시키는 것이고, 사실들을 비교하고 대조하여 추론하는 데 있다고 보았다. 그러므로 이성은 그것에 주어지는 사실들을 창조하거나 계시

24 Kant, *Werke*(AA), VIII, 134.(운명 235)

할 수 없으며, 어떤 것의 존재를 증명할 수도 없다. 다시 말하면 이성은 다른 사물이 이미 주어져 있을 때만 어떤 것의 존재를 추론할 수 있다는 것이다. 그리하여 비첸만은 칸트를 따라서 우리에게는 두 종류의 인식 원천이 있는데, 그것은 우리에게 사실 문제들에 대한 인식을 주는 경험과, 추론에 의해 사실들을 관계시키는 이성이 있다고 정리하였다. 이로부터 비첸만은 우리가 신의 존재를 알고 있다면, 그것은 어떤 것의 존재를 증명할 수 없는 이성에 의해서가 아니라 계시의 경험에 의해서만 알 수 있다고 보았다. 따라서 모든 종교의 토대는 실정적이고, 신의 계시에 대한 믿음에 의지한다. "아무런 종교도 없거나 실정종교가 존재한다"는 것이다.[25]

실천적 의지의 요구인 신앙을 정당화하기 위해서 멘델스존은 이성, 엄밀하게는 상식에 의존하고, 야코비는 직관에 기대지만, 비첸만은 그것들이 우리들에게 신의 존재에 대한 직접적인 지식을 준다고 믿을 수 없었다.[26] 그래서 그는 우리는 단순한 믿음과 역사에서 신의 계시에 대한 믿음에 만족해야 한다고 생각하였다. 1785년 9월 19일, 비첸만은 하우스로이트너에게 보낸 편지에서 자기 철학의 모든 것은 '감각적-역사적 경험'에 의거한다고 썼다.[27] 그러나 이것은 초자연적 사건들을 처음으로 목격한 사람들을 신뢰하는 믿음이 있어야 가능하고, 그런 이해는 또 다시 지식의 문제가 되기 때문에 비첸만은 최선의 철학은 스피노자주의가 아니라 회의주의이어야 한다고 생각하였다.[28] 이와 같은 비첸만의 칸트 해석은 『실천이성비판』과 『이성의 오롯한 한계 안의 종교』에서 취하고 있는 칸트의 태도 결정

25 Wizenmann, *Resultate*, 20–22, 196–197.(운명 236–241)

26 Wizenmann, *Resultate*, 156–160.(운명 241)

27 A. Glotz, *Thomas Wizenmann, der Freund F.H. Jacobi in Mittheilungen aus seinem Briefwechsel und handschriftlichen Nachlässe, wie nach Zeugnissen von Zeitgenossen*. II, Gotha, Perthes, 1859, 169.(운명 241)

에 상당한 영향력을 행사한 것으로 보인다. 이성과 신앙의 다툼을 해결하기 위해 순수이성과 실천이성의 구획을 설정한 것이나, 지식의 한계를 넘어서지 않으면서 실천적 요구를 충족할 수 있도록 신 존재와 영혼 불멸과 자유 개념을 요청명제로 제시한 것뿐만 아니라, 역사적인 계시신앙을 부정하지 않고 수용하면서도 실천적 행위 주체가 부단하게 이성적인 도덕신앙의 차원으로 이행하지 않으면 안 된다는 칸트의 주장 모두가 젊은 천재 비첸만이 제시한 아이디어였다는 사실을 확인하고서 놀라지 않을 수 없는 것이다.

범신론 논쟁의 당사자들, 즉 야코비와 멘델스존과 그들의 후원자들은 각각의 철학적 연관성을 좇아서 칸트를 동맹자로 생각하면서 그가 자신의 편에 서 줄 것을 강력하게 기대하였다.[29] 그러나 칸트는 이 두 사람에 대해서 친밀감과 적개심을 동시에 가지고 있었으나, 두 사람에 대한 칸트의 침묵은 그가 그들 각자와 친밀하다는 불필요한 오해를 불러일으켰다. 야코비가 『멘델스존의 고발에 대한 반론』에서 칸트를 인용했기 때문에 베를린 사람들은 칸트가 야코비 편에 섰다고 생각하였다. 마침 그때에 비스터가 프리드리히 2세의 건강 악화로 인해 프리드리히 빌헬름 2세의 후계 계승이 임박한 상태에서 언론의 자유와 새로운 검열에 대한 우려를 표명하면서, 프로이센의 으뜸가는 철학자가 '교조적인 광신적 무신론'(야코비)을 지지해서는 안 될 것이라는 편지를 보내왔다.[30] 1786년 10월호의 『베를린 월보』

28 A. Glotz, *Thomas Wizenmann II*, 169.(운명 242)

29 Jacobi, *Werke*, IV/2, 256–257; Hamann, *Briefwechsel*, VI, 119; Kant, *Briefwechsel*, 282, 287에서 야코비, 하만, 그리고 칸트의 제자 쉬츠와 야콥이 칸트에게 멘델스존을 공격하도록 부추겼다. Mendelssohn, *Schriften*, XIII, 312–313에서 멘델스존은 자신이 칸트의 편에 서 있다고 호소하고 있다.(운명 242–243)

30 1785년 11월 8일과 1786년 3월 7일에 비스터가 칸트에게 보낸 편지들, Briefe, X, 417–418, 433.(운명 244–245)

에 칸트의 기고문 「사유 안에서 방향찾기란 무엇인가?」가 실렸고, 칸트는 그 글의 끝에서 "모든 시민적 책임들 가운데 우리를 위해 남아 있는 유일한 보물"의 존엄성을 지키기 위해 논쟁에 참여하게 되었다고 말했다.[31] 칸트는 야코비의 신비주의와 멘델스존의 상식의 철학을 부정하면서 그들의 중간적 입장을 선점한다. 칸트는 한편으로 지식이 신앙을 정당화할 수 없다는 점에서 야코비에 동의하지만, 이성이 신앙을 정당화할 수 없다는 점에 대해서는 동의하지 않는다. 다른 한편으로 칸트는 신앙을 이성으로 정당화할 필요가 있다는 점에서 멘델스존에 동의하지만, 이성에 의한 신앙의 정당화가 지식을 요구한다는 점에 대해서는 동의하지 않는다. 이로부터 14개월 후인 1788년 1월에 칸트는 『실천이성비판』을 출간하였는데, 여기에서 그가 주로 논의한 이성은 '실천적 능력'이었다. 칸트는 이론 이성과 실천이성을 분리함으로써 신앙을 이성적으로 정당화할 수 있는 근거를 마련하였다. 이처럼 칸트는 비첸만과의 논쟁을 통하여 『실천이성비판』에서 실천적 신앙 교설을 분명하게 하는 데 큰 도움을 받았으며, 자신과의 논쟁 도중에 27세의 꽃다운 나이로 요절한 비첸만을 기리기 위하여 『실천이성비판』에서 "그렇듯 섬세하고 명확한 정신의 죽음은 애석하지 않을 수 없다"[32]라고 썼다.

칸트의 논문 「사유 안에서 방향찾기」의 핵심은 '이성신앙'Vernunftglaube이다. 그는 전통이나 계시에 대립된 것으로서 이성에만 근거하는 신앙의 개념을 세우고자 했다.[33] 그는 여기에서 보편적 법칙인 정언명령이 신과 그

31 Kant, *Was heißt: Sich im Denken orientieren?*(사유 안에서 방향찾기란 무엇인가?), *Werke*(AA), VIII, 144.(운명 246)

32 Kant, *Werke*(AA), V, 143. 베크는 그의 저서 『초기 독일철학*Early German Philosophy*』(372)에서 비첸만의 때 이른 죽음을 "독일철학에 심각한 손실"이라고 평가하였다.(운명 235-236)

33 Kant, *Werke*, VIII, 140-141.(운명 247)

의 섭리, 불멸성에 대한 신앙의 충분한 토대라는 사실을 언급하고 있으며, 『실천이성비판』에서 다시 그러한 신앙이 정언명령에서 어떻게 도출되는가를 다루었다.[34] 칸트의 이성신앙은 지식이 아니고, 주관적으로는 충분하지만 객관적으로는 불충분한 상태의 의견, 즉 '참이라고 여기는 것'Fürwahrhalten이다.[35] 이는 모든 이성적 존재에게 타당한 정언명령의 보편성과 필연성에 토대한다는 의미에서 '주관적으로' 충분하지만, 사물 자체에 대한 인식에 기초하지 않는다는 의미에서 '객관적으로' 불충분하다. 이 가운데 길에서 칸트는 멘델스존의 교조주의와 야코비의 신비주의를 회피하는 동시에, 철학에서 진리의 최종 기준인 이성의 지위를 확립하고자 했다. 이를 통해 칸트는 야코비의 비이성주의를 비판하는 데 머무르지 않고, 자신에게 영감을 불어넣어 준 비첸만에 대해서도 광신과 '이성의 완전한 폐위'로 이어지는 '위험한 과정'에 빠져들었다고 지적하였다. 이에 대해서 크게 분노한 비첸만은 1787년 2월의 『독일 박물관』에 논문을 투고하여,[36] 자신을 비이성주의라고 비난한 칸트의 비판을 반박하기 위해 스스로 야코비주의자가 아니라고 주장하는 동시에, 자신은 이성이 신의 존재를 증명하거나 반증하지 못한다고 말했을 뿐이라고 강조하였다. 비첸만이 칸트에게 동의하는 것은 이성이 신의 비존재를 증명할 경우에, 야코비처럼 신앙의 도약을 말하는 것은 확실히 비이성주의적이라는 사실이다. 그러나 비첸만은 이성이 신의 존재나 비존재를 증명할 수 없다고 말한다. 하지만 그는 곧 자신이 언젠가 이성이 신의 비존재를 증명한다고 말한 사실이 있다고 솔직하게 인

34 Kant, *Werke*, V, 110–118.(운명 248)

35 Kant, *Werke*, VIII, 141.(운명 248)

36 T. Wizenmann, An Herrn Kant von dem Verfasser der Resultate der Jacobischer und Mendelssohnischer Philosophie, *Deutsches Museum* 2 (February 1787), 116–156; Karl Gottlob Hausius, *Materialien zur Geschichte Der Critischen Philosophie*, Bd. 2: *Metaphysischen Innhalts*(1793), 108–109.

정하면서, 그것은 '추상적이고 비인격적이며 초월적인 존재'로서 이신론자의 신에만 해당될 뿐이라고 주장한다. 그는 이성이 역사 속에서 자신을 인간에게 계시하는 인격적 신, 즉 유신론자들의 신의 비존재를 증명한다고 말하지는 않았다는 것이다. 따라서 이신론적 신에 대한 신앙은 비이성적이지만, 유신론적 신앙에 대한 신앙은 다르다는 것이다. 그러나 비첸만은 『결론들』에서 이미 스피노자 철학이 유신론자의 인격적 신의 비존재를 입증한다고 말했던 정황과 어긋나는 지점에 와 있었다. 이 점에서 그는 야코비주의자라는 사실을 떨쳐 내지 못했던 것이다.(운명 253-254)

또한 비첸만은 칸트가 제시한 실천적 신앙 개념이 정합적이지 않으며, 칸트 자신이 오히려 광신이라고 반격한다. 칸트가 '필요의 현존'에서 그것을 만족시킬 '대상의 존재'로 이행함으로써, 희망을 실재로 오인한 것이 바로 '광신의 본질'이라고 지적한 것이다. 칸트는 사랑에 빠진 남자가 자신이 욕망하는 여자도 그 자신을 사랑한다고 꿈꾸는 것은 적절하다고 보았는데, 그가 사랑받을 필요를 가지고 있기 때문이었다. 비첸만은 이러한 칸트의 주장을 광신이라고 보았다.[37] 칸트는 『실천이성비판』에서 비첸만의 이 반론을 다루었다.[38] 그는 사랑에 빠진 남자의 경우처럼 필요가 감성에서 발생할 경우에 그 필요에서 어떤 존재를 추론하는 것은 부당하다는 데 비첸만에 동의한다. 그러나 칸트는 필요가 이성에서 발생하고, 보편적 필연적 법칙에 의해 정당화될 경우에는 다르다고 본다. 어떤 사람이 그렇게 하길 원하기 때문에 어떤 것을 믿는 것과 그렇게 해야 하기 때문에 믿는 것은 다르다는 것이다. 여기에서 칸트는 비첸만이 감성의 것이든 이성의 것이든 어떤 필요에서 어떤 존재를 추론하는 것은 부당하다는 주장에 대해서

37 Wizenmann, "An Kant", in Hausius, *Materialien 2*, 124.(운명 254)
38 Kant, *Werke*, V, 142–146.(운명 254)

는 답변하지 않았다. 비첸만에게 믿기를 원하는 것과 믿어야 하는 것은 어떤 차이도 없다. 그 모든 경우에 필요에서 그 만족의 대상 존재를 추론하는 것은 부당하기 때문이다.(운명 255)

이어서 비첸만은 칸트의 '이성신앙' 개념에 최초의 비판을 가한다.[39] 칸트가 이성의 필요에서 신의 존재를 추론하는 것은 잘못이라는 것이다. 우리는 마치 신이 존재하는 것처럼 생각하고 행위할 수 있을 뿐이다. 이성의 필요는 구성적 원리를 정당화할 수 없고, 단지 규제적 원리를 창출할 뿐이다. 칸트가 구성적 원리를 정당화하려고 한다면 그는 이론적 근거들 위에서 믿음의 진위를 가리는 사변의 영역으로 다시 들어가게 되어, 그 자신이 설정한 지식의 한계를 넘어서게 된다. 또한 비첸만은 칸트가 신에 대한 도덕적 의무를 강조하여 신앙을 도덕 위에 기초하는 동시에, 도덕이 신앙 없이는 가능하지 않을 것이라고 하여 도덕법칙의 근거를 신앙 위에 기초하는 '악순환'에 사로잡혀 있다고 비판한다. 칸트처럼 도덕이 종교로부터 독립적이어서 신과 그 섭리나 불멸성의 믿음을 필요로 하지 않는다면, 우리는 결코 그런 믿음을 가질 필요가 있다고 말할 수 없을 것이다. 따라서 칸트가 말하는 '이성의 필요'라는 개념은 '형용모순'이다. 그러나 만약 신앙이 이성의 필요에 의해 정당화되면, 이성은 그 신앙의 진위를 고려해야 하는 이론적 작업에 착수해야 할 것이다. 이런 주장은 멘델스존의 것으로서 칸트의 입장에 반하는 것이다. 칸트는 이에 대한 반론을 『실천이성비판』의 변증론에서 전개했을 뿐만 아니라 다른 비판자들에 대해서도 반론을 시도하였다.[40] 칸트는 이성의 필요는 단지 규정적 원리만을 정당화하기 때문에

39 Wizenmann, "An Kant", in Hausius, *Materialien 2*, 124.(운명 255)

40 L.W. Beck, *A Commentary on Kant's Critique of Practical Reason*, University of Chicago Press, 1960, 56–61; K. Vorländer, "Einleitung" des Herausgebers, in: Immanuel Kant, *Kritik der praktischen Vernunft*,

구성적 원리의 의미에서 신의 존재를 추론할 수 없으며, 그것이 가능하다고 주장할 경우에 사변의 영역으로 들어서게 된다는 비첸만의 주장을 반박하기 위해서 두 개의 장을 할애하면서도, '이성의 필요'가 형용모순이라는 지적에 대해서는 명시적인 대답을 하지 못하였다.[41] 칸트에 의하면 도덕원칙은 우리에게 '최고로 완전한 세계 창시자'의 전제를 허용하는데, 그것은 오직 실천적인 의도에서만 구성적인 의미에서 초감성적인 것에 대한 사고를 가능하게 한다. 그렇지만 칸트는 이론적인 이성사용에서 신의 이념은 단지 규제적인 의미에서만 작동할 뿐이라고 한정하였다. 이와 같은 칸트의 전략은 비첸만이 이성과 신앙의 영역을 철저하게 분리해야 한다고 지적한 사실에서 착안한 것이 분명하지만, 칸트는 이성 자체를 이론적 차원과 실천적 차원으로 구분함으로써 멘델스존과 야코비의 중간적 위치를 정당화했던 것이다. 이에 앞서 칸트는 도덕법칙이 요구하는 최고선의 실현 가능성을 위해 신의 존재, 영혼 불멸성, 자유를 요청함으로써 오직 실천적 차원에서만 초월적 신앙이 가능하도록 길을 열었으며, 그것은 오직 도덕적으로 행위하는 사람들에게 필요한 종교적 희망 내용을 구성한다. 비첸만은 여러 해 동안 결핵에 시달리고 있었다. 칸트를 범신론 논쟁으로 이끌었던『결론들』에서 밝힌 기대와 달랐던 칸트의 반응에 크게 분노한 비첸만은 반론을 마무리했으나, 그의 건강은 극도로 악화되어 1787년 2월 21일, 그는 범신론 논쟁의 두 번째 희생자가 되고 말았다. 하만은 야코비에게

Hamburg 1929, xv–xvii.(운명 256)

41 Kant, *Werke*, V, 134–146.(운명 257) 이는『실천이성비판』의 변증론 제2장 7절과 8절을 가리킨다. 7절에서 칸트는 순수이성을 사변적으로 확장하지 않고 실천적 의도에서 확장하는 것이 어떻게 가능한지를 다루었고, 8절에서는 순수이성의 필요에 의한 순수한 실천적 이성신앙의 문제를 다루었다. 프레더릭 바이저는 '이성의 필요'가 '형용모순'이라는 비첸만의 비판에 대한 칸트의 '명시적인 대답'을 찾지 못했다고 하는데, 칸트는 여기에서 도덕과 종교의 관계에 충분하게 논의하고 있으며,『이성의 오롯한 한계 안의 종교』서문에서도 이 문제를 재론하였다.

보낸 편지에서 비첸만을 범신론 논쟁의 '순교자'라고 지칭하였으며, 칸트 역시 그의『실천이성비판』에서 "매우 섬세하고 명석한 두뇌를 가졌던 그[비첸만]의 요절"을 애석해 마지않았다.[42]

4. 야코비와 베를린 대중철학자들의 칸트 비판을 넘어서

야코비의 칸트 비판은 멘델스존 비판의 연장선에 있다. 야코비는 모든 철학은 니힐리즘의 심연으로 이어진다고 보았는데, 칸트의 선험철학의 운명 역시 다르지 않다고 보았다. 칸트의 주장은 결국 '무의 철학'을 입증할 뿐이라고 본 것이다. 그것은 1799년에 야코비가 칸트철학을 가장 일관되고 체계적으로 전개한 니힐리즘의 전형으로서 '이성의 하나의 유일한 패러다임'이라고 치켜세웠던 피히테 철학의 운명이기도 하다. 야코비는 피히테를 '철저한 칸트주의자'로 지목하고, '전도된 스피노자주의'라고 규정하였다. 스피노자가 '하나이면서 모두인 것'이라는 단일한 실체를 자기 밖의 우주 안에 놓는 것에 반하여 피히테는 그것을 자기 내부의 절대자아 안에 정립했기 때문이다. 그런데 야코비는 스피노자와 피히테는 '주-객 동일성의 원리'를 공유하고 있다고 보았는데, 이 원리를 발견한 최초의 사상가가 바로 칸트라고 주장하였다.[43]

42 Kant, *Werke*, V, 144.

43 Jacobi, *Werke*, III, 10–11.(운명 261) 칸트가『순수이성비판』 서문에서 설명하고 있는 '코페르쿠스적 전회'(순수 A xx; B xviii, xiii)를 바탕으로 수립한 선험철학의 원리를 야코비는 이성이 그 자신의 법칙으로 창조한 것만을 인식하는 것으로 해석하고, 이러한 '사변적 에고이즘'(유아론)으로는 의식 외부의 실재가 존재한다는 사실을 확정할 수 없다고 보았다. 그 때문에 칸트는 자신의 철학이 니힐리즘으로 붕괴되는 것을 막기 위해서 '사물 자체'의 개념을 상정했지만, 야코비는 이렇게 애매모호한 칸트의 조처는 한편으로 경험적 대상들을 표상들의 원인이라고 생각하면서도, 다른 한편으로는 그러한 실재의 존재를 확정할 수 없다는

1782년 1월 19일 『괴팅겐학술공보』 추가판에 칸트의 『순수이성비판』에 대한 최초의 논평이 익명으로 실렸는데,[44] 그것은 지금까지도 '가장 악명 높은 논평'으로 알려지고 있다. 토마스 리드의 상식철학적 시각에서 칸트의 관념론이 버클리의 것과 다르지 않다는 평가였다. 이에 대응하여 칸트가 『비판』의 취지를 간략하게 정리한, '프로레고메나'로 잘 알려진 『미래 형이상학을 위한 서설』을 발표한 직후인 1783년 7월 13일, 칸트에게 당대 최고의 대중철학자로 알려진 가르베(1742~1798)가 편지를 보내, 자신이 논평의 저자이지만, 자신이 쓴 것은 편집된 논평의 1/3에 불과하다고 밝혔다.[45] 편집자인 페더가 저지른 일이었다. 가르베의 원본은 니콜라이의 『일반독일문고』에 다시 게재되었다.[46] 가르베가 칸트를 칭찬하는 곳에서 페더의 판본은 혹평하기도 하는 등 기술적인 왜곡은 극심하였지만, 정작 논평의 핵심적인 논지에서는 큰 차이가 없는 것으로 밝혀졌다.(운명 366-367) 페더는 칸트의 『비판』을 저지하기 위해 『철학문고』[47]라는 새로운 저널을 발행하였으나 대세를 막는 데는 실패하였다.

페더의 동료 가운데서 카를스루에 철학교수와 예나 신학교수를 지낸 티텔Gottlob August Tittel(1739~1816)은 『칸트의 도덕개혁』과 『칸트의 사유형식들』을

모순적인 상황에 빠진다고 지적하였다. 그래서 야코비는 이렇게 말한다. "나는 칸트의 체계에 들어가기 위해 사물들 자체의 가정을 필요로 한다. 그러나 이 가정을 가지고서 내가 그 체계 내부에 머무르는 것은 불가능하다."(Jacobi, *Werke*, II, 304; 운명 264) 당시 야코비는 1년 후인 1788년에 『실천이성비판』에서 칸트가 이성의 요청 신앙을 통하여 니힐리즘의 극복을 도모할 것이라는 사실을 전혀 예측하지 못했다. 그럼에도 야코비는 칸트의 도덕신앙과 요청사실이 '마치~처럼'(Als-ob)의 사태에 불과하여 신앙을 만족시킬 수 없는 규제적 이념들의 차원에만 머무른다고 보고, 칸트철학은 결국 니힐리즘이라는 주장을 굽히지 않았던 것이다.(운명 266-267)

44 C. Garve, "Kritik der reinen Vernunft von Immanuel Kant", *GgA*(1782. 1. 19.), 40-48.(운명 358-359)

45 Kant, *Briefwechsel*, 219-220.(운명 364)

46 *Allgemeine deutsche Bibliothek*, supp. to 37-52 (1783), 838-862. 가르베는 이 원본을 변경하지 않고 그대로 다시 출판했다고 칸트에게 전했다. Kant, *Briefwechsel*, 219-221.(운명 366)

47 Feder, *Philosophische Bibliothek*, Göttingen 1788.

잇달아 발표하여 칸트를 비판했다.[48] 그는 칸트가 '순수 의무'라는 '신비적인 이상'을 위해 '행복'의 원리를 희생시키려는 사실을 지적하고 칸트의 '신비학' 대신에 '행복주의'를 옹호하려고 했다. 그는 칸트의 '신비주의'가 인간을 현상계와 예지계로 나누었던 이원론적 태도에서 기인한다고 비판하였다.[49] 특히 그는 칸트의 정언명령이 공허하다고 비판하였는데, 그것은 오직 유용성을 고려하여 은밀하게 도입한 준칙의 도덕성에 불과하다고 폄하하고, 칸트를 '위장한 규칙공리주의자'라고 비난했다. 티텔이 보기에 칸트의 정언명령은 이미 완벽하게 틀에 박힌 현존하는 유용성의 기준을 다시 정식화한 것에 지나지 않는다. 이러한 형식주의 비판과 함께 "정언명령이 도덕의 원리들을 정당화할 수 없다"는 티텔의 비판 요지는 칸트에 대한 심각한 문제제기이자 위협이 아닐 수 없었다.[50] 이어서 그는 칸트의 사유형식, 즉 범주에 대해서도 비판을 가했는데, 그는 먼저 판단의 형식들에서 범주를 도출하려는 '형이상학적 연역'이 자의적이고 인위적일 뿐만 아니라 무작위로 랩소디(광상곡)를 수집하려는 것이고, 사유의 가능한 모든 형식을 포함한다는 칸트의 주장을 일축하였다. 또한 '선험적 연역'에서 말하는 경험에 정당성을 부여하는 범주 적용의 절차나 기제들에 대해서도 회의적인 입장을 취하였다. 그는 범주를 정당하게 경험에 적용할 수 있는 기준을 제시하는 일이 아예 불가능하다고 보았던 것이다. 지각의 어떤 요소도 선험적 개념의 보편성과 필연성을 드러내지 못하고, 범주들과 지각 사이에 불일치가 존재한다면, 어떤 개념들이 그 고유한 의미를 경험으로부

48 G.A. Tittel, *Über Herrn Kants Moralreform*. Frankfurt, Pfahler, 1786; *Kantische Denkformen oder Kategorien*. Frankfurt, Gebhatdt, 1787.(운명 383)
49 Tittel, *Kants Moralreform*, 20-21.(운명 384-385)
50 Tittel, *Kants Moralreform*, 14-15, 33, 35-36.(운명 385)

터 얻어 내는 것 자체가 불가능하다는 회의주의적 태도만이 강력한 힘을 얻게 될 것이다.(운명 387) 이와 동일한 관점에서 가르베와 패더의 편에 섰던 광명회Illuminatismus의 창시자 아담 바이스하우프트Adam Weishaupt(1748~1830)도 칸트 철학을 완전한 주관주의로 규정하여 우리의 의식과 독립적으로 존재하는 모든 실재를 부정하는 근본오류를 범한다고 비판하였다.[51] 로크주의적 경험론들의 날센 비판자들 중에서 칸트의 존경을 받았던[52] 북부 독일 뢰겐섬 포저비츠의 목사 피스토리우스Hermann Andreas Pistorius(1730~1795)도 칸트의 관념론과 도덕이론은 사물자체에 대한 지식을 필연적으로 요구하고 있는 사실과 함께, 범주들을 경험 너머의 세계 확장하는 실천이성의 권리에 대해서 의문을 제기하였다.[53]

1783년 11월 22일, 헤르더의 지원을 얻으려고 보내온 야코비의 『스피노자에 관한 서한』을 읽은 헤르더는 1784년 2월 6일에서야 스피노자의 철학만이 자신과 어울린다는 레싱의 명제에 헤르더 자신도 동조한다는 답신을 보냈다.[54] 1787년 4월에 헤르더는 스피노자를 창조적으로 재해석한 『신, 몇 개의 대화』를 완성한다.[55] 헤르더는 야코비, 멘델스존, 비첸만의 관점을 모두 물리치고 스피노자주의가 도덕과 종교를 위협하는 무신론이나 숙명론이 아니라 신과 자유를 옹호할 수 있도록 뒷받침하는 유일한 철학

51 A. Weishaupt, *Gründe und Gewissheit des menschlichen Erkennens. Zur Prüfung der kantischen Critik der reinen Vernunft*. Nürnberg, Gratenau, 1788, 20–21, 34, 62–63, 157–159, 201–202.(운명 387–389)

52 Kant, *Opus Postumum*, Werke, XXI, 416.(운명 391)

53 H.A. Pistorius, "Erläuterung von Herrn Prof. Kants Critik der reinen Vernunft", *AdB* 66/2 (1785), 311–333, in Hausius, *Materialien*, I, 158–159, 173–175; "Prolegomena zu einer jeden künftigen Metaphysik", *AdB* 59/2 (1784), 322–356, in Hausius, *Materialien*, I, 114–115, 148; "Grundlegung zur Metaphysik der Sitten", *AdB* 66/2 (1786), 447–462, in Hausius, *Materialien*, III, 230–231, 237.(운명 390–399)

54 Jacobi, Werke, IV/1, 246–247 (운명 330). J.G. Herder, *Briefe*, Gesammtausgabe, hrsg. W. Dobbek und G. Arnold, V, Weimar, Bohlausnachfolger, 1979, 27.(운명 331)

55 Johann Gottfried Herder, *Gott, einige Gespräche*. Gotha, Ettinger, 1787.

이라고 선언하였다. 헤르더에 의하면 신은 초월적이지도 인격적이지도 않지만 편재적이고 비인격적이다. 그의 시선에 스피노자의 우주는 기계가 아니라 유기체였다. 그러므로 우주 안의 '살아 있는 활동적인 힘'으로서 스피노자의 신은 '가장 실재적인 존재자'이자 '모든 힘들의 근원적인 힘'이다. 또한 자유는 자의적인 선택이 아니라 자기 자신의 본성의 필연성과 섭리의 은혜로운 계획에 따라 행위하는 것이다. 이런 사실을 받아들인다고 해서 그리스도교를 포기하는 것은 아니며, 오히려 우리의 신앙을 새롭고 심원한 방식으로 재해석하는 것이다. 그리하여 헤르더는 '요한의 복음'과 '스피노자의 도덕 철학', '그리스도교의 아가페'와 '신에 대한 지적 사랑'은 하나의 동일한 것이라고 보았다.(운명 330-341)

독일 범신론 논쟁에서 최종적인 승자는 칸트였으나, 칸트보다 더 위대한 승자는 레싱이 아닐 수 없다. 괴테와 피히테, 그리고 헤르더까지 이미 스피노자주의의 길로 들어섰으며, 튀빙겐 신학교에서 공부하고 있는 횔덜린과 셸링과 헤겔이 스피노자에 심취해 가고 있었다. 미래의 독일철학을 결정하게 이 세 사람은 칸트를 넘어서 스피노자의 길로 들어서고 있었다.

제12장 『철학적 종교론』(1793)의 문제들

1. 도덕과 종교의 관계 문제

1793년의 부활절 시장에 때를 맞춰 나온 칸트의 '철학적 종교론', 곧『이성의 오롯한 한계 안의 종교』는 그의 기념비적인 종교철학서이다.[01] 이 책에서 칸트는 네 번째 이성비판을 시도하였다. 그래서 우리는 이 책을 '종교이성비판'이라고 불러도 좋을 것이다.

칸트는 철학적 종교론 초판 서문에서 그동안 세 비판서에서 강조해 왔던 도덕과 종교의 관계 문제를 근본적으로 다시 정리하고 있다.『순수이성비판』에서 칸트는 이론적 지식의 한계를 분명하게 규정함으로써 종교가 들어설 수 있는 여지(토대)를 마련하였다.『실천이성비판』에서 그는 도덕적 실천의 가능성을 담보하기 위하여 전지全知하시고, 전능全能하시며, 전선全善하신 하느님의 존재에 대한 신앙, 즉 종교를 위안적인 희망으로 요청하였다.

01 칸트에서 도덕과 종교의 관계를 다루는 참고문헌으로는 김윤구「칸트철학의 종교와 윤리에 대한 라인홀트의 해석: 신의 현존을 중심으로」(『헤겔연구』 7, 1997)와「칸트철학의 윤리와 종교에 대한 라인홀트의 해석: 영혼불멸을 중심으로」(『헤겔연구』 8, 1998), 최종천「칸트의 도덕종교」(『범한철학』 17, 1998), 김진「칸트: 순수한 이성의 한계 안에서의 종교」(UUP, 1999), 김종식「칸트철학에 있어서 도덕과 종교」(『부산장신논총』 1, 2002), 최성환「현실과 이상의 화해로서의 종교: 칸트의 "단순한 이성의 한계 내에서의 종교"를 중심으로」(『칸트연구』 13, 2004), 양명수「칸트와 이성종교 이해」(『신학사상』 158, 2012) 등이 있다.

철학적 종교론 서문(종교 Biii-xx, VI 3-11)에서 칸트는 비판기의 저술에서 논의했던 도덕과 종교의 관계를 다시 정리한다. 칸트에 의하면 도덕은 인간의 문제이며, 따라서 인간의 개념에 기초한다. 그런데 인간은 자유로운 존재이다. 그러나 인간의 자유는 이성이 지배하고 있으며, 따라서 누구에게나 무조건적으로 적용될 수 있는 법칙, 즉 도덕법 아래 놓여 있다.(종교 Biii, VI 3) 이와 같은 도덕적 의무를 인식하기 위하여 인간은 그 자신 이외의 어떤 초월적 존재에 대한 이념을 필요로 하지 않는다. 도덕은 순수 실천이성을 통하여 자족적으로 기능한다. 이것은 순수한 형식주의를 표방하는 칸트 도덕철학의 핵심적인 주장이다. 그래서 알버트 슈바이처나 지오반니 살라 같은 이들은 칸트의 일관된 주류사상은 도덕의 순수 형식주의에 있다고 보는 것은 정당하다. 칸트 스스로 도덕은 그 자체를 드러내기 위해서 결코 종교를 필요로 하지 않는다고 강조하고 있기 때문이다. 도덕은 자유 의지의 질료적 규정근거를 전혀 필요로 하지 않는다. 도덕법칙은 각각의 사람들이 갖고 있는 행위 원칙 또는 '준칙'에 대해서 보편적인 구속성을 갖는 동시에 모든 목적들의 최상조건으로 기능하기 때문이다.(종교 Biv, VI 3) 또한 동시에 도덕은 의무의 인식과 수행을 위해서 다른 목적이나 내용적인 수단을 필요로 하지 않는다. 칸트는 도덕적 행위란 반드시 도덕적 동기 또는 의무감에서 비롯해야 하며, 도덕적인 동기 이외의 다른 불순한 동기가 개입하게 되면 도덕과는 무관하게 될 수 있다. 칸트 자신의 발언을 통해서 다시 한 번 그의 생각을 확인해 보자.

> 도덕은 인간, 즉 자유로운 존재이기에 자신의 이성으로 스스로를 무제약적 법칙 아래 구속하는 그런 존재의 개념에 기초하고 있다. 그러므로 도덕은 인간의 의무를 인식하기 위하여 그보다 높은 어떤 다른 존재의 이념

을 필요로 하지 않으며, 자신의 의무를 준수하기 위해 법칙 자체를 제외한 다른 어떤 동기도 필요로 하지 않는다. 만일 인간이 그런 동기들을 필요하다고 여긴다면, 그것은 적어도 그 자신에게 책임이 있다. 또한 그 자신이나 그의 자유에서 나온 것이 아닌 다른 어떤 것에 의해서도 그의 도덕성의 결핍이 채워질 수는 없으므로, 역시 다른 어떤 것으로도 그러한 요구를 제거할 수는 없는 것이다. —그러므로 도덕은 그 스스로를 위해서 (객관적으로 하고 싶은 것Wollen[意慾]이나, 주관적으로 할 수 있음Können[能力]과 관련하여) 결코 종교를 필요로 하지 않고, 오히려 순수한 실천이성에 힘입어서 그 자체만으로도 충분한 것이다.— 왜냐하면 도덕법칙들은 그것에 따라서 취할 수 있는 준칙Maximen[準則]의 보편적 합법칙성이라는 단순한 형식에 의하여, 모든 목적들의 최상의 (그 자체 무조건적인) 조건으로서 구속력을 가지기 때문이다. 따라서 도덕은 일반적으로 자유로운 자의自意를 위한 어떤 실질적 규정근거도 전혀 필요로 하지 않는다. 다시 말하면, 도덕은 무엇이 의무인가를 인식하거나 의무의 이행을 촉구하기 위해서 그 어떤 목적도 필요로 하지 않는다. 오히려 도덕은 의무를 문제 삼게 될 경우에는 모든 목적을 배제할 수 있고, 또한 그렇게 해야만 하는 것이다.[02]

도덕은 어떤 경우에도 그 이외의 다른 동기를 필요로 하지 않는다. 따라서 종교조차도 필요로 하지 않는다. 칸트의 생각은 명확하고 확실하다. 그러나 문제는 칸트의 도덕적 사유가 이 단계에서 그치는 것이 아니라는 점이다. 이러한 칸트의 주장은 어디까지나 도덕적 행위 주체의 결단, 즉 어떤 동기를 행위 원칙(준칙)으로 삼는가라는 일차적인 단계에 해당한다고 볼

02 종교, Biii–v. 고딕체는 필자에 의한 강조 표시이다.

수 있다.

칸트는 이 단계에서 한 걸음 더 나아간다. 도덕은 의지 규정에 앞서는 어떤 다른 목적들도 필요로 하지 않지만, 도덕적 행위의 결과로서 주어지는 목적 표상에 대해서는 어떤 특별한 관계를 갖는다. 여기에서 칸트는 의지 규정의 단계와 행위 결과의 단계를 분명하게 구분하고 있다. 의지 규정의 단계에서 칸트는 준칙을 결정하는 동기가 무엇인지를 중요하게 여겼으나, 행위 결과의 단계에서는 "왜 도덕적이어야 하는가?"라는 물음에 해당하는, 이른바 도덕으로부터 생겨나는 목적, 즉 '최고선'의 이념을 중시하였다. 칸트에서 최고선은 목적들의 형식적 조건인 의무(도덕성)와 그에 부합하는 행복을 결합한 이념이다. 최고선의 이념은 도덕의 성립 근거가 아니라, 도덕에서 나오는 결과적 표상이라는 사실을 인식하는 것이 매우 중요하다. 그러나 이 세상에서 도덕적인 행위와 그에 부합하는 행복의 인과적인 결합은 어떻게 가능한 것일까? 도덕적인 행위 주체가 어떤 준칙을 채택하는 가는 자유로운 자의의 결단이 분명하다. 그러나 우리가 살고 있는 자연세계는 어떤 사람이 도덕적으로 살았다고 해서 그 행위 결과로서 그에 부합하는 행복을 인과적으로 보장하는 체계가 아니다. 물론 불교와 같은 종교신앙을 가진 문화에서는 인과응보의 세계관을 전제하고 있지만, 칸트가 살고 있는 유럽의 세계관에서는 그런 생각들이 인과성의 법칙에 따라서 작동한다고 보지 않는다. 따라서 칸트에게는 어떻게 최고선이 가능한가, 즉 최고선의 실현 가능성 조건에 대한 물음을 계속해서 묻지 않을 수 없었던 것이다.

이를 위해서 칸트는 두 가지 서로 다른 요소들, 즉 의무와 행복을 통일할 수 있는 유일한 존재, 즉 보다 높고 도덕적이며 거룩하고 전능한 존재를 인정하지 않을 수 없다고 생각하게 된다. 그와 같은 최고 존재자만이 자연의 인과성과 자유의 합목적성을 통일할 수 있으며, 도덕적 행위 주체에게 그에 부합되는 행복을 희망해도 좋다는 신앙을 허용할 수 있기 때문이다. 칸트는 이러한 '도덕적 세계'야말로 인간이 생각할 수 있는 최선의 세계이며, 그것은 '최고선'이라는 도덕적 이념을 함께 갖고 있는 세계라고 여겼다.(종교 Bvii, VI 5) 그리하여 도덕은 필연적으로 종교에 도달하게 되며, 종교를 통해서 인간 이상의 능력 있는 도덕적 입법자의 이념으로 확장해 나간다.(종교 Bix, VI 6) 도덕적 입법자의 의지 속에는 세계 창조의 궁극목적이 있으며, 이것은 동시에 인간의 궁극목적이 될 수 있다.(종교 Bxi, VI 17) 도덕은 그 자체로는 종교를 필요로 하지 않지만, 도덕적 행위 결과 필연적으로 요구되는 최고선의 이념으로 인하여 도덕은 종교로 이행하게 된다. 이것이 바로 칸트의 이성신앙 또는 도덕신학의 토대 근거인 것이다. 칸트 자신의 발언을 통해서 그의 생각을 다시 한 번 따라가 보자.

> 그러나 물론 도덕은 그 자체를 위해서는 의지 규정에 선행해야만 하는 목적의 표상을 전혀 필요로 하지 않지만, 그럼에도 불구하고 도덕이 그러한 목적, 다시 말하면 의지 규정에 따라 취해진 준칙들의 근거로서가 아니라, 그 필연적인 결과들로서 목적에 대해서는 어떤 필연적인 관계를 갖는다고 생각할 수 있을 것이다. 왜냐하면 일체의 목적관계가 없다면 인간에게는 어떤 의지 규정도 생겨날 수 없기 때문이다. 의지 규정은 어떤 작용결과 없이는 있을 수 없고, 그러한 작용결과의 표상은 비록 자의Willkür의 규정근거나 또는 의도에 선행하는 목적으로서가 아니라, 법칙을 통한 자의에 의한 규정의 결과로서 주어지는 하나의 목적(결과로서 일어나는 목적 finis in consequentiam veniens)으로 받아들여질 수 있어야 한다. 그와 같은 목적이 없다면 자의는 계획한 행위에 대하여 객관적으로나 주관적으로 규정한 어

떤 대상도 생각하지 못하고 ―자의는 이런 대상을 가지고 있거나 또는 가지고 있어야 하지만,― 어떻게 작용해야 하는가는 지시하고 있으나, 무엇을 위하여 작용해야 하는가는 지시하지 않음으로써, 그 스스로 만족할 수가 없다. 그리하여 **도덕은 올바른 행동을 위하여 어떤 목적도 필요로 하지 않으며, 자유 사용의 형식적 조건 일반을 포함하는 법칙으로 충분하다. 그러나 도덕으로부터 하나의 목적이 생겨난다.** 왜냐하면 도대체 이런 우리의 올바른 행위로부터 무엇이 생겨나는가, 또한 이것을 우리의 힘 안에서 전적으로 가지고 있지 않다고 하더라도, 우리의 행위와 방관이 최소한 하나의 목적과 일치할 수 있으려면 무엇을 지향해야 하는가라는 물음에 어떻게 대답할 수 있는지에 대해서 이성은 절대로 무관심할 수 없기 때문이다. 그러므로 그것은 물론 단지 하나의 객관의 이념, 즉 우리가 가지고 있어야만 하는 **모든 목적들의 형식적 조건**(의무)과, 또한 그것과 일치하는, 우리가 가지고 있는 **목적들의 모든 조건들**(의무의 이행에 적합한 행복)을 함께 통일하여 자기 안에 포함하는 객관의 이념, 곧 이 세계에서 **최고선의 이념**die Idee eines höchsten Guts이다. 또한 이 **최고선의 가능성을 위하여** 우리는 **이 두 요소를 통합할 수 있는 하나의 유일한 존재, 즉 보다 높고 도덕적이며, 가장 거룩하고 전능한 존재를 상정하지 않을 수 없다.** 그러나 이 이념은 (실천적인 관점에서 볼 때) 우리의 모든 행위와 방관 전반에 대하여 이성이 정당화할 수 있는 어떤 하나의 궁극목적을 생각하려는 우리의 자연적 욕구를 충족시켜 주지만, 그렇지 못할 경우에 이 욕구는 도덕적 결단의 장애가 되기 때문에 전적으로 공허한 것은 아니다. 그러나 여기에서 가장 중요한 것은 이 이념이 도덕으로부터 생겨나는 것이고 도덕의 토대는 아니라는 사실이다. 그것은 목적이 되기 위해서 이미 윤리적 원칙들을 전제하고 있다. 그러므로 도덕은 만물의 궁극목적이라는 개념을 형성할 수 있는가 그렇지 않은가에 무관심할 수가 없다. 물론 궁극목적에 부합하기 위하여 도덕적 의무들의 수를 늘리는 것은 아니지만, 그것들에게 모든 목적을 통일하는 하나의 특수한 계기점을 마련해야 한다. 왜냐하면 이를 통해서만 우리가 반드시 필요로 하는 자유로부터 합목적성과 자연 합목적성의 결합이 객관적으로 실천적인 실재성을 얻을 수 있기 때문이다. 도덕법칙을 존경하면서 (그가 회피하기 어려운) 다음과 같은 생각, 즉 만약 그가 그러한 능력을 가지고 있고, 또한 그 자신이 그 세계의 일원이라고 할 경우에, 그가 실천이성의 지도를 받아서 어떤 세계를 창조할 것인가라는 생각을 떠올리는 사람이 있다고 가정해 본다면, 그때 만일 그가 단적으로 선택권을 가지고 있다고 한다면, 그는 최고선이라는 그 도덕적 이념을 함께 가지고 있는 바로 그런 세계를 선택할 뿐만 아니라, 또한 그런 세계가 실제로 존재하기를 바랄 것이다. 왜냐하면 도덕법칙은 우리를 통하여 가능한 최고선이 작동하기를 바라기 때문이다. 이 이념 자체에서 볼 때 그는 비록 그 자신의 개인적인 행복이 아주 많이 손상될 위험이 있음을 알면서도 그렇게 되기를 바랄 것이다. 그의 행복이 손상될 위험이 있다는 것은 이성이 조건으로 제시하는 행복의 요구에 어쩌면 그 자신이 부합하지 못할 수도 있기 때문이다. 그러므로 그는 이러한 판단을 마치 타인이 내린 것처럼 아무런 당파성도 없이 느끼는 동시에, 또한 자기 자신의 것으로 인정하도록 이성이 강제하는 것처럼 느낄 것이다. 이로써 인간은 그 자신 안에서 도덕적으로 작용하는 욕구, 즉 자신의 의무 이외에도 그 결과로서 하나의 궁극목적을 생각하려는 욕구를 증명하는 것이다.

그러므로 도덕은 불가피하게 종교에 도달하게 되며, 그로써 도덕은 인간의 밖에 있는 막강한 도덕적 입법자라는 이념을 향해 확장해 나간다. (세계 창조의) 그 궁극목적은 이 입법자의 의지 속에 있으며, 그것은 동시에 인간

의 궁극목적이 될 수 있고 또한 그렇게 되어야 하는 것이다.[03]

앞의 텍스트에서 칸트는 도덕은 그 자체로는 결코 종교를 필요로 하지 않지만, 도덕으로부터 필연적으로 나오는 최고선의 이념과 그 실현, 즉 도덕과 행복의 일치를 위한 조건으로서 하느님의 존재에 대한 신앙이 필연적으로 요구되지 않을 수 없다는 것이다. 그리하여 도덕은 필연적으로 종교에 이르게 된다는 것이다. 이 텍스트의 각주(종교 Bx-xiii, VI 6-8), 즉 앞에 나온 인용문의 마지막 단락의 첫 번째 문장에 대한 각주에서 칸트는 '신 존재의 요청'과 '최고선'의 문제를 다음과 같이 언급하고 있다.

> "신이 있다. 그와 함께 이 세계에는 최고선이 있다"라는 명제는, 그것이 만일 (신앙명제로서) 단순히 도덕에서 나온 것이라면, 하나의 아프리오리한 종합명제이다. 이 종합명제는 비록 그것이 실천적인 관계에서만 상정되는 것이더라도, (도덕이 담고 있는 자의의 질료가 아니라 자의의 오롯한 형식적 법칙들을 전제하는) 의무의 개념을 넘어서는 것이어서, 이 의무로부터 분석적으로 전개될 수 있는 것이 아니다. 그러나 어떻게 그와 같은 아프리오리한 명제가 가능한가? 도덕적 입법자의 오롯한 이념과 모든 인간의 일치는 물론 의무 일반과 도덕적 개념의 일치와 동일한 것이고, 그런 한에서 이 일치를 명령하는 명제는 분석적이다. 그러나 그 도덕적 입법자의 현존을 상정하는 것은 그러한 대상의 오롯한 가능성 이상을 말한다. 여기에서 나는 이 과제의 해결을 위한 열쇠를 상세하게 기술할 수는 없으나, 알 수 있다고 믿는 정도에서만 제시할 수 있을 뿐이다.

03 종교 Bvi-x, VI 4-6. 고딕체는 필자에 의한 강조 표시이다.

목적은 언제나 애착Zueignung의 대상, 즉 그의 행위를 통하여 물건을 점유하고자 하는 직접적인 욕구의 대상이다. 그것은 마치 (실천적으로 명령하는) 법칙이 존경의 대상인 것과도 같다. 객관적인 목적(즉, 우리가 마땅히 가져야만 하는 것)이란 오롯한 이성이 우리에게 목적으로 부과한 것이다. 다른 모든 목적들의 불가피한, 그리고 동시에 충분한 조건을 내포하는 목적은 궁극목적이다. 각자의 행복은 이성적 세계존재의 주관적인 궁극목적이다.(모든 이성적 세계존재는 감성적 대상들에 의존하는 그의 자연적 본성으로 인하여 이러한 궁극목적을 갖고 있는데, 이에 대하여 "사람들이 이러한 궁극목적을 마땅히 가져야 한다"고 말하는 것은 불합리하다.) 그리고 이 궁극목적을 기반으로 하는 모든 실천 명제들은 종합적인 동시에 경험적이다. 그러나 '모든 사람이 이 세계에서 가능한 최고의 선을 궁극목적으로 삼아야 한다'는 것은 선험적인 종합적 실천 명제이고, 그것도 순수이성이 부과한 객관적인 실천 명제이다. 왜냐하면 그것은 세상의 의무 개념을 넘어서서 도덕법칙들에 들어있지 않은, 따라서 도덕법칙들에서 분석적으로 전개할 수 없는 의무의 결과를 덧붙이는 명제이기 때문이다. 다시 말하면 도덕법칙들은 그 성과가 무엇이 되든지 간에 단적으로 명령하고, 심지어는 어떤 하나의 특정한 행위와 관련하여 그 성과는 전적으로 무시할 것을 강요하며, 그렇게 함으로써 우리에게 의무를 추천할 뿐이고, 그 의무를 이행하게 하는 동기가 될 만한 어떤 목적(그리고 궁극목적)을 부과하거나 제시하지 않으면서, 의무를 위대한 존경의 대상으로 만든다. 모든 인간은 (마땅히 그래야 하는 것처럼) 단적으로 법칙 안에 있는 순수 이성의 명령만을 지키려고 하는 것으로도 충분하다. 세계 과정이 초래하게 될 그들의 도덕적 행위와 방임의 결과를 알 필요가 어디에 있겠는가? 그들에게는 자신의 의무를 행하는 것으로 충분한 것이다. 아마도 현세의 생활로 모든 것이 끝나 버리고, 또한 현생에서 주어지는 행복과 그 행복을 누릴 품격은 결코 일치하지 않을지도 모른다. 그러나 모든 행위에서 그 결과를 고려하는 것은 인간과 그의 (또한 역시 다른 모든 세계존재의) 실천적 이성능력의 불가피한 한계 중의 하나이다. 인간이 그 모든 행위에서 그 결과를 고려하는 것은 그 가운데서 그에게 목적이 될 만하고 또한 그 의도의 순수성을 증명할 수 있는 무엇인가를 발견하기 위한 것이다. 목적은 실행(nexu effectivo 작용연관)에서는 최종의 것이지만 표상과 의도(nexu finali 목적연관)에서는 최초의 것이다. 비록 그것이 오롯한 이성에 의해 드러난다 하더라도 인간은 이 목적에서 그가 사랑할 수 있는 무엇인가를 추구한다. 그러므로 인간에게 오롯한 존경심을 불러오는 법칙은 욕구로서 저것을 인정하지는 않더라도, 그것을 위하여 이성의 도덕적 궁극목적을 자신의 규정근거들 속에 받아들이는 데까지 나아간다. 다시 말하면, "세상에서 가능한 최고선을 너의 궁극목적으로 삼아라"는 명제는 아프리오리한 종합 명제로서 도덕법칙 자체에 의하여 성립하는 것이다. 이를 통하여 실천이성은 도덕법칙을 넘어서 자기 자신을 확장한다. 그런데 이러한 실천이성의 확장은 도덕법칙이 모든 행위에 대하여 법칙 이외에 또 하나의 목적을 생각하지 않을 수 없는 인간의 자연적 속성(이 자연적 속성은 인간을 경험의 대상으로 만든다)과 관련됨으로써 가능하게 된다. 그리고 이러한 확장은 (이론적이면서 또한 아프리오리한 종합명제들과 동일하게) 다만 이 명제가 경험 일반에서 자유로운 자의의 규정근거들을 인식하는 아프리오리한 원리를 갖게 됨으로써만 가능하게 된다. 그런데 이것은 목적들에서만 도덕의 작용들을 제시하는 이 경험이, 세계 안에서 원인으로서 윤리 개념에다 실천적이지만 객관적 실재성을 부여하는 한에서만 가능하다. —그러나 도덕법칙들을 가장 엄격하게 이행하는 것이 (목적으로서) 최고선을 초래하는 원인으로 생각해야 한다고 하더라도, 인간의 능력은 이 세계에서 행복과 그것을 누릴 품격이 일치하게 하는데 충분하지 않으므로, 하나의 전능한 도덕적 존재를 세계지배자로 상정하지 않을 수 없으며, 이 존재자의 배려 아래서 도덕은 불가피하게 종교에 이른다는 이런 일이 일어나는 것이다.[04]

여기에서 칸트는 신을 '도덕적 입법자'와 동일한 것으로 여기고 있으며, 또한 이성존재의 주관적 목적인 행복을 보장할 수 있는 '세계통치자'라고 생각하고 있다. 칸트에서 도덕법은 도덕적 행위를 강제하고 있으며, 도덕적으로 선한 행위를 한 인간이 행복할 가치가 있어야 한다는 주장, 즉 최고선의 실현과 촉진을 강조하고 있다. 그러나 현실적으로 우리가 살고 있는 이 세상에서는 도덕적 행위와 그에 일치하는 행복이 인과적인 관계를 갖고 있지 않기 때문에, 적어도 인간의 이성에서는 칸트가 제시한 최고선은 사실상 이루어질 수 없는 것처럼 보인다. 이처럼 최고선의 실현 불가능성을 해소할 수 있는 유일한 가능 조건으로서 자연과 도덕의 세계를 동시에 지배할 수 있는 이성 존재자를 요구하게 된 것이다. 따라서 칸트에서 신 존재는 도덕적 필요에 의하여 필연적으로 상정할 수밖에 없는 이론적인 요청 명제라는 특징을 갖게 된다.

2. 선의 원리와 악의 원리 또는 근본악의 문제[05]

칸트는 **철학적 종교론 제1논문**에서 "선의 원리와 함께 있는 악의 원리, 또는 인간 본성 안에 있는 근본악에 대하여"를 다룬다.(종교 B3-64, VI 19-53) 전통

04 종교 BX-xiii, VI 6-8. 고딕체는 필자에 의한 강조 표시이다.

적인 '원죄'의 문제를 칸트는 '근본악'이라는 개념으로 접근한다. "이 세계는 근본적으로 악한 상황에 처해 있다."(종교 B3, VI 19) 이 하나의 테제는 칸트의 세계관적 근본 지평을 나타내고 있다. 칸트에 의하면 인간은 본성적으로 선하지만, 이와 함께 '성벽'性癖 Hang, 즉 '악에 대한 경향성'을 가지고 있다. 선천적으로 타고난 악성Bosheit을 극복하기 위해서 윤리적으로 교화하는 것만으로 충분하지 않고 '심정의 혁명'Revolution der Gesinnung이 필요하다. 이처럼 인간의 본성에 대한 물음은 도덕적 행위를 가능하게 하는 자유로운 자의 또는 의지의 자유에 대한 물음으로 나아간다. 의지사용은 심성 또는 행위원칙(준칙)에서 최초의, 그리고 가장 결정적인 주관적 근거가 된다. 따라서 선악에 대한 행위선택의 가능성은 자연스럽게 그 선택에 대한 행위자의 책임 문제로 이행한다. 칸트에 의하면 인간의 본성 안에는 '선의 근원적 소질'이 있다.(종교 B15-19, VI 26-28) 인간은 적어도 세 가지의 소질, 즉 생명존재로서 '동물성'의 소질, 생명존재이면서 이성적 존재자로서 '인간성'의 소질, '이성적이면서 책임질 수 있는 존재'로서 '인격성'의 소질'을 가진 존재이다.(종교 B15, VI 26) 나중에 프로이트는 동물성Tierheit, 인간성Menschheit, 인격성Persönlichkeit의 소질을 본능, 자아, 초자아로 구분하였다.

05 참고논문으로는 신옥희 「칸트에 있어서 근본악과 신: "종교론"에 나타난 도덕적 신존재 증명」(『철학』 18, 1982), 최종천 「칸트에서의 근본악과 종교」(『범한철학』 10. 1995), 김종국 「악의 기원」(『철학』 55-1, 1998), 김종식 「칸트와 악의 문제」(『대동철학』, 28, 2004), 김윤상 「칸트의 "근본악" 개념, 카프카의 "법 앞에서", 그리고 라캉의 시니피앙의 논리를 중심으로」(『뷔히너와 현대문학』, 24, 2005), 김형수 「칸트의 근본악 문제: 칸트의 종교철학에서 근본악과 그 극복 가능성」(『기독교철학연구』 5, 2006), 김선욱 「근본악과 평범한 악 개념: 악 개념의 정치철학적 지평」(『사회와 철학』 13, 2007), 이정은 「감성과 이성의 관계를 통해 본 칸트의 악 개념」(『시대와 철학』 19-3, 2008), 김화성 「근본악과 반사회적 사회성」(『범한철학』 59, 2010), 김은정 「인간의 "근본악"에 대한 고찰 -칸트의 "근본악" 개념과 옐리넥Elfriede Jelinek의 "피아노 치는 여자"를 중심으로」(『독일문학』 116, 2010), 박영선 「칸트, 셸링 그리고 실재성으로서의 악」(『대동철학』 56, 2011), 김정숙 「칸트의 도덕신학에서의 윤리적 구원론: 근본악과 회심 그리고 은총」(『조직신학논총』 37, 2013), 윤병렬 「악의 근원과 "선악의 피안" 및 악의 존재에 대한 대응책」(『존재론연구』 제37집, 2015), 홍준기 「악과 폭력에 관한 형이상학적, 정치신학적, 정신분석적 연구」(『라깡과 현대정신분석』, 19-1, 2017) 등이 있다.

칸트는 이어서 인간의 본성 안에는 '악의 성벽'性癖 Hange, propensio이 있다고 보았다.(종교 B21-26, VI 29-32) '성벽'은 '경향성'Neigung, 즉 '습관적 욕망'concupiscentia을 가능하게 하는 '우연적인 주관적 근거'이다. 이것은 대체로 인간 자신이 초래한 경험적인 것으로서, 인간이 본래적으로 가지고 태어난 '소질'Anlage과는 다른 것이다. 칸트에 의하면 인간은 선에 대한 소질을 갖고 있는 동시에, 악에 대한 성벽을 가지고 있다. 인간의 의지가 그의 행위원칙에 사악한 동기를 채택한 경우에 악이 출현한다.(종교 B21, VI 29) 인간이 악의 성벽에 쉽게 빠져드는 것은 심성Herz의 '허약성'Gebrechlichkeit (fragilitas), '불순성'Unlauterkeit (impuritas, improbitas), '악의성'Bösartigkeit(vitiositas, pravitas) 때문이다.(종교 B22, VI 29-30) 일찍이 사도 바오로가 탄식한 것처럼 인간의 심성은 근본적으로 나약하다.[06] 우리의 심성은 도덕적 선을 행하고 싶지만 실제 행위에서는 악의 성벽을 떨쳐 버리지 못한다는 것이다. 또한 우리의 심성은 도덕적 동기들과 비도덕적인 동기들로 뒤섞여 있어 도덕법칙이 명하는 것이 아닌 다른 불순한 동기에 기울어지지는 경향성이 있다.(종교 B22, VI 30) 바로 이 때문에 인간은 도덕적 동기를 행위원칙에서 전적으로 배제하고 도덕적이지 못한 다른 동기들을 채용하게 되는 것이다. 칸트는 이와 같은 자의의 성벽을 '인간 심성의 전도'Verkehrtheit, perversitas, 즉 '악의성' 또는 '부패성'Verderbheit, corruptio이라고 불렀다.(종교 B23, VI 30) 이 때문에 칸트는 생래적으로 주어진 것은 아니지만, 인간에게 보편적으로 나타나는 악의 경향성으로부터 '근본악'의 개념을 구상하였던 것이다. 그러나 칸트는 악이 우리 안에 있는 최고의 도덕적 심성을 '어떻게' 부패하게 할 수 있었는가(종교 B26, VI 32), 즉 인간의 자의가 탈선하게 되는, 이른바 '악의 성벽'이 어디에서 기인하는가에 대한 물음은 이성적으로

06 사도 바울은 이렇게 말했다. "나는 내가 바라는 것을 하지 않고 오히려 내가 싫어하는 것을 합니다."(「로마」 7,15) "나에게 원의가 있기는 하지만 그 좋은 것을 하지는 못합니다."(「로마」 7,18)

파악할 수 없다는 불가지론적 입장을 취한다.(종교 B46, VI 43)

칸트는 성경에 나타나는 악의 근원에 대한 생각을 '준칙의 타락'이라는 측면에서 새롭게 접근한다. 성경은 악이 '성벽'에서 생기는 것이 아니라, '죄'Sünde에서 시작된다고 말한다. 칸트에서 '죄'는 '신의 계명인 도덕법칙의 위반'이다.(종교 B44, VI 42) 성경은 이처럼 악의 근원을 시간에서 최초의 것으로 묘사하면서, '악의 성벽' 이전에 '무죄의 상태'der Stand der Unschuld가 있었다고 강조한다. 이 경우에 도덕법은 '금지'Verbot의 형태로 주어져 있었다. 그러나 최초의 인간 아담과 여자는 이러한 신의 계명을 의심하고 감성적인 충동에 따름으로써 무죄의 상태로부터 타락하게 된 것이다.[07]

그러나 칸트는 악이 우리의 감성이나 이성에서 비롯되는 것은 아니라고 생각한다.(종교 B31, VI 35) 악의 근거가 인간의 감성이나 그 자연적 경향성에 있는 것도 아니고, 그렇다고 해서 이성 안에 있는 것도 아니라는 것이다.(종교 B32, VI 35) 칸트는 '인간 본성 안에 있는 악의 성벽'이란 인간이 그 자신의 행위원칙, 즉 준칙을 세울 때 어떤 동기들을 보다 중요하게 여기는가에 따라서 생겨난다고 보았다.(종교 B34, VI 36) 도덕법칙은 모든 인간에게 구속성을 가진다. 따라서 어떤 사람이 도덕법 이외의 다른 동기를 취하지 않을 경우에 그는 도덕적으로 선한 행위를 하게 된다. 그러나 그 자신의 행위원칙에 도덕법 이외의 다른 불순한 동기들을 최고 준칙으로 채택함으로써 악행에 빠져드는 것이다.(종교 B33, VI 36) 이러한 악의 성벽은 모든 준칙의 근거를 근본

07 칸트는 인간의 행위가 의식적으로 자유로부터 생겨난 것이라고 생각할 수 있는 경우에도 의무의 법칙을 의무로서가 아니라 다른 의도들을 고려해서 따른 준칙에 의하여 이루어진다고 말한다. "그러자 뱀이 여자에게 말하였다. '너희는 결코 죽지 않는다. 너희가 그것을 먹는 날, 너희 눈이 열려 하느님처럼 되어서 선과 악을 알게 될 줄을 하느님께서 아시고 그렇게 말씀하신 것이다.'"(「창세」 3, 4-5) "여자가 쳐다보니 그 나무 열매는 먹음직하고 소담스러워 보였다. 그뿐만 아니라 그것은 슬기롭게 해 줄 것처럼 탐스러웠다. 그래서 여자가 열매 하나를 따서 먹고 자기와 함께 있는 남편에게도 주자, 그도 그것을 먹었다."(「창세」 3, 6)

적으로 부패시키는 자연적 현상으로서, "인간의 힘으로는 근절시킬 수 없다."(종교 B35, VI 37) 악의 자연적 성벽을 근절하려면 선한 준칙에 의존할 수밖에 없는데, 모든 준칙들 위에 군림하는 최고의 주관적 근거가 부패한 경우에는 그와 같은 기대가 불가능하다. 그럼에도 불구하고 칸트는 악의 성벽은 자유롭게 행위하는 존재인 인간 안에 나타나는 현상이므로 극복할 수 있다고 주장한다. 성경은 인간이 선에 대한 최초의 소질 그 자체를 완전하게 상실한 것은 아니라고 말한다. 비록 심정은 타락한 상태이지만 선한 의지를 촉진시키면 얼마든지 다시 선 그 자체에로 돌아갈 수 있는 가능성을 가진 존재라는 것이다.(종교 B48, VI 44) 이를 바탕으로 칸트는 인간을 선으로 복귀할 수 있다는 희망을 가진 존재로 묘사하였다.

칸트는 철학적 종교론 제1권의 말미에서 '선의 근원적 소질'이 어떻게 복원될 수 있는가, 즉 '하느님의 은총'이 어떻게 작동하는가를 보여 주고 있다.(종교 B48-64, VI 43-53) 칸트는 인간이 도덕적으로 어떤 상태에 있는가는 전적으로 그 자신에게 달려 있다고 본다. 선하거나 악한 행위 자체가 의지 선택의 결과이므로, 선한 의지의 회복도 그 자신의 자의에 의해 가능할 것이기 때문이다. 칸트에 의하면 "인간이 생득적으로 선하다"는 것은 인간의 근원적 소질이 선을 지향하도록 창조가 이루어졌다는 것을 뜻할 뿐이다. 그렇지만 인간은 그 자신의 선택으로 얼마든지 악하게 될 수 있는 여지가 있다.

선하게 되기 위하여 어떤 초자연적 존재의 도움이 필요하다고 하더라도, 그 이전에 스스로 그와 같은 '초자연적인 협력'을 받을 만한 품격을 갖춘 가치 있는 존재가 되어야 한다. 이를 위하여 "적극적인 힘의 증대를 자기의 준칙 안에 채용해야 하고" 자기 스스로 도덕적인 개선 노력을 하지 않으면 안 되는 것이다.(종교 B49, VI 44) 그럼에도 불구하고 칸트는 악한 상태에서 선한 의지의 회복이 어떻게 가능한가는 우리의 이해능력으로 파악할 수 없다고 보았다. "이와 같이 좋은 나무는 모두 좋은 열매를 맺고 나쁜 나무는 나쁜 열매를 맺는다. 좋은 나무가 나쁜 열매를 맺을 수 없고 나쁜 나무가 좋은 열매를 맺을 수 없다."(「마태」 7, 17-18) 그렇다면 자연적으로 악한 인간이 어떻게 선한 인간이 될 수 있으며, 악한 나무에서 어떻게 선한 열매가 맺힐 수 있는가? 이 물음은 선한 인간이 어떻게 악으로 추락하였으며, 선한 나무에서 악한 열매가 맺었는가라는 물음과 마찬가지로 인간의 이성으로는 설명할 수 없는 것이다. 이처럼 선악의 근원적 출처에 대한 불가해성에도 불구하고, 칸트는 우리의 속에 "선에의 소질이 순수한 상태 그대로 존재하고 있다"(종교 B50, VI 45)고 전제한다. 그리하여 선의 근원적 소질은 도덕법칙에 대한 존경심이며 선한 양심 그 자체이기 때문에 근본적으로 사라질 수 없다는 것이다. 따라서 선의 근원적 소질을 회복한다는 것은 도덕법의 순수성을 확립하는 것으로 이해할 수 있다. 이것은 행위원칙이 다른 모든 불순한 동기를 배제하고 철저하게 도덕법으로 규정하는 상태를 뜻한다. 그러므로 근원적인 선이란 개인의 행위원칙, 즉 '준칙의 신성화'를 의미한다.

부패한 행위원칙이 어떻게 성스럽게 될 수 있는가라는 물음에 대하여 칸트는 '우리 안에 있는 선의 근원적 소질의 회복'을 '잃어버린 선의 동기 획득'이라는 차원이 아니라, '도덕법칙의 순수성의 복원'이라는 맥락에서 접근하였다.(종교 B52, VI 46) 이는 행위 주체가 '행복할 만한 품격'Glückwürdigkeit을 갖춘 경우, 즉 '우리의 모든 준칙들과 도덕법칙들의 합치'에 도달하는 경우에 가능할 것이지만(종교 B52, VI 46) 그 길은 아직 요원하기만 하다. 어떤 사람이 도덕적 순수성을 자신의 행위원칙으로 채택했다고 하더라도, 그와 같은 심정의 상태와 행위 자체 사이에는 '커다란 틈새'ein großer Zwischenraum가 있기 때문이다. 따라서 그는 곧바로 성스럽게 되는 것이 아니라 "신성성을 향하여 무한하게 전진하는 길목"에 있는 것이다. 이는 칸트 시대의 특유한 '무한' 개념을 전제하고 있다.

> 그러므로 우리 안에 있는 선의 근원적 소질을 회복하는 것은 상실한 선의 소질을 회복한다는 뜻이 아니다. 왜냐하면 도덕법칙에 대한 존경에서 오는 선의 동기는 우리가 결코 상실할 수 있는 것이 아니기 때문이다. 만일 이런 일이 가능하다면, 우리가 선의 동기를 다시 얻는다는 것은 타당하지 않을 것이다. 그러므로 선의 소질을 회복한다는 것은 우리의 모든 준칙들의 최상의 근거인 도덕법칙의 순수성을 확립하는 것을 뜻한다. 이러한 회복에 의하여 도덕법칙은 단지 다른 동기들과 결합하거나 또는 그 동기들을 조건으로 하여 다른 동기들에 종속하지 않고, 자신의 전적인 순수성에 의지하여 자의를 규정하는 자족적인 동기로서 준칙 안에 받아들여져야 할 것이다. 근원적 선이란 자기의 의무를 준수함에서 준칙들의 신성성이다. 이 순수성을 자기의 준칙 안에 받아들이는 사람은 그로 인하여 그 자신이 성스럽게 되는 것이 아니라, (준칙과 행위 사이에는 커다란 간격이 있으므로) 아직은 무한히 전진하는 가운데서 그것에로 다가가는 길목에 있는 것이다.[08]

칸트는 이미 『실천이성비판』에서 최고선의 수행을 위한 첫 번째 조건으로 제시한 도덕적 순수성, 즉 신성성의 완전한 성취는 현실적으로 불가능하다고 보았다. 따라서 칸트에서 덕은 이중적인 의미를 갖는다. 그것은 도덕적 순수성의 완전한 경지를 뜻하는 '신성성'Heiligkeit을 최종 이념으로 설정하는 동시에, 도덕적 신성성의 경지에 도달하기 위하여 '무한한 접근'을 시도하는 '자율적인 노력의 행위들'을 말한다. 그런데 '합법성'의 차원에서 덕의 실현은 '심성의 변화'Herzensänderung를 수반하지 않은 윤리적 실천의 변화, 즉 진실하고 절제된 삶을 표방하는 것만으로도 얼마든지 가능하다. 그러나 법적으로뿐만 아니라 도덕적으로 선한 인간이 되려면 '점진적 개선' 외에도 '심정의 혁명'Revolution der Gesinnung을 요구하지 않으면 안 된다. 오직 '새로운 창조'와 같은 거듭난 탄생,[09] 즉 '심정의 변화'를 통해서만 '새로운 인간'이 될 수 있는 것이다.

> 그러나 어떤 사람이 단지 법률적으로뿐만 아니라, 도덕적으로 선한 (하느님의 마음에 드는) 인간, 즉 예지적인 성품virtus noumenon에 따라서 덕이 있는 사람, 즉 어떤 것을 의무로 인식했을 때 의무의 표상 이외의 어떤 다른 동기도 더 필요로 하지 않는 그런 사람이 된다는 것은, 준칙들의 기초가 불순한 한에서는 **점진적인 개선**allmähliche Reform을 통해서는 이룰 수 없고, 인간의 **심정 안에서 혁명**Revolution in der Gesinnung을 통해 이루지 않으면 안 된다. 그는 오직 새로운 창조(「요한」 3, 5; 「창세」 1, 2 참조)와도 같은 일종의 재생을 통하여, 그리고 심성의 변화를 통하여 새로운 인간이 될 수 있다.(종교 B54; VI, 47)

이로부터 두 가지 사실을 확인할 수 있다. 첫째로 칸트는 어떻게 인간의 자유 행위에 악이 들어오게 되었는가는 이론적으로 탐구할 수 없지만, 그로 인하여 선의 근원적 소질이 손상을 당한 것이 아니라 행위원칙만이 부패하게 되었다는 것이다. 둘째로 덕의 수행은 일시적으로 완성되는 것이 아니라, 심정의 혁명을 매개로 하는 '새로운 창조'와 '지속적이고 부단한 도덕적 실천'으로 가능하다는 것이다. 그러나 도덕적인 인격 형성은 도덕

08 종교 B52-53, VI 46-47. 고딕체는 필자에 의한 강조이다.
09 "내가 진실로 진실로 너에게 말한다. 누구든지 물과 성령으로 태어나지 않으면, 하느님 나라에 들어갈 수 없다."(「요한」 3, 5) "땅은 아직 꼴을 갖추지 못하고 비어 있었는데, 어둠이 심연을 덮고 하느님의 영이 그 물 위를 감돌고 있었다."(「창세」 1, 2)

적 실천의 개선으로부터 시작하는 것이 아니라 심정, 즉 도덕적 사고방식의 혁명으로부터 비롯한다. 심정의 혁명이 없는 도덕적 실천의 개선은 악행의 근거를 말살하지 않음으로써 언제든지 비도덕적 동기들을 통해 좌초할 수 있기 때문이다. 이 문제는 선불교에서 수행방식에 대한 논쟁, 즉 돈오점수와 돈오돈수의 논쟁에서와 유사한 맥락을 보여 주고 있다. 사실 칸트의 설명은 여러 가지 점에서 돈오점수설에 근접해 있는 측면이 있다.[10]

3. 도덕적 심성의 원형과 은총판단 요청[11]

칸트는 철학적 종교론 제2논문(종교 B67-124, VI 57-89)에서 "인간에 대한 지배를 둘러싼 선한 원리와 악한 원리의 투쟁"의 문제를 다루고 있는데, 여기에서 그는 '철학적 그리스도론'을 전개하고 있다. 그리스도는 악에 대한 선의 투쟁에서 '완전한 모범'으로 제시한 '인격화된 이념'이다. '신의 아들'인 그리스도는 '도덕적 완전성을 갖춘 인간(이성적 세계존재 일반)'(종교 B73, VI 60)으로서 순수한 도덕성의 실례이기도 하다. '도덕적으로 완전한 인간', 즉 '이성적인 세계 존재자 그 자체'는 바로 신의 세계 창조 목적이기도 하다. 인간이 신의 뜻에 따르는 유일한 길은 도덕적으로 완전하게 되는 것이다. 이처럼 하

10 이에 대해서는 필자의 칸트와 불교의 비교연구에서 수행이론, 특히 돈오점수설에 대한 논의 즉, 김진 「칸트와 선(禪)」(『철학논총』, 15, 새한철학회 1998); 「칸트와 불교철학에서 수행의 문제」(『철학논총』, 24, 새한철학회 2001)을 참고할 수 있다.

11 참고논문으로는 윤종한 「칸트의 이성 신앙과 그 역사적 실현에 관한 연구」(『광신논단』, 8-1, 1997), 김진 「칸트와 선(禪)」(『철학논총』 15, 1998), 이진오 「칸트의 초월적 비판철학에 있어서 이성종교와 기독교」(『칸트연구』, 15, 2005), 박진 「이성과 신앙: 이성과 은총의 이율배반과 극복」(『인문연구』 56, 2009), 윤선구 「라이프니츠와 칸트에서 이성과 신앙의 조화 문제」(『철학연구』 103, 2013), 김승철 「19세기 독일 국가종교와 종교의 자유」(『한국조직신학논총』 39, 2014), 안윤기 「칸트 철학은 반(反)종교적인가?」(『장신논단』 49-1, 2017) 등이 있다.

느님의 마음에 드는 완전한 인간의 이념은 영원 전부터 신 안에 이미 존재하고 있으며, 신의 본질로부터 나온다. 그러므로 '도덕적으로 완전한 인간의 이념'은 '신의 독생자인 아들'인 예수 그리스도일 수밖에 없다. 모든 인간과 세계 안의 존재들은 그 안에서, 그를 통한 창조의 결과이다. 그러므로 우리는 그의 심성을 본받아야만 그의 자녀가 되기를 기대할 수 있다.[12](종교 B73, VI 60) 칸트는 우리 자신이 도덕적 완전성의 이념이자 순수한 도덕적 심성의 원형에 이르는 것이야말로 마땅히 지켜야 할 '보편적 의무'라고 생각하였다. 그러므로 신의 뜻에 합치하는 인간성과 도덕적 완전성의 이념은 모든 의무를 이행하고 덕을 자율적으로 수행하기 위하여 어떤 유혹에도 굴하지 않고 죽는 순간까지 모든 고난을 대신 걸머지려고 헌신하는 인간에게서 찾을 수 있다.(종교 B75, VI 61)

하느님의 뜻에 맞는 인간의 이념을 모든 가능한 도덕적 수행의 원형으로 요구한다는 사실은 이미 우리의 이성 속에 존재하고 있기 때문에 경험적 증명을 필요로 하지 않는다. '이성의 사실'로서 도덕법이나 '하나의 전범典範'으로서 '하느님의 아들'의 이념은 모든 인간의 양심 가운데 이미 현전하여 있다. 그런데 완전한 인간의 원형이 현실적으로 그 모습을 드러낸 경우에 우리는 그를 자연적으로 탄생한 인간 이상의 존재라고 생각할 필요가 없다.(종교 B79, VI 63) 신의 뜻에 맞는 인간도 본성적으로 우리와 동일한 자연적

12 하느님의 뜻에 맞는 인간은 하느님 안에 존재하고, 하느님의 본질로부터 나온다. 하느님에 의해 창조가 이루어지지 않고 하느님 그 자신으로 나오신 이는 하느님의 독생자, 즉 예수 그리스도로서 하느님이시다. 이 세상의 모든 것은 '그렇게 되라'는 그분의 말씀으로부터 나온 것이다. 그는 하느님의 영광의 광휘이시며, 그 안에서 하느님은 이 세상을 사랑하셨다. 우리는 그의 안에서, 그의 심성을 받아들임으로써 '하느님의 자녀'가 되는 것을 희망할 수 있게 된다.(종교 B73–74, VI 60–61) 사도 요한은 이 부분을 이렇게 쓰고 있다. "한처음에 말씀이 계셨다. 말씀은 하느님과 함께 계셨는데 말씀은 하느님이셨다. 그분께서는 한처음에 하느님과 함께 계셨다. 모든 것이 그분을 통하여 생겨났고 그분 없이 생겨난 것은 하나도 없다. 그분 안에 생명이 있었으니 그 생명은 사람들의 빛이었다."(「요한」 1, 1–4)

경향성을 갖고서 똑같은 유혹에 사로잡힐 수 있는 인간이기 때문이다. 만일 그의 도덕적 수행이 스스로의 노력과 투쟁을 통해서가 아니라 선천적으로 부여받은 의지의 순수성에 온 것이라면, 그의 존재는 명백히 초자연적인 것이다. 이 경우에 도덕적 완전성의 원형 이념은 자연적인 인간과 '무한한 간격'을 갖기 때문에 결코 우리의 모범이 될 수 없다. 초자연적 인간에게 주어진 의지의 순수성을 자연적 인간에게 부여하면(종교 B80, VI 64) 그 역시 신적 이념이 행한 것처럼 완전하게 행위할 수 있다고 주장할 것이 자명하기 때문이다.

이로부터 칸트는 기독교에서 제시한 '완전한 인간성의 원형적인 이념'인 '예수 그리스도'가 신의 아들이지만 동시에 인간이기 때문에 그와 같은 선천성에 의하여 그 원형적 이념이 실현된 것이었는가, 그렇지 않으면 자율적인 노력으로 실현한 것이었는가에 대한 물음을 제기한다. 물론 칸트는 신의 뜻에 맞는 원형적 이념인 예수를 자연적인 인간으로 파악하는 것은 문제가 없다고 본다. 그 경우에 모든 인간적 고통을 감내한 그의 심성은 이제 모든 인류와 모든 세계와 모든 시대와 모든 정의를 넘어서서 적용할 수 있는 보편적인 구속력을 갖게 된다. 따라서 만일 예수가 완전한 인간이 될 수 있었다면 우리도 역시 완전한 인간이 되지 않으면 안 되고, 그가 완전한 정의를 실행에 옮겼다면 우리도 마땅히 그렇게 할 수 있어야 할 것이다. 그래서 복음서는 그리스도처럼 거룩하게 될 것을 요구하고 있다.[13] 그러나 그가 도덕적으로 완전무결한 것처럼 우리가 도덕적으로 완전할 수 없다는 점에서 새로운 어려움이 발생한다. 만일 우리가 예수처럼 도덕적으로 완전하게 될 수 없다면, 그리고 우리가 신의 뜻에 맞는 인간의 이념을

13 "그러므로 하늘의 너희 아버지께서 완전하신 것처럼 너희도 완전한 사람이 되어야 한다"(「마태」 5,48); "'내가 거룩하니 너희도 거룩한 사람이 되어야 한다'고 성경에 기록되어 있기 때문입니다."(「1베드」 1,16)

성취할 수 없다면, 그것은 실천이성의 이율배반으로 최고선의 실현이 불가능하게 된 것과 마찬가지가 될 것이다.

첫 번째 난제難題는 입법자의 신성성과 관련해서 우리 안에 있는 하느님의 마음에 드는 그 인간성의 이념을 성취할 가능성이 우리의 고유한 정의의 결핍으로 인하여 의심스럽게 되는 다음과 같은 것이다. 율법은 "하늘에 계신 너희 아버지가 거룩하듯이, 너희는 (너희의 행실에서) 거룩하라"고 말한다. 왜냐하면 그것은 우리에게 전범典範Vorbild으로 나타난 신의 아들의 이상이기 때문이다. 그러나 우리가 우리 안에서 작용시켜야 할 선善과 우리가 벗어나야 할 악惡 사이의 거리는 무한하고, 행위 즉 법칙의 신성성에 대한 행실의 적합성에 관련해서 보면, 어떤 시점에서도 도달 불가능한 것이다. 그럼에도 불구하고 인간의 윤리적 성질은 이 율법의 신성성과 합치하지 않으면 안 된다. 그러므로 그러한 윤리적 성질은 그로부터 모든 선이 발전해 나가야 할 싹으로서 심성 안에, 그리고 행위와 법칙의 일치라는 일반적이고 순수한 준칙 안에 설정하지 않으면 안 된다. 그런데 이 도덕적 성질은 인간이 그 최고의 준칙 안에 받아들여진 거룩한 원리로부터 생겨 나오는데, 그것은 의무이기 때문에 가능하지 않으면 안 되는 태도의 변화Sinnesänderung[回心]이다. —이제 여기서 난제는, 이 마음이 항상 (대체로가 아니라, 모든 시점에서) 결함이 있는 행실에 어떻게 타당할 수 있는가 하는 점에 있다. 그러나 이 난제의 해결은 결함이 있는 선에서 보다 더 나은 선으로 무한히 연속적으로 전진하는 것으로서 원인과 작용의 관계라는 개념 속에서 불가피하게 시간적 조건에 제약을 받고 있는 우리의 평가에 따라서 보면, 언제나 결함이 있다는 사실에서 나온다. 그러므로 우리는 현상에서, 즉 우리의 행위에서 선은 항상 우리 안에서 모든 순간에 신성한 법칙에 대해서 불충분하다고 보아야 한다. 그러나 그 신성한 법칙과의 일치를 향한 행위의 무한한 전진은 그것의 근원인 초감성적인 심성으로 인해, 순수한 지성적 직관 안에서 마음의 통찰자Herzenskündiger에 의해 하나의 완성된 전체로서, 또한 행위에 (행실에) 따라 판정한 것으로 생각할 수 있고, 그래서 인간은 그 지속적인 결함에도 불구하고 그의 현존재가 설령 어느 순간에 단절을 맞게 된다고 할지라도, 대체로 신의 마음에 들게 되기를 기대할 수 있는 것이다.[14]

우리가 원형의 이념처럼 할 수 없는 첫 번째 이유를 칸트는 도덕성, 즉 '의義의 결핍'에서 찾았다.(종교 B85; VI, 67) 완전한 도덕성의 원형적 이념은 우리에게 하느님 아버지께서 거룩하신 것처럼 하라고 지시한다. 그러나 우리가 서 있는 악과 우리가 도달해야 할 선 사이에는 '무한한 틈새'가 도사리고 있으므로, 그와 같은 이상에 도달하는 것은 현실적으로 불가능한 것처럼 보인다. 그러나 이러한 도달 불가능성에도 불구하고 인간은 그의 도덕적 품성을 원형의 이념이 제시하는 신성성과 일치하도록 노력하지 않으면 안 된다. 무엇보다도 먼저 심성의 혁명적 변화를 행위원칙에 반영해야 한다. 그러나 이러한 심성이 어떻게 각각의 순간에 발생하는 결함 있는 행위들에 대해서 구속성을 가질 수 있는가라는 문제가 생긴다. 완전한 도덕성과 일치하라는 지침에도 불구하고 우리는 언제나 결함을 가진 상태에 머물러 있기 때문이다. 우리의 행적은 "결함이 있는 선에서 보다 나은 선을 향한 무한한 전진"의 행보에 불과하고, 인과 관계라는 개념 속에서 불가피하게 시간 조건에 제한을 받고 있는 우리의 평가에 의하면 언제나 여전히 결함

14 종교 B84-86, VI 66-67. 고딕체는 필자에 의한 강조이다.

이 있는 상태에 있기 때문이다.(종교 B85, VI 67) 따라서 아무리 도덕적 행위와 수행에 공을 들이더라도 신성한 법칙과 이념에 비교할 때 우리는 언제나 부족하고 불충분한 존재일 것이다. 칸트는 이러한 한계를『실천이성비판』변증론에서 '신 존재의 요청'으로 극복하려고 했다. 비록 도덕법칙과 일치하기 위한 무한한 전진 또는 접근이 여전히 부족하고 미흡한 상태에 있다 할지라도, 그것은 초감성적 심성을 가진 초월적 존재자, 즉 지성적으로 통찰하고 마음을 꿰뚫어 보는 자에 의하여 그 행위에 부합하는 비례치나 또는 완성으로 인정을 받을 수 있기 때문이다. 그는 철학적 종교론에서도 하느님의 존재를 보다 활동적인 측면에 본 새로운 개념, 즉 '순수한 지적 통찰 안에서 마음을 꿰뚫어 보는 자'의 판단에 기대어 볼 수 있다고 생각한다. 하느님은 우리의 지속적인 결함에도 불구하고, 또한 어떤 시점에서 그 현존의 단절에도 불구하고 우리의 품행에 따른 하나의 완성된 전체로서 판정할 수 있다고 낙관했던 것이다.(종교 B86, VI 67)

두 번째 난제는 선을 향해 노력하는 인간을 이러한 도덕적 선 자체에 대하여 신의 자비göttliche Gütigkeit의 관계를 고찰할 때 제기되는 것으로서 도덕적 행복moralische Glückseligkeit에 관한 것이다. 여기서 도덕적 행복은 물리적 상태에 대한 만족을 지속적으로 소유하는 보증(화禍로부터 해방과 점점 증대하는 쾌락의 향유), 즉 물리적 행복physische Glückseligkeit이 아니라, 선 안에서 언제나 진보하는 (결코 그로부터 벗어나지 않는) 심성의 현실성과 견실성의 보증을 뜻한다. 왜냐하면 만약에 그러한 심성의 불변성이 확고하게 보증만 된다면, "하느님의 나라를 구하는" 지속적인 노력"은 자기가 이미 그 나라를 소유하고 있다는 사실을 아는 것과 마찬가지이기 때문이다. 또한 그러한 심성을 가진 사람은 이미, 그가 "(물리적 행복에 관련해) 다른 모든 것을 덤으로 받게 될 것"이라고 스스로 믿고 있을 것이기 때문이다.

이제 우리는 이에 대해 염려하는 사람들에게 소망을 가지고 "그(신의) 영은 우리의 영에게 증언해 준다"는 등을 참고할 수 있을 것이다. 다시 말하면 바라는 것처럼, 그렇게 순수한 심성을 지닌 사람은 스스로 이미, 자신은 결코 다시는 악을 사랑할 정도로 그렇게 깊이 타락할 수 없다는 사실을 느끼게 된다고 말할 수 있을 것이다. 그러나 초감성적인 근원에 대한 그런 억측적인 느낌은 단지 위험스러울 뿐이다. 사람들은 자기 자신에 대한 좋은 의견을 조장하는 가운데서 가장 쉽게 자신을 기만하게 된다. 또한 그러한 신뢰로 고무되는 것도 역시 결코 바람직스럽게 보이지 않는다. 그보다는 오히려 "공포와 전율을 가지고 자신의 정복淨福을 이루는 것"(이는 엄격한 충고이고, 오해하게 되면 어두운 광신으로 빠지게 할 수 있는 말이다)이 (도덕성을 위해서는) 더 유익한 것이다. 그러나 그 자신이 한번 채택한 심성에 대한 신뢰가 일절 없다면, 그 심성을 계속 보존하는 견실성을 거의 가질 수 없게 될 것이다. 그러나 이 신뢰는 달콤한 광신이나 불안에 가득 찬 광신에 빠지지 않고 지금까지의 자신의 행실을 그가 세운 결심과 비교하는 데서 생기는 것이다. —왜냐하면 인간이 선의 원칙들을 채택한 이후부터 충분히 오랜 삶에서 그 선의 원칙들이 그의 행위에, 즉 항상 보다 선한 것을 향하여 전진하는 그의 행적에 미친 영향을 인지하고, 그로부터 자신의 심성 안에서 근본적인 개선을 단지 추측만으로도 동기 추론을 찾을 수 있는 사람은 또한 역시 그의 원리가 선하기만 하다면, 그와 같은 진보는 앞으로 전진할 수 있는 힘을 보다 더 증대시킬 것이므로, 그는 이 지상에서 사는 동안 이 길을 더 이상 떠나지 않고, 오히려 점점 더 용감하게 앞으로 나아갈 것이며, 그야말로 이 지상의 삶이 끝난 이후에 또 하나의 다른 삶이 있다고 해도, 그는 아마도 다른 상황들 속에서도 모든 것을 고려하여 바로 그 동일한 원리에 따라서 더 멀리까지 앞으로 나가고, 비록 도달할 수는 없지만 완전성의 목표를 향해 점점 더 가깝게 접근해 갈 것을 이성적으로 희망할 수 있을 것이기 때문이다. 왜냐하면 그는 지금까지 그가 자신에 대하여 지각했던 것에 따라서 그의 심성이 근본적으로 개선을 이루었다고 여겨도 좋기 때문이다. 그와 반대로 가끔씩 시도한 선을 향한 결의에도 불구하고 그 스스로 결의를 지킨 적이 한 번도 없었던 사실을 발견한 사람이나, 또는 항상 악으로 다시 추락하거나 심지어는 그의 삶의 과정 자체im Fortgange seines Lebens an sich에서 마치 비탈에서처럼 악에서 더 극심한 악으로 점점 더 깊이 추락했음을 그 자신에게서 지각하지 않을 수 없었던 사람은 이성적으로는, 그가 이 세상에서 더 오래 살아야 한다거나 또한 그에게 미래의 삶이 닥쳐온다 해도, 그가 그 삶을 더 좋게 만들 것이라는 어떤 희망도 가질 수 없는 것이다. 왜냐하면 그는 그런 징후들에서 자신의 심성 안에 뿌리내린 타락을 보지 않을 수 없기 때문이다. 그런데 전자는 헤아릴 수 없는, 그러나 소망스럽고 행복한 미래에 대한 전망이고, 그와 반대로 후자는 마찬가지로 헤아릴 수 없는 비참에 대한 전망이다. 다시 말해 이 양자는 인간에게 그가 판단할 수 있는 것에 따른 하나의 복된 영원 또는 저주스런 영원에 대한 전망이다. 이 표상들은 한편으로 선 안에서 안정과 강화를 위해, 다른 한편으로 가능한 한 악을 단절하기 위한 올바른 양심의 각성을 위해, 즉 이러한 동기들로 쓰기에 충분한 힘을 가진 것들로서, 이를 위해 객관적으로 인간의 운명에 대한 선이나 악의 영원성을 이성이 그 통찰의 한계를 벗어나는 잘못된 지식과 주장들을 가진 교조적인 정리定理로서 전제할 필요가 없다. 인간이 의식하고 있는 선하고 순수한 심성은 (우리를 다스리는 선한 영이라고 부를 수 있는) 단지 간접적이기는 하지만 그 자신의 견실성과 확고함에 대한 신뢰를 수반하고, 우리의 과오가 그 견실성을 우려하게 만들 때면 우리에게 위로자Tröster(변호자Paraklet)가 된다. 견실성에 대한 확신은 인간에게는 가능하지도 않고, 또한 우리가 아는 한에서 도덕적으로 유익하지도 않다. 왜냐하면 (특별히 유의해야 할 것은) 우리가 이러한 신뢰를 심성의 불변성에 대한 직접적인 의식을 가지고 할 수가 없기 때문이다. 우리는 이 심성의 불변성을 직시할 수가 없고, 잘해야 행실에 나타나는 그 결과들로부터 추정할 수 있을 뿐이고, 이러한 추정은 단지 선한 심성이나 악한 심성의 현상인 지각으로부터 도출한 것이므로, 특히 그 심성의 강도强度를 확실히 인식하게 해 주지는 못한다. 적어도 사람들이 임박한 생의 종말을 앞에 놓고서 그 심성을 개선했다고 생각하는 경우에는 특히 그렇다. 이 경우에는 우리의 도덕적 가치를 판단하는데 근거가 될 행실이 더 이상 주어질 수 없기에, 심성의 순수성에 대한 그 경험적 증거들을 결여하고 있고, 아무런 위로 없음Trostlosigkeit은 (그러나 이에 대해서는 인간 본성 자신이 현세의 삶의 한계를 넘어서는 모든 전망들의 모호성으로 인해, 이처럼 위로 없는 상태가 황량한 절망으로 되지 않도록 배려하고 있기는 하지만) 그의 윤리적 상태에 대한 이성적 판정의 불가피한 결과이다.[15]

칸트는 우리가 신의 뜻에 맞는 인간이 되기 어려운 두 번째 이유를 '인간의 도덕적 선 자체'에 대한 '신의 자비'göttliche Gütigkeit와의 관계에서 일어나는 '도덕적 행복'moralische Glückseligkeit의 문제에서 찾았다.(종교 B86, VI 67) 여기에서 도덕적 행복은 '자연상태에서 욕구 만족과 보증'을 의미하는 것이 아니고, '언제나 선을 향해 전진할 수 있는 심성의 현실성과 지속성에 대한 보증'을 뜻한다. 이러한 심성의 불변성은 '하느님의 나라를 향한 부단한 노력'과 그

15 종교 B87-94, VI 67-71. 고딕체는 필자에 의한 강조이다.

'실현'의 일치를 보장하는 조건이기 때문이다. 그러므로 "하느님의 영이 우리의 영을 증거해 준다"[16]고 말할 정도로 자신의 순수한 심성을 확신하는 사람들은 자신들이 결코 악행을 저지르지 않을 것이라는 강한 믿음과 자신감을 갖게 된다. 그리고 이 경우에 '심성의 지속성'을 확보할 수 있다. 그러나 칸트는 이와 같은 초감성적 근원을 가진 느낌은 위험천만한 것이며, 사람들은 자신에 대한 좋은 생각에 빠져 있을 때 스스로를 기만하기 쉽다고 경고한다. 따라서 자만에 가까운 확신보다는 오히려 두려움과 떨림으로 자신의 구원을 추구하는 것이 도덕성을 위해서 더 바람직할 수 있다는 것이다.(종교 B86-87, VI 67-68)

그러나 이처럼 자신이 채택한 심성에 대한 신념이 전혀 없는 경우에는 그 심성을 보존하려는 지속성을 확보할 수 없다는 또 다른 난점이 있다. 도덕적 심성에 대한 신념은 과거의 행실과 현재의 결심을 비교할 경우에 가질 수 있다. 그리하여 도덕적으로 선한 심정을 바라는 사람은 지상적 삶의 전 과정에서 덕을 실천하려고 노력할 뿐만 아니라, 내세에서 삶이나 다른 모든 상황에서도 동일한 원리에 준거하여 비록 도달할 수는 없지만 완전성의 목표를 향하여 무한하게 전진하려는 노력을 계속할 것이라고 기대할 수 있다. 이러한 사람들은 행복한 미래를 지향하는 축복된 영원성에 대한 희망을 가질 수 있다. 그러나 이와 반대로 심정의 변화 없이 언제나 악행을 일삼고, 새로운 삶이 주어질지라도 악에서 보다 더 극심한 악으로 빠져드는 사람들은 이루 말할 수 없는 비참과 저주받은 영원성으로 몰락하게 될 것이다. 이처럼 영원한 축복과 영원한 저주의 표상은 선행을 강화하고 악행을 단절하는 동기로서 유용할 수 있다. 그러나 도덕적 행복의 근거가 되

16 "그리고 이 성령께서 몸소, 우리가 하느님의 자녀임을 우리의 영에게 증언해 주십니다."(「로마서」 8,16)

는 심성의 불변성과 지속성은 우리가 파악할 수 없는 것일 뿐만 아니라 언제나 그 결과로서 추정할 수밖에 없기 때문에, 모든 가능한 도덕적 행위들에 대한 이성적인 판단을 내리기가 곤란한 문제점을 안고 있다.(종교 B89, VI 69)

세 번째의, 그리고 가장 어려워 보이는 난제는 모든 사람에게 그가 선의 길에 들어선 후조차도 신의 정의 앞에서 그의 전체 행적이 심판 받을 때에는 문책받을 수밖에 없다고 생각하는 다음과 같은 것이다. —선한 심성의 채택으로 그에게 어떤 일이 일어났든지, 그리고 심지어 그가 아무리 견실하게 선한 심성 안에서 그것에 일치하는 행적을 지속했다 할지라도, 그는 악으로부터 출발한 것이고, 이 죄책은 그에게서 결코 씻어질 수가 없는 것이다. 또한 그가 심성의 변화[改心] Herzensänderung 이후에 아무런 죄과를 더 이상 짓고 있지 않다고 하더라도 그는 그것만으로써 마치 지난 죄과를 모두 청산한 것처럼 여길 수도 없다. 그리고 그는 앞으로 선한 행실을 계속 하더라도 그때마다 갚아야 할 것보다 더 많은 것을 산출해 낼 수도 없다. 왜냐하면 그의 능력이 닿는 한에서 모든 선을 행하는 것은 항상 그의 의무이기 때문이다. —이 근원적인, 또는 대체로 그가 항상 행하고 싶은 모든 선에 선행하는 죄과는 우리가 근본악이라고 이해했던(제1편 참조) 바로 그것이며, 우리가 이성법에 의거하여 통찰하는 한에서 어떤 타인이 대신 제거해 줄 수 있는 것은 아니다. 왜냐하면 이 죄과는 가령 금전상의 채무와 같이(금전상의 채무에서는 채무자 자신이 그것을 갚거나 다른 사람이 그를 대신해서 갚거나 채권자에게는 마찬가지이다) 타인에게 위임할 수 있는 양도 가능한 것이 아니라 가장 개인적인 책임, 즉 죄 없는 자가 벌 받을 자를 위해 제아무리 그것을 떠맡고자 할 만큼 아량이 넓다 해도 짊어질 수가 없는, 오로지 벌 받을 자만이 짊어질 수 있는 죄책Sündenschuld이기 때문이다. —그런데 (죄Sünde

라고 부르는 신의 명령göttlichen Gebotes인 도덕법칙의 위반으로서) 윤리적인 악은 그로 인해 그 권위가 손상 받은 최고 입법자의 무한성 때문이 아니라(인간과 최고 존재의 초절적[überschwenglich] 관계에 대해서 우리는 아무것도 이해하는 바가 없다), 오히려 심성과 준칙들 일반 안에 있는 악으로서, (개별적인 위법들과 대조되는 보편적 원칙들과 같은) 법칙 손상, 즉 죄책의 무한성을 수반하므로 (보편적인 심성이 아니라, 오직 개개의 범죄, 그러니까 오직 행위와 그에 뒤따른 것만을 고찰하는 인간의 법정에서는 사정이 다르다), 각각의 인간은 무한한 형벌과 신의 나라로부터 추방을 각오해야 할 것이다.[17]

세 번째로 제기되는 어려움은 "선을 향한 도정에 있는 경우에도 하느님의 의로우심 앞에서 그의 전체 품행이 심판을 받을 때에는 모두가 비난받을 수밖에 없다"는 사실이다.(종교 B94, VI 72) 도덕적 심성과 일치하는 선행을 지속적으로 실천한 사람조차도 언제나 '악으로부터 출발'했기 때문에, 그 죄책은 결코 지워질 수 없고, 따라서 모든 인간은 근본악으로부터 자유롭지 못한 상태에 있다. 그가 개심한 후에도 죄과는 그대로 남아 있기 때문이다. 도덕적으로 불순한 동기들을 자신의 행위원칙으로 채택한 사실들에 대한 책임의 문제는 타인에게 양도할 수 있는 것이 아니다. 그러므로 모든 사람들은 준칙을 타락하게 한 죄책의 주체로서 재판정에 설 수밖에 없는 것이다. 모든 인간은 결국 하느님의 나라에서 추방될 위기에 직면해 있는 것이다.

이 난문의 해결은 다음과 같은 사실에 기인한다. 즉 마음을 통찰하는 자의 판결Richterausspruch은 피고의 보편적인 심성에서 도출한 것이지, 피고의

17 종교 B93-95, VI 71-72. 고딕체는 필자에 의한 강조이다.

심성의 현상들, 즉 법을 벗어나거나 또는 법과 일치하는 행위들에서 도출한 것이 아니다. 그러나 이제 여기서는 인간 안에 그 전부터 그 안에서 강력한 악의 원리를 넘어서는 우월성을 가진 선한 심성을 전제하고 있으며, 그로부터 이제 전자의 도덕적 결과, 즉 형벌이(바꾸어 말하자면, 신의 마음에 들지 않은 주체에게 미치는 영향이) 개선한 심성 안에서 이미 하느님의 마음에 드는 대상으로 된 그의 상태에도 미치게 되는지 어떤 지에 대한 물음을 제기한다. 여기서의 물음은, 과연 회심 이전에 그에게 내려진 형벌이 신의 정의와 일치하는지 어떤 지에 대한 것이 아니므로(이에 대해서는 누구도 의심하지 않는다) 그 형벌은 (이 탐문에서) 개심 이전의 인간에게 주어진 것이 아니라고 생각해야만 한다. 그러나 그 사람은 이미 새로운 삶으로 옮겨 가서 도덕적으로 이전과 다른 사람이 되었으므로, 이 형벌은 그의 이 새로운 (하느님의 마음에 드는 사람의) 성질에 의거해서 개심 이후의 것으로 받아들일 수도 없다. 그러나 그의 앞에서는 죄 있는 자가 결코 벌 받지 않을 수 없다는, 이른바 최고 정의의 요구를 충분히 성취하지 않으면 안 된다. 그러므로 형벌은 회심 전이나 후에도 신의 지혜에는 적합하지 않지만 그럼에도 필수적인 것이므로, 회심의 상태 안에서 신의 지혜를 적절하게 시행한 것이라고 생각해야 하는 것이다. 그러므로 우리는 이 회심의 상태 안에 이미 도덕적 회심의 개념을 통해 새로운 선한 심성을 가진 사람이 자기 자신에 의해 (다른 관련에서) 빚어진 죄과라고 생각하고, 또한 그 자체가 그것을 통해 신의 정의를 충족하는 형벌이라고 생각하는 것과 같은 그러한 화禍 Übel가 들어 있다고 볼 수 있는지 어떤지를 생각해 보지 않을 수 없다. —즉 회심이란 죄의 주체가 (그러므로 또한 죄로 유혹하는 한에서 모든 경향성이) 정의에 맞게 살기 위해서 죽는 것이므로, 악에서 탈출하여 선으로 진입하는 것이고, 옛 사람을 벗어던지고 새 사람을 입는 것이다. 그러나 지성적 규정으로서 이 회심 안에 들어 있는 것은 하나의 시간 간격에 의해 서로 떨어져 있는 두 개의 도덕적 작용이 아니라, 악의 포기는 단지 선으로 들어가게 하는 선한 심성을 통해서만 가능하고, 그 반대도 마찬가지이기 때문에, 회심은 오히려 단지 하나의 작용일 뿐이라는 것이다. 그러므로 선한 원리는 악한 심성을 포기하는 것이나 선한 심성을 채택하는 것 모두에 똑같이 들어 있으며, 악한 심성의 포기에 합당하게 수반하는 고통은 전적으로 선한 심성의 채택으로부터 발생하는 것이다. 부패한 심성에서 선한 심성으로 들어가는 것은 ("옛 사람의 죽음"이고 "육신의 십자가형"으로서) 그 자체가 이미 희생이고, 새로운 인간이 신의 아들의 심성 안으로 들어가는 것 역시 순전히 선을 위하여 짊어진 일련의 삶의 화禍에 들어서는 것으로서 그 자체 이미 희생인 것이다. 그러나 이러한 희생들은 본래 다른 인간, 즉 옛 사람에게 (왜냐하면 이 인간은 도덕적으로는 다른 인간이므로) 마땅히 형벌로서 부과한 것이다. —그러므로 새로운 인간은 (감성존재자로서 그의 경험적 성격의 관점에서 볼 때) 물리적으로는 여전히 벌을 받아야 할 인간이고, 그러한 인간으로서 도덕적 법정 앞에서, 따라서 또한 자기 자신의 앞에서 심판을 받아야만 하지만, 그럼에도 그의 새로운 심성에서 (예지적 존재자로서), 신적인 재판관 앞에 서 있다. 그 앞에서 이 심성은 행실을 대신하는 점에서 도덕적으로 다른 인간이고, 이 심성은 그가 자기 안에 받아들인 신의 아들의 심성과 같은 순수성에서, 또는 (우리가 이 이념을 인격화한다면) 그 분 스스로 인간을 위하여, 그리고 또한 그를 (실천적으로) 믿는 모든 사람들을 위하여 대리자Stellvertreter로서 죄책을 짊어지고, 구속자Erlöser로서 고통과 죽음을 통해 최고의 정의를 충분히 실현하며, 또한 변호자Sachverwalter로서 사람들로 하여금 그들의 재판관 앞에서 의롭다고gerechtfertigt 인정을 받은 자로서 설 것을 기대할 수 있게 해 준다. 다른 점이 있다면 단지, (이러한 표상 방식에서는) 새 사람이 옛 사람을 죽게 하면서 그의 삶 속에서 계속 감당해야 하는 고통을 인간의 이 대표자에게는 단 한 번 당한 죽음으로 표현하고 있다는 것뿐이다. —그런데 여기에는 위에서는 없었다고 보았던, 행위들의 공덕Verdienst을 넘어선 것이 있는데, 그것은 곧 은총Gnaden에 의해 우리에게 돌려지는 공덕이다. 왜냐하면 우리에게 지상의 삶에서는 (아마도 모든 미래 시간과 모든 세계들에서도 역시) 언제나 단지 오롯한 생성 중에 있는 것(즉 하느님의 마음에 드는 인간이 되는 것)을 마치 우리가 이 지상에서 이미 완전히 소유하고 있는 것처럼 여기도록 하는 것에 대해 우리는 (경험적 자기인식에 따를 때) 아무런 권리주장Rechtsanspruch도 갖고 있지 못하기 때문이다. 우리가 우리 스스로를 아는 (즉 우리의 심성을 직접적으로 인식하는 것이 아니라, 단지 우리의 행위들에 의거해서 추정하는) 한에서 그러하며, 그 때문에 우리 안에 있는 원고原告Ankläger는 오히려 저주판단Verdammungsurtheil을 제안할 가능성이 더 크다. 그러므로 비록 (우리에게는 단지 보다 개선된gebesserten 심성의 이념 안에 놓여 있을 따름이며, 신만이 알고 있는 속죄에 근거하는 것으로서) 우리가 신앙 속에 있는 그 선에 의해 모든 책임을 면하게 된다 할지라도, 영원한 정의에 전적으로 일치하도록 하는 것은 언제나 단지 은총판단Urtheilsspruch aus Gnade일 뿐이다.

이제 또 하나 제기할 수 있는 물음은 과연 죄책이 있기는 하지만 신의 뜻에 맞는 심성으로 변화한 인간을 의롭다고 인정해 주는 칭의Rechtfertigung[稱義 또는 義認]라는 이념의 이와 같은 연역을 실천적으로 사용할 수 있는가, 그리고 실천적으로 어떻게 사용할 수 있는가 하는 것이다. 이 물음은 이러한 연역이 종교나 행적을 대하여 어떻게 적극적으로 사용할 수 있는가를 추구하고자 한 것은 아니다. 그러한 탐구는 물음과 관련된 인간이 이미 요구하고 있는 선한 심성을 실제로 가지고 있다는, 그리고 도덕적 개념들의 모든 실천적 사용이 본래 이 심성을 (그 발전Entwicklung과 촉진Beföderung을) 그 목적으로 한다는 조건을 기본으로 하기 때문이다. 위로에 대해서 말하자면, 그러한 심성은 그것을 스스로 의식하는 사람에게는 (확신Gewißheit으로서가 아니라, 위로Trost와 희망Hoffnung으로서) 이미 더불어 있는 것이다. 그러므로 이 탐구는 그런 점에서 단지 사변적인 물음에 대한 답변에 지나지 않으나, 그렇다고 해서 이 물음을 침묵하고 무시해버릴 수는 없다. 그렇지 않으면 이성은 인간의 죄를 용서받을 수 있다는 희망과 신의 정의를 합일하는 능력을 전혀 가지고 있지 않다고 비난받을 수도 있으며, 그리고 이러한 비난은 여러 가지 관점, 특히 도덕적인 관점에서 이성에게 불리할 수 있기 때문이다. 그러나 종교와 윤리가 각자 개인을 위하여 그것으로부터 끌어낼 수 있는 소극적인negative 이익은 매우 넓게 영향을 미친다. 왜냐하면 앞에서 말한 연역에서 사람들은, 죄과를 짊어지고 있는 인간은 완전한 개심改心Herzensänderung을 전제함으로써만 하늘의 의로움 앞에서 용서를 생각할 수 있으며, 따라서 모든 속죄는 참회나 예식의 방식이든 간에, 또한 모든 탄원이나 찬미도 (신의 아들의 대리자적 이상에 대한 찬미조차도) 개심의 결핍을 채워 줄 수 없으며, 만일 그러한 개심이 현존한다면 그의 타당성을 하늘의 법정 앞에서 조금이라도 늘려 줄 수 없다는 사실을 알고 있기 때문이다. 이 이상이 행위에 대해서 타당하려면 우리의 심성 안에 그것을 받아들여야 하는 것이다. 이 물음 속에 들어 있는 또 다른 사실은 인간이 그의 삶의 종말에 이르러서 자신이 해 온 행적에 대하여 무엇을 기대해야 하고 무엇을 두려워해야 하는가에 관한 것이다. 이 경우에 그는 우선 자신의 성격을 최소한 어느 정도까지는 알고 있지 않으면 안 된다. 그러므로 비록 그가 자신의 심성을 개선하였다고 믿는다 할지라도, 그가 출발했던 옛 (부패한) 심성도 동시에 고려하지 않으면 안 되고, 또한 그가 옛 심성으로부터 무엇을 얼마만큼 벗어났는가, 그리고 옛 심성을 극복하고, 이 옛 심성으로 되돌아가는 것을 방지하기 위하여, 이른바 새로운 심성이 (순수하든 불순하든)

어떤 성질을 어느 정도로 가지고 있는가를 추정하지 않으면 안 된다. 그러므로 그는 전 생애에 걸쳐서 심성을 돌아보게 되는 것이다. 이처럼 그는 직접적인 의식을 통해서는 자신의 실질적인 심성에 대한 어떤 확실하고도 명확한 개념을 전혀 얻을 수 없고, 단지 그가 실제로 해 온 행적으로부터만 추정할 수 있을 뿐이므로, 그는 (그 자신 안에서 각성하는 양심과 이를 위해 불러오는 경험적 자기인식을 가진) 미래의 재판관의 판결을 위한 입증자료로서 그의 생애의 한 부분이나 어쩌면 그에게 가장 유리하게 보이는 마지막의 한 부분이 아니라, 그때까지의 그의 전 생애가 재판관의 눈앞에 펼쳐진다는 상황밖에는 다른 어떤 것을 생각할 수 없을 것이다. 그러나 여기에다 그는 스스로, 만약 그가 좀 더 오래 살 수 있다면, (여기에 아무런 한계를 설정하지 않고) 더 계속될 삶에 대한 전망을 덧붙일 수 있을 것이다. 여기에서 그는 앞서 인식한 심성으로 행위를 대신하게 할 수 있는 것이 아니라, 그와 반대로 그가 이룬 행위로부터 그의 심성을 추정해야 하는 것이다. 이에 대해서 사람들은 어떻게 생각할지 궁금하다. 언젠가는 재판관 앞에 서게 될 것이라고 믿을 이유가 있다고만 가르치고, 그 밖의 것에 대해서는 그에게 아무것도 말해 주지 않았다면, 사람들이 쉽게 놓쳐 버릴 수 있는 많은 것을 그에게 (그가 가장 악질적이 인간이 아닐지라도) 환기시켜 주는 오롯한 이 사상이 어떻게 그로 하여금 지금까지 지내온 행적에 따라서 그의 미래의 운명을 판단하게 하는 것일까? 만일 인간 안에서 그 자신 안에 있는 재판관에게 문의한다면, 그는 자신의 이성을 매수할 수는 없기 때문에 엄격하게 판정할 것이다. 그러나 만일 사람들이 다른 출처의 가르침으로부터 소식을 얻고자 하는 다른 재판관을 그에게 소개한다면, 그는 자신의 엄격성에 반대하고 인간적인 허약성에서 끌어낸 여러 가지 변명들을 늘어놓을 수밖에 없을 것이다. 그는 대체로 재판관에게 접근하려고 하면서, 참회하면서 개선한 참된 심성에서 나온 것이 아닌 자학적인 형벌을 통해서 선수를 치려고 하거나, 또는 간구Bitten와 탄원Flehen, 의례Formeln, 그리고 신앙에서 우러나오는 고백Bekenntnisse을 통해서 신의 마음을 너그럽게 만들 방도를 생각할 것이다. 그리고 만일 그에게 이에 대한 희망이 주어진다면 (끝이 좋으면 모든 게 다 좋다는 격언에 따라서), 그는 미리부터 쓸데없이 즐거운 삶을 너무 많이 손해 보지 않고서도 삶의 종말이 가까이 왔을 때 재빨리 그에게 유리하도록 결산할 계획을 세울 것이다.[18]

여기에서 칸트는 도덕적으로 살기 위하여 부단하게 무한한 노력을 시도하는 사람들이 그러한 도덕적인 의무 이행에도 불구하고 여전히 죄인의 상태에 있으며, 따라서 하느님의 나라에서 축출당할 처지에 있다는 어려움을 해소하고 행복을 보증해 줄 수 있는 가능성을 하느님의 '은총판단'ein Urteilsspruch aus Gnade이라는 새로운 요청명제에서 찾고 있는 것을 확인할 수 있다.(종교 B101, VI 75) 그러나 은총판단은 도덕적 행위 주체가 그 자신의 도덕적 허약성에도 불구하고 부단하게 선을 향해서 전진하려는 노력을 전제로 한다. 사실상 이 은총판단의 요청은 전혀 새로운 것이 아니고 칸트가 이미 『실천이성비판』에서 요구했던 신 존재 요청의 확장적인 변형에 불과하다. 만일 우리가 도덕적 행위를 판단 받기 위하여 '예지적 존재자'인 '신적인 심판관 앞에'vor einem göttlichen Richter 서게 될 경우, 그 심판자는 바로 "그를 (실천적으로) 믿는 모든 사람들을 위하여 죄책을 짊어지신 대리자Stellvertreter이시고, 고통과 죽음을 통하여 최고의 정의를 넉넉히 실행하시는 구속자Eröser이며, 인간들로 하여금 그들의 심판관 앞에서 의롭게 하시는 변호자"Sachverwalter이시기에

18 종교 B 95-105, VI 72-78. 고딕체는 필자의 강조이다.

우리에게 은총을 내려 주실 것이라는 희망을 가질 수 있다.(종교 B99, VI 74)

칸트는 사람의 마음을 헤아리는 하느님의 판단과 관련하여 인간이 개심하게 되면 모든 죄책으로부터 자유로울 수 있는가라는 새로운 문제를 제기한다.(종교 B96, VI 72-73) 사실 인간의 마음을 통찰하시는 자는 '벌 받을 자가 결코 벌 받지 않을 수 없는, 최고의 정의'를 고려하지 않으면 안 될 것이다.(종교 B96, VI 73) 그러므로 하느님은 신의 정의를 충족하는 형벌까지를 모두 고려하여 회심의 상태 자체에서 신의 지혜에 알맞은 시행 방안을 찾아야 할 것이다. 그것이 바로 하느님의 길, 예수 그리스도가 걸었던 수난과 부활의 길이다. 죄악의 주체가 모든 비도덕적인 경향성에의 유혹을 떨쳐 버리기 위하여 죽어 없어지는 것, 그리하여 옛 사람을 벗어 버리고 새 사람을 입는 것이 바로 '개심'Sinnesänderung이라면, 여기서는 악을 포기하고 선을 채택하는 두 개의 서로 다른 행위가 일어나는 것이 아니고, 선한 심성을 채택하는 하나의 사건이 일어날 뿐이다. '옛 사람의 죽음', '십자가 사건', 그리고 '희생'은 분명하게 죄악의 주체에 대한 형벌이다. 그래서 우리 안에 있는 원고는 여전히 죄 가운데 있는 우리를 단죄할 것이지만, 우리를 은총의 시선으로 바라보시는 그분께서는 하느님의 마음에 드는 인간이 되기 위하여 부단한 전진과 무한 접근을 시도하는 우리들을 의롭다고 인정하시게 되는 것이다. 이것이 바로 죄인인 인간을 의롭다고 여겨 주는 것, 즉 '칭의'Rechtfertigung의 이념이다.(종교 B101-102; VI, 76)

그리하여 새로운 인간, 즉 개심한 후의 인간은 죄책으로부터 완전하게 자유로울 수 있게 된다. 칸트에 의하면 새로운 인간 역시 자연적으로는 도덕의 법정에 서 있으며, 따라서 그는 자신의 행위에 대해서 여전히 책임을 져야 하는 인간이다. 그러나 그는 동시에 예지적 존재자로서 하느님의 심판 앞에 서 있으며, 이 경우에 그는 행위보다는 심성으로 판단할 수 있다.

그런데 가장 순수한 도덕적 심성이라고 할지라도 그것이 인간의 행위로 드러나게 될 경우에는 원형적 심성과는 달리 결함이 있게 마련이다. 따라서 이 세상에서 살고 있는 한 그 어느 누구도 하느님의 뜻에 완전하게 합치하는 삶을 산다고 말할 수 없게 된다. 우리 스스로도 우리의 행위에 대해서 유죄판결을 할 가능성이 더 많다. 따라서 우리는 도덕적 행위의 순수성을 담보로 하여 신성성 그 자체를 요구할 아무런 권리주장도 갖고 있지 않다. 따라서 우리 자신의 행위에 대해서 의롭다고 인정을 받을 수 있는 오직 유일한 가능성은 '하느님의 은총판단'일 뿐이다. 그러나 하느님의 은총판단은 신만이 알고 있는 '속죄의 비밀'로서, 역사적인 계시종교로서 기독교에서는 도덕적 심성이나 행위와 관계없이 사용하여 왔다. 따라서 칸트는 이 개념을 도덕적 수행을 보완하는 차원에서만 도입한다. 도덕에서 종교로 이행한다는 원칙을 철저하게 존중하고 있는 것이다.

4. 지상에서 하느님 나라의 요청

칸트는 철학적 종교론 제3논문에서 "악한 원리에 대한 선한 원리의 승리, 그리고 지상에서 하느님 나라의 건설"Der Sieg des guten Prinzips über das Böse, und die Gründung eines Reichs Gottes auf Erden의 문제를 다룬다.(종교 B127-222, VI 93-147) 도덕적으로 선한 심성을 가진 인간은 선의 원리에 따라서 악의 원리의 공격에 대항하지 않으면 안 된다.(종교 B127, VI 93) 사도 바울은 자유를 추구하는 인간의 삶에 대하여 이렇게 말한다.

그러나 하느님께 감사하게도, 여러분이 전에는 죄의 종이었지만, 이제는 여러분이 전해 받은 표준 가르침에 마음으로부터 순종하게 되었습니다.
여러분은 죄에서 해방되어 의로움의 종이 되었습니다.(「로마서」6, 17-8)

인간은 '만인에 대한 만인의 투쟁'이 지배하는 '법률적 자연상태'와 '모든 인간들 속에 내재하는 선의 원리를 악이 부단하게 공격하는'(종교 B134, VI 97) '윤리적 자연상태'에 살고 있다. 인간이 다른 인간과 함께 있을 때, 그들은 대개 질투, 지배욕, 소유욕과 결합된 '적대적인 경향성들'로 인하여 도덕적 소질을 훼손하게 되고 서로를 악하게 만든다.(종교 B128, VI 94). 사람들은 이를 극복하기 위하여 도덕의 법칙들 아래서 '윤리적 사회', 즉 자유로운 '도덕법칙의 공동체'를 수립하고자 한다. 공적인 법칙의 경우에 이것은 '윤리적-시민적 사회', '윤리적 공동체', '윤리적 국가', '덕의 나라'로 펼쳐 나간다.(종교 B130, VI 95) 윤리적 입법은 내적인 것, 즉 도덕성을 촉진시켜야 하므로, 윤리적 자연상태의 폐기를 위해 노력하는 법률적 입법자의 권한일 수 없다. 윤리적 입법자는 법률적 공동체 속에 있는 입법자가 아니며, 따라서 국민의 보편적 의지도 아니다. 또한 윤리적 법칙들은 강제성 없는 덕의 법칙Tugendgesetze이므로 정부의 단호한 명령이어서는 안 된다. 윤리적 입법자는 모든 참된 의무들이 동시에 그의 명령으로 떠올라야 하는 그런 존재이며, 그것은 '도덕적 세계 지배자'로 알아들을 수 있는 신이다. 윤리공동체는 "신의 명령 밑에 있는 국민, 즉 신의 국민이면서, 더욱이 덕의 법칙에 따르는 신의 국민으로서만 생각할 수 있다."(종교 B138, VI 99)

순수한 덕이나 덕의 법칙을 토하여 규정되는 공동체는 가능한 경험의 대상이 아니다. 하느님의 나라는 보이지 않는, 즉 '불가시적 교회'eine unsichtbare Kirche, '선한 의지를 가진 사람들' 모두의 공동체이다. 칸트는 그리스도교적 신조를 믿는 동일한 단일체들을 그런 공동체로 간주하였다. 불가시적 교회는 신의 백성으로 수에서 하나이므로 보편적이다. 덕의 법칙에 따르는 공동체로서 완전한 순수성과 도덕적 순결성으로 규정하기에 신성하다. 또한 그 교회는 도덕적 입법이 불변적이므로 사도의 가르침과 같다. 불가시적 교회로서 신국은 원칙적으로 역사적 국가에서 '지상의 구세주의 왕국'(XXIII 112)의 형태로 실현할 수는 없다. 모든 '신정'(신의 지배, 순수하게 종교적으로 세워진 국가권력)이나 신정의 세속화 시도와는 반대로 신국은 정치적으로 정의의 진보를 통해 실현할 수 있는 정치적 제국이 아니다. 신국은 윤리적 왕국이다. 그것은 범세계적 법 공동체의 영구평화가 인류의 법적 궁극목적을 의미하는 것과 마찬가지로 '도덕적 궁극목적'을 형성한다.

덕의 법칙에 따른 공동체는 불가시적 교회를 뜻하지만, 그렇다고 칸트가 모든 가시적인 조직을 배척하는 것은 아니다. 가시적인 교회의 정당성은 신국의 도덕적 이념을 감성적으로 드러내는 데 있기 때문이다. 그러나 동시에 칸트는 감성적 현시를 사태 자체로 간주하는 것을 경고한다. 순수하게 도덕적인 입법이 모든 참된 종교의 제일 근거를 형성하기 때문이다. 신의 의지는 도덕법칙을 통해 근본적으로 우리의 마음을 기술한다.(종교 B148, VI 104) 칸트에 의하면 신국에 근접하게 다가서는 것은 논리적으로 보이는 교회의 찬란함을 통해서가 아니고, 순수한 교회신앙이 점차로 순수한 이성신앙이나 또는 도덕적 종교신앙으로 이행하면서 가능하게 된다. 따라서 순수한 '도덕적 입법'은 "모든 참된 종교 일반의 불가결한 조건일 뿐만 아니라, 또한 그것은 참된 종교 자체를 본래적으로 형성하는 것이다."(종교 B148, VI 104) 도덕적으로 선한 심성을 가진 인간이 악의 원리에 대항하는 궁극적인 목표는 죄악의 노예 상태에서 벗어나 의롭게 사는 데 있다. 그러나 인간은 언제나 악의 세력으로부터 위협을 당하고 있다. 이로부터 칸트가 비판기에 상정한 최고선 개념은 순수 도덕적 차원에서 사회적, 집단적, 국가적 차원을 향해 확장하고 변형해 나가는 모습을 보인다. 특히 인간은 혼자 있는 경우보다 다른 사람들과 교제하는 경우에 근원적인 선의 소질을 쉽게 훼손하게 된다. 자기 혼자서 사는 경우에 가난은 크게 문제가 되지 않는다. 그러나 다른 사람들이 나를 가난하다고 경멸하는 경우에 뼈저리게 자신의 가난을 절감하게 된다. 집단 속에서 질투, 지배욕, 소유욕 등과 관련한 경향성들은 자족적 상태에 있는 인간의 본성을 공격한다. 그리하여 인간들은 상호 간에 각자의 도덕적 타락을 부추기게 됨으로써, 개인의 도덕적인 개선 노력에도 불구하고 악의 위협적 지배에 자신을 노출한다. 그러므로 집단적 사회적 교제로부터 필연적으로 확장될 수밖에 없는 악의 세력을 저지하기 위해서는 선의 원리에 의한 지배를 실현하려는 특수한 목적을 가진 공동체, 즉 '윤리적 공동체' 또는 '윤리적 시민적 공동체'를 설립하지 않으면 안 된다. 이것은 정치적 공동체 안에 존립하지만 그 목적에서 법률적 시민적 공동체와 전적으로 구분할 수 있다. 따라서 덕의 수행을 가능하게 하는 윤리적인 공동체의 설립과 보존은 인류 전체에게 주어진 과제인 동시에 의무로 인식하게 되는 것이다.

윤리적 공동체의 개념은 윤리적 법칙 아래 있는 하느님의 백성이라는 개념이다.(종교 B137, VI 98) 그렇다면 윤리적 공동체가 성립할 수 있는 조건은 무엇인가? 그 조건은 모든 구성원들에게 보편적으로 타당할 수 있는 공적인 법칙, 즉 도덕법이다. 법률적인 공동체는 눈에 보이는 행위의 적법성을 목표로 하기 때문에 특수한 권한을 가진 입법가를 중심으로 강제성을 갖는 법률을 입안할 수 있다. "각자의 자유는 그 아래에서 보편적 법칙에 따라 다른 모든 이의 자유와 공존할 수 있다는 조건들에 국한하라"는 보편적 의지의 원리를 따른다.(종교 B137, VI 98) 그러나 윤리적 공동체는 내면적 도덕성을 목표로 하고 있기 때문에 눈에 보이지 않는 심성까지도 통찰할 수 있는 최고 입법자를 상정하지 않으면 안 된다.(종교 B139, VI 99) 이러한 입법자는 모든 사람의 깊은 속을 헤아려서 그 각각의 행위에 일치하는 대가를 배정할 수 있는 '마음의 통찰자'이어야 하는데, 이는 곧 도덕적 세계 통치자로서 신을 뜻한다. 그리하여 윤리적 공동체는 신의 명령에 따르는 하느님의 백성으로서만, 그것도 도덕법칙을 존중하는 신의 국민으로서만 가능한 것으로 생각할 수 있다.

여기에서 칸트는 역사적 교회신앙과 도덕적 종교신앙의 관계에 대하여 숙고한다. 하느님의 백성의 이념은 인간의 제도로서는 교회라는 형식 안에서만 실현할 수 있기 있기 때문이다.(종교 B140, VI 100). 인류는 윤리적 공동체의 이념을 실현하기에 너무나 부족한 상태에 있다. 그렇다면 어떻게 구부러진 나무에서 곧은 것을 기대할 수 있는가?(종교 B141, VI 100) 이것은 하느님만이 할 수 있는 일인 것처럼 보인다. 그러나 이것은 각 개인들이 자신의 도덕적인 행위만을 수행하고, 인류 전체에 관한 일은 초월적인 섭리에 위임하는 것으로는 해결할 수 없다.(종교 B141, VI 101) 오히려 각자는 최선을 다하고, 그러한 조건하에서만 보다 높은 지혜가 부족한 부분을 보완해 줄 것이라고 희망할 수 있는 것이다. 그리하여 도덕적인 선을 수행하는 사람들은 이 땅 위에 하느님의 나라가 이루어지기를 바라는 것이다.[19]

신적인 도덕법칙을 따르는 윤리적 공동체는 '교회'이다.(종교 B142, VI 101) 교회는 '눈에 보이는 교회'와 '눈에 보이지 않는 교회'로 구분할 수 있다. 눈에 보이는, 이른바 '가시적인 교회'는 도덕적 이상을 지향하는 사람들의 현실적인 결합체이다. "참된 (가시적인) 교회는 하느님의 (도덕의) 나라를 지상에 실현하는 그런 교회이다."(종교 B142, VI 101) 눈에 보이지 않는, 이른바 '불가시적 교

19 "아버지의 나라가 오게 하시며 아버지의 뜻이 하늘에서와 같이 땅에서도 이루어지게 하소서."(「마태」 6,10)

회'는 신의 도덕적인 통치하에 있는 모든 의인들의 연합체를 뜻하는 이념이다. 가시적인 교회는 현실 역사 속에서 불가시적 교회의 이념을 구현하기 위하여, 즉 이 땅 위에 하느님의 나라를 이룩하기 위하여 활동 중에 있다. 그런데 이와 같은 참된 교회는 적어도 보편성, 순수성, 자유, 불변성의 터전 위에 세워져야 한다.[20]

모든 교회의 구성은 항상 '교회신앙'Kirchenglaube이라고 부르는 어떤 '역사적인 것'(계시)으로부터 출발한다. 그리고 이 신앙은 '성경'에 가장 잘 기초하고 있다.(종교 B145, VI 102) 칸트가 신앙에서 가장 중요한 경험적 요소인 계시를 배척하지 않은 것은 아무래도 범신론 논쟁에서 비첸만의 일깨움 때문일 가능성이 높다. 모든 종교는 신을 보편적인 입법자로 존중하는 데서 성립한다. 종교에 대한 우리의 태도는 신을 어떻게 경외하기를 원하는가에 달려 있다. 순수한 '종교신앙'Religionsglaube은 어떤 특정한 시간과 장소에서만 영향력을 가질 수 있는 역사신앙과는 달리, 그것이 성립한 지역을 초월하여 모든 인간에게 타당한 이성신앙이다.(종교 B145, VI 103) 따라서 순수한 종교신앙은 보편적 교회의 기초가 될 수 있는 유일한 신앙이다. 그러나 인간은 그 자신의 나약함 때문에 이처럼 순수한 이성신앙의 기초 위에 교회를 세우

20 교회는 첫째 '보편성'을 가져야 한다.(종교 B143, VI 101) 교회는 하나이고, 하나이어야 한다. 교회는 우연적인 견해로는 분열할 수 있지만, 그 본질적인 의도에서는 수적 '단일성', 즉 하나의 유일한 교회 안에서 보편적 결합을 창출해야 한다. 교회는 둘째 그 '성질'에서 '순수성'을 가져야 한다. 교회는 도덕적인 동기 이외의 어떤 다른 동기도 가져서는 안 된다. 특히 미신적인 우매함이나 광신적인 망상으로부터 순수해야 한다. 교회는 셋째 그 '관계'에서 '자유'의 원리 위에 세워져야 한다. 교회의 각 구성원들은 그들 상호 간의 내적 관계뿐만 아니라 정치권력에 대한 외적 관계에서도 자유를 기초로 해야 한다. 교회는 교권주의나 민주주의를 지향하지 않는다.(종교 B143, VI 102) 교회는 넷째 그 '양태'에서 '불변성'을 가져야 한다. 교회는 확실한 근본 원칙들을 그 자체 목적의 이념 안에 선험적으로 가지고 있어야 한다.(종교 B144, VI 102) 그러나 이와 같은 권위는 교황이나 대주교 중심의 군주정치나 감독과 고위성직자 중심의 귀족정치, 또는 종파적 광명주의자들의 민주정치보다는 가족공동체를 원형으로 하고 있다.(종교 B144, VI 102) 윤리적 공동체로서 교회는 하느님의 뜻을 알고 모든 성원들과 혈연관계에 있는 하느님의 신성한 아들이 신을 대신하여 하느님의 뜻을 알게 함으로써 아버지를 흠숭하게 하고, 자유롭고 보편적이며 영속적인 심정적 공동체이다.

지 못했다. 초감성적 존재에 대한 신앙인들은 도덕적 행위의 무한한 실천이라는 사실보다는 신에 대한 봉사의 책임으로 생각할 뿐이었다.(종교 B146, VI 103) 이들은 신의 입법의지가 오롯이 규약적 법칙을 통하여 나타나고, 모든 가능한 신성神性 Gottheit은 각 개인에게 은밀하게 주어지거나, 또는 전통이나 성경을 통해 전승한다는 역사신앙의 형태를 추종하였다. 이로부터 도덕종교 개념 대신에 '제례적 종교'의 개념이 생겨난다.(종교 B147, VI 103)

모든 종교에서 신은 우리의 모든 의무들에 대하여 보편적으로 숭배해야 하는 도덕법칙의 입법자로서 나타난다.(종교 B147, VI 104) 신성의 개념은 도덕법칙을 의식하고 그 최종 목적에 일치하려는 이성의 욕구로부터 비롯한다. 신의 의지를 우리의 심성 속에 기록해 놓은 순수한 도덕적 입법은 모든 참된 종교 자체의 필수 조건이며, 그로써 우리는 '순수하게 도덕적인 단 하나의 종교'를 상정할 수 있게 된다. 모든 가능한 제도종교, 즉 계시신앙의 형태를 띠고 나타나는 역사신앙은 그것이 개인에게 은밀하게 나타나든지 또는 전통이나 성경을 통한 것이든지 간에 이러한 순수 이성신앙을 전파하고 촉진하기 위한 수단에 불과하다.(종교 B148, VI 104) 계시를 전제한 규약적 종교는 특정한 상황과 조건 속에서 관계를 가진 사람들에게만 타당하기 때문에 모든 인간에 대하여 구속력을 가질 수 없다. 따라서 특정한 계시에 따라 신을 찬양하는 방식보다는, 그를 보내신 뜻을 알고서 선한 행위를 통해 신의 마음에 들기를 원하는 방식이 보편성을 갖게 된다. 주의 이름을 맹목적으로 부르는 자들보다는 하느님의 뜻을 행하는 자들이 더 진실하다는 것이다. "나에게 '주님, 주님!' 한다고 모두 하늘나라에 들어가는 것이 아니다. 하늘에 계신 내 아버지의 뜻을 실행하는 이라야 들어간다."(「마태복음」 7, 21) 따라서 만일 규약적인 신앙으로 신의 권위를 빙자하여 교회 구성원을 지배한다면 그것은 '하느님의 권위를 찬탈'하는 것과 같다.(종교 B150, VI 105) 그러나 역사적인 계시신앙이 아무런 의미도 갖지 않는 것은 아니다. 어떻게 보면 도덕적 심성 안에 주어지는 신의 계명으로서 의무를 이행하는 것은 경험적인 역사 속에서 어떤 특정한 교회 형식을 필요로 한다.(종교 B149, VI 105) 사람들은 일반적으로 도덕성을 촉진하기 위한 공적인 제도보다는 오히려 예배와 신앙고백, 교회 규정들처럼 도덕과 무관한 것들을 하느님에 대한 봉사로 잘못 인식하고 있다. 그래서 사람들은 마치 교회신앙이 자연적으로 순수한 종교신앙에 우선하고, 예배장소로서 성전이 도덕적 심성의 훈육을 위한 교회에 우선하며, 종교의식을 집전하는 사제들이 순수한 도덕종교의 교사인 성직자들보다 우선한 것이라고 생각해 왔다.(종교 B152, VI 106)

이처럼 특정한 시대와 장소에서 타당한 계시에 근거하고 있는 규약적 종교신앙은 성경을 통해 보편성을 획득할 수 있게 된다. 역사적으로 볼 때 가장 파괴적인 국가혁명조차도 성경에 근거한 신앙을 근절시키지는 못했다.(종교 B153, VI 107) 교회의 다양한 형식들은 역사적으로 실패와 좌절을 거듭해 왔지만, 성경에 근거한 신앙은 이전의 잘못된 교회 형식을 적극적으로 개선해 나감으로써 계시신앙에서 이성신앙으로 발전하는 이행을 주도하고 있다. 역사적인 계시신앙과 관련하여 칸트는 다음과 같이 종교에 대한 새로운 이해를 제시하고 있다.

> 오직 하나의 (참된) 종교가 있을 뿐이지만, 다양한 신앙의 유형이 존재할 수 있다. —그럼에도 그 신앙 유형의 상이성 때문에 서로 분리해 있는 수많은 교회들 중에서도 하나의, 그리고 동일한 참된 교회를 만날 수 있다는 사실을 거기에 덧붙일 수 있다.
>
> 그리하여 이 사람은 이런 신앙 또는 저런 (즉 유대교, 마호메트교, 기독교, 가톨릭교, 루터교의) 신앙을 가지고 있다고 말하는 것이(또한 그렇게 말하는 것이 실제로 더 흔하듯이) 그

가 이 종교 혹은 저 종교를 가지고 있다고 말하는 것보다 더 적절하다. 후자[종교]의 표현은 일반 대중들을 향한 강설(교리문답과 설교)에서는 단 한 번도 올바르게 사용할 수 없다. 최근 언어들이 종교라는 표현에 대해서 동일한 의미를 가진 어떤 낱말도 제공하지 못하는 것처럼, 그들 대중에게는 지나치게 학술적이고 난해하기 때문이다. 일상적인 사람들은 이 말[종교]을 언제나 그들에게 의미가 떠오르는 자신의 교회신앙으로 이해한다. 그와 반대로 **종교는 내면에 숨어 있는 것이고 도덕적 심정들과 연관이 있다.**[21]

칸트에 의하면, 순수한 그리고 참된 종교는 단 하나밖에 존재하지 않는다. 그리고 '유일한 보편적 교회', 즉 오직 유일하게 참된 종교는 '최고선의 완전한 실현'을 요구하고 있다. 기독교와 이슬람교, 힌두교와 불교와 같은 것들은 한 종교에 대한 서로 다른 신앙유형에 지나지 않는다. 이와 같은 칸트의 주장은 상당히 파격적인 것임에 틀림없다. 폴 틸리히Paul Tillich의 존재신학, 그리고 존 힉John Hick이나 켄트웰 스미스Wilfred Cantwell Smith가 주도하고 있는 종교대화의 가능성과 관련하여 칸트는 이미 가장 근본적이고 원형적인 시각을 제공하고 있는 것이다. 칸트에 의하면, 당시의 사람들은 일반적으로 규약적인 교회신앙을 종교라고 이해하였다. 십자군 전쟁을 비롯한 종교전쟁은 교회신앙을 둘러싼 대립이었으며, 종교탄압에 대하여 불평하는 자들은 종교 그 자체에 대한 것보다는 자신들의 교회신앙에 대한 공인을 요구하였다. 불신앙자, 탈선자, 이단자들에 대한 정죄, 정통주의와 개혁주의의 출현 등은 교회신앙의 자체 확대를 위한 의도에서 비롯한 것들이다. 칸트는 유일한 정교신앙으로서 정통주의, 전제적(야만적) 정통주의, 자유로운

21 종교 B154-155, VI 107-108. 고딕체는 필자에 의한 강조이다.

정통주의, 보편적으로 구속력을 갖는 종교신앙을 추구하는 가톨릭 교회, 그리고 그 주장에 항거하는 프로테스탄트 교회 등을 열거하면서, 확장적 사고방식을 가진 '프로테스탄트적 가톨릭주의자'를 제한적 사유방식을 가진 '가톨릭적 프로테스탄트주의자'보다 더 선호하였다.(종교 B156-157, VI 109)

따라서 칸트는 교회신앙은 순수한 종교신앙을 그의 최고의 해석자로 삼아야 한다고 주장한다.(종교 B157, VI 109) 교회가 계시신앙에 바탕을 두게 되면 보편성에 대한 정당한 권리 주장을 할 수 없기 때문이다. 일반적으로 경험적인 증빙자료를 요구하는 인간의 자연적 속성 때문에 언제나 계시를 중심으로 한 역사적 교회신앙을 우선적으로 이용해 왔다.(종교 B158, VI 110) 그러나 그와 같은 경험적 신앙을 도덕신앙의 기초와 결합하기 위해서는 계시를 이성종교의 보편적이고 실천적인 원칙들과 일치할 수 있도록 해석하는 작업이 필요하다. 이를 통해 교회신앙은 신의 명령으로서 의무 수행이라는 종교의 본질 형성에 특별한 의미기능을 가질 수 있게 되었다. 특히 성경 해석의 경우에 문자주의적 해석보다는 도덕주의적 해석 방식으로 접근해야 한다. 고대의 이성적인 교사들은 성경에 나오는 모든 신앙의 내용을 보편적인 도덕신앙의 교의들과 일치하도록 해석하였다. 특히 그리스와 로마의 도덕철학자들은 신화를 도덕적으로 해석하고자 했다.(종교 B159, VI 111) 이런 과정을 통해 가장 조야한 다신론이 몇 개의 특수한 신적 존재들의 상징적 특성으로 드러나기에 이르렀다. 신들의 악한 행위들과 시인들의 야만적이고도 몽상적인 의미가 결합함으로써 모든 인간이 이해할 수 있고 찬양할 수 있는 도덕적인 내용으로 변형이 이루어진 것이다. 칸트는 유대교와 기독교, 이슬람교와 베다인들까지도 이런 작업을 했다고 말한다. 이것은 오래전부터 이미 도덕종교의 소질이 이성 안에 숨어 있어서 우연적으로 나타난 민간신앙에 대한 해석을 가능하게 한 것이다.(종교 B161, VI 111) 그런데 이 소질이 가장 미숙하게 발현한 최초의 형태에서는 계시를 매개로 한 신에 대한 봉사만을 기술하고 있으나, 그 최후의 목표는 인간의 도덕적 개선을 추구하는 이성종교의 수립에 있기 때문에, 도덕신앙이야말로 모든 경전해석의 최고 원리인 것이다.(종교 B162, VI 112)

그리하여 칸트는 교회신앙으로부터 순수한 종교신앙의 단독 지배로 점차적으로 진행하는 것은 하느님의 나라가 점점 가까워지는 것을 나타낸다고 하였다.(종교 B167, VI 115) 참된 교회는 보편성을 특징으로 한다. 역사신앙은 계시를 받은 사람들만이 인정할 수 있는 특수한 타당성을 가진다. 따라서 그것은 시간적 공간적 조건에 따라서 여러 형태로 출현할 수 있다. 그러나 순수하게 이성에 기초하고 있는 종교신앙은 필연적인 것이며, 참된 교회의 특징을 나타내는 오직 유일한 신앙이다. 그러므로 역사신앙은 교회신앙이 부단하게 순수한 종교신앙을 향하여 접근해 가는 과정에서 출현하는 수단에 지나지 않는다.(종교 B167, VI 115) 궁극적으로 참된 교회는 모든 사람들로 하여금 영원히 축복을 받을 수 있게 하는 도덕성을 내포하고 있으며, 신의 마음에 들 수 있는 자유롭고 순수한 심성으로부터 우러나온 거룩한 신앙seligmachenden Glauben, 즉 '영원히 행복할 도덕적 감수성(존엄성)을 지니고 있는 각 개인의 신앙'을 추구한다.(종교 B168, VI 115) 그러나 이처럼 거룩한 신앙은 최소한 두 가지 사실을 전제조건으로 요구하고 있다.(종교 B169, VI 116)

> 축복을 이루는 신앙은 축복에 대한 희망의 두 가지 조건을 담고 있다. 그 중 하나는 그 자신이 행할 수 없는 것에 관한 것으로서, 다시 말해 이루어진 그의 행위들을 법적으로 (재판관이신 하느님 앞에서) 일어나지 않은 일로 만드는 것이고, 다른 하나는 그 자신이 할 수 있고 해야만 하는 것에 관한 것으로서 자신의 의무에 합당한 새로운 삶으로 변화하는 일이다. 첫째의 신

앙은 속죄(그의 죄과에 대한 보속[補贖], 구원, 신과의 화해)의 신앙이고, 둘째의 신앙은 앞으로 계속 해나가야 할 선한 행적 가운데서 하느님의 마음에 들게 할 수 있다는 신앙이다. ― 이 두 조건은 오직 하나의 신앙을 형성하고 필연적으로 공속적(共屬的)이다. 그러나 우리는 이 결합의 필연성은 하나의 조건이 다른 하나의 조건에서 나온다고 상정하는 방식으로만 생각할 수 있다. 그러므로 우리가 저지른 죄과의 사면이 선한 행적을 낳게 한다고 상정하거나 또는 항상 진실하고 열성적으로 노력하는 선한 행적의 심정이 도덕적으로 작용하는 원인들의 법칙에 따라서 용서받는다는 신앙을 산출한다고 상정하는 것 이외에 달리 이 결합의 필연성을 통찰할 수는 없다. 여기에서 이제 인간 이성이 그 자신에 대해 갖게 되는 주목할 만한 이율배반이 나타난다.[22]

칸트는 여기에서 하느님의 축복을 얻을 수 있다는 우리의 희망이 두 가지 방식으로 가능하다고 말한다. 그 하나는 우리들 인간의 능력만으로는 할 수가 없는 것인데, 우리들이 이미 저질러 놓은 잘못과 악행들을 법적으로 하느님 앞에서 행하지 않은 것으로 만드는 것이다. 이것을 가능하게 하는 유일한 방식은 아마도 자신이 저지를 죄에 대해서 값을 치르고 신과 화해하여 구원을 얻는 속죄신앙일 것이다. 그런데 속죄는 인간의 힘으로는 결코 해낼 수 없고, 하느님만이 할 수 있는 일이다. 하느님의 축복을 희망할 수 있는 두 번째 방식은 인간이 스스로 '할 수 있고 하지 않으면 안 되는 일'에 관한 것인데, 이는 곧 우리가 스스로의 의무에 합당한 삶으로 전환함으로써, 하느님의 마음에 드는 인간이 되도록 자율적으로 선한 행위를 하

22 순수 A 159-160, B 168-169, VI 116. 고딕체는 필자에 의한 강조이다.

는 것이다. 첫째 조건은 역사적 계시신앙이 우리에게 보여 주는 길이고, 둘째 조건은 이성적 도덕신앙이 우리를 이끌어 가는 길이다. 칸트는 이 두 가지 길이 필연적인 방식으로 상호 연결되어 있다고 보았다. 그런데 역사적인 계시신앙과 이성적인 종교신앙 가운데서 어떤 것이 우선인가를 정하는 데서 우리는 이율배반에 직면하게 된다.(종교 B169, VI 116)

> 만일 인간의 죄를 위해서 속죄가 이루어진다고 전제한다면, 모든 죄인들은 누구든지 이 속죄가 기꺼이 자신에게도 관련이 있다고 파악하고 싶을 것이고, 또한 만일 이 경우에 오롯한 신앙만이 중요하다면(이 신앙은 속죄가 자신에게도 이루어지기를 바란다는 의지표명에 지나지 않는다) 그것 때문에 그는 한순간도 걱정하지 않을 것이다. 그러나 자기가 벌 받을 만한 죄과가 있다는 사실을 알고 있다면, 이성적인 인간이 어떻게 그를 위해 이루어질 속죄의 소식을 믿고, 또한 그의 죄를 씻기 위해 이 속죄가 (법률가들이 말하듯이) 더 유효하다고 인정하는 것만이 필요하다고 어떻게 진지하게 믿을 수 있으며, 그리고 더구나 그의 죄가 (뿌리까지) 완전히 씻어져서, 장래에 그가 지금까지 전혀 노력을 기울이지 않은 선한 행적이 이 신앙과 그에게 제공된 은덕을 받아들인 데서 오는 불가피한 결과일 것으로 진지하게 믿을 수 있다고는 전혀 생각할 수 없다. 비록 자기애가 흔히 사람들이 그를 위해 아무것도 하지 않고, 아무것도 할 수도 없는 선에 대한 오롯한 소망을 마치 그 대상이, 단지 동경에 끌려서 저절로 생기는 것 같은 희망으로 바뀌는 일이 있다고 해도, 그 어떤 사려 깊은 사람이라도 이러한 신앙을 자기 안에 구현하지는 못할 것이다. 그것은 오직 인간이 이러한 신앙 자체가 하늘에서 그에게 주어졌다고 보고서, 그 때문에 그것에 대해서 더는 자신의 이성에게 변명할 필요가 없다고 볼 때에만 가능하게 생각할 수 있다. 만일 그가 이

것을 할 수 없거나, 또는 그가 너무 성실하여 그런 신뢰를 오로지 아첨거리인 것처럼 스스로 꾸밀 수 없다면, 그는 그처럼 과장된 보상에 대해 온갖 존경을 표하고, 그러한 속죄가 자신에게도 열리기를 진정으로 소망함에도, 그러한 속죄가 단지 조건적인 것이라고 볼 수밖에 없을 것이다. 즉 그는 더 높은 공덕이 그에게 주어질 수 있으리라는 희망을 갖기 위한 최소한의 근거라도 가능하게 하도록, 그의 능력이 미치는 한에서 개선된 행적이 선행하지 않으면 안 된다고 생각하지 않을 수 없다. —그러므로 후자[더 높은 공덕]에 대한 역사적 인식이 교회신앙에 속하고, 그와 반대로 전자[개선된 행적]는 그 조건으로서 순수한 도덕신앙에 속한다면, 후자[도덕신앙]는 전자[교회신앙]에 선행하지 않을 수 없는 것이다.[23]

만일 죄의 용서를 빌 수 있는 어떤 일도 행하지 않고서 그냥 자신이 지은 모든 죄를 조건 없이 용서한다는 은총의 소식을 듣게 된다면, 어느 누구도 그것을 쉽게 믿지 못할 것이고 믿을 수도 없을 것이다. 그러나 이성적인 인간이라고 한다면, 그가 할 수 있는 한 도덕적으로 행하려고 노력할 경우에만 그런 은총을 기대할 수 있다고 생각할 것이다. 그러므로 이성적인 사람은 속죄에 관한 역사적 인식을 바탕으로 하는 교회신앙은 그 전제조건으로서 도덕신앙을 요구한다고 생각할 수 있으며, 따라서 도덕신앙이 교회신앙에 선행하지 않으면 안 된다고 여길 것이다.

그러나 만일 인간이 본성적으로 타락해 있다면, 또한 그가 —지금까지 잘못이 있는 범행들을 스스로 의식하고 있지만— 여전히 악한 원리의 힘 아

23 종교 A161–162, B170–171, VI 116–117. 고딕체는 필자에 의한 강조이다.

래에 놓여 있고, 장래에 그것을 개선할 아무런 충분한 능력을 자신 안에서 발견할 수 없다면, 그가 아무리 노력한다고 하더라도 어떻게 그 자신에게서 하나의 새로운, 하느님의 마음에 드는 인간을 만들어 낼 수 있다고 믿을 수 있겠는가? 만일 그가 그 자신에 대하여 제기했던 정의가 타인의 속죄에 의하여 화해될 수 없다고 본다면, 또한 그 자신이 이러한 신앙을 통해 곧바로 새롭게 태어나는 것으로 볼 수 없고, 그래서 무엇보다도 거듭남과 결합된 선한 원리의 결과인 새로운 행적이 들어설 수 없다면, 그는 하느님의 마음에 드는 인간이 된다는 자신의 희망을 어디에 세우려고 할 것인가? – 그러므로 그 자신의 것이 아니라 그것을 통해 그가 신과 화해하게 되는 공덕에 대한 신앙이 선한 행위 일체에 대한 모든 노력에 선행하지 않으면 안 되지만, 그런데 이것은 앞의 명제와 상충한다. 그러므로 이 다툼은 인간 존재의 자유의 인과규정, 다시 말해 인간을 선하게 또는 악하게 만드는 원인들에 대한 통찰을 통해 이론적으로 해결할 수 없다. 왜냐하면 이 문제는 우리 이성의 모든 사변능력을 넘어서기 때문이다. 그러나 실천적인 것, 곧 우리의 자유로운 자의의 사용에서 자연적으로가 아니라 도덕적으로 일차적인 것은 무엇인가, 곧 우리가 무엇에서부터 시작해야만 하는가, 신이 우리를 위해 행한 것에 대한 신앙에서 시작해야만 하는가, 아니면 (그것이 무엇이든 간에) 그럴 만한 품격을 갖추기 위해 우리가 행해야만 하는 것에서 시작해야 하는가를 물을 때에는, 주저 없이 후자를 선택할 수 있다.[24]

둘째로 만일 인간이 악의 지배에 놓여 있고 본성적으로 타락한 상태에

24 종교 A162-163, B171-172, VI 118-118. 고딕체는 필자에 의한 강조이다.

서, 그 안에서 도덕적인 개선 능력을 발견할 수 없다면, 그는 어떻게 스스로 신의 마음에 드는 인간이 될 수 있겠는가? 이 경우에 그는 스스로의 힘으로 구원에 대한 희망을 성취할 수 없기 때문에, 그의 행위와 관계없이 주어지는 은총에 대한 신앙이 모든 가능한 도덕적 노력에 우선한다고 볼 것이다. 그리하여 이 명제는 바로 앞에서 제시한 명제, 즉 선한 행위가 신의 속죄에 우선해야 한다는 명제와 모순된다. 그렇다면 이 두 명제 사이의 모순은 어떻게 해소할 수 있는 것일까?

거룩한 신앙의 첫 번째 원리, 즉 속죄신앙(은총)은 그 같은 방법 이외에 가능한 다른 어떤 구원의 길이 없기 때문에 오직 이론적 개념을 위해서만 요구하게 된다. 이와 반대로 두 번째의 원리는 실천적이며 순수 도덕적인 것이다. 인간은 '은총의 최상의 조건'으로서 도덕적 의무의 이행이라는 무조건적인 명령을 행위원칙으로 채택하는 경우에만 거룩한 신앙을 통해 주어질 수 있는 지복을 기대할 수 있다. 그런데 교회신앙은 당연히 속죄신앙의 원리에서 출발한다. 이 원리는 속죄에 대한 믿음은 의무로 간주하고, 선한 행위의 신앙은 '은혜'로 여긴다. 그와 반대로 도덕성의 원리는 선한 행위를 은총의 조건으로 필요한 의무로 인식하고, 속죄는 은총의 내용으로 제시할 뿐이다. 따라서 여기서는 은총만을 추구하는 신앙을 신에 대한 미신적인 봉사라고 지탄한다. (종교 B174, VI 118) 이처럼 대립하는 두 가지 요소들은 하느님의 마음에 드는 인간의 원형, 즉 '하느님의 아들 그 자체에 대한 살아 있는 신앙'을 매개로 하여 화해상태에 도달할 수 있다. (종교 B174, VI 119) 물론 '신인'神人 Gottmensch이라는 개념 속에 모순적 요소가 남아 있기는 하지만, 이성 안에서 그 원형에 대한 신앙이야말로 거룩한 신앙의 대상인 동시에 도덕적으로 신의 뜻에 일치할 수 있는 행위 원리가 될 수 있는 것이다. 그러므로 신의 아들에 대한 신앙에서 속죄(은총) 신앙과 도덕신앙은 일치하게

되는 것이다.(종교 B175, VI 119)

이와 같은 사실을 바탕으로 칸트는 앞에서 기술한 이율배반은 현상적인 것이며, 서로 다른 관계에서 설정한 '하나의 동일한 실천적 이념'을 두 개의 서로 다른 원리로 묘사한 데서 비롯한다고 해명한다.(종교 B176, VI 119) 현실적으로 역사신앙만이 거룩한 신앙의 조건이라고 주장할 경우에, 그것은 확실히 도덕신앙의 내용과 모순을 일으키는 결과를 초래할 수 있다. 모든 종교는 속죄의 교리를 가지고 있으며, 그 사실은 하느님의 마음에 드는 인간이 되기 위하여 거룩한 심성을 가지려고 노력하는 것과는 전혀 별개의 문제일 수 있기 때문이다.(종교 B176, VI 120) 그리하여 성직자들은 인류를 신과 화해시키는 동시에, 호국적인 제의 행사에 많은 국민들이 참여할 수 있도록 독려하였으나, 그와 반대로 도덕주의자들은 성직자들의 속죄 수단이 오히려 국민도덕을 타락시킨다고 비난했던 것이다.(종교 B177, VI 120) 성직자들은 무서운 악행까지도 도덕적 개선 노력을 요구하지 않고서 신과 화해시킬 수 있다고 보았기 때문이다. 더 나아가서 그들은 도덕적 심정의 혁명, 즉 새로운 인간에 대한 신앙 역시 하늘로부터 직접 주어지는 신의 섭리로 간주하였다. 그러므로 하느님은 그가 하고 싶으신 대로 긍휼히 여기거나 또는 냉대할 수 있다.[25] 이와 같은 신앙에서는 확실히 이성이 들어설 여지가 없으며, 따라서 도덕신앙은 무력하게 될 수밖에 없다.

그러나 다른 한편, 도덕성에 대한 개념이 신으로부터 주어진 것이라고 한다면, 우리 안에 있는 자연적이나 도덕적 소질은 '모든 종교의 기초'인 동시에 그 '해석 원리'가 될 수 있다.(종교 B179, VI 121) 그것은 마치 태아가 인간으로 탄생하기 위하여 아기집으로부터 빠져 나오듯이 규약적인 종교에서 은

25 "이렇게 하느님께서는 당신이 원하시는 대로 어떤 사람에게는 자비를 베푸시고, 당신이 원하시는 대로 어떤 사람은 완고하게 만드십니다."(「로마서」 9, 8)

총신앙으로부터 도덕적인 종교의 이성신앙으로 새롭게 전개한다고 생각할 수 있을 것이다. 그리하여 이러한 사람들은 "내가 아이였을 때에는 아이처럼 말하고 아이처럼 생각하고 아이처럼 헤아렸습니다. 그러나 어른이 되어서는 아이 적의 것들을 그만두었습니다"(「1코린」 13, 11)라고 말하는 사람처럼 전적으로 새로운 차원으로 이행할 수 있다. 이러한 일들은 어떤 정치적인 혁명을 통해서 가능한 것이 아니고, 순수한 계시종교의 원리 속에 새로운 질서로 초월할 수 있는 기초를 마련하고, 이를 기반으로 점진적인 개혁이 가능하다고 보지 않을 수 없다.(종교 B180, VI 122) 그리하여 교회신앙에서 보편적인 이성종교로 이행하고, 지상에서 윤리국가의 점진적 실현이라는 원리가 보편적 근거를 가지고 있다면, 하느님의 나라를 이 땅 위에 실현할 수 있다는 기대를 가질 수 있게 된다.(종교 B181, VI 122) 덕의 법칙을 수행하는 공동체로서 인류가 악의 세력을 물리치고 영원한 평화를 확보할 수 있는 나라를 세우기 위하여 안간힘을 쓰는 것은 비록 우리의 눈에는 보이지 않지만 부단하게 발전하고 있는 선한 원리의 활동인 것이다.(종교 B182, VI 124)

칸트는 이제 "지상에서 선한 원리의 지배의 점진적 건설에 대한 역사적 표상"Historische Vorstellung der allmählichen Gründung der Herrschaft des guten Prinzips auf Erden의 문제를 다룬다.(종교 B184-206, VI 124-137) 예배 중심적인 '교회신앙'과 도덕 지향적인 순수한 '종교신앙'은 역사 속에서 계속적인 갈등관계에 있으면서 긴밀한 관계를 유지하고 있다. 보편적 교회는 모든 인간과 모든 시대에 타당한 유일하고 확실한 원리를 기반으로 도덕적인 하느님의 나라를 이룩하기 위하여 활동하고 있다. 따라서 역사적으로는 교회신앙이 도덕신앙 보다 우위에 있는 것처럼 보이지만, 도덕신앙은 아무런 연관성도 갖지 않은 여러 민족의 종교들이 하나의 동일한 교회로서 통일성을 가질 수 있게 하는 근거라는 이유에서 우월성에 대한 주장을 포기하지 않고 있다. 즉 도덕신앙만이 보편적인 교회의 원리가 될 수 있다는 것이다.(종교 B184, VI 124) 하느님의 나라를 땅 위에 세우는 것은 바로 교회신앙이 이성신앙으로 완전하게 이행한 것을 뜻한다. 칸트에 의하면 예수는 이 땅 위에 세워질 하느님의 나라에서 시민적 자질, 즉 복음에 대한 도덕적 측면을 제자들에게 강조하였다.(종교 B203, VI 134) 따라서 지상적 삶에서 행복에 대한 기대 대신에 최대의 고통과 희생을 감수하도록 하였다. 이처럼 도덕적 행위에 기초한 믿음을 가진 자들에게 예수는 "기뻐하고 즐거워하여라. 너희가 하늘에서 받을 상이 크다. 사실 너희에 앞서 예언자들도 그렇게 박해를 받았다"(마태 5, 12)는 위안의 소망을 약속했던 것이다.(종교 B203, VI 135) 따라서 교회는 최후의 승리를 쟁취하기 위하여 도덕적 성향만을 가진 지상적 최고선을 향한 무한한 전진과 접근을 바라고 준비해야 한다. 이와 같은 하느님의 나라는 도덕성을 지향하는 우리들의 마음 한가운데 있다.[26] 여기에서 칸트는 하느님의 나라를 어떤 특수한 계약에 의한 하느님의 나라regnum divinum pactitium가 아니라 오직 이성에 의해 인식할 수 있는 나라로 해석하였다.

그러나 종교신앙은 어떻게 우리의 도덕적 신성과 결합할 수 있는 것일까? 종교신앙에 대한 모든 연구는 공적으로 인정할 수 없고 보편적으로 전달할 수도 없는, 그리하여 오직 주관적인 방식으로만 감지하는 하나의 '신비', 즉 거룩한 어떤 것과 조우하게 된다.(종교 B208, VI 137) 그것은 바로 이성의 실천적 사용을 통하여 인식할 수 있는 '순수한 이성신앙의 대상'이다. 물론 그와 같은 유형의 비밀이 존재하는가를 선험적, 객관적으로 입증하는 것은 불가능하다.(종교 B209, VI 138) 다만 우리는 우리의 내면, 즉 도덕적 소질의 주

26 "또 '보라, 여기에 있다', 또는 '저기에 있다' 하고 사람들이 말하지도 않을 것이다. 보라, 하느님의 나라는 너희 가운데에 있다." 예수님께서 제자들에게 이르셨다. "너희가 사람의 아들의 날을 하루라도 보려고 갈망할 때가 오겠지만 보지 못할 것이다."(루카 17, 21–22)

관적 측면을 살핌으로써 그것을 알 수 있을 뿐이다. 그것은 자유의 개념과 유사한 특성을 갖고 있다.(종교 B209, VI 138) 인간은 순수한 도덕적 심성이 필연적으로 요구하는 최고선의 이념을 가지고 있으며, 비록 그것을 자신의 힘만으로 성취할 수 없다 할지라도, 그 실현을 위한 무한한 노력을 의무로 인식하고 있다. 여기에서 그는 최고선의 실현 노력을 지원해 줄 수 있는 '도덕적인 세계지배자의 협력이나 실연實演에 대한 믿음'Glauben an die Mitwirkung oder Veranstaltung eines moralischen Weltherrschers을 갖게 되며, 이 경우에 바로 우리가 알지는 못하지만 필연적으로 기대하게 되는 그와 같은 신앙내용들에 대한 비밀들이 전면적으로 부상하게 된다.(종교 B210, VI 139)

그런데 도덕적인 세계 지배자의 이념은 우리의 실천이성에 주어져 있다.(종교 B211, VI 139) 따라서 우리는 신 그 자체의 본성에 대한 지식보다는 신과 도덕적 존재로서 인간의 관계에 대한 지식을 중시하는 것이다. 이와 같은 실천이성의 요구를 감안할 경우에 참된 보편적 종교신앙은 첫째로 전능하신 천지창조자로서 신, 즉 도덕적인 신성한 입법자로서 하느님에 대한 신앙이고, 둘째로 자비로우신 인류의 통치자 및 도덕적 부양자로서 하느님에 대한 신앙이고, 셋째로 신성한 법칙의 관리자, 즉 공정한 재판관으로서 하느님에 대한 신앙이다.(종교 B211, VI 139) 이러한 신앙은 인류에 대한 신의 도덕적 관계만을 담고 있기 때문에 어떤 비밀도 갖고 있지 않다. 그리고 그것은 모든 인간의 이성에 스스로 현현하는 것으로서 문명화된 대부분의 민족종교 안에서 찾아볼 수 있다.(종교 B211, VI 140) 앞에서 기술한 세 가지 형태의 최고 권력에 대한 신앙은 윤리적인 공동체로서 하느님 나라의 백성들 가운데 존재하며, 그와 같은 최고권력은 법률적인 시민국가에서 세 개의 서로 다른 주체에게 분배해야 하는 것이다.

그런데 칸트는 이 같은 도덕적 최고권력자에 대한 신앙은 기독교의 신앙교의에 의하여 공적으로는 가장 먼저 세계에 알려지게 되었다고 주장한다. 그리하여 칸트는 기독교를 도덕주의적 시각에서 다음과 같이 재해석하고 있다.(종교 B203, VI 141) 첫째로 최고의 입법자는 인간의 나약성에 대하여 자비롭고 관대한 존재라고 여겨지거나 또는 마음대로 권리를 행사하는 전제적인 존재라는 평가를 받아서도 안 된다. 또한 동시에 그것은 철저하게 자의적이고, 우리의 윤리적 개념과 아무 관계도 없는 것이라고 여기게 해서도 안 된다. 최고입법자의 법칙은 오직 인간의 거룩함과 관련한 것으로 나타날 수 있어야 한다.(종교 B214, VI 141) 둘째로 신의 자비는 그의 피조물에 대한 무조건적 호의가 아니라, 하느님의 마음에 들게 되는 도덕적 성질을 보여 주는 동시에 인간의 무능함으로 스스로 충족할 수 없는 요소들을 보완해 주는 것이다. 셋째로 신의 정의는 무조건적인 자비와 용서의 형태로 나타나는 것도 아니고, 입법자의 거룩함이 실현하는 것도 아니며, 오직 인간이 거룩한 법칙의 요구와 일치하는 조건 아래서만 드러나는 자비로 생각해야 한다. 그리하여 하느님은 이 세 가지의 각각 다른 도덕적 성질을 통하여 봉사 받기를 원하는 것이다.

그런데 이 세 가지 성질들은 하나의 동일한 존재가 갖게 되는 인격성으로 불릴 수도 있다.(삼위일체설) 다만 그것이 실천적 이념의 표상으로 받아들여질 경우에는 순수한 도덕종교와 일치할 수 있으나, 신의 본성에 관한 인식의 확장으로 간주할 경우에는 도덕적 개선과 아무런 관계도 없는 비밀의 계시인 동시에 신인동형동성론적 부역신앙에 지나지 않게 될 것이다.(종교 B214-215, VI 142) 칸트는 이와 관련하여 소명, 속죄, 선택이라는 기독교에서 세 가지 비밀을 소개하고 있다.(종교 B215, VI 142)

첫째로 소명은 인간을 윤리적 국가의 시민이라고 부르는 것을 말한다. 하느님이 자연사물의 창조주일 경우에 그가 모든 자연법칙의 창시자이듯이, 우리가 하느님의 피조물인 경우에 우리는 그의 법칙 아래에 보편적, 무조건적으로 종속해 있다고 볼 수 있다. 그러나 피조물이 어떻게 자유로울 수 있는가에 대해서는 우리의 이성으로 이해할 수 없다. 모든 피조물은 인과성의 원리에 의하여 그의 행위를 유발한 원인 이외의 어떤 다른 내적 근거도 생각할 수 없기 때문에, 그는 언제나 어떤 특정한 근거에 기초하고 있기 때문에 자유롭지 못한 것이다.(종교 B216, VI 142-143) 따라서 우리는 이성적 통찰을 통하여 이러한 존재자의 창조 개념과 신적이고 거룩하며 자유로운 존재와 관계하는 법칙을 연결할 수 없다. 그러므로 이 자유 존재자는 창조에 의한 자연 의존성이 아니라 오직 도덕적인 자유의 법칙에 의해서만 가능한 강제를 통하여 하느님의 나라의 백성으로 부름 받게 되는 존재, 즉 소명의 비밀에 이르게 되는 것이다.(종교 B216, VI 143) 도덕적으로 소명은 완전하게 명백한 것이지만, 사변적으로 그것이 어떻게 가능한가는 이해 불가능한 것이다.

둘째로 속죄는 도덕적으로 타락한 인간이 죄로부터 벗어나서 참된 구원에 이르는 것을 말한다. 칸트에 의하면 인간은 결코 스스로의 힘에 의하여 거룩한 법칙과 일치할 수 없다. 어떻게 이와 같은 단정적인 주장이 가능한 것일까? 이것은 동양적 사유와 전혀 다른 서구중심적, 특히 기독교적인 세계관을 칸트가 전제한 데서 비롯한다. 그런데 만일 하느님이 인간을 자녀로 부르고 그의 나라에 속하는 백성으로 인정하는 경우에, 신은 인간의 결핍을 보완할 수 있는 스스로의 방책을 마련하지 않으면 안 될 것이다. 그러나 이와 같은 생각은 인간의 도덕적 행위가 자율성에 근거할 뿐만 아니라 이성적 행위 주체의 책임 역시 전적으로 다른 주체에게 전가할 수 없기 때문에 현상적으로 모순인 것처럼 보인다. 따라서 속죄의 문제 역시 이성의 논리에 의해서는 파악할 수 없는 하나의 비밀이다.

셋째로 선택은 결함이 있는 인간에게 하느님의 은총이 작용하는 것을 말한다.(종교 B217, VI 143) 그런데 도덕적 신앙으로 접근할 경우에 신의 이념에 적합한 인간의 도덕적 심성이나 최고선을 향하여 무한하게 접근하려는 도덕적 의지 역시 인간의 힘으로 완전하게 도달할 수 없기 때문에, 결국 인간은 그 자신의 도덕적 행위가 아니라 하느님의 은총으로만 축복에 이를 수 있다. 따라서 결함 있는 인간을 선택하여 사면하는 하느님의 은총이 어떤 사람에게는 허용이 되고 다른 많은 사람들은 거부함으로써, 영원한 천국과 영원한 형벌을 결정한다고 하면 하느님의 정의와 그 도덕적 구속성을 이해하는 데 전혀 도움이 되지 않을 수 있다. 그리하여 하느님이 어떤 규칙에 의하여 결함 있는 인간의 죄를 용서하고 축복을 내릴 수 있는지에 대해서 우리의 이성은 아무런 지식도 가지고 있지 않다.

이처럼 소명, 속죄, 선택이라는 세 가지 유형의 비밀, 즉 어떻게 선과 악이 존재하고, 악으로부터 선이 발생하며, 또한 어떤 경우에 선의 회복을 허용하는가에 대해서 신은 우리가 이성적으로 이해할 수 있는 아무것도 계시하지 않았다. 그러나 칸트는 실천적인 의미에서 우리의 행위에 필요한 모든 것을 하느님은 이미 이성이나 성경에 누구나 이해할 수 있을 정도로 충분히 계시해 주고 있다고 주장한다.

이성은 도덕법을 통하여 선한 행위를 하도록 강제하고 있으며, 이와 같은 사실은 심정과 양심으로 입증할 수 있으나, 그 이상의 것을 계시해 주어야 한다는 주장은 불손하다. 그러나 각자에게 이러한 비밀들을 실천적인 의미에서 필연적인 종교의 이념으로 이해한다고 하더라도, 그것은 공적 종교의 도덕적 기초로서 가르쳐질 경우에만 비로소 계시라고 할 수 있다.(종교 B219, VI 145) 따라서 인간은 특정한 공동체에 속하는 사람들만 이해하는 성례의 차원을 넘어서서, 도덕적 완전성의 최고 목표가 되는 법칙에 대한 사랑을 가져야 한다.(종교 B220, VI 145) 그리고 이 이념은 곧 '신은 사랑이다'라는 신앙 원리로 발전하고, 그 거룩한 법칙에 합치하는 한에서 하느님 아버지와 그의 아들, 그리고 성령에 대한 숭배가 가능하게 된다.(종교 B221, VI 146) 특히 우리는 이와 같은 신앙을 단순한 의례보다는 도덕적 합일에 이르는 의무로 인식하는 것이 적절하고, 따라서 성경이나 신앙고백의 경우도 단순한 문자적 신앙에 의하여 일의적으로 해석하는 것보다는 철학적 또는 학문적으로 해석하는 것이 바람직하다.

결론적으로 칸트는 그 '독실함과 결합되어 있는 덕'만이 '참된 종교적 심성'wahre Religionsgesinnung인 '하느님의 축복'Gottseligkeit의 이념을 형성한다고 강조한다. 그러나 참으로 신의 마음에 들기 위해서는 덕과 경건의 결합을 바라야 하는데, 그것이 바로 참된 종교적 심성을 창출하기 때문이다. 이러한 마음을 갖지 못한 자들은 그들이 비록 특별한 은총을 받고 선택받은 자들이라고 주장할지라도 자연적으로 존경받을 만한 사람들보다 더 저급한 상태에 있는 것이다. 따라서 '은총에서 덕으로'가 아니라 '덕에서 은총으로' 가는 길이 바른 길인 것이다.(종교 B314, VI 202) 이것이야말로 칸트가 그토록 강조하였던 '도덕에서 종교로 이행한다는 원칙'이다.

○

제13장 역사 · 종교신학적 단편들과 『유작』

1. 칸트의 역사신학에서 자유와 진보

칸트가 제시한 희망의 물음은 역사와 종교라는 인간의 두 가지 실천적 측면과 관련이 있다. 칸트에서 역사철학은 '외적 자유'로서 법에 대한 희망을, 그리고 종교철학은 '내적 자유'로서 도덕성 또는 덕에 대한 희망을 나타낸다. 이 두 영역은 칸트에서 실천철학의 연장으로 다루어지고 있다. 따라서 이들 영역에서 다루어지는 대상들 역시 '객관적 실재성'을 갖는 것이 아니라 '실천적 실재성'praktische Realität만을 가질 뿐이다.(회페, 285-6[240]) 다시 말하면 역사와 종교의 영역에서 사유 대상들은 이성 사용의 규제적 원리에서만 의미 있게 다루어진다는 것이다.

칸트는 우선 '법의 진보로서 역사'의 문제를 「세계시민적 관점에서 본 보편사의 이념」(1784), 「인류사의 추정적 기원」(1786), 『학부 논쟁』(1798)에서 다루고 있는데, 특히 후자의 제2절은 "인간 종은 좀더 나은 종으로 끊임없이 진보하는가?"라는 물음을 바탕으로 철학부와 법학부 사이의 논쟁을 다룬다.(학부 VII 79) 리케르트Heinrich Rickert(1863~1936)를 비롯한 신칸트학파는 칸트의 역사철학에서 역사과학, 즉 정신과학과 문화과학의 방법론을 찾아서, 자연과학에 대비되는 정신과학의 고유한 학문적 특성을 띄우고자 하였다. 그러나 칸트 자신은 자신의 역사철학에서 역사과학의 방법론을 전개하거나 역사적 이해 혹은 해석학의 방법을 강구하지도 않았다.(회페 286-7[241]) 칸트에 의하면 구체적인 사건들로서 역사는 '순전히 경험적으로 기록되는 엄밀한 역사'(세계 VIII 30)가 다루는 것이고, 자신은 실천이성을 가진 인간과 관련되는 역사, 즉 역사 과정이 이성적이고 의미 있는 것으로 나타나는 경험으로부터 독립적인 조건들을 선험적인 이성비판과 연관해서 다루고자 했다.(회페 287[242]) 그것은 바로 경험적인 역사학으로 답을 찾을 수 없는 '역사의 의미에 대한 물음'이다.

칸트는 역사의 참담한 모습을 부정하지 않는다. 수많은 개별적인 지혜에도 불구하고 모든 것은 어리석음, 자만심, 유치한 악의, 그리고 파괴욕으로 가득 차 있다.(세계 VIII 18; 회페 287[242]) 역사는 모든 선한 것을 파괴하고 '악과 도덕의 타락'(학부 VII 86)을 유도하는 전쟁의 연속으로 나타난다. 그런데 이처럼 악의 원리가 득세함에도 불구하고 개인의 역사가 특별한 의미를 가질 수 있는가의 물음은 칸트에서 종교철학의 과제에 속한다. 다른 한편, 전체적인 역사 현상에서 드러나는 결함, 무의미, 불합리에도 불구하고 개인과 집단의 역사가 아닌 인류 전체의 역사 또는 세계사에서 의미를 발견할 수 있는가의 물음은 역사철학의 과제이고, 그로써 "세계사의 시작과 최후의 목표, 즉 최종목적"Endzweck을 다룰 수 있게 된다. 칸트에 의하면 역사의 시작과 목표는 객관적으로 알려지거나 단순하게 상상할 수 있는 것이 아니다. 역사의 시초는 오직 구성적으로 추측할 수 있을 뿐이고, 역사의 목표는 실천적 이념으로서만 기획할 수 있다.(회페 288[242])

칸트에 의하면 인류 역사의 처음 시작, 즉 태초에 대한 어떤 역사적 증거도 있을 수 없으며, 오직 성경의 창조사(「창세」 2-6)를 단서로 하여 "인간 본성에 내재하는 근원적인 소질로부터 처음으로 자유가 발전하는 역사"를

'단순한 여행거리'로 구성할 수 있을 뿐이다. 칸트는 인류 역사의 시초erster Anfang를 '낙원'으로 추측한다. 철학적으로 볼 때, 인간은 낙원에서 오직 본능에 따라서 살기 때문에 고통 없이 존재한다. 즉 본적 쾌락에 충실한 억압 없는 삶을 살고 있다. 그러나 그것은 곧 인간이 무지와 천진난만함 속에서 지내고 있으며, 자신의 자유와 이성에 대한 의식 없이 살고 있다. 하이데거의 표현으로 보면 '비본래성'의 삶을 살고 있는 것이다. 그런데 인간이 처음으로 자신의 삶의 방식에 대해서 '자유로운 선택'을 시도함으로써 다른 동물들과 다른 존재로서 스스로를 분류하는 능력을 갖게 된다.(인류 VIII 112) 그러나 본능에서 해방하였으나 인간은 여전히 자신의 길을 올바르게 선택할 수 있는 '교양있는 이성'을 구비하지 못하고, 수많은 욕구의 대상들 앞에 서게 된다. 그리하여 인간이 "자연의 보호를 받는 상태에서 자유의 상태로"(인류 VIII 115) 이행하는 것은 윤리적 측면에서 '(원죄적) 타락'[ein(Sünden-)Fall]이다.

"그러므로 자연의 역사는 신의 작품이기 때문에 선으로부터 시작하지만, 반대로 자유의 역사는 인간의 작품이므로 악으로부터 시작한다."(인류 VIII 115) 그리하여 "전혀 알려지지 않은 수많은 생명의 재앙들"이 타락에 대한 처벌로 뒤따른다. 여기에서 칸트가 자연과 문화 사이에 불가피한 투쟁이 있고, 자연으로부터 문화로의 이행을 '타락'이라고 규정한 것은 루소와 일치한다. 그러나 칸트는 인간의 다양한 소질과 힘을 발전시키고 문화를 가능하게 하기 위하여 타락이 필연적이라고 생각함으로써, '자연으로 돌아가라'는 루소의 요구를 일축한다. 하지만 루소 역시 『에밀』과 『사회계약론』에서 문화로 나아가면서 인간과 시민으로 교육되는 인간의 고된 길을 다룰 때는 칸트와 일치한다.(회페 289[243])

칸트는 인류 역사의 시초와 타락 이후의 발전을 '인류의 역사'라고 본다. 그것은 인류가 야만적인 자연상태에서 완결된 자유의 상태로 이행했을 때 의미를 갖게 된다.(회페 289[243-244]) 이처럼 '칸트는 자유의 진보로서 역사'를 헤겔에 앞서 이미 언급하고 있다. 역사는 외적으로 자유로운 인간들의 상호공존을 향하여 진보하고, 그 속에서 인간의 모든 힘과 소질을 계발한다. 외적 자유는 인간들 사이에서 벌어지는 전제정치와 야만적 행위에 종지부를 찍는 법치국가를 실현하며, 따라서 역사의 의미는 법치국가의 건립과 국가들 상호 간의 법제화를 통한 공존에 있다. 그것은 국가공동체 틀 속에서 범세계적 평화공동체를 결성할 때까지 전 인류에게서 '부단한 법의 진보'를 이루어 내는데 역사의 의미가 있다.(회페 290[243]) 자연과학과 기술의 성과에 바탕을 두었던 보다 좋은 것, 보다 고귀한 것, 보다 완전한 것을 향한 '부단한 진보'라는 유럽 계몽주의의 기본 이념은 칸트의 낙관주의적 세계관에도 영향을 미치고 있다. 그러나 계몽주의의 낙관주의가 "인간 이성의 힘이 무한하고, 생활환경이 부단하게 진보하고, 더욱이 인간과 인간사회가 도덕적으로 발전할 것"이라는 지나친 기대에 대하여 칸트가 '몽상'이라고 비판하면서, 역사를 '구원의 역사', '지상에서 모든 관심과 욕망의 궁극적 충족의 역사'로 받아들이지 않은 점에서, 칸트와 계몽주의적 낙관론의 입장 차이가 선명하게 드러난다. 칸트가 보기에 역사에서 진보는 도덕성을 완성하는 방향으로 나아가거나, 직접적으로 예술·학문·기술의 발전을 향하는 것도 아니다. 칸트는 당시의 정치적 제도나 종교적 미신 등 잘못된 낙관주의를 폐지하면 자연적인 우호 본능이 살아나서 형제애적 조화와 사랑 속에서 갈등 없는 유대공동체가 성립할 것이라고 진단했다. 이렇게 함으로써 그는 진보를 단지 '정치적 정의', 즉 국내 및 국제적 영역에서 강제권을 포함하는 법적 관계에 제한하였다. 역사는 외적 사건을 다루므로, 역사의 궁극적 의미를 '내적' 진보, 즉 '도덕적 감정의 발전'에서 찾을 수는 없다고 본 것이다. 역사에서 진보는 외적인 것, 즉 순수 실천이성의 척도에 따라서 이루어 낸 법의 확립에서만 기대할 수 있다. 그리하여 칸트는 법치국가의 건설과 범세계적 평화공동체 속에서 법치국가들의 공존을 인류의 최고의 과제, 즉 인류의 최종목적으로 상정한다.(회페 298-299[244-245])

칸트는 역사적 진보의 세 가지 가능성을 제기하는데, 첫째는 "보다 나은 것을 향하여 부단하게 진보할 가능성"이고, 둘째는 "인류가 스스로를 소멸시킬 때까지 좀더 악한 것을 향하여 부단하게 퇴보할 가능성"이고, 셋째로 "모든 것이 항상 동일한 상태에 머물러 있을 가능성"이다.(학부 VII 81-82; 회페 291[245]) 진보, 퇴보, 영원한 답보라는 세 가지 가능성 앞에서 경험이나 이론이성은 어떤 판단도 내릴 수 없으며, 그것을 이론적, 경험적, 사변적으로 증명할 수도 없다. 칸트에 의하면 역사에 대해서는 오직 '선험적인 실천적 지식의 가능성'만이 남게 되며, 따라서 법의 진보 역시 이론적 필연성이 아닌 실천적 필연성을 갖는다는 이른바 '법적 실천적 이성의 규제적 이념'이 작동하게 된다. 법의 진보를 통하여 역사를 해석할 경우 역사가 무의미하다는 생각을 방지할 수 있고, 이성적 원리에 따른 인간의 공동생활이 인간의 과제를 성취할 수 있다는 가능성에 대한 믿음, 즉 이성적 믿음의 근거가 될 수 있다. 칸트는 인간의 '자연적 본성'을 통하여 법의 진보가 이루어지는 것으로 보았다. 회페는 여기에서 '본성'(자연)은 칸트 이전의 '섭리'Vorsehung와 헤겔의 '세계정신'Weltgeist에 해당되는 개념이라고 해석한다.(회페 291[245])

이러한 칸트의 생각에는 처음부터 피조물의 모든 자연적 소질이 언제가 완전하고 합목적적으로 발전되도록 규정되어 있다는 '목적론적 사고'가 깔려 있다.(세계, 제1명제) 이성을 사용하는 인간의 특별한 자연적 소질은 개인이 아닌 '전체로서 유'Gattung 속에서 거듭하는 '세대의 연속'에서 완전한 발전에 도달한다.(세계, 제2명제) 이와 같은 인류의 '자연적 의도'는 그의 본성 자체를 통해 성취한다. 역사의 의미와 법의 진보는 우리의 배후에서 우리의 협력

을 통하여 이루어지지만, 그것들은 우리의 계획 없이 발생하는 것이다.(회페 292[245f])

홉스Thomas Hobbes는 인간의 모든 행위의 원동력이 이기주의에 근거한다고 보지만, 쿰버란트Richard Cumberland(1631~1718), 푸펜도르프Samuel Freiherr von Pufendorf(1632~1694), 로크 등은 인간 행위의 원동력의 근거를 사교성이라고 보았다. 칸트는 이 주장들을 모두 수용하여 '적대성'Antagonismus이라는 의미를 가진 '비사교적 사교성'ungesellige Geselligkeit이라는 독특한 개념을 만들어 냈다. 이것은 "사회 속으로 들어가려는 인간의 성향으로서 사회를 분리시키려고 부단하게 위협하는 항상적인 대립과 연결되어 있다."(세계, 제4명제) 인간은 사회화를 통하여 자신을 발전시키려는 경향을 가지고 있으면서도 동시에 자신의 고유한 의사를 관철하기 위하여 이웃의 저항에 맞서려는 고립화 성향을 가지고 있다. 이와 같은 인간의 힘은 위축한 상태로 있다가도 문화와 예술의 전개와 함께 생기를 띠게 된다.

그런데 칸트에 의하면 우리를 '세계시민적 상태'로 몰아넣는 동력은 전쟁의 지속으로 인한 '궁핍'Not과 전쟁과 함께 존재할 수 없는 '상혼'商魂 Handelgeist이다. 제1, 2차 세계대전은 인간이 '궁핍의 경험'을 쉽게 망각하는 것을 보여 주었으며, '범세계적 평화공동체'를 수립하려는 시도에도 불구하고 전쟁은 특정한 사람들에게 경제적 이익을 창출하는 기회가 되었다. 그래서 칸트는 평화공동체를 실현하려면 침략전쟁을 완전히 없애야 한다고 생각하지만, 그 자신도 인정하고 있는 인간의 '비사교적 비사교성'은 '영원한 평화의 미래를 예견할 정도로 확실하게 보증하지는 못한다. 오히려 역사는 모든 진보의 확실성에 대하여 너무나 강력한 반례를 보여 준다.(종교 VI 19-20) 그럼에도 불구하고 칸트는 역사의 진보에 낙관적인 입장을 취한다. 법의 진보는 인간 본성에 내재하는 적대성이나 악의 원리보다는 정의나 선의 원리에 기반을 두고 있으며, 그러한 노력이 결국 모든 형태의 이기주의보다 더 강력한 힘을 발휘하게 된다.(회페 293-294[246-247])

2.『낙관주의 시론』(1759)과『신정론』(1791)[01]

현실세계에서 악의 존재가 신의 전능, 선의, 정의에 저촉되는가의 문제는 기독교 신학의 태생적인 난문aporia이다. 신정론 또는 변신론의 물음은 이미 에피쿠로스Epikuros(BC341~BC270)가 제기한 바 있으며, 그것은 신의 전능과 선함을 세 가지 측면에서 위협하고 있다. 그는 현실세계에서 악의 현존 사실로부터 "하느님은 악을 제거하기를 바라지만 그렇게 할 능력이 없든가, 아니면 그렇게 할 수는 있지만 하기를 원하지 않거나, 그것도 아니면 악을 제거할 수도 없고 그렇게 하기를 원하지도 않든가"라는 세 가지 가능성을 제시하였다.[02]

'신정론' 혹은 '변신론'Theodizee은 라이프니츠Gottfried Wilhelm von Leibniz(1646~1716)가 그 특유의 낙관주의 철학을 전개하면서 '신'Θεός과 '정의'δίκη 개념을 합친 새로운 말을 만들었다. 라이프니츠의『변신론』(1710)은 이 분야의 대표적인 저작으로 평가 받고 있다. 라이프니츠는 신이 악의 원인이라는 사실에서 벗

01 참고논문으로는 이남원「칸트 초기 저술에서 옵티미즘」(『철학연구』 115, 2010), 김진「칸트에서의 최고선과 도덕적 진보」(『칸트연구』 2, 1996), 김종국「신이 떠난 세계의 도덕성: 신정론에 대한 칸트와 요나스의 입장을 중심으로」(『철학』 59, 1999), 박원빈「에마뉘엘 레비나스와 임마누엘 칸트를 중심으로 본 신정론의 비판과 타자윤리로의 전환」(『사회와 철학』 15, 2008), 박영식「칸트의 신정론과 신학」(『한국기독교신학논총』 58-1, 2008), 김진「계몽주의의 신화 해석: 칸트의 신정론과 반유대주의」(『철학논총』 57, 2009), 이종진「실천적 변신론으로서의 그리스도교적 변신론」(『가톨릭 신학과 사상』 70, 2012) 등이 있다.

02 박영식,「칸트의 신정론과 신학」,『한국기독교신학논총』 58, 한국기독교학회 2008, 117; Jan Bauke, Gottes Gerechtigkeit zur Theodizeeproblematik, in *Zeitschrift für Theologie und Kirche*, 102, 2005, 336 (333–351); Lactantius, *De ina Dei*, 13, 20.

어날 수 있도록 인간 이성, 즉 신앙과 일치하는 이성의 변호가 필요하다고 보았다.[03]

칸트는 1755년의 현상 논문에 당선된 라인하르트Adolf Friedrich Reinhard(1728~1783)의 라이프니츠 비판에 대응하기 위하여 작성한 『낙관주의에 관한 시론』(1759)[04]에서 라이프니츠를 추종하면서도, 신이 행한 일에 대한 인간 이성능력의 한계를 이미 자각하고 있었다.[05] 칸트는 "이 세계가 모든 가능한 세계 중에서 최선의 세계"라고 말한 라이프니츠의 생각을 지지하고자 하였다.[06]

칸트는 "그보다 더 나은 세계를 생각하는 것이 불가능한 그러한 세계, 즉 최선의 세계를 생각할 수 없다면, 최고의 지성은 모든 가능한 세계에 대한 인식을 가질 수 없게 된다"는 명제에서, 후자는 거짓이므로 전자 또한 거짓이라고 주장한다.(낙관, A4[136f.]) 그리하여 칸트는 "최고의 지성이 모든 가능한 세계에 대한 인식을 가질 수 없다는 것은 거짓이다"라는 전제로부터 "그러므로 최선의 세계를 생각하는 것은 가능하다"라는 결론을 도출한

03 라이프니츠에 의하면 이 세상에는 세상이 만들어질 때 내재된 퇴행성으로서 '형이상학적 악'metaphysical evil, 세상 사람들의 고통과 시련으로서 '자연적 악'natural evil, 자연적 악이 정당한 형벌이 되게 하는 사람들의 죄라는 '도덕적 악'moral evil이 있다. 신정론은 이와 같은 악과 고통조차도 하느님의 전능과 정의를 나타내는 계획이라는 사실을 보여 주고자 한다.(Walter Kern and Jörg Splett, "Theodicy," in: *Encyclopedia of Theology: The Concise Sacramentum Mundi*, ed. Karl Rahner, New York: The Seabury Press 1975, 1644–1671.)

04 칸트, 「낙관주의에 관한 몇 가지 고찰의 시론」, 『칸트의 역사철학』, 이한구 역, 서광사 1992. Immanuel Kant, *Versuch einiger Betrachtungen über den Optimismus* von M. Immanuel Kant, wodurch er zugleich seine Vorlesungen auf das bevorstehende halbe Jahr ankündigt. Königsberg 1759.(II 27–35; WA 2, 587–594)

05 칸트에 의하면 "낙관주의는 완전하고, 자비하며, 전능한 창조신이 존재하는 것을 가정하고서 세계 안에서 악이 존재한다는 사실을 정당화하는 이론이다. 이 이론은 일체의 모순에도 불구하고 이 무한히 완전한 존재가 선택한 것은 가능한 모든 것 가운데서 최선이지 않으면 안 된다는 점을 제시함으로써 정당화한다."(Immanuel Kant, XVII, Reflexion 3704, 230–231.)

06 "이 세계는 가능한 세계 중에서 최선의 세계이거나 혹은 그와 동등한 세계이며, 신이 그 자신의 외부에 창조해 놓은 만물의 총체는 창조될 수 있었던 최선의 것이다."(낙관 A3[135], [ ]안의 숫자는 한글판본의 쪽수.)

다.(낙관, A4[137]) 그러나 칸트는 이로부터 "모든 가능한 세계 중의 한 세계가 가장 완전한 세계이어야 한다는 결론은 나오지 않는다"고 인정한다. 왜냐하면 둘 혹은 그 이상의 세계가 완전성에서 동일하다면, 그중 어느 것도 최선의 세계가 될 수 없기 때문이다. 그래서 칸트는 완전성에 실재의 정도를 부여하면서, 하나의 실재와 다른 실재의 구별은 실재의 성질Beschaffenheit의 관점에서가 아니라 부정Negationen, 부재Abwesenheiten, 한정Schranken 등, 사물들의 실재의 정도에 의해서만 가능하다고 주장한다. 따라서 구별할 수 있는 사물들은 결코 동일한 정도의 실재를 가질 수 없으며, "동일하게 선하고 동일하게 완전한 두 개의 세계가 존재하는 것은 불가능하다."(낙관, A5[138])는 결론에 이르게 된다.

그런데 라인하르트나 크루지우스Christian August Crusius(1715~1775)와 같은 낙관주의의 반대자들은 "하나의 세계는 실재들의 총계로 간주될 수 있지만, 다른 세계와 구별할 수 있는 다른 종류의 실재를 가질 수 있다"고 하였다.(낙관 A5)[07] 그리하여 "동일한 완전성을 가지면서도 구별할 수 있는 세계들이 있을 수 있다"고 주장한다.(낙관 A5-6[139]) 그러나 칸트는 라인하르트가 "동일한 정도의 실재들도 그 속성에서는 서로 구별할 수 있다"고 한 점에서 오류를 범했다고 비판한다. 앞서 밝힌 것처럼 칸트는 실재들을 구별하는 것은 속성에 의해서가 아니라 그 실재의 제한이나 정도에 의한 것이라고 보았던 것이다.

칸트는 '더 큰 것을 생각할 수 없는 그런 크기'나 또는 '모든 수 가운데서 가장 큰 수', '모든 운동 중에서 가장 빠른 운동'은 신적인 지성조차도 생

07 Adolf Friedrich Reinhard, *Vergleichung des Lehrgebäudes des Herrn Pope von Vollkommenheit der Welt mit dem System des Herrn von Leibniz*, J. C. Langenheim, 1757, 62–63; The Cambridge Edition of Works of Immanuel Kant, *Theoretical Philosophy*, 1755–1770, 424, 각주 9.(이남원, 「칸트 초기 저술에서 옵티미즘」, 『철학연구』 115, 2010, 185.)

각할 수 없다고 했는데, 그것은 라이프니츠가 말한 '기만적 개념들'betrügliche Begriffe, notiones deceptrices이기 때문이다.(낙관 A5[139]) 그럼에도 불구하고 낙관주의의 반대자들은 "최선의 세계가 둘 이상 가능하다"고 보면서, 라이프니츠가 말한 "모든 세계 중에서 가장 완전한 세계"는 "모든 수들 가운데 가장 큰 수" 처럼 '모순적인 개념'이라고 지적하였다. 왜냐하면 그가 생각하기에 "어떤 수의 집합체에다가 다른 수의 집합체를 더하여도 극대치가 나오지 않듯이, 어떤 세계의 실재의 총합계에다가 좀 더 많은 실재를 더해도 가장 완전한 세계는 도출되지 않는다"는 것이다.(낙관 A6[140]) 그러나 칸트는 '더 이상 생각할 수 없는 최선의 세계'가 가능하다는 것을 논증적으로 보여 주고자 했다. 칸트는 가장 큰 유한수가 존재하는 것은 가능하지 않지만, '실재의 가장 큰 정도'는 존재할 수 있으며, 그것은 바로 신 가운데서 발견된다는 것이다.(낙관 A6[140]) 세계의 실재는 독립성, 자기 충족성, 모든 곳에서 현존, 창조적 힘을 가진 존재들의 사다리로 이루어져 있으며, 그 속에는 측정할 수 없을 정도로 많은 완전성의 정도들이 차이를 나타내고 있으며, 그 완전성의 정점에 신이 위치하고 있다. 칸트는 그런 세계를 '유한한 모든 것 중에서 가장 완전한 것'이라고 부른다.(낙관 A6[140-141]) 바로 그 세계를 칸트는 "가능했던 모든 유한한 것 중에서 가장 탁월한 세계이며 유한한 최고의 선"이자 "모든 존재들 중에서 최상의 존재"이며 "무한한 것과 함께 존재할 수 있는 가장 큰 총합계"라고 이해했던 것이다.(낙관 A6[141])

그리하여 칸트는 "가장 완전한 세계는 현실적이기 때문에 가능하며, 그것이 현실적인 것은 그것을 가장 현명하고 가장 선한 신의 뜻Ratschluß이 창조했기 때문"이라고 보았다.(낙관 A7[142]) 이처럼 칸트는 신이 창조한 이 세계는 모든 가능한 세계 중에서 최선의 세계이며, 그런 세계는 동시에 둘 이상이 존재할 수 없다는 입장을 견지한다. 신은 모든 것 가운데서 최선의 것이고,

다른 모든 세계들은 신의 의지의 속성에 미치지 못한다. 신에서 모든 것은 실재이며, 그 자신 속에 더욱 큰 실재가 있는 것보다 더 큰 조화는 없다.(낙관 A7[143]) 그리하여 무한한 공간과 영원한 시간은 전지자의 눈에 의해서만 그 모든 범위에서 창조의 풍요를 드러내지만, 우리들 인간은 빈약한 지성에 주어진 통찰력을 통하여 "전체는 최선의 것이며, 그리고 모든 것은 전체를 위하여 좋은 것이다"(낙관 A8[144])라는 사실을 알게 되는 것이다.

그러나 칸트는 비판철학을 확립한 후에는 이와 같은 낙관주의적 신정론을 정면으로 비판하였는데, 그 작업은 바로『신정론에서 모든 철학적 시도의 실패에 대하여』(1791)[08]라는 저술에서 이루어졌다. 여기에서 칸트는 '신정론'을 "세계 안에서 반목적적인 것으로부터aus dem Zwegwidrigen in der Welt 세계창시자의 지혜에 대해 이성이 제기하는 항변에 맞서 세계창시자의 최고의 지혜를 변호하는 것"으로 이해한다.(신정 A194) 여기에서 칸트는 '반목적적인 것'을 악으로 규정하고, 세 가지 형태로 분류하고 있다. 첫 번째의 '전적인 반목적적인 것'das schlechthin Zweckwidrige은 라이프니츠의 '도덕적 악'malum morale, 즉 인간의 범죄를 뜻하며, 두 번째의 '제한적인 반목적적인 것'das bedingt Zweckwidrige이란 라이프니츠의 '자연적 악'malum physicum을 뜻한다. 세 번째의 '반목적적인 것'은 '범죄와 그 처벌 사이의 잘못된 관계'를 가리킨다.(신정 A198-199)

칸트는 세 가지 유형의 악이 하느님의 거룩하심과 선하심, 그리고 정의라는 속성들을 부정할 수 있는가를 검토하고 있다. 첫째로 입법자Gesetzgeber이자 창조자Schöpfer이신 하느님의 거룩하심Heiligkeit은 세상에 있는 도덕적 악과 배치하고 있다. 둘째로 통치자Regierer이자 유지자Erhalter로서 하느님의 선하심Gütigkeit은 인간의 셀 수도 없는 질병이나 고통과 배치하고 있다. 셋째로

08 Immanuel Kant, *Über das Misslingen aller philosophischen Versuche in der Theodizee*, Königsberg 1791(VIII 251–271; WA 9, 105–124), A194.(이후 '신정'으로 줄임.)

심판자Richter로서 신의 공의는 이 세상에서 드러나는 타락한 자들의 불순함과 범죄자들의 심각한 불균형의 악한 상태와 배치하고 있다.(신정 A198) '하느님의 거룩하심과 도덕적 악의 존재', '하느님의 선하심과 불행 및 악의 존재', '하느님의 정의와 악인의 무죄 방면'이 각각 대립하고 있는 것이다. 이에 대하여 신정론적 입장에서는 대체로 악은 유한한 존재의 본질적 제약으로부터 신이 용인한 것이며, 악은 오히려 행복을 한층 더 높이고 내세까지 고려할 경우에 언제나 정의를 관철한다고 보았다.

그러나 칸트는 이와 같은 신정론적 태도를 비판한다. 악의 실재를 부정하고 단지 선의 결핍으로 이해하는 아우구스티누스와 아퀴나스에 대하여 칸트는 논박할 가치가 없으며 도덕적 감정을 가진 모든 사람들에게 혐오감을 줄 뿐이라고 질타했다. 인간의 범죄와 악의 존재는 선의 현존보다 더 자명하다. 또한 인간에게 악이 신에게는 선일 수 있다는 생각은 지고자와 인간의 판단에서 유사성을 완전히 부정하는 것이 되므로, 선악에 대한 인간의 판단은 무의미한 것이 되고, 따라서 인간은 '도덕성에 대한 최소한의 감정'조차 쓸모없이 될 것이라고 비판한다.(신정 A201) 또한 칸트는 라이프니츠가 이 세계를 가능한 세계 중에서 최선의 세계라고 하면서 악을 '유한한 피조물의 본성적 한계'에서 기인한다고 주장한 것에 대해서도 비판적이다. 칸트는 "악의 근거를 사물의 본질 안에, 즉 유한한 본성으로서 인간성의 필연적인 한계들 안에서 불가피하게 찾아야" 한다면, 결국 인간의 책임으로 볼 수 없으며, 따라서 악은 인간의 책임이 아니라 결국 신의 책임으로 귀결할 것이라고 비판했다.(신정 A202)

둘째로, 칸트는 신정론은 서로 다른 도덕적 악과 자연적 악을 구분하지 않고 동일한 것으로 사용하는 오류를 범했다고 지적한다. 당시 기독교 사회에서 자연적 악을 인간이 저지른 도덕적 악에 대한 형벌로 해석하려는 관습에 대하여 칸트는 자연재해가 인간의 도덕적 행악과 어떤 필연적인 연관성도 없다고 주장한다. 이와 같은 태도는 1756년 리스본 대지진 사건 때 쾨니히스베르크의 한 신문에 기고한 글에서 확인할 수 있는데, 칸트는 리스본 지진을 순수하게 과학적 관점에서만 다루었다. 또한 신정론은 현재 당면한 도덕적 악을 미래에 대한 상급과 연결시키는 잘못을 범하였다. 나의 현재의 고통은 미래의 영원한 나라에서 받을 신적 행복을 위한 수단(상급)이기에 신의 섭리의 빛에서 보면 의미 있는 일이다. 그러나 칸트는 현재의 악이 사후에 행복한 삶을 보증해 줄 것이라는 논리에 대하여 이성적으로 통찰할 수 없고 논리적 근거가 될 수도 없다고 비판한다.(신정 A203-204) 그와 같은 미래에 대한 희망은 결코 신정론에 대한 철학적 근거가 될 수 없고, 단지 신앙의 근거에 머무를 뿐이다.

셋째로, 칸트는 세계심판자의 정의에 대한 고발에 대하여 신정론으로는 인간의 행위와 관련한 도덕적 악을 설명할 수 없다고 보았다. 인간의 범죄와 처벌 사이의 불균형은 이 세상에서 인과응보의 논리가 작동하지 않는다는 사실을 보여 준다. 도덕적 악은 철저하게 윤리적 동인인 인간의 책임이기 때문이다. 도덕적 악은 철저하게 인간의 것이며, 따라서 신과는 아무런 상관이 없다. 신정론은 자연적 악과 도덕적 악을 구분하지 않음으로써 오해를 불러일으켰다. 자연적 악은 인간의 책임이 아니다. 그러나 그것은 인류사회의 발전에 기여한 점이 있는데, 자연재해를 극복하기 위하여 인류는 과학과 지식의 힘을 이용해 왔기 때문이다.

인간의 유한성으로 인하여 악을 저지할 수 없다면 도덕적 악의 책임은 인간에게 없는 것으로 되며, 신은 왜 고통 있는 존재로서 인간을 창조했는지를 여전히 물어야 한다. 또한 행복을 높인다고 주장할 수 있다 하더라도 그것이 이성에 의해 통찰할 수는 없으며, 내세의 질서도 기대할 수 없으므로 공정함의 주장은 선한 사람이 인내해야만 한다는 명령에 불과하다고 비판했다. 칸트는 신정론에 대한 비판을 통하여 인간 이성의 역할과 한계를 분명히 하고자 했다. 일반적으로 신정론은 신의 도덕적 지혜에 대한 의혹에 대하여 경험적으로 현세에서 인식할 수 있는 것으로부터 변호하고자 하는 논의이지만, 본래 이성은 경험적 지식과 최고의 지혜의 관계를 통찰할 수 없다는 것이다. 그러나 자연의 합목적성에 대한 신의 기술적 지혜에 대해 인간은 사변적 능력에 의해 자연신학이라는 형태로 접근할 수 있고, 또한 인간은 신의 도덕적 지혜에 대하여 실천이성의 이념으로서 특정한 개념을 가질 수 있다. 그러나 칸트에 의하면 기술적 지혜와 도덕적 지혜를 통일하는 것과 같은 개념을 인간은 결코 가지고 있지 않다. 바로 이 점에서 칸트는 자연법칙과 도덕법칙을 엄격하게 구분하는 비판철학의 틀을 유지하고 있다. 칸트는 신의 궁극목적을 경험세계로부터 유추하고자 하는 신정론의 철학적 시도를 '교설적'doktrinal 변신론이라 부르고 이를 배척한다. 그와 반대로 칸트는 힘을 지닌 실천이성의 해석으로서 모든 경험적 지식에 선행하여 도덕적인 신의 개념을 만들어 내는 변신론의 가능성을 '확증적'authentisch 변신론이라고 불렀다. 칸트는 그 이상의 근거를 갖지 않은 명령으로서 실천이성의 존재방식을 구약성경의 「욥기」 해석을 통하여 해명한다. 칸트에서 신정론의 과제는 학문적인 것이 아니라 신앙에 관계하며, 확증적 변신론에 의하여 사변을 논하는 이성이 무력하다는 것을 정직하게 깨닫는 것과 같은 성실함이 중요하다는 것이다. 이러한 칸트의 생각은 이성의 한계 안에서 종교를 논하는 『이성의 오롯한 한계 안의 종교』에서 보다 진전된다.

3. 『만물의 종말』(1794)[09]

종말론은 매혹적인 주제이지만 철학에서는 활발하게 다루어지지 않았다. 그런데 칸트는 프로이센 제국이 사상 검열을 강화하는 시기에 『만물의 종말』을 통하여 기독교의 종말론적 계시신앙에 대한 철학적 성찰을 주제화하고 있어서 매우 흥미롭다. 칸트는 기독교 신앙에서 묵시론적 내용을 도덕철학적으로 접근함으로써 종말론 신앙에 대한 의미 있는 진술 가능성 조건들을 다루는 점에서 특징적이라고 할 수 있다.

만프레드 리델은 칸트가 순수이성의 비판을 통하여 정초되는 과학적 경험의 가능성 조건을 다룬 것과 같이, "역사학은 어떻게 가능한가?"라는 물음도 동일하게 제기했는가를 문제 삼은 적이 있다.[10] 이에 대하여 마이네케F. Meinecke와 란트그레베L. Landgrebe는 칸트철학이 '비역사적'ungeschichtlich이라는 입장을 취한다.[11] 그러나 리델은 칸트가 고대의, 신학적-형이상학적 분야의 세속화 작업이 아닌 역사철학의 정초에 관한 문제를 중요하게 생각했다고 주장했다.(리델 8-9) 칸트가 『순수이성비판』 선험적 방법론 제4편에서 '순수이성의 역사'를 다룬바 있는데(순수 A852) 리델은 이것이 역사철학에 해당한다고 보았다.(리델 9) 리델은 칸트가 역사철학을 '형이상학의 체계'에서 사변적 부분에 해당하는 것이 아니라, 실천적인 영역에서 가능한 경험《세계》의 총체 개념의 일환으로서 '인간의 세계'에 대응하는 '도덕의 세계'를

09 이 글은 본 연구를 위해 새로 작성한 김진 「칸트와 그리스도교 종말론」(『칸트연구』 26, 2010)을 발췌하여 수록한 것이다.

10 Manfred Riedel, *Kant und die Geschichtswissenschaft*, in: Immanuel Kant, *Schriften zur Geschichtsphilosophie*, Stuttgart 1974. Einleitung 3-20.(이하 '리델'로 줄임.)

11 Friedrich Meinecke, *Die Entstehung des Historismus*, in: Werke Bd. 3, München 1959, 288; L. Landgrebe, *Die Geschichte im Denken Kants*, in: *Phänomenologie und Geschichte*, Darmstadt 1968, 46.

요구하는 '도덕적 원리들', 즉 '실천이성의 도덕 원칙'의 정초 문제로 파악했다고 보았다.(리델 10) 다시 말하면 칸트가 도덕 원리에 부합되는 행위가 행복으로 귀결한다는 사실, 즉 최고선의 이념을 전제하고 있는 기대 속에서 순수 실천이성이 현실화한다는 점을 그의 역사철학으로 보여 주고자 했다는 것이다.(리델 13) 칸트에 의하면 도덕적 완전성은 자유에 의해 촉진할 수 있어야 하고, 또한 그와 일치하는 행복도 주어질 수 있어야 한다. 이와 같은 최고선의 이념의 실현은 칸트에서 '세계역사적 목표의 규정'으로서 '지상에서 하느님 나라의 건설'Gründung des Reiches Gottes auf Erden, civitas Dei in mundo을 의미한다.[12] 그리하여 리델은 칸트의 철학적 사유 영역을 우주론, 도덕, 역사로 구분하고(리델 15) 우주론과 도덕의 영역에서 필연적으로 나타나는 안티노미들을 이론철학과 실천철학이 해결하는 것처럼, 역사철학은 '문화 -역사적 상황의 이율배반들'Antinomien der kulturellgeschichtlichen Situation의 해소를 그 과업으로 한다고 보았다.(리델 16-17) 이처럼 리델은 헤르더의 역사철학이 《역사적 세계관》을 예견함으로써 형이상학의 보완으로서 역사주의의 출현에 기여한 것(리델, 20)과는 반대로, 역사신학이 아닌 역사서술의 비판에서 출발하는 칸트의 역사철학은 '경험적 역사의 실천-이성적 정초 문제'와 관련되어 있으며(리델 19) 따라서 역사학의 실천적-규범적 원리 또는 인간과 역사의 관계에 대한 비판적인 물음에 관심을 가졌다고 평가하였다.

앞으로 우리는 『만물의 종말』을 중심으로 하는 칸트의 종말론 사상이 형식적으로는 당대의 기독교 정책, 특히 검열령에 대한 그의 비판적 지적이면서도, 내용적으로는 모든 기독교의 역사적 계시신앙으로부터 도덕적 실천적 의도를 가진 윤리신학으로의 전환이라는 성격을 가진다는 사

12 Paul Menzer(Hrsg.), *Kants Vorlesungen über Ethik*, Berlin 1924, 319.

실을 밝히고자 한다. 이 저술에서는 칸트철학의 두 가지 근본 원리가 작동되고 있다. 그 하나는 논리적으로 타당한 형식과 경험의 통일성(인격의 자체경험) 사이의 관계를 나타내는 '지성적 세계와 감각적 -현재적 세계의 분리' 원칙이다. 두 개의 세계는 이론이성적으로 상호 침투가 불가능하다. 정신 안에서만 사유할 수 있는 것이 감각적으로 지속되는 삶 속에서 나타날 수 있는 유일한 가능성은 '신비'Mystifikation이다. 다른 하나는 칸트가 세상에서 신체적, 정신적 -의지적 존재의 종말을 생각하는 연관들에 대한 물음과 관련하여 초시간적으로 '도덕적-실천적 이성의 철학적 원리'를 적용하고 있다는 사실이다. 따라서 칸트에서 종말과 관련이 있는 '만물'alle Dinge의 성격은 감성적인 원리를 충족하지 못한 것에 대해서는 이론적 인식이 불가능하지만 도덕적 실천적인 목적을 가지고 의미 있게 해석할 수 있는 것으로 규정할 수 있다.[13]

이와 함께 종교의 주제가 되는 죽음은 '종교 의식의 심리적 핵심'으로 이행하게 된다. 모든 종교에서는 '시간에서 벗어나 영원에' 들어간다고 말한다. 그러나 바로 그 순간, 우리는 가변적이고 유한한 삶이 어떻게 초시간적 존재와 결합할 수 있는가라는 문제에 직면하게 된다. 칸트는 우리가 이로 인하여 '신비'에 빠지게 된다고 보았다. 모든 변화와 시간의 종말은 시

13 발타사르Hans Urs von Balthasar가 신이나 자연적인 세계 사물이 아닌 유한한 정신 존재의 고유한 가능성 조건들에서 칸트가 '종말론의 새로운 가능성'을 찾았던 것에 착안하여, 칸트의 종말 이해를 '선험적 종말 이론'transzendentale Endlehre이라고 규정한 것은 타당하다. 칸트는 '형이상학적' 종말론을 지양하고 '선험적 종말론'을 주창한 것이다. 그리하여 발타사르는 칸트의 선험철학을 '내적 묵시의 방법론'으로서 '자체 인식', '자체 묵시'로서 '경험의 가능성 조건들'을 다루는 것으로 이해하였다.(Hans Urs von Balthasar, *Apokalypse der Deutschen Seele: Studien zu einer Lehre von letzten Haltungen*. Bd. 1, *Der Deutsche Idealismus*. Freiburg 1998, 92.) 다른 곳에서도 발타사르는 "칸트가 인식 분석으로 주체의 심층과 낭만주의의 인식을 탐색함으로써 내면을 향한 비밀스런 길로 나아가고 자아의 심연에 이르는 어두운 세계를 비로소 가능하게 하여, 하나의 새로운 종말론을 전개하였다"라고 말하였다.(Hans Urs von Balthasar, *Geschichte des eschatologischen Problems in der modernen Deutschen Literatur*. Zürich 1930, Freiburg 1998[2], 90.)

간성 안에서 행위하고 사유하는 존재에게는 적용할 수 없기 때문이다. 그러므로 칸트의 이 저술은 '의미 있는 세계 종말의 가능성 조건'에 대한 물음인 동시에 '종말론의 도덕철학적 정초 가능성의 조건'에 대한 물음이라고 할 수 있다. 우리는 이 두 가지 관심 속에서 그의 논지를 살펴보고자 한다.

앞에서 언급한 이성의 두 가지 철학적 원리에 근거하여 칸트는 만물의 종말 개념을 세 가지 유형으로 구분하였다.[14] 칸트에 의하면 이성의 이념은 그 사변적 인식에게는 초월적überschwenglich이지만, 그렇다고 해서 모든 관점에서 공허하다고 규정할 수 없다. 칸트는 입법적 이성gesetzgebende Vernunft에 의하여 주어지는 이러한 이념들이 실천적 의도에서in praktischer Absicht 특별한 기능을 가질 수 있다고 보았다.(종말 A507) 만물의 궁극 목적에 관계하는 도덕적 원리를 위하여 그와 같은 이성의 이념들은 '객관적 실천적 실재성'objektive praktische Realität을 갖는 것으로 요청할 수 있기 때문이다. 따라서 칸트는 우리 자신의 이성의 산물인 '만물의 종말'이라는 개념 역시 우리의 인식 능력에 맞게 정리해야 한다고 보았다.

이로부터 그는 만물의 종말을 '자연적 종말'das natürliche Ende, '신비적(초자연적) 종말'das mythische(übernatürliche) Ende, '반자연적(잘못된) 종말'das widernatürliche(verkehrte) Ende로 구분하고 있다.(종말 A508) 자연적(형식적) 종말이란 물리적 질서나 도덕적 질서 같은 특정한 질서의 법칙에 따라서 필연적으로 진행하는 것을 뜻한다. 칸트는 만물의 자연적 종말은 이성의 이론적, 사변적 의미에서는 접근할 수 없는 문제이지만, 실천적인 의미에서 그것은 신적 지혜의 도덕적 목적의 질서에 의거하여 우리가 확실하게 이해할 수 있는 차원에서 이루어진다고 생각하였다. 또한 자연적 원인에서 필연적인 것은 물질적-자연적(물리적-필연

14 종말, Anmerkung A507–509.

적)이라고 생각할 수 있다. 신비적(초자연적) 종말과 반자연적(잘못된) 종말은 자연적 종말에 대립적인 개념들이다. '자연적인 것'에 반하는 '비자연적인 것'에는 '초자연적인 것'과 '반자연적인 것'이 있다. 전자는 우리가 이해할 수 없는 원인의 질서 안에 있는 만물의 신비적 종말을 뜻하고, 후자는 우리가 궁극 목적을 오해함으로써 생겨난 반자연적 종말을 뜻한다. 칸트는 이 세 가지 유형의 종말 개념을 다음과 같이 상론하고 있다.

1) 만물의 자연적(형식적) 종말

칸트는 저술의 전반부에서 '만물의 자연적(형식적) 종말'을 다루고 있는데, 시간의 '종말'과 영원의 '시작' 개념 사이에서 제기되는 모순을 해소하기 위하여 도덕신학적 해석을 시도하였다. 칸트는 자연적 종말을 물리적 질서나 도덕적 질서 같은 특정한 질서의 법칙에 따라서 필연적으로 진행되는 것으로 이해했다. 그런데 이와 같은 자연법칙과 질서는 신의 지혜에 의한 목적을 구현하고 있다. 칸트는 『판단력비판』에서 자연세계에는 합목적성이 깃들어 있다는 생각을 밝힌 바 있다. 그러나 그러한 자연 필연적 의도는 우리들 인간의 지성, 특히 인간 이성의 이론적, 사변적 의미에서는 파악될 수 없으며, 따라서 접근 불가능한 개념이었다. 그럼에도 불구하고 칸트는 이성의 실천적인 사용에서 우리는 신적 지혜의 도덕적 목적의 질서에 의거하여 자연세계가 유지되고 있으며, 최고 이성 존재자의 궁극 목적을 실현하기 위하여 만물의 자연적 종말이 올 것이라는 것을 확실하게 이해할 수 있다고 보았다. 칸트는 기독교가 구성적인 의미에서 다루던 종말론의 문제를 도덕적-실천적 차원에서 접근했던 것이다.

칸트는 인간의 죽음과 관련한 만물의 자연적 종말을 흔히 "시간에서 영원으로 들어가는 것"aus der Zeit in die Ewigkeit으로 비유하는 사실에 주목한다.(종말 A495) 그러나 영원이란 무엇인가? 칸트는 영원을 '무한하게 계속되는 시간'eine ins Unendliche fortgehende Zeit으로 이해해서는 안 된다고 보았다. 그러한 표현은 아무런 의미도 가질 수 없기 때문이다. 그것은 '시간에서 벗어나는 것'이 아니라 '시간의 한 지점에서 다른 지점으로 옮기는 것'에 불과하여 '시간 속에' 계속 머물러 있을 뿐이다. 따라서 '시간에서 영원으로 들어가는 것'은 '모든 시간의 종말'ein Ende aller Zeit이어야 한다. 그러나 '부단한 영구지속에서 모든 시간의 종말'은 도저히 '상상할 수 없는 실존의 형식'이다. 인간처럼 생명을 가진 존재는 '단절 없는 지속'ununterbrochene Fortdauer으로서 '크기'Größe, 즉 '시간과는 전혀 비교할 수 없는 크기'eine mit der Zeit ganz unvergleichbare Größe인 '지성적 지속'duration noumenon을 가지고 있기 때문이다. 그러나 칸트는 그런 것에 대하여 어떤 개념도 가질 수 없다는 사실을 잘 알고 있다.[15] 이성의 이론적 사용을 넘어서는 문제이기 때문이다.

여기에서 발타사르는 칸트에서 '자연적 종말'을 물리적 도덕적으로 유한한 존재, 즉 '마지막을 고하는 유한 존재'endendes Endliches와 관련이 있다고 보아 '초월 작용의 종말'das Ende des Transzendierens로 해석하였다.[16] 칸트는 인간의 죽음과 만물의 종말은 우리로 하여금 되돌아올 수 없는 심연의 가장자리로 인도하지만(Albrecht von Haller), 그것들은 동시에 영원을 향하도록 유혹하고 있다는 사실에서(Virgil), 어떤 전율etwa Grausendens을 느끼지 않을 수 없다고 말했다. (종말 A496) 그리하여 칸트는 영원의 개념이 보편적인 인간 이성과 만날 수

15 '영원성'은 '시간 없는 지속'Dauer ohne Zeit, 즉 '단절되지 않은 지속에서 모든 시간의 종말'ein Ende aller Zeit bei ununterbrochener Fortdauer을 뜻한다. '미래의 삶'künftiges Leben은 '영원한 실존'ewige Existenz으로서 '단절 없는 인간의 지속에서 모든 시간의 종말'ein Ende aller Zeit bei ununterbrochener Fortdauer을 뜻한다. 이 경우에 '지속'Dauer은 '시간과 전혀 비교할 수 없는 크기'eine mit der Zeit ganz unvergleichbare Größe이다. 이로부터 시간과 영원 사이에서 해석상의 어려움이 제기된다.

16 Balthasar, *Der Deutsche Idealismus*, 95.

있는 가능성을 곧바로 이성 사용의 도덕적 관점에서 발견하고자 했다.

> 우리는 시간 존재와 가능한 경험의 대상으로서 만물의 종말das Ende aller Dinge, als Zeitwesen und als Gegenstände möglicher Erfahrung과 부딪치게 되지만, 그러나 그 종말은 도덕적인 목적의 질서에서in der moralische Ordnung der Zwecke 볼 때 시간적인 조건에 제약되지 않는 초감성적인 존재로서 만물의 지속의 시작der Anfang einer Fortdauer eben dieser als übersinnlicher, folglich nicht unter Zeitbedingungen stehender, Wesen이며, 따라서 그 상태와 속성에 대해서는 오직 도덕적 규정만이 가능할 뿐이다.(종말 A497)

다시 말하면 칸트에게 종말의 문제는 이론적으로 '경험이 가능할 수 있는' 세계 영역이 아니다. 칸트에서 이론적 지식은 경험의 가능성 조건에 부합되어야 한다. 대상 경험은 사물 자체에 대한 감성 형식인 공간과 시간(직관)에 의한 '인상들의 수용'뿐만 아니라 이성 범주(개념)의 자발성(논리적 추론 작용)을 전제하고 있다.(순수 A50 B74) '시간 없는 지속'Dauer ohne Zeit으로서 영원Ewigkeit은 시간의 배제를 통하여 감성의 세계를 떠난 것이므로, 만물이 시간의 마지막과 함께 영원 속으로 이행한다는 종말론적 사건은 결코 직관, 감각적 지각, 인식의 대상이 될 수 없고, 따라서 이론적 지식의 대상이 될 수도 없는 것이다. 우리에게 지식은 사물 자체의 현상으로서만 가능하며, 우리가 없는 존재 그 자체에 대한 이론적 지식은 성립할 수 없기 때문이다. 그리하여 칸트는 '시간 존재로서 만물의 종말'은 오직 도덕적인 목적의 질서에서 "시간적인 조건에 제약 받지 않는 초감성적 존재로서 만물의 지속의 시작"이라고 규정하는 것이 가능하다고 보았던 것이다. 만물의 종말을 의미 있게 논의할 수 있는 유일한 공간은 바로 도덕적인 이성 사용의 영역이었던 것이다. 그 계속적인 지속을 배제할 수 없는 '만물의 자연적 종말'은 오직 '도덕적 목적의 질서 아래에서' 그리고 '실천적인 의도', 곧 '윤리적인 행위 의도 안에서'만 의미를 갖게 되는 것이다.[17] 이러한 사실에서 칸트는 신 존재 증명의 경우에서와 마찬가지로 기독교 종말론의 문제 역시 실천적, 도덕적 이성 사용에서 제한적으로 접근하고 있는 것을 알 수 있다.

이러한 사실은 최후심판의 날인 '마지막 날'에 대한 칸트의 설명에서도 확인할 수 있다. 칸트는 '만물의 종말'인 바로 '그날' 이후에 오는 이른바 '영원의 시작'으로서 '그날의 다음 날'은 어떤 관계에 있는가를 물은 바 있다. 이 물음 속에는 시간과 영원의 존재 규정에 따른 아포리아가 도사리고 있다.

'날들'Tage은 시간의 아이들Kinder der Zeit이자 시간 단위이다. 그런데 모든 시간이 끝나는 시점인 '마지막 날'letzten Tag을 우리는 '가장 젊은 날'jüngsten Tag이라고 부른다. 이는 어떤 부모의 마지막 자녀letztes Kind를 막내아이jüngstes Kind라고 부르는 것과 마찬가지이다. 그러나 이 마지막 날에도 여전히 무언가가 일어나며, 따라서 아직 시간에 속하므로 영원과는 아무 관계도 없다. 동시에 그 마지막 날은 인간들의 전 생애에 걸친 모든 태도들을 결산하는 이른바 '심판의 날'Gerichtstag이다. 그러므로 세계 심판자의 은총 및 저주 판결das Begnadigungs- oder Verdammungs-Urteil des Weltrichters은 시간 안에 있는 모든 사물들의 진정한 종말das eigentliche *Ende* aller Dinge in der Zeit인 동시에 (축복이나 저주 받은) 영원의 시작der *Anfang* der(seligen oder unseligen) Ewigkeit이다.(종말 A497) 따라서 마지막 날에 각자에게 정해진 운명대로 영원이 지속한다는 점에서 그것은 바로 최후의 심판을 뜻하는 것이다. 만물이 종말을 고한 다음 날에 영원의 시작을 알리는 '날'이 온다면, 그것은 앞에서 칸트가 말했던 것처럼 '날들'이 계속 이어지는 것

17 H. A. Salmony, *Kants Schrift Das Ende aller Dinge*. Zürich 1962, 20.

에 불과할 것이다. 바로 이런 사실에서 칸트는 만물의 종말과 영원의 시작을 물리적, 이론적 관점에서가 아니라 오직 도덕적 관점에서만 바라보아야 한다고 주장한다.

만일에 최후의 사건이 단순히 현재 세계의 종말, 즉 하늘에서 별들이 떨어지고, 하늘이 두루마리 같이 말려 없어지고, 하늘과 별이 불타 없어지는 종말이 아니라,[18] 축복받은 자를 위한 새로운 천지의 창조와 저주받은 자들을 위한 지옥의 창조라고 한다면, 그날 다음에 다른 날들이 이어서 계속될 것이므로 심판의 날은 '마지막 날'이 될 수 없을 것이다. 따라서 칸트는 "만물의 종말의 이념의 근원은 세계의 물리적 과정에 관한 추론에서 기인하는 것이 아니고, 세계의 도덕적 과정에 관한 추론에서 기인하는 것"이라고 이해하면서, '초감성적 세계'와 '영원'의 개념 역시 도덕적 관점에서 접근하였던 것이다. 따라서 칸트에 의하면 심판의 날 다음에 나타날 사건들에 대한 감각적 표상Versinnlichung은 우리가 이론적으로는 도저히 이해할 수 없는 것이지만, 우리가 납득할 수 있도록 최후 심판의 도덕적 결과로 간주하는 것들이다.(종말 A498) 발타사르에 의하면 인간의 죽음이라는 '한계' 개념이 단지 이론적 관점에서 '시간의 종말'을 뜻한다면 그것은 아무런 지위가 없는 개념에 불과하다. 시간이 영원 안에서 초월한다는 것은 공허한 주장이기 때문이다. 그러나 '한계' 개념이 실천적인 관점에서 '심판의 날', 즉 '세계 심판자의 은총 판단이나 혹은 저주 판단'에 의하여 '시간에서 만물의 본래적인 종말'(Kant)을 뜻할 경우에, "인간이 세계 종말을 기대하는 것은 이성존재가 세계의 지속 가운데서 그 현존의 궁극 목적에 일치하는 한에서만

18 "하늘의 별들은 무화과나무가 거센 바람에 흔들려 설익은 열매가 떨어지듯이 땅으로 떨어졌습니다. 하늘은 두루마리가 말리듯 사라져 버리고, 산과 섬은 제자리에 남아 있는 것이 하나도 없었습니다."(「묵시」 6, 13-14) "하느님의 날…이 오면 하늘은 불길에 싸여 스러지고 원소들은 불에 타 녹아 버릴 것입니다."(「2베드」 3, 12)

세계 지속이 가치를 갖는다"라는 신화의 의미를 얻게 된다.[19] 이것은 바로 칸트가 『실천이성비판』에서 제기한 요청이론적 요소들이 그대로 작동하고 있는 사실을 보여 준다. 칸트는 여기에서 '무한히 이행하는 전진'으로서 '영혼불멸성의 요청'Postulat von der Unsterblichkeit der Seele을 기술한 바 있다.(실천 A219-223)

우리는 여기에서 칸트가 마지막 날로서 심판의 날과 영원한 세계의 문제 역시 이론적으로 그 존재를 긍정하거나 부정할 수 없지만 도덕적인 필연성의 요구에 의하여 그 존재를 전제하지 않을 수 없는 명제로서 이해했다는 사실을 간파할 수 있다.[20]. 칸트의 종말론 구상에서 시간의 종말과 영원의 시작 개념은 세계 과정의 물리적-자연적, 이론철학적 파악에 의해서가 아니라 철저하게 이성신앙 또는 도덕신학의 필연적인 요구에 바탕을 두고서 새롭게 해석하였던 것이다.

계속해서 칸트는 '미래의 영원성'künftige Ewigkeit에 관한 대표적인 두 이론 체계인 일원론자der Unitarier와 이원론자Dualisten를 소개한다. 일원론Unitarismus은 많든 적든 간에 장기간의 속죄에 의해 정화가 된 모든 이들에게 구원을 약속하지만, 이원론Dualismus은 일부 선택한 사람들에게만 구원을 약속하고 나머지 사람들에게는 영원한 형벌을 선포한다.(종말 A499) 신플라톤주의의 유출론적 사유에서는 모든 것이 '일자'das Eine인 신에서 흘러나와 신으로 회귀하는 것(만물복귀설)으로 보았기 때문에 그와 같은 세계관적 사유에 걸맞은 만인 구원설이 지지를 받았다. 그와 반대로 아우구스티누스에서 토마스 아퀴나스로 이어지는 정통 기독교에서는 천국과 지옥(연옥)의 개념을 설정하고 그리스도를 믿는 사람들에게만 구원이 주어진다고 보는 이른바 선별적 구원

19 Balthasar, *Der Deutsche Idealismus*, 95.

20 칸트의 요청이론에 대한 확장적 해석은 필자의 박사학위논문(Jin Kim, *Kants Postulatenlehre*, Frankfurt 1988)을 참조하라.

론을 채택하고 있다.

우선 칸트는 모든 사람이 형벌을 받을 운명에 처하여 있다는 '만인절멸설'die Vernichtung aller은 '거짓된 지혜'verfehlte Weisheit라고 보았다. 창조주가 자신의 작품이 만족스럽지 못하다는 이유로 모든 존재를 파괴하지 않고서는 그 결점을 구제할 길이 없다고 한다면, 그것은 결국 신 그 자신의 지혜가 불완전하다는 것을 뜻하기 때문이다. 그런데 칸트는 이와 같은 난점이 이원론자들에게도 똑같이 해당한다고 보았다. 소수의 사람들이나, 아니면 단 한 사람이라도 그가 만일 영원한 저주를 위하여 존재한다면, 왜 그들이 지음을 받았으며, 이러한 운명은 아예 존재하지 않은 것보다 더 큰 화가 아닌가라고 물을 수 있기 때문이다.[21](종말 A500)

그럼에도 불구하고 칸트는 이원론 체계가 '최고로 선한 하나의 근원 존재'unter einem höchstguten Urwesen를 상정하는 점에서 실천적인 의도에서는 '그 자체로 하나의 우수한 근거'einen überwiegenden Grund in sich를 가질 수 있다고 판단하였다. 모든 사람들은 물론 다른 이들을 심판할 능력은 가지고 있지 않다. 그러나 만일 그가 자기 자신을 심판하지 않으면 안 될 경우, 그는 자신의 이성에 의하여 지금까지 양심에 따랐던 자신의 행위에 근거하여 자신의 생애 마지막에 스스로에게 제시하는 만큼의 영원에 대한 기대Aussicht in die Ewigkeit를 가질 수 있다. 그러나 칸트는 이런 사실만으로 도그마Dogma, 즉 '그 자체 (객관적으로) 타당한 이론 명제'einen an sich selbst 〈objektiv〉 gültigen theoretischen Satz로 만드는 것은 어렵다고 보았다. 이성의 단순한 판단만으로 그것을 만들기가

21 실제로 욥은 자신의 비참이 죽음보다 못하다고 고통을 호소한다. "어찌하여 내가 태중에서 죽지 않았던가? 어찌하여 내가 모태에서 나올 때 숨지지 않았던가?"(욥 3, 11) "어찌하여 그분께서는 고생하는 이에게 빛을 주시고 영혼이 쓰라린 이에게 생명을 주시는가? 그들은 죽음을 기다리건만, 숨겨진 보물보다 더 찾아 헤매건만 오지 않는구나. 그들이 무덤을 얻으면 환호하고 기뻐하며 즐거워하련만."(욥 3, 20-22)

충분하지 않기 때문이다.(종말 A501)

어떤 사람이 정말로 도덕적으로 바르게 살았던 자신의 삶의 여정들을 이끌었던 원인들 가운데서 '행운의 탓'Verdienst des Glücks으로 생각할 수 있는 모든 것들, 즉 그 자신의 선천적인 선량한 기질, 자신의 충동을 억제하는 지성과 이성 같은 고차적 능력의 자연적 우수성, 타인들이 직면했던 유혹들을 회피할 수 있었던 우연한 기회 등을 모두 배제하고서, 모든 것을 감찰하시는 세계 심판자의 눈으로vor dem allsehenden Auge eines Weltrichters 자기 자신이 다른 사람보다 도덕적으로 우월한가를 판단할 수 있는가? 이것이 가능하려면 우선 자신의 본래적인 공적이 아닌 모든 우연적인 요소들을 무당파적인 입장에 서서 배제해야 할 것이다. 그리고 자신의 도덕적 가치를 자신에게 유리하게 판단하는 이른바 자기기만으로부터 벗어나야 할 것이다.(종말 A 502) 그러나 이러한 일은 현상적으로 불가능한 것처럼 보인다.

칸트에게는 일원론자와 이원론자의 이론체계 모두 인간 이성의 사변적 능력을 초월하는 도그마로 보였다. 따라서 그는 모든 이성 이념을 실천적 사용의 조건에만 한정하도록 물러서야 한다고 생각하였다. 왜냐하면 우리는 미래 세계에서 우리 운명에 대하여 우리 자신의 양심 판단, 즉 우리가 알고 있는 현재의 도덕적 상태에 관하여 합리적으로 판단하는 것 이외에는 아무것도 알 수 없기 때문이다. 그리하여 칸트는 선의 원리이든 악의 원리이든 우리의 생애 마지막까지 우리를 지배하고 있는 '우리의 생활 원리들'Prinzipien unseres Lebenswandels이 사후에도 계속해서 지배할 것이라는 사실과, 그리고 미래에 그 생활 원리들을 변경할 것이라고 가정할 만한 어떤 이유도 없다는 사실을 인정할 필요가 있다고 강조한다. 우리가 선의 원리나 악의 원리의 지배하에 있는 영원에서도 특정한 공적이나 죄책에 상응하는 결과를 기대할 수 있어야 하는 사실이 중요하다는 것이다.(종말 A502)

이런 의미에서 칸트는 우리가 현세에서 도달한 도덕적 상태와 그 결과는 내세에서도 변하지 않을 것이라고 상정하고 행동하는 것이 현명하다고 보았다. 따라서 그는 실천적 관점에서 볼 때 이원론적 이론체계가 보다 적절하다고 주장했다. 일원론의 이론체계에서는 사람들이 너무 안일하게 지내는 것처럼 보이기 때문이다. 그러나 칸트는 이론적인 측면이나 순수 사변적인 측면에서 어느 이론이 탁월한가를 결정하려고 하지 않았다.(종말 A503) 이러한 사실에서 우리는 칸트가 현세를 넘어선 영원의 세계에서도 현세의 도덕적 지침들이 그대로 존속하고 유효하다고 간주하는 것이야말로 그가 강조하는 도덕적 실천적 관점이라는 사실을 확인할 수 있다. 칸트는『실천이성비판』에서 제시한 요청이론에서 최고선의 실현을 부단하게 촉진하는 도덕적 주체의 존립 가능성으로서 '영혼불멸성'을 요청하였는데, 이때 영혼의 존재는 이성의 이론적 사용에서는 그 존재를 증명할 수도 없고 그것이 존재하지 않는다고 부정(반박)할 수도 없는 그 객관적 실재성을 담보할 수 없는 초월적 이념이지만, 오롯이 도덕적 실천적 이성 사용의 필요에 의하여 요청하였던 것이다. 영혼이 죽지 않고 영원히 존재한다는 사실로부터 도덕적 최고선 수행을 위한 '무한한 진보의 요청'Postulat des ins Unendliche gehenden Progressus, Erfordernis des unendlichen Fortschritts을 주장하게 되었던 것이다.(실천 A220)

그리하여 칸트는 사람들이 '세계의 종말'에 기대하고, 그것도 특히 '공포를 수반한 종말'에 대하여 언급하는 근거 역시 이성 자체에서 찾고자 하였다. 즉, 세계의 지속은 세계 속의 이성적 존재자가 그 존재의 궁극 목적에 부합하는 한에서만 가치를 갖게 된다. 그러나 만일 이 궁극 목적을 달성할 수 없는 것이라면 창조 자체는 세계의 지속에 아무런 목적도 갖고 있지 않은 것처럼 보일 것이다. 이어서 칸트는 종말의 기대에 대한 두 번째 근거를 절망Hoffnungslosigkeit 상태로까지 전개한 인간 종족의 타락한 본성에서 찾고자 하였다. 종말ein Ende, 그것도 특히 무서운 종말에 대한 준비는 최고의 지혜höchste Weisheit와 최대 다수의 인간들의 견해에 따른 정의Gerechtigkeit와 일치하는 유일한 방책이기 때문이다.(종말 A505) 칸트에 의하면 '최후의 날에 대한 전조들' 모두가 공포로 느껴지는 것은 바로 큰 기대에 의한 흥분으로 상상력을 고조시키기 때문이다. 그리하여 혹자는 이런 전조들을 '만연하는 부정'에서, '부자의 호사에 의한 빈자의 억압'에서, '정직과 신념의 일반적 상실'에서, '세계 구석구석에서 일어나는 참혹한 전쟁' 등에서 발견하기도 하고, 혹자는 그런 전조들을 전대미문으로 생각하는 도덕적 퇴폐와 범죄의 급속한 증가 및 그로부터 나오는 여러 죄악들에서 느끼기도 하지만, 혹자는 지진, 폭풍, 홍수, 혜성, 대기징후와 연계된 특이한 천재지변ungewöhnliche Naturveränderungen에서 느끼기도 한다.(종말 A506)

이처럼 칸트는 인간들이 재앙적 전조들에 대하여 부담을 느끼고 있지만, 그것들이 긍정적인 측면에서 교훈이 되기도 한다고 보았다. 인류의 진보에서 재능, 숙련, 취미의 계발은 사치로 귀결되는데, 이것은 자연적으로 도덕성의 발달보다 앞서 가기 때문이다. 인간의 욕망은 그것을 만족시키는 수단보다 훨씬 더 빠르고 강력하게 성장하기 때문에 그런 상황은 신체건강뿐만 아니라 도덕성에 대해서도 무척 해롭고 위험하다. 칸트는『세계시민적 관점에서 본 보편사의 이념』에서 자연의 계획은 "인류의 완전한 시민적 통합"(제9명제 - 세계 A407)을 목표로 하여 "보편적으로 법이 지배하는 시민사회의 건설"(제5명제 - 세계 A394)이나 "국내적으로나 국제적으로도 완전한 국가체제"(제8명제 - 세계 A403)의 수립을 추구하지만, 그것을 실현하는 과정에서 "인간들 간의 불화를 수단으로 하여 그런 불가피한 대립 속에서 평화와 안정의 상태"(제7명제 - 세계 A398)를 찾아낸다고 보았다. 칸트는 그러한 인간의 성향을 '반사회적인 사회성'ungesellige Geselligkeit(제4명제 - 세계 A392)이라고 불렀다. "자연이 인간들의 모든 소질을 계발시키기 위해 사용하는 수단은 그 항쟁이 궁극적으로 사회의 합법칙적인 질서의 원인이 되는 한에서, 사회 속에서 인간들 상호 간의 항쟁Antagonism이다. … 즉 부단하게 사회를 파괴하려고 위협하는 일반적인 저항들과 결합하고 있으면서도 사회를 이루고 살려는 인간의 성향을 말한다."(세계 392) 따라서 인간은 불화, 악의적인 경쟁심, 만족할 줄 모르는 소유욕이나 지배욕을 준 자연에게 오히려 감사해야 한다는 것이다.

그러나 칸트는 인류의 도덕적 소질이 언젠가는 욕망을 뒤따라 잡을 것이라고 낙관하였다. 우리 시대의 도덕이 그 이전 시대보다 우월하다면 마지막 날은 코라당Rotte Korah(「민수」 16, 32)의 몰락과도 같은 지옥행Höllenfahrt보다는 엘리아의 승천Eliasfahrt(「2열왕」 2, 11)으로 시작하는 지상에서 만물의 종말을 성취할 것이라는 희망을 가질 수도 있다. 이러한 세계관적 낙관주의는 칸트 당대의 계몽주의적 지적 분위기를 반영하고 있다. 칸트는 전쟁이나 만물의 종말 앞에서 선구적으로 예감하는 두려움과 공포가 최고선의 완전한 실현을 위하여 도덕적 수행을 부단하게 도모하려는 사람들의 심정을 전도하는 강력한 요인이 될 수 있을 것이라고 보았던 것이다.(종말 A507)

만물의 자연적 종말은 칸트의 경우에 오직 도덕적, 윤리적인 의도에서만 의미 있게 진술할 수 있다. 그것은 이성의 이론적 사용에서는 지식의 대상이 될 수 없었으며, 단지 실천적 측면에서만 '전적으로 시간과 비교할 수 없는 단절 없는 지속의 크기'로서 영원성 개념이 그 의미를 가질 수 있었던 것이다. 그것은 곧 칸트가 종말론적 사건들에 대해서도 최고선의 실현 가능성 조건으로서 요구했던 요청명제들과 같은 맥락에서 접근했던 사실을 말해 준다.

2) 만물의 신비적(초자연적) 종말

두 번째로 칸트는 만물의 신비적 초자연적 종말에 대하여 언급한다. 이것은 자연적인 세계 질서를 넘어서서 초자연적 피안의 세계로 이행하는 이른바 '초월의 결과'das Resultat der Transzendenz로서 주어지며, '세계 종말', '심판', '천국과 지옥' 등이다.[22] 그러나 칸트는 이런 초월적 존재 사실들, 즉 만물의 초자연적 신비 현상들에 대해서 감성적으로 판단하자마자 논리적 오류에 빠지게 된다는 사실을 지적하고 있다. 우리의 이성 인식으로는 도무지 접근할 수 없는 영역인 것이다. 따라서 심판, 그리고 천국과 지옥과 같은 초월적 종말의 사실들 역시 무제약적인 도덕적 요구에 의해서만 의미 있게 이해할 수 있다고 보았다. 칸트는 「요한묵시록」의 한 문장을 단초로 하여 입론을 시도하고 있다.(종말 A509)

> 천사가 오른손을 하늘로 쳐들고서는, 영원무궁토록 살아 계신 분을 두고, 하늘과 … 그 안에 있는 것들을 창조하신 분을 두고 맹세하였습니다. "시간이 얼마 남지 않았다."(묵시 10, 5-6)

> 그러자 내가 본 천사 곧 바다와 땅을 디디고 서 있던 천사가 오른손을 하늘로 쳐들고서는, 영원무궁토록 살아 계신 분을 두고, 하늘과 그 안에 있는 것들, 땅과 그 안에 있는 것들, 바다와 그 안에 있는 것들을 창조하신 분을 두고 맹세하였습니다. "시간이 얼마 남지 않았다. 일곱째 천사가 불려고 하는 나팔 소리가 울릴 때, 하느님께서 당신의 종 예언자들에게 선포하신 대로 그분의 신비가 완전히 이루어질 것이다."(묵시 10, 5-7)

22 Balthasar, *Der Deutsche Idealismus*, 95–96.

여기에서 "시간이 얼마 남지 않았다"라는 것은 종말까지 우리에게 남은 시간은 별로 없다는 뜻이다. 그렇다면 이 말은 구체적으로 무엇을 뜻하는 것일까? 칸트는 이 천사가 "일곱 봉인에 대하여 큰 소리로"(묵시 5, 3) 의미 없이 외치려고 한 것이 아니라면, 그것은 곧 "이후에 어떤 변화도 없어야 한다"는 것으로 이해해야 한다고 보았다. '시간'을 '변화'로 고쳐서 읽은 것이다. "변화는 시간 속에서만 일어날 수 있고 시간을 전제하지 않은 변화는 전혀 생각될 수 없으므로, 세계 속에 어떤 변화가 있다면 시간 역시 존재할 것이기 때문이다." (종말 A509) 우리는 앞에서 종말과 관련이 있는 '만물'alle Dinge 이 칸트적인 의미에서 이론적 이성 사용과 모순에 직면하게 된다는 사실을 확인한 바 있다. 여기에서 '만물의 종말'이란 "그것에 대하여 어떤 개념도 형성할 수 없는 감각의 대상들"이기 때문에, 우리가 "만일 감성의 세계를 벗어나서 지성적 세계로 일보라도 내딛게 되면 불가피하게 모순에 직면하게 되는 것이다."(종말 A510) 칸트에 의하면 그것은 "감성적 세계의 종말이 이루어지는 순간이 바로 지성적 세계가 시작해야 한다고 생각하기 때문에 일어나며, 지성적 세계와 감성적 세계는 하나의 동일한 시간 계열 속에 존재하게 되므로 그 자체로 모순"이라는 것이다.

칸트는 우리가 일반적으로 "어떤 지속을 (영원으로서) 무한하다"고 생각할 경우에, 우리가 그 크기에 대하여 규정할 수 있는 개념을 가지고 있지 않다고 말한다. 왜냐하면 영원은 그 자신의 척도가 되는 시간을 전혀 가지고 있지 않기 때문에, 그런 크기를 가지는 것 자체가 불가능하기 때문이다. 시간이 없으면 종말도 일어나지 않으므로 그런 개념은 단지 '영원한 지속의 부정적 개념'에 지나지 않는다. 따라서 그 개념은 우리의 지식을 전혀 확장하지 못한다. 마찬가지로 칸트는 이성은 실천적인 의도in praktischer Absicht에서 궁극 목적Endzweck을 '부단한 변화의 도정에서는'auf dem Wege beständiger Veränderungen 결코 충족하지 못한다고 보았다. 이것은 인간 자신의 도덕적인 노력과 최고선의 실현을 위한 무한한 접근 또는 전진에도 불구하고 인간 자신은 여전히 죄인의 상태에 있다(근본악의 문제)는 사실을 뜻한다. 칸트의 영혼불멸성 요청은 자율성에 기초한 의무 윤리학에서 도덕적 행위 주체의 존재를 확보하기 위한 것이다. 그러나 그것만으로 최고선의 완전한 실현을 성취하는 것은 아니다. 도덕성의 성취를 위한 영혼불멸성 요청이나 '무한한 전진(접근) 요청'은 최고선의 완전한 실현을 위한 필요조건일 뿐이지 아직 충분조건은 아니다. 칸트의 요청적 사유에서 최고선의 완전한 실현을 위한 필요하고도 충분한 조건은 '신 존재의 요청', '지상에서 하느님 나라의 무한 확장 요청', 그리고 '하느님의 은총판단 요청'이다.

또한 이성이 '세계존재 상태의 정지 및 불변성의 원리'Prinzip des Still-standes und der Unveränderlichkeit des Zustandes der Weltwesen를 가지고 그것을 시도하더라도, 그 이론적 사용에서는 만족스럽지 못하고 전적으로 허탄한 상태에 빠지게 될 것이다. 그리하여 이성은 단지 "궁극 목적을 향한 부단한 진보 내에서 (시간 속에서) 무한을 향하여 전진하는 어떤 변화"als sich eine ins Unendliche(in der Zeit) fortgehende Verändrung, im beständigen Fortschreiten zum Endzweck를 생각할 수밖에 없게 되는데, 이 궁극 목적과의 연관에서 이성의 심정Gesinnung은 변화하는 '하나의 현상'ein Phänomen이 아니고, 시간 속에서 변하지 않는 '초감각적인 어떤 것'etwas Übersinnliches이며 고착된 것이라고 생각할 수 있다.(종말 A510-511)

이로써 칸트는 그와 같은 이념에 따른 '이성의 실천적 사용의 규칙'Regel des praktischen Gebrauchs der Vernunft으로서 하나의 '격률'Maxime을 도출하게 되는데, 그것은 곧 "선에서 보다 나은 선으로 무한하게 진행하는 모든 변화에도 불구하고 우리의 도덕적 상태는 그 성향(《천국에서 삶을 영위하는》 지성적 본체)에서, 전혀 시간적 변화에 종속되지 않은 것처럼" 생각해야 한다는 것이다.(종말 A511) 이성이 추구하는 궁극 목적은 시간적 변화에 영향을 받지 않는 불변적인 것이기 때문이다.

그러나 칸트는 이러한 생각에 문제가 있다는 것을 곧바로 지적한다. 다시 말하면 언젠가 모든 변화가 정지하고 그와 함께 시간 자체도 멈추는 순간이 출현할 것이라는 것은 '상상력에 반하는 표상'이다. 여기에는 칸트 자신이 지적하지 못한 더 본질적인 어려움이 도사리고 있다. 그것은 곧 칸트의 두 가지 요구가 새로운 모순을 구성하고 있다는 사실이다. 첫째로 최고선의 실현을 위한 도덕적 행위 주체의 무한한 전진(접근) 노력에도 불구하고 그는 언제나 바로 직전의 '선'에서 현재 상태의 '보다 나은 선'으로 이행했을 뿐이며, 현재의 '선'은 다음 시점에서 '보다 나은 선'으로 이행할 것이라는 사실이다. 이와 함께 둘째로 천국이나 영원한 세계의 지성적 인간homo noumenon과 그가 추구하는 궁극목적은 어떤 시간적 변화에도 영향을 받지 않아야 하는 것이다. 그리고 이로부터 영원한 세계에서 무한한 전진의 수행 주체는 시간적 변화를 전제하고 있으며, 동시에 지성적 인간 주체는 시간적 변화를 거부하고 있는 현실에 처하게 되는 것이다.

그렇게 되면 '전 자연'이 굳어져서 화석처럼 될 것이다. 이 경우에 사유 주체의 마지막 생각과 감정은 정지한 상태에서 변화 없이 언제나 동일한 모습으로 있게 될 것이다. 시간적인 지속으로만 의식할 수 있는 존재에게는 그러한 삶이 '적멸'Vernichtung과 같은 것이다.[23] 그런 상태로 들어가서 생각하려면 우선 그 존재가 무엇인가를 실제로 사유해야 되지만, 사유는 시간 속에서만 일어날 수 있는 반성Reflektieren을 내포하기 때문에 불가능하다. 그것은 곧 "다른 세계의 주민들은 그 주소에 따라서(천국이나 지옥), 할렐루야나 곡

23 불교에서 '니르바나'의 개념적 표상에서도 칸트가 지적한 것과 같은 어려움이 드러날 수 있다. 이에 대한 상세한 논의는 필자의 『하느님의 나라와 부처님의 나라』(UUP 2009)를 참조할 수 있다.

성을 영원히 읊게 되는 것”(19, 1-6; 20, 15)을 뜻하는데, 이는 그런 상태에서는 일체의 변화가 없다는 것을 의미한다.(종말 A512-513) 이론적인 차원에서 시간(변화)이 없는 영원한 삶은 경직된 화석과 같은 것이므로 기독교의 천국이나 불교의 열반적정이 모두 동일한 어려움에 직면하게 된다. 칸트는 이와 같은 이념들은 오직 이성의 실천적 의도와 관련해서만 특별한 의미를 가질 수 있다고 주장하였다.

> 우리가 지상에서 인간적 삶의 도덕적 물리적 조건을 최상의 상태, 즉 (인간에게 목적으로 정해진) 최고선을 향한 부단한 전진이나 접근으로 가정할 경우에, 인간은 (그의 성향의 불변성을 의식하는 중에서도) 영원히 지속하는 그의 (도덕적, 물리적) 상태들의 관점에서 만족을 찾을 수 없게 된다. 왜냐하면 그의 현재 상태는 그가 곧장 들어서려고 하는 보다 나은 상태와 비교하면 여전히 악이며, 동시에 궁극 목적을 향한 무한한 전진이라는 생각 역시 보다 큰 선에 의하여 극복되는 따라서 결코 만족을 찾을 수 없는 악의 무한 계열에 대한 조망이라고 할 수 있기 때문이다. 그러한 만족은 언젠가 궁극 목적에 결국 도달할 것이라는 사실을 통해서만 생각될 수 있다.(종말 512-513)

칸트는 우리가 ‘이성의 내재적이고 실천적인 사용’의 한계를 넘어서서, 초월적인 것Transzendenten에 대하여 이성을 사변적으로 사용하려고 할 경우에 신비주의Mystik에 빠지게 된다고 경고한다. 여기에서 칸트는 노자老子의 체계System des Laokiun를 예로 들고 있다. 노자는 최고선을 ‘허무 속에 존재하는 것’das im Nichts bestehen soll으로 생각하여, “신성Gottheit과의 융합을 통한, 그 인격의 무화Vernichtung seiner Persönlichkeit를 통하여 신성의 심연으로 몰입을 의식 속에서 느끼는 것”이라고 규정하였다. 칸트는 이 때문에 중국철학자들이 어두운 방에서 눈을 감고 무Nichts의 명상zu denken und zu empfinden을 시도한다고 보았다.(종말 A513) 칸트는 티베트와 동방 민족의 범신교Pantheism나 스피노자주의Spinozismus는 노자 사상의 아류이며, 이것들은 모든 인간의 영혼이 신성으로부터 나와서 다시 신성으로 돌아간다는 고대의 유출설Emanationssystem에서 비롯한다고 보았다. 이들 모두는 결국 '영원한 휴식'ewige Ruhe을 '만물의 축복된 종말'seliges Ende aller Dinge이라고 믿었는데, 이런 생각은 곧 우리의 지성이 소멸하고 모든 사유 자체가 종말을 고한다는 관념이다.(종말 A514)

칸트의 경우에 만물의 신비적 초자연적 종말 역시 이성의 실천적 사용에서만 의미 있게 진술할 수 있다. 이성이 그와 같은 초자연적 사실과 일체를 이룰 수 있다는 모든 동서의 교설들은 신비주의나 자기 부정의 논리에 다름 아니다. 이와 같은 칸트의 시각은 신비적 사태들에 대해서도 이성비판의 정신을 철저하게 적용하고 있다는 사실을 보여 준다. 만물의 신비적 초자연적 종말과 관련하여 최고선의 실현을 위하여 부단한 노력을 감행하는 도덕적 주체의 시간성 요구와 영원 세계에 존재하는 지성적 인간 주체의 초시간성 요구 사이에서 출현하는 모순을 해소하기 위해서는 이성 사용의 실천적인 의도에서만 제한적으로 접근할 필요가 있다는 것을 설파하고 있는 것이다.

3) 만물의 반자연적(잘못된) 종말

반자연적 또는 잘못된 만물의 종말은 우리들이 '궁극 목적'Endzweck을 곡해할 경우에 발생하는 것이다. 여기에서 궁극 목적이란 도덕적 입법자의 '의지'이자 '이념'으로서 '세계창조의 궁극 목적'Entzweck der Weltschöpfung이다.(종교 BA x) 이것은 신적인 의지인 동시에 인간이 궁극적으로 추구해야 할 이상인 '최고선'의 형태로 우리에게 주어진 것이다. 도덕법은 우리에게 이 세상에서 최고선을 궁극 목적으로 삼으라는 종합적이고 선험적인 실천명제를 부과하고 있다.(종교 BA xi Anm.) 도덕적 법칙을 가장 엄격하게 준수하는 것은 목적으로서 최고선을 초래하는 원인이어야 한다. 그러나 인간은 이 세상에서 행복을 도덕과 결합할 수 있는 능력을 가지고 있지 않으므로 세계 통치자로서 전능한 도덕적 존재를 상정하지 않으면 안 된다.(종교 BA xiii Anm.)[24] 칸트는 바로 이 때문에 도덕이 불가피하게 종교에 이른다고 보았다.

그런데 칸트는 인간이 비록 선한 목적을 가졌다 하더라도 그 자신들의 손으로 만물의 종말을 도모하는 것은 매우 '어리석은 짓'Torheit이라고 경계하였다.(종말 A514) 인간은 자신의 목적에 반하는 수단을 사용할 수도 있기 때문이다.[25] 더 나아가서 칸트는 오직 신만이 만물의 궁극 목적인 최고선과 완전히 일치되는 방책을 찾을 수 있는 실천이성의 지혜Weisheit를 가지고 있으

24 발타사르는 칸트가 제시한 신성성Heiligkeit과 행복Glückseligkeit 사이의 대립 관계에 대하여 이렇게 말한다. "신성성은 모든 자연에 앞서는 법칙의 절대적이고 파악 불가능한 '위'Über에 대한 표현이고, 자연 자체는 그것에 적합한 어떤 '성취'Erfüllung도 불가능하다. 왜냐하면 자연은 이 최고의 존재에 대하여 가장 철저하게 복종하고 노예적인 봉사의 태도에 익숙하기 때문이다. 그러나 행복은 자연의 전적인 종합이 법칙의 '앞'Voraus의 통일성을 은폐하고, 자연의 모든 충동들이 실제로는 은폐된 중심을 반영한다는 사실에 대한 표현이다."(Balthasar, *Der Deutsche Idealismus*, 100) 도덕적 신성성은 우리로 하여금 그러한 상태에 도달하도록 무조건 강제하는 것이고, 행복은 결코 도덕적 행위의 동기는 아니지만 도덕적으로 행한 사람들에게 그에 합당한 보상이 결과적으로 주어질 수 있는 도덕적 세계질서를 요구한다. 발타사르는 칸트의 실천적 변증론에서 신성성과 행복은 대립적인 관계에 있는 것이 아니고, 신성성과 통일성(행복과 신성성의 종합)이 대립적인 관계에 있다고 보았다. 칸트는 이 대립적인 관계를 해소하기 위해서는 영혼불멸성 요청, 즉 도덕적 선과의 일치를 위한 무한한 접근 요청이 필연적이라고 보았다. 그것은 곧 세계종말 이후에도 영원한 세계가 존재해야 한다는 윤리신학적 요구인 것이다. 그리하여 발타사르는 법칙의 '앞'을 '영원하다'는 것으로 이해한다.(Balthasar 102)

25 이것은 정확하게 신앙 공동체의 안정적인 정치적 통일에만 관심을 갖는 것으로서 전체주의 사회에서 정치신학politische Theologie이 주도적인 역할을 맞게 된다.[Michael Städtler(Hrsg.), *Kants "Ethisches Gemeinwesen" Die Religionsschrift zwischen Vernunftkritik und praktischer Philosophie*, Berlin 2005, Einleitung, 13–14. 특히 이 책에 수록된 Kerstin Stakemeier, *Die Ausnahme. Politische Theologie der Gemeinschaft bei Immanuel Kant und Carl Schmitt*(63–72)를 참조하라.] 칸트는 각 개인의 도덕적 결단에 근거한 공동체적 선 수행의 무한한 노력을 강조하는 반면에 슈미트에서는 주권자Souverän의 최후 결단이 궁극적 판단 근거가 되고 있다.

며, 그것에 적대하지 않고 촉진하는 것이야말로 '인간의 지혜'라고 생각하였다.[26] 그러나 앞에서 말한 것처럼 인류가 어리석음에서 벗어나 최선의 지혜에 도달하는 것은 그 자신의 노력만으로는 어떤 경우에도 성취할 수 없는 하나의 이념에 불과하다.

칸트는 이러한 원리가 국가의 종교 정책에서도 여실히 드러난다고 지적한다. 다시 말하면 그는 '모든 국민의 종교를 보다 순수하고 강력하게 하기 위한' 적절한 조치를 위한 계획들이 수시로 바뀌고, 심지어는 가끔씩 불합리한 모습을 보이기도 했던 사실을 비판적으로 지적하였다.(종말 A515) 이것이 뵐너의 종교정책을 빗댄 것이라는 사실은 누구나 짐작할 수 있다.

칸트는 종교의 역할을 제고하려는 노력들이 성공하기 위해서는 공동체가 전승해 온 신성한 교의뿐만 아니라 실천이성에도 유의해야 한다고 보았다. 실천이성은 종교에 절대적으로 필수적인 것으로서, 이는 성직자Klerus 신분으로 국민들을 강요Abreden하는 것보다는 동등한 시민Mitbürger으로 예우하여 동의를 구하는 방식을 취하게 한다. 이 경우에 국민들은 그러한 결정이 권위에 의한 것이 아니므로 도덕적 소질의 불가피한 교화의 필요성을 인정하지 않을 수 없게 된다. 따라서 그들은 그와 같은 전체적인 과정을 그 이념에 관한 한 만족스러운 진보를 이루어 낸 현자들로 하여금 주도적으로 추구하도록 위임하는 것이 바람직스럽다고 생각할 수 있다.(종말 A515-516)

그러나 칸트는 최상의 궁극 목적을 위하여 선택하는 수단이 초래할 결

26 종말론과 윤리학의 관계에 대하여 신학자들은 "종말론 없는 윤리학은 없다"ohne Eschatologie keine Ethik라는 사실을 강조하지만(P. Althaus, *Die letzten Dinge*, 249-250), 칸트의 윤리신학Ethikotheologie에서는 그와 반대로 "윤리학 없는 종말론은 없다"라는 명제가 강조된다.(I. Kant, *Kritik der Urteilskraft*, Berlin und Libau 1790, §86 Von der Ethikotheologie.) 칸트에서 종말론은 단지 윤리적인 의미만을 가질 뿐이고, 만물의 종말 역시 윤리적 가치를 가질 뿐이다.(H. A. Salmony, *Kants Schrift Das Ende aller Dinge*, Zürich 1962, 35.)

과는 자연의 과정에 의하여 불확실하기 때문에 섭리Vorsehung에 맡기는 것이 좋을 것이라고 생각했다. 도덕성을 향해서만 움직이는 인간의 지혜에 의하여 얻을 수 있는 성공을 미리 확실하게 예측하는 것이 불가능하다면, 우리는 자연 과정이 신의 지혜에 의하여 일어난다고 실천적 의미에서 믿을 수밖에 없을 것이다. 물론 칸트는 이에 반대하는 주장도 가능하다고 본다. 어떤 이들은 '현재의 계획이 최선의 것'der gegenwärtige Plan ist der beste이며, 그것은 이제 영원성을 위한 상태라고 생각할 수 있다.(종말 A516)[27] 여기에서 칸트는 이 개념에 의거하여 "선한 자는 계속 선하고, 악한 자는 계속 악하다"(묵시 22, 11)라는 말씀을 인용하고 있다. 그러나 그 이후에도 계속해서 새로운 계획이 출현할 것이므로, 그중에서 가장 최선의 것은 옛것의 부활에 지나지 않을 것이고, 그와 같은 시도들은 앞으로도 계속 이어질 것이다.(종말 A517) 여기에서 칸트는 자기 스스로도 보다 새롭고 더 좋은 시도를 제시할 능력이 없다는 것을 인정하고 있다. 그러면서도 그는 당대의 기독교가 행한 사실에 대해서는 분명한 메시지를 보내고자 하였다.

칸트에 의하면 기독교는 도덕성에 해당하는 '율법의 신성성'Heiligkeit seiner [des Christentums] Gesetze에 대한 '최대의 존경'größte Achtung 이외에도 그 자체로 '사랑할 만한 어떤 것'etwas Liebenswürdiges이 있다. 칸트는 기독교의 사랑의 가치Liebenswürdigkeit를 예수 그리스도이신 '인격'Person의 희생Aufopferung보다는 오히려 기독교가 설립한 '윤리적 기구'sittliche Verfassung에서 발견하고자 하였다. 그는 그리스도의 희생은 윤리적 기구에서 비롯한다고 보았다. 물론 칸트는 존경Achtung이 일차적인 것이라고 인정한다. 사랑 역시 존경을 전제하기 때문이다. 그러나 만일 의무에 대한 관념이나 의무의 준수가 문제될 경우에, 즉

27 라이프니츠의 신정론에 대해서는 Susanne Schilling, *Das Problem der Theodizee bei Leibniz und Kant* (Nordhausen 2009, 51–53)를 참조할 수 있다.

'무엇을 해야 할 것인가'was er tun soll를 말해 주는 행위의 객관적 동기뿐만 아니라 '무엇을 하게 되는가'was der Mensch tun werde를 기대할 수 있는 행위의 주관적 동기를 묻게 될 경우에, 자기 자신의 격률Maximen 속에 다른 사람의 의지를 자유롭게 수용하는 사랑은 분명 인간 본성의 불완전성에 대한 필수적인 보완물이 될 것이다. 사랑은 이성이 법칙을 통하여 명령하는 것을 철저하게 수행하도록 강제한다. 그러므로 칸트는 의무가 사랑을 동반하지 않은 동기로 작용할 경우에는 크게 신뢰하기 어렵다고 보았다.(종말 A518)

더 나아가서 칸트는 기독교를 인위적으로 개선하기 위하여 어떤 유형의 권위irgend eine Autorität를 추구하게 되면, 그것이 아무리 신적인 것die göttliche이고 그 의도가 호의적wohlmeinend이며, 그 목적이 참으로 선하다gut 할지라도, 기독교의 고유한 사랑의 가치는 사라질 것이라고 경고한다. 그것은 사람들에게 어떤 일을 명령하는 것이기 때문이다. 칸트가 이해하는 기독교는 다음과 같다.

> 기독교의 교조敎祖는 복종을 요구하는 의지로써 사람들에게 명령하는 자가 아니라, 그와 함께하는 사람들을 잘 이해시킬 수 있는 고유한 의지를 가진 박애자의 자격으로 말함으로써, 그들 스스로가 마음을 다하여 성찰할 경우 그 의지에 따라서 자유롭게 행위할 것으로 보아 의무 일반의 준수에 대한 사랑을 증진시키고 그러한 사랑을 기독교가 유도해야 한다고 보았다.(종말 A519)

이런 사실에서 칸트는 노예 상태나 무정부 상태보다는 '자유주의적 사고방식'에서 기독교의 가르침에 대한 효과를 기대할 수 있다고 생각하였다. '궁극 목적을 선택하는 데서 오는 자유의 감정'은 그러한 입법을 사랑할 만한 가치 있는 것으로 만든다. 이를 통하여 그의 지성은 의무의 법칙에 대한 관념에 의하여 계발된 인간의 마음을 얻는 것이 가능하게 된다. 그리하여 칸트는 '기독교의 교사'Lehrer des Christentums가 '처벌'을 선포했다 하더라도, 그것을 그의 계율을 따르는 동기로 설명해서는 안 된다고 보았다. 그런 식의 설명은 기독교의 특성과 합치하지 않으며, 기독교의 고유한 가치를 훼손하게 된다는 것이다. 칸트는 이러한 '처벌'의 메시지를 우리가 율법을 지키지 못한 데서 불가피하게 발생하는 손해로부터 보호하기 위하여 "입법자의 선의에서 나온 자애로운 경고"로 해석해야 한다고 보았다.(종말 A520) 여기서 우리를 위협하는 것은 '자발적으로 받아들인 삶의 격률'로서 기독교가 아니라 '율법'이기 때문이다. 사물의 본성에 존재하는 불변적 질서인 법칙의 결과는 창조주까지도 마음대로 할 수 없는 것이다.[28]

또한 칸트는 기독교가 보상을 약속하는 사실에 대해서도[29] 자유주의적 사고방식에 의거하여 사람들로 하여금 선한 행적을 하도록zum guten Lebenswandel 대가를 제안하는 것처럼 해석해서는 안 된다고 주장하였다. 그럴 경우에 기독교는 또 다시 본래적으로 사랑할 만한 가치를 갖지 못할 것이다. 이러한 칸트의 주장에는 "비이기적인 동기에서 발생하는 그와 같은 행위에 대한 의욕만이 사람들에 대한 존경심을 불러일으킬 수 있으며, 따라서 존경 없이는 참된 사랑도 존재할 수 없다"(종말 A521)라는 그의 도덕철학의 근본 원리가 전제되어 있다. 이처럼 "약속된 보상이 행위의 동기가 되어서는 안 된다는 것"(종말 A521)은 칸트 윤리학의 기본이다.

이처럼 칸트는 기독교의 진정한 가치는 도덕적 관점에 의한 해석을 통

28 lex est res surda et inexorabilis. »das Gesetz ist eine taube und unerbittliche Sache.« "율법은 귀가 먹은 그리고 가차 없는 것이다."(종말 A520). Livius(B.C.59~A.D.17)

29 "기뻐하며 즐거워하여라. 너희가 하늘에서 받을 상이 크다."(마태 5, 12)

해서만 찾아질 수 있다고 생각하였다. 그는 기독교가 수행하는 '도덕적인 사랑의 가치'moralische Liebenswürdigkeit를 그것에 가해진 외적인 강요나 견해의 잦은 번복에도 불구하고 여전히 빛나는 부분이라고 평가했다. 오직 이 사랑만이 기독교가 직면했어야 할 반대와 비난으로부터 기독교를 지킬 수 있었다는 것이다. 칸트에 의하면 이런 가치는 인류가 겪은 가장 위대한 계몽의 시대에 더욱 밝게 빛난다.(종말 A521-522)

칸트는 기독교가 '온화한 정신 대신에 명령적 권위'로 군림한다면 순수한 '사랑의 가치'를 잃게 되고, 도덕적인 문제에서 어떤 '중립'이나 또는 '대립하는 원리의 제휴'를 생각할 수 없게 되어, 결국 기독교에 대한 '반감과 반항'이 사람들의 생각을 지배하게 될 것이라고 경고하였다. 칸트는 말한다. "그렇게 되면 전적으로 '최후의 날의 선포자'로 간주하는 적그리스도가 공포와 이기심을 부추겨서 '짧은 통치'를 시작할 것이다. 이 경우에 보편적인 세계 종교이어야 할 기독교는 도덕적 관점에서 '(잘못된) 만물의 종말'das(verkehrte) Ende aller Dinge이 일어나는 운명을 막지 못할 것이다."(종말 A522) 칸트의 이 마지막 메시지는 결국 프로이센 제국의 검열 및 강압 정책이 하나의 역사적 전통으로 작용하여 히틀러의 국가사회주의의 출현을 가능하게 하였으며, 그런 제3제국의 치하에서 기독교가 보여 준 실상을 예견하는 것 같아서 참으로 의미심장하다고 할 것이다.

4) 윤리적 역사신학의 종말론 : 최고선의 실현 가능성을 위한 '무한 지속'의 요청

우리는 이제 이와 같은 칸트의 이성비판적 종교 이해, 특히 '만물의 종말'에 대한 그의 기독교적 이해가 역사철학의 문제에 해당될 수 있는가에 대해서 독일의 가톨릭 종교철학자 리하르트 섀플러Richard Schaeffler의 칸트 이해를 중심으로 접근하고자 한다.

칸트는『영원한 평화에 대하여』,『세계시민적 관점에서 본 보편사의 이념』과 같은 역사철학적 저술들을 남겼지만, 칸트의 철학사적 위상은 그것들보다는 이성비판서들에서 훨씬 더 두드러지는 것이 사실이다. 칸트는 인간의 이성이 역사를 가진다는 사실을 제시하였지만, 언어의 역사성과 관련해서는 그보다는 비코Vico가 훨씬 더 분명하게 보여 주었다. 그러나 칸트 스스로는 이성의 역사가 어떻게 가능한가를 성공적으로 보여 주지 못한 한계를 가지고 있다.[30] 그럼에도 불구하고 칸트는 "(자유로운 결단의 연관으로서) 역사는 (현상들 가운데 있는 필연성의 왕국으로서) 자연에 대하여 대립하고 있는 것이 아니라, 선험적 입법의 다른 필연성이 순수 이성에 의하여 대립하고 있는 것"이라는 사실을 보여 주었다.[31] 칸트에서는 역사도 이성의 구성적 활동의 산물에 다름 아닌 것이다.

칸트에 의하면 인간은 현상의 세계와 지성의 세계 모두에 속하는 존재이다. 이로부터 필연적으로 새로운 변증론을 구성할 수 있다. 현상세계의 일원으로서 인간은 이성이 시간 속에 있는 모든 현상들을 지배하는 것과 동일한 필연성에 잇대어 있다. 그러나 인간이 도덕적 관심을 갖고서 자유롭게 행위를 선택할 경우에 그것은 현상들의 계열 밖에서 이루어진다. 이와 같은 자유로운 행위는 현상들에서 발견하는 인간의 '경험적 특성들'이 인간이 자유롭게 부여한 '지성적 특성'의 '현상'으로 간주할 경우에만 타당할 것이다. 이 경우에 자유는 지성적 행위가 시간 속에서 일어나는 것이 아니므로 자연의 인과성에 의하여 제약 받지 않으며, 시간적으로 선행하는

30 Richard Schaeffler, *Einführung in die Geschichtsphilosophie*, 2. Auflage, Darmstadt 1980, 144-146; 『역사철학』, 철학과현실사 1997, 199 이하.

31 Schaeffler, 151; 셰플러, 『역사철학』, 208.

원인들로부터 비롯하는 것도 아니다. 이렇게 이해한 자유는 자연의 인과성을 제약하지 않으면서 이성으로 하여금 인과적인 자연 질서를 완성하게 한다.[32] 그리하여 칸트에서 역사 구성은 인간이 그 자신의 '지성적' 행위 가운데서 '특성'을 부여하는 것이다. 물자체로서 이성 주체는 모든 시간 관계의 밖에 존재한다. 그러므로 인간의 자유 활동을 위하여 외적인 장애를 단순히 제거하는 것보다는 이성의 내적 파멸로부터 그 자신을 다시 세우는 것이 중요하다. 물론 이성 자신도 감성의 조건 아래에 놓여 있지만, 인간의 자유는 외적인 장애보다는 그 자신의 죄책에 의하여 더 큰 위협을 받을 수 있기 때문이다. 인간은 도덕적인 반성을 통하여 그 자신의 잘못을 발견할 수 있다. 칸트는 이러한 사실을 "이성이 그 스스로 잘못을 저지른 비성숙성으로부터 벗어나는 것"[33]이라는 '계몽'의 정식을 통하여 명료하게 제시한 바 있다. 이와 같은 계몽의 이념은 개인 생활에서 도덕성을 향한 '무한한 전진'에 의해서만 실현할 수 있으며(실천 A220), 자유를 향한 개인적인 진보 노력은 또 다시 '윤리적 공동체'로서 '불가시적 교회'('지상에서 하느님의 나라')의 설립 요구(종교 A129, 132-134)와 '윤리적-법적 국가 공동체'로서 민족국가와 국가연합의 설립 요구[34]로 확장해 나가고 있다.[35]

32 이에 대하여서는 자유의 이율배반과 그 해소를 참조하는 것이 좋다.(순수 A538–558; Schaeffler, 151–152; 셰플러, 『역사철학』, 208–209.)

33 "Aufklärung ist der Ausgang des Menschen aus seiner selbst verschuldeten Unmündigkeit."(Immanuel Kant, *Beantwortung der Frage: Was ist Aufklärung?* in: Berlinischer Monatschrift, Dezember 1783; in WA 9, A481.)

34 Immanuel Kant, *Metaphysik der Sitten*. Königsberg 1797, Rechtslehre §61, A227–228.

35 셸링이 역사의 목적을 '시민적인 법 질서'로 기술한 반면에 헤겔은 '국가'야말로 역사를 이끌어 가는 '객관적으로 된 인륜성'이라고 설명했다.(Schaeffler, 154; 셰플러, 『역사철학』, 211–212.) 칸트에서 역사의 '진보' 개념은 어디까지나 계몽이나 도덕적 실천의 차원에서 의미를 갖는다. 반면에 기독교에서 역사적 진보는 '새 하늘과 새 땅'을 구현하려는 것이며, 그 때문에 기독교적 묵시는 혁명 사상과 연결되기도 한다.(Thomas J.J. Altizer, *History as Apocalypse*. State University of New York Press, Albany 1985. preface, 1–3.)

그러나 칸트는 경험적으로 기술할 수 있는 역사와 도덕적 진전의 관계가 무모순적으로 설명할 수 없다는 사실에 직면하게 된다. 도덕적 행위 주체가 현상 세계에 속하지 않고 모든 시간과 인과성으로부터 자유롭다면 도덕성을 향한 무한한 진행 과정들을 시간의 후속적 이행으로 인지하는 하나의 역사로 서술할 수 없기 때문이다.[36] 칸트에서 자연과 도덕에 관여하는 '이론 이성'과 '실천이성'은 하나의 동일한 이성이다. 칸트에서 이성은 자연법칙과 도덕법칙 사이의 대립적인 모순을 노정하고 있다. 자연과 도덕의 구조 상이성이 문제가 되는 것이다. 자연 원인들의 물리적 질서는 도덕적으로 살아가는 사람들의 행복을 보장하지 않으며, 도덕적 심정들 역시 자연의 진행을 변화할 수 있는 힘을 갖지 못하였다. 그러므로 도덕성은 행복을 이끌어 낼 수 없게 된다.[37] 따라서 자연과 도덕을 지지하는 이성의 내부에서는 그 각각의 질서에 반하는 충돌이 일어나게 된다.(실천 A192-193) 셰플러는 칸트에서 이성은 그 자신의 필연적이고 고유한 기능의 법칙성에 의하여 모순에 직면하며, 그것은 이론적인 사용뿐만 아니라 실천적인 사용에서도 동일하게 필연적인 모순에 빠진다는 사실을 지적하면서,[38] 그럼

36 칸트와 반대로 독일관념론에서는 이성 자신이 역사 구성의 대상이 될 뿐만 아니라 역사에 종속되므로 자유를 향한 시간적 진행을 현실적으로 모순 없이 기술할 수 있다.(Schaeffler, 155; 셰플러, 『역사철학』, 212.)

37 칸트가 중요하게 설정하고 있는 세계관적 전제로서 '근본악'의 개념은 실천적 행위 주체가 도덕성에 접근하려는 무한 노력에도 불구하고 언제나 그것을 성취하지 못한 채로 머물러 있는 한계를 보여 준다. 반면에 불교나 화이트헤드의 과정철학에서는 도덕적 신성성에의 완전한 접근이 가능한 것으로 설계하고 있다. 부처나 화이트헤드에서 신은 시공간에서 창조적으로 발현하는 현실적 계기들과의 상호작용을 통하여 그 자신이 의도한 원초적 만족에 도달할 수 있기 때문이다. 화이트헤드는 신앙적 행위 가운데 있는 인간과 신이 동시에 신적 상태로 이행하는 것으로 기술하고 있지만, 칸트는 도덕적 행위 주체의 엄존하는 악성은 전지전능한 하느님의 은총 판단에 의해서만 비로소 의로운 존재로 인정받을 수 있다는 사실을 강조하였다. 화이트헤드의 과정신학적 종말론 이해에 대해서는 Joseph A. Bracken, S.J.: *World without End. Christian Eschatology from a Process Perspective*(Michigan 2005)를 참조하라.

38 칸트는 이성의 자체 모순을 이론이성의 변증론과 실천이성의 변증론을 통하여 기술하고 있다. 이론이성의 변증론은 이성이 자아, 세계 전체, 신에 대한 형이상학적 진술을 하려고 할 경우에 필연적인 자체 모순에 직면함으로써, 독단주의의 종말, 회의주의로의 이행, 더 이상 물러설 수 없는 최후정초의 가능성을

에도 불구하고 "이성은 자기 자신과의 필연적인 모순을 경험함으로써 비로소 그 적정한 자기 이해에 도달하는 역사를 가진다"라고 강조하였다.[39]

『만물의 종말』에서도 칸트는 감각적-현상적 세계와 지성적 세계를 분리해서 접근하고 있으며, 이성의 이론적 사용을 제한하는 지점에서 이성의 실천적 사용을 통하여 의미 있는 해석의 돌파구를 마련하고자 하였다. '만물의 종말'과 '영원'의 개념은 객관적 실재성을 가진 감성적 경험의 대상이라기보다는, 최고선의 실현을 위하여 필연적으로 요구하지 않으면 안 되는 이론적인 조건 명제들, 곧 도덕적 주체에게 경각심을 불러일으켜서 궁극 목적을 실현하도록 촉구하기 위한 '반사교적 사교성'의 측면과 함께 도덕성과의 완전한 일치를 위하여 필연적으로 요구하지 않으면 안 될 가능성 조건으로서 '도덕적 행위 주체의 영원한 지속'의 존재 요청으로 이해할 수 있다. 칸트에 의하면 만물의 자연적(형식적) 종말이나 만물의 초자연적(신비적) 종말은 오직 이성의 실천적 목적 아래에서만 의미 있게 논의할 수 있다.

다른 한편, 칸트는 만물의 반자연적 종말은 인간에 의하여 궁극 목적을 인위적으로 실현하려는 잘못된 의도에서 비롯한 것임을 분명히 함으로써, 종교적 진리를 왜곡하여 강제하는 행위가 오히려 종교의 근본을 부정할 수 있다는 위험성에 대하여 경고하고 있다. 칸트의 저술 『만물의 종말』이

지지할 수 없다는 경험을 유발했다. 실천이성의 변증론은 도덕적 행위의 규정 근거들에서 모든 경향성과 이해관계를 제거하는 것과 함께, 도덕적 근거들에서 도덕적으로 행복할 가치가 있는 사람들에게 행복을 요구한다는 이중적인 필연성에 빠지게 됨으로써, 도덕성에 도덕적 세계질서를 종국 목적으로 부여하고 동시에 역사에 도덕적인 공동체를 목적으로 부여하였다.(Schaeffler, 157; 셰플러, 『역사철학』, 214–215.)

39 칸트는 이론 이성의 역사를 통하여 철학사의 철학적 재구성을 시도한 바 있으며, 그것은 곧 독단주의와 회의주의를 거쳐서 비판주의로 귀결한다.(순수 Aix–xiii, A852–856) 셰플러는 칸트가 이로써 결국 독일관념론 철학을 예비할 수 있었다고 평가한다. "칸트는 이성이 우선 대상으로 '소외' 되고, 또한 특이한 '부정적 주관성'으로 물러 서 있다가, 정신이 자기 자신에 대한 지식을 가짐으로써 주관과 객관을 선험적으로 매개하는 길로 간주한 이른바 관념론적 역사 개념을 예비하였다."(Schaeffler, 158; 셰플러, 『역사철학』, 214–215.)

프로이센 당국의 종교 및 문화 정책 방향에 대한 강도 높은 비판을 목적으로 저술된 사실에서 볼 때, 그는 만물의 종말에 대한 도덕신학적 해석을 시도하면서 권력을 가진 자들이 자연과 세계의 궁극 목적을 자의적으로 구성하고 강제하는 행태를 고발하는 것이 그의 가장 중요한 의도였다고 말할 수 있다.

이로부터 우리는 칸트가 만물의 종말을 실제 사건으로 인정하거나 부정하는 것보다는, 그런 사실들이 인간의 궁극 목적의 실현 가능성을 위해 필연적으로 요구하지 않으면 안 되는 이른바 요청적인 특성을 갖는다는 사실에서 그 의미를 찾으려고 했다는 것을 알 수 있다.[40] 이것은 칸트가 개인적인 차원에서 도덕적 행위 주체의 존재 요청으로서 제시한 바 있는 '영혼불멸성 요청', 도덕성과의 일치를 위한 '무한한 전진 또는 접근 요청', 그리고 집단적인 차원에서는 '윤리적 공동체' 혹은 '지상에서 하느님 나라'의 '무한한 확장 요청'과 같은 맥락에서 실천적인 이성 사용으로 접근함으로써 종말론의 선험철학적 가능성 조건, 즉 '선험적 종말론'(Balthasar)을 탐색했다는 사실에서 그 학문적 의의를 평가할 수 있을 것이다. 그러므로 칸트의 종말론 해석은 최고선의 실현 가능성 조건으로서 필연적으로 요구하는 도덕적 행위 주체의 무한 지속 요청을 위한 윤리적 역사신학으로 규정할 수 있다.

40 발타사르 역시 그의 종말론 대작 제1권 『독일관념론』에서 칸트의 저술 「만물의 종말」을 다루면서 실천이성의 요청에 대하여 상론하고 있다.(Balthasar, *Der Deutsche Idealismus*, 103–105) 또한 그에 의하면 칸트의 역사 개념은 '이론적 인식이 아닌 윤리적인 주체의 역사'와 '외적인 진보의 역사'가 종말론적 지점에서 통합적으로 수렴된다는 요청에 기반을 두고 있다. 이런 윤리적 사실의 총체성은 '하느님의 나라'Reich Gottes로 언표되는데, 그것은 바로 윤리적 주체의 역사가 스스로를 영원히 실현해 나가는 고유한 역사라는 사실을 말해 준다.(Balthasar, *Geschichte des eschatologischen Problems*, 197.)

4. 『학부 논쟁』(1798)[41]

칸트는 『학부 논쟁』 머리말에서 프리드리히 빌헬름 2세Friedrich Wilhelm II (1744~1797) 정부의 종교 부처 장관인 뵐너Johann Christoph Woellner (1732~1800)가 1788년 7월 9일에 공포한 종교칙령Religionsedict과 1788년 12월 19일의 검열 칙령에도 불구하고, 『이성의 오롯한 한계 안의 종교』(1793)를 출간한 사정으로 인하여 뵐너가 서명한 왕의 경고 서한(1794)을 받았다는 사실을 밝히고 있다.(학부 Av-ix, VII 5-6 [11-12]) 왕은 칸트의 철학이 "성경과 기독교의 많은 주요 교설과 근본 교의들을 왜곡하고 폄하하기 위해 오용"한 사실에 대하여 '양심적인 책임을 촉구'하면서 '개선'할 것을 요구하는 동시에 이를 거역할 경우에 '불편한 조처들'이 따를 수 있다는 사실을 경고하였다.(학부 Aix-xi, VII 6-7[13-14])

이에 대하여 칸트는 "대학의 강의들에 결코 성경과 기독교에 대한 판정을 개입시키지 않았고 또 개입시킬 수도 없었다"(학부 Axiv, VII 7[15])는 것과 이처럼 자신의 책에는 자연종교에 대한 평가 이외의 어떤 것도 포함하고 있지 않기 때문에 자신에게 죄과를 돌릴 만한 기독교에 대한 어떤 폄하도 하지 않았다고 주장한다.(학부 Axvif, VII 8[16]) 여기에서 칸트는 종교의 순수한 이성론을 확인하기 위하여 성경 구절을 인용한 것이 오해를 유발할 수 있을지 모르지만, 자신은 이성이 계시론을 불필요한 것이라고 말하지 않았으며, 오직 "도덕적-실천적인 것(우리가 행해야 하는 것) 속에 존속하는 어떤 종교 일반의 본질적인 것을 형성하는 신앙교설들의 보편성과 통일성, 그리고 필연성이 오롯이 이성으로부터 기인하는 한에서 이성이 행하라고 지시하는 것에 따른 이성 자신의 평가"에 대하여 말했을 뿐이라고 해명하였다.(학부 Axiv, VII

41 참고논문으로는 고부응 「근대 대학의 형성: 칸트의 이성의 대학에서 훔볼트의 학문의 자유 대학으로」(『비평과이론』 17-2, 2012), 이충진 「후기 칸트의 역사철학」(『철학사상』 51, 2014) 등이 있다.

8[16])[42] 칸트는 역사적이고 우연적인 신앙교설로서 계시가 '불필요하고 과도한 것'이라고는 생각하지 않았으나, 그 보편성과 통일성과 필연성은 오직 도덕에서 기인한다고 보았다. 그리하여 칸트는 '가장 순수한 도덕적 이성신앙과 기독교의 합치'야말로 '기독교에 대한 최선의 칭송이고 가장 영속적인 칭송'이라고 생각했던 것이다. (학부 Axx, VII 9[18]) 그러면서도 칸트는 정부가 우려하는 '최소한의 혐의'를 미리 방지하기 위해서라도 '국왕 폐하의 가장 충성스러운 신민'[43]으로서 "자연종교든 계시종교든 간에 종교와 관련한 모든 공적인 강론[진술]들을 강의들에서뿐만 아니라 저술들에서 완전히 삼갈 것"을 가장 엄숙하고 확실하게 천명하였다.(학부 Axxiii, VII 10[19])

칸트 당시 전통적인 유럽 대학들은 국가 또는 정부의 통치 수단으로 유용한 신학부, 법학부, 의학부를 상위학부로 두었으며, 하위학부에 속하는 철학부는 오늘날 문학부와 이학부를 합친 것에 해당한다.[44] 그런데 칸트는 철학부만이 순수한 학문적 관심을 갖고서 정부의 검열과 지침으로부터 자유로운 연구활동을 할 수 있고, 또한 해야 한다고 보았다. 칸트는 철학부가

42 여기에서 칸트는 괴팅겐대학의 철학교수 미카엘리스Johann David Michaëlis(1717~1791)가 『도덕』*Moral*(Göttingen 1792)에서 성경을 인용하고 있지만, 그 성경으로부터 어떠한 증명도 행할 수 없다는 사실을 토로하고 있으면서도(학부 [5-11]), "영감을 받은 시편 저자들에게 형벌이 청해진다면 그것을 부당하다고 볼 수 없고, 우리는 성경보다 더 신성한 도덕을 갖지 못한다"(학부 [202])고 하였다. 칸트가 보기에 미카엘리스는 성경의 구절을 인용하면서도 성경적인 무언가를 철학 속으로 집어넣지도 못했고 철학적인 무언가를 성경으로부터 끄집어내지도 못했던 것이다. 이에 대하여 칸트는 "도덕이 성경에 따라 해석되어야 하는지, 아니면 성경이 도덕에 따라서 해석되어야 하는지"를 묻는다.(종교 VI 110 Anm.) 칸트는 미카엘리스의 『신약성경입문*Einleitung in die Göttlichen Schriften des neuen Bundes*』(Göttingen 1750)도 가지고 있었다.(X 160 [193-194], Meiner판 편집자 주 참조.)

43 칸트는 이 표현의 의미를 다음과 같이 부가하고 있다. "내가 또한 이러한 표현을 조심스럽게 선택한 것은 내가 이 종교재판에서 내 판단의 자유를 영원히 포기하는 것이 아니라, 단지 국왕 폐하께서 살아 있는 동안에만 포기 하였다"는 것이다.(학부 Axxii Anm., VII 10 Anm.[19])

44 칸트에 의하면 철학부는 '역사적 인식 분과'(역사, 지리, 언어지식, 인문학 등 경험적 인식에 의한 자연지식)와 '순수한 이성인식의 분과'(순수 수학과 순수 철학, 즉 자연의 형이상학과 윤리 형이상학)를 포괄한다.(학부 A26, VII 28[42])

역사적 원천을 가졌다고 승인한 교설들에 대해서도 비판적인 의심을 가지고 그 근원을 추적할 권리와 책임이 있다고 보았다. 따라서 역사적인 계시에 대해서도 철학부가 그 이성적 근거들이 기술적-실천적인지 도덕적-실천적인지를 당연하게 평가해야 한다고 주장하였다.(학부 A36, VII 32-33 [49])

중세의 전통에서 보면 '세계-지혜'인 철학은 '신학의 시녀'이다. 이에 대하여 크리스티안 볼프는 "세계-지혜는 그런 한에서 더 높은 학부들의 시녀이지만, 그런 경우 부인은 어둠 속에서 시녀가 그녀에게 빛을 비춰 주지 않았을 경우 더듬거려야 할 것이고 자주 넘어질 것"이라고 조소했다.[45] 그러나 칸트는 이렇게 물었다. "철학부는 자신의 은혜로운 부인 앞에서 횃불을 들고 있는가 아니면 뒤에서 치맛자락을 들고 있는가?"(학부 A26, VII 28 [42]) 칸트는 정부가 철학의 입을 봉하지 않는다면, 그래서 철학이 자유롭게 학문 활동을 할 수 있다면, 신학부를 포함한 상위 학부들을 진리로 인도할 수 있을 것이라고 장담하고 있는 것이다. 칸트의 이러한 생각은 기독교와 성경 해석의 표준이 철학, 더 나아가서 도덕이어야 하는 사실을 우회적으로 강조한 것이다. 칸트에 의하면 성경신학자는 교회신앙에 근거하고, 이성적 신학자는 종교신앙을 지향한다. 후자는 '신적인 계시들로서 어떤 교설들의 총괄개념'이 아니라 "신적인 명령들로서(그리고 주관적으로 그 명령들을 그 자체로 따르는 준칙으로서) 모든 우리의 의무들 일반의 총괄 개념이다."(학부 A44, VII 36 [55-56]) 도덕과 종교의 구별은 한낱 형식적일 뿐이다.

> 종교는 이성 자체로부터 산출된 신의 이념을 통해 인간적 의지의 모든 의무들을 이행하도록 도덕에다 그 인간적 의지에 끼치는 영향력을 갖춰 주

45 Christian Wolf, Ausführliche Nachricht, §13, *Gesammelte Werke*, New York: Hildesheim, 1968, Bd. I, 9, 536.(학부 [199])

기 위한 이성의 입법이다. 그러나 그 때문에 또한 종교는 단지 하나의 유일한 종교일 뿐이고 상이한 종교들이란 없다. 그렇지만 신적인 계시에 대한 상이한 신앙방식들과 이성으로부터 나올 수 없는 그 계시의 조례적 교설들, 즉 신적 의지에다 마음들Gemüter에 대한 영향력을 마련해 주기 위해 그 신적인 의지에 대한 감성적인 표상방식의 상이한 형식들이 분명히 존재한다. 우리가 아는 한 그 형식들 가운데에 기독교가 가장 적당한 형식이다.(학부 A44, VII 36[56])

그런데 칸트는 성경은 역사신앙에는 속하지만 종교신앙에는 속하지 않는 것을 포함할 수 있는데, 성경신학부는 역사신앙에 속하는 것을 '신적인 계시'라고 주장함으로써 철학부와 충돌할 수 있다고 본다.(학부 A46, VII 37[57]) 다시 말하면 칸트가 말하는 '신적인 것'das Göttliche이란 우리 안에 있는 '초감성적인 것'으로서 '도덕적인 것'이다. 그것을 칸트는 『실천이성비판』에서 "내 위에 별이 빛나는 하늘과 내 안의 도덕법칙"(실천 V 161)이라고 표현하였다. 그리하여 칸트는 성경이나 교설, 특히 삼위일체론과 신적 인간의 부활과 승천 이야기를 실천이성에 유리하도록 해설할 필요가 있다고 주장한다. 다시 말하면 이성을 성경에 대한 '최상의 해석자'로 삼자는 것이다.(학부 A54, VII 41[63]) 예를 들면 바울로의 '은총의 선택'에서 나온 예정론은 칼뱅 교회의 신앙으로 되었지만, 그것은 칸트가 보기에 자유론과 행위 책임론, 즉 전체적인 도덕과 일치할 수 없는 것으로 보였다. 그러므로 자연과 은총의 대립과 충돌을 넘어설 수 있는 가능성은 '우리 안에 있는 신성'에 의해 작동하는 '초감성적 원리의 근거'를 알지 못한 데서 '은총'으로 표상한다는 사실을 강조한다. 여기에서 은총이란 "우리 안의 선을 위한 근원적 소질에 대한 믿음과 신의 아들이라는 신의 마음에 드는 인간성의 본보기를 통해 살아 있게 되는 이 선의 전개에 대한 희망"이고, 모든 이성보다 더 높은 한 근원의 신성을 증명하고 우리 안에 신성을 작동하게 하는 '도덕적 소질'에 다름 아니다.(학부 A60, VII 43[67]) 그리하여 인간은 자연적 방식으로는 채울 수 없는 자신의 불완전한 의로움을 '외적인 신적 협력'에 의한 '초자연적인 보완'에 도달할 수 있는데, "인간은 그와 같은 보완에 대한 믿음을 통하여 오직 구원의 축복에 대한 희망의 유일한 조건으로서 신의 마음에 드는 삶의 행실을 위한 용기와 그가 (신의 마음에 들게 되는) 자신의 궁극의도의 성취에 대해 의심하지 않는 확고한 마음가짐을 붙들 수 있게 되는 것이다."(학부 A61, VII 44[68])

아이히호른Johann Gottfried Eichhorn(1752~1827), 가블러Johann Philipp Gabler(1753~1826), 로젠뮐러Johann Georg Rosenmüller(1736~1815)와 같은 신학자들은 철학적 성경 해석의 이념이 기독교가 아닌 하나의 자연주의적 종교를 견지한다고 비판하였다. 이에 대해 칸트는 "기독교는 특히 이성에 근거하고 있어야만 하고 그런 한에서 자연적일 수밖에 없는 종교에 관한 이념"이라고 보았다. 그러나 기독교의 매개수단인 성경의 근원은 '초자연적인 것'이라고 간주할 수 있으므로, 성경이 이성의 지침들에 대한 공공의 확산과 마음 속 깊은 고취와 관련된 경우에는 '종교를 위한 수레'이지만, 그것은 동시에 '초자연적인 계시를 위한 수레'로서 상정할 수 있을 것이다. 그런데 칸트는 초자연적 계시를 인정하지 않는 종교를 '자연주의적 종교'라고 보면서, 그러나 그가 보기에 기독교는 "그 자체 하나의 자연적 종교이기는 하지만 하나의 자연주의적 종교는 아니다"라고 주장하였다.(학부 A62-64, VII 44-45[69]) 왜냐하면 기독교는 성경이 자연적 종교를 끌어들이고 그 종교를 공적으로 가르치고 고백하는 교회를 세우기 위한 하나의 초자연적 수단일 수 없다고 부정하고 있는 것이 아니라, 단지 종교론을 거론하는 경우에는 그러한 초자연적 근원을 고려하지 않기 때문이다. 그리하여 칸트는 "교회신앙을 위해서는 역사적 학식을 요구하지만 종교신앙을 위해서는 이성을 요구한다. 그러나 그 교회신앙을 종교신앙의 수레로서 해석하는 것은 이성의 요구이다"(학부 A64, VII 45[70])라고 정리하였다. 따라서 칸트는 성경신학자가 '종교의 외피'를 종교 자체로 간주할 것이 아니라 철학을 통하여 성경구절들에서 '도덕적 의미'를 찾고자 할 때, 비로소 스베덴보리의 신비론조차도 저지할 수 있을 것이라고 주장한다. 환상이 종교에서 생각할 수 있는 초감성적인 것을 이성이 규정한 도덕적 개념 같은 것들과 결합시키지 않는다면, 그 환상은 종교의 문제들에서 불가피하게 초절적인 것으로 빠져들어 내적 계시들에 대한 하나의 광명주의Illuminatism로 빠져들면서 각각의 사람들은 각자의 계시를 갖게 되어 결국에는 진리의 공적 기준을 잃게 될 것이다.(학부 A65-66, VII 46[71])

물론 "계시로서 성경은 그 자체로부터 해석해야 하고, 인식 원천 자체가 이성이 아닌 다른 곳에 있기 때문에 이성을 통해 해석해서는 안 된다"(스피노자)는 반론이 있을 수 있다. 이에 대하여 칸트는 '신적인 계시로서 성경'은 역사교설들의 원칙에 따라 '이론적'으로 해석해서는 안 되고, 이성 개념에 따라 '실천적'으로 해석해야만 한다고 주장한다. 하나의 계시가 신적이라는 것은 결코 경험적으로 통찰할 수 없기 때문이다.(학부 A66, VII 46[72]) 그리하여 칸트는 "종교에 관계하는 한 모든 성경 해석은 계시에서 목적으로 삼은 윤리성의 원칙에 따라 이루어져야 하고, 그 원리 없이 이루어지는 해석들은 실천적으로 공허하거나 전적으로 선에 방해가 된다."(학부 A70, VII 48[74]) '우리 안의 신'이 그 자체 해석자인 것이다. 그런데 우리는 우리 자신의 지성과 이성을 통해서만 어떤 것을 이해하므로, 우리에게 나타난 교설의 신성은 오직 순수 도덕적으로만 의미 있게 접근할 수 있는 것이다. 계시론의 총괄개념은 '교회신앙'을 형성하지만, 도덕적 이성론의 신앙은 순수한 '종교신앙'을 형성한다.(학부 A73, VII 49[77])

칸트는 『영원한 평화를 위하여』에서 "자연은 언어와 종교들의 상이성이라는 두 수단을 이용하여 민족들이 서로 섞이지 않게 그들을 분리시킨다"라고 하면서 "모든 인간과 모든 시대에서 타당한 하나의 유일한 종교만이 있을 수 있다"고 하였다.(평화 B64 A63)[46] 또한 그는 『이성의 오롯한 한계 안의 종교』[47]와 『학부 논쟁』(학부 A70-73, VII 48-49[75-77])에서도 종교는 하나라는 사실을 강조하고 있다. 일반적으로 말하는 종교religio는 초월적인 힘과 존재들에 대한 숭배, 신앙, 교의, 신앙고백 등을 총괄하는 개념이다. 따라서 본래적인 의미의 종교는 '통일적, 보편적, 필연적, 불변적'이므로, 거기에서 '교파들의 상이성'이 들어설 자리는 있을 수 없다. 그러므로 칸트에서 서로 다른 종교들은 '하나의 종교'의 서로 다른 '신앙방식의 차이'에 지나지 않는다. 여기에서 칸트적인 의미에서 '종교'는 '우리 안에 있는 신적인 것'으로서 인간의 도덕성에 대한 믿음이나 신앙을 뜻한다. 이것은 인간에게 실천적인 삶을 가능하게 하는 보편적 진리이다. 따라서 칸트에게 하나의 종교란 이성종교나 종교신앙, 즉 보편종교를 의미한다. 그렇다면 우리가 말하는 기독교, 불교, 힌두교, 이슬람교, 유대교 등은 하나의 종교의 서로 다른 신앙방식에 지나지 않는다. 따라서 그 각각의 종교들이 그 차이를 넘어서는 유

46 "**종교들의 상이성**, 기이한 표현이다! 그것은 마치 사람들이 또한 상이한 도덕들에 대해서 말하는 것과 동일하다. 역사적인 수단들로서 상이한 신앙방식들이 있을 수 있다. 역사적인 수단들은 종교에 속하는 것이 아니라 종교를 촉진하기 위해 사용한 역사, 즉 학식의 분야에 속하는 것이다. 마찬가지로 **상이한 종교서들**(젠다베스타Zendavesta, 베담Vedam, 코란 등등) 또한 있을 수 있다. **그러나 종교는 모든 사람들에게 그리고 모든 시대에 타당한 단 하나만이 있을 수 있다.** 그러므로 앞의 것들은 단지 종교의 운반체에 다름 아니며, 우연적이고 시대와 장소의 상이성에 따라 다를 수 있는 것을 함유한다."(평화 B64 A63 Anm.)

47 "**오직 하나의 (참된) 종교가 있을 뿐이지만, 신앙의 다양한 형태들이 존재할 수 있다.** 또한 우리는 그 신앙양식의 차이로 인하여 서로 분리해 있는 여러 교회들 가운데서도 하나의, 그리고 똑같이 참된 교회를 발견할 수 있다고 말할 수 있다. 그러므로 이 사람이 어떤 특정한 종교에 속한다고 말하는 것보다는 어떤 특정한(유대교, 회교, 기독교, 가톨릭, 루터교의) **신앙**에 속한다고 말하는 것이 보다 적절할 것이다."(종교 B154, VI 107-108)

일한 방식은 보편적인 이성종교가 되는 것이다.

그러나 칸트는 종교의 믿음을 성경 또는 전통에 근거하는 강령으로 보는 교회신앙의 경우에는 분명히 교파들의 상이성이 있을 수 있다고 말한다.(학부 A71, VII 48 [75]) 기독교를 '메시아적 신앙의 한 교파'로 보거나 '조례들과 성경[율법]에 근거한 일종의 민족신앙Volksglaube으로 접근하는 것은 확실히 분파주의적이다. 따라서 칸트가 보기에 "하나의 교회신앙[교의]에 대해 보편성을 요구하는 것(사제 계급체계적 가톨릭주의catholicismus hierarchicus)은 하나의 모순이다." 그러나 "순수한 종교신앙은 보편타당성에 대한 합당한 요구[권리주장](이성적 가톨릭주의catholicismus rationalis)를 갖는다."(학부 A73-74, VII 49[77]) 따라서 교파분리는 언제나 교회신앙의 오류에서 발생한다. 교회신앙이 순수한 종교신앙을 통하여 정화되지 않을 경우에 무한히 많은 교파분리의 풍부한 원천이 될 것이다.(학부 A74, VII 50[78])

그러므로 칸트의 종교론에서 결정적인 것은 각각의 종교들이 도덕성에 부합하는가의 여부에 있다. 그 종교가 도덕법칙, 즉 의무와 당위의 윤리와 일치한다면 보편적인 진리를 가르치는 이성종교라고 말할 수 있다. "종교는 신에 대한 모든 숭배의 본질적인 것을 인간의 도덕성 안에 놓는 신앙이다."[48] 따라서 기독교와 성경을 독해하고 해석하는 근거와 기준은 도덕이어야 한다. 칸트의 궁극적인 관심사는 단순히 기독교를 비판하는 데 있지 않고 도덕신학을 수립하는 데 있었던 것이다.

48 "Religion ist derjenige Glaube, der das Wesentliche aller Verehrung Gottes in der Moralität des Menschen setzt."(학부 A72–73, VII 49 [77].)

5. 『유작遺作』: 신학과 인간학[49]

칸트는 『판단력비판』(1790)이 출간된 이후 1796년에서 1803년까지 "자연학의 형이상학적 출발점에서 물리학으로 이행"이라는 최후 저작을 작업하였으나, 결국 미간행 원고로 남겨 둔 채로 세상을 떠났다. 라이케R. Reicke가 1882년에서 1884년까지 이를 『구舊프로이센 월간보*Altpreußische Monatsschrift*』의 19호에서 21호까지 1, 2, 3, 5, 9, 10, 11, 12집을 인쇄 출판하였으며, 1884년에 크라우제A. Krause가 칸트의 유작을 확보하여 1888년에 간행하고 칸트의 후기사상을 소개하였다.[50] 그 후 아디케스Erich Adickes는 1920년에 이를 『유작*Opus Postumum*』이라는 제목으로 간행했으며, 1936년에 부케나우Arthur Buchenau와 레만Gerhard Lehmann은 다시 학술원판 전집의 21권과 22권으로 편입해서 출판하였다.[51]

자연형이상학은 공간운동을 하는 것의 개념과 그 선천적인 법칙들을 제시하지만, 물리학은 "경험에 주어지는 것들인 한에서 물질의 운동력의 법칙"(XXII 497)에 관계한다. 여기에서 칸트는 이 양자 사이의 연관관계를 정리하고자 했다. 경험은 단순히 주어지는 것이 아니고 구성하는 것이기에,

49 Gerd Irrlitz, *Kant. Handbuch. Leben und Werk*. 2.Aufl., J.B. Metzler: Stuttgart, Weimar 2010, S.486–491. 국내학자의 참고논문은 최소인 「칸트의 유작에 나타난 자아론의 형이상학적 의미에 대한 고찰」(『철학』 53, 1997), 김재호 「칸트 유작에 대한 이해와 오해」(『철학연구』 75, 2006), 「칸트 유작의 시발점: 합본 IV의 23개 '초기 낱장문서' 문제를 중심으로」(『철학사상』 37, 2010), 「에테르 현존에 관한 선험적 증명은 어떻게 가능한가: 칸트 유작 이행 1–14를 중심으로」(『칸트연구』 32, 2013), 임상진 「칸트의 최후유고에 나타난 경험의 가능성 개념」(『철학사상』 35, 2010) 등이 있다.

50 A. Krause, *Das nachgelassene Werk Kants*. 1888; A. Krause, *Die letzten Gedanken I. Kants*. 1902.(Arthur Buchenau und Gerhard Lehmann, Vorwort, in: XXI v.)

51 Erich Adikes(Hrsg.), *Kants Opus postumum*. (Kant–Studien Ergänzungshefte Nr.50, Berlin 1920); *Opus postumum*. Erste Hälfte. Convolut I bis VI. (XXI, Berlin und Leipzig 1986) *Opus postumum*. Zweite Hälfte. Convolut VII bis XIII. (XXII, Berlin und Leipzig 1936.)

그리고 경험에 주어진 물질의 운동력들의 법칙들과 관계하는 물리학은 자연형이상학의 선천적인 개념들의 도식론과 상응하여 자연형이상학과 경험적 표상들과의 가교를 구성할 도식론을 전제한다. 그래서 칸트는 자연에 대한 경험적인 탐구의 예비작업으로서 물리학의 도식을 찾고자 했을 것이다. 그런데 물질의 운동력들에 대한 단순한 경험적인 관찰은 아직 물리학이 아니다. 학문으로서 물리학은 관찰들의 단순한 집적을 넘어선 아프리오리한 원칙들에 의한 체계를 요구하기 때문이다. "우리는 물리학에 대해서 우리 자신이 제공한 것 이외에 경험적 직관으로부터 어떤 것도 받아들일 수 없다."(XXII 323) "운동력들 그 자체를 (물질적 요소인 대상에 따르기 때문에) 경험적으로 고려하지만, 그것들을 서로의 관계 속에 (즉 형식적인 요소에 따라) 통합하기 위해서는 아프리오리한 원칙들이 있어야 한다."(XXI 291) 따라서 칸트는 "물질의 운동력들에 대한 판단력의 도식론"(XXI 291)을 정비하고자 한 것이다. 자연형이상학은 공간운동을 하는 물질의 개념을 제시함으로써 물리학, 즉 체계적이고 경험적인 자연이론의 정초를 향한 자연스런 경향을 갖는다. 따라서 운동력을 가지고 있는 이러한 물질 개념은 분량, 성질, 관계, 양상이라는 선험적인 범주에 의한 것으로서(XXI 291) 자연형이상학에서 물리학으로 이행하게 하는 단초가 된다. 칸트는 이러한 이행의 문제를 '주관의 경험 구성'이라는 제목에서 다루고 있다.

칸트는 『유작』에서 경험 전체의 가능성을 정초하는 '순수이성의 이념들의 체계'를 비중 있게 다루고 있다. "선험철학은 아프리오리한 개념에 의한 종합적 인식의 체계이다."(XXI 81) 여기에서 칸트가 말하는 '체계'는 단순히 범주들과 지성의 아프리오리한 원칙들의 체계가 아니라, "경험의 절대적인 전체의 가능성에 관한 완전한 체계"(XXI 104)인 '순수이성들의 이념들의 체계'를 뜻한다. "사변적이고 도덕적 실천적인 이성의 이념들의 체계가 무제약적인 전체를 구성하는 한, 그 체계 안에서 선험철학은 (경험적인 요소뿐만 아니라 수학적인 요소들과도 혼합되지 않은) 순수한 철학이다."(XXI 77) 이 체계는 세 가지 순수이성의 대상 개념들, 즉 신, 세계, 그리고 "의무의 원칙을 따르는 존재자로서 세계 안의 인간"의 정립을 통해서 가능하게 된다.(XXI 81-82) 그런데 인간은 세계 안의 존재이고, '존재자의 전체는 신과 세계'(XXI 150)이므로, '신과 세계에 관한 교설'(XXI 6)인 선험철학은 상호 연관이 있는 이 두 개의 이념에서 성립한다.(XXI 35) 다시 말하면 우리는 신의 이념에서 '초감성적인 가상적 실재의 전체'를, 그리고 세계의 이념에서 '감성적 실재의 전체'를 생각하는데, 이 두 이념은 '최대의 양'을 내포하므로 "하나의 신과 하나의 세계가 있다"고 말할 수 있는 것이다.

여기에서 칸트는 신과 세계라는 두 이념이 합쳐서 '사물들의 전체'인 '우주의 이념'을 형성한다고 보았다.(XXI 22) 따라서 우주는 세계뿐만 아니라 그 상위에 있는 신의 이념까지를 포괄하는 개념이다. 칸트는 세계와 신, 감성적인 것과 초감성적인 것, 현상적인 것과 가상적인 것을 동격이 아닌 '종속의 관계'(XXII 62)로 파악하고, 그 둘 사이의 관계를 '종합적'이라고 보았는데, 그것은 그 이념들과 그 관계를 사유하는 주관이 바로 인간이기 때문이다. "신, 세계, 그리고 이 두 대상을 함께 연결시키는 주관으로서 세계 안의 사유하는 존재자. 신, 세계, 그리고 이 양자를 하나의 체계 안에서 통일시키는 것, 즉 세계 내의 인간이라는 사유하는 내재적 원리."(XXI 34) "신, 세계, 그리고 이 양자를 함께 연결시키는 세계 내의 사유하는 존재자로서 자아. 신과 세계는 선험철학의 두 대상이다. 그리고 (주어, 술어, 계사가 있듯이) 사유하는 인간이 있다. 그것은 신과 세계를 한 명제 속에서 함께 묶어 주는 주관이다."(XXI 36-37)

물론 칸트는 신과 세계의 이념이 경험적 대상들처럼 개념적으로 이해할 수 있다고 생각하지는 않았다. 그것은 결코 경험의 대상으로 주어질 수 없는 것이며, 단지 사유의 대상으로서만 가능한 순수이성의 대상개념들이다. 칸트의 이와 같은 논의 속에는 그만의 독특한 목적론적 사유가 들어 있다. 순수이성의 이념들은 "단순한 개념들이 아니라, 주관이 자신에게 부과하는 사유법칙들이다. 자율성."(XXI 93) "이성의 최초의 활동은 의식이다."(XXI 105) 그렇다면 의식은 어떻게 기능하게 되는가? 칸트는 이렇게 말한다. "나는 나의 사유의 대상을 가져야 하며 그것을 이해해야 한다. 그렇지 않으면 나는 나 자신을 의식하지 못하기 때문이다.(cogito, sum 사이에 ergo라는 말이 꼭 들어갈 필요는 없다.) 이것은 순수이성의 자율성이다. 이것이 없다면 나는 동물과도 같이 아무런 관념들도 갖지 못할 것이고 내가 존재한다는 것도 알지 못할 것이다."(XXI 82) 그러므로 결국 주관은 신과 세계의 이념을 사유함으로써 자기 자신에게 대상을 제공하는 동시에 그 자신을 의식 있는 주관으로 구성할 수 있었던 것이다. 그 이념들은 주관의 경험구성에 질료를 제공한 셈이다. 칸트에 의하면, "이런 표상들은 단지 개념만이 아니며, 개념에 의하여 종합적인 법칙들에 질료를 제공해 주는 아프리오리한 이념들이기도 하다."(XXI 20) 그런데 여기에서 '질료'라는 말은 혼란을 줄 수 있다. 이성 주관 자신이 주관의 경험구성을 가능하게 하기 위해서는 순수이성의 대상개념인 이념들을 자신에게 질료로서 제공해야 할 것이다. 그러나 이 경우의 질료는 지성의 영역에서처럼 감각적 대상이어야 할 필요는 없다. 신과 세계는 "나의 관념들 밖에 있는 실체들이 아니고, 우리가 선천적 종합인식을 통하여 스스로 대상들을 만들어 낼 때 의거하는 사유물, 주관적으로 보면 그것들은 우리가 사유하는 대상들의 자기창조물"(XXI 21)이기 때문이다.

이상에서 칸트의 『유작』에 나타난 선험철학적 경험구성은 자기정립, 자기구성 등의 요건을 요구한다. 세계의 이념으로부터 계속적인 체계화와 객관화의 과정이 성립하는데, 이 과정은 스스로를 정립하는 가상적 주관의 소산이다. 여기에서 범주들은 주관이 스스로를 정립하고 자신을 경험의 가능성을 위한 대상으로 구성해 나가는 활동이다. 순수주관인 공간과 시간은 상상력의 원초적인 산물들 또는 스스로 구성한 직관들이다. 주관은 자신을 대상, 즉 경험적 자아이자 그 경험적 자아를 촉발하는 대상으로서 구성 혹은 정립한다. 칸트는 이처럼 주관이 스스로를 촉발하는 과정을 기술하고자 했던 것이다. 그런데 자연형이상학에서 물리학으로의 이행이 가능하기 위해서, 또한 주관 자신이 경험을 구성한다는 것을 주장하려면, 코플스톤이 지적한 것처럼,[52] 자연에서 운동력의 가능한 형태들과 주관이 그 힘들에 대한 반작용에서 경험한 가능한 유형의 성질이 체계화 과정에 의하여 주관의 자기정립으로부터 도출될 수 있다는 것을 보여 주어야 할 것이다. 그러나 이것은 관념론 철학의 과제이기도 하다. 칸트 스스로도 주관의 자기정립을 통한 경험구성이 관념론적 취지를 가지고 있다는 사실을 염두에 두고 있었다. "선험철학은 관념론이다. 주관이 자기 자신을 구성하는 점에서."(XXI 85) 또한 그것은 피히테의 『전 지식학의 기초』(1794)와 유사하다. 특히 코플스톤은 칸트 자신이 물자체를 주관이 스스로 정립하는 방식, 즉 스스로 자신의 대상을 구성해 가는 방식으로 해석하는 점에서 관념론과의 유사성을 드러낸다고 보았다.[53] "대상 그 자체(가상체)는 단지 사유가

52 코플스톤, 『칸트』, 293.

53 코플스톤, 『칸트』, 293. 칸트와 피히테의 유사성에도 불구하고 코플스톤은 그것이 만년의 칸트가 물자체에 대한 주장을 포기하고 모든 실재를 가상적 주관의 자기정립 작용으로부터 도출했다는 독단적인 주장까지 받아들였다고 보지는 않았는데(294), 『순수이성비판』에서 물자체 주장을 재확인시켜주는 구절들이 『유작』에서도 발견될 수 있기 때문이다. 즉 물자체는 "주어질 수는 없으나 사유되어야 하는 … 가상체 혹은 필연적인 가상체"이다.(XXII 23) 이처럼 물자체는 현상의 관념과 상관적이다. 칸트는 "우리가 세계를 현상으로 간주한다면, 이것은 바로 현상이 아닌 어떤 것의 현존을 입증하는 셈"(XXI 440)이라고 말하면서 상대적으로 실재론적 방향으로 기울기도 하고, 때로는 그 반대로 관념론적으로 기울기도 하지만, 코플스톤은 칸트가 비판기의 입장을 거부하거나 포기했다고 볼 수 없다는 점을 분명히 하고 있다.(295)

만들어 낸 사물", 즉 "주관 자신의 활동이 만들어 낸 단순한 표상"(XXII 36-37)에 불과하다. 그것에 대한 표상에서 주관은 스스로를 정립한다."(XXII 36) 주관은 자신의 통일성 혹은 자신의 통일의 활동을 물자체라는 부정적인 관념 안에 투영하면서, 물자체 개념은 스스로를 정립하는 주관의 활동이 된다. 그러나 물자체는 '실재하는 사물'이나 '현존하는 실재'가 아니고, 단순히 '원칙', 즉 "감성적 직관의 다양 일반과 그 종합의 법칙에 대한 선천적 종합적 인식의 원칙"이다. (XXII 33-34) 그리고 이 원칙은 경험을 구성할 때 주관에서 유래한다. 그러므로 현상과 물자체의 구별은 대상들 사이에서가 아니라 오직 주관에서만 타당한 것이다.

그렇다면 칸트는『유작』에서 신이라는 순수이성의 이념에 대하여 어떤 입장을 개진하고 있는가? 우선 칸트는 신이라는 말의 의미, 즉 신의 이념의 내용이 무엇인가라는 물음과, 신이 현존하는가, 즉 신의 이념에 포함된 속성들을 가진 존재자가 객관적으로 실재하는가라는 물음을 구별한다.

먼저 신의 개념에 대하여 살펴본다. 칸트에 의하면 "신은 세계영혼이다. … 신의 개념은 세계 안의 사물들의 최상의 원인으로서, 그리고 하나의 인격으로서 존재자의 개념이다."(XXI 19) 여기에서 칸트는 신을 권능과 인격을 가진 최상의 존재자, 최상의 예지, 최상의 선으로 규정하고 있다. 인간은 자신을 가상계의 존재자로 만들어주는 속성들에 의거하여 신을 사유하는데, 이 속성들이 신의 이념에서는 최고의 절대적인 수준에까지 들어 올려진다. 인간은 자유로우나, 그의 존재가 수동성을 내포하기에 그의 자유는 절대적이 아니다. 신은 수동성이나 제한은 결코 갖지 않는 최고의 자발성이자 자유이다. 인간은 현상계와 가상계에 동시에 속한다는 점에서 유한하고 혼성적인 존재이지만, 신은 무한한 가상적 실재로 여겨진다. 그리하여 결정적으로 신은 "인간에서 모든 의무를 명령으로 부과하는 존재자"

이다.(XXI, 17) 세계는 감성적 실재들의 총체이지만, 그것은 신의 창조력과 그의 합목적적이고 신성한 의지에 종속하는 것으로 생각된다. 세계의 이념은 신에 의존하는 종속의 관계에 놓여 있다.

그런데 『유작』의 일부 진술들은 그것을 독립적으로 보았을 때, 칸트가 신이 그 이념과 독립하여 존재한다는 생각을 포기한 것으로 읽힐 수 있는 부분이 있다. 신의 이념은 불가피하게 순수이성의 이상으로 사유된다는 점에서 필연적이지만, 동시에 '가공의 사물'(XXI 32-33)을 나타낸다고 볼 수 있다. "그와 같은 존재의 개념은 실체 즉 사유와 독립해서 존재하는 사물의 개념이 아니고, 이성의 이념 혹은 이성이 만들어 낸 가공의 사물이다. 이성은 자기 자신을 사유의 대상으로서 구성하며, 선험철학의 원칙들에 따라 아프리오리한 명제들과 이상을 산출한다. 이상에 관해서는 그러한 대상이 존재하는가 하는 물음은 불필요한데, 그 개념은 초험적이기 때문이다."(XXI 27) 칸트의 이 진술에서 신의 이념은 명백하게 인간이 만든 이상이고 사유의 창조물이다. 따라서 그 이념에 상응하는 어떤 초지성적 신적 존재자도 없다고 말한다. 그러나 이 진술만으로 칸트가 신의 이념을 부정했다고 볼 수는 없다. 왜냐하면 칸트가 『순수이성비판』에서 신의 이념을 그것에 대한 직관을 전제하지 않은, 따라서 그 현존을 연역할 수 없는, 그런 순수이성의 '선험적 이상'으로 기술했는데, 그와 동일한 견해가 『유작』에서도 다시 나타나기 때문이다. 우리는 신에 대한 직관을 갖지 못한다. "우리는 그것을 정면으로는 보지 못하며 거울을 통해서 본다."(XXI 33) 따라서 '신의 이념', 즉 '순수이성의 창조물인 선험적 이상'으로부터 그 현존을 연역하는 것은 불가능하다. 더 나아가서 우리가 신을 '무한실체'로 생각한다 하더라도 그것은 인간의 지성 범주를 초월하기에 실체가 아니고 실체일 수도 없다. 이 경우에 우리는 신의 이념에 상응하는 신적 존재자가 있는가에 대해서 물을 수가 없다. 이러한 논지는『순수이성비판』의 주요한 입장이기도 하다.

칸트는『실천이성비판』에서 신에 대한 믿음을 덕과 행복의 종합에 대한 도덕법의 요구를 통하여 '실천이성의 요청'으로 정당화하고자 했다. 그러나『유작』에서 칸트는 '도덕법에 대한 의식'으로부터 신에 대한 믿음으로 보다 직접적인 이행을 모색하고자 했다. 그리하여 칸트는 정언명령을 인간의 모든 의무를 신의 명령으로 삼아야 한다는 훈계를 내포하는 것으로 새롭게 규정하였다. "인간의 모든 의무를 신의 명령으로 간주해야 한다는 정언명령이 도덕적 실천적 이성 안에 놓여 있다."(XXI 12) "모든 것을 신 안에서 보는 것, 이것이 정언명령이다. 나의 의무를 신의 명령으로서 인식할 것을 정언명령은 선언한다."(XXI 15) "신의 개념은, 나의 밖에 있으면서 나에게 강제를 부과하는 하나의 주체의 개념이다."(XXI 15) 정언명령은 우리에게는 '신의 목소리'이고, 신은 도덕법을 통하여 도덕적 강제의 의식 안에서 그 자신을 드러낸다. 그러나 이것 역시 인간의 마음 밖에 실체로서 존재하는 신의 현존에 대한 증명이 될 수는 없다. 칸트는 도덕법을 신적인 명령으로 간주하더라도 도덕법의 힘에 보태진 것은 전혀 없으며, 우리가 신을 믿지 않더라도 정언명령의 강제력이 사라지지 않는다고 기술했다.(XXII 64) 칸트에게서 신이라는 말은 정언명령 그 자체를 위한 이름 혹은 도덕법이 말하는 바를 순수 주관적으로 이해하기 위한 이름이라고 이해할 수도 있다. 그러나 이러한 주장을 바탕으로 우리는 결코 실체로서 신의 현존을 증명할 수는 없다. 더군다나 칸트가 의지의 자율성을 강조하는 이상 정언명령의 도덕적 힘은 '신의 명령'이라는 표현과 무관하게 작용해야 할 것이다. 그러나 칸트는 신이 정언명령의 이름에 지나지 않는다고 주장하는 것도 아니다. 여기에서 그가 중시하는 것은 신에 대한 유일한 통로가 바로 도덕적 의식이라는 사실이다. 비판기 저술에서 칸트는 신의 현존에 대한 이론적 증명은 불가능하다고 보았지만, 『유작』에서는 의무 의식과 신에 대한 믿음 사이의 직접적인 연관을 찾고자 했다. "도덕법 아래서의 자유 : 신의 명령으로서 의무. 신이 존재한다."(XXII 104)

『유작』에서 칸트는 "신에 대한 관념은 동시에 그에 대한 믿음이자 그의 인격에 대한 믿음이다"(XXII 62)라고 강조한다. "신이라는 단순한 이념은 동시에 그의 현존에 대한 요청이기도 하다. 신을 사유하는 것과 그에 대한 믿음을 갖는 것은 동일한 명제이다."(XXII 109) 그러나 이 명제를 "필연적인 존재자는 그것의 개념이 동시에 그것의 현존에 대한 충분한 증명이 되는 그러한 존재이다"(XXII 113)라는 명제와 연결한다면, 칸트가 『유작』에서 비판기에 부정했던 존재론적 논증을 다시 인정하는 것으로 오인할 수도 있다. 여기에서 칸트가 의도한 바는 존재론적 논증의 구축이 아니라 도덕적 의식에 대한 '충분한 증명'이다. "모든 의무를 종교 안에서 신적인 명령으로서 완수한다는 원칙은 인간의지의 자유에 대한 증명이며, … 동시에, 이성의 실천적인 순수원칙들과의 관계에서는, 유일한 신으로서 신의 현존에 대한 증명이기도 하다."(XXII 111) 여기에서 칸트는 정언명령에 대한 의식, 곧 도덕법을 통하여, 도덕법 안에서 나에게 말을 걸어오는 존재자로서 신의 관념에 이른다는 사실을 강조하고 있다. 이와 같은 방식으로 신에 대한 관념을 갖는 것은 바로 신에 대한 신앙과도 같은 것이다. 신은 내 속에 있고, 그 안에서 도덕적으로 명령을 내리는 주체라고 생각하는 것은 신이 현존한다고 생각하는 것과 같기 때문이다. 그리하여 신을 도덕적 의식에 내재하는 것으로 생각하는 것은 도덕적 의식으로 신의 현존에 대한 '충분한 증명'을 하는 것이 된다. 이것이 바로 신에 대한 칸트의 도덕론적 논증이다. 그러나 최상의 도덕적 입법자라는 순수 추상적인 관념으로부터 신적인 입법자의 현존을 이론적으로 연역할 수 있는 것은 아니다. 그것은 단지 도덕적 의식에서 신적인 입법자의 목소리로서 도덕법의 관념이 신의 현존에 대한 믿음과 동등하다는 것을 뜻하는데, 도덕적 의식에서 신에 대한 관념을 갖기 위해서는 신의 현존을 요청해야 하기 때문이다. 코플스톤은 칸트의 이러한 논의가 '동어반복'에 지나지 않을 수도 있다고 지적하면서도 칸트가 이러한 시도를 통하여 신에 대한 믿음을『실천이성비판』에서보다는 더 직접적으로 도덕적 의식의 기반 위에서 접근하려고 했다고 보았다.(코플스톤,『칸트』, 301) 이것은 도덕법이 우리가 할 수 없는 것을 요구함으로써 최고선의 성취 자체가 불가능하다는 사실 앞에서 도덕법에 구속성을 부여하고자 신의 존재를 요청한 맥락과는 다른 것이 분명하다. 칸트는 이곳에서 도덕법 그 자체에 막강한 힘을 불어넣음으로써 도덕법 자체가 신적 지위를 갖는 것으로 기술하고 있다. 지금까지 칸트는 결국 인격이자 소우주인 인간 존재가 신과 세계의 이념을 규정한다는 사실을 강조하였다. 이것은 인간 자신이 그 자신과 신과 세계를 매개하는 존재라는 특징적인 사실을 잘 보여 준다.

칸트에 의하면 인간은 감성계와 초감성계, 현상계와 예지계라는 두 세계에 공통적으로 속하는 존재이다. 먼저 인간은 감성계, 즉 물리적인 유기체 집단에 속하며, 따라서 인과법칙에 의해 종속하는 존재이다. 이와 함께 인간은 그의 도덕적 삶에서 자유를 행사하는 존재이며, 그런 한에서 인간은 예지계에 속한다.[54] 인간의 이성은 신의 이념에서는 '초감성적인 존재자의 총체'를, 세계의 이념에서는 '감성적인 존재의 총체'를 사유할 수 있으며, 또한 인간의 도덕적 의식을 통해 감성계와 초감성계를 매개하는 것이다. 이것은 인간이 자유를 소유한 정신이나 인격을 가진 존재이기에 가능한 일이다. "인격인 것만이 인간이다."(XXI, 18) 자유와 자기의식을 가진 도덕

54 "세계 안의 존재자로서 인간은 동시에 자유를 소유한 존재자이다. 자유는 인과적인 세계원칙의 밖에 있으면서도 인간에게 속해 있는 속성이다." "세계를 넘어선 존재자, 즉 인간의 정신이 있다."(XXI 42)

적인 인격 존재인 점에서 인간을 영혼이 없는 동물과 구별한다. "세계 안의 인간은 세계에 대한 인식에 속한다. 그러나 세계 안에서 자신의 의무를 의식하는 존재자로서 인간은 현상이 아닌 가상체이다. 그리고 그는 사물이 아니고 하나의 인격이다."(XXI 61) 칸트는 계속해서 인간이 이중적인 본성을 가지고 있을지라도 '의식의 통일성'을 가지고 있다고 말한다. "시공 속의 세계 안에 있는 나의 현존에 대한 의식"을 가지고 있다는 것이다. "나(주관)는 하나의 인격이다. 그리고 나는 단순히 나를 의식하는 것이 아니라, 시공 중의 직관대상으로서도, 그래서 세계에 속하는 것으로서 의식한다."(XXI 42) 그것은 특히 자유와 도덕의식으로 나타난다. "인간 안에는 자연이나 자연적 인과성과 독립해 있으면서 현상을 규정하고 그래서 자유라고 불리는 능동적이면서 초감성적인 원칙이 있다."(XXI 50)

코플스톤은 만일 칸트가 자신의 '경험구성 이론'을 계속 전개했더라면 "현상적 존재자로서 경험적 자아나 인간을 도덕적인 자아실현을 위한 가상적 자아의 자기정립으로부터 도출했을지도 모른다"(『칸트』, 303)고 논평하였다. 이것은 칸트철학에서 피히테의 체계를 전개한 것과 같은 맥락으로 이해할 수 있을 것이다. 그리하여 코플스톤은 칸트가 신과 세계라는 규제적 이념으로 제시한 우주는 '인간의 이중적 성격의 투영'이라고 평가한다.(『칸트』, 304) 그러나 이념에 상응하는 대상은 결코 주어질 수 없다. 따라서 '선험적 이상'으로서 신이라는 '규제적 이념'으로부터 '실체로서 그 현존'을 연역하는 것은 불가능하다. 칸트에서 '신의 현존'을 의미 있게 말할 수 있는 유일한 가능성은 오직 도덕적인 의무 의식에 대해서 뿐이다. 칸트는 『유작』에서도 인간의 도덕의식 안에서 필연성과 자유의 조화를 찾기 위하여 고심한 흔적을 남기고 있다.

제5부

칸트와 종교신학의 문제

제14장 칸트와 독일관념론의 종교철학

칸트에서 독일관념론으로 이행하는 철학 운동에서 가장 중요한 사건은 범신론 논쟁이었다. 레싱의 은밀한 스피노자주의를 폭로함으로써 야코비가 멘델스존을 도발한 이 사건이야말로 '스피노자 르네상스'를 촉발하는 계기가 되었다. 더구나 야코비와 멘델스존의 대결은 철학에서 나타난 여러 형태의 대결 구도들, 즉 경험론과 이성론, 이성과 신앙, 도덕적 의무와 행복, 역사적인 계시신앙과 이성적인 도덕신앙 사이의 대결에서 중도적 안전지대를 모색하는 데 총력을 기울여 왔던 칸트의 위상을 확고하게 하였다. 그러나 튀빙겐 신학교에서 횔덜린과 셸링, 그리고 헤겔이 한 방을 쓰게 되면서 칸트주의와 스피노자주의의 지위에 변화가 생기기 시작했으며, 결국 가장 영향력 있는 칸트주의자였던 피히테가 선험철학의 규제적 원리를 깨뜨리고 실재 세계의 영역으로 들어가면서 또다시 스피노자주의에 기인하는 무신론 논쟁의 제물이 되었다. 피히테는 선험적 관념론에서 초월적 관념론의 강역으로 넘어갔으며, 그를 따라서 세 사람의 튀빙겐 출신 사상가들이 스피노자주의를 천명하게 되었다.

1. 피히테의 계시비판과 무신론 논쟁[01]

피히테Johann Gottlieb Fichte(1762~1814)는 초기 저서들, 즉 『종교철학에 대하여*Zur Religionsphilosophie*』(1971)와 『모든 계시비판의 시도*Versuch einer Kritik aller Offenbarung*』(1792)에서 칸트의 종교사상을 수용하는 모습을 보여 주지만, 1798년에 발생한 '무신론 논쟁'을 계기로 하여 칸트를 극복하려고 시도하였다. 초기의 피히테는 근본적으로 칸트와 같은 생각을 가지고 있었으며, 종교를 윤리와 같은 것으로 생각하였다. 그는 신적인 것은 올바른 행위를 통하여 구성되며, 살아 움직이는 도덕질서가 신 자체라고 보았다. 우리는 다른 신을 필요로 하지 않으며, 다른 신은 파악할 수 없다. 이런 주장 때문에 그는 무신론자로 낙인이 찍혔다.[02] 이와 함께 칸트는 피히테의 지식학이 자신의 선험철학과는 아무런 관계가 없다고 선언하였다.(XII 307-308)

1794년의 저서 『지식학』에서 피히테는 칸트가 선험적 이념으로 규정했던 영혼과 자연을 경험을 넘어서는 사물 자체로 볼 필요가 없다고 주장한다. 피히테에서 자아는 실체가 아니고, 인식과 행위의 통일로서 이성적-도덕적 활동, 즉 '행실'Tathandlung이기 때문이다. 피히테는 도덕의 원리를 사실Tatsache이 아닌 자아의 근원적 자기정립으로서 행실에서 찾았다. 자아는 그 자체 경험 안에서 비아에 의하여 제약을 받으면서 비아에 근거하여 행하

01 참고논문으로는 김승철 「17~19세기 서양 철학과 수사학의 관계」(철학탐구 20, 2006), 안윤기 「18세기 범신론 논쟁: 야코비의 스피노자의 가르침에 관한 편지들(1785)」(『칸트연구』 30, 한국칸트학회 2012), 최신한 「야코비와 스피노자 논쟁」(『철학연구』 129, 2014), 백훈승 「피히테는 무신론자인가」(『동서철학연구』 81, 한국동서철학회 2016), 남기호 「야코비의 피히테 무신론 비판 : 그 배경과 논점들」(『헤겔연구』 39, 한국헤겔학회 2016) 등이 있다.

02 Peter Rohs, *Fichte*(1991); Wolfgang Ritzel, *Fichtes Religionsphilosophie*(1956); Dirk Schmid, *Religion und Christentum in Fichtes Spätphilosophie*(1995); Michael Wladika, *Moralische Weltordnung, Selbstvernichtung und Bildwerden, seeliges Leben. Johann Gottlieb Fichtes Religionsphilosophie*(2007); Björn Pecina, *Fichtes Gott. Vom Sinn der Freiheit zur Liebe des Seins*(2007).

는 동시에, 비아와는 차이 있는 방식으로 정립함으로써 '이성적-도덕적 활동 영역'을 변증법적으로 마련한다. 자아는 스스로의 실천적-이성적 활동으로써 종합을 성취하기 위하여 정립인 그 자신을 비아, 즉 반정립으로 상정한다.[03]

또한 피히테는 1798년의 저서 『신의 세계 통치에 대한 우리의 신념의 토대에 관하여』에서, 개별 자아들과 유한한 것들의 세계를 상정하는 이성적-도덕적 활동은 그 자체 유한하거나 상대적일 수 없으므로, 자아는 무한하고 절대적이어야 한다고 주장한다.[04] 그러나 그는 신은 무한하고 절대적인 자아이므로 인격자일 수 없다고 보았다. 왜냐하면 인격적 존재자들은 다른 인격자들과 상호연관을 맺고서 관계해야 하므로 유한한 존재로 드러나기 때문이다. 신은 인간의 자아 안에 내재하면서, 그 안에서 드러나는 영원한 이성적-도덕적 활동과 동일한 것이다.

피히테는 1800년 『인간의 사명』에서 하느님을 "영원하고 무한한 단일 의지, … 세계가 존재할 수 있는 유일한 방식이라는 점에서 그리고 그 안에서만이 창조세계를 요구한다는 점에서 세계의 창조자"라고 규정한다.[05] 그런데 이 '무한한 의지'는 필연적으로 그 자체를 '유한한 자아'를 통해서 그 자체 안에 통합해 있는 '유한한 존재자들의 복수성' 가운데서 드러낸다. 피히테는 우리 모두가 단 하나의 의지의 한 부분이라고 보는데, 이러한 경향

03 John W. Cooper, *Panentheism – The Other God of the Philosophers*, Michigan, Baker Academic, 2006, 91; 존 쿠퍼, 『철학자들의 신과 성경의 하나님: 신과 세계의 관계, 그 치열한 논쟁사』, 김재영 역, 새물결플러스 2011, 93 [153–154]). (이하 '쿠퍼'로 줄이고 [ ] 안의 숫자는 한글판 쪽수임.)

04 Johann Gottlieb Fichte, *On the Foundation of Our Belief in a Divine Government of the World*, trans. Paul Edwards, in *Nineteenth Century philosophy*, ed. Patrick Gardiner, New York: Free Press, 1969, 19–26.(쿠퍼 93 [154].)

05 Johann Gottlieb Fichte, "Faith," Book 3. *The Vocation of Man*, trans. Peter Preuss, Indianapolis, Hackett, 1987, 110.

성은 나중에 쇼펜하우어의 철학에서 두드러지게 나타난다.

> 이 의지는 나를 그 자체와 연합하게 할 것이다. 이 의지는 나와 같은 모든 유한한 존재자들을 나와 연합시켜준다. 그래서 이 의지는 우리 모두 사이의 … 수많은 개별 의지들의 세계 혹은 체계의 … 일반적인 중개자다. … 이 세계는 수많은 자율적이며 독립적인 의지들의 연합이며 직접적인 상호 작용이다.
>
> 우리의 생명 전부는 그 의지의 생명이다. 우리는 그 의지의 손 안에 있으며 그곳에 머물러 있다. 그리고 아무도 우리를 그 의지 안에서 떼어 낼 수 없다. 우리는 그 의지가 그러하기 때문에 영원하다.[06]

존 쿠퍼는 피히테의 철학이 하느님을 정신과 물질 모두에 해당하는 유한한 모든 것을 상정하는 절대 자아로 보기 때문에 '범신론적 관념론'으로 간주되는 경향이 있으며 실제로 스피노자와 유사하다고 말한다. 다만 차이가 있다면 피히테는 스피노자의 무한 실체를 절대 자아 혹은 절대 의지로 대체했다는 것이다. 그러나 피히테는 모든 유한 실체들을 절대 자아 안에 놓으면서도 그 개별 자아들의 자율성과 도덕적 책임을 강조함으로써 스피노자의 견해를 수정하였다.[07] 코플스톤은 피히테의 철학을 '역동적 범

06 Fichte, *The Vocation of Man*, 107–8, 111.(쿠퍼 94 [155].)

07 이에 대하여 셸링은 『독단주의와 비판주의에 대한 철학적 서한』(1795)에서 스피노자의 독단주의와 피히테의 비판주의가 결국 무한에서 유한으로 진행하면서 둘 다 유한한 주체를 상실하였다고 지적했는데, 스피노자는 절대 객체(실체)로, 피히테는 절대 주체 혹은 절대 자아로 소멸했다는 것이다. 셸링은 이들 중 어떤 것도 적절하지 않다고 보지만, 스피노자의 결정론보다는 피히테의 자유를 선호하였다.(쿠퍼 95 [157–158].)

재신론적 관념론'이라고 불렀다.[08]

2. 셸링의 신지학적 종교철학[09]

셸링Schelling(1775~1854)은 쿠자누스, 뵈메의 영향을 받아서 자연철학과 동일철학의 틀을 구축하였다. 그는 17세에 원죄에 관한 논문을 썼으며, 피히테의 신 개념을 부정하였다. 다시 말해서 실재를 절대 자아로 설명한 피히테의 시도를 불완전하다고 본 것이다. 셸링은 신으로부터 생겨나는 것은 아무것도 존재하지 않는다는 피히테의 주장에 대하여, 만일 그것으로부터 아무것도 생겨나지 않는다면 신 그 자체가 존재하지 않을 것이라고 비판하였다. 셸링은 피히테가 부정한 신이 '사람으로 되는 것'Menschwerdung에 대해서는 하나의 역사적, 실증적인 사실로 받아들인다. 예수 그리스도의 성육신 사건을 통하여 우리는 신의 영광을 보게 된다는 것이다. 이로써 셸링은 경험적 역사성과 실증성을 기반으로 하는 실존철학의 선구를 이루었다. 그는 낭만주의적 열정을 가졌으며, 모든 이원론과 양극성을 해소하여 종합적인 철학을 수립하고자 노력하였다. 셸링은 플라톤, 에크하르트, 쿠자누스, 뵈메, 스피노자에 대한 해박한 지식을 바탕으로 신과 세계를 동일하

08 Copleston, *History of Philosophy*, vol.7, part 1, sec.4, 109. 그 이외에도 헨드리쿠스 벌코프는 피히테를 '신비주의 범재신론자'로, 필립 클레이튼은 '신비주의 혹은 형이상학적 범재신론자'라고 불렀다.(Berkhof, *Two Hundred Years of Theology*, 25–29; Clayton, *The Problem of God*, 445.) "피히테의 입장이 범재신론인 것은 그가 개별자들의 더 이상 축소할 수 없는 실존을 일자에 의해 공급되는 만물의 전체적인 통일과 결합시키고 있기 때문이다."(쿠퍼 95 [156].)

09 참고논문으로는 이광모 「이성의 한계로부터 '종교에 대한 철학'으로 셸링의 긍정철학으로의 길」(『헤겔연구』 9, 2000)과 「자연과 정신의 발생적 근거와 동일성철학」(『해석학연구』 36, 2015), 임지연 「하나의 시적(詩的) 정신으로서 셸링 철학: '포에지', '광기', 'Mitwissenschaft' 개념을 중심으로」(『칸트연구』 38, 2016) 등이 있다.

게 보는 철학, 역사 안에서 신과 인간의 자유와 협력을 강조하는 인격주의, 종교를 신적 계시로 보는 종교철학을 수립하였다.[10]

셸링은 『자연철학에 대한 이념』(1797)에서 '절대 자체'의 개념 정립을 시도하였는데, 그에 의하면 그 안에서는 객관적 자연과 자연에 대한 주관적 인식 사이에 어떤 차이도 없다. "절대는 자연으로서 자연도, 이상세계로서 이상세계도 포함하지 않는다. 그 둘은 하나의 세계로서 존재한다." 그러나 절대는 그 자체를 주관적, 객관적 이상세계로 상정한다. "자연 그 자체 혹은 영원한 자연은 객관성으로 태어난 정신, 형태화된 하느님의 본질이다." 셸링은 스피노자와 플라톤주의를 혼합하여 자연에 대한 절대의 주관적 지식을 '능산적 자연'natura naturans, 객관적 자연, 즉 "절대자에 대해 외적인 … 자연으로 나타나는 한에서 자연"은 '소산적 자연'natura naturata으로 규정하였다.[11] 특히 그의 『세계영혼론』(1798)은 세계-영혼을 능산적 자연과 동일시한다.

또한 그는 『초월적 관념론 체계』(1800)에서 절대에 대한 지식이 가능하다는 가정을 정당화하고자 하였다. 그는 공간과 인과율 등 자연의 형이상학적 범주들을 도출하여 자연철학을 이론철학으로 전개하지만 결국 자아의 관심은 실천적인 것, 즉 자유라고 말함으로써 칸트와 피히테를 따른다.[12] 그런데 자유는 절대 안에서 객체와 주체의 완전한 통일, 자연과 도덕

10 Friedrich Schelling, *On the History of Modern Philosophy*, trans. Andrew Bowie, Cambridge, Cambridge University Press, 1994. Coplestone, vol. 7, part 1, chap. 7, sec. 5: 셸링은 "칸트와 피히테는 말할 것도 없고 플라톤, 신플라톤주의자, 조르다노 부르노, 야콥 뵈메, 스피노자, 라이프니츠를 모두 영감의 원천으로 사용하였다."(Paul Tillich, *A History of Christian Thought*, ed, Carl Braaten, New York, Simon and Schuster, 1968, 437–8; Wikens and Padgett, Christian and Western Thought, vol. 2, 71–76. 쿠퍼 95 [157].)

11 Friedrich Schelling, *Introduction to Ideas for a Philosophy of Nature as Introduction to the Study of This Science*(1797), trans. Errol Harris and Peter Heath, New York, Cambridge University Press, 1988, 50.(쿠퍼 96 [158].)

12 존 쿠퍼는 이와 같은 셸링의 관점을 '역동적 범재신론'으로 파악한다. "각 개별 예지intelligence는 하느님 혹은 도덕적 세계질서를 구성하는 일부분으로 간주할 수 있다"는 것이다. 우리는 하느님의 부분으로서

의 동일성을 뜻하므로, 세계에 대한 하느님의 관계는 정태적이고, 따라서 완전히 현실적인 실재일 수 없게 된다. 왜냐하면 하느님의 온전한 존재성이 이미 현실적이고 완전히 성취한 상태라면, 하느님과 연결이 된 모든 것 역시 이미 완전하게 결정하고 있을 것이기 때문이다. 그렇다면 사람들은 자유로울 수 없고 인간적이지 못하게 된다. 따라서 하느님은 인간의 역사 안에서 점진적으로 자신을 드러내야 한다. 이로부터 셸링은 신을 역동적인 존재라고 규정한다.

셸링은 우리들 인간이 신적 자유에 참여하고 하느님 안에 있기 때문에, 하느님은 자유로운 인간 행위 없이는 존재할 수 없다고 주장한다. "만일 하느님이 우리와는 독립해서 존재하지 않고 계속 우리의 자유의 활동을 통해서만 자신을 계시하며 드러내어, 그러한 자유 없이 하느님 자신도 존재하지 못한다고 한다면, 우리는 그 전체의 협력자들이고 우리가 감당하고 있는 독특한 역할들은 우리가 스스로 창출해낸 것이 된다."[13] 셸링은 하느님과 인간이 자기실현의 과정을 상호적인 관계 속에서 함께 실현한다고 주장한다. 하느님이 역사 전반의 목적과 궤도를 정한다면 인간은 그 여정의 세부사항을 결정한다는 것이다. 그리하여 하느님은 인간 자유의 역사적 정점에 이르기 전에는 완전하게 존재하는 것이 아니다. 인간이 자유를 행사할 때, 바로 그 시점에서 하느님도 존재하게 되는 것이다.[14]

자유를 갖고서 도덕적 자기 결정을 내린다는 사실에서 하느님을 닮은 것이다.(Friedrich Schelling, *System of Transcendental Idealism*, trans. Peter Heath, Charlottesville, VA; University Press of Virginia, 1978, 33. 쿠퍼 96 [159].)

13 Schelling, *System of Transcendental Idealism*, 210.(쿠퍼 97 [160])

14 Schelling, *System of Transcendental Idealism*, 212; 존 쿠퍼는 셸링이 하느님의 존재가 본질적으로 역사적이라는 사실과, 하느님과 인간이 그들의 운명을 역사 속에서 공동의 실존적 추구에서 협력한다는 점에서, 현대 범재신론의 주제를 선취하고 있다고 말한다.(쿠퍼 97 [160]) 그러나 그는 셸링이 세계를 하느님의 현시, 즉 모든 피조물은 살아계신 하느님 안에 있으며 그 하느님은 인간세계를 구성하고 있는 영혼과 같다고 주장하는 점에서 스피노자를 따르지만, 동시에 인간의 자유가 하느님의 자기실현을

셸링은 야콥 뵈메의 영향으로 『철학과 종교』(1804)에서 하느님을 인격주의적으로 해석하였다. 그는 결정론을 회피하면서 세계를 절대 안에 정초하기 위하여 신과 인간 모두의 자유를 강조했다. 셸링은 절대성을 그 상대에게 자신의 존재를 부여하면서도 그 독립적인 결정을 존중하는 독특한 특성이라고 이해하였다. 따라서 그 존재 자체는 바로 '자유'이다.[15] 그러나 하느님과 피조물이 둘 다 진정으로 자유롭다면, 이성은 세계 존재를 완전하게 설명할 수 없게 된다. 감각에 속하는 세계의 기원은 절대성으로부터의 완전한 단절, 즉 절대로부터의 타락에서 나온다. 셸링은 『철학의 체계』(1804)에서 유한실체들의 현실태를 '하느님으로부터의 타락', 즉 '결함'defectio 또는 '죄'라고 규정한다.[16] 이로부터 셸링은 창조가 '우주적 타락'이고, '창조세계가 나온 하느님 자신 안에 있는 무근거'Ungrund로서 '비합리적 자발성'이라는 뵈메의 견해를 취한다.(쿠퍼 98-99[162])

존 쿠퍼는 셸링의 저서 『인간 자유의 본성에 대한 철학적 탐구』(1890)를 범재신론에 대한 가장 탁월한 기여라고 평가한다. 셸링은 자유를 긍정하는 '참된 범신론'을 표방한다.[17] 이러한 태도는 스피노자와는 전혀 다른 모습이다. 셸링에 의하면 인간은 하느님 바깥이 아닌 그 안에 존재하며, 인간의 활동 자체가 하느님의 생명에 속하는 것이라고 주장한다. 따라서 신

구성한다는 점에서 현대 범신론을 선취하고 있는데, 바로 이 지점에서 쿠퍼는 셸링철학의 '불안정성'을 지적한다. 만일 동일성이 절대적이고 하느님이 그 자신에서 구별할 수 없는 전적인 단순성이라고 한다면, 인간의 관점과 다극적인 세계, 신의 자유와 인간의 자유, 그리고 절대적 동일성과 자유는 논리적으로 양립할 수 없을 것이라고 지적하고 있다.(쿠퍼 97-98 [161])

15 Friedrich Schelling, *Philosophie und Religion*, in Sämtliche Werke, hrsg. K. Schelling, 14 Bde., Stuttgart: Cotta, 1856-1861, Bd. 6, 39-40.

16 Friedrich Schelling, System der gesamten *Philosophie und der Naturphilosophie insbesondere,* in Sämtliche Werke, hrsg. K. Schelling, 14 Bde., Stuttgart: Cotta, 1856-1861, Bd. 6, 552.

17 Schelling, *Philosophical Inquiries into the Nature of Human Freedom*, 10.(쿠퍼 99 [163])

적 존재 안에 있는 것은 인간과 그의 자유인 것이다.[18] 인간은 하느님 안에서 자유롭고, 하느님의 자기실현은 자유로운 인간 행위를 요청한다.[19] 여기에서 셸링의 관심사는 악의 문제인데, 그는 악의 문제로부터 그것이 비실재적이든지 아니면 하느님이 악의 원인일 수밖에 없다는 딜레마를 제시한다. "진정한 악이 인정될 경우 무한한 실체 안에 혹은 근원적 의지 안에 악을 포함시키지 않을 수 없으며, 따라서 모든 면에서 완전한 존재자라는 개념은 완전히 무너지게 된다. 그렇지 않으려면 악의 실재가 어떤 식으로든지 부정되어야 하는데, 그 경우 자유에 대한 실제적인 개념은 그와 동시에 사라지게 된다."[20] 그리하여 셸링은 하느님의 자유를 '악의 가능성의 근거'로 보고, 인간의 자유를 '악의 현실성에 대한 책임'으로 보았던 것이다.

셸링의 '신의 자유' 구상은 쿠자누스와 뵈메의 영향을 받은 것이다. 하느님의 인격적 실존은 그 자신의 본성 안에 있는 두 개의 대립적 원리들의 영원한 자기통일이다. '근거의 본질' 혹은 '존재성의 본질'은 '원초적 근거'Urgrund에 선행해야 하는데, 그것이 곧 직접적으로 바라본 절대인 '무근거'Ungrund이다. 이 두 개의 동등하게 영원한 시작은 분리되는데, 무근거성the groundlessness은 오직 그 둘이 다시 사랑을 통해서 하나가 되기 위한 영원한 시작을 위해서만 스스로 분열하는 것이다.[21] 무근거는 생명과 사랑과 인격적 존재가 있을 경우에만 그 자신을 분열하는 것이다. 그리하여 셸링은 세 가지의 신성한 가능태들을 제시한다. 첫 번째의 영원한 원리는 '심연'(나락, 무저갱,

18 Schelling, *Of Human Freedom*, 11.(쿠퍼 99 [163])

19 "하느님으로부터 만물의 유출이 곧 하느님의 자기계시다. 그러나 하느님은 자기를 닮은 피조물들, 자유롭고 스스로 활성화하는 존재들 가운데에서만 자신을 계시할 수 있다." Schelling, *Of Human Freedom*, 19.(쿠퍼 99 [163])

20 Schelling, *Of Human Freedom*, 26.(쿠퍼 99[163])

21 Schelling, *Of Human Freedom*, 88–89.(쿠퍼 100 [164])

혼돈), '공허', '비존재', '무', '순수 잠재성', '우연성', '하느님 마음속의 어둠', '무의식', '의지', '영원한 일자가 스스로를 낳고 싶어 하는 욕구', '하느님의 인격적 존재성의 원초적 근거'인 '무근거'이다. 두 번째의 원리는 '하느님의 본질, 흑암의 심연에서 빛을 내는 생명의 빛', '존재의 원리', '이성', '질서', '실증성', 혹은 '사랑'의 원리이다. 세 번째의 원리는 사랑에 의하여 이루어지는 두 원리들의 영원하고 필연적이고 자생적인 종합으로서 '하느님의 현실태'이다.(쿠퍼 100 [164]) 그렇다면 하느님 안에는 본질적으로 "자유롭고 미결정적이며 자발적이고 창조적인 차원"이 있다. 그러한 신적 본성의 필연성, 즉 신적 창조성이야말로 "하느님 안에 있는 혹은 하느님으로부터 나오는 모든 것을 완전히 결정하지는 않는다"는 독특성을 가지고 있는 것이다. 이러한 셸링의 '신성 기원론' 또는 '우주발생론'은 뵈메의 영지주의에서 차용한 것이다.(쿠퍼 100 [165]) 셸링은 "신의 무규정성divine indeterminancy의 개방성 가운데서 자발적인 우주적 타락으로서 창조의 공간, 악의 가능성의 공간, 실질적 악의 원천으로서 인간 자유의 공간"을 찾았다. 결국 셸링은 악의 가능성을 하느님의 자유, 즉 사랑과 이성을 초월하는 흑암의 심연 안에서 찾았던 것이다. 그러나 하느님의 자기실현은 그가 본질적으로 사랑이고 선이라는 사실에 근거하며, 따라서 하느님의 본성은 악을 가능하게 해 주지만 현실화 하지는 않는다. 오직 인간만이 그 악을 현실화할 수 있는 것이다.(쿠퍼 101 [165])

이러한 사실로부터 하느님이 세상을 창조하지 않았다면 악을 막을 수 있지 않았을까라는 변신론적 물음 앞에 직면하게 된다. 이에 대하여 셸링은 하느님이 존재한다면, 세계와 자유와 악은 불가피하다고 본다. 악이 존재하지 않으려면 하느님 자신이 존재해서는 안 된다. 그러나 하느님은 선하시기에 비존재를 거부한다. 선하신 하느님이 존재하기로 한 이상, 하느님의 존재와 그의 자유와 악은 필연적이다. 악은 반드시 제거해야 한다.

그런데 악을 제거하려면 그것은 반드시 현실적으로 되어야 한다. 이처럼 하느님의 자기계시는 그 행위를 통해서 사랑과 선이 절대적 본성에 대하여 승리하는 것이다. 이것이 바로 하느님의 존재목적이며, 창조(창조세계)의 최종 목적이다.(쿠퍼 101 [166]) 세계사는 선을 현실화시키는 하느님의 역사이고, 인류와 세계를 악으로부터 떨쳐 내는 구속의 역사이다.

셸링의 하느님은 인격적인 존재이다. "우리는 하느님을 살아 있는 힘들의 통일체로 설명했다. 그래서 만일 … 자율적인 존재가 그것과 독립되어 있는 근거와 연결하는 가운데, 즉 이 두 가지가 서로 완전히 상호침투적이며 단일 존재가 되는 그런 방식으로 연결되는 가운데 인격성이 구성된다면, 하느님이야말로 최고의 인격체다."[22] 하느님 안에 있는 세 가지 가능태들의 통일이 영원한 본질 가운데서 그 자신을 인격적으로 만든다. 하느님은 단지 하나의 존재자가 아니라, 인간과 더불어 고통을 통해서 성장하고 발전해 나가는 하나의 생명이다. 하느님의 존재는 영원하고 부동하지만, 동시에 성장과 변화와 고난을 포함하고 있다. 셸링은 하느님의 변증법적 자기 발생이 자연과 역사를 통하여 삼위일체를 실현해 나가는 과정을 이렇게 묘사한다. "하느님 자신 안에서 신적 존재의 첫 진동이 탄생한다. … 하느님은 자기 자신의 형상 안에서 태어난 하느님 … 그리고 그 안에서 영원한 로고스를 느끼며 영원히 사모하는 마음을 느끼는 영원한 성령을 본다. 이 성령은 말씀을 토해 내며 그리하여 말씀은 창조적이며 전능한 의지가 된다. … 그것이 자연을 형성한다."[23] 일자가 말씀이 되고 그 말씀으로부터 성령이 나온 것이다. 그리하여 셸링은 하느님의 삼위일체적 본질을 실현하는 출발점은 자연이라고 보았다. 자연은 '신성한 말씀'이고, 그 말씀

22 Schelling, *Of Human Freedom*, 74.(쿠퍼 101 [166–167])
23 Schelling, *Of Human Freedom*, 35–36.(쿠퍼 102 [167])

은 오직 사람만이 완벽하게 표현한다. 그 말씀 가운데서 성령이 그 자체를 계시하기 때문이다. 하느님은 실천 가운데 존재하고 있다. 셸링은 세계를 '하느님의 자기실현'과 동일시하고, 인간의 자유를 하느님의 자유와 같은 것으로 여긴다. 또한 인간의 언어를 신성한 말씀과 동일하게 생각하고, 종교를 신성한 자기계시로 간주한다. 이를 통하여 하느님의 삼위일체적 본질은 자연과 인간의 역사 안에서 실질적으로 삼위일체가 되는 것이다. 셸링의 이러한 생각은 칼 라너, 위르겐 몰트만, 볼프강 판넨베르크의 삼위일체 사상에 영향을 주었다.(쿠퍼 102 [168])

셸링은 자신의 신학을 범신론과 연결시키면서도 스피노자의 '신 즉 자연' 사상과는 차별화를 시도한다. 그에 의하면, "오직 인간만이 하느님 안에 있으며, 이러한 하느님 안에 있음을 통해서 자유가 가능하게 된다. … 오직 인간을 통해서 하느님이 자연을 받아들이듯, 인간 안에서 만물이 피조된다. … 인간은 … 중보자 … 자연의 구속자 …말씀으로써 … 새 언약의 시작이다."[24] 하느님이 인간 안에 있고, 인간이 하느님 안에 있다는 셸링의 주장은 곧 인간이 그리스도라는 뜻이다. 인간은 세계의 구원을 위하여 살아가고 활동하고 고난당하는 성육한 존재자이다. 그리하여 존 쿠퍼는 셸링의 범신론을 '협력적인 인격적 범재신론'cooperative personal panentheism으로 규정하였다.(쿠퍼 103 [169])[25] 이 시기에 쓴 셸링의 마지막 작품『세계의 시대들』

24 Schelling, *Philosophical Inquieries*, 92.(쿠퍼 103 [168])

25 쿠퍼에 의하면 셸링은 뵈메의 '신-인적 인격성 신학'Böhmian theology of divine and human personhood을 수용하여 '참된 범신론'의 수호자를 자청했는데, 이는 하느님의 존재와 본질이 자유로운 피조물들의 행위와 고난과 승리 안에서 점진적인 자기실현을 성취한다는 점에서 현대의 (역동적) 범재신론에 해당한다. 셸링은 스피노자의 '신 즉 자연'을 '신 즉 자유'로 수정하였다. 하트숀과 리즈는 셸링을 최초의 진정한 현대적 범신론자로 평가했고, 윌킨스와 패지트도 그의 철학을 범신론이 아닌 범재신론으로 규정하였다. Hartshorne and Reese, *Philosophers speaks of God*, Humanity Books, 2000, 233-234; Wilkens and Padgett, Christianity and Western Thought, IVP Academic, 2010, vol.2, 73.(Cooper, 105; 쿠퍼 172)

(1811~1815)은 그가 뵈메의 자유의 신학에 기대어 '하느님의 변증법'(하느님의 과거), '하느님의 본성(자연)의 발생'(하느님의 현재), 그리고 '인간의 역사 안에서 하느님의 자기계시'(하느님의 미래)를 내용으로 한 세 권의 책으로 구상하였지만, 아쉽게도 첫 권만을 완성시켰다. 그러나 여기에서 셸링의 인격적 자유의 범재신론은『인간의 자유』에서보다 더 정교하고 충격적이다. 하느님의 존재는 하느님의 본성과 자유의 종합이다. "신격은 온전하며 나뉨이 없으며, 영원한 긍정이며 동시에 영원한 부정이다. 신격은 이것이나 저것이 아니라 양자의 통일이다."[26] 신격은 자신을 자연 안에서 세계를 구현하는 영혼으로 실현한다. 하느님의 생명의 중심 목적은 인간의 역사, 즉 고난에의 구속적 참여에 있다. 창조주에게 고난은 보편적이다. 하느님 자신이 반드시 통과해야 하는 길이 바로 인간 본성이다. 하느님은 눈멀고, 어둡고, 악한 모든 것에 참여하면서 자신을 고양하기 위해서 자기 본성의 고난을 최고의 의식으로 여긴다. 존 쿠퍼는 하느님이 몸소 세계에 참여하여 세계를 구함으로써 자신을 실현한다는 셸링의 사상이야말로 현대적인 범재신론의 첫 번째 표현이라고 보았다.(쿠퍼 104 [170])

이처럼 셸링은 종교철학은 신-인적 자유divine-human freedom의 범재신론 위에서 하느님의 자기실현이 역사 안에서 어떻게 이루어지는가를 보여 주고 있다. 하느님은 인간과 자연의 역사 안에서 존재한다. 그러나 종교, 그리고 종교의 신화와 상징들은 우리들로 하여금 자연과 인간 안에서 자신을 인격화하는 하느님에 대해 의식하게 되는 장소이다. 하느님의 인격적 자기의식은 인간 종교 안에서 하느님의 자기시현을 통해서 나타난다. 따라서 계시의 역사와 종교의 역사는 동전의 양면이다. 계시는 점진적이고, 따라

26 Schelling, *The Age of the World*(3rd version, 1815), trans. Jason M. Wirth, Albany, State University of New York Press, 2000, 74.(쿠퍼 103 [169])

서 종교와 그 상징도 자연종교의 신화, 초자연적 종교의 실증적 계시, 철학적 종교의 단계를 통하여 전개된다. 그러나 셸링은 헤겔과는 반대로 철학이 하느님의 신비를 내칠 수 있다고 생각하지 않았는데, 그에게 하느님의 신비는 신-인적 자유에 근거하기 때문이다.[27]

셸링은 외팅거Oettinger의 영향을 받아서 그리스도교의 발전과정을 권위를 중시하는 베드로적 기독교(가톨릭교회), 자유를 추구하는 바울로적 기독교(프로테스탄트교회), 지식과 믿음을 지향하는 요한적 기독교로 설명하였다.[28]

3. 헤겔의 삼위일체론과 절대종교[29]

청년 시절에 튀빙겐대학교 신학부에서 셸링과 함께 공부했던 헤겔G.W.F. Hegel(1770~1831)은 셸링의 동일성 철학이 다양성의 통일을 설명하는 데 실패했다고 단정하였다. 따라서 그는 절대적 자기지식에 이르는 길을 모색

27 Schelling, *Philosophie der Mythologie*, 2Bde., Darmstadt: Wissenschaftliche Buchgesellschaft, 1957; *Philosophie der Offenbarung*, Darmstadt: Wissenschaftliche Buchgesellschaft, 1966.(쿠퍼 105 [171])

28 Karl Schlutter, *Schelling und die Christologie*(1915); E.A. Beach, *The Potencies of God(s). Schelling's Philosophy of Mythology*(1994); John Burbidge(ed.), *The God within Kant, Schelling, and Historicity*(1996); Frank Meier, *Transzendenz der Vernunft und Wirklichkeit Gottes*(2004); Markus Gabriel, *Der Mensch im Mythos: Untersuchungen Uber Ontotheologie, Anthropologie Und Selbstbewusstseinsgeschichte in Schellings "Philosophie Der Mythologie"* (2006); Christian Dank, *Kritische und absolute Transzendenz*(2006).

29 참고논문으로는 박진 「칸트의 초월논리학에서 헤겔의 사변논리학으로. 칸트의 초기저작」(『칸트연구』 6-1, 2000), 이정은 「헤겔의 예수의 생애는 민중종교의 연속인가 단절인가」(『헤겔연구』 14, 2003), 「청년 헤겔의 예수 이야기: 헤겔의 민중종교와 기독교에 대한 단편들에 기초하여」(『기독교와 인문학』 3, 2005), 「헤겔 정신현상학의 종교 장의 위치와 체계 내적 의미」(『헤겔연구』 22, 2007), 「헤겔의 종교 철학에서 그리스도교의 악 이해」(『기독교철학』 15, 2012), 「헤겔의 종교 변증법에서 종교의 완성」(『철학연구』 105, 2014), 남기호 「프로이센 왕정복고와 헤겔의 정치 신학적 입장: 슈바르트와의 논쟁 및 슈탈의 비판을 중심으로」(『헤겔연구』 34, 2013), 조창오 「초기 헤겔의 근대적 주체 개념과 종교」(『존재론연구』 35, 2014) 등이 있다.

하는 가운데서 절대 관념론 철학을 수립하였다. 헤겔은 『철학사강의』에서 역시 상대적인 것과 절대적인 것, 다자와 일자, 세계와 하느님에 대해 종합적으로 진술하고자 했다.[30]

헤겔은 그리스도교의 삼위일체론을 모든 존재의 신비 중에서 가장 심오한 신비로 간주하는 형이상학적 전통에 서 있다. 그는 삼위일체론을 바탕으로 하느님 아버지의 나라를 그 자체로서 영원한 이념, 그리고 아들의 나라를 유한한 자연 안에서 나타나는 이념, 그리고 성령의 나라를 유한성을 벗어나 아버지와 아들, 정신과 자연, 하느님과 세계의 일치를 추구하는 것으로 파악하였다. 초기 저서 『기독교의 정신과 운명*Der Geist des Christentumsund sein Schicksal*』(1798~1800)에서 그는 예수의 정신을 '도덕보다 높게 고양된 정신'으로 평가하였다. 스피노자의 영향 속에서 범신론적 주지주의의 입장을 취하고 있으며, 정신의 역사를 절대정신의 내면화, 골고다 언덕, 절대정신이 왕위에 있는 현실로서 진리로 파악하였으며, 종교의 발전은 동양의 자연종교, 신적인 것을 주관으로 보는 유대교 및 그리스와 로마의 종교, 그리고 절대적인 종교로서 그리스도교의 순으로 진행하는 것으로 파악하여 기독교 중심주의에 서 있다. 헤겔은 「민중종교와 그리스도교에 대한 단편들*Fragmente über Volksreligion und Christentum*」(1793~1794), 『신앙과 지식*Glauben und Wissen*』(1802), 『그리스도교의 실증성*Die Positivität der christlichen Religion*』(1795~1796)과 같은 그의 종교 저술들에서 칸트사상에 대하여 논평하였다.[31] 특히 그는 『신앙과 지식』에서 칸트, 야코

30 F.G. Hegel, *Lectures on the History of Philosophy*, trans. H.S. Haldane, 3 vols., London, Kegan Paul, Trench, Trübner, 1892-1896.

31 국내의 선행연구로는 김균진, 『헤겔철학과 현대신학』(1980); 이부현, 『이성과 종교: 헤겔 종교철학 연구』(1995); 박영지, 『헤겔의 신 개념』(1996); 최신한, 『헤겔철학과 종교적 이념』(1997) 등이 있다. Emil L. Fackenheim, *The religious dimension in Hegel's thought*(1967); Hugo Barmettler, *Die Überwindung der bloßen Vernunft. Hegels Auseinandersetzung mit Kant und Fichte in Tübingen und Bern 1792-1796* (1979); Ulrich Asendorf, *Luther und Hegel. Untersuchungen zur Grundlegung einer neuen systematischen*

비, 피히테를 반성철학자로 규정하면서, 그들은 결코 무한한 전체를 파악할 수 없다고 비판하였다. 그리하여 헤겔은 칸트의 유한한 인간 이성을 자신의 절대정신으로 대체하면서 일원론적, 범재신론적 입장을 강화한다. 그는 현실의 모든 것 속에 이성적인 것, 하느님이 존재하고 있다고 생각하였다. 그의 이러한 생각은 『법철학』 서문에서 "이성적인 것은 현실적이며, 현실적인 것은 이성적이다"라는 유명한 말 속에 가장 잘 나타나 있다.

헤겔은 피히테 철학이 자아를 절대화하고 자연을 도덕성의 기회로 전락시키는 점에 대해서 반대하는 동시에, 절대에 이르는 통로를 미학이나 종교적 직관에 호소하는 셸링과 슐라이어마허에 반대하여 철학을 내세웠던 피히테의 편에 섰다. 이와 같은 논란을 거친 헤겔은 『체계의 단편들』(1800), 『피히테와 셸링의 철학체계의 차이』(1801)와 같은 그의 초기 작품들에서 절대(하느님, 성령)가 세계 안에서 세계를 통하여 변증법적으로 자기실현을 한다는 입장을 개진하였다. 이러한 생각은 특히 그의 주저 『정신현상학』(1807)에서 구체적으로 나타나는데, 자연에 대한 개별적인 감각적 인상들에서 시작하여 다양한 종류의 사회의식과 도덕과 종교와 예술에 이르는 인간의 의식을 통하여 정신이 나타나는 변증법적 역사를 설명하고 있다. 그에 의하면 정신은 최종적으로 철학에서 자기지식, 즉 '존재와 사유의 통일'에 도달할 수 있다.[32] 또한 그는 『논리학』(1812~1816)에서도 존재 자체로부터

Theologie(1982); Quentin S.J. Lauer, *Hegel's Concept of God*(1982); James Yerkes, *The Christology of Hegel*(1983); John W. Burbidge, *Hegel on Logic and Religion. The Reasonableness of Christianity*(1984); R.K. Williamson, *Introduction to Hegel's Philosophy of Religion*(1984); W. Jaeschke, *Vernunft in der Religion*(1986); Philip M. Merklinger, *Philosophy, Theology and Hegel's Berlin Philosophy of Religion 1821–1827* (1993); Daniel P. S.J. Jamros, *The Human Shape of God. Religion in Hegel's Phenomenology of Spirit*(1994); Thomas M. Schmidt, *Anerkennung und absolute Religion. Formulierung der Gesellsachaftstheorie und Genese der spekulativen Religionsphilosophie in Hegels Frühschriften*(1997); William Desmond, *Hegel's God. A Counterfeit Double?* (2003) 등의 국외 연구가 있다.

32 "그러므로 여기서 하느님은 있는 그대로의 자신으로 드러나며, 자신을 그대로 매개 없이 제시한다. 즉 그가

시작하여 자연과 유한한 지성을 창조하기 이전의, 자신의 영원한 본질 가운데 있는 그대로의 하느님의 존재를 실재에 대한 기본적인 범주들과 형이상학적 범주들을 변증법적으로 연역하는 방식으로 설명하고 있다.[33]

헤겔은 『철학강요』(1817, 1827, 1830)에서 철학과 종교가 오직 하느님만을 진리라고 주장하고, 유한의 영역인 자연과 인간 정신과 그 둘 사이의 관계, 그리고 유한자와 진리이신 하느님의 관계를 다룬다고 하였다.[34] 또한 그는 『종교철학강의』(1827)에서 철학이 종교, 특히 기독교에 대한 정당화이며, 이 점에서 철학은 곧 신학이라고 주장하였다. 그리하여 철학은 하느님 자신이나 자연과의 화해를 보여 주는 동시에 타자인 자연이 하느님 안에 암묵적으로 존재하는 사실을 드러낸다. 철학은 유한한 정신이 세계 역사 가운데서 상승하여 화해에 도달한다는 사실을 보여 주었는데, 존 쿠퍼는 그가 기독교 신앙을 '변증법적 역사적 범재신론'으로 재구성했다고 평가하였다.(쿠퍼 108 [177])

헤겔의 변증법Dialektik은 '절대자'das Absolute가 자연과 역사를 통하여 점진적으로 자기 자신을 실현하는 과정을 보여 준다. 그런데 헤겔은 셸링의 '절대적 동일성' 개념을 "모든 소가 검은 색인 어두운 밤"이라고 일축하면서 그 자체 속에 세계의 다양성과 양극성을 포괄하는 새로운 절대적 동일성 개념을 제안하였다.[35] 그는 다른 곳에서도 "절대 그 자체는 절대적 동일

직접적으로 정신으로서 현존한다." F.G. Hegel, "Revealed Religion," in The Phenomenology of Spirit, trans. A.V. Miller, Oxford, Oxford University Press, 1977, 461.(쿠퍼 106 [174])

33 F.G. Hegel, Introduction to *Science of Logic*, trans. A.V. Miller, London: Allen and Unwin, 1969, 50.(쿠퍼 107 [175])

34 F.G. Hegel, Introduction to *The Encyclopedia of Logic*, with the Zusätze: Part I of *the Encyclopedia of Philosophical Sciences* with the Zusätze, trans. T.F. Geraets, W.A. Suchting, and H.S. Harris, Indianapolis and Cambridge, UK: Hackett, 1991, 24.(쿠퍼 107 [175])

35 Hegel, *Phenomenology*, preface, 9.(쿠퍼 108 [176])

성이다. 그래서 이것이 절대자에 대한 규정이다. 왜냐하면 그 안에서 세계 자체와 표상의 세계의, 혹은 안팎 전체의 모든 다양성을 지양하기 때문이다."[36] 헤겔에 의하면 절대자의 본성은 자기동일성, 타자성, 자체 안에서 그 둘의 영원한 통일이라는 3차원 구조를 가진다. 따라서 절대자는 '그 자체 안에서'an sich, '자체에 대하여'für sich, 그리고 '자체 안에 동시에 자체에 대하여'an und für sich라는 삼중적 관계 속에 있다. 그리하여 헤겔은 이렇게 말한다. 절대자는 "정신이다. … 영적인 것만이 실재적인 것이다. 그것이 스스로에게 스스로를 연결하는 것이며 동시에 규정적이다. 그것이 타자존재이며 동시에 자기에 대한 존재이다. 그리고 그것이 이 결정성 가운데서 혹은 그 외면성 가운데서 자체 안에서 거한다. 다시 말해서, 그것은 자체 안에 동시에 자체에 대해 존재한다."[37] 이처럼 절대자는 자연, 정신, 이성의 변증법적 관계를 통하여 세계와 역사 속에서 자기 자신을 실현해 나간다. 절대자의 자체 분화인 자연과 정신이라는 두 실재는 결국 '신적 이성의 이미지'로서 자연인 동시에 자연의 한 형태로서 '자의식적인 이성'이므로, 정신적 우주와 자연적 우주는 하나의 조화로운 우주로서 상호 침투한다. 이와 같은 절대자의 진행 과정을 지켜보는 철학은 '참된 신정론'이다.[38] '정신의 무의식적 작용'인 자연 속에 있는 합리적 정신은 사회, 국가, 문화, 인간 정신 안에서 자기 자신을 의식하게 된다. 오직 과학적, 학문적 지식 가운데서만 정신은 그 자체를 절대정신으로 인식하며, 그것만이 유일한 참 실재이다.[39] 따라서 헤겔에게 '철학'은 '가장 분명하고 포괄적인 인간 지식'일 뿐만 아니라

36 Hegel, "The Absolute," in *Science of Logic*, vol.1, 531.(쿠퍼 108 [177])
37 Hegel, *Phenomenology*, preface, 14.(쿠퍼 108 [177])
38 Hegel, *Lectures on the History of Philosophy* (1996), 696–705.(쿠퍼 110 [180])
39 Hegel, *Lectures on the History of Philosophy*, 703.(쿠퍼 110 [181])

'하느님의 집적적인 자기 인식'이기도 하다.[40]

절대자는 그 자체만으로 존재하지 않고 본성적으로 다른 타자로 자신을 내놓는다는 점에서 근본적으로 변증법적이다. '무한 절대 일자'The One Infinite Absolute로서 '정신'은 자연의 생명력, 주관적 정신, 그리고 문화 정치 도덕 지식과 같은 객관적 정신으로 스스로를 전개하지만, 궁극적인 자기인식은 오직 철학을 통해서만 얻을 수 있다. 세계사는 하느님의 자기실현이며 자기해방이고 자기파악이다. "진리는 전체다. 그러나 그 전체는 다름 아닌 자체의 발전을 통해 자체를 완성해나가는 본질에 다름 아니다. 절대에 대해서는 그것이 본질적으로 하나의 결과임을, 즉 종국에 가서만 그것의 참 진상을 보여 준다는 점을 말해야 할 것이다."[41]

세계의 역사는 하느님의 자기 해방이다. 하느님은 절대적으로 이성적이며 스스로를 의식하면서 자기를 결정해 나간다는 점에서 자유롭다. 하느님은 내적 강박이나 외부 강압 없이 자기의 본성을 자유롭게 표현한다. 자유는 "세계의 절대 목적이며 종결이다."[42] "세계가 없이는 하느님은 하느님이 아니다."[43] 따라서 창조자가 된다는 것은 하느님의 존재에 속하고 또한 그의 본질이기도 하다. 그렇다면 하느님은 세계를 창조하지 않을 자유

40 "이 점에서 세계 정신이 등장한다. 그리고 각 단계는 참된 철학 체계 가운데서 그 자체의 형식을 취한다. 아무것도 소실되지 않는다. 모든 원리들이 보전된다. 그 최종적 양상에서 철학은 형식들의 총합이기 때문이다." "그 자체를 알고자 하는 정신의 이 작용이 … 정신의 생명이며 정신 그 자체다. … 철학사는 그 역사 내내 정신의 목적이었던 바에 대한 계시며 … 발전해 나가는 하나의 철학이며, 그 자신이 어떠한 자인지를 알아 가는 하느님의 계시다." "새로운 시기가 세계에 등장했다. 그 시기는 마치 세계 정신이 마침내 절대 정신으로서 자신을 파악하는 데 성공한 것처럼 보인다. … 유한한 자기 의식이 유한하기를 그친 것이다. … 이것이 현 시기에 이르기까지 세계 일반의 전체적인 역사이며 특히 철학의 역사이다. … 이 시점에서 나는 이 철학의 역사를 마친다." Hegel, *Lectures on the History of Philosophy*, 697-698, 702-703.(쿠퍼 111 [181])

41 Hegel, *Phenomenology*, 11.(쿠퍼 112 [182])

42 G.W. Hegel, *Philosophy of Right*, trans. T.M. Knox, Oxford: Clarendon, 1942, sec.129.(쿠퍼 112 [183])

43 G.W. Hegel, *Lectures on the Philosophy of Religion*, vol.1, 120.(쿠퍼 112 [183])

가 없고, 세계 가운데서 세계를 통해서 자기를 실현하지 않을 자유가 없다. 이로부터 하나님은 자유를 가지고 있는 동시에 자유롭게 할 수 없는 결정론적 한계를 가지고 있다는 모순에 직면하게 되는데, 헤겔은 자유와 결정론이 동시에 성립할 수 있다는 '양립 가능론적 견해'a compatibilist view를 견지한다. 하나님은 세상을 창조할 것인지, 어떤 세계를 창조할 것인지를 마음대로 결정할 선택권이 없다는 것이다. 이 점에서 헤겔은 셸링보다는 스피노자에 더 가깝다.(쿠퍼 112[183-184]) 헤겔에서 철학의 역할은 종교 일반뿐만 아니라 기독교 신앙을 해명하는 데 있다.[44] 예수 그리스도가 신인神人으로 성육한 사실을 하나님이 한 개인으로 시작하여 인류 안에서 자기를 실현해 간다는 진리에 대한 종교적 표현으로 이해하였다.[45] 그는 『정신현상학』에서 "하느님은 하나의 자기로서, 실질적인 한 개인으로서 감각적이며 직접적으로 존재한다. 오직 이렇게 함으로써 이 하느님은 자기 의식적이 된다. … 신적 존재자의 이러한 성육신이 … 절대 종교의 간명한 내용이다."[46] 이처럼 헤겔은 예수의 성육신과 사역, 십자가 죽음과 부활, 그리고 성령의 파송을 하나님이 세계 안에 스스로를 배치하는 변증법적 단계들, 즉 '신의 역

44 Philip M. Merklinger, *Philosophy, Theology, and Hegel's Berlin Philosophy of Religion, 1821–1827*, Albany: State University of New York Press, 1993. Stephen Crites, *Dialectic and Gospel in the Development of Hegel's Thinking*, University Park: University of Pennsylvania Press, 1998. 헤겔은 기독교를 '세계 종교의 절정'으로 보아서 '절대 종교', '계시 종교', '완성된 종교'라고 불렀다.(Hegel, *Phenomenology*, 459–460; *Lectures on the Philosophy of Religion*(1988), part 3, "The Consummate Religion."(쿠퍼 113 [184])

45 헤겔은 기독교의 삼위일체 교의를 절대가 본질적으로 그 자체 안에서와 세계 안에서 본성상 변증법적이라는 개념적 진리에 대한 종교적 표상, 즉 '종교 공동체의 그림 언어적 생각'으로 간주한다.(Crites, "The Eternal Triangle," in *Dialectic and Gospel*, 220–223; Dale M. Schlitt, *Hegel's Trinitarian Claim: A Critical Reflection*, Leiden: E.J. Brill, 1984; Patricia Marie Calton, *Hegel's Metaphysics of God: The Ontological Proof as the Development of a Trinitarian Divine Ontology*, Burlington, VT: Ashgate, 2001 참조.(쿠퍼 185 [113])

46 Hegel, *Phenomenology*, 459. 이어서 헤겔은 『종교철학 강의』에서 "신적 본성과 인적 본성의 통일은, 한 인간이 하느님으로서 의식하게 되고 하느님이 한 인간으로서 의식하게 되는 방식으로 인류에 대한 의식에 이른다"고 하였다. Hegel, *Lectures on the Philosophy of Religion*(1988), 454.(쿠퍼 113 [185])

사', '구속사', '하느님 나라의 도래'로 이해하는 철학적 해석을 가하고 있다.[47] 여기에서 예수 그리스도는 하느님의 아들이자 육체가 된 말씀이므로 성육신은 삼위일체를 포함하고 있다.

헤겔은 『종교철학 강의』에서 삼위일체론을 '살아 있는 정신으로서 하느님'이 변증법적으로 '하나 안의 셋', 즉 정신의 신적 생명이 가진 세 가지 양상으로 전개하고 있다고 지적한다. 첫째로, 그것은 "창조 이전의 자신의 영원성 가운데 있는 하느님"이다. 둘째로, 그 하느님은 세계를 창조하여 분리를 나타낸다. 셋째로, 정신은 자체로부터 정신 자체가 구별한 것을 자체와 화해하게 한다.[48] 헤겔은 창조세계와는 별도로 하느님 자체 안에서 하느님과 함께 시작한다. '자기 안에서 하느님'이라는 관념은 삼위일체적이다. "정신(성령) 자체는 하느님 안에 있는 두 개의 시원적 차원들인 성부와 성자의 연합 혹은 '지양'이다." "성령은 영원한 사랑이다." "성부, 일자, '온'ὄν은 추상적 요소, … 혼돈, 심연, … 표현할 수 없는 것the inexpressible, 이해할 수 없는 것the inconceivable이다." "두 번째 요소인 타자 존재, 결정 행위, 자기 결정활동 전체는 … 로고스 —이성적으로 결정하는 활동 혹은 정확히 말씀— 이다. … 이 두 번째 순간은 또한 소피아, 곧 지혜라고 하는데, 원초적이며 전적으로 순수한 인간, 실존하는 타자다."[49] 하느님의 본질은 '동일성과 타자성의 영원한 통일'에 있으며, 존 쿠퍼는 이를 '존재론적, 본질적 혹은 내재적 삼위일체'*the ontological, essential, or intrinsic Trinity*라고 불렀다.(쿠퍼, 114 [186]) 그리하여 '정신'(성령)은 '자기 안에 계신 하느님', '자기를 향하는 하느님', '자기 안에 계시며 동시에 자기를 향하는 하느님'이라는 세 가지 양태를 띠고 있는 것이다.

47 Hegel, *Lectures*, part 3, "The Consummate Religion," 452–489.
48 Hegel, *Lectures*, 413, 415–416.(쿠퍼 114 [186])
49 Hegel, *Lectures*, 430.(쿠퍼 114 [186])

현실태적인 하느님은 언제나 하나의 세계를 가지며, 따라서 신이 창조주가 된다는 것은 그의 본질이다. 헤겔은 '창조'야말로 '관념의 영원한 규정'이라고 보았다. 하늘과 땅의 창조주인 성부 하느님은 '보편이신 분'으로서 하나의 추상이다. 그리하여 헤겔의 변증법은 이제 두 번째 양상인 '세계 안에서 자신을 향하는 하느님'으로 나아가게 된다. 하느님은 오직 정신으로서, 즉 자연과 정신의 유한한 세계 안에서 자기실현 과정으로서만 존재한다. 이와 같은 '존재론적 삼위일체'는 오직 세계 안에서 전개하고 세계를 감싸 안는 '경륜적 혹은 외면적 삼위일체'*the economic* or *extrinsic Trinity*로서 존재한다. 로고스로서 아들은 전체 창조세계의 이성적 질서이다. 여기에서 '이성적'이란 변증법적, 목적론적, 종말론적 의미를 함축하고 있다. 지혜로서 '아들'은 '사람들 안에 있는 하느님의 형상의 현존'이다.[50] '성부의 완벽한 자기타자화'인 아들은 '유일무이한 신-인 예수 그리스도'the unique God-man, Jesus Christ이다.[51]

세 번째 양상은 "자기 안에 계시이며 동시에 자기를 향하는 하느님"이신 '성령'이다. 성령은 그리스도의 죽음 이후 교회 안에서 임재하시는 하느님을 명시적으로 표명하고 있다. 교회 안에서 성령의 내주內住는 인간과 하느님의 '공동체적 동일화'의 가능성 조건이다. "공동체 자체는 존재하는 정신이며, 성령의 존재이고, 공동체로서 존재하는 하느님이다."[52] 이를 통하여 교회는 '그리스도의 몸', '예수의 부활 생명의 처소', '세계 안에 있는 하느님의 현실태'가 된다. 그리하여 헤겔은 자신의 변증법을 통하여 세계 속에서 자기 자신을 실현해 나가는 삼위일체 하느님의 임재를 기술한 것이

50 Hegel, *Lectures*, 434.(쿠퍼 115 [187])
51 Hegel, *Lectures*, 452-458.(쿠퍼 115 [187])
52 Hegel, *Lectures*, 473.(쿠퍼 115 [188])

다. 이와 같은 사실을 헤겔은 야콥 뵈메에게서 착안하였는데, 뵈메는 만물 가운데 삼위일체의 임재를 확인한 첫 번째 사람이었다.[53] 뵈메를 통하여 자극받은 헤겔은 플라톤, 프로클루스, 에리우게나, 에크하르트, 쿠자누스의 초월적 관념론과 영지주의의 전통을 셸링과 함께 20세기로 넘겨주었던 것이다.

헤겔에 의하면 하느님은 '유일하고 절대적인 실체'이지만, 그분은 동시에 실체 이상의 '주체'이시다. 하느님은 주체성, 인격성, 정신, 절대정신의 성격을 가진 분이다.[54] 그래서 만물은 이념적으로나 실질적으로 하느님 안에 있지만, 유한한 것들로 이루어진 전체 세계가 하느님 전체는 아니다. 하느님은 언제나 세계 안에 계시지만 그분은 동시에 세계가 아닌 타자이다. 헤겔은 정신과 세계 사이의 존재론적 구분, 정신의 영원한 동일성 안에서 구분, 세계 안에서 자기 분화, 절대정신으로서 자기파악을 자신의 철학 체계 안에서 일관성 있게 서술하고 있다. 이러한 사실에서 존 쿠퍼는 헤겔이 명백한 범재신론자였다고 생각하여, 그의 사상을 '변증법적 역사적 범재신론'*dialectical historical panentheism*으로 규정하였다.[55]

53 Hegel, *Lectures*, 431.(쿠퍼 116 [189])

54 Hegel, *Lectures*, 263.(쿠퍼 117 [190])

55 이런 주장에 동의하는 학자들로는 로버트 휘트모어, 레이먼드 윌리엄슨, 필립 머클링거, 시릴 오리건 등이 있다. Robert Whittemore, "Hegel as Panentheist," *TSP* 9, 1960, 134–164; Raymond Keith Williamson, *Introduction to Hegel's Philosophy of Religion*, State Univ of New York Press, 1984; Philip Merklinger, *Philosophy, Theology*, 160, 232 n.70; Cyril O'Regan, *The Heterodox Hegel*, State University of New York Press, 1994, 296–298.(쿠퍼 117 [191])

4. 칸트와 독일관념론에서 종교사상의 변화

서양사상에서 범재신론Panentheism의 문제를 다룬 존 쿠퍼는 칸트를 '계몽주의자로서 이신론자'라고 평가하면서도 범재신론으로 유도하는 두 가지 측면이 있다고 지적하였다. 그 하나는 칸트의 철학체계에서 여러 대립 명제나 이율배반을 그대로 두고 있어서 변증법적 사상가들이나 범재신론자들이 해결하고 싶은 동인을 제공했으며, 다른 하나는 '선험적 주체성' 이론을 제기함으로써 피히테, 셸링, 헤겔로 하여금 다양한 형태의 범재신론을 발전시키게 했다는 것이다. 이와 같은 쿠퍼의 주장에서 첫 번째 논제는 『순수이성비판』에서 지식의 한계와 관련한 세 가지 선험적 이념들, 즉 자연(세계), 영혼, 신의 이념 설정과 『실천이성비판』에서 최고선의 실현 가능성을 위한 조건 확보를 위해 필연적으로 요구하는 전지, 전능, 전선하신 도덕적 심판자로서 하느님 존재의 요청이다. 쿠퍼의 두 번째 논제인 칸트의 '선험적 자아'론은 현상적인 세계의 배후에 존재하는 선험적 주체 또는 예지적 주체, 즉 '세계창시자의 이념'을 우리의 예지와 이성을 통해서 '우리 안에 있는 하느님의 존재', 즉 '우리에게 내주하는 도덕법칙의 창시자'라는 실천적 이념으로 설정했으나(학부 115-116, VII 73-74) 쿠퍼는 칸트의 독자들이 그것을 범신론 아니면 무신론으로 해석하려는 경향성을 보였다고 지적한다. 셸링, 헤겔과 함께 튀빙겐 신학교에서 공부했던 횔덜린은 칸트를 '독일의 모세'라고 부르기도 했다.(『칸트사전』, 101) 그리고 특히 피히테는 칸트를 범신론적 방향에서 해석함으로써, 칸트의 주체를 바탕으로 범신론에서 개체성을 구하는 동시에 무신론에서 신을 보전하고자 하였다.(쿠퍼 92-93 [153])

피히테, 셸링, 헤겔이 주도하였던 독일관념론 철학은 칸트철학으로부터 출발한 것이 분명하지만, 이들 모두는 칸트가 설정한 이론이성의 규제적 원리를 모두 철폐해 버림으로써 선험적 이념에 대한 직접적 인식이 가능하다고 여겼다. 그 때문에 비록 피히테와 셸링이 실천철학의 우위성을 강조하기는 했지만, 칸트적인 의미에서 이론철학과 실천철학의 구분법은 무용지물이 되고 말았다. 그리하여 칸트의 선험적 이념으로서 신 개념이나 최고선의 실현 가능성 조건으로서 실천이성이 요구하는 이론적인 요청명제들 역시 무의미하게 되었다. 이들은 칸트의 실천적 요청 대신에 스피노자 또는 뵈메적인 범신론 또는 영지주의적 세계관을 바탕으로 초월적 실재들에 대한 직관적 인식을 가능한 것으로 상정하였으며, 피히테에서 헤겔에 이르기까지 절대적인 것의 개념은 점점 더 초월적 영역의 폭을 확장하는 추세를 보이고 있다.

프리스Jakob Friedrich Fries(1773~1843)는 『이성의 새로운, 또는 인간학적 비판』(1807)[56]에서 '심리주의적 칸트주의'를 정초하였다. 그는 경건주의의 영향을 받았으며, 예나대학에서 공부한 후 하이델베르크와 예나에서 교수생활을 했으나 프로이센 정부와의 마찰로 인하여 철학 강의가 금지되어 수학과 물리학만을 가르치기도 하였다. 프리스는 칸트의 선험적 차원을 심리학으로 환원하고자 했으며, 이성비판을 '자기관찰에 기초한 실험적 학문'으로 이해하였으나, '선험적인 것의 존재'와 '인식의 객관적 타당성'은 인정하였다. 그의 사상은 종교학자 부세와 R.오토, 생물학자 슐라이덴, 그리고 L.넬슨 등이 계승하였다.

한편 칸트의 쾨니히스베르크 대학 교수직을 승계하였던 헤르바르트Johann Friedrich Herbart(1776~1841)는 칸트의 인식론적 전회를 수용하면서도 실재론적 입장을 강조하여 인간의 성장발달을 '경험 파악의 형식'의 점진적

56 J. F. Fries, *Neue oder anthropologische Kritik der Vernunft*, 1807 (1), 1828–1831 (2).

인 개선과정으로 파악하였다. 또한 칸트의 윤리적 형식주의도 비판하여 취미의 주관적 보편성을 가능하게 하는 인식과 판단력에 근거하여 칸트미학을 자신의 교육학에 접목시켰다. 칸트철학을 가장 잘 해석하면서도 칸트를 가장 철저하게 비판했던 사람은 역시 아르투어 쇼펜하우어Arthur Schopenhauer(1788~1860)였다. 그는 칸트의 이성비판을 '표상'Vorstellung의 개념 속에 수용하고, 물자체의 문제는 '의지'Wille 개념을 통하여 정립하였다.

특히 튀빙겐대학에서 함께 공부한 세 사람, 즉 횔덜린, 헤겔, 셸링 중에서 헤겔만이 칸트에 대해서 비판적인 태도를 취하다가 튀빙겐을 떠난 후에 칸트주의로 전환하여 자기 사상의 토대를 구축한 후에 다시 칸트를 넘어서고자 했던 헤겔의 사유 운동은 매우 특별하다.

헤겔은 신성로마제국에 속한 뷔르템부르크 공국의 유복한 가정에서 태어났다. 헤겔의 아버지 게오르크는 튀빙겐대학에서 법학을 전공하여 궁정세관의 사무원으로 일했으며, 가문이 고수해 온 루터교 신앙을 가졌다. 헤겔의 어머니 마리아 막달레나 루이자(처녀 적의 이름은 프롬이다)는 슈투트가르트 출신으로 그녀의 아버지는 뷔르템부르크 궁정의 대법원 법률가 출신이었다. 헤겔은 여섯 남매 중 장남으로 태어났다. 소년 시절의 헤겔은 세계사, 계몽사상, 루소는 물론이고 당대의 대중철학자였던 크리스티안 가르베가 쓴 서평을 통해서 칸트의 『순수이성비판』에 대해서도 알고 있었다. 김나지움 시절의 헤겔은 야콥 프리드리히 아벨 교수로부터 많은 가르침을 받았다. 그 때 아벨 교수는 칸트의 『순수이성비판』과 『형이상학 서설』을 다룬 연구서[57]에서 이성 중심의 전통적인 형이상학을 옹호하고 신성한 세계 창조자가 세계와 우리의 경험을 연결한다고 생각함으로써 칸트의 입장을 배척하였

57 J. F. von Abel, *Versuch über die Natur der speculativen Vernunft zur Prüfung des Kantischen Systems*. Frankfurt und Leipzig 1787.

다. 아벨은 칸트의 물자체에 대한 입장까지 공격하였다. 이때 헤겔은 첫째, 칸트의 '순수 이성'이 너무 일반적이고 형식적이어서 칸트철학 속에서 맡은 역할을 수행할 수 없다고 보았다. 핀카드는 이 부분은 헤겔의 본래 생각이었을 것이라고 추정한다. 둘째, 칸트의 체계는 신의 현존과 세계의 목적인의 필연적 존재에 관한 전통적인 증명들을 건드리지 않았다. 그래서 헤겔은 칸트조차도 전통적인 종교 형이상학을 심각하게 위협하지 못했다면, 계몽된 정신의 발견을 존중해 나가야 할 것이라는 자신의 신념을 세웠다. 그러나 핀카드는 헤겔이 나중에 이 생각을 완전히 바꾸었다고 지적한다. 1788년에 헤겔은 횔덜린과 함께 튀빙겐 신학대학에 입학하여 철학부에서 공부를 시작하였다. 두 학생은 1789년에 발생한 프랑스혁명을 열렬히 지지했다. 1790년 9월, 석사 시험을 치른 헤겔은 횔덜린, 그리고 그들보다 다섯 살 어린 셸링과 함께 셋이서 같은 방을 썼다. 그리고 그해에 헤겔을 지도했던 아벨이 튀빙겐대학의 철학 교수로 부임해 온다. 이때 헤겔은 프리드리히 횔덜린과 함께 지냈으며, 헤겔은 횔덜린과 셸링이 칸트에 심취해 있음에도 불구하고 여전히 칸트사상에 거리감을 두었는데, 핀카드는 김나지움 시절의 헤겔이 아벨 교수에게 '반칸트적인 생각'을 직접 물려받았기 때문일 것이라고 추정하였다.[58]

1790년대에 튀빙겐의 세 친구는 야코비의 『스피노자의 이론에 관하여: 모제스 멘델스존에게 보낸 서한들에서』에서 촉발한 "범신론 논쟁"에 깊은 관심을 갖게 되었다. 초자연주의자였던 튀빙겐의 신학교수 플라트가 야코비의 저술을 높이 평가하여 찬양하는 논평을 쓴 것도 그들의 관심을 끌기에 충분했다. 야코비의 폭로에도 불구하고 레싱의 권위는 전혀 손상되지

58 Terry Pinkard, *Hegel. A Biography*, Cambridge University Press, 2001; 테리 핀카드, 『헤겔』, 전대호 외 역, 이제이북스, 2006, 18-32 참조.(이하 '헤겔'로 줄임)

않았으며, 오히려 그 일로 인하여 스피노자주의가 정당성을 획득하게 되었다. 칸트도 논쟁에 참여한 이 범신론 논쟁으로 인하여 셸링은 '레싱의 친구' 헤겔에게 자신도 스피노자주의자가 되었다고 고백하였다. 튀빙겐의 세 친구는 스피노자를 통해서 다시 한번 연대하였다. 그러나 튀빙겐신학교의 칸트모임에 셸링과 횔덜린이 열성적으로 참여했음에도 불구하고 헤겔은 모습을 나타내지 않았다. 루소와 가르베에 더 친숙했던 헤겔이 칸트 이론의 최종적 타당성을 의심했기 때문이다. 그러나 이 세 사람은 반칸트주의적인 튀빙겐대학의 정통신학자 스토르의 노선에 반감을 가졌으며, 스토르를 탄핵하고자 나섰던 신학생 카를 임마누엘 디츠의 주장에 동조하였다. 계몽사상과 정통 교리를 결합하려고 시도한 스토르는 "사물의 궁극적 본성을 알기 위해서는 신의 계시가 필요하며, 예수의 삶이 (성경과 더불어) 바로 그 계시"라고 주장하였다. 그와는 반대로 디츠는 칸트가 경험의 가능성 조건에 일치하는 대상, 즉 인과적 질서 속에서 상호작용하는 시간-공간적 대상들만을 경험할 수 있다고 증명했으므로, 스토어가 말하는 계시와 예수의 사도들에게 주어진 지식도 원리적으로 불가능하다고 반박하였다.(헤겔 58)

튀빙겐의 세 친구는 디츠의 주장에 전적으로 동조했으며, 특히 셸링과 횔덜린을 칸트주의자로 이끌었다. 헤겔은 칸트주의에 전적인 신뢰를 보내지 않은 채 여전히 회의적인 태도를 보이고 있었다. 그러나 헤겔이 튀빙겐대학을 졸업하던 해인 1793년에 칸트의 철학적 종교론『이성의 오롯한 한계 안의 종교』가 출판되면서, 헤겔 역시 '이성종교'라는 칸트의 용어를 적극적으로 사용하기 시작했다. 칸트는 기독교의 사유를 도덕철학과 자율성 개념에 따라 새롭게 재구성하면서 도덕신앙 또는 이성신앙을 정립하고자 했다.(헤겔 59)

1793년 여름, 슈투트가르트로 돌아온 헤겔은 다시 반칸트주의적 이상을 구체화하기 위해 종교를 주관적인 것과 객관적인 것으로 구분하는 데 착안하였다. 우선 객관적 종교는 공인된 주류 신앙교설과 제도적 실체로서 교회와 신학을 포괄한다. 그와 반대로 주관적 종교는 개인의 삶 전체를 통해서 드러나는 것으로서 사람들의 행동을 일으키는 살아 있는 마음의 문제라고 보았다. 객관적 종교가 '죽어 있는' 종교인 반면에 주관적 종교는 '살아 있는' 종교인 것이다. 헤겔이 보기에 '실천이성의 요구에 부합하는' 이른바 칸트의 '순수한 신앙'은 공허한 이상에 지나지 않았다. 그보다는 "계몽된 이성과 인간적인 마음의 통일"이 헤겔에게는 더 중요한 것으로 떠올랐으며, 그래서 칸트의 이성과 인간 존엄성의 이상은 오히려 '민중종교'Volksreligion의 실현을 필요로 한다고 여겼다. 참된 민중종교의 형성만이 참된 의미의 도덕적, 정신적 개혁을 도모할 수 있으며, 계몽된 지성의 힘은 바로 객관적 종교를 개량하는 데 집중해야 한다고 보았다. 그래서 헤겔은 칸트보다는 루소에게 더 많이 의지했으며, 칸트가 기독교를 기본으로 한 것과는 달리 헤겔은 참된 민중종교를 그리스 종교와 자유의 이상에 기반을 두고자 하였다. 그리하여 칸트가 기독교의 역사적 계시신앙을 도덕신앙의 차원으로 개선하려고 시도한 것과는 달리 헤겔은 그리스 종교의 사랑과 자유를 자신이 구상한 주관적 종교인 민중종교를 통해 확산하려는 애매한 구상에 붙들려 있었다.(헤겔 63-68)

1793년 10월부터 가정교사 생활에 들어간 베른 시기의 헤겔은 칸트주의로 돌아섰다. 그는 칸트, 피히테, 셸링을 집중적으로 공부하여 칸트철학을 완성하기 위한 방법을 숙고하였다. 이 시기에 그는 확실히 루소를 벗어나서 칸트에 매료되었으며, 아리스토텔레스와 칸트를 연결시키기도 했다. "종교의 효능은 도덕적 입법자인 신의 관념을 통해 도덕적 삶의 동기들을 강화하고, 실천이성의 요구에 따른 행동으로부터 우리가 얻는 만족감을 증가시키는 것이다. 종교는 특히 이성이 설정하는 궁극적 목표, 즉 최고선과 관련이 있다."[59] 또한 헤겔은 「예수의 생애」(1795)를 칸트의 철학적 종교론에 일치하도록 재구성하여 예수가 신성한 계시를 전하는 자연적, 초자연적 존재(스토어)가 아니라 도덕종교의 탁월한 대변자(칸트)라고 기술하였다. 그러나 헤겔은 여전히 정통칸트주의자는 아니었다. 그는 기독교가 '민중종교'(주관적 종교)로 변해야 하고, 그것이 또한 칸트의 '하느님의 나라'나 '불가시적 교회'와 동일시될 수 있다면, 튀빙겐의 세 사람이 동경했던 개혁된 사회질서의 모형으로서 이상적인 그리스 역시 순전히 도덕적인 용어로 번역될 수 있어야 한다고 생각했기 때문이다. 헤겔은 기독교가 그리스와 로마의 자유를 상실함으로써 실정종교가 되었다고 주장한다. 헤겔은 칸트의 시선으로 예수가 '덕의 종교'와 '자유의 종교'를 가르쳤으며, 결코 실정종교를 가르치지 않았다고 주장하였다. 그러나 예수와 그 직후의 시대정신이 자유의 사상을 상실한 탓에 헤겔은 기독교가 실정종교가 되었다고 본다. 그러나 헤겔은 튀빙겐의 신학, 칸트의 실천철학, 그리고 혁명과 전망에 대한 관심의 조각만으로는 칸트철학의 '완성'을 도모할 수 없었다.(헤겔 85-98) 칸트는 기독교의 역사적 계시신앙이 이성적인 도덕신앙으로 변화해야 한다고 보았지만, 헤겔은 실정종교인 기독교가 민중종교로 변화해야 한다고 보았던 것이다. 그리고 결정적으로 헤겔은 칸트가 설정한 이론이성의 규제적 사용원칙을 무너뜨리고 의식과 정신의 초월적 세계로 비상하여, 이른바 절대정신의 시대를 선언하였다.

59 G.W.F. Hegel, *Fragmente über Volksreligion und Christentum*(1793–1794), 5. Drei Fragmente zu einer Kritik des Christentums, in: *Frühe Schriften*, Frankfurt, Suhrkamp, 1971, 88.(헤겔 87, 865)

제15장 칸트와 유대-그리스도교 사상

1. 칸트와 유대교

칸트에게는 많은 유대인 친구와 제자들이 있었다. 그는 그들에게 온화한 성품으로 대한 것으로 알려지고 있는데, 실제로 유대교에 대한 그의 생각은 지나칠 정도로 단호하였다. 이러한 그의 태도는 그 스스로 존경어린 우정을 표시했던 모제스 멘델스존Moses Mendelssohn(1729~1786)에 대한 학문적 입장을 표명하는 곳에서도 그대로 드러난다. 멘델스존은 독학으로 어학, 수학, 철학, 문학을 공부하고, 1754년 베를린에서 레싱을 만나 영향을 주고받았다. 레싱의 희곡 『현자 나탄』의 모델이 멘델스존이라고 알려진 것은 그 때문이다. 칸트는 멘델스존을 '독일 천재의 필두'라고 극찬하면서 그의 문체를 평가하였다. 그러나 멘델스존은 라이프니츠와 볼프 형이상학의 색채가 짙어서 철학적으로 칸트를 지지하지는 않았다. 예를 들면 『감각에 관한 서한』(1761/71)에서[01] 그는 라이프니츠와 볼프의 형이상학, 그리고 바움가르텐의 『미학』에 기대어 '사유'와 '욕구' 이외에 '감각'을 독립적인 제3의 영

01 Moses Mendelssohn, Rhapsodie oder Zusätze zu den Briefen über die Empfindungen (nach der umgearbeiteten Fassung von 1771), in: *Moses Mendelssohn Ausgewählte Werke* Band I, Stuttgart: Lambert Schneider, 2009, 241–271.

혼 능력으로 수립하였는데, 이러한 그의 철학적 노선은 결국 1761년의 베를린 학술원이 공모한 현상논문에서 형이상학적 인식의 기하학적 판명성을 긍정하는 입장을 취함으로써 부정적인 입장을 취했던 칸트에 앞서 1등상(『형이상학적 학문들의 명증성에 대하여』 1764)을 차지하였다.[02] 이때부터 두 사람은 많은 편지를 주고받았으나 사상적으로 공감하지는 못했다. 멘델스존은 플라톤의 『파이돈』과 비슷한 『페돈』(1767)에서[03] 라이프니츠와 볼프에서 실체의 단순성과 동일률을 바탕으로 영혼의 불멸성을 증명했는데, 칸트는 그에 대한 반론으로써 『순수이성비판』 제2판(1787)에 "멘델스존의 영혼의 불멸성에 대한 논박"을 수록하였다. 그에 앞서 멘델스존은 칸트의 『순수이성비판』(1781)에 대하여 "모든 것을 파괴하는 칸트"라고 평가하였다. 멘델스존은 『예루살렘 또는 종교적 힘과 유대교에 대하여』(1783)에서 '종교적 관용의 원리'를 전개하면서 교회와 국가의 분리, 신앙과 양심의 완전한 자유를 설파하였다. 그는 특히 유대교를 계몽철학의 관점에서 접근하여 유대교가 계시종교가 아니라 이성종교라는 사실을 강조하였다. 이 글은 칸트에게 영향을 주었지만 『이성의 오롯한 한계 안의 종교』(1794)에서 칸트의 유대교관을 수정하게 하지는 못했다. 멘델스존은 야코비가 『스피노자의 학설』(1785)에서 고인이 된 레싱을 스피노자주의자로 규정한 것에 반대하여 그를 비스피노자주의자로 옹호하면서 이른바 '스피노자 논쟁' 또는 '범신론 논쟁'을 불러일으켰다. 그는 『아침 강의』(1785)에서[04] 칸트가 주장한 공간과 시간의 주관

02 Moses Mendelssohn, Abhandlung über die Evidenz in Metaphysischen Wissenschaften(Berlin: Haude und Spener, 1764), in: *Ausgewählte Werke* I, 273–319.

03 Moses Mendelssohn, Phaedon oder über die Unsterblichkeit der Seele in drey Gesprächen(Berlin und Stettin: Friedrich Nicholai, 1767), in: *Ausgewählte Werke* I, 2009, 341–427.

04 Moses Mendelssohn, Phaedon oder über die Unsterblichkeit der Seele in drey Gesprächen(Berlin und Stettin: Friedrich Nicholai, 1767), in: *Ausgewählte Werke* I, 341–427.

성 테제를 람베르트와 함께 비판하면서 신의 존재증명을 시도하였다.[05] 칸트는 하느님의 존재증명이 이성 자체의 한계로 인하여 불가능하다고 여겼지만, 멘델스존은 이와 같은 칸트의 생각에 동조하지 않았던 것이다.[06] 칸트가 반유대주의적 정서를 가진 인물인가? 그래서 그는 유대교는 교회신앙이 아니고 도덕적인 종교신앙의 가능성이 원천적으로 차단되었다고 혹평했는가? 사실이다. 칸트의 반유대주의는 이제는 상식적인 문제가 되었다. 이스마르 엘보겐Ismar Elbogen의 『독일 유대인의 역사』의 첫 페이지에 루터, 칸트, 피히테의 반유대주의적 언사들을 인용하고 있다.[07]

> 유대인에게 따뜻한 온정을 베풀면 하느님의 진노가 더욱 커지고, 혹독하게 대해도 그것을 진정시키지 못한다. 따라서 유대인을 완전히 없애야 한다.[08]

> 순진하고 소박한 독일 농부들과 수공업자들을 위험에 빠뜨릴 자유 기업가의 장사꾼 기질은 '팔레스타인 사람들'과 영국의 속 좁은 인간들의 특별한 발명품이다.[09]

그럼에도 유대인을 도울 수 있는 방법은 과연 무엇인가? 차라리 유대인

05 Moses Mendelssohn, Morgenstunden oder Vorlesungen über das Daseyn Gottes(Berlin: Christian Friedrich Boß und Gohn, 1785), in: *Ausgewählte Werke* II, 215–334.

06 『칸트사전』, 124쪽 이하 참조.

07 Ismar Elbogen, Eleonore Sterling: *Die Geschichte der Juden in Deutschland*. *Hamburg*, Hanse in Sabine Groenwold, 1988. 엘보겐 이스마엘 외, 『로마제국에서 20세기 홀로코스트까지. 독일 유대인의역사』, 서정일 역, 새물결, 2007, 8. 칸트의 반유대주의 논란에 대해서는 김진 「계몽주의의 신화 해석: 칸트의 신정론과 반유대주의」(『철학논총』 57-3, 새한철학회 2009. 141–168)를 참조하라.

08 Martin Luther, *Die Juden und ihre Lügen*(1543), Werke, Bd. 53, 522.

09 Immanuel Kant, *Anthropologie in pragmatischer Hinsicht* 1798, Leipzig 1880, 261.

의 머리를 베어 버리고 그 속에서 유대적인 것을 철저히 씻어내 버린 다음 다시 머리를 끼워 넣는 것 말고는 더 좋은 방법이란 없다.[10]

신칸트학파의 유대인 철학자 헤르만 코헨Hermann Cohen은 칸트의 유대교 비판에 대하여 부정적인 입장을 표명하였다. 멘델스존의 칸트 비판을 따른 것이다. 코헨은 칸트가 기독교를 '이성 종교의 원형'으로 간주하면서도 유대교에 대해서는 '참된 종교 형태'가 아니라고 매도했던 사실에 대하여 비판적인 태도를 보였다. 코헨은 칸트가 기독교를 이성종교로 생각하는 동일한 근거를 가지고 유대교 역시 이성종교라고 주장한다. 기독교가 이성 종교로서 기능을 가지고 있다면, 기독교의 사상적 근원이 되는 유대교도 이성 종교로서 정립할 수 있는 가능성이 있다고 보았기 때문이다. 그렇다고 해서 코헨이 칸트의 반유대주의까지 지적한 것은 아니다.

칸트의 유대교 이해의 핵심 명제는 "유대교는 교회신앙이 아니다"라는 데 있다. 칸트는 종교 저서 제3권「악의 원리에 대한 선의 원리의 승리 및 지상에서 하느님 나라의 건설」, 제2편 "선의 원리의 지배를 점진적으로 지상에 정착하는 일에 대한 역사적 표상"에서 역사적인 교회신앙이 순수한 종교신앙, 즉 도덕적 이성신앙으로 변화를 추구하면서 '일반적 교회'allgemeine Kirche를 형성해 나가는 일을 강조하면서, "참되고 일반적인 종교신앙의 객관적인 통일성의 원리"를 성취하고자 했다.

유대교 신앙은 비록 그것은 교회신앙에 선행하고 또한 이 (그리스도교적) 교회를 위해서 자연적인 연관을 가지고 있기는 하지만, 우리가 고찰하는 교

10 Fichte, *Beiträge zur Berichtigung der Urteile des Publikums über die Französische Revolution*, Leipzig 1844, 149.

회신앙과 어떤 본질적인 관련도 없으며, 개념상으로 어떤 일치점도 가지고 있지 않다는 것이 분명하다. 유대교 신앙은 그 근원적 형식에서 단순한 규약적 법칙의 총체ein Inbegriff bloß statutarischer Gesetze이고, 이를 바탕으로 국가체제를 세웠다. 그 당시에 이미 또는 그 이후에 어떤 도덕적인 내용이 이 신앙에 첨가되었다고 하더라도, 그것들이 유대교 그 자체에 속하는 것은 아니다. 유대교는 본래 종교가 전혀 아니고 하나의 특수한 민족에 속하기 때문에 단순히 정치적 법률 아래서 다수의 사람들이 하나의 공동체로 결합된 것일 뿐이고, 교회 안에 결합한 것이 아닌, 단지 지상의 국가였을 뿐이다.(종교 A176-177 B186-187)

칸트는 이곳에서 유대교는 본래 종교가 아니고 종교적 조직을 가지고 있지 않다고 보았다. 칸트가 보기에 유대인들은 신을 지상의 통치자로 숭배하는 신정정치에 기반하는 국가체제를 확립했을 뿐이므로, 그것은 종교조직체가 아니라는 것이다. 칸트는 유대교가 종교가 아니라는 증거를 세 가지로 제시하고 있다. 첫째, 유대교에서 모든 계명은 도덕적 심성의 요구와 함께 주어지는 것이 아니라 외적인 행위와 관련될 뿐이다. 칸트는 십계명조차도 국가가 강제할 수 있는 것으로서 오직 외면적 준수에만 관심을 가졌다고 폄하한다.(종교 A177 B187)

둘째, 계명들의 이행 및 위반에 따르는 결과들로서 보상이나 처벌은 이 세상에서 분배할 수 있는 것에 한정되었으며, 그마저도 윤리적 개념에 따라서 이루어진 것이 아니었다. 또한 보상과 처벌이 실제로 행위와 관련이 없는 후손들에게까지 미친다고 생각한 것은 정치조직에서 복종을 이끌어 내는 영리한 술수일 수는 있을지 모르지만 윤리적 조직체와는 맞지 않다. 칸트는 그들이 미래의 삶, 즉 천국과 지옥에 대한 신앙을 가지고 있지 않다

고 보았다.(종교 A178 B187)

셋째, 유대교는 일반적 교회의 상황에 맞는 시대를 이룩하거나 그 시대에 일반적 교회를 세우는 데 실패했으며, 그들 자신만을 여호와 하느님에 의하여 선택받은 특별한 민족이라고 생각함으로써 다른 민족을 배척했다. 이 선택된 민족은 모든 다른 민족을 적대시함으로써 다른 모든 민족들로부터 적대시 되었다. 칸트는 유대민족의 유일신 사상도 다른 민족들의 다신교 사상과 크게 다르지 않다고 생각했는데, 이들은 단지 유일신 아래 유력한 소수의 신들Untergötter을 숭배했기 때문이다.(종교 A179 B189) 이러한 이유에서 칸트는 일반적 교회의 역사를 유대교로부터 시작하지 않고, 유대교와는 전혀 다른, 새로운 차원에서 설립한 것으로 보이는 그리스도교로부터 시작했던 것이다.

칸트가 유대교를 종교신앙이 아닌 정치형태로 파악한 결정적인 근거는 시온주의, 즉 선민사상에 있다. 선민사상이 주도적으로 기능하는 곳에서는 칸트의 반유대주의가 보편적 논거를 가질 수 있겠지만, 그것이 단지 종교적인 상징으로 기능할 경우에 칸트의 반유대주의는 반보편주의로 전락할 수도 있는 문제점을 시사하고 있다.

1) 코헨의 칸트 비판 : 유대교 신앙의 반요청주의

'칸트주의자'이자 '칸트비판가'로서 코헨은 칸트가 말하는 '이성신앙'Vernunftglaube의 역사적 정초 근거가 계시 신앙에 있다는 사실에 착안하여, 이성 신앙을 교회적인 계시 신앙의 역사적 발전으로부터 도출한 것이라면 이성 신앙과 교회 신앙의 일치 가능성 역시 '역사적으로' 설명해야 한다고 생각하였다. 그리하여 코헨은 유대교의 이성 신앙적 정초가능 근거를 문헌학적-역사적 방법에 제시하고자 했다.[06] 코헨은 칸트의 유대교 지식 자체를 문제 삼았다.

코헨은 칸트가 유대교를 직접 공부한 것이 아니고, 스피노자의 정치 철학 연구나 멘델스존의 잘못된 신학 연구에 의존하고 있다고 지적한다. 단적으로 칸트의 유대교 지식은 전적으로 부족하거나 잘못되었다는 것이다.[12] 이처럼 우리는 칸트가 스피노자의 영향을 받았다는 사실을 코헨을 통해서 간접적으로 확인할 수 있다. 코헨은 유대교 신앙이 참된 종교가 아니라는 칸트의 주장은 한 개인의 잘못된 주장이라고 일축한다.[13] 따라서 코헨은 유대교가 역사적으로나 문헌학적으로 볼 때 기독교의 전 단계로서 고찰될 수 있으며,[14] 만일 개신교를 교회 신앙으로 인정하고 그로부터 이성 신앙을 정초할 수 있다면, 마찬가지로 기독교의 원형인 유대교도 이성 신앙으로 정초할 수 있는 가능성 및 당위성이 있다는 입장을 피력한다.[15] 코헨의 논의를 넘어서서 칸트 자신은 "하나의 참된 종교가 있으나, 다양한 신앙 형태가 있을 수 있다"(종교 A146 B154)고 말한 바 있으며, "모든 인간은 도덕적 개념에 따라서 … 자기를 창조한 존재를 숭배하기 위하여 스스로 하나의 신을 만들어 내는 것은 신중하게 생각해야 하지만, 결코 비난받을 일은 아니"라고 말한 사실이 있다.(종교 A242 Anm. B257) 그렇다면 코헨도 유대교를 교회 신앙의 원조로 생각하고 그로부터 이성신앙을 정초할 정당성을 가질 수 있을 것이다. 코헨은 유대교적 세계관에 기초하여 칸트가 설정한 요청 내용들을 불필요하다고 여기는 동시에, 칸트보다 더 강력한 구속성을 가지

11 Hermann Cohen, *Kants Begründung der Ethik*. Berlin 1877 (1), 1910 (2). 462.

12 Hermann Cohen, "Innere Beziehungen der Kantischen Philosophie zum Judentum," in: *Jüdische Schriften*. Bd. 1: *Ethische und religiöse Grundfragen*, Berlin 1924; JS1, 284.

13 Cohen, Innere Beziehungen, in: JS1, 287.

14 H. Cohen, "Religion und Sittlichkeit," in: *Jüdische Schriften*. Bd. 3: *Zur jüdischen Religionsphilosophie und ihrer Geschichte*, Berlin 1924; JS3, 99.

15 Cohen, Innere Beziehungen, in: JS1, 304.

는 실재적 존재들에 대한 믿음을 정초한다. 따라서 코헨은 칸트의 세 가지 요청 내용들을 전적으로 다른 명제들로 변형하기에 이른다.

코헨에 의하면 자유 개념은 윤리학적 요청이 아니고 윤리학의 근본 법칙이다. 그는 칸트의 자유 요청 대신에 '인간 의지의 순수성'과 '영혼의 순수성'Reinheit der Seele을 말한다. 코헨에서 자유 개념은 순수 의지에 부여된 자유를 말하며, 그것은 바로 인간의 자유로서 '삶의 선택'이다. 이와 같은 자유 개념은 영혼의 순수성을 전제하고 있으며, 하느님의 형상대로 지음을 받은 인간이 실존적으로 하느님 앞에 서게 되는 순수성을 의미한다.[16] 그렇기 때문에 코헨은 칸트와 반대로 근본악을 지나치게 강조하지 않고 원죄설도 인정하지 않는다. 유대교적인 관점에서 볼 때 인간은 본성적으로 악한 존재가 아니기 때문이다. 그러므로 어렸을 때에 죄에 속한 인간은 항상 다시 하느님에게 돌아갈 수 있다. 그 때문에 유대인들은 매일 아침마다 기도를 통하여 순수한 영혼을 우리에게 주신 하느님께 감사를 드린다.[17] 인간의 영혼은 하느님이 주신 순수한 것으로서 오직 도덕성만을 추구하기 때문에 칸트의 행복주의가 들어설 자리가 없게 된다.

칸트의 영혼불멸성에 대한 요청 대신에 코헨은 유대적-플라톤주의적 전통 속에서 '영혼의 불멸성'과 '부활'의 개념으로 새롭게 이해한다. 플라톤은 순수 사유 능력의 총체 개념인 영혼의 실질적 표지로서 불멸성 개념을 이해하고 있다. 그리고 이것은 영혼 원리의 일반적 확장을 통하여 '자기 운동의 원리'라는 개념을 거쳐서 '세계영혼'이라는 의미로 발전된다.[18] 코헨은 플라톤의 영혼 개념과 불멸성 개념을 유대교적 전통과 비교한다. 유대

16 Cohen, Innere Beziehungen, in: JS1, 298.

17 Cohen, Innere Beziehungen, in: JS1, 299.

18 H. Cohen, *Religion der Vernunft. Aus den Quellen des Judentums*. Darmstadt 1966. 345.

교적 불멸성은 인간의 정신과 밀접한 관계를 가진다. 인간은 여기에서 개인을 의미하며, 그 자신 신성성에 도달하려는 무한한 노력을 통하여 인간성에 부합된 하나의 인간으로 되면서 하느님의 영혼과 영원한 삶에 참여하는 것을 목표로 한다. 그리고 이 같은 신과의 합일 또는 신에로의 귀일은 성령의 도움을 통하여 가능하다.

코헨은 칸트의 신 존재 요청 대신에 '하느님의 실재성'을 주장한다. 하느님의 존재는 요청에 의하여 내재적으로 되는 개념이 아니라 객관적 사실로서 존재한다는 것이다. 이것이 바로 칸트와 코헨의 종교 철학적 또는 세계관적 차이이다. 코헨은 유대교적 전통 속에서 유일신의 존재를 현실적으로 인정한 것이다. 이런 하느님의 존재가 칸트에게는 증명할 수도 없고 반박할 수도 없는 순수한 이론이성의 이념에 지나지 않지만, 코헨에게는 어떤 것보다도 더 확실하게 존재하고 있는 가장 현실적인 실재성으로 이해되고 있다. 코헨의 하느님은 역사 속에서 구체적으로 살아 있는 하느님이기 때문이다. 그리고 살아 계신 하느님에 대한 개념은 칸트가 설정한 근본악을 무력하게 만든다. 그리하여 코헨은 인간의 원죄를 인간의 악성보다는 '인간 본성의 나약성'die Schwächen seiner Natur으로 해석하고, 원죄 대신에 '영혼의 순수성'을 인정하고자 했다.[19] 이렇게 나약한 인간에게 하느님의 존재는 신적인 용서를 베풀어서 선을 추구하게 한다. 다시 말하면 유일하게 존재하는 하느님은 인간과 상관관계를 가지고 있는 것이다. 인간과 신의 상관관계는 한편으로는 성령에 의하여 다른 한편으로는 인간의 도덕적 노력에 의해 달성할 수 있다. 이처럼 인간과 하느님 사이의 상관관계는 원죄설을 무력하게 만든다.

19 H. Cohen, "Die Versöhnungsidee," in JS1, 132; Innere Beziehungen, in: JS1, 299.

코헨은 칸트의 반보편주의적 경향성을 비판함으로써 칸트의 보편주의를 강화하는 방식으로 유대교 신앙의 도덕신앙적 요소를 확립하고자 하는 동시에 유대교 신앙이 칸트의 도덕신앙과 어떤 차이를 가지는가에 대해서도 분명하게 언급하였던 것이다. 그러나 이와 같은 코헨의 칸트 비판은 코헨 스스로 유대주의, 즉 시온주의를 재확립함으로써 칸트가 유대주의를 비판할 수밖에 없었던 근원지로 되돌아가는 문제점을 안고 있다.

2) 칸트에서 유대교와 그리스도교의 단절

칸트의 저서 『이성의 오롯한 한계 안의 종교』는 당대의 교회신앙에 대해서뿐만 아니라 종교 개념 일반에 대해서도 매우 비판적이고 진보적인 입장을 취하고 있다. 칸트는 이곳에서 그의 도덕적 신 개념에 의지하여 오직 하나의 참된 종교만이 있으며, 세상 사람들이 말하는 여러 종교들은 실제로 하나의 참된 종교를 지향하고 있는 여러 신앙 체계일 뿐이라는 입장을 취했다. 칸트는 여기에서 '유대교'도 그런 신앙유형의 하나로 열거했다. 이 점에서 칸트는 중세의 신학자 니콜라우스 쿠자누스를 추종할 뿐만 아니라, 에른스트 트뢸치Ernst Troeltsch, 알프레히트 리츨Albrecht Ritschl, 폴 틸리히Paul Tillich, 존 힉John Hick, 한스 큉Hans Küng과 같은 현대의 대표적인 종교철학자들에게 결정적인 영향을 주었다. 다시 말하면 종교대화의 가능성을 선구적으로 제시했을 뿐만 아니라, 그 가능성 조건을 이성주의와 도덕주의에서 찾고자 했던 것이다.

칸트는 이 책에서 모든 인류의 역사적인 교회신앙은 계시를 기반으로 하고 있으며, 그것은 역사적인 진행을 통하여 점진적으로 도덕적인 종교신앙(이성종교)으로 발전한다고 전망하였으나, 여기에서 '또 다른 칸트'는 '유대교'가 결코 교회신앙과 아무런 관련도 없다고 폄하하였다. 이와 같은 칸트의 견해는 그의 반유대주의적 성향을 결정적으로 드러내고 있는 것으로 해석할 수 있다. 칸트의 이 같은 입장은 반이성주의, 반보편주의의 경향성을 띠고 있다. 우리는 나치를 피하기 위해 스페인 국경까지 갔다가 결국 자살하고 말았던 발터 벤야민과 나치제국의 법학자로 알려진 칼 슈미트의 사상적 친연성 앞에서 놀라지 않을 수 없었다. 또한 최근에 이르러서 하이데거의 나치 행적에 대한 여러 사실들이 구체적으로 알려지기 시작했으며, 교황 피우스 12세와 나치 독일제국과의 밀월관계에 대한 자료들도 봇물처럼 쏟아져 나왔다. 이와 함께 독일철학자들의 정치신학에 대한 일탈적인 관심이 새로운 문제로 떠오르고 있으며, 이 때문에 우리는 나치제국의 홀로코스트가 이미 그리스도의 십자가 사건으로부터 시작하여 계몽주의 시대와 낭만주의 시대라는 정통 독일사상을 관통하고 있다는 사실 앞에서 전율하지 않을 수 없게 된다. 피히테의 반유대주의는 매우 악랄한 수준이었고, 칸트 역시 그로부터 완전히 자유로운 것은 아니었다. 따라서 우리는 보편주의자 칸트의 모습과는 다른 칸트의 반보편주의에도 주목할 필요가 있는 것이다.[20]

타우베스는 바울로의 정치신학에 대한 유대주의적 해석을 통하여 유대보편주의를 확립하고자 했다. 이와 같은 타우베스의 노력은 코헨이 유대교를 이성종교의 원형으로 정립하려는 것보다 더 강력한 것이다. 그러나 이와 같은 시도는 종교대화를 근본적으로 어렵게 하는 측면이 있다. 거의 모든 종교는 선민사상, 정통주의, 근본주의를 기본으로 한다. 자신들의

20 스스로를 '철학적 지도자'라고 떠들었던 히틀러는 칸트, 피히테, 헤겔, 니체와 같은 독일철학자들을 즐겨 인용하였다. 칸트의 유대교 비판은 히틀러에게 큰 선물이었다. Yvonne Sherratt, *Hitler's Philosophers*, Yale University Press, 2014. 이본 셰라트, 『히틀러의 철학자들: 철학은 어떻게 정치의 도구로 변질되는가?』, 김민수 역, 여름언덕, 2014. 제2장 "독이 든 성배", 67-102 참조.

종교만이 참되고 최고의 절대적인 진리라고 생각하는 것이다. 이런 믿음이 없다면 그것은 더 이상 종교가 아니다. 또한 동시에 모든 종교는 도덕을 넘어서고자 한다. 키에르케고르는 최고의 실존을 윤리적 실존이 아닌 종교적 실존이라고 보았다. 그것은 합리주의에서 비합리주의로 도약을 감행한다. 칸트에서 한스 큉에 이르기까지 종교대화의 모색은 '인간성'과 '도덕성'에 기초하고 있다. 그런데 모든 종교는 근본적으로 이 두 가지 요소들을 넘어서고자 했다. 도덕주의자인 동시에 보편주의자였던 칸트는 그리스도교의 도덕적 측면을 중시하여 유대교를 교회신앙이 아니라고 보았다. 그 때문에 유대교는 도덕적인 종교신앙으로 진화할 가능성마저 차단한다. 그와 반대로 독일주의와 유대주의의 결합을 철학적 화두로 내세웠던 헤르만 코헨은 칸트와의 화해를 시도하는 동시에 유대교가 이성신앙의 원천이라는 사실을 추인 받게 하기 위해서『이성의 종교*Religion der Vernunft aus den Quellen des Judentums*』를 저술했다. 그 과정에서는 그는 칸트의 도덕신앙을 다시 넘어섰던 것이다.

그런데 이와 같은 코헨의 시도에 앞서서 우리는 사도 바울로가「로마신자들에게 보낸 서간」제13장에서 모든 율법을 "네 이웃을 너 자신처럼 사랑해야 한다"고 요약하는 자리에서 '이웃'을 사랑하는 사람이 곧 '율법을 완성한 것'이라고 말함으로써 유대교를 종교신앙으로 확립한 사실에 주목해야 한다. 야콥 타우베스는『바울로의 정치신학』에서 "그리스도교의 근원은 본디 예수가 아니라 바울로에게 있다"는 사실[21]을 간파하면서, '하느님에 대한 사랑'을 '이웃에 대한 사랑'으로 단순화한 것이야말로 예수를 능가하는 몸짓으로 해석하였다. 또한 동시에 타우베스는 프로이트를 통하여

21 Jacob Taubes, *Die politische Theologie des Paulus*. München: Wilhelm Fink Verlag, 2003(1993), 57; 조효원 역,『바울의 정치신학』, 그린비 2012, 97.

바울로야말로 "유대종교로부터 새 종교(그리스도교)를 분리시키면서" 유대교의 파괴자이면서 유대교의 진정한 계승자임을 간파할 수 있었다.[22] 타우베스가 보기에 바울로는 로마제국의 법질서를 '이웃에 대한 사랑'과 세계시민적 보편주의로 무력하게 함으로써, 유대교가 그리스도교를 관통하여 종교신앙의 원형으로 우뚝 서게 만들었다. 코헨이 칸트에 항거하여 유대교의 종교신앙적 위상을 확보하고자 했던 시도를 이미 선구적으로 완수했던 것이다.

그렇다면 칸트의 유대교 비판이 겨냥한 것은 타우베스의 바울로 해석을 통하여 전적으로 무의미하게 되었는가? 바울로 이전부터 이미 "네 이웃을 너 자신처럼 사랑해야 한다"(레위 19, 18)는 말씀이 선포되었기 때문이다. 이 문제는 결국 이웃이 도대체 누구인가라는 물음으로 이어진다. 이웃 사랑을 명했던 유대교는 칸트가 정확하게 지적한 것처럼 신정주의와 시온사상에 입각한 선민주의의 기치 아래 움직였다. 그들은 자기네들 민족만이 하느님의 선택을 받았다고 여겼다. 이 경우에 유대인들은 '이웃'을 어떻게 규정하고 있는가? 그들은 신에 의하여 선택받은 사람들인가, 아니면 버림받은 사람들인가? 이웃 사랑에 대한 명령만으로는 이 물음에 대한 적절한 답에 접근할 수가 없다. 칸트는 유대인들의 선민사상이 모든 민족들로부터 유대주의를 반대하게 하는 가장 직접적인 요인이 되었다고 지적했다. 우리는 칸트의 반유대주의적 정서 역시 그와 같은 맥락에서 이해할 수 있다. 이런 맥락에서 우리는 칸트의 반유대주의가 당파적인 것이 아니라 무당파적인 것, 즉 보편적인 것이라는 데까지 생각할 수 있을 것이다. 칸트의 반유대주의가 보편적이라면 선민사상과 신정정치를 갈구하는 유대주의야말

22 야콥 타우베스, 『바울의 정치신학』, 그린비 2012, 213.

로 당파적인 사고일 것이다.

이와 같은 물음은 9.11 사태를 바라보는 하버마스와 데리다의 다른 시선을 통해서도 이미 우리에게 친숙하다.[23] 우리를 죽이기 위해서 방문을 부수고 들어오는 자는 '이웃'인가? '테러리스트'인가? 데리다가 주장하는 것처럼 그런 테러리스트 '이웃'에게조차 무조건적 '환대'의 예우를 행해야 하는가? 문제는 그가 '이웃'인가 '이웃'이 아닌가가 아니다. 중요한 것은 누군가가 그를 '이웃'인지 아닌지를 결정한다는 사실이다. 지젝이 말한 것처럼 이웃은 '얼굴 없는 괴물'a faceless monster일 수도 있다.[24] 레비나스는 타자를 '낯선 사람들', '벌거벗은 채로 나타난 얼굴들', 즉 아감벤이 말한 '호모 사케르'로 이해했으며, 타자를 위하여 십자가를 질 수 있는 메시아가 되는 것이야말로 존재 사태로부터 벗어나는 것, 즉 탈출과 초월로 이해하였다.[25] 참된 유대주의란 시온주의를 넘어서는 것이다. 이 점에서 타우베스의 바울로 독해는 매우 흥미롭다. 타우베스가 보기에 바울로는 그리스인과 로마인과 유대인들 모두가 그리스도 안에서 하나의 형제라는 사실을 강조함으로써 이웃의 경계를 다시 확대했다. 유대주의의 선민사상을 해체한 것이다.

> 나는 복음을 부끄러워하지 않습니다. 복음은 먼저 유다인에게 그리고 그리스인에게까지, 믿는 사람이면 누구에게나 구원을 가져다주는 하느님의 힘이기 때문입니다.(로마 1, 16)

23 Giovanna Borradori, *Philosophy in a Time of Terror. Dialogues with Jürgen Habermas and Jacques Derrida*, The University of Chicago Press 2003; 『테러시대의 철학』, 문학과지성사 2004.

24 Slavoj Žižek, "Neighbors and Other Monsters: A Plea for Ethical Violence," *The Neighbor. Three Inquires in Political Theology*, The University of Chicago Press 2005, 185; 정혁현 역, 「이웃들과 그 밖의 괴물들」, 『이웃』, 294.

25 김진, 『한국사회를 움직이는 현대철학자들』, UUP 2009, 142 이하.

> 하느님은 유다인들만의 하느님이십니까? 다른 민족들의 하느님은 아니십니까? 아닙니다. 다른 민족들의 하느님이시기도 합니다.(로마 3, 29)

> 여기에는 그리스인도 유다인도, 할례 받은 이도 할례 받지 않은 이도, 야만인도, 스키티아인도, 종도, 자유인도 없습니다. 그리스도만이 모든 것이며 모든 것 안에 계십니다.(콜로 3, 11)

> 그리스도와 하나 되는 세례를 받은 여러분은 다 그리스도를 입었습니다. 그래서 유다인도 그리스인도 없고, 종도 자유인도 없으며, 남자도 여자도 없습니다. 여러분은 모두 그리스도 예수님 안에서 하나입니다.(갈라 3, 28)

바울로는 코헨의 의도와는 반대로 유대주의를 유지하거나 재건하기 위한 방식이 아니라 유대주의를 해체하는 전략을 선택하였다. 유대인들은 그들이 생각하는 유일신이 그들만의 신이라고 믿었지만, 바울로는 그 하느님은 유대인들만의 하느님이 아니라 다른 민족들의 하느님이시기도 하다고 선포하였다. 따라서 하느님이 주시는 복음의 힘은 유대인뿐만 아니라 그리스인과 로마인에게도 동일하게 미친다고 생각하였다. 또한 예수 그리스도는 유대인뿐만 아니라 그리스인에게도 함께 계시고, 할례 받은 이들과 할례 받지 않은 이들에게도 함께 계시고, 야만인과 스키티아인, 그리고 종과 자유인 모두에게 동일하게 계신다고 강조한 것이다. 이러한 선언은 바로 유대주의를 부정하고 해체하는 것이나 다름없다. 알랭 바디우가 바울로의 행보를 '보편주의'Universalismus라고 규정한 것은 바로 이 때문이다.[26] 그러나 타우베스가 평가하는 것처럼 바울로의 보편주의를 유대주의의 완성으로 해석할 수 있는지, 아니면 유대주의의 전적인 부정이자 해체로 볼 것인지의 문제는 해석상의 논란을 불러올 수 있다.

2. 칸트와 개신교 신학[27]

18세기 후반과 19세기 초반의 개신교 신학자들은 칸트의 종교 이해와 직접적인 연관성이 있다. 당시 독일의 개신교는 바움가르텐A.G. Baumgarten(1714~1762), 제믈러S. Semler(1725~1791), 미카엘리스J.D. Michaelis(1717~1791) 등이 주도하였다. 이들은 존 로크John Locke(1632~1704)가 『기독교의 합리성*The Reasonableness of Christianity*』(1695)에서 강조하고 있는 이신론理神論 또는 자연신학의 영향을 받았다. 그러나 칸트는 자연신학적 경향성을 넘어서면서 자연적 원리보다는 도덕적, 실천적 이성의 원리에 따라서 이성종교 혹은 도덕신학을 정초하고자 하였다. 칸트는 역사적 기독교의 계시와 은총은 물론이고 기적과 신비까지도 부정하지 않았으나, 그것들을 어디까지나 이성종교의 틀 안에서 도덕적 의미차원으로 이해하고자 했다. 칸트는 이와 같은 자신의 사상을 스퇴드린Carl Friedrich Stäudlin(1761~1826)에 대한 인용으로 강화하였다.[28] 괴팅겐대학의 신학교수 스퇴드린은 칸트와의 서신교환(1793년 5월 4일, 스퇴드린에게 보낸 칸트의 편지)을 통하여 칸트의 인간학을 중심주제로 부각시키는 데 결정적인 역할을 했으며, 『비판철학의 가치*Über den Wert der kritischen Philosophie*』(1797~1799)와 『양심론의 역사*Geschichte*

26 Alain Badiou, *Saint Paul. The Foundation of Universalism*, Stanford University Press 2003, 10. Universality and the Traversal of Differences, 98–106; 한국어판: 『사도바울』 10장 "보편성 그리고 차이들의 횡단" 189–206 참조.

27 참고논문으로는 김종국 「칸트와 프로테스탄트교」(『칸트연구』 4, 1999), 박영선 「칸트철학의 프로테스탄트적 유산과 반프로테스탄티즘」(『대동철학』 27, 2004) 등이 있다.

28 C.F. Stäudlin, *Geschichte des Rationalismus und Supernationalismus vornehmlich in Beziehung auf das Christentum*, Göttingen 1826, 138–139. 칸트, 『이성의 한계 안에서의 종교』, 백종현 역, 아카넷 2012, 26.

der Lehre von dem Gewissen』(1824)를 저술하여 칸트의 업적을 보급하는 데 앞장섰다. 칸트는『학부 논쟁』을 그에게 헌정하였다.

슈트트가르트Stuttgart 출신의 독일 개신교 신학자로서 튀빙겐 신학파에 속한 스토르Gottlob Christian Storr(1746~1805)는 튀빙겐대학교에서 철학과 신학을 공부했으며, 독일 영국 네덜란드 프랑스에서 연수하였고, 1772년에 튀빙겐 신학부 강사로 임용된 후 튀빙겐대학교의 철학 교수(1775)와 신학 교수(1777)가 되었다. 그는 성경적 초자연주의를 옹호했으며, 정통보수의 튀빙겐 신학파를 창시하여 계몽주의, 합리주의, 칸트철학의 지지자들과 불편한 관계를 유지하였다.[29] 칸트는『이성의 오롯한 한계 안의 종교』2판 서문(1794)에서 스토르가 칸트 자신의 도덕신학을 "그 특유의 예리함과 함께 최대한의 감사를 받기에 충분한 근면성과 공정성을 가지고 검토"(종교 B xxiv)해 주었던『철학적 종교론에 대한 주해』(1793, 1794)[30]에 대해서 언급하고는 있으나 그에 대한 논평은 유보하였다.

그의 대표적인 두 제자는 쉬스킨트Friedrich Gottlieb Süskind(1767~1829)와 플라트Johann Friedrich Flatt(1759~1821)였다. 플라트는 1785년부터 튀빙겐의 형이상학 교수로서, 1792년부터는 신학 교수로서 계몽시대의 자연종교를 거부하고 실정 종교를 대변하는 비타협적인 태도를 고수하였다. 다시 말하면 그는 성서무오설과 계시의 권위를 수호하기 위해 역사적 연구와 문헌학적 비판

29 튀빙겐 스토르학파의 역사적 배경과 신학에 대해서는 Henrich, "Historische Voraussetzungen von Hegels System," in *Hegel im Kontext*, 51–61; O. Pfleiderer, *The Development of Theology in Germany since Kant*, trans. J.F. Smith. London, Sonnenschein, 1894, 85–87.(운명 437–438)

30 Gottlob Christian Storr, *Annotationes quaedam theologicae ad philosophicam KANTII de religione doctrinam* (『칸트의 철학적 종교론에 대한 몇 가지 주해』). *D. Gottlob Christian Storr's Bemerkungen über Kants philosophische Religionslehre.*(『칸트의 철학적 종교론에 관한 고트로프 크리스티안 스토르 박사의 주해』) Nebst einigen Bemerkungen des Uebersezers über den aus Principien der praktischen Vernunft hergeleiteten Ueberzeugungsgrund von der Möglichkeit einer Offenbarung. Übersetzt vom Fr. G. Süskind, Tübingen 1794.

의 새로운 성과들을 활용하였으며, 이를 통해 성서의 초자연적인 내용을 보다 정교하게 방어하고자 했다. 그는 스토르가 칸트의 도덕신학을 편향적으로 사용한 것처럼, 삼위일체와 부활, 그리고 성육신 등 실정종교의 모든 기본 교의들을 실천이성의 요청들이라고 해석함으로써 1790년대에 그의 강의를 직접 듣고 목도했던 세 명의 젊은이들을 절망하게 하였으며, 그들의 호의적이지 않은 평가로 인하여 철학사에서 중요한 인물로 기억되지 않았다. 그들은 바로 셸링과 횔덜린 그리고 헤겔이었다. 이들은 1788년부터 1793년까지 플라트의 형이상학과 신학, 그리고 심리학 강의들에서 칸트 비판과 실정적 교의신학을 자주 접했는데, 당시 칸트와 라인홀트 그리고 피히테의 새로운 철학에 심취하던 그들에게 플라트는 '장애물'로 인식되고 있었다. 이들은 특히 칸트의 도덕신학에 대한 플라트의 편향적인 활용과 왜곡이 그의 비판정신이 겨냥하고 있는 독단주의와 교조주의를 은밀하게 수호하려는 비열한 시도라고 여겼다.[31] 셸링은『독단주의와 비판주의에 관한 서한』(1795)에서 스토르와 플라트가 칸트의 도덕신학을 악용한 것을 은밀하게 공격하였다. 프레더릭 바이저는 플라트가 스토르의 시대착오적인 칸트 도덕신학의 오용에 아직 가세하지 않았던 젊은 시절에는 매우 존경받는 칸트 비평가로 기억한다. 흥미로운 것은 초기 플라트가『종교의 도덕적 인식 근거에 관한 서한』에서 실천이성적 근거에서 신앙을 정당화하려는 칸트의 시도를 오히려 공격했는데, 그 핵심은 칸트가 도덕적 관심이나 '이성의 필요'에 근거하여 신앙을 정당화할 수 있다고 본 것은 잘못이라는 것이다. 그는 아무리 도덕적이고 이성적인 관심이나 필요라고 하더라도 신앙을 정당화하기에는 불충분한데, 왜냐하면 우리는 거짓된 신앙에

31 K. Düsing, "Die Rezeption der kantischen Postulatenlehre," *Hegel-Studien Beiheft* 9, 1973, 53–90.

대한 필요도 가질 수 있기 때문이다. 그래서 플라트는 "이론이성의 날개를 잘라내면 실천이성은 자기의 날개를 펴고 초감각적인 것에로 날아갈 수 없다"고 말하면서, 칸트가 이론이성에게서 박탈한 오랜 권리를 되찾아서 종교적 신앙을 정당화해야 한다고 주장한다.[32]

플라트는 칸트의 도덕신학이 실패할 수밖에 없는 이유를 두 가지로 밝힌다. 첫째 "도덕은 우리가 최고선의 가능성뿐만 아니라 또한 그것의 실재성, 즉 행복과 도덕적 응보 사이의 조화를 믿기를 요구한다." 둘째, "최고선은 오직 우리가 그것을 창조하고 유지하는 신을 믿을 때에만 가능하다."(운명 442) 이에 대해 플라트는 이 명제들이 칸트의 전체 체계와 양립할 수 없거나 거기에서 추론할 수 없다고 보았다.[33] 첫째 명제는 도덕법칙이 인간에 대해서만 구속력이 있다는 칸트의 주장과 양립할 수 없다. 도덕법칙이 우리들 인간에게만 타당하다면, 그것은 어떤 것의 객관적 존재를 추론할 권리를 갖지 못하기 때문이다. 따라서 우리는 그 신앙이 실재 그 자체에 대해 참이라고 추론할 수 없다. 또한 최고선 명제에 대한 칸트의 논증은 '선결문제 미해결의 오류'이다. 칸트는 우리가 최고선의 실현에 대한 의무를 가지고 있기 때문에 그것의 존재를 믿을 의무가 있다고 하면서, 이런 믿음을 의무 이행의 필요조건이라고 논증한다. 그러나 칸트의 논증에서 그 전제는 결론의 진리를 전제한다. 우리가 이미 최고선의 실현 조건들이 유효하다는 것을 알지 못하면 최고선의 실현 의무를 가진다고 가정할 수 없다.[34] 둘째 명제 역시 칸트의 전 체계와 일관되지 않는다. 플라트는 칸트의 원리에

32 J.F. Flatt, *Briefe über den moralischen Erkenntnisgrund der Religion*. Tübingen, Cotta, 1789, 13, 18–19.(운명 441–442)

33 Flatt, *Briefe*, 14–16.(운명 442)

34 Flatt, *Briefe*, 30–36.(운명 442–443)

서 신을 '최고선의 배후를 지배하는 행위자'로 생각할 수는 없다고 말한다. 그것은 인과성의 범주를 예지계에 적용한 것과 같기 때문이다. 또한 플라트는 칸트철학에서 신을 '도덕과 행복 사이의 조화의 원인'으로 생각하는 것도 불필요하다고 본다. 최고선은 유한한 행위자들 자신의 활동 결과일 수도 있기 때문이다.[35] 플라트는 칸트가 『순수이성비판』에서 만일 모든 사람이 도덕의 요구를 행한다면 그 자신과 모든 사람의 행복의 창조자가 될 것이라고 했는데(순수 B 837-838), 신이 최고선의 원인이더라도 그 신을 무조건적이고 독립적인 존재라고 칸트가 추론하는 것은 가능하지 않다고 비판했다. 그처럼 무조건적인 것을 조건들의 연속에서 추론하는 것은 칸트 체계에서 결코 허용할 수 없기 때문이다. 그럼에도 칸트는 물리신학적 논증에 반대했던 자신의 논증을 필요한 만큼만 수정하여 자신의 실천적 증명에 적용하는 잘못을 범했다는 것이다.[36] 플라트는 이렇듯이 볼프의 자연신학을 살리기 위해 칸트의 비판으로부터 우주론적 논증을 옹호하고자 했다.[37]

플라트는 1793년 가을에서야 신의 존재에 대한 도덕적 증명의 가치를 배웠다는 편지를 칸트에게 보냈다.[38] 플라트가 자신의 비일관성을 끈질기게 추적하여 비판하자 칸트는 『실천이성비판』에서 "일관성은 철학자의 의무"(실천 V 24)라고까지 썼다. 그러나 플라트는 칸트가 자유로부터 도덕법을 연역한 후에 다시 자유를 도덕법에서 연역하는 악순환에 빠졌으며, 또한 칸트가 예지적 작용에 대해 알아듣게 설명하려고 한다면, 자신이 행한 범주에 대한 제약과는 반대로 예지적 자아에 인과성의 법칙을 적용해야 할

35 Flatt, *Briefe*, 52–54, 58–59.(운명 443)

36 Flatt, *Briefe*, 64–65.(운명 443)

37 J.F. Flatt, "Etwas über die kantische Kritik des kosmologischen Beweises des Daseyn Gottes," *Philosophisches Magazin*, II/1, 93–106.(운명 440)

38 Kant, *Briefe*, XI, 461.(운명 439)

것이라고 꼬집었다.[39] 정곡을 찌른 이 악명 높은 비판으로 인해 칸트는 『실천이성비판』 서론에서 자유는 '도덕법칙의 존재 근거'ratio essendi이고, 도덕법칙은 '자유의 인식근거'ratio cognoscendi라는 유명한 명제를 남길 수 있었다. 피스토리우스도 제기한 바 있는 플라트의 두 번째 지적에 대해서 칸트는 범주에 따른 사유와 인식의 차이라고 설명하였다. 바이저는 초기 플라트의 칸트 비판, 특히 최고선과 요청이론의 비판이 셸링에게 영향을 줄 정도로 날카롭고 정교했다고 평가하면서, 초기에는 플라트가 그렇게 반동적이지 않았다고 평가한다. 바이저의 이러한 평가는 칸트의 요청이론에 대한 셸링의 초기 비판이 초기 플라트의 칸트 비판과 유사하다는 클라우스 뒤징의 보고에 근거한다.[40] 그러나 비첸만과 플라트의 칸트 비판은 칸트철학이 출현할 수밖에 없는 철학사적 요청, 즉 경험론과 실재론, 독단주의와 회의주의, 지식과 신앙의 대립 구도를 회피하여 비판주의의 길을 확립하기 위한 절차적 조건들을 주의 깊게 성찰하지 못하고 세계관의 한쪽 끝에서 보이는 오류들을 절대적인 것이라고 착각하는 잘못을 범하고 있다. 한스 알버트가 최후정초, 즉 마지막 근거설정의 가능성을 부정했을 때, 이 세상의 모든 가능한 철학이 사망선고를 받는 것은 아니라는 사실을 깨달아야 한다. 어떤 철학도 그 자체만으로 충족적이거나 독립적이지 않다고 해서, 어떤 철학도 진리주장을 해서는 안 된다고 말할 수 없다. 칸트의 요청이론은 그런 것이다. 초기 셸링이나 플라트가 칸트를 조금만 전체 사유체계에서 조망했더라면 그들 자신의 철학적 사유에서도 칸트에게서 발견한 것보다 더 큰 결정적인 결함과 한계를 발견할 수 있었을 것이다. 칸트는 자신의 시대를 살면서 발견한 세계관적 모순들을 해체하고 극복하기 위하여 최선을

39 1786년 2월 16일과 5월 13일자 『튀빙겐학술공보*Tübinger gelehrte Anzeige*』(TgA).(운명 440)

40 Düsing, Die Rezeption der kantischen Postulatenlehre, 58n.(운명 444)

다했던 위대한 철학자이지만, 칸트철학의 한계는 그가 살았던 시대정신의 한계이기도 하다.

칸트와 개신교사상의 관계는 헤르만 로체Hermann Lotze, 리츨Albrecht Ritschl, 헤르만Wihelm Herrmann, 카프탄Julius Kaftan, 트뢸치Ernst Troeltsch 등을 통하여 계속 이어졌다. 이들 개신교사상가들은 칸트의 이성신앙 및 도덕신학의 개념을 신학의 영역에 접목시키려는 시도를 하였다. 헤르만 로체Hermann Lotze(1817~1881)는 라이프치히의 심리학 및 철학자 페히너Gustav Fechner(1801~1887)의 제자로서 의학을 공부했으며 철학자로도 명성을 떨쳤다. 그는 물리학과 화학의 기계론적 설명이 생물학에 충분하며, 따라서 생명을 설명하기 위하여 신비한 '생명력'vital force을 상정할 필요가 없다고 생각한다. 그러나 그는 물리학적 화학적 설명이 의식의 자료를 설명할 수 없다는 사실을 발견한다. 그 의식 자료는 '개인의 의식의 통일성'과 '의식적 존재자들 사이의 소통 가능성'을 포함한다. 따라서 의식의 통일성은 영혼의 실재를 나타내고, 공동의 상호작용은 그것들이 작용하는 공통의 '유기적 장'을 전제로 한다. 개인의 영혼과 영혼들의 공동체는 그 자체를 가능하게 해 주는 심오한 '인격적 하느님'을 지시한다. 그러나 로체는 이러한 유신론적 증거에도 불구하고 하느님에 대한 우리의 신념의 최종 근거는 형이상학적이 아니라 '도덕적'이라고 주장하는데, 이 점에서 그는 칸트주의자였다. 하느님의 개념은 '인격적 실존 안에 있는 가치와 의무에 대한 경험'을 최종 근거로 삼을 때 확보할 수 있다는 것이다. 그는 하느님은 무한하고 절대적이지만 동시에 인격적이라고 보았다. 하느님은 무한하기 때문에 유한한 모든 존재자를 내포한다. 또한 하느님은 절대적이므로 모든 유한한 인격들을 자신의 무한한 인격 속에 포섭한다. 그러나 "하느님은 도덕적으로 선하고 (상호) 인격적이기 때문에, 유한한 인격자들을 (또한 다른 것들을) 절대적으로 결정하지 않고 하느님이 가지고 있는 진정한 개별성과 응답할 자유에 동참하도록 허락한다."(쿠퍼 126[206]) 로체는 독일에서 에른스트 트뢸치에게, 그리고 미국의 윌리엄 제임스와 조시아 로이스Josiah Royce에게 강한 영향을 주었다. 로체의 신칸트학파적 인식론과 도덕적 경험에 근거한 인격적 하느님에 대한 이론은 자유주의 개신교 신학자 알프레히트 리츨 신학에 큰 영향을 주었다.[41]

리츨Albrecht Benjamin Ritschl(1822~1889)은 베를린 태생의 독일 루터파 조직신학자로서 R. 로테, F.C. 바우어에게 배웠다. 특히 바우어의 영향을 받아서 헤겔과 슐라이어마허의 사변적 역사해석을 수용했으나, 후기에는 성경의 역사적 신학적 해석을 중시하였다. 그는 특히 칸트의 도덕적 종교론을 수용하여 형이상학적 이해와는 차별화된 도덕적 기독교 이해를 강조하는 리츨학파를 이끌었다. 주저로는 『의인과 화해에 관한 기독교적 교설』(1870~1874)이 있다.

헤르만Johann Wilhelm Herrmann(1846~1922)은 프러시아 마그데부르크Magdeburg 근처의 멜코프Melkow 출신으로 1866년부터 할레대학교에서 공부했으며, 1875년에 강사, 1879년에 교수가 되어, 독일 개신교의 대표적인 자유주의 신학자로서 활동하였다. 그에 의하면 신앙은 교의보다는 그리스도의 삶의 실재를 직접 경험하는 것에 근거를 두어야 한다. 리츨의 제자이기도 했던 그는 윤리학을 강조하면서 형이상학을 거부했으며, 그의 제자 칼 바르트Karl Barth와 루돌프 불트만Rudolf Bultmann에게 강력한 영향을 주었다.

독일의 개신교 신학자 카프탄Julius Wilhelm Martin Kaftan(1848~1926)은 목사의 아들로 태어났으며, 라이프치히대학교에서 박사학위(1872)와 교수자격(1873)을 취득하였으며, 1881년 바젤대학교의 정교수가 되었으며 리츨학파와 연결되

41 James Livingston, *Modern Christian Thought: From the Enlightenment to Vatican II*, New York: Macmillan, 1971, 248–249.(쿠퍼 126[206])

었다. 1883년에 그는 베를린대학교의 슐라이어마허Friedrich Schleiermacher의 교수직을 물려받은 도르너Isaak August Dorner 교수의 후임이 되었으며, 교수 및 연구 활동 이외에 복음사회주의 계열의 교회 정치에도 적극 참여하여 영향력을 행사하였다.[42]

트뢸치Ernst Troeltsch(1865~1923)는 철학자, 신학자, 종교사가로서 그의 역사방법론과 종교다원주의는 성경의 고등비평학계에 큰 영향을 끼쳤다. 특히 역사 안에서 하느님의 내재성에 대한 이론은 슐라이어마허, 헤겔, 셸링의 영향을 받았다. 트뢸치는 기독교를 세계종교들 가운데서 하느님의 진보된 자기계시라고 평가했으며, 그의 논의는 칸트주의를 따르고 있다. 그는 기독교가 신인적 인격성에 대한 최상의, 그리고 최고의 견해를 견지한다고 보았다.[43] 이러한 트뢸치의 입장은 기독교적 서구문명을 기반으로 하는 제1차 세계대전을 통하여 무너졌다. 트뢸치는 그 대안을 문화적 종교적 다원주의에서 찾았다. 그는 말년에 이러한 생각을 더 다듬어 나갔다. "역사 안에 존재하는 신적 생명은 언제나 새롭고 항상 특수한 개별화 가운데서 부단하게 그 자체를 현시한다." "그러한 경향성은 전혀 통일성이나 보편성을 지향하지 않는다." 따라서 "기독교를 역사의 모든 힘들의 화해이자 목표라고 특정화한다는 것은 불가능하다."[44] 여기에서 그는 기독교 신앙을 이성의 문제가 아닌 역사적 신앙의 문제로 보았다.

42 카프탄의 주요 저서에는 『그리스도교 종교의 본질*Wesen der christlichen Religion*』(1881), 『그리스도교 종교의 진리*Wahrheit der christlichen Religion*』(1888), 『개신교의 철학*Philosophie des Protestantismus*』(1917), 『교의학*Dogmatik*』(1897) 등이 있으며, 그의 문헌 목록은 발터 괴벨이 펴낸 책에 소개되어 있다.(Hrsg. von Walter Göbell, *Kirche, Recht und Theologie in vier Jahrzehnten. Der Briefwechsel der Brüder Theodor und Julius Kaftan*, München 1967, Bd. II, 962–973.)

43 Ernst Troeltsch, *The Absoluteness of Christianity and the History of Religions* (1902), trans. David Reid, Richmond, VA: John Knox, 1971.(쿠퍼 127[208])

44 Ernst Troeltsch, *The Christian Faith: Its History and Application*(1923), ed. F. von Hügel, London, University of London Press, 1923, pp.44f.(쿠퍼 127[208])

존 쿠퍼는 트뢸치의 신학사상이 범재신론적 경향성을 보인다고 주장한다.(쿠퍼 127[208]) 트뢸치는 『기독교 신앙』에서 스피노자, 라이프니츠, 슐라이어마허, 헤겔, 제임스와의 대화를 통하여 자신의 신론을 전개하고 있다.[45] 그에 의하면 하느님은 무한한 정신으로서 성령 안에 '내적 분열'을 통하여 세계를 발생하게 했다. 자연과 유한한 정신은 하느님으로부터 유출하여 하느님 안에서 존속한다. 하느님은 내재적인 생명력이며, 새로운 형태들의 존재 속에서 영구적으로 그 자신을 드러낸다. 이러한 생각은 헤겔적이다. 즉 세계는 신적 생명으로부터 나온다. 그러나 그 속에 담긴 스피노자적인 요소를 제거하기 위하여 라이프니츠의 단자론을 수용한다. 하느님은 유한한 단자들을 내포하고 있는 궁극적인 단자이다. 이 유한한 단자들은 하느님과는 구별되지만 진정한 자유와 반응적 성격을 가지고 있다. 그러므로 이 세계는 신적 생명과는 구별된다는 것이다. 피조물들은 '참여'의 방법을 통해서 하느님 안에 존재하는데, 여기에는 하느님의 궁극적인 본성의 변화, 정신으로서 변화도 포함된다. 그 정신은 하느님의 피조물들의 활동 가운데, 그 활동을 통해서 일어난다. 그의 생각 곳곳에는 헤겔적 요소가 번득이고 있다.

트뢸치는 자신의 신학이 만물이 하느님으로부터 나와서 그에게로 복귀한다는 신플라톤주의적 도식에 근거한다고 시인한다.[46] 그리고 『기독교 신앙』을 비롯한 여러 저술에서 범재신론이라는 용어를 쓰고 있다.[47] 나중에 그가 다원주의로 기울어졌음에도 불구하고 범재신론적 경향성은 그대

45 Ernst Troeltsch, *The Christian Faith: Based on Lectures Delivered at the University of Heidelberg, 1912–1913,* trans. Garret Paul, Minneapolis, Fortress, 1991.(쿠퍼 127[208])

46 Walter Wyman, *The Concept of Glaubenslehre: Ernst Troeltsch and the Theological Heritage of Schleiermacher*, Chico, CA: Scholars Press, 1983, 44.(쿠퍼 128[209])

47 Wyman, *The Concept of Glaubenslehre,* 44, 191, 202, 245.(쿠퍼 128[209])

로 유지되었다. 『기독교 사상: 그 역사와 적용』에서는 '형이상학적 신앙'을 주장하면서, 신적 정신, 역사의 근거, 모든 종교의 내재적 역사적 자원을 확인한다. 그리고 이러한 하느님 개념은 그의 저서 『신앙론』에 나온 범재신론적 대안과도 유사하다.[48]

3. 칸트와 로마가톨릭 신학[49]

칸트와 가톨릭사상의 관계는 가톨릭권에서 초기칸트주의자들, 특히 무셸레Sebastian Mutschelle(1749~1800), 마테른 로이쓰Matern Reuß(1751~1798), 프란츠 바더Franz Xaver von Baader(1765~1841), 요셉 마르샬Joseph Maréchal(1878~1944), 리하르트 셰플러Richard Schaeffler(1926~)에 이르는 현대 가톨릭철학자들에 의하여 드러날 것이다. 칸트의 사상은 당시 가톨릭사상가들에게 급속도로 전파되었으며, 화해 불가능할 정도의 적대적인 입장을 취하는 반칸트주의자와 칸트주의자로 나뉘었다. 스타틀러Benedikt Stattler(1728~1797)는 칸트가 『순수이성비판』에서 형이상학과 종교에 대하여 적대적인 입장을 취한다는 이유에서 반종교적인 인물이라고 매도하였다. 근본악이나 예정설에 대한 칸트의 입장은 기독교신앙에서 논란을 불러일으켰다. 그러나 반대로 마테른 로이쓰와 같은 학자는 칸트의 주장에 관심을 나타냈다. 칸트와 가톨릭신앙의 관계는 순수이성의 위치를 어디에 설정할 것인가라는 물음과 함께 로츠, 마르샬 등에 의하여 스

48 Wyman, *The Concept of Glaubenslehre,* 191. 쿠퍼 128[209])

49 참고논문으로는 박진 「칸트에 전해진 중세 스콜라철학의 유산」(『칸트연구』 4-1, 1999)과 「칸트와 신스콜라철학」(『칸트연구』 7-1, 2001), 이성림 「메츠의 정치신학적 담론」(『한국기독교신학논총』 40, 2005), 김석수 「칸트철학과 초월적 토미즘: 로츠의 이론을 중심으로」(『가톨릭철학』 15, 2010) 등이 있다.

콜라철학적 형이상학으로의 편입 가능성이 논점으로 부각되기도 하였다. 최근에 가톨릭 종교철학자 리하르트 셰플러는 칸트의 요청이론을 인식론과 종교철학 전반에 확장하는 시도를 하였다.

세바스티안 무셸레는 1749년 1월 18일 독일의 알러하우젠Allershausen에서 태어나 로마가톨릭 신부로서 1800년 11월 28일 뮌헨 바움키르헨에서 사망하였다. 그는 뮌헨의 예수회 학교에서 공부했으며, 1770년까지 뮌헨의 예수회 김나지움 교사로 일하였으며, 1774년에 프라이싱 교구Bistum Freising의 신부로 서임된 후 마티히호펜의 보좌신부와 주교좌 성당 참사회원Kanoniker 등을 거치면서 합리주의에 기울어진, 그러나 교의학보다는 그리스도교의 실천적 의미를 보다 중시하는 가톨릭 사상을 선호하게 되었다. 1799년에 그는 뮌헨신학대학Lyceum zu München의 도덕신학Moraltheologie과 설교학Homiletik 교수가 되었다. 그는 칸트의 비판철학적 관점에서 '도덕적 선'의 문제를 다루거나 형이상학에 대한 스타틀러의 반칸트적인 입장을 비판적으로 조명함으로써 '칸트주의자'로 알려지기도 했다.[50]

독일 뮌헨 출신의 로마가톨릭 철학자 및 신학자 프란츠 바더Franz Xaver von Baader(1765~1841)는 칸트에 대해서 반대적인 입장을 가진 사상가였다. 그는 4년 동안(1792~1796) 영국에 머물면서 흄David Hume, 하틀리David Hartley, 고드윈William

50 세바스티안 무셸레의 주요 저서들은 다음과 같다. *Ueber das sittlich Gute* (1788); *Philosophische Gedanken und Abhandlungen mit Rücksicht auf die kritische Philosophie* (1793~98, vier Bändchen); *Kritische Beyträge zur Metaphysik in einer Prüfung der Stattlerischen antikantischen* (1795); *Ueber kantische Philosophie*, 1. Heft: *Versuch einer faßlichen Darstellung der kantischen Philosophie* (1799, von Ign. Thanner bis zu einem 12. Heft, 1805, fortgesetzt); *Moraltheologie* (1800); *Die Geschichte Jesu sammt einer Anweisung, die Evangelien mit Nutzen und Einsicht zu lesen* (1784); *Bemerkungen über die sonntäglichen Evangelien* (1786); *Handbuch der sonntäglichen Evangelien* (1791); *Unterredungen eines Vaters mit seinen Söhnen über die Grundwahrheiten der christlichen Religion* (1791, auch ins französische übersetzt 1798); *Christkatholischer Unterricht* (1792)
http://de.wikipedia.org/wiki/Sebastian_Mutschelle (2014.02.15: 26)

Godwin의 사상을 접했으며, 또한 에크하르트Meister Eckhart, 뵈메Jakob Boehme와 같은 신비사상에 대해서도 관심을 갖게 되었다. 영국에서 돌아온 1796년에 그는 함부르크에서 야코비F.H. Jacobi를 알게 되었고, 셸링Friedrich Schelling과도 접촉하였다. 1826년, 그는 새로 설립된 뮌헨대학교의 철학 및 사변신학 교수로 임명되었으며, 그의 강의들은 『사변적 교의학*Spekulative Dogmatik*』이라는 제목으로 출판하기도 했다(1827~1836). 1838년에 그는 로마 가톨릭교회의 간섭에 반대했으며 그 결과 그의 생애 마지막 3년 동안 종교철학 강의를 금지당하기도 하였다.

바더는 인간의 이성이 그 자체만으로는 결코 목적에 이를 수 없다고 생각했다. 우리는 결코 신앙, 교회, 전통을 제쳐놓을 수 없다는 점에서 스콜라주의를 따른다. 그는 신학과 철학이 상반되는 학문이 아니고, 이성은 권위와 계시에 의하여 진리를 분명하게 한다고 여겼다. 신앙과 지식의 영역에 더 가깝게 다가서려는 그의 시도는 에크하르트, 파라셀수스, 뵈메의 신비주의로 이끌었고, 따라서 우리의 존재는 신에 의하여 인식하는 행위에 의존한다. 모든 자기의식은 동시에 하느님의 의식이고, 우리의 지식은 단순한 지식이 아니라 하느님 안에서 의식 또는 참여로서 지식, 곧 공동지식con-scientia인 것이다.

바더의 철학은 본질적으로 신지학theosophy이다. 신은 단순히 추상적 존재 또는 실체substantia가 아니라 영원히 지속하는 과정이자 활동actus이다. 하느님의 과정 또는 자체 생성은 내재적immanent이고 비의적esoteric인 측면과 외재적eminent이고 외현적exoteric인 측면이 있다. 하느님은 절대 정신인 한에서 실재를 가지며, 원초적 의지가 그 자신을 의식하는 한에서 그것은 정신이 될 수 있다. 그러나 이러한 자신에 대한 인식은 아는 자와 알려진 자의 차이를 포함하며, 그로부터 힘은 정신이 되기 위하여 나아가는 것이다.

자기의식의 내재적 과정, 즉 위격의 삼위일체는 주어지는 것이 아니라, 원초적 의지와는 구별되는 영원하고 비인격적인 관념이나 하느님의 지혜 안에서 그 모습을 드러낸다. 구체적인 실재 또는 인격성은 이 신적 삼위일체에 주어지는데, 여기에서 본성 또는 자기성이나 개별적 존재의 원리는 영원히 그리고 필연적으로 하느님에 의하여 산출된다. 오직 본성 안에서만 위격의 삼위일체가 얻어진다. 그것은 영원한 종에서sub specie aeternitatis 신적 존재의 자체 진화에서 필연적인 요소 또는 계기로서만 나타난다. 창조 그 자체는 자유롭고 비시간적인 하느님의 사랑과 의지의 행위이며, 결코 사변적으로 추론할 수 있는 것이 아니고, 역사적 사실로서 받아들여져야 하는 것이다.

윤리학에서 바더는 칸트주의 혹은 도덕의 자율적 체계를 반대한다. '도덕법에 대한 복종'이 아닌 '우리들 안에서 신적 생명의 실현'이야말로 '참된 윤리적 목표'라고 본 것이다. 그러나 인간은 그 자신 신으로부터 소외되면서 그 힘을 잃게 되었으며, 그 때문에 죄의 사실과 구원을 무시하는 어떤 윤리적 이론도 만족스럽지 못하고 가능하지 않다고 생각하였다. 인간과 인간성의 역사는 하느님의 사랑을 회복하는 역사인데, 그것은 우리 자신을 예수 그리스도와의 관계 속에서 주님과 교회의 성사를 치료적 덕목으로 받아들이는 것이다. 인간은 사회적 관계 속에서 두 가지 상태에 놓이게 되는데, 그중 하나는 한시적, 자연적, 제한적인 국가이고, 다른 하나는 영원하고, 세계시민적이고, 보편적인 교회이다. 국가의 경우에 통치자에 대한 복종과 지위의 불평등이 필수적이지만, 그리스도인들에게는 하느님만이 참된 지배자이고 이상적인 국가는 보편적인 가톨릭 교회에 의하여 통치되는 시민공동체이다. 바더는 근대 가톨릭에서 가장 위대한 사변적 신학자임에 틀림이 없으며, 그의 사상은 교회의 영역을 넘어서서 리하르트로테Richard Rothe, 율리우스 뮐러Julius Müller, 한스 마르텐센Hans L. Martensen 등에게 커다란 영향을 미치고 있다.[51]

벨기에 태생의 예수회 소속 신부, 철학자, 심리학자인 요셉 마르샬Joseph Maréchal(1878~1944)은 루벵대학교의 철학부에서 토마스 아퀴나스와 임마누엘 칸트의 철학 및 신학사상을 접목시키려는 '선험적 토마스주의'Transcendental Thomism를 정초하기 위하여 고심하였다. 그는 1895년에 예수회에 가입했으며, 1905년에 루벵대학에서 생물학 박사학위를 받은 후에 실험심리학에 심취하여 분트Wilhelm Wundt가 있는 뮌헨대학에 머무르기도 했다(1911). 그의 실제 관심은 철학보다는 심리학이었다. 그는 죽기 직전까지(1944) 루벵대학의 철학 및 신학대학에서 철학과 실험심리학을 가르쳤다. 교황 레오 13세Pope Leo XIII의 요청으로 토마스 신학에 대한 연구를 활발하게 전개하면서 마르샬은 그의 전성기에 토마스를 칸트의 선험적 관념론으로 재해석함으로써 토마스주의를 보다 역동적으로 되살릴 수 있게 하였다. 마르샬의 사상은 칼 라너Karl Rahner, 로츠J.B. Lotz와 같은 현대 가톨릭 사상가들에게 결정적인 영향을 주었다.[52]

51 프란츠 바더의 전집은 16권으로 출판되었다. Baader's sämmtliche Werke, 16 Bde. Franz von Baader, Franz Hoffman(Hrsg.), Leipzig, Herrmann Bethmann, 1851~1860. F. Hoffmann, *Vorhalle zur spekulativen Lehre Baaders*(1836); *Grundzüge der Societäts-Philosophie Franz Baaders* (1837); *Philosophische Schriften* (3Bde., 1868~1872); *Die Weltalter*(1868); *Biographie und Briefwechsel* (Leipzig, 1887); J. Hamberger, *Cardinalpunkte der Baaderschen Philosophie* (1855); *Fundamentalbegriffe von F. Baader's Ethik, Politik, u. Religions-Philosophie* (1858); J.A.B. Lutterbeck, *Philosophische Standpunkte Baaders*(1854); *Baaders Lehre vom Weltgebäude* (1866); J. Claassen, *Franz von Baaders Leben und theosophische Werke* (Stuttgart, 1886~1887); *Franz von Baaders Gedanken über Staat und Gesellschaft* (Gütersloh, 1890); Reichel, *Die Sozietätsphilosophie Franz v. Baaders* (Tübingen, 1901); Kuno Fischer, *Zur hundertjährigen Geburtstagfeier Baaders* (Erlangen, 1865).

52 마르샬의 주요 저서들은 다음과 같다. *Le point de départ de la métaphysique: leçons sur le développement historique et théorique du problème de la connaissance*, 5 vols. (Bruges-Louvain, 1922-47); *Études sur le psychologie des mystiques*, 2 vols. (1926, 1937) [translated as Studies in the Psychology of the Mystics, tr. A. Thorold, (New York, 1964)]; *Précis d'histoire de la philosophie*

독일 뮌헨 태생의 철학자 리하르트 셰플러Richard Schaeffler(1926.12.20.~)는 종교철학과 역사철학 분야에서 저명한 가톨릭 학자이며, 20세기의 역사 및 종교철학의 핵심적인 논의들에 칸트를 수용했으며, 칸트의 요청이론을 철학적-신학적 이론체계로 확대 적용하는 독자적인 시도를 진행시켜 왔다. 그는 1968년부터 1989년까지 독일 루어대학교(보쿰) 철학-신학적 경계물음 분야의 교수로 재직하였으며 2011년부터는 뮌헨대학교 철학부 초청교수로 활동 중이다. 그는 칸트의 사유방법론으로 가톨릭 신학체계를 새롭게 해석하려는 시도를 계속해 왔다.

리하르트 셰플러는 약사 부부 요세프 셰플러Joseph Schaeffler와 게르트루트 셰플러Gertrud Schaeffler[53]의 아들로 태어났으며, 그의 어린 시절을 뮌헨의 여러 곳에서 보내다가 솔른Solln에 정착하여 초등학교를 다녔다. 현재 그는 뮌헨 솔른의 집에서 말년을 보내고 있다. 1936년 4월부터 1941년 7월까지 에탈Ettal 베네딕토 대수도원의 인문김나지움에 다녔으며, 솔른으로 돌아와서 1942년 10월까지 뮌헨의 테레지엔 김나지움das Theresien-Gymnasium을 다녔다. 이 시기에 셰플러는 그의 모친이 유대인이었던 관계로 학교를 다니지 못하고 밤에 사적으로 강의를 들어야 했다. 그 후 부친이 경영하는 약방에서 제약사 견습공으로 일했다. 1944년 11월에 게슈타포가 그의 부친을 체포하여 강제 노동소로 보냈으나, 1945년 5월에 미군의 석방으로 돌아올 수 있었다.

1945년 9월말에 셰플러는 뮌헨대학교 철학부의 전신인 뮌헨의 풀라흐

moderne(Louvain, 1933); *Mélanges Joseph Maréchal*, 2 vols. (Brussels / Paris, 1950). 마르샬에 대한 주요 문헌들로는 다음을 참고할 수 있다. *A Maréchal Reader*(ed. and trans. Joseph Donceel, New York: Herder & Herder, 1970); M. Casula, *Maréchal et Kant*(Rome, 1955); J.F. Donceel, *Philosophical Psychology*(New York, 1961); J. Kristo, *Maréchal's approach to Mysticism*(Notre-Dame, 1979); Anthony M. Matteo, *Quest for the Absolute: The Philosophical Vision of Joseph Maréchal*(1992).

53 Richard Schaeffler, "Dr. Gertrud Schaeffler, Chemikerin," In: *Solln in den Jahren 1933 bis 1945* (102–105), Volk Verlag, München 2006.

Pullach bei München에 있는 베르히만 콜레그Berchmanns-Kolleg 철학부에서 강의와 세미나의 청강을 시작하였다. 이 시기에 그는 주로 예수회 소속의 발터 브루거Walter Brugger와 요세프 드 프리스Josef de Vries에 집중했으며, 당시 소속 회원들 가운데는 칼 라너Karl Rahner와 요한네스 밥티스트 로츠Johannes Baptist Lotz가 있었다. 1946년 5월, 셰플러는 뮌헨의 테레지엔 김나지움을 마치고, 1946/47년 겨울학기에 튀빙겐대학교 철학부에서 철학, 심리학, 가톨릭신학을 공부했으며, 1950/51년 겨울학기부터 박사과정을 시작했는데, 철학부에서는 게르하르트 크뤼거Gerhard Krüger, 에두아르트 스프랑거Eduard Spranger, 빌헬름 바이셰델Wilhelm Weischedel의 지도를 받았고, 심리학에서는 스프랑거와 한스 벤케Hans Wenke, 그리고 가톨릭신학에서는 교의학자 칼 아담Karl Adam, 성경주석학자 프리도린 스티어Fridolin Stier, 교회사학자 아우구스트 핑크August Fink, 기초신학자 하인리히 프리스Heinrich Fries에게서 배웠다. 1952년 여름학기에 그는 하이데거와 불트만의 제자였던 게르하르트 크뤼거(1950년에 가톨릭으로 개종)의 지도 아래 『칼 야스퍼스에서 신앙*Der Glaube bei Karl Jaspers*』으로 철학박사 학위청구 논문을 제출하였다.[54] 박사 후에 그는 크뤼거 교수의 조교로 활동하면서 1961년 튀빙겐대학교 철학부에서 『역사시간의 구조*Die Struktur der Geschichtszeit*』라는 논문으로 교수자격을 취득하여, 1968년부터 1989년까지 루어대학교(보쿰) 가톨릭신학부에서 철학-신학의 경계물음 분야의 교수로 재직하였다.[55] 1989년의 퇴임 이후에 그가 객원교수로 활동하던 뮌헨대학교 철학부

54 Richard Schaeffler, *Die Frage nach dem Glauben im Werke von Karl Jaspers*. Diss. phil. masch. Tübingen 1952.

55 셰플러 교수의 주요 저술은 다음과 같다. R. Schaeffler, *Die Struktur der Geschichtszeit*. Klostermann, Frankfurt a. M. 1963; *Religion und kritisches Bewusstsein*. Alber, Freiburg i. Br. 1973; *Frömmigkeit des Denkens? Martin Heidegger und die katholische Theologie*. WBG, Darmstadt 1978; *Was dürfen wir hoffen? – Die katholische Theologie der Hoffnung zwischen Blochs utopischem Denken und der reformatorischen Rechtfertigungslehre*. WBG, Darmstadt 1979; *Die Wechselbeziehungen zwischen*

는 2005년 11월 11일, 종교철학, 역사철학, 학문이론 분야에서 그의 연구 성과를 인정하여 명예박사학위를 수여하였다. 셰플러 교수는 학문활동 이외에도 독일 가톨릭 중앙 위원회 소속 "개신교와 가톨릭 신학자들의 종교일치 연구 모임"과 "유대인과 그리스도인의 대화 모임"에 참여하기도 했다(1972~1983). 뮌헨대학 철학부는 '리하르트 셰플러 상'Richard-Schaeffler-Preis을 제정하여 운영해 오고 있다.[56]

Philosophie und katholischer Theologie. WBG, Darmstadt 1980. (Die philosophischen Bemühungen des 20. Jahrhunderts); *Glaubensreflexion und Wissenschaftslehre. Thesen zur Wissenschaftsgeschichte und Wissenschaftstheorie der Theologie*(Quaestiones Disputatae 82). Herder, Freiburg/ Basel/ Wien 1980; *Religionsphilosophie*. Alber, Freiburg i. Br. u.a. 1983 (Handbuch der Philosophie, Bd. 4); *Fähigkeit zur Erfahrung. Zur transzendentalen Hermeneutik des Sprechens von Gott*. Herder, Freiburg i. Br. 1982.(Quaestiones Disputatae 94); *Die kleine Sprachlehre des Gebets*. Johannes–Verlag, Einsiedeln 1988 (in Frz.: Le langage de la prière. Paris 2003) (Sammlung Horizonte, N.F. 26); *Das Gebet und das Argument – Zwei Weisen des Sprechens von Gott. Eine Einführung in die Theorie der religiösen Sprache*. Patmos, Düsseldorf 1989; *Erfahrung als Dialog mit der Wirklichkeit. Eine Untersuchung zur Logik der Erfahrung*. Alber, Freiburg i. Br. 1995; *Philosophische Einübung in die Theologie*. 3 Bände. Alber, Freiburg i. Br. 2004.

56 리하르트 셰플러의 철학사상에 대한 주요 연구서는 다음과 같다. Matthias Laarmann & Tobias Trappe(Hrsg.): *Erfahrung – Geschichte – Identität. Zum Schnittpunkt von Philosophie und Theologie. Für Richard Schaeffler*. Herder, Freiburg/Basel/Wien 1997; Bernd Irlenborn: *„Veritas semper maior". Der philosophische Gottesbegriff Richard Schaefflers im Spannungsfeld von Philosophie und Theologie*. Pustet, Regensburg 2003; Thomas M. Schmidt & Siegfried Wiedenhofer(Hrsg.): *Religiöse Erfahrung. Richard Schaefflers Beitrag zu Religionsphilosophie und Theologie*. Alber, Freiburg/München 2010; Bernd Irlenborn, Christian Tapp(Hrsg.): *Gott und Vernunft. Neue Perspektiven zur Transzendentalphilosophie Richard Schaefflers*. Verlag Karl Alber, Freiburg/ München 2013. http://de.wikipedia.org/wiki/Richard_Schaeffler (2014.2.23.22:48).

○

제16장 칸트와 불교사상[01]

1. 칸트와 불교의 비교연구

한국에서 '칸트와 불교'의 소통 가능성에 대한 논의는 필자가 칸트와 불교의 비교연구를 수행한 이후 다수의 불교학자들과 여러 토론장을 통하여 이루어졌다. 불교철학계 내부에서 오래전부터 무아와 진아, 윤회의 문제가 논란이 되어왔으나, 필자가 이 문제들을 1990년대부터 칸트의 선험철학의 시각에서 새롭게 제기하면서부터 이른바 한국불교에서 무아윤회논쟁을 촉발하였다. 칸트의 요청이론은 기독교적 세계관에서 전제하는 은총의 신앙을 도덕법의 요구에 부응하는 차원에서 새롭게 해석하려는 시도였다. 필자는 칸트의 요청이론을 다른 종교와 상호문화의 영역으로 확장할 수 있는 '요청적 사유방법론'으로 전개하면서, 특히 아시아적 사유세계에서 한 축을 이루고 있는 불교사상의 전통 속에서 칸트적인 의미에서 아직 질서 있게 정리하고 있지 못한 불교철학의 아포리아[02]들을 모순 없이 이해

01 이 글은 김진 「칸트와 불교: 칸트철학과 불교사상의 체계내적 연관성에 대한 고찰」(『철학』 36, 1991), 「칸트의 요청이론과 불교」(『철학과 현실』 12, 1992), 「칸트와 불교: 무아 윤회논쟁을 중심으로」(『동서사상』 12, 2012)에서 필요한 부분을 재수록하였으며, 제3장 "한국불교의 무아윤회 논쟁과 주요 논점들"은 보완하였다.

02 칸트와 불교의 비교연구에 대한 지금까지의 주요 선행연구는 다음과 같다. Masao Abe, *Zen and Comparative Studies*. University of Hawaii Press, Honolulu 1997; *Zen and Western Thought*. London

할 수 있는 가능성 조건을 새롭게 이해하고자 하였다.[03] 칸트는 인간 이성을 이론철학과 실천철학의 시각에서 따로따로 조망할 수 있는 가능성 조건을 숙고함으로써 철학적 언어 사용을 보다 정교하게 하는 동시에 철학의 기능을 보다 명료하게 제시하고자 했다. 따라서 필자는 칸트철학의 시각에서 무아 윤회의 문제는 물론이고 무기, 방편, 수기의 문제, 그리고 니르바나적 최고선의 존립 요건 등에 대해서 선험철학적 조망이 가능하다고 보았던 것이다. 여기서는 칸트와 불교사상의 연관성을 필자와 한국불교학계 사이에서 제기된 무아윤회 논쟁을 중심으로 살펴볼 것이다. 필자는 오랜 숙고 끝에 이 글 속에 칸트와 불교의 비교 연구 현황에 대한 간략한 소

1985; Paul Deussen, *Vedanta und Platonismus im Lichte der Kantischen Philosophie*. 2.Aufl. Berlin 1922; Heinrich Doulmin(Hrsg.), *Buddhismus der Gegenwart*. Freiburg 1970; R.O. Franke, *Kant und die altindische Philosophie*, in: Zur Erinnerung an Immanuel Kant, Abhandlungen, hrsg. v. d. Universität Königsberg, Halle 1904, 107–141; Helmut von Glasenapp, *Das Indienbild deutscher Denker*. Stuttgart 1960; *Kant und die Religionen des Ostens*. (Mit 8 Abbildungen nach Kupferstichen aus zeitgenössischen Reisebeschreibungen.) Kitzingen–Main 1954 (Königsberg 1944); Georg Grimm, *Die Lehre des Buddho. Die Religion der Vernunft und der Meditation*. Wien 1979; Wilhelm Halbfass, *India and Europe. An Essay in Understanding*. New York 1988; Peter Harvey, *The Selfless Mind. Personality, Consciousness and Nirvana in Early Buddhism*. Richmond 1995; J.W. Hauer, *Die indo–arische Lehre vom Selbste im Vergleich mit Kants Lehre vom intelligiblen Subjekt*, (in: Die kulturelle Bedeutung der Komplexen–Psychologie, hrsg. vom Psychologischen Club. Zürich, Berlin 1935); Betty Heimann, *Vergleich der Antithesen europäischen und indischen Denkens. Zur Prüfung der Möglichkeit einer Analogie*, (in: Kant–Studien 31, 1926); *Vergleich der Antithesen europäischen und indischen Denkens. Zur Prüfung der Möglichkeit einer Analogie*, (in: Kant–Studien 31, 1926); S. Laycock, *Mind as Mirror and the Mirroring of Mind. Buddhist Reflecions on Western Phenomenology*. State University of New York Press 1994; Kurt Leider, *Buddha. Leben, Lehre, Jünggerschar in transzendentalphilosophischer Beleuchtung*. Hamburg 1968; *Transzendentale Idealitätsphilosophie*. Lübeck 1962; Bhikkhu Nanajivako, *The Ethos of Knowledge in Kantian and in Buddhist Philosophy*, (in: *Kant–Studien 77*. 1986); F.O. Schrader, *Maya–Lehre und Kantianismus*. Berlin 1904; A. Schweitzer, *Die Weltanschauung der indischen Denker*. München 1982; Volker Zotz, *Geschichte der buddhistischen Philosophie*. Hamburg 1996.

03 Jin Kim, *Kant's Postulatenlehre, ihre Rezeption durch Ernst Bloch und ihre mögliche Anwendung zur Interpretation des Buddhismus. Zur Unterscheidung zwischen postulatorischer struktur und Postulats–Inhalten bei der Auflösung der Dialektik des praktischen Vernunftgebrauchs*. Frankfurt, Bern, New York, Paris 1988.

개와 함께 필자 자신이 연구해 왔던 논의 내용들을 정리한 다음에, 필자의 주장이 한국불교학계에 파문을 일으켰던 사건, 즉 한국불교의 무아윤회논쟁을 중점적으로 소개하고자 한다.

필자의 불교연구는 1988년에 독일 루어대학(보훔)에 제출한 철학박사학위 청구논문인 『칸트의 요청이론*Kants Postulatenlehre*』(Frankfurt 1988)의 제3부(487-628)에서 다루었고, 1996년에 간행한 『새로운 불교해석』에 이어서 2000년에 증보 출판한 『칸트와 불교』에 대해 한자경이 반론을 제기하면서 이른바 한국불교학에서 무아윤회논쟁이 시작한 것이다. 이 논쟁을 계기로 하여 필자는 유럽철학과 아시아의 사상, 특히 불교철학의 지평 사이의 문화적 세계관적 차이를 확인하고 극복하기 위한 지평융합적 시도를 이어갈 수 있었다.[04] 당시 필자는 칸트철학의 시각에서 구성한 불교철학적 아포리아들을 세 가지로 압축하여 제시하였으나, 그중에서 무아설과 윤회설의 모순 구조에 대한 오직 하나의 문제에 대해서만 논쟁이 성립하였다. 앞으로 카르마와 자유 개념 사이에서 출현하는 모순, 그리고 열반 경험을 둘러싼 새로운 세계이해에서 출현하는 모순에 대해서도 논쟁이 성립할 수 있는 여지가 있다고 본다. 필자는 무아윤회 논쟁을 통하여 여러 불교학자들과 대화할 수 있는 계기들에 힘입어 칸트와 불교에 대한 주제를 다양하게 발전시켰으며, 붓다의 사유 방식에 대한 칸트주의적 해석 작업 역시 보다 다양한 방식으로 전개할 수 있게 되었다. 이를 통하여 필자는 독일에서 구상했던 칸트와 불교의 비교연구를 보다 더 심화할 수 있게 되었고, 특히 연기설에

04 필자의 칸트와 불교의 비교연구 성과는 다음과 같다. 「불교해석을 위한 칸트의 요청 – 사유방법의 간문화적 적용」(『칸트의 요청이론*Kants Postulatenlehre*』(Frankfurt 1988, 487–628), 『새로운 불교 해석』(철학과현실사 1996, 136쪽), 『칸트와 불교』(철학과현실사 2000, 344쪽), 『칸트와 불교』(철학과현실사 2004, 598쪽), 『무아윤회논쟁』(UUP 2004, 156쪽), 『하느님의 나라와 부처님의 나라』(UUP 2009, 107쪽).

서 무아설의 취지와 윤회설의 취지를 무모순적으로 종합할 수 있는 사유 지평의 확대에도 관심을 기울였다. 그 이후 무아윤회의 논쟁을 바탕으로 연기, 무아, 무기, 방편, 수기, 서원 등의 불교적 개념들이 칸트적인 의미에서 이성의 이론적 사용과 실천적 사용으로 구분하여 사용할 경우에 불교철학에서 보다 정치한 논리 사용을 도모할 수 있으리라는 생각에서 불교학계에서도 지속적으로 관심을 가질만한 것이라고 본다.

칸트는 인도와 불교에 대하여 얼마만큼 정확하게 알고 있었을까?[05] 칸트의 인도철학에 대한 지식의 정도는 헬무트 글라제나프Helmuth Glasenapp[06]의 책 『칸트와 동방의 종교』를 통하여 알려졌다. 칸트는 쾨니히스베르크의 알베르투스 대학Albertus-Universität in Königsberg에서 두 번째 학기부터 시작했던 《자연지리학》 강의는 1796년까지 40년 동안 지속적으로 이루어졌다.[07] 이 책은 글라제나프가 칸트의 자연지리학 강의에서 동양종교에 대한 부분들을 별도로 정리한 것이다. 칸트의 시대에 인도의 사유 세계는 매우 불충분할 정도로만 알려졌다. 따라서 그것들에 대한 칸트의 언급 역시 매우 단편적일 수밖에 없었다.(동방 147) 칸트는 『이성의 오롯한 한계 안의 종교』(1793)에서

05 칸트와 불교의 비교연구에 대한 이 글은 졸고 『칸트와 불교』(철학과현실사 2004)에서 발췌하여 간략하게 정리한 것이다.

06 헬무트 폰 글라제나프Helmut von Glasenapp(1891~1963)는 튀빙겐 대학의 인도학 연구가로서 유명한 사람이다. 그의 주요 저서는 다음과 같다. *Die Lehre vom Karman in der Philosophie der Jainas*. Bonn 1915, Leipzig 1915; *Kant und die Religionen des Ostens*. Königsberg 1944(이하 '동방'으로 줄인다); *Das Indienbild deutscher Denker*. Stuttgart 1960; *Buddhismus und Gottesidee. Die buddhistischen Lehren von den überweltlichen Wesen und Mächten und ihre religionsgeschichtlichen Parallen*. Wiesbaden 1954. Nachher: *Der Buddhismus – eine atheistische Religion*. München 1966; *Pfad zur Erleuchtung. Das Kleine, das Große und das Diamant-Fahrzeug*. Köln 1983; *Die Philosophie der Inder*. Stuttgart 1985.(『칸트와 불교』, 27-31 참조.)

07 H. von Glasenapp, *Das Indienbild deutscher Denker*. Stuttgart 1960. 5.

비슈누Wischnu와 루텐Rutten과 같은 인도의 신들[시바Siba나 시웬Siwen으로 불리기도 한다]이나[08] 힌두교의 제신,(동방 18) "힌두교와 카스트제[四姓制]의 결합 및 그들의 순결한 의식儀式", '종교적 물음에 대한 힌두교도의 입장'(동방 31-32)에 대하여 다루었다. 또한 그는 힌두교에 대해서 "브라만 종교의 기초 개념은 순수하지만, 많은 미신들과 혼합되어 있다"라고 말하기도 했다.[09] 칸트는 고대 인도의 전생설轉生說과 영혼윤회설Lehre der Seelenwanderung bzw. Metempsychose에 깊은 관심을 가지면서, '전생轉生을 인도 종교의 기초'라고 생각하였다.(동방 40) 그는 불교에 종사하는 승려들이 최고의 신적 존재를 숭배하지 않고, 수많은 윤회를 거쳐서 다른 육체에 이르고, 또 다시 그 영혼이 세계의 영혼과 합하여 궁극적으로는 최상의 행복 상태인 '소모나 카담'Sommona Cadam에 도달한다는 사실을 믿는다고도 말하였다.

칸트와 불교의 비교연구사에서 가장 중요한 인물은 글라제나프이다. 그는 칸트와 인도철학의 내적 관계를 연구하면서, 칸트가 인격적 신에 대한 믿음, 영혼윤회설이 도덕적 완성에 도움이 된다는 사실과, 그리고 모든 종교들은 서로 다른 방식으로 영원한 진리를 드러낸다는 사실에서 일치한다고 생각했던 사실을 인지하였다.(동방 135) 그는 칸트와 인도철학의 내적 유사성이 종족적 유사성에 근거하고 있다고 보았다. 그는 인도인들이 생각하는 '도덕적 세계'moralische Weltordnung를 실현할 수 있는 가능성 조건으로서 인간 영혼의 무한한 지속, 즉 윤회의 개념을 제시함으로써 칸트적인 의미에서 요청적 해석을 어느 정도 반영하였으나, 칸트가 요청 개념으로 제시한

08 H. von Glasenapp, *Indien in der Dichtung und Forschung des deutschen Ostens*. Vortrag am 19. Januar 1930, in: Helmuth von Glasenapp, *Ausgewählte Kleine Schriften*, hrsg. v. Heinz Bechert und Volker Möller. Wiesbaden 1980, 201–202 (11–12).

09 H. von Glasenapp, *Das Indienbild deutscher Denker*. Stuttgart 1960. 7–8.

영혼불멸성과 인도인들이 상정한 세계관적 전제 개념으로서 영혼윤회설을 도덕적 세계의 실현을 위한 가능성 조건으로 대비하는 오류를 범하였다. 또한 그는 칸트가 기독교를 이성종교Vernunftreligion의 한 유형이라고 한 것처럼 인도의 종교 역시 이성종교의 가능한 유형이라고 주장하였다. 그는 칸트가 말한 '하나밖에 없는 참된 종교'는 그 신앙의 형태에서 여럿일 수 있기 때문에(종교 A146) 인도의 종교도 이성종교의 범주에 속할 수 있다고 본 것이다.

슈라더F.O. Schrader는 쇼펜하우어가 관심을 가졌던 칸트의 주관적(선험적) 관념론을 고대 인도의 마야-이론Maya-Lehre과 비교하였다.[10] 칸트철학과 마찬가지로 인도의 마야론은 현상의 세계와 이념적 세계를 구분하면서, 브라흐만Brahman은 참되고 불변적이며 영원한 존재이고, 마야maya 혹은 가상Schein은 시공간 속에 있는 모든 수다성과 변화를 나타내고 있다. 슈라더는 칸트와 마야이론이 여러 가지 점에서 유사성을 가지고 있으나 마야이론이 칸트보다 더 탁월하다고 평가하였다. 예를 들면 칸트는 표상할 수 없고, 사유할 수 없는 '물자체'Dinge-an-sich를 감각의 원인이라고 생각하고, '선험적 통각'transzendentale Apperzeption을 표상의 주관적 조건이라고 보았으나(Schrader, 7), 인식주체와 대상의 이원론과 더불어 공간-시간적인 전체 세계를 이미 객관적으로 전제했음에도 불구하고 공간, 시간, 인과성 등을 객관적인 물자체의 세계에 두지 않고 인식 주체의 의식 속에 상정하는 근본적인 실수를 저질렀다고 비판하였다.(Schrader, 8)

프랑케R.O. Franke는 칸트철학과 불교가 여러 가지 점에서 비교될 수 있다고 보았다.[11] 그는 이 논문의 여러 곳에서 '붓다의 이론과 칸트의 이율배반

10 F.O. Schrader, *Maya–Lehre und Kantianismus*. Berlin 1904.

11 R.O. Franke, *Kant und die altindische Philosophie*, in: Zur Erinnerung an Immanuel Kant, Abhandlungen,

의 현저한 일치'를 지적하였다. 붓다는 '경험적인 현상 세계'를 그 생성의 측면에서 '표상'Vorstellung으로, 그 결과에서 '고통'Leiden이라고 설명했으며, 이 같은 붓다의 이론적 세계 관찰에다가 어떻게 이 고통을 해소할 것인가라는 실천철학적 방안을 첨가하였다. 붓다는 그 자신의 이론이성적 세계 해석에다가 실천적 이성 사용을 매개한 불교적 구원론을 보완하였는데, 여기에서 프랑케는 이론적 세계 관찰에 대한 붓다의 입장이 칸트 사상에서 이성 사용의 규제적 원리regulatives Prinzip와 비교할 수 있다고 지적한다.(Franke, 139) 그리하여 프랑케는 붓다의 니르바나 논제는 경험적으로 실현되는 식견으로서 고통을 극복하는 것이라고 보았다. 그러나 글라제나프는 프랑케의 입장을 비판한다. "예를 들면, 붓다가 마룬카풋타Malunkyaputta와의 대화에서(*Majjhima-Nikaya*, 63) 세계가 영원한가 영원하지 않은가, 유한한가, 무한한가라는 물음은 세계로부터 벗어나거나 깨달음에 대한 아무런 지식도 주지 못하기 때문에, 비록 붓다가 그에 대한 대답을 거절했다하더라도, 동일한 이율배반을 통하여 이성이 자체적인 모순에 빠지게 된다고 지적한 칸트와는 전혀 다르다"(동방, 142)는 것이다. 글라제나프는 붓다와는 달리 칸트는 우주론적 이율배반의 논의와 관련하여 그 정립과 반정립이 동시에 거짓이라고 분명하게 지적했다는 것이다. 따라서 글라제나프는 붓다가 칸트의 선구자라고 볼 수 없다고 말했다.[12]

hrsg. v. d. Universität Königsberg. Halle 1904, 107–141쪽, 특히 134쪽 이하를 참조.

12 콘즈 역시 칸트와 붓다의 안티노미를 비교하는 것이 무의미하다고 본다. 그 둘 사이의 유사성이 단순하게 형식적인데다가, 과학성의 정립과 해탈이라는 전혀 다른 목표를 갖고 있다는 것이다. 칸트에서 이율배반이 해결되지 않는 이유는 정립과 반정립 모두에 대하여 설득력 있게 논의할 수 있으나 이성 자신의 한계를 넘어서 있어서 어떤 결정도 내릴 수 없는 반면에, 무기(無記)의 주제들에 관한 논의는 해탈에 전혀 도움이 되지 않기 때문에 폐기되거나 무시된다. 이 물음들 역시 한편에서는 과학적 경험의 한계를 넘어선 것이지만, 다른 한편에서는 유익하지 않다는 것이다. Edward Conze, *Spurious Parallels to Buddhist Philosophy*, in: Philosophy East and West, 13, no. 3, 1963. 김종욱 편, 『불교사상과 서양철학』, 47쪽.

슈라더의 제자 쿠르트 라이더Kurt Leider는 글라제나프와는 반대로 붓다와 불교철학의 비교 가능성을 매우 긍정적으로 접근하였다. 쿠르트 라이더는 붓다가 전적으로 칸트철학의 '선구자'일 뿐만 아니라, 붓다철학을 '선험적 이념성의 철학'transzendentale Idealitätsphilosophie의 으뜸인 동시에 '절대선험주의'absoluter Transzendentalismus라고 불렀다.[13] 그에 의하면, "붓다는 동방의 칸트이고 칸트는 서방의 붓다이다. 그리고 물론 붓다의 철학은 현상으로서 존재의 이념성이라는 의미에서 비판주의일 뿐만 아니라 이 현상의 근거에 대한 비판주의로 귀착된다는 사실에서 칸트철학보다 더 비판적이다."[14] 계속해서 그는 불교적인 사유 세계가 가장 완전하고 순수한 '선험적 이념성'을 완벽하게 기술한다고 극찬하면서, 붓다를 "단순한 현상으로서 현존재의 이념성, 그리고 이러한 현상에 대한 이념성의 미지적 근거가 되는 니르바나라는 의미에서 순수한 선험철학을 통하여, 모든 경험과 형이상학을 가장 근본적이고 최종적으로 극복한 사람"이라고 평가하였다.[15] 그리하여 쿠르트 라이더는 글라제나프와 콘즈가 칸트의 이율배반과 붓다의 무기의 유사성을 부정한 것과는 반대로, 칸트는 자가당착에 빠졌으나 붓다는 경험과 형이상학을 완전하게 극복하였다고 보았다. 그리하여 칸트와 붓다의 철학적 특징을 '선험적 이념성의 철학'이라고 규정하면서 선험철학이라는 틀 속에서 칸트를 '서양의 붓다', 그리고 붓다를 '동양의 칸트'라고 불렀던 것이다.

13 Kurt Leider, *Das Transzendentale*. Diss. Königsberg 1925; *Kants Welt- und Lebensanschuung*. Vortragsreihe der philosophischen Akademie zu Lübeck 1954; *Transzendentale Idealitätsphilosophie*. Lübeck 1962; *Buddha. Leben, Lehre, Jüngerschar in transzendentalphilosophischer Beleuchtung*. Hamburg 1968. 김진, 『칸트와 불교』 제2장 "쿠르트 라이더의 절대선험주의"를 참고할 것.

14 Kurt Leider, *Buddha*. 17.

15 Kurt Leider, *Buddha*. 462.

이어서 필자는 독일 루어대학에 제출한 박사학위논문『칸트의 요청이론』의 제3부에서 칸트의 요청이론과 블로흐의 희망철학을 불교에 적용하는 시도를 함으로써, 칸트의 윤리학 및 종교철학에서 핵심적인 부분을 아시아적 사유와 접목하고자 하였다. 이와 같은 시도는 글라제나프에서 쿠르트 라이더에 이르기까지 불교 이해에 바탕을 둔 것이지만, 칸트의 요청적 사유방법론을 불교적 사유세계에 적용함으로써, 불교적 세계관에서 출현하는 모순구조를 해소하고자 한 것이다. 필자의 불교 해석은 한국의 불교학자들과 무아윤회 논쟁을 불러일으켰다.

2. 불교적 실천이성의 변증론

붓다가 새롭게 제시한 중도연기설은 기존의 모든 형이상학을 부정한 것이라는 점에서 분명히 하나의 위대한 파격이었다. 그러나 근대의 칸트가 새로운 차원에서 통일한 선험철학이 경험론과 이성론의 자체 한계를 이성 비판 내부의 문제로 변형한 것과 같은 노정을 붓다의 시도에서도 그대로 확인할 수 있다. 흔히 불교학자들이 주장하는 것과는 달리 붓다가 새롭게 제시한 연기설緣起說은 다르마적 취지와 카르마적 취지를 동시에 함축하고 있으며, 따라서 무아설과 윤회설을 동시에 지지하고 있다. 그러나 바로 그 때문에 붓다의 사상 안에서는 현상적으로 그 두 가지 교설 사이의 모순을 노정하고 있는 것이다. 마찬가지로 칸트 역시 경험론과 이성론의 철학을 종합하였으나, 그와 같은 핵심적 교설들은 칸트의 철학 체계의 내부로 들어와서 순수이성의 감성론과 분석론 사이의 갈등 구조를 재현하고 있다. 이 문제를 해소하기 위하여 칸트는 순수 이성의 변증론에서 이론적으로 증명할 수도 없고 반증할 수도 없는 영혼, 세계(자유), 신이라는 세 개의 이성 개념들을 '이념'Idee으로 규정하였으며, 실천이성의 변증론에서 다시 최고선의 실현 가능성을 위하여 필연적으로 요구하지 않으면 안 되는 영혼불멸성, 자유, 신의 존재라는 세 가지 유형의 형이상학적 이념들을 요청하게 된 것이다. 필자는 이와 같은 칸트의 요청이론이 붓다의 무기와 방편 사이의 갈등 구조를 무모순적으로 해소하는 데 결정적으로 유익하다고 판단하여 동아시아적 종교사상, 그중에서도 특히 불교적 사유에 칸트의 요청이론을 적용해 보기로 하였다. 필자는 『칸트의 요청이론』(1988)에서 붓다의 세계 이해에 적어도 세 가지 이상의 자체모순이 존재한다고 지적하면서, [아직 구체적으로 기술되지 않은] 불교의 실천철학적 변증론에서 출현하는 모순들을 해소하기 위해서는 칸트의 요청적 사유방법론이 유용할 것이라고 제안한 바 있다. 필자는 칸트와 붓다의 사유세계가 선험주의라는 공통적 기반을 갖는 한에서 붓다의 연기설에 의한 세계 해석에서 필연적으로 출현하는 세 가지 유형의 불교적 실천이성의 변증론을 구성한 후에 그 각각의 모순들을 해소하기 위한 요청명제들을 구상하였다.[16]

필자는 칸트의 요청이론을 칸트의 사유 전통과는 전적으로 다른 문화와 종교, 그리고 그와는 다른 세계관적 전제들에 바탕을 둔 철학적 사유에 적용하고자 한다. 이를 위해서는 칸트가 전제했던 세계관적 사유들과 그로부터 필연적으로 발생하는 변증론의 구성을 붓다의 불교 세계에서도 동일한 방식으로 발굴해야 할 것이다. "우리가 만일 불교적 사유 속에서 칸트의 요청적 사유 구조 및 실천철학적 변증론을 발굴하거나 재구성할 수 있다면, 특정한 세계관을 바탕으로 하는 요청철학적 선구조에서 출발한 어

16 김진, 「불교적 실천이성의 변증론」, 『철학』, 제38집 1권, 1992, 『칸트와 불교』 제8장에 재수록.

떤 철학자의 사유가 이성의 실천적 사용에서 필연적으로 출현하는 모순을 극복하기 위하여 이론이성의 측면에서는 그 존재를 부정하거나 판단 중지하였던 명제를 실천이성의 사용에서는 무조건적으로 요구하는 변증론을 확인한다면, 그리고 또한 이론이성적 전제와 실천이성적 요구 사이에서 필연적으로 출현하는 모순을 극복하기 위해 그와 같은 변증론을 재구성해야 할 필요를 발견한다면, 우리는 요청적 사유방법론의 국제문화적 적용에 대해서 긍정적인 결론을 내릴 수 있을 것이다."[17]

칸트가 이성의 이론적 사용에서 규제적 원리로 규정한 이념들이 실천이성의 변증론에서 직면하게 된 구체적인 모순들을 해소하기 위해 요청한 선험적 이념들이 서구적인 사유 전통 속에서 특별하게 구축한 것이라고 한다면, 붓다가 이성의 이론적 사용에서 규제적 원리로 규정한 이념들이 불교적 실천이성의 변증론에서 필연적으로 직면하게 되는 모순들을 해소하는 데 필요한 선험적 이념들인가를 생각할 필요가 있으며, 그 이념들이 동양적, 동아시아적 사유 전통과 긴밀한 연관관계를 가지고 있는가를 살펴야 할 것이다.

서양철학의 전통 속에서 특수한 전제들이 상정되는 것처럼, 불교철학의 전통 속에도 그와 유사한 특수한 유형의 전제들이 존재하는가? 칸트의 철학적 사유 전체를 규정하고 있는 세계관적 전제들에 준하는 요소들이 붓다의 불교철학에서도 발굴될 수 있는가? 칸트가 실천이성의 변증론을 기술한 것처럼 붓다 역시 그와 동일한 실천이성의 변증론을 기술하고 있는가? 그렇지 않다면 붓다에 의하여 아직 기술되지 않은 실천이성의 변증론을 지금이라도 다시 구성할 수 있는가? 붓다의 명제들 가운데서도 이론

17 김진, 『칸트와 불교』, 228.

이성과 실천이성의 차원으로 구분할 만한 것들이 존재하는가? 이와 같은 문제의식을 가지고 필자는 붓다의 다양한 발언 내용들 가운데서 이론이성과 실천이성의 영역에 해당하는 것들을 분별해 보고자 하였다. 우선 칸트의 세계관적 전제들이 '사실'Faktum로서 도덕법, 기독교의 원죄설, 도덕법과 자연법의 '구조 상이성'이라고 한다면, 불교의 세계관적 전제들은 무아설, 윤회 전생설, 도덕법과 자연법의 '구조 동일성'으로 규정할 수 있다. 칸트와 붓다의 세계관적 전제들이 다르기 때문에 그로부터 비롯하는 변증론 역시 다르게 구성할 수 있을 것이다.

그렇다면 붓다의 이론철학에서 칸트의 선험적 이념에 해당하는 사태들이 존재하는가? 이를 규명하기 위하여 우리는 붓다가 당대의 철학자들과 어떤 문제를 두고서 논쟁했는가를 살펴야 할 것이다. 붓다는 당시 육사외도六師外道라고 불리는 고대 인도의 다양한 사상들과 쟁론하였다.[18] 붓다는 푸라나 캇사파Purana Kassapa의 도덕부정론道德否定論, 막칼리 고살라Makkhali Gosala의 숙명론宿命論, 아지타 케사캄바린Ajita Kesakambalin과 챠르바카Carvaka의 유물론唯物論, 파쿠다 캇차야나Pakudha Kaccayana의 일곱 요소설七要素說, 산자야 벨라티풋타Sanjaya Belatthiputta의 회의론懷疑論, 니간타 나타풋타Nigantha Nathaputta, 즉 마하비라Mahavira의 자이나교를 비판하였다. 브라만 사상과는 달리 육사六師는 불변적 실재인 다수의 원리 및 요소가 세계와 인간을 구성하고 있다는 집적설集積說 arambhavada을 주장하였다. 그리하여 붓다는 관념론과 유물론, 절대주의와 상대주의(회의론), 금욕주의와 쾌락주의 등의 상극적인 세계관 및 가치관들이 난무하는 사상적 혼란기를 살면서 그 모든 철학과 종교사상을 부정하고 새로운 철학, 즉 연기법緣起法을 대안으로 제시하였다. 붓다는 연기설과

18 후지타 고타쓰(藤田宏達) 著, 권오민 譯: 『초기 부파불교의 역사』 민족사 1989. 28-33 참조.

관련하여 제기된 형이상학적 물음들에 대하여 무기無記의 태도를 취하였으나, 수행적 필요에 의하여 동일한 형이상학적 명제들을 방편方便과 수기授記의 형식으로 언표하였다.

필자는 1988년의 박사논문에서 불교적 실천이성의 변증론에서 출현하는 첫 번째 모순을 "붓다의 무아설을 중심으로 다르마 이론과 카르마 이론 사이에서 제기되는 모순"이라고 규정하였다.[19] 이것은 붓다의 이론적 세계 관찰 사실과 그가 제시한 실천적 수행의 구원론의 내용이나 또는 실천적으로 지향하려고 하는 그의 이상적인 목표 설정이 대립하는 사실을 바탕으로 하여 구성한 것이다. 필자는 연기법 아래서 동시에 구속력을 가지고 있는 "(무아설을 포괄하는 넓은 의미에서) 불교적 다르마 이론과 (윤회설을 포함하는) 불교적 카르마 이론 사이에서 출현하는 모순들"로부터 불교적 변증론을 새롭게 기술하고자 했다. 붓다의 연기설은 이 두 가지 취지를 동시에 함축하고 있기 때문에 이론적인 이성사용에서는 두 명제 사이의 모순이 현상적으로 해소될 수 없는 것처럼 보인다. 그렇기 때문에 붓다는 무기의 방식으로 침묵한 것이다. 연기법에서 무아설의 취지를 강조하면 윤회설이 들어설 자리가 없고, 윤회설의 취지를 강조하면 무아설이 들어설 자리가 없게 된다. 대다수의 불교학자들이 무아윤회, 즉 무아의 윤회를 정설처럼 주장하고 있는데, 그와 같은 시도는 붓다의 무기적 태도를 정면으로 부정한 것이다. 연기법을 무아설과 동일한 것으로 상정하는 경우에는 무아설 자체 안에서 '다르마적 측면'der dharmische Aspekt der Anatta-Lehre과 '카르마적 측면'der karmische Aspekt der Anatta-Lehre을 동시에 함축함으로써 동일한 모순 구조를 기술할 수밖에 없게 되는 것이다. 그러나 윤회의 주체로서 자아, 무아, 여래장, 일심, 간다르바,

19 Jin Kim, *Kants Postulatenlehre*. Frankfurt 1988. 517–573; 김진, 「불교적 실천이성의 변증론」, 283 이하 참조.

아뢰야식 그 어떤 것을 상정하더라도 무아설의 취지에서 벗어나게 된다. 따라서 필자는 붓다의 무아설과 윤회설이 무모순적으로 가능하기 위해서는 칸트가 이론적으로 그 존재를 증명할 수도 없고 반박할 수도 없었던 이성의 대상 개념(이념)을 도덕법의 구속성과 최고선의 실현 가능성을 위하여 요청 명제로서 요구하였던 것처럼 '자아 통일성의 요청'Postulat der Ich-Einheit에 의해 해소할 수 있을 것이라고 보았다. 이 경우에 요청 명제는 실천철학적 요구에 부응하는 자아 통일성을 담보하는 그 어떤 것이라도 큰 문제는 없을 것이다. 그런데 여기에서 대부분의 불교학자들은 이와 같은 요청 사실이 결국 불교의 무아설을 훼손한다고 곡해하였다. 그러나 요청명제란 모순적 사실을 해소하기 위한 조건명제로서만 상정되는 것이고 이론적으로 객관적 실재성을 갖는 것이 아니기 때문에 그런 반박은 무의미하다.

두 번째 불교적 실천이성의 변증론에서는 "자유 개념을 중심으로 다르마적 세계 해석과 실천적 구원론 사이에서 출현하는 모순"[20]을 구성하였고, 세 번째 불교적 실천이성의 변증론에서는 "해탈을 중심으로 도달한 신성성과 그에 일치하는 행복의 결여 사이에서 출현하는 모순"[21]으로 구성하였으나, 이 문제들에 대해서는 논쟁이 일어나지 않았다.

3. 한국불교의 무아윤회 논쟁

『칸트의 요청이론』(1988)에서 제기한 문제와는 달리 한국 불교학계에서는 무아설과 윤회설의 모순적 관계를 윤호진이 『무아 · 윤회문제의 연구』

20 *Kants Postulatenlehre*, 573-602; 「불교적 실천이성의 변증론」, 286 이하 참조.
21 *Kants Postulatenlehre*, 602-628; 「불교적 실천이성의 변증론」, 288 이하 참조.

(민족사 1992)에서 가장 처음으로 체계화하였다. 그가 초기불교에서 무아설과 윤회설이 양립할 수 없다고 진단한 사실은 필자의 불교연구에 새로운 활력을 불러일으켰다. 필자는 칸트와 불교의 비교 연구를 1996년에 펴낸 소책자『새로운 불교해석』과 2000년에 증보한『칸트와 불교』에 소개한 바 있다. 그 사이에 정승석의『윤회의 자아와 무아』(장경각 1999)가 나왔고, 그에 대한 한자경의 서평[22]을 접하였으며, 정승석의 입장에 대한 필자의 생각을『칸트와 불교』(2000)에 덧붙였다. 필자는 윤호진의 주장에 동조하고 정승석의 주장에 반대하는 편에 서 있었기 때문에 사실상 필자의 칸트와 불교의 비교연구로부터 한국불교학의 무아윤회 논쟁이 발단한 것이라고 볼 수 있다. 그 후 다시 필자의『칸트와 불교』(2000)에 대한 한자경의 서평[23]을 접하게 되었는데, 이 글에서 필자는 그가 칸트의 방법론을 문제 삼기보다는 기독교적인 시각에서 불교를 해석하는 것에 대한 불편한 심기를 과도하게 드러낸 것을 보고서 학문적인 차원이라고 보기가 어려웠다. 따라서 필자의 반론은 한자경의 서평이 내용적으로 불충분할 뿐만 아니라 평가의 방향에서도 부적절하다는 데 무게를 두었다.[24] 나중에 안 사실이지만 한자경은 정승석에 대한 서평에서 답변을 기대했지만 아무런 반응도 없어서, 필자에게는 의도적으로 다소 도발적인 표현을 사용하게 되었다고 술회하기도 했다.[25] 하지만 칸트와 불교의 연구자로서 한자경의 논지는 범주적 오류에 빠져 있다는 생각이다.

22 한자경, 「『윤회의 자아와 무아』(정승석 저, 장경각 1999)」, 『철학연구』 제46집, 1999년 가을.

23 한자경, 「불교의 자아관에 대한 기독교적 접근의 한계」, 『오늘의 동양사상』 제4호(예문동양사상연구원 2001. 3), 303-311.

24 김진, 「칸트주의적 불교해석의 의미지평」, 한자경 교수의 서평(『오늘의 동양사상』 제4호)에 대한 반론, 『철학비평』 제6호, 2001.

25 한자경, 「무아와 윤회 그리고 해탈 – 김진 교수의 반론에 답하며」, 『오늘의 동양사상』, 제4호, 2001년 봄, 30; 『불교철학과 현대윤리의 만남』, 290에 재수록.

그 후 이덕진은 「보편과 특수의 상즉相卽을 기대하며」라는 글을 통하여 이 논쟁을 처음으로 체계적으로 소개하였으며,[26] 『오늘의 동양사상』 제8호(2003 봄 · 여름)에서 이 문제를 특집으로 다루었다. 이 특집에는 이덕진, 조성택, 최인숙, 김종욱이 글을 게재하였다.[27] 이 특집을 계기로 무아윤회 논쟁은 1대 1의 구도에서 다자 대 1의 구도로 바뀌었으나, 논의 자체의 스펙트럼이 확대되었다는 느낌은 전혀 들지 않았다. 한국불교사상사의 다양한 스펙트럼에 비추어 볼 때 필자의 의도가 오늘날까지도 정확하게 받아들여지지 않고 있는 것은 참으로 이상한 일이다. 이분들이 불교의 교의학자들도 아닌데, 모두들 불교의 진리 지평을 폐쇄적인 논점 안에서 수호하고 방어해야 한다고 생각하는지 이해할 수 없다. 여기에는 칸트전공자들조차도 칸트의 요청이론, 그리고 필자와 리하르트 셰플러가 발전시킨 요청적 사유방법론을 크게 유념하지 않은 탓이 크다고 본다.

또한 "문명갈등시대의 동서사상의 대화"라는 주제 하에 2004년 10월 29일~30일, 대전 한남대학교에서 열린 제17회 한국철학자대회에서 필자의 주제발표 「서구적 불교해석의 유용성에 대하여」를 김호성(동국대학교)이 논평하면서 여러 가지 비판적인 물음들을 제기한 바 있다. 이와 함께 그는 우리나라의 불교학계에서 처음으로, 그리고 유일하게, 필자의 불교 이해가 한국 불교사상의 발전에 도움이 될 수 있다고 긍정적으로 평가한 학자였다. 그는 이런 사실로 인하여 나중에 불교 근본주의자들의 비판에 직면하기도 했으나, 한국불교의 사유지평을 개방하고 확장하는 데 기여했다고

26 이덕진, 「보편과 특수의 상즉相卽을 기대하며」, 『오늘의 동양사상』 제7호, 2002 가을 · 겨울. 이 책에는 한자경, 「무아와 윤회 그리고 해탈: 김진 교수의 반론에 답하며」도 같이 수록하고 있다.

27 김진, 「한국불교의 무아윤회 논쟁」, 『철학』 83, 1, 2005. 이 글에서 필자는 한자경의 2002년 반론(오늘의 동양사상 7)과 특집 논단의 참여자들에 대한 비판을 시도하였다.

본다.

한국불교에서 무아 · 윤회 논쟁은 한자경에 의하여 『불교의 무아론』(이화여자대학교출판부 2006), 『불교철학과 현대윤리의 만남』(예문서원 2008)으로, 그리고 필자에 의해서는 『칸트와 불교』(증보판, 철학과현실사 2004), 『무아윤회 논쟁』(UUP 2004), 『하느님의 나라와 부처님의 나라』(UUP 2009)로 지평을 확대해 나갔으며, 정세근이 『윤회와 반윤회』(개신 2008)라는 저서를 통하여 이 논쟁에 가담하기도 했다.

따라서 우리는 지금까지의 한국불교에서 무아 · 윤회 논쟁의 전개 과정과 주요 논점을 정리하면서, 연구자들이 왜 정확한 접점을 찾지 못하는가를 나름대로 분석해 보고자 할 것이다. 이러한 시도는 지금까지의 논쟁을 비판적으로 반성하는 작업이면서, 동시에 제기된 문제 상황을 보다 정교하게 기술하는 작업이 되어야 할 것이다.

당시 필자가 펴낸 『칸트와 불교』(철학과현실사 2000)의 개요는 다음과 같다. 이 책에서 필자는 칸트의 자연지리학적 불교 이해, 쿠르트 라이더의 절대선험주의적 불교 이해, 헬무트 글라제나프의 도덕주의적 불교이해를 소개한 후에, 칸트의 불교 이해가 여행기록 등의 자료적 한계가 있으므로, 칸트의 불교지식 자체를 비교연구의 논점으로 삼지 않고, 오히려 칸트의 도덕신학적 종교론에 근거하여 이성 사용의 이론적 측면과 실천적 이성 사용의 측면을 중시하면서, '도덕'에서 '종교'로 이행한다는 칸트 특유의 요청이론을 방법론으로 추출하여, 이를 다시 초기불교의 '무기'(無記), 연기법에서 무아와 윤회의 문제로 구성하고, 칸트의 요청이론에 입각하여 새롭게 해석할 수 있다고 제안하였다. 칸트의 요청이론은 기독교적 세계관을 전제하고 있으며, 기독교의 역사적인 계시 사건에 기초한 교회신앙을 보편적인 도덕이론을 정초할 수 있는 이성신앙으로 고양하려는 의도를 가지고 있다. 다른 한편 칸트의 종교론은 이론적 지식의 차원과 도덕적 실천의 차원을 엄격하게 구분함으로써 종교적 신앙의 문제가 이론적 지식의 대상이 아니라는 사실을 분명하게 하고자 했다. 이처럼 칸트는 이론과 실천, 지식과 신앙의 차원을 분리함으로써 기독교적 세계관 이외에도 자연법과 도덕법의 구조가 상이하다는 당시의 자연과학적 이해를 전제하고 있는 것이다.

칸트의 요청이론과 그로부터 확장된 요청적 사유방법론을 유럽이 아닌 아시아, 기독교 신앙이 아닌 불교신앙의 사유세계에서 의미 있게 적용할 수 있으려면, 칸트가 서있는 세계와 그 세계관적 전제들과 전혀 다른 동아시아의 철학자가 서있는 세계와 그 세계관적 전제들이 어떻게 다른지를 분명하게 직시하고, 칸트의 이성이 기술한 변증론과 다른 불교적 이성의 변증론을 새롭게 기술할 수 있는가를 살펴야 할 것이다. 이러한 문제의식을 가지고 필자는 칸트의 요청주의가 보편성을 가지려면 다른 문화와 다른 종교를 가진 세계관에서도 적용할 수 있는 사유 구조를 가져야 한다고 보았다. 따라서 유럽에서 기독교적 세계관을 전제하는 철학자가 기술하는 이성의 변증론과 아시아에서 불교적 세계관을 전제하는 철학자가 기술하는 이성의 변증론을 새롭게 그리고 전혀 다르게 구성할 수 있는가를 조사하고자 했다. 그리고 이를 바탕으로 불교적 실천이성의 변증론을 바로 그 불교의 실천철학적 변증론을 규정하는 요청적 선-구조를 칸트의 전제와는 전혀 다른 연기법과 무기법에 근거하는 '자연법과 도덕법의 구조 동일성'에서 발견하였다. 이를 바탕으로 불교의 실천철학적 변증론을 세 가지 불교 교설에서 포착하고 이로부터 붓다의 연기법을 다르마 -이론과 카르마 -이론 사이에서 출현하는 모순구조, 자유 개념을 중심으로 다르마적 세계해석과 실천적 구원론 사이에서 출현하는 모순구조, 해탈을 중심으로 도달한 신성성과 그에 일치하는 행복의 결여 사이에서 출현하는 모순구조를 기술하고, 이상의 세 가지 모순들, 즉 불교의 실천철학적 변증론에서 필연적으로 출현하는 이율배반의 해소를 위한 가능성 조건이 무엇인가를 숙고하고자 했으며, 그것이 곧 불교적 사유에서 출현하는 모순을 해소할 수 있는 요청내용인 것이다.

4. 칸트와 붓다의 세계관적 차이

한국불교에서 무아윤회 논쟁은 유럽의 칸트철학과 아시아의 붓다 철학 사이의 만남을 통하여 이 두 지역이 아직 경험하지 못한 전혀 새로운 철학적 사유의 지평을 열어 줄 것이라는 희망을 갖게 한다. 칸트와 붓다의 철학은 공통성과 차이성을 비교적 분명하게 드러내고 있다.

칸트와 붓다 모두 기존의 사상적 분열을 통합하려고 시도한 점에서 일치한다. 칸트는 경험론과 이성론을 종합하여 선험적 관념론 체계를 수립하였으며, 붓다 역시 인도의 전통사상인 브라마니즘과 육사외도의 철학을 비판적으로 종합하여 중도 연기설 체계를 수립하였다. 또한 두 사상가는 이성의 규제적 사용 원리와 구성적 사용 원리를 천부적으로 적용한 점에서 공통적이다. 칸트는 경험의 한계 안에서 종교의 위상을 새롭게 부여했으며, 그리스도교를 중심으로 하는 서구의 계시신앙을 도덕신학적 차원에서 새롭게 해석하고자 고심하였다. 붓다 역시 인도의 전통 종교사상들과의 논쟁을 통하여 연기설이라는 하나의 철학적 원리로 통합하고자 고심하였다.

그러나 칸트가 자연의 법칙과 도덕의 법칙이 서로 다른 구조 상이성을 전제로 한 세계관적 사유를 개시한 것과는 반대로 붓다는 자연과 도덕의 법칙이 일치하는 구조 동일성을 전제로 하는 세계관적 사유에 바탕을 두었던 점에서 두 사상가의 사유 방향은 근본적으로 다르다. 칸트와 붓다는 이론적 차원과 실천적 차원에서 철학적 사유를 개진하고 있는 점에서 공통적이지만, 칸트의 경우에 두 차원의 세계법칙이 상이한 반면에 붓다의 경우에는 동일하다는 것이 특징적이다. 칸트는 이론적 지식의 문제를 인과성의 법칙이 지배하는 현상세계에서 논의하지만, 실천적 행위의 문제는 자유의 법칙을 요청하는 지성세계를 지평으로 설정하고 있다. 칸트는 자연세계의 인과 법칙이 도덕적인 실천에 대한 보상을 보증하지 못하는 이원론적 세계 구조를 전제하고 있다. 그와 반대로 붓다는 이론적 차원을 연기설의 무아설적 취지(다르마적 구조)로 구성하고 기존의 모든 형이상학적 명제들에 대한 판단을 유보한다. 붓다의 실천적인 차원은 연기설의 윤회설적 취지(카르마적 구조)로서 무기적 태도를 취하였던 기존의 형이상학적 명제들을 자유롭게 발설하는 지평을 뜻한다. 칸트와 달리 붓다 스스로는 이론적 차원과 실천적 차원을 구분하지 않았지만, 그의 용어를 사용할 경우에 '무기'와 '방편'으로 구분할 수 있다. 방편으로서 무기와 직접 반대적인 위치에 해당하는 두 개념이 바로 '수기'와 '서원'이다. 무기는 형이상학적 물음에 대하여 대답을 회피하고 침묵하는 것이지만, 수기와 서원은 수행 주체의 동일성 구조를 명백하게 전제하고 있는 점에서 사실상 연기법의 무아설적 취지를 위협한다.

칸트는 이론적인 지식의 영역에서는 그 존재를 증명할 수 없고 부정할 수도 없는 이성의 대상 개념들, 즉 영혼, 세계(자유), 신을 선험적 이념으로 상정하고 인식의 대상이 될 수 없는 개념으로 상정하였으나, 도덕법의 구속성과 최고선의 실현 가능성을 위한 조건 명제로서 요청하게 된다. 이 경우에 칸트의 요청명제는 이론적으로 객관적 실재성을 갖지 않지만 실천적으로는 그 크기의 존재를 인정받는다는 사실에서 특별한 위상을 갖는다.(대부분의 불교학자들은 요청명제의 실재성 여부에 대한 오해를 함으로써 필자가 무아를 버리고 윤회 주체를 취했다고 비난하였다.) 붓다는 연기설에 바탕을 두고 사성제와 삼법인을 설했으나, 그 주요 내용들은 무아설과 윤회설의 취지를 동시에 함축하고 있었다. 따라서 이를 무모순적으로 기술하기 위해서는 붓다가 직접 기술하지 않은 불교적 실천이성의 변증론을 구성하고 그 안에서 필연적으로 발생하는 모순 구조를 드러낸 연후에, 출현한 모순을 해소할 수 있는 조건 명제를 구하는 것이 필요하다. 따라서 필자는 무아설과 윤회설, 카르마와 자유, 그리고 니르바나 체험과 세계구제로서 보살정신에 대한 세 가지 유형의 변증론을 기술하고 그 각각의 모순들을 해체할 수 있는 가능성 조건을 천착하게 된 것이다.

필자는 칸트와 불교의 비교연구를 수행하면서 불교학자들에게서 다음과 같은 몇 가지 공통적인 한계를 발견하였다. 첫째로 필자의 불교 해석이 기독교적이라는 것이다. 한자경 이후 정세근에 이르기까지 대부분의 학자들이 그런 생각에서 벗어나지 못하는 것 같다. 칸트는 단지 하나의 참된 종교가 있고, 그에 대한 다양한 신앙의 유형들이 있을 뿐이라고 주장한다. 여기에서 칸트가 말하는 '하나의 참된 종교'는 이성종교(도덕신앙)을 말한다. 그것들이 칸트에게 유대교, 기독교, 이슬람교, 불교 등은 종교 신앙의 여러 유형들에 불과하다. 그것들이 '참된 종교'로서 기능하기 위해서는 이성종교 또는 도덕신앙의 조건을 갖추어야 한다. 따라서 필자는 칸트의 요청적 사유방법론 자체가 기독교적이라는 생각을 한 적이 없다. 이런 비판은 종교 갈등에 편승하고 있을 뿐만 아니라 칸트가 '종교이성비판'을 수행하는 『철학적 종교론』(『이성의 오롯한 한계 안의 종교』를 칸트 자신이 그렇게 불렀다)의 저술 취지를 곡해한 것이 아닐 수 없다.

둘째로 필자의 불교 해석의 중요한 틀은 붓다의 근본 주장인 연기설의 형성 과정과 배경, 그리고 그 이후의 붓다의 교설 등, 붓다의 논의 구조를 전반적으로 분석하여, 붓다 자신의 다양한 언설을 소화할 수 있도록 연기설을 개방적으로 해석하는 것이다. 따라서 필자의 불교 이해는 불교가 일반적으로 취하는, 즉 불교적 교의체계 수립 이후에 통용하는 이해와 다를 수 있다. 대부분의 불교학자들이 필자의 불교 이해가 잘못되었다고 지적하는 것은 불교사상을 자기들만의 전유물로 여길 뿐만 아니라 칸트와 필자의 취지를 간과한 탓이라고 여겨질 수 있다. 수차례의 논쟁을 거친 이후에도 그런 기본적인 전제에 대한 몰이해가 반복적으로 일어나는 것은 이해할 수 없는 일이다. 불교학자들이 근본주의적 주장을 계속한다면 어떤 논쟁도 무의미하게 될 것이다.

셋째로 현재의 종교 행위 및 종교 교의체계는 종교 창시자의 원초적 사유 내용과 전적으로 다를 수도 있다는 사실을 인정할 필요가 있다. 이것은 불교뿐만 아니라 기독교를 포함한 대다수의 종교에서 공통적인 현상이다. 정통 기독교는 지난 2천년 동안 그리스도교의 진리를 체계화하는 과정에서 수많은 이단과 교파들을 척결하였지만, 그들이 축출한 이념체계들은 저마다의 독립적인 신앙으로 발전하였다. 따라서 그리스도교 초기의 다양한 신앙 방식들은 정통 교회의 바깥에서 하나의 독립적인 왕국을 이루고 있다. 이와 마찬가지로 불교 역시 그 자체 안에 매우 다양한 사유체계를 껴안고 있다. 그럼에도 불구하고 모든 종교가 고유한 종교 현상에 대한 철학적 분석에 대하여 불편해 하는 것은 공통적인 태도이다. 필자의 불교 해석이 지금은 다소 껄끄럽게 느껴질 수 있을지 모르지만, 시간이 지나면 이와 같은 시도에 대하여 불교계가 정당한 평가를 내릴 것이라고 기대한다. 필자는 불교의 사유체계를 뒤흔들기 위해서가 아니라 현상적으로 드러난 모순 구조를 모순 없이 사유할 수 있는 방안을 모색하고자 한 것이다. 이와 같은 철학적인 아포리아는 그리스도교의 원죄설과 자유의지, 그리스도의 인성과 신성, 삼위일체설 등의 교의체계에서도 동일하게 찾아질 수 있다. 따라서 한국불교계는 칸트와 붓다, 칸트주의와 불교의 만남을 소중한 인연으로 받아들이기를 희망해 마지않는다.

제17장 칸트와 종교다원주의[01]

1. 칸트와 종교대화의 문제

우리는 이제 칸트의 종교 이해에 대한 마지막 정점에 이르렀다. 칸트는 그의 종교 저술에서 "하나의 참된 종교와 수많은 신앙유형들"(종교 A146 B154)에 대하여 언급함으로써 현대의 종교다원화 사회에서 서로 다른 종교의 대화와 평화적 공존의 가능성 조건의 문제를 예견하고 있었다. '하나의 참된 종교'와 '수많은 신앙유형들'이 있다는 칸트의 종교 개념은 서구권의 종교철학적 논의에서도 크게 주목 받지 못했으나, 그러한 언표가 현대의 종교다원주의에 미치는 영향은 매우 크다고 볼 수 있다. 특히 '절대주의'와 '배타주의'로 알려진 근본주의자들의 '진리광신주의', 그리고 '상대주의' 혹은 '무차별적 다원주의'로 알려진 '진리망각주의'라는 두 극단적인 태도를 극복할 수 있는 '포용주의' 또는 '통합주의'의 종교 대화방식이 어떻게 가능한가의 문제는 칸트의 종교 개념과 긴밀한 연관성을 가지고 있다.[02]

01 이 글은 본 연구를 위하여 새로 작성한 김진 「칸트와 종교대화의 문제」(『인문학연구』 44, 2012)를 수록하였으며, 일부의 내용은 수정하였다.

02 종교다원주의에서 가장 대표적인 학자들로는 존 힉, 한스 큉, 라이문도 파니카, 캔트웰 스미스를 생각할 수 있다.

(1) John Hick, *God and the Universe of Faiths*. New York 1973; *God has many names*. The Westminster

칸트의 요청적 사유방법론은 서로 다른 문화와 종교전통에서 각각 추구하고 있는 최고선의 이상을 체계적으로 기술하고 그 특유한 문화적 한계를 드러내는, 이른바 각각의 고유한 문화 전통에서 특이하게 출현하는 '변증론'을 구축하는 데 매우 유용하다. 철학적 사유전통에서 더 이상 물러설 수 없는 확실성의 영역에 대한 최후정초를 요구하였던 것처럼, 각각의 종교문화적 사유전통에서도 그 고유한 최고선의 이상을 실현하기 위하여 무한한 노력을 경주하는 개인적, 집단적 실천수행에 대한 강력한 요구들이 존재해 왔다. 칸트가 비판철학의 변증론에서 보여 준 '이상'Ideal에 대한 기술을 우리는 모든 민족의 고유한 종교 및 문화의 최고선에 대한 희망 의식에서도 공통적으로 관찰할 수 있다. 이러한 사실에서 칸트의 요청 개념과 그 사유방법은 다른 문화적 연관 속에서도 종교적 희망의식의 관계를

Press, Philadelphia, Pennsylvania 1980; *The Second Christianity*. London 1983; *An Interpretation of Religion. Human Responses to the Transcendent*. Yale University Press 1989; *Three Faiths – One God. A Jewish, Christian, Muslim Encounter*. London 1989; *The Metaphor of God Incarnate. Christology in a Pluralistic Age*. Kentucky 1993.

(2) Hans Küng, *Christianity & World Religions. Paths of Dialogue with Islam, Hinduism, and Buddhism*. Tr. by Peter Heinegg, New York 1996 (1986); *Projekt Weltethos*. München 1990.

(3) Raimon Panikkar, *Die vielen Götter und der eine Herr. Beiträge zum ökumenischen Gespräch der Weltreligionen*. Weilheim 1963; *The unknown Christ of Hinduism*. London 1964. Deutsche Ausgabe: *Der unbekannte Christus im Hinduismus*. Mainz 1990 (2); *Religionen und Religion*. München 1965. Panikkar, Raimon: *The intra-religious Dialogue*. New York 1978; *The Silence of God. The Answer of the Buddha*. New York 1990; *The cosmotheandric experience. Emerging religious consciousness*. New York 1993. Deutsche Ausgabe: *Der Dreiklang der Wirklichkeit. Die kosmotheandrische Offenbarung*. Salzburg 1995; *Meinen wir denselben Gott? Ein Streitgespräch*. München 1994; *Invisible Harmony. Essays on Contemplation & Responsibility*. Minneapolis 1995; *The Intrareligious Dialogue*. Revised Edition. Paulist Press, New York 1999.

(4) W. Cantwell Smith, *Comparative Religion. Whither and Why?*, M. Eliade & J. Kitagawa ed.: *The History of Religions*. Chicago 1959; *The Faith of Other Men*. New York 1962; *The Meaning and End of Religion*. Macmillan, New York 1962, Minneapolis 1991; *Believing: An Historical Perspective*. The University Press of Virginia 1977, Oxford 1998; *Faith and Belief. The Difference between Them*. Princeton University Press, Princeton 1979, Oxford 1998; *Patterns of Faith around the World*. Oxford 1962, Oneworld Publications, Oxford 1998.

동일한 방식으로 기술할 수 있게 한다. 이에 대한 논의는『칸트의 요청이론*Kants Postulatenlehre*』(Frankfurt 1988) 이래 필자의 지속적인 관심이었으며, 동시에 칸트의 선험철학적 변증론과 '요청' 개념을 가지고 칸트의 이성비판을 현대적인 관점에서 확장시키려고 노력했던 리하르트 셰플러Richard Schaeffler(1926~)가 가장 중요하게 생각했던 칸트 종교철학의 중심 테제이기도 하다.[03]

우리는 칸트의 종교 이해와 관련하여 새로운 질문들을 수없이 제기할 수 있다. 칸트가 그리스도교 신학과 현대 종교철학에 끼친 영향은 무엇인가? 칸트는 신학적 보편주의자인가, 아니면 신학적 회의주의자인가? 신학에서 보편주의라는 것이 가능한가? 발터 벤야민Walter Benjamin(1892~1940)의 폭력 비판과 칼 슈미트Carl Schmitt(1888~1985)의 정치신학은 칸트와 어떤 관계에 있을까? 유대교를 종교의 자리에서 추방한 칸트에게 야콥 타우베스Jacob Taubes(1923~1987)가 바울로Paulus(?~AD 64-67)를 진정한 의미에서 유대주의를 완성한 사람으로 평가한 것은 어떻게 비쳐질까? 타우베스 이후부터 아감벤Giorgio Agamben(1942~), 바디우Alain Badiou(1937~), 지젝Slavoj Žižek(1949~)을 중심으로 바울로를 보편주의자로서 조명하는 철학적, 신학적 작업이 활발하게 이루어지고 있다. 이와 같은 현대적 흐름에 대하여 칸트의 신 개념과 종교철학은 어떤 태도를 취할 수 있는 것일까? 철학자로서 칸트를 보편주의자로 기억하고 있는 우리의 상식이 흔들리는 것이다. 칸트는 이성비판을 통하여 객관적으

03 Richard Schaeffler, *Fähigkeit zur Erfahrung. Zur transzendentalen Hermeneutik des Sprechens von Gott*. Freiburg/Basel/Wien 1982: *Erfahrung als Dialog mit der Wirklichkeit. Eine Untersuchung zur Logik der Erfahrung*. München 1995; *Philosophisch von Gott reden. Überlegungen zum Verhältnis einer Philosophischen Theologie zur christlichen Glaubensverkündigung*. München 2007; *Philosophische Einübung in die Theologie*. Bd.3: *Philosophische Einübung in die Ekklesiologie und Christologie*. München 2004; Bd.1: *Zur Methode und zur theologischen Erkenntnislehre*, Bd.2: *Philosophische Einübung in die Gotteslehre*, Karl Alber, München 2008; *Religiöse Erfahrung: Richard Schaefflers Beitrag zu Religionsphilosophie und Theologie*. Karl Alber; München 2010.

로 타당한 경험의 가능성 조건을 분명하게 제시했으며, 모든 사람들이 보편적으로 지켜야 할 도덕법칙을 제시하였고, 심지어 모든 국가와 정부가 지켜야 할 글로벌 정치윤리까지 정초한 점에서, 그가 보편주의자라는 사실은 너무나 자명하다. 그렇다면 현대 유물론 철학자들이 추앙하는 바울로의 보편주의와 칸트의 보편주의는 어떤 관계에 있는 것일까?

이 문제를 해명하기 위해서는 무엇보다도 먼저 칸트가 이성비판을 통하여 제시한 신 개념을 정확하게 이해해야 한다. 또한 동시에 칸트가 이해한 종교 개념을 당대의 신학자들이나 칸트의 추종자, 특히 칸트주의자인 동시에 유대주의자였던 헤르만 코헨Hermann Cohen(1842~1918)의 칸트 비판을 통해서 보다 분명하게 접근할 필요가 있다. 이러한 과정에서 우리는 칸트의 종교철학적 논의에서 특징적인 이성주의 및 도덕주의라는 '보편주의적' 측면과 함께, 일반인들에게 잘 알려지지 않은 이른바, 전형적인 독일철학자로서 '반이성적이고 당파적인' 반유대주의적 측면을 동시에 살펴볼 수 있다. 유대인 문제에 대한 칸트의 학설은 그 자신의 보편주의에 반하는 경향성을 띠고 있기 때문이다. 필자는 이와 같은 칸트의 '당파적인 반보편주의'에도 불구하고, 벤야민 이후의 폭력비판론자들이 말하는 '신의 폭력'의 정당성 주장이 어떻게 가능한가를 비판적으로 물을 수 있는 척도를 역시 또다시 칸트의 '보편주의'에서 찾을 수밖에 없다는 사실은 분명한 역설이다.

칸트는 객관적으로 타당한 지식의 가능성 조건에 대하여 숙고했으며, 모든 이들이 공통적으로 추구해야 할 도덕 원리를 제시하기 위하여 고심했다. 뿐만 아니라 그는 종교 간의 평화를 모색할 수 있는 방도를 찾기 위하여 이성신앙 또는 도덕신학의 수립에 심혈을 기울였다. 칸트는 특히 종교철학적 논의들에서 모든 종교 신앙의 형식들을 하나로 수렴할 수 있는 하나의 참된 종교를 제시하고자 했다. 칸트는 모든 신앙의 형태들은 역사적인 계시신앙의 차원에서 출발하여 도덕적인 이성신앙의 차원으로 진보한다고 보았다. 그런데 칸트는 오직 유대교에 대해서만 민족국가의 확립을 지향하는 정치적 공동체라고 폄훼하면서 종교적 신앙양태로 인정하지 않았다. 이와 같은 칸트의 주장은 그 자신의 보편주의적 주장에 배치될 수 있으며, 이 점에서 칸트 역시 반유대주의자라는 비난에 직면할 수 있다. 그러나 칸트는 선민사상과 시온국가 건설이라는 유대교의 반보편주의적 경향성을 의식했다. 따라서 칸트의 반유대주의는 반보편주의가 아니라 보편주의적 관점에서 비롯한 것이라고 평가할 수 있다. 칸트적인 관점에서 보면 코헨의 유대주의나 바울로의 보편주의조차도 아직 여전히 역사적인 계시신앙의 단계에 머물러 있으며, 부단하게 도덕적인 이성신앙의 차원으로 진보해가야 할 대상으로 비쳐질 수밖에 없는 것이다.

2. 칸트에서 두 유형의 신 개념

칸트는 종교에 대한 이해를 혁명적으로 전도시킨 사람이다. 그럼에도 불구하고 그의 종교이론은 포이에르바흐나 마르크스의 그것에 비해서 잘 알려지지 않았다. 칸트의 종교철학은 그들의 사상이 도래할 것을 이미 예견하고 있었다. 칸트는 『순수이성비판』, 『실천이성비판』, 『판단력비판』의 마지막 부분(변증론 혹은 방법론)에서 종교의 문제를 다루고 있으며, 몇 편의 짧은 종교 관련 논저들과 함께 『이성의 오롯한 한계 안의 종교』(1793)라는 대작을 남기고 있다. 이 책은 칸트의 사상을 이해하는 데 매우 중요한 자료이지만, 세 비판서에 비하여 소홀하게 다루어진 측면이 있다. 우리는 칸트의 신학사적 위상을 확립하기 위하여 그의 신 개념을 다시 한 번 되새겨 보고자 한다. 바로 이론이성적 측면에서 규정한 '선험적 이념' 혹은 '선험적 이상'으로서 신 개념, 그리고 실천이성적 측면에서 규정한 '요청'으로서 신 개념을 말한다. 전자는 종교의 자리가 가능할 수 있도록 이성 사용의 범위를 제약한 조처이지만, 후자는 종교가 현실적으로 기능할 수 있는 가능성 조건으로서 그가 다시 요구한 것이다.

1) '선험적 이념'으로서 신

칸트가 『순수이성비판』에서 제시한 신 개념은 영혼, 세계(자유)와 함께 순수이성의 선험적인 대상 개념들 중의 하나인 '선험적 이념'transzendentale Idee이다. 이는 우리에게 주어진 이론적인 인식 능력으로는 접근하거나 파악할 수 없는 개념이라는 뜻을 가지고 있다. 칸트에 의하면 최고 존재자가 존재한다는 주장에 대하여 인간의 이성은 무능력할 수밖에 없으며, 그것은 또한 필연적으로 모든 반대 주장의 부당성을 증명하기에 충분하다고 본다.(순수 B669) 따라서 칸트에 의하면 신의 존재를 주장하는 유신론자들이나 신의 존재를 부정하는 무신론자들 모두 인간의 인식 능력이 신 개념에 미치지 못한다는 사실을 간과하는 잘못을 범했다고 비판한다. 이를 통하여 칸트는 신 개념의 객관적 실재성은 결코 이론적으로는 증명할 수도 없고 동시에 반박할 수도 없다는 것을 분명히 하고 있다. 칸트는 세 가지 선험적 이념들 가운데서 신 개념을 특별히 '선험적 이상'das transzendentale Ideal이라고 불렀다. '선험적 이상'으로서 신 개념은 칸트의 다음 물음 속에서 그 취지가 분명하게 드러나고 있다. "우리는 유일하고 전지전능한 세계창조자를 받아들일 수 있는가?(라고 묻는 사람이 있을 것이다.) 전혀 의심할 여지가 없다. 그리고 뿐만 아니라 도리어 우리는 그러한 세계창조자를 전제하지 않으면 안 된다."(순수 B725-726) 칸트는 하느님의 존재를 전제하지 않을 수 없는 사실과 하느님의 존재를 이성적으로 증명하는 문제를 구분하고 있다.

비판철학기의 칸트는 그 이전의 전통신학에서 시도하였던 모든 가능한 신 존재증명을 무위로 만들어 버렸다. 이른바 '망치를 든 철학자'의 면모가 여지없이 드러났던 것이다. 이것은 사실상 모든 계시신학의 가능성을 부정한 것이나 마찬가지다. 칸트에게 가능한 오직 유일한 신 존재 증명의 여지는 도덕적인 필요성에 의한 것이었는데, 그러나 이것은 사실상 '증명'이라기보다는 '요구'Forderung로 이해해야 할 성질의 것이다. 칸트에서 신은 '존재의 문제'가 아니라 전제, 가정Hypothese, 요구의 문제였던 것이다.[04] 이러한 칸트의 입장은 『실천이성비판』에서 요청Postulat으로서 신 개념으로 발전하지만, 실제로는 이론적 지식을 가능하게 하는 '요구적 전제'라는 측면도 가지고 있다.[05]

2) '실천이성의 요청'으로서 신

칸트는 『실천이성비판』에서 '하느님의 존재'는 더 이상 선험적 이념이나 이상에 지나지 않는 것이 아니라, 도덕성(신성성)과 비례적으로 결합할 수 있는 행복의 가능성을 위해 필연적으로 요구한 명제로서 이해한다.[06] 본

04 칸트는 『순수이성비판』의 「선험적 방법론」 제2장 "순수이성의 규준"에서 순수이성의 궁극목적을 규정하는 근거가 되는 '최고선의 이상'을 다루고 있다.(순수 B832-833) 『순수이성비판』에서 칸트는 신 개념 자체를 도덕적 실천과의 연관성 속에서 '최고선의 이상'이나 그가 다스리는 '도덕적 세계'moralische Welt 개념으로 상정하고 있다. 그러나 신과 도덕적 세계는 오직 실천적인 맥락에서만 요구할 수 있다. 칸트는 이렇게 말한다. "절대 필연적인 실천법칙(도덕법칙)이 있다. 그렇기 때문에 이 법칙의 구속력의 가능한 제약으로서 그 어떤 것의 현존재를 필연적으로 전제하는 경우에는 이 현존재를 요청한다."(순수 B662-663) 칸트는 여기에서 절대적인 최고 존재자의 현존이 도덕법의 구속성을 확보하기 위해 필수적으로 요구한 조건명제라는 사실을 밝히고 있다. 실천적인 의도에서 신을 요청한 것이다.

05 이에 대한 논의는 리하르트 셰플러Richard Schaeffler 교수의 최근 저작들에서 확인할 수 있다.

06 『실천이성비판』(Riga 1788), 특히 제1부 「순수한 실천이성의 원리론」의 제2권 "순수 실천이성의 변증론", 제5절 "순수한 실천이성의 요청인 신의 존재"Das Dasein Gottes, als ein Postulat der reinen praktischen Vernunft를 참조하라.(실천 A223-225)

래 도덕은 순수 실천이성을 통하여 자족적으로 기능하며, 도덕은 그 자체를 드러내기 위해서 결코 종교를 필요로 하지 않는다. 도덕적 행위는 반드시 도덕적 동기와 의무감에서 비롯되어야 하며, 도덕적인 동기 이외의 다른 불순한 동기를 받아들여서는 안 된다. 이처럼 도덕은 의지 규정에 앞서는 어떤 다른 목적들도 필요로 하지 않으나, 도덕적 행위의 결과로서 주어지는 목적 표상에 대해서는 어떤 특별한 관계를 갖게 되는데, 그것이 바로 '최고선' 개념이다. 이를 통하여 도덕은 필연적으로 종교에 이르게 된다.

최고선은 목적들의 형식적 조건인 의무와 그에 부합되는 행복을 결합한 이념인데, 그것은 도덕의 성립근거가 아니라 도덕에서 산출되는 결과적 표상이다. 이로부터 의무와 행복을 통일할 수 있는 도덕적이고 거룩하고 전능한 최고 존재자와 그의 신비한 능력들을 요청하게 된 것이다. 왜냐하면 인간의 실천적 도덕적 의지사용은 그 행위에 필요한 결과로서 행복을 자연의 법칙에 따라서 보증할 수 없으며, 또한 자신의 힘에 의하여 자연을 그 자신의 실천원칙들과 조화시킬 수가 없기 때문이다. 그럼에도 불구하고 최고선의 추구에서는 이와 같은 연관이 필연적인 것이라고 요구한다. 따라서 우리는 최고선의 촉진을 추구해야 하는데, 그렇기 위해서는 도덕성과 행복이 조화될 수 있는 가능한 근거를 함축하는 원인 또는 자연과는 구별되는 '전체 자연의 원인', 즉 하느님의 존재를 요청하지 않으면 안 되는 것이다. (실천 A224-225).

칸트의 요청적 신 개념은 역사적인 종교에서 계시의 효용성을 인정하지만, 그것은 오직 '오롯한'blossen 이성의 한계 안에서, 특히 피히테가 모든 계시에 대한 비판을 시도했을 때 보다 분명하게 드러난 것처럼, 도덕적인 이성신앙의 지평에서만 인정하였다. 이로써 칸트는 신학을 도덕철학으로 변형하였다. 전지전능하신 하느님은 도덕적 행위 주체에게 걸맞은 상급을 보장하는 행복의 배분자로, 그리스도는 세상 사람들에게 도덕을 가르치는 '훌륭한 스승'으로, 그리고 지상의 모든 신앙체계들은 그가 '도덕신앙'이나 '이성신앙'이라고 부르는 '하나의 참된 종교'를 향하여 부단하게 진화하는 것으로 새롭게 규정한 것이다.

3. '하나의 참된 종교'와 '영원한 일자'

"하나의 참된 종교만이 있다." 이것은 칸트의 핵심적인 종교 명제이다. 그러나 칸트 이전에도 이런 주장은 이미 있었다. 우리는 칸트의 종교 저서가 쿠자누스 이후의 종교대화 사상을 가장 확실하게 재현하고 있는 사실에 주목할 필요가 있다. 니콜라우스 쿠자누스Nicolaus Cusanus, Nikolaus von Kues(1401~1464)는 기독교 사상사에서 교회 또는 종교일치 운동을 가장 처음으로 분명하게 주장했던 사람이다.[07] 1453년에 저술한 『신앙의 평화』[08]는 서로 다른 위대한 여러 종교지도자들이 하늘에 모여서 여러 민족들이 동시에 인정할 수 있는 일반적인 하나의 종교를 채택하려고 대화하는 광경을 그려 내고 있다. 그는 신의 진리가 여러 종교를 통하여 동시에, 그리고 지역과 문화적 차이에 따라서 서로 다르게 드러난다고 주장하면서, 여러 민족과 신자들이 동시에 받아들일 수 있는 전 세계적인 평화사상을 모색하였다.[09] 쿠자누스는 결정적으로 "이성(로고스-이성)의 원리에 의하여 사는 모든

07 Ramon Lull, *Das Buch vom Heiden und den drei Weisen*, Hamburg 1998.

08 Nikolaus von Kues, *Über den Frieden im Glauben*, hg. v. L. Mohler, PhB 223, Leibzig 1943.

09 *Nicholas of Cusa's De Pace Fidei and Cribratio Alkorani*. Translation and Analysis by Jasper Hopkins, Minneapolis 1994. De Pace Fidei(On Peaceful Unity of Faith), 35.

사람에게는 다만 하나의 종교, 하나의 예배만이 있을 뿐이다. 그 이성은 서로 다른 모든 종교의식의 기초가 되고 있는 것"이라고 말함으로써 칸트의 명제를 선구적으로 제시한 바 있다.[10]

칸트의 종교 저서 역시 기독교 신앙에서 출발하고 있기는 하지만, 전통적인 기독교 신학의 범위를 넘어서서 세계의 여러 교회신앙을 하나의 종교신앙으로 통합하려는 의도를 숨기지 않고 있다. 칸트는 '도덕신학', '이성신앙', '종교신앙'의 개념으로써 그리스도교를 넘어선 하나의 새로운 종교를 지향하고자 했다. 칸트의 출발점은 '종교'와 '신앙'을 철저하게 구분하는 데 있었다. 그는 저서『철학적 종교론』제3권「악의 원리에 대한 선의 원리의 승리 및 지상에서 하느님 나라의 건설」, 제1편 "지상에 세워질 하느님 나라의 기초 위에서 가능한 선한 원리의 승리에 대한 철학적 표상"에서 각각의 신앙체계는 다를 수 있지만, 오직 하나의 참된 종교만이 있다고 주장했다.

> 하나의 (참된) 종교만이 있다. 그러나 신앙의 다양한 유형들이 존재할 수 있다. 또한 우리는 그 신앙유형의 차이로 인하여 서로 분리되어 있는 여러 교회들 가운데서도 이 하나의 참된 종교와 만날 수 있다고 말할 수 있다. 그러므로 이 사람은 이 혹은 저 종교에 속한다기보다는 이러한 혹은 저러한 (유대교, 회교, 기독교, 가톨릭교, 루터교의) 신앙에 속한다고 말하는 것이 더 적절한 표현일 것이다.(종교 A146 B154)

여기에서 칸트가 말한 '하나의 참된 종교'eine wahre Religion는 분명히 지금

10 Paul Tillich, "Das Christentum und die Begegnung der Weltreligion," in: *Die Frage nach dem Unbedingten. Schriften zur Religionsphilosophie,* Gesammelte Werke Band V. *Christianity and the Encounter of the World Religions*. Columbia University Press, New York and London 1963. 40–41에서 재인용.

까지의 모든 종교유형들을 가능하게 하였던 선험적 정초근거, 즉 이 세계의 모든 신앙유형들을 가능하게 하는 가장 근본적인 이성종교임이 분명하다. 교회신앙이 맹위를 떨치고 있었던 시대에 칸트의 이와 같은 발언은 가히 급진적, 혁명적이라고 할 수 있다. 그러나 지금까지 칸트학자들은 칸트의 이와 같은 발언이 구체적으로 무엇을 의미하는지에 대해서는 적극적으로 연구하지 않았다. 칸트는 이 발언을 통하여 진정한 종교의 존립근거가 도덕주의에 있으며, 이를 통하여 특정한 신앙유형의 세계 신학화가 가능하다는 강력한 주장을 전하고 있다. 칸트는 이곳에서 유대교 신앙도 '하나의 참된 종교'에 속하는 신앙유형으로 예시하고 있다.

'하나의 참된 종교'에 대한 칸트의 구상은 칸트신학의 후계자들에 의해 그 세력을 확장해 나갔다. 알프레히트 리츨Albrecht Ritschl(1822~1889)은 가장 대표적인 칸트주의 신학자이고, 리츨학파에 속하는 대표적인 학자로는 빌헬름 헤르만Wilhelm Herrmann(1846~1922)과 에른스트 트뢸치Ernst Troeltsch(1865~1923)가 있다. 헤르만의 문하에서 칼 바르트Karl Barth(1886~1968)와 루돌프 불트만Rudolf Bultmann(1884~1976)가 배출되었고, 트뢸치의 문하에서 폴 틸리히Paul Tillich(1886~1965)가 나왔다.[11] 트뢸치는 『기독교의 절대성과 종교사』[12]에서 종교사를 완전성을 지향하는 인류의 보편적 운동으로 이해하여, 기독교를 위시한 모든 역사적인 종교들을 총체적인 계시역사의 단계들로 파악하였다. 따라서 각각의 종교는 진화의 발전 단계에서 절대자를 지향하는 상대적인 종교문화적 현상에 불과하며, 특정한 시대와 문화에 특정한 기능만을 수행하게 된다고 보았다.

11 Helmuth Thielicke, *Glauben und Denken in der Neuzeit. Die großen Systeme der Theologie und Religionsphilosophie*, Tübingen 1988 (1983), 423–425. 김진, 『하느님의 길: 초월존재의 인식과 종교대화』, UUP 2005 참조.

12 Ernst Troeltsch, *Die Absolutheit des Christentums und die Religionsgeschichte*. München und Hamburg 1929.

존 힉John Hick은 『하느님은 많은 이름을 가지고 있다』[13]와 『세 신앙, 하나의 신』[14] 등에서 세계의 다양한 종교들을 통하여 드러나는 신적 실재의 현상들 결국 하나의 동일한 초월적인 신 존재 그 자체를 반영하고 있다는 사실을 강조했다. 그러나 여기에서 칸트와 힉의 의도는 다를 수 있다. 칸트가 다양한 교회신앙들의 체계들이 도덕신앙이라는 '하나의 참된 종교' 신앙으로의 통일을 지향한다고 보았을 때 그는 인류가 이상적으로 추구해야 할 종교신앙의 본질을 중시했다. 칸트가 모든 종교들을 통합하는 하나의 단일한 신앙 체계를 염두에 둔 반면에 힉은 종교 공동체의 통합을 추구하지 않으려고 하면서도 각각의 종교들에서 부르고 있는 하느님의 이름은 '영원한 일자'의 서로 다른 이름이라고 생각하였다. 종교 공동체의 통합 대신에 종교 신앙의 대상인 절대적 존재의 통일을 주장한 것이다. 그러나 존 힉이 신 중심주의로 전환을 요구했을 때, 그는 분명히 실재의 인식이 가능하다는 입장에 서 있다. 힉은 칸트가 신이 인식의 대상이 아니라고 주장한 사실을 잘 알고 있었으면서도 종교 경험(현상)으로부터 실재 그 자체(물자체)의 도달이 가능하다고 보았다. 칸트가 신의 존재를 도덕적 요구의 현실화를 위한 조건명제로 이해한 것과는 반대로 힉은 하느님의 존재를 현실적으로 살아계시면서 인간과 끊임없이 교섭하시는 최고의 초월적 존재로 파악하였다. 칸트가 도덕 형이상학을 통하여 하느님의 존재에 접근한 것과는 반대로 힉은 종교인식론의 영역에서 '영원한 일자'를 다루고 있다. 힉이 신의 존재를 증명할 수 있다고 보지는 않았던 사실에서는 칸트와 같지만, 신의 현실성에 대한 종교적 체험이 타당한 확신이라는 점에서는 칸트와 차이를 드러낸다.

13 John Hick, *God has many names*. Philadelphia: The Westminster Press. 1980, 1982.

14 Jonh Hick(ed.), *Three Faiths - One God. A Jewish, Christian, Muslim Encounter*. London: The Macmillan Press, 1989.

그 밖의 종교다원주의 문제 영역에서 슈베르트 오그덴Schubert M. Ogden(1928~),[15] 폴 니터Paul F. Knitter(1939~),[16] 자크 뒤퓌스Jacques Dupuis(1923~2004)[17] 등이 주목을 받고 있지만, 여기에서는 한스 큉Hans Küng(1928~)의 『세계윤리구상』에 나타난 칸트주의에 국한한다. 한스 큉의 과제는 "왜 세계도덕이 필요한가?"를 밝히는 데 있다.[15] 한스 큉은 세계평화와 인류생존의 문제가 종교평화와 종교대화의 문제에 있다는 인식하에 종교 간의 일치운동을 가능하게 하는 보편적 도덕적 기준을 작업한다. 그는 종교 그 자체의 독특한 진리기준 이외에 다른 신앙인에게도 보편적으로 적용할 수 있는 전 지구적 차원에서 진리기준이 필요하다고 생각했다. 그 결과 사랑과 평화, 도덕성과 같은 '인간적인 것'das Humanum이야말로 세계종교가 추구해야 할 보편적 규범이나 자기비판의 기준, '일치적 근거기준'이 되어야 한다고 주장하였다.[19]

> 참된 인간성은 참된 종교의 전제이다! 즉: 인간적인 것(인간의 존엄성과 기본가치의 존중)은 모든 종교에서 최소한의 요구이다. 적어도 인간성(최소기준)은 참된 종교성의 실현을 원하는 곳에서는 주어져야 한다. 왜 하필이면 종교인가? 참된 종교는 참된 인간성의 완성이다! 즉: 종교(포괄적 의미, 최고가치 및 무제약적 의무라는 의미로서)는 인간적인 것의 실현을 위한 최적 조건이다. 그러므로 진실로

15 Hans Küng, *Projekt Weltethos*. München 1990; *Weltfrieden durch Religionsfrieden. Antworten aus den Weltreligionen*. München 1993; *Erklärung zum Weltethos. Die Deklaration des Parlaments der Weltreligionen*. München 1993; *Ja zum Weltethos. Perspektiven für die Suche nach Orientierung*. München 1995.

16 Schubert M. Ogden, *Is there only One True Religion or are there many?* Dallas, Southern Methodist University Press, 1992.

17 Paul F. Knitter, *Jesus and the other names. Christian Mission and global responsibility*. New York, Orbis Books, 1996.

18 Jacques Dupuis, S.J., *Toward a christian theology of religious pluralism*. New York, Orbis Books, 2002.

19 Hans Küng, *Projekt Weltethos*. München 1990, 111, 118, 119.

무제약적이고 보편적 의무로서 인간적인 것을 실현하고 구체화하기를 원하는 곳에서는 이미 종교(최대기준)가 주어져 있어야 한다.[20]

한스 큉의 세계윤리구상은 1993년 세계종교의회가 공표한 '세계도덕선언'Erklärung zum Weltethos[21]과 같은 규범적 의미와 지위를 가지고 있다. 그러나 그것은 칸트적인 이념 혹은 정언명령이나 칼-오토 아펠Karl-Otto Apel(1922~)이 설정했던 '이상적인 의사소통공동체의 실현요청'과 같은 것이다. 그러나 그것은 선험적 이념이나 선험적 이상으로 머물지 않고, 한스 요나스Hans Jonas(1903~1993)의 책임 원리나 에른스트 블로흐Ernst Bloch(1885~1977)의 희망 원리처럼 구체적인 유토피아로서 현실화할 필요가 있다. 그러나 유토피아도 유토피아적 이념의 구체화도 역시 언제나 유토피아적인 것은 아니다. 희망과 유토피아의 문제는 언제나 이미 다른 타자 존재의 눈물과 한숨, 즉 이웃의 고통을 수반하기 때문이다. 바로 여기에 종교대화의 가장 큰 어려움, 즉 "누가 우리의 이웃인가? 그리고 그 이웃의 정체는 도대체 무엇인가"라는 난문이 숨어 있다.[22]

4. 칸트와 종교대화의 길

칸트는 철학의 보편성 주장에 대하여 가장 선구적으로 공헌한 인물이

20 Hans Küng, *Projekt Weltethos*, 121.

21 Hans Küng(Hg.), *Ja zum Weltethos. Perspektiven für die Suche nach Orientierung*. München 1995. 21–24.

22 Slavoy Žižek, *The Neighbor: Three Inquires in Political Theology*. The University of Chicago, 2010. 슬라보예 지젝 외, 『이웃』, 정혁현 역, 도서출판b, 2010.

다. 그는 객관적으로 타당한 지식의 가능성 조건에 대하여 숙고했으며, 모든 이들이 공통적으로 추구해야 할 도덕 원리를 제시하기 위하여 고심했다. 뿐만 아니라 그는 종교 간의 평화를 모색할 수 있는 방도를 찾기 위하여 이성신앙 또는 도덕신학의 수립에 심혈을 기울였다.

칸트는 특히 종교철학적 논의들에서 인식의 당파성을 초래할 수 있는 이론이성의 한계를 규명하고자 노력했으며, 모든 사람들이 이성적으로 수긍할 수 있는 실천적 이성신앙을 정립하고자 하였다. 그와 같은 시도는 과학에서 통일장 이론의 구축과 마찬가지로 지구상의 모든 종교 신앙의 형식들을 하나로 수렴할 수 있는 하나의 참된 종교를 제시하려는 노력으로 나타났다. 그에게서 그리스도교(가톨릭, 루터교), 유대교, 마호메트교는 신앙유형들에 지나지 않는다. 칸트는 다양한 신앙유형들과 하나의 참된 종교를 구분함으로써, 모든 신앙유형들은 역사적인 계시신앙의 차원에서 출발하여 도덕적인 이성신앙의 차원으로 진보해야 한다고 보았다. 그런데 칸트는 오직 유대교에 대해서만 민족국가의 확립을 지향하는 정치적 공동체라고 폄훼하였다. 이와 같은 칸트의 주장은 그 자신의 보편주의적 주장에 배치될 수 있으며, 이 점에서 칸트 역시 반유대주의자라는 비난 앞에 직면할 수 있다.

그러나 칸트의 이러한 비판은 단지 유대교만을 향한 것이 아니고, 그가 이성종교의 취지에 가장 가깝다고 보았던 기독교에 대해서도 여지없이 향한다는 것을 알 수 있다. 칸트가 종교 신앙에서 유대교를 배제하려고 했던 것은 유대교의 반보편주의적 경향성 때문이었다. 유대인들의 선민사상과 시온국가 건설이 칸트가 생각하는 이성종교의 보편주의와는 동떨어져 있었기 때문이다. 따라서 이것이 사실이라면 칸트의 반유대주의는 반보편주의가 아니라 보편주의적 관점에서 비롯한 것이라고 볼 수 있을 것이다. 이 문제는 오늘날 종교대화의 논의에서 매우 중요한 관전 포인트가 될 수 있다. 다른 종교신앙을 이해하고 상호 존중하려는 의도에서 비롯한 종교대화의 노력을 원천적으로 유보할 수도 있기 때문이다. 동시에 이 문제는 '이웃'이 누구인가라는 그리스도교의 고전적인 물음과도 관련이 있다.

시온주의를 표방하는 유대인들이 생각하는 이웃은 오직 유대인들뿐이다. 따라서 이웃의 개념 규정은 민족주의의 한계를 벗어나지 못한다. 이 점에서 칸트는 유대교 비판을 수행한 것이다. 헤르만 코헨은 유대교가 역사적으로나 신앙적으로 그리스도교의 원형이 되는 종교이기에 도덕신앙의 형태로 볼 수 있다고 주장했다. 그러나 칸트적인 관점에서 보면 코헨의 주장은 여전히 유대교 중심적이며 시온주의를 벗어나지 못하고 있다. 이 점에서 코헨의 칸트 비판은 한계를 보인다. 그러나 타우베스와 바디우가 해석하는 보편주의자로서 바울로는 적어도 코헨보다는 훨씬 더 진보적인 관점을 보여 준다. 바울로는 분명하게 유대중심주의 내지는 시온주의를 과격할 정도로 넘어서고 있으며, 따라서 하느님은 유대인들뿐만 아니라 모든 민족의 하느님이고, 그리스도의 사랑 역시 남자와 여자, 자유인과 노예, 그리스인과 유대인의 구분 없이 모든 사람에게 주어질 수 있다는 사실을 강조했다. 예수 그리스도는 하느님에 대한 사랑과 이웃에 대한 사랑을 요구했지만, 바울로는 그 둘을 이웃에 대한 사랑으로 환원하였다. 이 점에서 바울로는 분명히 보편주의자라고 할만하다.

그러나 타우베스가 말하는 것처럼 바울로는 유대주의의 배반자가 아니라 완성자인가라는 물음이 뒤따른다. 그리스도인들의 핍박자였던 바울로는 그리스도 체험을 통하여 유대인들의 길을 버리고 예수 그리스도의 사도이기를 자처했다. 따라서 대부분의 유대인들은 그를 배반자로 여겨왔으며, 그리스도교권에서조차 바울로가 유대교에서 그리스도교로 개종했다는 관점이 우세하다. 문제는 타우베스가 바울로의 이런 행위들이 유대교에 대한 배신이 아니라 유대교의 완성이라고 본다는 사실에 있다. 타우베스의 해석이 옳다면 유대교는 그리스도교 안에서 해체되어야 할 것이다. 세계주의자 바울로의 심성 속에 시온주의와 선민사상이 들어설 자리는 더 이상 존재하지 않기 때문이다. 그러나 오늘날 유대주의를 표방하는 사람들 가운데서 이와 같은 바울로의 주장에 동조하는 사람이 얼마나 될지는 의문이다. 유대인들 가운데서 유대교와 바오로의 그리스도교가 동일한 사상이라고 동의할 수 있는 사람이 몇이나 될 것인가? 존 힉이나 한스 큉과 같은 종교대화론자들의 주장에 의하면 자신의 종교적 진리를 포기하거나 개종하려는 사람은 결코 진정한 의미에서 종교대화를 수행할 수 없다고 지적한다. 그러므로 바울로가 유대주의를 포기하고 그리스도교로 개종했다면, 그는 더 이상 유대교 신앙을 가진 자가 아니라 그리스도교 신앙을 가진 사람이라는 것은 너무나 자명한 일이다. 따라서 바울로의 개종을 유대교의 완성이라고 보는 타우베스의 주장은 여전히 논쟁적이다.

칸트적인 관점에서 보면 바울로의 보편주의조차도 여전히 하나의 참된 종교가 아니라 다양한 신앙형식의 한 유형에 속할 뿐이다. 타우베스의 관점에서 바울로가 유대교의 완성자로 보였을지 모르지만, 칸트의 시선에서는 그가 완성한 유대교, 다시 말하면 그가 새롭게 설립한 그리스도교적 보편주의마저도 아직 여전히 역사적인 계시신앙의 단계에 머물러 있으며, 부단하게 도덕적인 이성신앙의 차원으로 진보해 가야 할 대상으로 규정하였다. 칸트는 인류에게 종교와 도덕의 완전한 일치를 향한 부단하고 무한한 노력을 요구하고 있는 것이다.

○ **연구요약**

칸트Immanuel Kant(1724~1804)에서 종교의 문제는 그의 철학 전반에서 매우 중요한 위치를 차지한다. 우선 종교 문제의 중심 주제인 '희망'Hoffnung의 문제는 그가 제시한 세 가지 철학의 근본물음의 하나에 속하면서, 결국 "인간이란 무엇인가?"라는 물음으로 통합하는 길목에 서 있다. 그러므로 칸트에서 '신'에 관한 물음은 단순히 종교 신앙의 문제에 그치는 것이 아니라, 이론적 지식의 가능성 조건과 그 완전한 실현 가능성에 대한 근대 인식론적 관심은 물론이고, 실천적 지식의 가능성 조건과 그 완전한 실현 가능성을 체계적으로 추론하는 도덕적, 정치철학적 관심까지 담보하고 있다. 신에 관한 칸트의 물음은 그 이전의 모든 가능한 신학적 소견에 대한 비판적 논술인 동시에 그가 새롭게 펼쳐 보이려는 근대적 사회 유토피아의 지향성을 담고 있다. 신의 문제는 더 이상 초월적 세계에 대한 피안적 소망이 아니라 현실세계에서 도덕적 실천에 대하여 구속성을 부여하려는 형이상학적 요청이자 정치적 요구이다. 이로써 종교 신앙에 대한 칸트의 시선과 입장은 당대의 지도이념과 극명하게 다른 방향으로 치닫게 된다.

칸트는 이론적 지식의 한계를 설정함으로써 신앙의 고유한 영역을 마련해 주고자 하였다. 1794년 10월에 칸트는 스피노자적인 종교철학의 구상, 즉 종교에 대한 도덕신학적 이해로 인하여 프로이센 정부로부터 제재를 받게 된다. 칸트에서 종교는 도덕적 의무를 완수하기 위한 측면에서만 의미를 갖게 된다. 즉 그는 최고선의 실현을 위한 요청적 신을 도덕적 신앙을 위한 표준적인 대상으로 설정하였다. 따라서 종교의 발전은 역사적인 계시신앙에서 도덕적인 이성신앙으로 전개하는 것으로 보았으며, 보편적인 교회란 지상에서 하느님의 나라(윤리적 국가)에 다름 아닌 것이다. 칸트는 의식적으로 예수 그리스도를 직접적으로 지칭하는 대신 '스승'이라는 말을 사용한다. 이는 하느님의 아들로서 그리스도를 역사적인 인물로 보기보다는 '도덕적 원리를 인격화한 이념'으로 본다는 것을 뜻한다. 도덕을 전제로 하여 종교를 해석하고 있는 것이다. 칸트는 모든 사람들이 최고선의 실현에 동참할 것을 요구하였으며, 그 때문에 각자는 스스로 하느님의 아들이 될 수 있고 또한 그렇게 되어야 한다고 보았다. 왜냐하면 하느님의 나라는 본래 우리들의 마음속에 있기 때문이다. 칸트에서 도덕성은 자율성을 전제하고 있다. 그러한 도덕성의 실현 노력을 통하여 모든 행위자는 '신적인 세계' 또는 '도덕적 세계질서'를 통하여 행복을 보장해 줄 수 있는 하느님의 존재를 요청한다. 그리고 칸트는 세 비판서에서 '도덕성을 향한 무한한 노력(접근)'을 개인적 차원으로 전개하고 있지만, 종교이성비판에서는 집단적, 사회적 차원으로 전개하고 있는 것을 볼 수 있다. 이처럼 칸트의 종교철학은 도덕성을 전제로 하고 있으며, 도덕적 사회를 이룩하기 위한 개인적, 교회적, 국가적, 세계정부적 노력으로 확대해 나가고 있다. 이 점에서 그의 종교철학은 영원한 세계평화를 지향하는 세계정부사상과 맥락을 같이 한다.

이 책에서는 칸트의 종교사상을 체계적으로 정리할 뿐만 아니라, 그것이 당대의 유대교, 천주교, 개신교 등에 어떤 영향을 미쳤으며, 또한 불교처럼 유럽 종교와는 매우 이질적인 문화권의 종교관에도 어떤 방식으로 영향을 미칠 수 있고, 어떤 의미로 새롭게 해석될 수 있는가를 다루고자 하였다. 그러나 이 모든 영역을 이 책에서 다룰 수는 없기 때문에 가장 기초적인 윤곽을 제시하는 것으로 만족할 수밖에 없다. 이 부분에 대해서는 칸트의 희망철학에 대한 후속연구에서 상세하게 개진할 예정이다. 칸트철학이 불교적 사유 확장에 얼마나 유용할지에 대해서는 한국불교의 무아윤회 논쟁을 통해서 상호 간의 입장을 충분히 개진한 것으로 평가하지만, 불교의 사유 스펙트럼 역시 매우 광대하기 때문에 칸트의 선험철학과 요청이론이 새로운 불교해석에 보다 생산적인 기여를 할 수 있을 것이다. 칸트에서 독일관념의 형성과정에 이르기까지의 사유 여정은 불교와 서구사상의 접목 가능성을 타진할 수 있는 매우 소중한 사유자산이라고 생각한다. 많은 사람들은 동양과 서양의 사상이 매우 이질적인 것이라고 생각하지만, 그것은 주류사상에 대한 개설적인 이해에 따른 것이다. 불교적 사유세계에서 매우 다양한 서구적인 사유 스펙트럼을 발견하는 것은 그렇게 어려운 일이 아니다. 동시에 서양의 사유세계에서 불교적 사유 갈래를 찾아내는 것 역시 어렵지 않다. 현상적으로는 이질적이고 단절적인 것처럼 보이는 동양과 서양의 사유 스펙트럼은 지향성의 차이만 있을 뿐이고, 따라서 그것을 뒤집어서 포개면 거의 비슷하게 일치하는 것을 경험할 수 있다.

따라서 독일과 영국을 비롯한 유럽의 사유방식이 한국을 위시한 아시아적 사유방식에 기여할 수 있는 부분이 무엇인지, 그리고 그 변형과 수용을 통하여 어떤 상승효과를 가져올 수 있는지를 도출하는 것은 우리 사유의 확장에 매우 유용할 수 있다. 기독교 중심의 유럽적 사유세계에서 독자적인 위치를 구축한 칸트의 종교철학이 유불선 중심의 동북아시아와 우리나라의 사유세계에서 어떤 방식으로 전개될 수 있는가는 이 시대를 사는 우리들 철학자들에게 매우 중요하고 가장 일차적인 과제가 아닐 수 없다. 우리나라는 비록 중동지역보다 그 갈등의 강도가 약할지라도 종교적 갈등이 엄존하고 있다. 또한 정치적 이데올로기와 이익관심의 차이가 갈수록 심화하는 양상을 보이고 있다. 이러한 분열과 반목의 정치상황은 칸트의 실천적 변증론에서 필연적으로 나타나는 사회적 모순들을 해소하려는 독특한 방식에서 지혜를 얻을 수 있다. 칸트가 구상한 요청이론은 저마다의 고유한 문화권에서 전제하고 있는 세계관을 존중하는 태도에서 나온 변증론적 사유의 산물이다. 그것은 독일관념론 철학의 사유에서처럼 세계관적 전제들까지 지양하여 새로운 명제를 과격하게 도출해 내는 혁명적 사유방식을 지지하지 않는다. 요청적 사유방법은 저마다 가치 있다고 생각하는 세계관적 전제들로 이루어진 사유지평에서 출발하고, 각자의 관심에 따른 철학적 세계를 구축하는 동안에 불가피하게 봉착하게 되는 모순 구조나 한계 앞에서 잠정적이기는 하지만 사유체계 안에서 필연적으로 제기되는 모순을 해소할 수 있는 가능성 조건을 사유한다. 칸트의 선험철학에서 물자체에 대한 불가지론적 태도와 이성의 이론적 사용에서 신의 현존에 대한 판단을 유보하는 것이나, 멘델스존과 야코비의 범신론 논쟁에서 줄타기하는 것처럼 '가운데 길'을 걸었던 칸트 사유의 독자성은 그의 요청이론에서 절정에 이르게 된다. 칸트 이후에 피히테와 셸링과 헤겔은 칸트주의를 존중하면서도 결국에는 칸트가 걸었던 '가운데 길'을 벗어나서 초월주의에 빠져 버렸다. 칸트가 우매하게 걸었던 관념과 실재 사이의 '가운데 길'은 학문의 보편성을 확보하기 위한 시금석이 아닐 수 없다. 칸트에서 요청 명제는 세계관적 전제와 사유 관심을 존중하면서 또한 동시에 다른 관심을 침해하지 않는 범위에서 사유 적정성과 균형을 유지할 수 있는 규제적인 이성 사용의 해결책이며, 따라서 그것은 현재의 난문을 해소할 수 있는 가능성 조건에 대한 예시일 뿐이지만 동시에 타자의 사유세계에서 필연적으로 봉착하게 되는 모순 구조를 아우를 수 있는 여유를 갖게 하는 사유의 비답批答이 아닐 수 없다.

제1부 "칸트의 삶과 사상"에서는 칸트의 생애를 비롯하여, 그가 종교의 물음에 관심을 갖게 된 배경과 칸트의 근본물음에 배태된 종교신학적 관심, 칸트의 종교철학이 성립한 시점 등에 대하여 다루었다. 그리고 제2부 "초기 칸트의 신학 이해"에서는 초기 칸트의 자연철학과 형이상학에서

『활력의 참된 측정에 관한 사상들』(1747), 『보편적 자연사와 천체론』(1755), 『리스본의 대지진』(1755-1756), 『형이상학적 인식의 제1원리에 관한 새로운 해명』(1755)을, 초기 칸트의 존재신학과 도덕신학에서는 『신의 존재 논증을 위한 유일 가능한 증명 근거』(1763), 『자연신학과 도덕원칙들의 판명성에 관한 연구에 대한 고찰』(1762, 1764), 『시령자의 꿈』(1766), 『감성계와 지성계의 형식과 원리들에 관하여』(1770)를 다루었다. 칸트의 비판철학의 윤곽이 드러난 시점까지 정리한 것이다. 그런데 대부분의 선행 연구자들은 칸트의 『순수이성비판』의 변증론에 나타난 신에 관한 논의들이 칸트 초기부터 성립한 것이라고 보고 있다. 실제로 비판기 이전의 칸트는 1762년의 『신의 존재증명을 위한 유일 가능한 증명근거』와 『자연신학과 도덕원칙들의 판명성에 대한 연구』에서, 그리고 결정적으로 1766년의 작품인 『시령자의 꿈』에서, 그리고 1770년의 교수논문 『감성계와 지성계의 형식과 원리들에 관하여』에서, 전통적인 사변 형이상학의 한계를 비판하는 동시에 인간 지식의 한계를 규명하고 도덕의 자율성을 강조하면서 신 존재와 종교의 문제를 거론하였다. 그러나 필자가 보기에 칸트의 종교사상의 단초가 가장 전면적으로 그리고 가장 구체적으로 나타나는 작품은 『시령자의 꿈』이다. 이처럼 초기 저술들에서 칸트는 그가 제기한 "신에 관한 물음들"이 그 이전의 기독교 신학적 논의들과 분명하게 차이를 드러낼 수 있도록 작업하였다. 이 작업들을 통하여 칸트는 이미 비판철학의 초석을 마련하고 있었던 것이다.

제3부 "비판기 칸트의 종교철학"에서는 칸트가 선험신학Transzendentale

○

Theologie의 두 형태인 존재신학Ontotheologie과 우주신학Kosmotheologie, 그리고 자연신학Natürliche Theologie의 두 형태인 물리신학Physikotheologie과 윤리신학Ethikotheologie에 대하여 개진한 비판적인 입장을 다루었다. 비판기 저술에서 전개되는 칸트의 신학적 논의는 앞서 말한 것처럼 칸트 초기의 존재론적, 우주론적, 물리신학적 신 존재논증들에 대한 비판적인 태도를 그대로 반영하고 있다. 그 결과 칸트는 『순수이성비판』(1781, 1787)에서 신앙과 지식의 문제를 분리했으며, 이론이성은 신의 존재를 증명할 수도 없고 부정할 수도 없다는 입장을 취하면서도, 이성사용에 통일성을 부여할 수 있는 근거를 마련하기 위하여, 신 존재의 이념이 모든 인식 활동에서 통일적인 방향성을 제시하는 '상상의 허초점'의 역할을 하고 있다고 말하였다. 『순수이성비판』의 변증론에서 칸트는 전통신학에서 시도했던 신 존재 증명들을 비판하면서, 신의 존재와 같은 형이상학적 명제들은 이성이 이론적인 구성 작업을 할 수 없다는 사실을 분명하게 정리하였다. 그러나 신의 존재는 '이성의 이념'으로서 모든 인식활동을 주도하는 이성에 하나의 통일성을 부여해 주지만, 그것은 구성적인 의미에서가 아니라 단지 규제적인 작용에 한정된다고 보았다. 여기에서 칸트는 신의 존재가 인간의 인식 능력의 한계 안에서는 결코 다루어질 수 없는 명제라는 사실을 분명히 하면서도, 『순수이성비판』에서 신의 개념을 '선험적 이상'transzendentales Ideal으로 정립했던 것이다. 그러나 이처럼 불가지론적으로 접근한 신의 표상은 신 개념 자체를 불안정하게 만들었기 때문에 반칸트주의자들의 표적이 되었다.

칸트는 『실천이성비판』(1788)에서 도덕법을 지지하고, 도덕적 행위에 정당성과 유의미성을 부여하기 위하여 신의 존재를 요청하게 된다. 칸트의 철학체계에서 하느님의 존재가 가장 분명한 형태로 드러나는 것은 바로 『실천이성비판』의 요청이론이다. 칸트가 이성의 이론적 사용에서는 유보했던 이성의 대상 개념들을, 그 실천적 사용에서는 제한적인 의미에서 그 객관적 실재성을 다시 부여했던 것이다. 다시 말하면 칸트는 도덕법의 구속성을 확보하기 위하여, 그리고 도덕법이 필연적으로 요구하는 최고선의 실현을 가능하게 하도록 하느님의 존재를 요청한 것이다. 이처럼 『순수이성비판』에서 최고선 개념이었던 하느님[神]과 도덕적 세계는 『실천이성비판』에서 '요청' 개념으로 새로운 면모를 갖추게 된다. 말하자면 『실천이성비판』에서 최고선 개념은 도덕성과 행복의 완전한 비례적 일치이며, 최고선의 실현을 보장해 줄 수 있는 하느님의 존재와 도덕적 세계질서를 요청하게 한다. 『순수이성비판』에서 '하느님'과 '도덕적 세계'는 최고선 개념이지만, 『실천이성비판』에서는 최고선의 실현 가능성 조건으로 달라진 것이다. 그러나 요청으로서 신 개념은 단지 실천적인 이성 사용에서만 한정되고, 이성의 이론적 사용에서는 여전히 규제적인 의미만을 가질 뿐이다. 요청으로서 신 존재는 초기부터 기독교신학자들에 의하여 찬반논란에 휩싸였으며, 하느님의 존재가 실재적으로 존재하는 것인지, 아니면 단지 도덕적으로 요구하는 필연적 표상인지에 대한 이 논쟁은 중세의 보편논쟁을 방불케 한다. 튀빙겐 대학의 정통주의 신학자인 스토르와 그의 제자 플라

○

트는 칸트의 요청이론을 이용하여 정통 기독교의 주요 교의들에 생명력을 불어넣으려고 하였다. 비록 칸트는 그에 대해서 구체적인 언급은 회피했지만, 칸트의 요청적 신 개념은 오직 도덕적인 요구, 즉 최고선의 실현 가능성 조건으로서만 의미 있게 작동할 수 있는 개념이며, 따라서 교의체계를 확고하게 다지려는 의도와는 정합적이지 않다고 평가할 수 있다.

칸트는 『판단력비판』(1790)에서 다시 도덕법의 심화를 강조하여 '윤리신학과 목적의 왕국'을 정식화하였다. 자유 안에서 스스로를 실현시키는 신적인 도덕적 규정은 이제 '신적 맹아의 심오함', '우리 안에 있는 신적인 인간', '우리 안에 있는 신' 등의 개념을 강화하고 있다. 칸트는 자연적-목적론적 논증으로는 세계원인이 되는 이성적 존재자를 입증할 수 없으나, 오직 도덕적 목적론의 형식으로서만 전지전능하고 무소부재하며 언제나 선하고 자비로운 유일한 세계창조자의 이념에 도달할 수 있다고 주장하였다. 칸트가 여기에서 도덕법의 심화를 강조한 탓으로 슈바이처는 『실천이성비판』의 요청이론은 칸트가 잘못 빠졌던 길이라는 주장을 폈지만, 목적론에 대한 칸트의 도덕신학적 이해는 오직 요청이론을 통해서만 구속력을 가질 수 있다는 사실을 간과한 것은 그의 치명적인 실수였다. 칸트의 이러한 시도가 요청이론과 상충한다는 슈바이처의 주장에 대해서 필자는 비판적인 입장을 취하고 있다. 3비판서뿐만 아니라 네 번째 비판서로 간주되는 철학적 종교론에서도 칸트는 신 존재 명제가 오직 요청적인 의미에서만 타당성을 가지는 것으로 기술하고 있다. 따라서 칸트의 요청이론은 신 존재를 이론적 이성으로 입증하려는 멘델스존과 오직 신앙의 영역에서 인정하려는 야코비의 입장 각각에 대하여 비판적인 태도를 취할 수 있는 전략적 무기라는 사실을 확인할 수 있다.

제4부 "칸트와 그리스도교 신학"에서는 레싱의 스피노자주의를 폭로하려는 야코비와 그에 대항한 멘델스존 사이의 범신론 논쟁으로부터 칸트와 비첸만, 칸트와 야코비의 논쟁에서 축적된 문제의식을 다루었다. 칸트의 대표적인 종교저술인『이성의 오롯한 한계 안의 종교』(1793)에서는 그의 후기 종교신학적 문제들, 그 가운데서도 특히 근본악과 변신론의 문제, 선의 원리와 악의 원리 사이의 투쟁을 통한 구원의 가능성, 이른바 칸트 특유의 칭의론Rechtfertigungslehre이 제시되고 있다. 여기서는 부단하게 도덕적 완전성을 향하여 접근하려고 노력 하는 사람들조차도 여전히 도덕성이나 신성성에 도달하지 못하여 구원에 이를 수는 없으나, 전능하신 마음의 통찰자가 그들의 행적을 헤아려서 은총을 내리기에 합당하다는, 이른바 '하느님의 은총판단'을 요청함으로써 선을 향한 죄인들이 의롭게 인정받을 수 있다는 사실을 보여준다. 이와 함께 칸트는 비판기 저술에서 기술한 개인적 차원에서 도덕적 수행 목표가 되는 최고선의 이념을 철학적 종교론에서는 집단적 사회적 차원으로 확장하여 윤리적 공동체와 지상에서 하느님의 나라, 즉 교회론의 문제를 전개하였다. 마지막으로 칸트는 이성적인 종교신앙을 역사적인 기독교 계시신앙으로부터 구분하여 실천적인 이성이 도덕종교의 문제를 담당하도록 배정함으로써, 이론이성을 통해 신앙의 문제

○

를 다루려고 한 멘델스존을 비판하는 동시에, 이성이 아닌 신앙의 문제로서만 신의 존재와 종교의 문제를 접근하려고 했던 야코비의 입장을 배제하고자 했다. 『실천이성비판』에서 칸트의 요청적 신 개념은 그 이후의 모든 종교철학적 저술에 적용되고 있을 뿐만 아니라 확장 변형되고 있는 사실을 확인하였다. 이어서 칸트는 후기 단편들, 특히 「신정론에서 모든 철학적 시도의 실패」(1791), 「만물의 종말」(1794)에서도 신앙의 문제를 실천적 이성의 영역으로 한정하였다. 또한 신학부나 의학부와는 달리 철학부가 보편적이고 무당파적으로 문제를 다루어야 한다는 사실을 강조한 『학부간의 논쟁』(1798), 그리고 칸트철학에서 해결하지 못한 이념과 실재 사이의 관계 문제를 근본적으로 다시 성찰하고자 시도했던 『유작』Opus postumum의 주요 내용을 다루었다.

제5부 "칸트와 종교신학의 문제"에서는 칸트와 독일관념론의 종교철학의 연관성 문제와 함께 현대 종교철학 및 종교신학 영역에서 중요한 칸트와 종교다원주의의 상관관계를 다루었다. 먼저 칸트와 독일관념론의 종교철학 영역에서는 칸트의 종교 문제에 영향을 받았던 피히테, 셸링, 헤겔이 독일관념론 철학을 모색해 가는 과정을 살펴보았다. 피히테Fichte(1762~1814)는 『종교철학』(1971), 『모든 계시비판의 시도』(1792)에서 칸트의 종교사상을 수용하고 있으며, 1798년에 발생한 '무신론 논쟁'을 계기로 하여 칸트를 극복하려는 모습을 보여 주고 있다. 피히테는 종교를 윤리와 같은 것으로 생각한 점에서 근본적으로 칸트와 같은 생각을 가지고 있었다. 그는 신적

인 것은 올바른 행위를 통해 구성할 수 있으며, 살아 움직이는 도덕질서가 신 자체라고 보았다. 우리는 다른 신을 필요로 하지 않으며, 다른 신은 파악할 수 없다. 이런 주장 때문에 그는 무신론자로 매도당하게 된다. 셸링Schelling(1775~1854)은 17세에 원죄에 관한 논문을 썼으며, 피히테의 신 개념을 부정하였다. 튀빙겐 신학교 시절의 셸링은 횔덜린과 함께 칸트철학에 심취했으며, 칸트의 요청이론을 정통 기독교 교의체계의 정당화에 활용했던 플라트 교수에 대해 비판적인 입장을 취하였다. 그러나 멘델스존과 야코비의 범신론 논쟁을 통해 스피노자 철학에 탐닉하면서 그 역시 범신론을 수용하게 되었다. 또한 그는 신으로부터 생겨나는 것은 아무것도 존재하지 않는다는 피히테의 주장에 대하여, 만일 그것으로부터 아무것도 생겨나지 않는다면 신 그 자체가 존재하지 않는다고 비판하였다. 그러나 셸링은 피히테가 부정했던 신을 신이 '사람으로 되는 것'Menschwerdung이라는 역사적, 실증적인 사실로 받아들인다. 예수 그리스도의 성육신 사건에서 우리가 신의 영광을 보게 된다는 것이다. 이로써 셸링은 경험적 역사성과 실증성을 기반으로 하는 실존철학의 선구를 이루었다. 그는 쿠자누스와 뵈메의 영향을 받아서 자연철학과 동일철학의 틀을 다졌으며, 외팅거Oettinger의 영향을 받아서 그리스도교의 발전과정을 권위를 중시하는 베드로적 기독교(가톨릭교), 자유를 추구하는 바울로적 기독교(프로테스탄트교), 지식과 믿음을 지향하는 요한적 기독교로 설명하였다.

튀빙겐 시절의 헤겔G.W.F. Hegel(1770~1831)은 셸링과 횔덜린과는 달리 칸트철

○

학에 비판적이었다. 그러나 초기 저서『기독교의 정신과 운명』(1798~1800)을 집필하는 과정에서 도덕을 중시하는 칸트의 입장에 동조하였다. 이에 근거하여 헤겔은 예수의 정신을 '도덕보다 높게 드높인 정신'으로 평가하였다. 더 나아가서 헤겔은 스피노자의 영향 속에서 범신론적 주지주의의 입장을 취하였고, 정신의 역사를 절대정신의 내면화, 골고다 언덕, 절대정신이 왕위에 있는 현실로서 진리로 파악하여, 종교의 실정성을 강조함으로써 칸트에 대해 비판적인 입장을 취하였다. 그는 종교의 발전을 동양의 자연종교, 신적인 것을 주관으로 보는 유대교 및 그리스와 로마의 종교, 그리고 절대적인 종교인 그리스도교의 순으로 진행한다고 파악하였다. 헤겔은「민중종교와 그리스도교에 대한 단편들」(1793~1794),『신앙과 지식』(1802),『그리스도교의 실증성』(1795~1796) 등에서 칸트주의와 반칸트주의를 동시에 보여준다. 헤겔은 삼위일체론을 모든 존재의 신비 중에서 가장 심오한 신비로 간주하는 형이상학적 전통에 섰다. 그는 삼위일체론을 바탕으로 하느님 아버지의 나라를 그 자체로서 영원한 이념, 그리고 아들의 나라를 유한한 자연 안에서 나타나는 이념, 그리고 성령의 나라를 유한성을 벗어나 아버지와 아들, 정신과 자연, 하느님과 세계의 일치를 추구하는 것으로 파악하였다.

"칸트와 유대-그리스도교 사상"에서는 유대교, 가톨릭, 개신교사상에 미친 칸트의 영향을 점검하였다. 먼저 칸트와 유대교의 관계는 유대사상가인 헤르만 코헨과 에른스트 블로흐 등이 칸트의 종교사상을 비판적으로 수용하고 극복해 나가는 과정에서 특이점들을 정리하였다. 코헨의 경우에 칸트가 이성신앙의 원형을 기독교로 규정한 사실에 비추어 유대교에서 도덕신앙의 원형을 찾으려고 시도하면서, 칸트의 요청 신 개념 대신에 실재 존재로서 신 개념을 강조하였다. 코헨은 도덕성을 강조하는 유대종교의 근본태도가 칸트에 보다 근접할 수 있다고 강조했던 것이다. 블로흐의 경우에는 칸트의 요청적 희망이론을 마르크스주의적, 페르시아 이원론적 차원으로 전개함으로써, 하느님의 존재를 넘어설 수 있는 자유의 왕국, 즉 '하느님 없는 하느님의 나라'를 인간의 새로운 유토피아적 지향목표로 제시하였다. 이로써 그는 기독교 안에서 무신론을 정식화한 것이다.

칸트와 가톨릭사상의 관계는 가톨릭권에서 초기칸트주의자들, 특히 세바스티안 무첼레Sebastian Mutschelle(1749~1800), 마테른 로이쓰Matern Reuß(1751~1798) 등에서 요셉 마르샬Joseph Maréchal(1878~1944), 리하르트 셰플러Richard Schaeffler(1926~)에 이르는 현대 가톨릭철학자들까지 거명하였으나, 이에 대한 본격적인 논의는 "칸트의 희망철학"이라는 필자의 후속 연구[2017년 한국연구재단 우수학자 지원사업]에서 심층적으로 다루고자 한다. 칸트의 사상은 당시 가톨릭사상가들에게 급속도로 알려졌으며, 화해 불가능할 정도의 적대적인 입장을 취하는 반칸트주의자와 칸트주의자로 나뉘었다. 스타트러Stattler는 『순수이성비판』에서 형이상학과 종교에 대하여 적대적인 입장을 취한다는 이유에서 칸트를 반종교적인 사람으로 매도하기도 했다. 근본악이나 예정설에 대한 칸트의 입장은 기독교신앙에서 논란을 불러일으켰으나, 반대로 마테른 로이쓰와 같은 학자는 칸트의 주장에 관심을 나타내기도 하였다. 칸트와 가톨

○

릭신앙의 관계는 순수이성의 위치를 어디에 설정할 것인가라는 물음과 함께 로츠, 마르샬 등이 스콜라철학적 형이상학으로 편입 가능성을 논점으로 부각하기도 하였다. 최근에 가톨릭 종교철학자 리하르트 셰플러는 칸트의 요청이론을 인식론과 종교철학 전반에 확장하는 시도를 하였다. 칸트의 사상은 리츨Albrecht Ritschl, 헤르만Wihelm Herrmann, 카프탄Julius Kaftan, 트뢸취Ernst Troeltsch 등의 개신교 신학자들에게도 강력한 영향력을 행사하였다. 이들 개신교사상가들은 칸트의 이성신앙 및 도덕신학의 개념을 신학의 영역에 접목시키려는 시도를 하였다.

"칸트와 불교사상"에서는 필자의 박사논문 『칸트의 요청이론』(1988) 이전의 유럽 상황과 『새로운 불교해석』(1996)과 『칸트와 불교』(2004) 이후의 한국 상황을 간략하게 소개하였다. 불교철학계 내부에서 무아와 진아, 윤회의 문제가 논란이 되어왔으나, 이 문제들을 칸트의 선험철학의 시각에서 거론하기 시작한 것은 1990년대부터이며, 필자의 칸트주의적 불교해석으로부터 한국불교에서 무아-윤회논쟁이 촉발된 것이다. 칸트의 요청이론 또는 그 간문화적 확장 버전이라고 할 수 있는 요청적 사유방법론을 불교사상에 적용할 경우에 아직 질서 있게 정리하지 못한 불교철학적 문제들을 필자는 칸트의 이론철학과 실천철학의 시각에서 조망하였다. 이로써 무아윤회의 문제는 물론이고 무기, 방편, 수기의 문제, 그리고 니르바나적 최고선의 존립 요건 등에 대해서도 선험철학적 조망이 가능하게 된다.

칸트가 그의 종교 저술에서 "하나의 참된 종교와 수많은 신앙유형들"

에 대하여 언급한 부분을 단초로 하여 현대의 종교다원화 사회에서 서로 다른 종교의 대화와 평화적 공존의 가능성 조건을 살펴보았다. "종교대화의 원칙: '하나의 참된 종교'와 '수많은 신앙유형들'"에서는 칸트의 종교 개념이 현대의 종교다원주의에서 매우 중요한 위상을 차지하고 있다는 사실을 정리하였다. 특히 절대주의와 배타주의로 알려진 근본주의자들의 진리 광신주의, 그리고 상대주의 혹은 무차별적 다원주의로 알려진 진리망각주의라는 두 극단적인 태도를 극복할 수 있는 포용주의 또는 통합주의의 종교 대화방식이 어떻게 가능한가에 대한 여러 학자들의 논의를 중심으로 칸트의 종교 개념과의 연관성을 규명하였다. 또한 현대의 종교다원주의 사상가들의 연구성과를 토대로 하여 칸트의 요청적 사유방법론이 서로 다른 문화 및 종교전통 사이에서 각각 추구하고 있는 최고선의 이상을 체계적으로 기술하는 동시에 그 특유한 문화적 한계를 드러내는 이른바 각 고유한 문화 전통에서 특이하게 나타나는 '변증론'을 보여 줄 수 있다는 점을 제시하였다. 철학적 사유전통에서 더 이상 물러설 수 없는 확실성의 영역에 대한 최후정초의 요구가 있었던 것처럼 모든 종교문화적 사유전통에서도 각각의 고유한 최고선의 이상을 실현하기 위하여 무한한 노력을 경주하는 개인적, 집단적 실천수행에 대한 강력한 요구가 존재한다. 칸트가 비판철학의 변증론에서 보여 준 '이상'Ideal에 대한 기술을 모든 민족의 고유한 종교 및 문화의 최고선에 대한 희망 의식에서도 공통적으로 관찰할 수 있다. 이러한 사실을 바탕으로 필자는 칸트의 요청 개념과 종교적 희망의식

○

의 관계를 다른 문화적 연관 속에서도 동일하게 기술할 수 있다고 보았다. 이에 대한 논의는『칸트의 요청이론』(Frankfurt 1988) 이래 필자의 지속적인 관심이었으며, 동시에 리하르트 셰플러(1926~)의 칸트 종교철학의 중심 테제이기도 하다. 셰플러 교수는 칸트의 선험철학적 변증론과 요청적 사유방법론을 이론철학의 영역에도 확대 적용하는 한편 칸트 자신이 기술하지 못한 변증론을 새롭게 구성하는 시도를 통하여 칸트철학으로 가톨릭신학을 새롭게 해석하고자 하였다.

칸트의 종교사상은 하나의 보편적인 종교를 지향한다. 진정한 종교는 유일하다. 그러나 다양한 신앙유형이 있을 뿐이다. 칸트의 종교 분석은 주로 기독교를 대상으로 하지만, 그의 종교론은 모든 역사적인 실정종교를 넘어서서 순수한 종교신앙인 도덕적인 이성신앙으로 이행할 것을 요구한다. 현대사회에서 교회신앙의 병폐가 극심한 상황에서 칸트의 가르침은 인류가 추구해야 할 이상적인 최고선으로서 아직도 여전히 유효하다. 인륜성과 도덕성이 없는 종교는 진정한 종교가 아니다. 우리가 지상에서 이루어 내야 할 하느님의 나라는 이웃에 대한 사랑을 실천하는 도덕의 나라인 것이다.

○ 참고문헌

칸트 자료

Immanuel Kant's Sämmtliche Werke, Karl Rosenkranz und Friedrich Wilhelm Schubert(Hrsg.), Leipzig 1838.

Kant's Gesammelte Schriften, Die Königlich Preußische Akademie der Wissenschaften(Hrsg.), Berlin 1907.

Kants Werke in drei Bänden, August Messer(Hrsg.), Berlin und Leipzig 1925.

Immanuel Kants Werke, A. Buchenau, E. Cassirer, B. Kellermann(Hrsg.), Berlin 1914.

Immanuel Kant's sämtliche Werke in sechs Bänden, Hrsg. von Felix Gross, Leipzig 1921.

Immanuel Kant Werkausgabe, hrsg. von Wilhelm Weischedel, Suhrkamp, Frankfurt 1983.

Die Religion innerhalb der Grenzen der blossen Vernunft. Königsberg 1793. (1)

Die Religion innerhalb der Grenzen der blossen Vernunft. Riga 1793. (1)

Die Religion innerhalb der Grenzen der blossen Vernunft. Riga 1794. (2)

Immanuel Kant's *Religion innerhalb der Grenzen der blossen Vernunft und Streit der Facultäten*, in: Immanuel Kant's Sämmtliche Werke. Karl Rosenkranz und Friedrich Wilhelm Schubert (Hrsg.), Leipzig 1838.

Immanuel Kant's Schriften zur Philosophie der Religion, in: Immanuel Kant's Werke in zehn

Bänden, sechster Band. Hartenstein, G.(Hrsg.), Leipzig 1839.

Immanuel Kant's Schriften zur Philosophie der Religion, in: Immanuel Kant's Sämtliche Werke, 6. Band. G. Hartenstein(Hrsg.), Leipzig 1868.

Die Religion innerhalb der Grenzen der bloßen Vernunft. J.H. von Kirchmann(Hrsg.), Felix Meiner, Hamburg 1869. (Karl Vorländer, 1903)

Die Religion innerhalb der Grenzen der bloßen Vernunft, in: Kant's Gesammelte Schriften, Die Königlich Preußische Akademie der Wissenschaften(Hrsg.), Band VI, Berlin 1907.

Die Religion innerhalb der Grenzen der bloßen Vernunft, in: Immanuel Kants Werke, Band VI, A. Buchenau, E. Cassirer, B. Kellermann(Hrsg.), Berlin 1914.

Die Religion innerhalb der Grenzen der blossen Vernunft. Hrsg. v. K. Vorländer, Felix Meiner, Hamburg 1919.

Die Religion innerhalb der Grenzen der bloßen Vernunft, in: Immanuel Kant's sämtliche Werke in sechs Bänden, Hrsg. von Felix Gross, Leipzig 1921.

Die Religion innerhalb der Grenzen der bloßen Vernunft, in: Kants Werke in drei Bänden, Band III, August Messer(Hrsg.), Berlin und Leipzig 1925.

Die Religion innerhalb der Grenzen der bloßen Vernunft. Wilhelm Weischedel(Hrsg.), in: Immanuel Kant. Werke in 6 Bänden, Band IV. Wiesbaden 1956. Darmstadt 1966. Frankfurt 1968.

Die Religion innerhalb der Grenzen der bloßen Vernunft. Karl Kehrbach(Hrsg.), Reclams Universal-Bibliothek. Leipzig 1879. Danach: hrsg. von Rudolf Malter, Stuttgart 1974.

"An Moses Mendelssohn. 8. April 1766", in: *Träume eines Geistersehers*, hrsg. von Klaus Reich. Hamburg: Felix Meiner Verlag, 1975.

"Kants Brief über Swedenborg an Fräulein Charlotte von Knobloch. 10. August 1763(?)", in: *Träume eines Geistersehers*, hrsg. von Klaus Reich. Hamburg: Felix Meiner Verlag,

1975.

Beobachtungen, über das Gefühl des Schönen und Erhabenen(A: 1764, B: 1766, C: 1771), in: Kant Werke Bd. 5, Darmstadt 1983.

Briefe, Akademie Ausgabe, ed. R. Reicke. Berlin, Reimer, 1912.

Briefwechsel, ed. K. Vorländer. Hamburg, Meiner, 1972.

Critique of Practical Reason. Trans. Mary Gregor. New York: Cambridge University Press, 1997.

Critique of Pure Reason. Trans. Paul Guyer and Allen Wood. New York: Cambridge University Press, 1998.

De mundi sensibilis atque intelligibilis forma et principiis. Von der Form der Sinnen- und Verstandeswelt und ihre Gründen(1770), in: Kant Werke Bd.5, Darmstadt 1983.

Dreams of a Spirit-Seer Elucidated by Dreams of Metaphysics. Trans. David Walford. In Theoretical Philosophy, 1755-1770. NY: Cambridge University Press, 1992.

Grundlegung zur Metaphysik der Sitten, ed. K. Vorländer. Hamburg, Meiner, 1965.

Handschriftlicher Nachlass, Akademie Ausgabe, ed. E. Adickes. Berlin, Reimer, 1912.

Kritik der praktischen Vernunft, ed. K. Vorländer. Hamburg, Meiner, 1974.

Kritik der praktischen Vernunft. Riga 1788.

Kritik der reinen Vernunft, ed. R. Schmidt. Hamburg, Meiner, 1971.

Kritik der reinen Vernunft, Riga 1781(A), 1787(B). Kant Werke Bd. 3-4, Wissenschaftliche Buchgesellschaft 1983.

Kritik der Urteilskraft, ed. K. Vorländer. Hamburg, Meiner, 1968.

Lectures on Philosophical Theology. Trans. by Allen W. Wood and Gertrude M. Clark. Cornell University Press, 1978.

Philosophical Correspondence, 1759-99. Trans. Arnulf Zweig. The University of Chicago Press, 1967.

Prolegomena zu einer jeden künftigen Metaphysik, die als Wissenschaft wird auftreten können, ed. K. Vorländer. Hamburg, Meiner, 1969.

Reflexionen zur Religionsphilosophie. AA XIX (Kant's handschriftlicher Nachlaß, Band 6. Moralphilosophie, Rechtsphilosophie und Religionsphilosophie, S.616-654). Berlin und Leipzig 1984.

Religion and Rational Theology. Trans. by Allen W. Wood and George Di Giovanni. Cambridge University Press 1996.

Religion within the boundaries of mere reason. Trans. by Allen Wood, in: *Religion and Rational Theology*. Cambridge University Press, 1996.

Religion within the limits of reason alone. Trans. by Theodore M. Greene and Hoyt H. Hudson, Harper & Row, New York 1960.

Träume eines Geistersehers, erläutert durch Träume der Metaphysik. Hamburg: Felix Meiner Verlag, 1975.

Untersuchung über die Deutlichkeit der Grundsätze der natürlichen Theologie und Moral(1763), in: Kant Werke Bd. 5, Darmstadt 1983.

Von den ersten Grund des Unterschiedes der Gegenden im Raume(1767), in: Kant Werke Bd. 5, Darmstadt 1983.

Vorarbeiten zur Religion innerhalb der Grenzen der bloßen Vernunft. AA XXIII (Kant's handschriftlicher Nachlaß, Band 10. Vorarbeiten und Nachträge, 87-124). Berlin 1955.

Vorlesungen über Rationaltheologie. AA XXVIII (Kant's Vorlesungen, Bd. 5, 2-2. Vorlesungen über Metaphysik und Rationaltheologie). Berlin 1972.

칸트,『이성의 한계 안에서의 종교』, 신옥희 역, 이화여자대학교출판부, 1984, 2001.

칸트,『이성의 한계 안에서의 종교』, 백종현 역, 아카넷, 2011.

칸트,『도덕 형이상학을 위한 기초놓기』, 이원봉 역, 책세상, 2002.

칸트,『칸트의 형이상학 강의』, 리츠 편, 이남원 역, 울산대학교출판부, 1999.

칸트, 『순수이성비판』, 백종현 역, 아카넷, 2006.

칸트, 『순수이성비판』, 전원배 역, 삼성출판사, 1999.

칸트, 『순수이성비판』, 최재희 역, 박영사, 2001.

칸트, 『실천이성비판』, 백종현 역, 아카넷, 2002.

칸트, 『실천이성비판』, 최재희 역, 박영사, 2001.

칸트, 『윤리 형이상학 정초』, 백종현 역, 아카넷, 2005.

칸트, 『판단력비판』, 이석윤 역, 박영사, 2005.

칸트, 『판단력비판』, 백종현 역, 아카넷, 2009.

○ 참고자료

Abel, J. F. *Plan zu einer systematischen Metaphysik*. Stuttgart, Erhard, 1787.

Abel, J. F. *Versuch über die Natur der spekulativen Vernunft. Zur Prüfung des Kantischen Systems*. Frankfurt und Leipzig, 1787.

Abicht, J. F. *Hermias oder Auflösung der die gültige Elementarphilosophie betreffenden Zweifel*. Erlangen, Walther, 1794.

Abicht, J. F. *Philosophisches Journal*. Erlangen, Walther, 1794-1795.

Abicht, J. F. *Preisschrift über die Frage: Welche Fortschritte hat die Metaphysik seit Leibnitzens und Wolffs Zeiten in Deutschland gemacht?* Berlin, Maurer, 1796.

Abusch, A. Schiller. *Grösse und Tragik eines deutschen Genius*. Berlin, Aufbau, 1980.

Adam, H. *Carl Leonhard Reinholds philosophischer Systemwechsel*. Heidelberg, Winters, 1930.

Adickes, E. *German Kantian Bibliography*. Würzburg, Liebing, 1968.

Adler, E. *Der junge Herder und die deutsche Aufklärung*. Vienna, Europa, 1968.

Albrecht, Michael. *Kants Antinomie der praktischen Vernunft*. Hildesheim, 1978.

Alexander, W. M. *Johann Georg Hamann*. The Hague, Nijhoff, 1966.

Allison, H. *The Kant-Eberhard Controversy*. Baltimore, Johns Hopkins University Press, 1973.

Altizer, Thomas J.J. *The Self-Embodiment of God*. New York 1977.

Altmann, A. *Moses Mendelssohn: A Bibliographical Study*. London, Routledge and Kegan

Paul, 1974.

Anderson, Deland S. *Hegel's speculative good friday. The death of God in philosophical perspective*. Georgia 1996.

Anselmus. *Kann Gottes Nicht-Sein gedacht werden? Die Kontroverse zwischen Anselm von Canterbury und Gaunilo von Marmoutiers*. Mainz 1989.

Antonopoulos, George. *Der Mensch als Bürger zweier Welt*, Bonn: H. Bouvier u. Co. Verlag, 1958.

Appel, Kurt. *Kants Theodizeekritik. Eine Auseinandersetzung mit den Theodizeekonzeptionen von Leibniz und Kant*. Frankfurt 2003.

Armstrong, Caren. *A History of God*. New York 1993.

Arnoldt, E. *Kritische Exkurse im Gebiete der Kant Forschung*. Gesammelte Schriften Bd. 4. Berlin, Cassirer, 1908.

Arnoldt, Emil. *Kants Jugend und die ersten fünf Jahre seiner Privatdozentur*. Königsberg 1882; Gesammelte Schriften. Kritische Exkurse im Gebiete der Kantforschung. Teil I. u. II., Berlin Verlag von Bruno Cassirer, 1908 und 1909.

Asendorf, Ulrich. *Luther und Hegel. Untersuchungen zur Grundlegung einer neuen systematischen Theologie*. Wiesbaden 1982.

Atlas, S. *From Critical to Speculative Idealism: The Philosophy of Salomon Maimon*. The Hague, Nijhoff, 1964.

Axinn, Sidney. *The Logic of Hope: Extensions of Kant's View of Religion*. Amsterdam 1994.

Baader, Franz von und Franz Hoffman(Hrsg.) *Baader's Sämmtliche Werke*, 16 Bde. Leipzig: Herrmann Bethmann, 1851~1860.

Badiou, Alain Saint Paul. *The Foundation of Universalism*, Stanford University Press, 2003.

Baggesen, J. *Aus Jens Baggesen Briefwechsel mit K. L. Reinhold und F. H. Jacobi*, ed. K. and A. Baggesen. Leipzig, Brockhaus, 1831.

Bailey, William H. *The Ethics of Kant and Brunner*. New York 1998.

Balthasar, Hans Urs von. *Apokalypse der Deutschen Seele: Studien zu einer Lehre von letzten Haltungen*. Bd. 1, Der Deutsche Idealismus. Freiburg 1998.

Balthasar, Hans Urs von. *Geschichte des eschatologischen Problems in der modernen Deutschen Literatur*. Zürich 1930, Freiburg 1998[2].

Bardili, C. B. *Bardilis und Reinholds Briefwechsel über das Wesen der Philosophie und Unwesen der Spekulation*, ed. K. L. Reinhold. Munich, Lentner, 1804.

Bardili, C. B. *Briefe über den Ursprung der Metaphysik überhaupt*. Altona, Hammerich, 1798.

Bardili, C. B. *Grundriss der ersten Logik gereinigt von den Irrthümern bisheriger Logiken überhaupt*. Stuttgart, Loflund, 1800.

Barmettler, Hugo. *Die Überwindung der bloßen Vernunft. Hegels Auseinandersetzung mit Kant und Fichte in Tübingen und Bern(1792-1796)*. Frankfurt 1979.

Barth, Karl. *Die protestantische Theologie im 19. Jahrhundert*. Zürich 1952.

Basedow, J. B. *Ausgewählte Schriften*, ed. H. Göring. Langensalza, Beyer, 1880.

Basedow, J. B. *Philalethie, Neue Aussichten in die Wahrheiten und Religion der Vernunft*. Altona, Iverson, 1764.

Basedow, J. B. *Theoretisches System der gesunden Vernunft*. Altona, Iverson, 1765.

Baudler, G. *Im Worte Sehen. Das Sprachdenken Johann Georg Hamanns*. Bonn, Bouvier, 1970.

Bauer, Bruno. *Die Posaune des jüngsten Gerichts über Hegel den Atheisten und Antichristen*. Leipzig 1841.

Baum, G. *Vernunft und Erkenntnis: Die Philosophie F. H. Jacobis*. Bonn, Bouvier, 1969.

Beach, E. A. *The Potencies of God(s). Schelling's Philosophy of Mythology*. State University of New York Press, 1994.

Beck, J. S. *Einzig möglicher Standpunkt, aus welchem die kritische Philosophie beurteilt werden muss. Vol. 3 of Erläuternden Auszugs aus den kritischen Schriften des Herrn Prof. Kant.* Riga, Hartknoch, 1796.

Beck, Lewis White. *A Commentary on Kant's Critique of Practical Reason*. Chicago, University of Chicago Press, 1960, 1966.

Beck, L. W. *Early German Philosophy*. Cambridge, Harvard University Press, 1969.

Beck, L. W. *Essays on Kant and Hume*. New Haven, Yale University Press, 1978.

Bergmann, E. *Ernst Platner und die Kunstphilosophie des 18 Jahrhundert. Hamburg,* Meiner, 1913.

Bergson, Henri. *Schöpferische Entwicklung*. Paris 1907.

Berlin, I. *Vico and Herder*. London, Hogarth, 1976.

Best, O. "Einleitung" to Moses Mendelssohn, *Aesthetische Schriften in Auswahl*. Darmstadt, Wissenschatliche Buchgesellschaft, 1974.

Bittner, R., und K. Cramer. *Materialien zu Kants Kritik der praktischen Vernunft*. Frankfurt, Suhrkamp, 1975.

Blanke, F. "Hamann und Luther," in Johann Georg Hamann, Wege der Forschung, ed. R. Wild, pp. 146-172. Darmstadt, Wissenschaftliche Buchgesellschaft, 1978.

Blanke, F. *Kommentar zu Hamanns Sokratische Denkwürdigkeiten*, ed. F. Blanke et al. Gutersloh, Bertelheim, 1956.

Bloch, Ernst. *Atheismus im Christentum. Zur Religion des Exodus und des Reichs.* Frankfurt 1968.

Bloch, Ernst. *Das Prinzip Hoffnung*. Frankfurt 1959.

Blumenbach, J. F. *Über den Bildungstrieb und das Zeugungsgeschäfte*. Göttingen 1781.

Bohatec, Josef. *Religionsphilosophie Kants*. Hildesheim 1966.

Bollnow, O. F. *Die Lebensphilosophie F. H. Jacobis.* München, Fink, 1969.

Born, F. G. *Versuch über die ersten Gründe der Sinnenlehre*. Leipzig, Klaubarth, 1788.

Born, F. G. *Versuch über die ursprunglichen Grundlagen des menschlichen Denkens und die davon abhängigen Schranken unserer Erkenntnis*. Leipzig, Barth, 1791.

Borntrager, J. C. F. *Ueber das Daseyn Gottes, in Beziehung auf Kantische und Mendelssohnischer Philosophie*. Hannover, Schmidt, 1788.

Borowski, L. E. "Darstellung des Lebens und Charakters Immanuel Kants," in *Immanuel Kant, Sein Leben in Darstellungen von Zeitgenossen*, ed. F. Gross. Darmstadt, Wissenschaftliche Buchgesellschaft, 1980.

Borowsky, *Darstellung des Lebens und Charakters Immanuels Kant*. Königsberg 1804.

Borradori, Giovanna. *Philosophy in a Time of Terror. Dialogues with Jürgen Habermas and Jacques Derrida*, The University of Chicago Press, 2003.

Bracken, Joseph A. S.J. *World without End. Christian Eschatology from a Process Perspective.* Michigan 2005.

Brady, Jules M. *New Approaches to God. Based on Proofs by Anselm, Aqinas, and Kant.* Massachusetts 1996.

Brastberger, M. G. U. *Untersuchungen über Kants Critik der praktischen Vernunft*. Tübingen, Cotta, 1792.

Brastberger, M. G. U. *Untersuchungen über Kants Critik der reinen Vernunft*. Halle, Gebauer, 1790.

Broad, C.D. *Kant. An Introduction*, Cambridge u.a.: University Press 1978.

Brockmann, Hanno. *Wissen und Glauben. Kants Gotteslehre im Spannungsfeld zwischen theoretischer Beweisbarkeit und praktischer Notwendigkeit*. Marburg 2009.

Bromand, Joachim u.a.(Hrsg.) *Gottesbeweise von Anselm bis Gödel*. Frankfurt 2011.

Bruford, W. H. *Germany in the Eighteenth Century. The Social Background of the Literary Revival. Cambridge*, Cambridge University Press, 1965.

Bultmann, R. *Geschichte und Eschatologie*. Tübingen 1958.

Bultmann, R. *Glauben und Verstehen*. Tübingen 1954-65.

Burbidge, John W. *Hegel on Logic and Religion. The Reasonableness of Christianity*. State University of New York Press, 1984.

Burbidge, John W.(ed.) *The God within Kant, Schelling, and Historicity*. University of Toronto Press, Toronto 1996.

Burkill, T. *Alec God and Reality in Modern Thought*. New York 1963.

Byrne, James M. *Religion and the Enlightenment. From Descartes to Kant*. Westminster John Knox Press, 1996.

Byrne, Peter. *Kant on God*. Burlington 2007.

Calton, Patricia Marie. *Hegel's Metaphysics of God: The Ontological Proof as the Development of a Trinitarian Divine Ontology*, Burlington, VT: Ashgate, 2001.

Cantwell Smith, W. *Believing: An Historical Perspective*. The University Press of Virginia 1977, Oxford 1998.

Cantwell Smith, W. *Comparative Religion. Whither and Why?*, M. Eliade & J. Kitagawa ed.: The History of Religions. Chicago 1959

Cantwell Smith, W. *Faith and Belief. The Difference between Them*. Princeton University Press, Princeton 1979, Oxford 1998.

Cantwell Smith, W. *Patterns of Faith around the World*. Oxford 1962, Oneworld Publications, Oxford 1998.

Cantwell Smith, W. *The Faith of Other Men*. New York 1962.

Cantwell Smith, W. *The Meaning and End of Religion*. Macmillan, New York 1962, Minneapolis 1991.

Cäser, K. A. *Denkwürdigkeiten aus der philosophischen Welt*. Leipzig Müller, 1786.

Cassirer, E. *Die nachkantische Systeme. Das Erkenntnisproblem in der Philosophie und Wissen-*

schaft der neueren Zeit. Bd. 3, Darmstadt Wissenschaftliche Buchgesellschaft, 1974.

Cassirer, E. *Kants Leben und Lehre*. Darmstadt, Wissenschaftliche Buchgesellschaft, 1977; *Kant's Life and Thought*. New Haven and London: Yale University press, 1981.

Cassirer, E. *Rousseau, Kant and Goethe*. Princeton, Princeton University Press, 1945.

Cassirer, E. *The Philosophy of the Enlightenment*. Princeton, Princeton University Press, 1951.

Cassirer, Heinz. *Grace & Law. St. Paul, Kant, and the Hebrew Prophets.* Edinburgh 1988.

Chan, Steven M. *Questions about God. Today's Philosophers Ponder the Divine*. Oxford 2002.

Claassen, J. *Franz von Baaders Gedanken über Staat und Gesellschaft* , Gütersloh, 1890.

Claassen, J. *Franz von Baaders Leben und theosophische Werke* , Stuttgart 1886~1887.

Clark, T. *Herder, His Life and Thought.* Berkeley, University of California Press, 1955.

Clayton, Philip. *The Problem of God in Modern Thought*. Cambridge 2000.

Cobb, John B. *Christ in a Pluralistic Age*, Eugene OR 1999.

Cobb, John B. *Process Theology*. Westminster John Knox Press, 1977.

Cohen, H. *Religion der Vernunft. Aus den Quellen des Judentums.* Darmstadt 1966.

Cohen, Hermann. "Innere Beziehungen der Kantischen Philosophie zum Judentum", in: *Jüdische Schriften. Bd.* 1: Ethische und religiöse Grundfragen, Berlin 1924.

Cohen, Hermann. *Kants Begründung der Ethik*. Berlin 1877(1), 1910(2).

Cohen, Hermann. *Religion der Vernunft. Aus den Quellen des Judentums.* Darmstadt 1966.

Conze, Edward. Spurious Parallels to Buddhist Philosophy, in: *Philosophy East and West*, 13, no. 3, 1963.

Cooper, John W. *Panentheism — The Other God of the Philosophers*, Michigan: Baker Academic, 2006.

Copleston, F. *Wolff to Kant*. Vol. 6 of A History of Philosophy. London, Burns and Oates,

1960.

Cramer, Wolfgang. *Gottesbeweise und ihre Kritik*. Frankfurt 1967.

Crusius, C. A. *Die Philosophische Hauptwerke*, ed. A. Tonelli. Hildesheim, Olms, 1964.

Davidovich, Adina. *Religion as a Province of Meaning: The Kantian Foundation of Mordern Theology*. Harvard Theological Studies, Fortress Press, Minneapolis 1993.

De Vleeschauwer, H. J. *The Development of Kantian Thought*. London, Nelson, 1962.

Dell'Oro, Regina O. M. *From Existence to the Ideal. Continuity and Development in Kant's Theology*. New York 1994.

Denesse, August. *Kant und die katholische Wahrheit*. Freiburg 1922.

Descartes, R. *The Philosophical Works*, ed. and trans. E. S. Haldane and G. R. T. Ross. Cambridge, Cambridge University Press, 1973.

Desmond, William. *Hegel's God. A Counterfeit Double?* Ashgate, Burlington 2003.

Despland, Michel. *Kant on History and Religion*. London 1973.

Dicenso, James J. *Kant, Religion, and Politics.* Cambridge University Press 2011.

Diels, H. und W. Kranz, *Die Fragmente der Vorsokratiker*, Dublin 1903.

Dobbek, W. *Johann Gottfried Herders Jugendzeit in Mohrungen und Königsberg, 1744-64*. Würzburg, Holzner, 1961.

Donceel, J.F. *Philosophical Psychology*, New York, 1961.

Driesch, Hans. *Die Geschichte des Vitalismus*. Leipzig 1922.

Driesch, Hans. *Philosophie des Organischen*. Leipzig 1909.

Dupuis, Jacques S. J. *Toward a christian theology of religious pluralism*. New York: Orbis Books, 2002.

Düsing, K. "Die Rezeption der kantischen Postulatenlehre in den frühen philosophischen Entwurfen Schellings und Hegels," *Hegel-Studien*, supp. 9 (1973), 95-128.

Düsing, K. Naturteleologie und Metaphysik bei Kant und Hegel, in: H. -F. Fulda u. R.-P.

Horstmann: *Hegel und die "Kritik der Urteilskraft"*. Stuttgart 1990.

Ebbinghaus, J. *Kant und Swedenborg*, in: Ges. Aufsätze, Hildesheim 1968, S.58-79.

Eberhard, J. A. *Allgemeine Theorie des Denkens und Empfindens*. Berlin, Voss, 1796.

Eberhard, J. A. *Neue Apologie des Sokrates*. Berlin, Voss, 1772.

Eberhard, J. A. *Ueber Staatsverfassungen und ihre Verbesserungen*. Berlin, Voss, 1794.

Eberstein, W. G. *Versuch einer Geschichte der Logik und Metaphysik bey den Deutschen*. Halle, Ruff, 1799.

Elbogen, Ismar und Eleonore Sterling. *Die Geschichte der Juden in Deutschland*. Frankfurt, Athenäaum, 1988.

England, F. E. *Kant's Conception of God*. New York 1968.

Epstein, K. *The Genesis of German Conservatism*. Princeton, Princeton University Press, 1966.

Erdmann, B. *Historische Untersuchungen über Kants Prolegomena*. Halle, Niemeyer, 1904.

Erdmann, B. *Kants Kriticismus in der ersten und zweiten Auflage der Kritik der reinen Vernunft*. Leipzig, Voss, 1878.

Erdmann, J. *Die Entwicklung der deutschen Spekulation seit Kant*. Versuch einer wissenschaftlichen Darstellung der Geschichte der Philosophie, Bd. 5. Stuttgart, Holzboorg, 1977.

Eschenmeyer, C. A. *Die Hegelsche Religionsphilosophie verglichen mit dem christlichen Prinzip*. Tübingen 1834.

Essen, Georg u.a.(Hg.) *Kant und die Theologie*. Darmstadt 2005.

Evans, C. Stephen. *Subjectivity & Religious Belief*. Michigan 1978.

Ewald, J. L. *Ueber die kantische Philosophie mit Hinsicht auf die Bedurfnisse der Menschheit: Briefe an Emma*. Berlin, Unger, 1790.

Fackenheim, Emil L. *The religious dimension in Hegel's thought*. Boston 1967.

Feder, J. G. H. *Der neue Emil oder von der Erziehung nach bewährter Grundsätzen*. Erlangen,

Walther, 1768.

Feder, J. G. H. *Feders Leben, Natur und Grundsätze*. Leipzig Schwickert, 1825.

Feder, J. G. H. *Logik und Metaphysik*. Göttingen, Dieterich, 1790.

Fendt, Gene. *For What May I Hope? Thinking with Kant and Kierkegaard*. New York, Bern 1990.

Feuerbach, L. *Das Wesen des Christentums*, in: Gesammelte Werke Bd. 5, Berlin 1984.

Feuerbach, L. *Gedanken über Tod und Unsterblichkeit*, in: Gesammelte Werke Bd. 1, Berlin 1981.

Feuerbach, L. *Über Philosophie und Christentum*, in: Gesammelte Werke Bd. 8, Berlin 1982.

Fichte, J. G. Gesammtausgabe der bayerischen Akademie der Wissenschaften, ed. R. Lauth and H. Jakob. Stuttgart, Fromann, 1970.

Fichte, J. G. Werke, ed. I. Fichte. Berlin, de Gruyter, 1971.

Fichte, J.G. *Anweisung zum seligen Leben, oder auch die Religionslehre*(1806), Hamburg 1983.

Fichte, J.G. *Über den Grund unseres Glaubens an eine göttliche Weltregierung* (1798), in: Zur Religionsphilosophie, in: Sämtliche Werke Bd. V, hg. v. I.H. Fichte, Berlin 1971, S. 177-189.

Fichte, J.G. *Versuch einer Kritik aller Offenbarung*(1792), Hamburg 1983.

Fichte, J.G. *Zur Religionsphilosophie*, in: Sämtliche Werke Bd. V, hg. v. I.H. Fichte, Berlin 1971.

Firestone, Christ L. and Nathan Jacobs.(ed.) *In Deffence of Kant's Religion*. Indiana University Press, 2008.

Firestone, Christ L. and Palmquist Stephen R.(ed.) *Kant and the new Philosophy of Religion*. Indiana University Press, Bloomington 2006.

Fischer, H. *Kritik und Zensur: Die Transcendentalphilosophie zwischen Empirismus und kriti-*

schen Rationalismus. Erlangen, Höfer and Limmert, 1981.

Fischer, K. J. G. *Fichte und seine Vorgänger*. *Geschichte der neueren Philosophie*, Bd. 5. Heidelberg, Winters, 1900.

Fischer, Kuno. *Zur Hundertjährigen Geburtstagfeier Baaders*. Erlangen, 1865.

Fischer, Norbert. *Die philosophische Frage nach Gott*. Milano 1995.

Fischer, Norbert(Hg.) *Die Gottesfrage in der Philosophie Immanuel Kants*. Freiburg 2010.

Fischer, Norbert(Hg.) *Kant und der Katholizismus*. Freiburg 2005.

Fischer, Norbert(Hg.) *Kants Metaphysik und Religionsphilosophie*. Hamburg 2004.

Fischer, Peter. *Philosophie der Religion*. Göttingen 2007.

Flatt, J. F. *Beyträge zur christlichen Dogmatik und Moral*. Tübingen, Cotta, 1792.

Flatt, J. F. *Briefe über den moralischen Erkenntnisgrund der Religion*. Tübingen, Cotta, 1789.

Flatt, J. F. *Fragmentarische Beyträge zur Bestimmung und Deduktion des Begriffs und Grundsätze der Causalität*. Leipzig, Crusius, 1788.

Florschütz, Gottlieb. *Swedenborg and Kant: Emmanuel Swedenborg's Mystical View of Humankind, and the Dual Nature of Humankind in Immanuel Kant*. Pennsylvania: Swedenborg Foundation Publisher, 1993.

Florschütz, Gottlieb. *Swedenborgs verborgene Wirkung auf Kant: Swedenborg und die okkulten Phänomene aus der Sicht von Kant und Schopenhauer*. Würzburg: Königshausen & Neumann, 1992.

Flügel, O. *Die Religionsphilosophie des absoluten Idealismus: Fichte, Schelling, Hegel, Schopenhauer*. Langensalza 1905.

Flügge, C.W. *Einfluß der Kantischen Philosophie auf alle Zweige der Theologie*. Hannover 1796, Hildesheim 1982.

Forschner, M. *Gesetz und Freiheit. Zum Problem der Autonomie bei I. Kant*. München 1980.

Forster, G. *Werke*, ed. G. Steiner. Frankfurt, Insel, 1967.

Franke, R.O. Kant und die altindische Philosophie, in: *Zur Erinnerung an Immanuel Kant*, Abhandlungen, hrsg. v. d. Universität Königsberg, Halle 1904, S. 107-141.

Frankenhäuser, Gerald. *Die Auffassungen von Tod und Unsterblichkeit in der klassischen deutschen Philosophie von Immanuel Kant bis Ludwig Feuerbach*. Frankfurt 1991.

Fuelleborn, G. G. *Beyträge zur Geschichte der Philosophie*. Züllichau, Fromann, 1791.

Fuhrmanns, H. *Schelling, Briefe und Dokumente*. Bonn, Bouvier, 1962.

Garve, C. *Abhandlung über die Verbindung der Moral mit der Politik*. Breslau, Korn, 1788.

Garve, C. *Philosophische Anmerkungen und Abhandlungen zu Ciceros Büchern von den Pflichten*. Breslau, Korn, 1792.

Garve, C. *Sämtliche Werke*. Breslau, Korn, 1801-1808.

Garve, C. *Ueber das Daseyns Gottes. Eine nachgelassene Abhandlung*. Breslau, Korn, 1807.

Garve, C. *Versuch über verschiedene Gegenstände der Moral*. Breslau, Korn, 1801.

Gay, P. *The Enlightenment. An Interpretation*. New York, Norton, 1977.

Gebler, Fred. *Die Gottesvorstellungen in der frühen Theologie Immanuel Kants*. Würzburg 1990.

Gerdes, H. *Das Christusbild Sören Kierkegaards verglichen mit der Christologie Hegels und Schleiermachers*. Düsseldorf-Köln 1960.

German, T. J. *Hamann on Language and Religion*. Oxford, Oxford University Press, 1981 (in the series Oxford Theological Monographs).

Giobanni, George di. *Freedom and Religion in Kant and His immediate Successors*. Cambridge University Press, 2005.

Giovanni, Georg Di u.a.(Hg.) *Between Kant and Hegel*. Indianapolis 2000.

Giovanni, Sala, "Kant und die Theologie der Hoffnung. Eine Auseinandersetzung mit R. Schaefflers Interpretation der kantischen Religionsphilosophie", in: *Theologie und Philosophie* 56, 1981.

Glasenapp, Helmut von. *Buddhismus und Gottesidee. Die buddhistischen Lehren von den überweltlichen Wesen und Mächten und ihre religionsgeschichtlichen Parallen*. Wiesbaden 1954.

Glasenapp, Helmut von. *Das Indienbild deutscher Denker*. Stuttgart 1960.

Glasenapp, Helmut von. *Der Buddhismus — eine atheistische Religion*. München 1966

Glasenapp, Helmut von. *Die Lehre vom Karman in der Philosophie der Jainas*. Bonn 1915, Leipzig 1915; *Kant und die Religionen des Ostens*. Königsberg 1944.

Glasenapp, Helmut von. *Die Philosophie der Inder*. Stuttgart 1985.

Glasenapp, Helmut von. *Indien in der Dichtung und Forschung des deutschen Ostens*. Vortrag am 19. Januar 1930, in: Helmuth von Glasenapp, *Ausgewählte Kleine Schriften*, hrsg. v. Heinz Bechert und Volker Möller. Wiesbaden 1980.

Glasenapp, Helmut von. *Kant und die Religionen des Ostens*. Kitzingen-Main 1954(Königsberg 1944).

Glasenapp, Helmut von. *Pfad zur Erleuchtung. Das Kleine, das Große und das Diamant-Fahrzeug*. Köln 1983.

Gläßer, Alfred. *Religionskritik, Glaubensbegründung und interreligiöser Dialog. Vom deutschen Idealismus zu Nietzsche und zur Postmoderne*. Regensburg 2000.

Göbel, Wolfgang. *Der Wille zu Gott und das Handeln in der Welt*. Freiburg 1993.

Goes, G.F.D. *Systematische Dartstellungen der kantische Vernunftkritik*. Nürnberg, Felssecker, 1798.

Goethe, J.W. *Werke*, Hamburger Ausgabe, ed. D. Kühn and R. Wankmüller. Hamburg, Wegner, 1955.

Goeze, H.M. *Etwas Vorläufiges gegen des Herrn Hofraths Lessings feindselige Angriffe auf unser allerheiligste Religion und auf den einigen Lehrgrund derselben, die heiligen Schrift*. Hamburg, Harmsen, 1778.

Goltz, A., ed. *Thomas Wizenmann, der Freund F. H. Jacobi in Mittheilungen aus seinem Briefwechsel und handschriftlichen Nachlässe, wie nach Zeugnissen von Zeitgenossen*. Gotha, Perthes, 1859.

Gouwens, David J. *Kierkegaard as religious thinker*. Cambridge University Press, 1996.

Grimsley, Ronald. *Rousseau and the Religious Quest*. Oxford 1968.

Grondin, Jean. *Kant zur Einführung*. Hamburg 1994.

Gross, F. ed. *Immanuel Kant, sein Leben in Darstellungen von Zeitgenossen*. Darmstadt, Wissenschaftliche Buchgesellschaft, 1980.

Gründer, K. *Die Hamann Forschung*, in Hamanns Hauptschriften Bd. 1, Gütersloh, Bertelmann, 1956.

Grunwald, K. *Spinoza in Deutschland*. Berlin, Calvary, 1897.

Gulyga, A. *Herder*. Frankfurt, Rodeberg, 1978.

Gulyga, A. *Immanuel Kant*. Frankfurt, Insel, 1981.

Guyer, P. *Kant and the Claims of Taste*. Cambridge, Harvard University Press, 1979.

Habichler, Alfred. *Reich Gottes als Thema des Denkens bei Kant*. Tübingen 1991.

Halbfass, Wilhelm. *India and Europe. An Essay in Understanding*. New York 1988.

Hamann, J.G. *Briefwechsel*, ed. W. Ziesemer and A. Henkel. Wiesbaden, Insel, 1955-1957.

Hamann, J.G. *Sämtliche Werke, Historisch-Kritische Ausgabe*, ed. J. Nadler. Vienna, Herder, 1949-1957.

Hamann, J.G. *Schriften zur Sprache*, ed. J. Simon. Frankfurt, Suhrkamp, 1967.

Hamann, J.G. *Sokratische Denkwurdigkeiten*, ed. Sven-Aage Jorgensen. Stuttgart, Reclam, 1968.

Hamberger, J. *Cardinalpunkte der Baaderschen Philosophie*, 1855; *Fundamentalbegriffe von F. Baader's Ethik, Politik, u. Religions-Philosophie*, 1858.

Hammacher, K. ed. *Friedrich Heinrich Jacobi, Philosoph und Literat der Goethezeit*. Frankfurt,

Klostermann, 1971.

Hampson, N. *The Enlightenment*. Harmondsworth, Penguin, 1968.

Hanegraaff, Wouter. J. *Swedenborg Oetinger Kant: Three Perspectives on the Secrets of Heaven*, Pennsylvania, Swedenborg Foundation Publisher, 2007.

Hanke, Thomas. *Die Offenbarung innerhalb der Grenzen der bloßen Vernunft. Eine Studie zu Kants philosophischem Begriff der Offenbarung*. Berlin 2009.

Hare, John E. *The Moral Gap. Kantian Ethics, Human Limits, and God's Assistance.* Oxford 1996.

Harris, H. S. *Hegel's Development, Toward the Sunlight*, 1770-1801. Oxford, Oxford University Press, 1972.

Hartshorne, Charles. *Creative Synthesis and Philosophic Method.* Open Court Publishing Company, 1970.

Hartshorne, Charles. *Philosophers Speak of God.* Humanity Books, 2000.

Harvey, Van A. *Feuerbach and the interpretation of religion*. Cambridge University Press, 1995.

Hauer, J.W. Die indo-arische Lehre vom Selbste im Vergleich mit Kants Lehre vom intelligiblen Subjekt, in: *Die kulturelle Bedeutung der Komplexen-Psychologie*, hrsg. vom Psychologischen Club. Zürich, Berlin 1935.

Hausius, K. G. *Materialien zur Geschichte der critischen Philosophie*. Leipzig, Breitkopf, 1793.

Haym, R. *Die romantische Schule*. Berlin, Weidmann, 1906.

Hebeissen, A. *Friedrich Heinrich Jacobi, Seine Auseindersetzung mit Jacobi, in the series Sprache und Dichtung*, ed. W. Heinzen et al. Berne, Haupte, 1961.

Hegel, G.W.F. *Werke in zwanzig Bänden*, Studien Ausgabe, ed. E. Moldenhauer and K. Michel. Frankfurt, Suhrkamp, 1971.

Hegel, G.W.F. *Der Geist des Christentums und sein Schicksal*(1798-1800), in: Werke 1, *Frühe Schriften*, Frankfurt, Suhrkamp Verlag, 1971.

Hegel, G.W.F. *Die Positivität der christlichen Religion*(1795-1796), in: Werke 1, *Frühe Schriften*, Frankfurt, Suhrkamp Verlag, 1971.

Hegel, G.W.F. *Entwürfe über Religion und Liebe*(1797/1798), in: Werke 1, *Frühe Schriften*, Frankfurt, Suhrkamp Verlag, 1971.

Hegel, G.W.F. *Fragmente über Volksreligion und Christentum*(1793-1794), in: Werke 1, *Frühe Schriften*, Frankfurt, Suhrkamp Verlag, 1971.

Hegel, G.W.F. *Glauben und Wissen*(1802), in: Werke 2, *Jenaer Schriften*(1801-1807), Frankfurt, Suhrkamp Verlag, 1970, *Faith and Knowledge*. New York 1977.

Hegel, G.W.F. *Phänomenologie des Geistes*. Frankfurt 1986; *Phenomenology of Spirit*. Oxford 1977.

Hegel, G.W.F. *Theologische Jugendschriften*, hrsg. von H. Nohl, Tübingen 1907.

Hegel, G.W.F. *Vorlesung über die Philosophie der Religion* in 2 Bde. Frankfurt 1986.

Heimann, Betty. Vergleich der Antithesen europäischen und indischen Denkens. Zur Prüfung der Möglichkeit einer Analogie, in: *Kant-Studien* 31, 1926.

Heine, H. *Zur Geschichte der Religion und Philosophie in Deutschland*. Sekularausgabe Bd. 8, ed. Renate Francke. Berlin, Akademie Verlag, 1972.

Heit, Alexander. *Versöhnte Vernunft. Eine Studie zur systematischen Bedeutung des Rechtsfertigungsgedankens für Kants Religionsphilosophie*. Göttingen 2006.

Heizmann, W. *Kants Kritik spekulativer Theologie und Begriff moralischen Vernunftglaubens im katholischen Denken der späten Aufklärung*. Göttingen, Vandenhoeck and Ruprecht, 1976.

Hemmerle, K. *Gott und das Denken nach Schellings Spätphilosophie*. Freiburg 1968.

Hengstermann, Christian. *Der Mensch. Endzweck von Geschichte und Kosmos. Immanuel*

Kants Begründung der Würde des Menschen als Anspruch an Ethik, Politik und Theologie. Münster 2005.

Henrich, D. *Hegel im Kontext*. Frankfurt, Suhrkamp, 1967.

Heraeus, O. *Fritz Jacobi und der Sturm und Drang*. Heidelberg, Winters, 1928.

Herder, C. *Erinnerungen aus dem Leben Johann Gottfried Herders*. Vols. 59 and 60 of Gesammelte Werke, ed. J. G. Muller. Stuttgart, Cotta, 1820.

Herder, J. G. *Briefe, Gesammtausgabe*, ed. W. Dobbek and G. Arnold. Weimar, Bohlausnachfolger, 1979.

Herder, J. G. *Sämtliche Werke*, ed. B. Suphan. Berlin, Weidmann, 1881-1913.

Herder, Johann Gottfried. Gott. *Einige Gespräche*. Gotha, Ettinger, 1787.

Hessen, J. *Die Religionsphilosophie des Neukantianismus*. Freiburg 1924.

Hettner, H. *Geschichte der deutschen Literatur im 18. Jahrhundert*, 4th ed. Berlin, Aufbau, 1979.

Heydenreich, K. *Natur und Gott nach Spinoza*. Leipzig, Muller, 1789.

Heydenreich, K. *Originalideen über die interessantesten Gegenstände der Philosophie*. Leipzig, Baumgartmer, 1793-1796.

Hick, John. *An Interpretation of Religion. Human Responses to the Transcendent.* Yale University Press, 1989

Hick, John. *God and the Universe of Faiths*. New York 1973.

Hick, John. *God has many names*. Philadelphia, The Westminster Press, 1980.

Hick, John. *The Metaphor of God Incarnate. Christology in a Pluralistic Age.* John Knox Press, Westminster 1993.

Hick, John. *The Myth of Christian Uniqueness*. London 1988.

Hick, John. *The Second Christianity*. London 1983.

Hick, John(ed.), *The Existence of God*. New York 1973.

Hick, Jonh(ed.), *Three Faiths — One God. A Jewish, Christian, Muslim Encounter*. London: The Macmillan Press, 1989.

Himmelmann, Beatrix. *Kants Begriff des Glücks*. Berlin 2003.

Hinske, N. ed. *Ich handle mit Vernunft: Moses Mendelssohn und die europäische Aufklärung*. Hamburg, Meiner, 1981.

Hirsch, Emanuel. *Die Umformung des christlichen Denkens in der Neuzeit*. Tübingen 1938.

Höffe, Otfried. *Immanuel Kant*. München, C.H. Beck, 1983.

Hoffmann, F. *Vorhalle zur spekulativen Lehre Baaders*, 1836; *Grundzüge der Societäts-Philosophie Franz Baaders*, 1837; *Philosophische Schriften*. 3Bde., 1868~1872; *Die Weltalter*, 1868; *Biographie und Briefwechsel*, Leipzig, 1887.

Hoffmann, Richard Adolf. *Kant und Swedenborg*. Wiesbaden, Bergmann, 1909.

Hoffmeister, J. *Goethe und das deutschen Idealismus*. Leipzig, Meiner, 1932.

Hölderlin, F. *Sämtliche Werke*, ed. F. Beissner. Stuttgart, Cottanachfolger, 1946.

Homann, K. F. H. *Jacobis Philosophie der Freiheit*. München, Alber, 1973.

Horneffer, Ernst. *Kant und der Gottesgedanke*. 2 Bde. Hildesheim 2010.

Hsüeh-chu, Maria Chang. *Die Einheit der Wirklichkeit. Kants Gotteslehre in metaphysischer Perspektive*. Frankfurt 1996.

Hufeland, G. *Lehrsätze des Naturrechts und der damit verbundenen Wissenschaften*. Jena, Erben, 1790.

Hufeland, G. *Versuch über den Grundsatz des Naturrechts*. Leipzig, Göschen, 1785.

Hume, D. *A Treatise of Human Nature*, ed. L. A. Selby-Bigge. Oxford, Oxford University Press, 1958.

Im Hof, U. *Das gesellige Jahrhundert: Gesellschaft und Gesellschaften im Zeitalter der Aufklärung*. München, Beck, 1982.

Im, Seungpil. *A study of Kant's "Dreams of a Spirit-Seer": Kant's ambiguous relation to Swedenborg,*

Indiana University Diss., Ann Arbor, MI: ProQuest, UMI Dissertation Publishing, 2008.

Irmscher, H.D. (Hrsg.) *Immanuel Kant aus den Vorlesungen der Jahre 1762 bis 1764*. Auf Grund der Nachschriften Johann Gottfried Herders. Kant-Studien Ergänzungshefte 88, Köln 1964.

Irrlitz, Gerd. *Kant Handbuch. Leben und Werk*. Stuttgart 2002; 2. Aufl., J.B. Metzler, Stuttgart, Weimar 2010.

Jacobi, F. H. *David Hume über den Glauben, oder Idealismus und Realismus, ein Gespräch*. Breslau, Loewe, 1785.

Jacobi, F. H. *Wider Mendelssohns Beschuldigungen*. Leipzig, Goeschen, 1786.

Jaeschke, W. *Vernunft in der Religion*. Stuttgart 1986.

Jakob, L. H. *Prüfung der Mendelssohnischen Morgenstunden oder aller spekulativen Beweise für das Dasein Gottes*. Leipzig, Heinsius, 1786.

Jamros, Daniel P. S.J. *The Human Shape of God. Religion in Hegel's Phenomenology of Spirit*. New York 1994.

Jansen, B. S.J. *Die Religionsphilosophie Kants*. Berlin und Bonn 1929.

Jaspers, Karl. *Philosophischer Glaube*. München 1948.

Jaspers, Karl. *Von der Wahrheit*. München 1991.

Johnson, Gregory R. (ed.) *Kant on Swedenborg: Dreams of a Spirit-Seer and other Writings*. Pennsylvania, Swedenborg Foundation Publishers, 2002.

Jonas, Hans. *The Gnostic Religion: The Message of the Alien God and the Beginnings of Christianity*. Boston 1958.

Jørgensen, S. *Johann Georg Hamann*. Stuttgart, Metzler, 1967.

Kaulbach, Friedrich. *Immanuel Kant*. Berlin 1982.

Kautsky, Karl. *Der Ursprung des Christentums*. Stuttgart 1908.

Kayserling, M. *Moses Mendelssohn, Sein Leben und seine Werke*. Leipzig, Mendelssohn,

1862.

Kehel, Martin. *Bruno Bauer und seine Theorie über die Entstehung des Christentums*. Leipzig 1908.

Kerber, Walter(Hg.), *Die Wahrheit der Religion*. München 1994.

Kerstiens, F. *Die Hoffnungsstruktur des Glaubens*. Mainz 1968.

Kierkegaard, S. *Concluding Unscientific Postscript*, trans. D. Swenson and W. Lowrie. Princeton, Princeton University Press, 1941.

Kierkegaard, S. *Der Begriff der Angst*. Stuttgart 1992.

Kierkegaard, S. *Die Krankheit zum Tode*. Stuttgart 1997.

Kierkegaard, S. *Entweder-Oder*. München 1988.

Kierkegaard, S. *Practice in Christianity*. Princeton 1991.

Kiesel, H., and P. Munch. *Gesellschaft und Literatur im 18 Jahrhundert*. München, Beck, 1977.

Kim, Jin. *Die Hoffnungsphilosophie im Maitreya-Buddhismus*. Ulsan University Press, 1997.

Kim, Jin. *Kants Postulatenlehre, ihre Rezeption durch Ernst Bloch und ihre mögliche Anwendung zur Interpretation des Buddhismus*. Frankfurt, Bern, New York, Paris 1988.

Klemme, Heiner F. *Immanuel Kant*. Frankfurt 2004.

Knitter, Paul F. *Jesus and the Other Names. Christian Mission and Global Responsibility*. New York 1996.

Knitter, Paul F. *No Other Name? A Critical Survey of Christian Attitudes Toward the World Religions*. New York 1985.

Knoll, R. *Johann Georg Hamann und Friedrich Heinrich Jacobi*. Heidelberg, Winters, 1963.

Knutzen, Martin. *Systema causarum efficientium seu commentatio philosophica de commercio mentis et corporis per influxum physicum explicando*. 1735(1), 1745(2).

Koep, W. *Der Magier unter Masken, Versuch eines neuen Hamannbildes*. Gottingen, Vandenhoeck and Ruprecht, 1965.

Kolakowski, Leszek. *Geist und Ungeist christlicher Traditionen*. Stuttgart 1971.

Koppelmann, W. *Immanuel Kant und die Grundlagen der christlichen Religion*. Gütersloh 1890.

Körner, S. *Kant*. Hardmondsworth: Penguin 1955; dt. *Kant*, Göttingen 1967.

Kosmann, W. A. *Allgemeines Magazin für kritische und populare Philosophie*. Breslau, Korn, 1792.

Kristo, J. *Maréchal's approach to Mysticism*, Notre-Dame, 1979.

Kronenberg, M. *Geschichte des deutschen Idealismus*. München, Beck, 1909.

Kroner, R. *Von Kant bis Hegel*. Tübingen, Mohr, 1921.

Kues, Nikolaus von. *Über den Frieden im Glauben*, hg. v. L. Mohler, PhB 223, Leibzig 1943.

Kügelgen, C.W. *Immanuel Kants Auffassung von der Bibel und seine Auslegung derselben. Ein Kompendium Kantischer Theologie*. Leipzig 1896.

Küng, Hans(Hg.) *Ja zum Weltethos. Perspektiven für die Suche nach Orientierung*. München 1995.

Küng, Hans. *Erklärung zum Weltethos. Die Deklaration des Parlaments der Weltreligionen*. München 1993.

Küng, Hans. *Menschwerdung Gottes. Eine Einführung in Hegels theologisches Denken als Prolegomena zu einer künftigen Christologie*. Freiburg 1970.

Küng, Hans. *The Incarnation of God. An Introduction to Hegel's Theological Thought as Prolegomena to a Future Theology*. New York 1987.

Küng, Hans. *Projekt Weltethos*. München 1990.

Küng, Hans. *Weltfrieden durch Religionsfrieden. Antworten aus den Weltreligionen*. München 1993.

Kuntze, F. *Die Philosophie des Salomon Maimons*. Heidelberg, Winters, 1912.

Landgrebe, L. Die Geschichte im Denken Kants, in: *Phänomenologie und Geschichte*. Darmstadt 1968.

Langthaler, Rudolf u.a.(Hg.) *Die Gottesfrage in der europäischen Philosophie und Literatur des 20. Jahrhunderts*. Wien 2007.

Lauer, Quentin S.J. *Hegel's Concept of God*. State University of New York Press, 1982.

Lauth, R. *Philosophie aus einem Prinzip. Karl Leonhard Reinhold*. Bonn, Bouvier, 1974.

Laywine, Alison. *Kant's Early Metaphysics and the Origins of the Critical Philosophy*. Ridgeview Publishing Co, 1994.

Leibniz, G. W. *Die Philosophische Schriften*, ed. C. Gebhardt. Hildesheim, Olms, 1960.

Leider, Kurt. *Buddha. Leben, Lehre, Jünggerschar in transzendentalphilosophischer Beleuchtung*. Hamburg 1968.

Leider, Kurt. *Das Transzendentale*. Diss. Königsberg 1925.

Leider, Kurt. *Kants Welt- und Lebensanschuung*. Vortragsreihe der philosophischen Akademie zu Lübeck 1954.

Lessing, G. E. *Sämtliche Werke*, Textausgabe, ed. K. Lachmann and F. Muncker. Berlin, de Gruyter, 1979.

Lessing, Gotthold Ephraim(Hrsg.), *Fragmente des Wolfenbüttelschen Ungenannten*. Berlin 1835.

Levinas, Emmanuel. *Jenseits des Seins oder anders als Sein geschieht*. Freiburg 1992.

Levinas, Emmanuel. *Totalität und Unendlichkeit. Versuch über die Exteriorität*. Freiburg 1993.

Levinas, Emmanuel. *Wenn ein Gott ins Denken einfällt. Diskurse über die Betroffenheit von Transzendenz*. Freiburg 1985.

Lind, P. von. *Kants Mystische Weltanschauung*, München 1892.

Litt, T. *Kant und Herder als Deuter der geistigen Welt*. Leipzig, Quelle and Meyer, 1930.

Livingston, James. *Modern Christian Thought: From the Enlightenment to Vatican II*, New York, Macmillan, 1971.

Locke, J. *An Essay concerning Human Understanding*, ed. P. Nidditch. Oxford, Oxford University Press, 1975.

Lossius, J. C. *Uebersicht der neuesten Litteratur der Philosophie*. Gera, Beckmann, 1784.

Löw, Reinhard. *Philosophie des Lebendigen. Der Begriff des Organischen bei Kant, sein Grund und seine Aktualität*. Frankfurt, Suhrkamp, 1980.

Lowrie, W. J.G. *Hamann. An Existentialist*. Princeton, Princeton University Press, 1950.

Lull, Ramon. *Das Buch vom Heiden und den drei Weisen*, Hamburg 1998.

Lutterbeck, J.A.B. *Philosophische Standpunkte Baaders*, 1854; *Baaders Lehre vom Weltgebäude*, 1866.

Maass, J. G. E. *Briefe über die Antinomie der Vernunft*. Halle, Francke, 1788.

MacIntyre, Alasdair. *Marxism and Christianity*. Indiana 1968.

Macquarrie, John. *An Existentialist Theology*. Greenwood Press, 1979.

Macquarrie, John. *Jesus Christus in Modern Thought*, London and Philadelphia 1990.

Maimon, S. *Gesammelte Werke*, ed. V. Verra. Hildesheim, Olms, 1965.

Manolesco, John "Translator's Preface and Introduction." *In Dreams of a Spirit-Seer by Immanuel Kant and Other Related Writings*. Trans. John Manolesco. NY: Vantage Press, 1969.

Martin, Werner. *Bestimmung und Abgrenzung von Ethik und Religion*. Ein Beitrag zur Diskussion über das christliche Proprium in der Ethik unter besonderer Berücksichtigung der Philosophie Kants. Pfaffenweiler 1990.

Matteo, Anthony M. *Quest for the Absolute: The Philosophical Vision of Joseph Maréchal*, Northern Illinois University Press, 1992.

Mauthner, F. *Der Atheismus und seine Geschichte im Abendlande*. Stuttgart, Deutsche Verlag, 1922.

McCamy, Ronald. *Out of Kantian Chrysalis?* New York 1998.

McCarthy, Vincent A. *Quest for a philosophical Jesus. Christianity and Philosophy in Rousseau, Kant, Hegel, and Schelling*. Mercer University Press 1986.

McKown, Delos B. *The Classical Marxist Critiques of Religion: Marx, Engels, Lenin, Kautsky*. The Hague 1975.

McLellan, David. *Marxism and Religion. A Description and Assessment of the Marxist Critique of Christianity*. New York 1987.

Meinecke, Friedrich. *Die Entstehung des Historismus*, in: Werke Bd. 3, München 1959.

Meiners, C. *Grundriss der Geschichte der Menschheit*. Lemgo, Meyer, 1786.

Meiners, C. *Grundriss der Seelenlehre*. Lemgo, Meyer, 1786.

Mendelssohn, M. *Aesthetische Schriften in Auswahl*, ed. O. Best. Darmstadt, Wissenschaftliche Buchgesellschaft, 1974.

Mendelssohn, M. *Gesammelte Schriften, Jubiläumsausgabe*, ed. A. Altmann et al. Stuttgart, Holzborg, 1971.

Mendelssohn, M. *Moses Mendelssohn Ausgewählte Werke*, Stuttgart: Lambert Schneider, 2009.

Mendelssohn, M. *Schriften zur Philosophie, Aesthetik und Politik*, ed. M. Brasch. Hildesheim, Olms, 1968.

Mengel, Wilhelm. *Kants Begründung der Religion. Ein kritischer Versuch*. Leipzig 1900.

Menzer, Paul(Hrsg.) *Kants Vorlesungen über Ethik*. Berlin 1924.

Merker, N. *Die Aufklärung in Deutschland*. München, Beck, 1974.

Merklinger, Philip M. *Philosophy, Theology and Hegel's Berlin Philosophy of Religion 1821-1827*. State University of New York Press 1993.

Messer, August. *Kommentar zu Kants ethischen und religionsphilosophischen Hauptschriften*. Leipzig 1929.

Metz, J.B. *Zur Theologie der Welt*. Mainz 1968.

Metzke, E. J.G. *Hamanns Stellung in der Philosophie des 18 Jahrhunderts*. Darmstadt, Wissenschaftliche Buchgesellschaft, 1967.

Michaelson, G. E. *Fallen freedom, Kant on radical evil and moral regeneration*. Cambrige University Press, New York 1990.

Michaelson, G. E. *The Historical Dimensions of a Rational Faith: The Role of History in Kant's Religious Thought*. University Press of America, Washington 1979.

Michaelson, Gordon E. *Kant and the Problem of God*. Oxford 1999.

Michel, Karl-Heinz. *Immanuel Kant und die Frage der Erkennbarkeit Gottes*. Wuppertal 1989.

Miller, Morris. *Moral Law and the Highst Good*. Melbourne 1928.

Minor, J. *Hamann in seiner Bedeutung für die Sturm und Drang*. Frankfurt, Rütten and Loening, 1881.

Miranda, José. *Marx and the Bible. A Critique of the Philosophy of Oppression*. New York 1974.

Mittlemann, Alan L. *Between Kant and Kabbalah. An Introduction to Isaac Breuer's Philosophy of Judaism*. State University of New York Press, 1990.

Mock, Rainer. *Die Allgemeingültigkeitsbegründung des christlichen Glaubens*. Wilhelm Herrmanns Kant-Rezeption in Auseinandersetzung mit den Marburger Neukantianern. Berlin 2000.

Moltmann, Jürgen. *Das Experiment Hoffnung*. München 1974.

Moltmann, Jürgen. *Theologie der Hoffnung*. München 1964.

Mongar, Tom. *Only with Marx and Jesus*. Lanham, New York, Oxford 1997.

Moore, E.C. *An outline of the history of christian thought since Kant*. New York 1925.

Mugler, Edmund. *Gottesdienst und Menschenadel. Die sittliche Idee im Kampfe um ihre Selbst-*

behauptung innerhalb der isralitisch-jüdischen und christlichen Religionsgeschichte. Stuttgart 1938.

Müller-Fahrenholz, Geiko. *Phantasie für das Reich Gottes. Die Theologie Jürgen Moltmanns*. Gütersloh 2000.

Münk, Hans J. *Der Freiburger Moraltheologe Ferdinand Geminian Wanker(1758-1824) und Immanuel Kant*. Düsseldorf 1985.

Murti, T.R.V. *The Central Philosophy of Buddhism*. London 1970(1955).

Nakamura, Hajime. Die Grundlehren des Buddhismus. Ihre Wurzeln in Geschichte und Tradition, in: *Buddhismus der Gegenwart*, Hrsg. v. Heinrich Dumoulin. Freiburg 1970.

Nanajivako, Bhikkhu. The Ethos of Knowledge in Kantian and in Buddhist Philosophy, in: *Kant-Studien* 77. 1986.

Nebel, G. *Hamann*. Stuttgart, Klett, 1973.

Nicolai, F. *Beschreibung einer Reise durch Deutschland und die Schweiz im Jahre 1781*. Berlin, Nicolai, 1796.

Nicolai, F. *Gedächtnisschrift auf J. A. Eberhard*. Berlin, Nicolai, 1810.

Nicolai, F. *Leben und Meinungen Sempronius Grundiberts, eines deutschen Philosophen*. Berlin, Nicolai, 1798.

Nicolai, F. *Philosophische Abhandlungen*, 2 vols. Berlin, Nicolai, 1808.

Nietzsche, F. *Der Antichrist*, in: KSA 6, München 1988.

Nietzsche, F. *Jenseits von Gut und Böse*, in: KSA 5, München 1988.

Nietzsche, F. *Zur Genealogie der Moral*, in: KSA 5, München 1988.

Novalis, F. *Werke*, ed. U. Lasson. Hamburg, Hoffmann and Campe, 1966.

Obereit, J. H. *Beobachtungen über die Quelle der Metaphysik*. Meiningen, Hanisch, 1791.

Obereit, J. H. *Die verzweifelte Metaphysik zwischen Kant und Wizenmann*. 1787.

Obereit, J. H. *Die wiederkommende Lebensgeist der verzweifelte Metaphysik*. Berlin, Decker,

1787.

O'Flaherty, J. C. *Hamann's Socratic Memorabilia: A Translation and Commentary*. Baltimore, Johns Hopkins University Press, 1967.

O'Flaherty, J. C. *Johann Georg Hamann*. Boston, Twayne, 1979.

O'Flaherty, J. C. *Unity and Language: A Study in the Philosophy of Johann Georg Hamann*. New York, AMS Press, 1966.

Ogden, Schubert M. *Christ Without Myth: A Study Based on the Theology of Rudolf Bultmann*. New York 1961.

Ott, Heinrich. *Die Frage nach dem historischen Jesus und die Ontologie der Geschichte*. Zürich 1960.

Otto, Rudolf. *The Idea of the Holy*. Oxford 1923.

Otto, Rudolf. *The Kingdom of God and the Son of Man*. London 1943.

Palmquist, Stephen R. *Kant's Critical Religion*. Burlington 2000.

Panikkar, Raimon. *Die vielen Götter und der eine Herr. Beiträge zum ökumenischen Gespräch der Weltreligionen*. Weilheim 1963.

Panikkar, Raimon. *Meinen wir denselben Gott? Ein Streitgespräch*. München 1994; *Invisible Harmony*. Essays on Contemplation & Responsibility. Minneapolis 1995; *The Intrareligious Dialogue*. Revised Edition. Paulist Press, New York 1999.

Panikkar, Raimon. *The intra-religious Dialogue*. New York 1978.

Panikkar, Raimon. *The Silence of God. The Answer of the Buddha*. New York 1990.

Panikkar, Raimon. *The cosmotheandric experience. Emerging religious consciousness*. New York 1993. Deutsche Ausgabe: *Der Dreiklang der Wirklichkeit. Die kosmotheandrische Offenbarung*. Salzburg 1995.

Panikkar, Raimon. *The unknown Christ of Hinduism*. London 1964. Deutsche Ausgabe: *Der unbekannte Christus im Hinduismus*. Mainz 1990(2); *Religionen und Religion*. München

1965.

Pannenberg, Wolfgang. *Systematische Theologie*. Göttingen 1988; *Systematic Theology* 3 vols. Michigan 1991.

Pannenberg, Wolfhart. *Jesus-God and Man*. The Westminster Press, Philadelphia 1977.

Pascal, R. *The German Sturm und Drang*. Manchester, Manchester University Press, 1953.

Tillich, Paul. *Christianity and the Encounter of the World Religions*. Columbia University Press, New York and London 1963.

Paulsen, Friedrich. *Immanuel Kant. His Life and Doctrine*. NY: Charles Scribner's Sons, 1902.

Peters, Curtis H. *Kant's Philosophy of Hope*. New York, Bern 1993.

Pfleiderer, O. *The Development of Theology in Germany since Kant*, trans. J. F. Smith. London, Sonnenschein, 1893.

Piché, Claude. *Das Ideal. Ein Problem der Kantischen Ideenlehre*. Bonn 1984.

Picht, Georg. *Kant's Religionsphilosophie*. Klett-cotta, 1985.

Pinkard, Terry, *Hegel. A Biography*. Cambridge University Press, 2001.

Pirner, J. H. *Fragmentarische Versuche über verschiedene Gegenstände*. Berlin, Kunze, 1792.

Pistorius, H. A. "Kants Moralreform," *Allgemeine deutsche Bibliothek* 86/1 (1789), 153-158.

Pistorius, H. A. "Natur und Gott nach Spinoza," *Allgemeine deutsche Bibliothek* 94/2 (1790), 455-459.

Pistorius, H. A. "Erläuterung von Herrn Prof. Kants Critik der reinen Vernunft", *AdB* 66/2(1785), 311-333, in Hausius, *Materialien*, I, 158-159, 173-175.

Pistorius, H. A. "Grundlegung zur Metaphysik der Sitten", AdB 66/2 (1786), 447-462, in Hausius, *Materialien*, III, 230-231, 237.

Pistorius, H. A. "Prolegomena zu einer jeden künftigen Metaphysik", *AdB* 59/2 (1784), 322-356, in Hausius, *Materialien*, I, 114-115, 148.

Platner, E. "Briefwechsel über die kantische Philosophie," in *Ernst Platner und die Kunstphilosophie des 18 Jahrhunderts*, ed. E. Bergmann. Leipzig, Meiner, 1913.

Platner, E. *Philosophische Aphorismen*. Leipzig, Sigwart, 1784. Third completely revised edition, 1794, in *Gesammtausgabe of Fichte*, Werke, II 14.

Portales, Gonzalo. *Hegels frühe Idee der Philosophie*. Stuttgart 1994.

Post, Werner. *Kritik der Religion bei Karl Marx*. München 1969.

Prel, Carl du. *Kants Vorlesungen über Psychologie*, 1889.

Raguž, Ivica. *Sinn für das Gott-Menschliche. Transzendental-theologisches Gesprä ch zwischen den Ästhetiken von Immanuel Kant und Hans Urs von Balthasar*. Würzburg 2003.

Rahner, K. *Zur Theologie der Zukunft*. München 1971.

Raines, John(ed.) *Marx on Religion*. Philadelphia Temple University Press, 2002.

Rätze, T.G. *Betrachtungen über die Kantische Religion innerhalb der Grenzen der bloßen Vernunft*. Chemnitz 1794.

Reardon, Bernard M.G. *Kant as Philosophical Theologian*. Totowa, New Jersey Barnes Noble Books, 1988.

Redmann, Horst-Günther. *Die Schöpfungstheologie der ontokritischen Periode Kants*. Göttingen 1992.

Rehberg, A. W. *Ueber das Verhältnis der Metaphysik zu der Religion*. Berlin, Mylius, 1787.

Reich, K. Einleitung. zu Immanuel Kant, *Träume eines Geistersehers*. Hamburg: Felix Meiner Verlag, 1975. S.V-XVIII.

Reichel, *Die Sozietätsphilosophie Franz v. Baaders*, Tübingen 1901.

Reicke, R. Kantiana. *Beiträge zu Immanuel Kants Leben und Schriften*. Königsberg, Theile, 1860.

Reimarus, Hermann Samuel. *Apologie oder Schützschrift für die vernünftige Verehrer Gottes*. Gerhard Alexander(Hrsg.), 2 Bände. Frankfurt, Insel-Verlag, 1972.

Reimarus, J. A. *Ueber die Gründe der menschlichen Erkenntnis und der natürlichen Religion*. Hamburg, Bohn, 1787.

Reinhard, Adolf Friedrich. *Vergleichung des Lehrgebäudes des Herrn Pope von Vollkommenheit der Welt mit dem System des Herrn von Leibniz*, *J. C.* Langenheim, 1757.

Reinhold, K. L. *Beyträge zur leichtern Uebersicht des Zustandes der Philosophie im Anfange des 19 Jahrhunderts*. Hamburg, Perthes, 1801.

Reinhold, K. L. *Briefe über die kantische Philosophie*, ed. R. Schmidt. Leipzig, Reclam, 1923.

Reinhold, K. L. *Die Hebraischen Mysterien oder die älteste religiöse Freymauerey*. Leipizig, Goschen, 1788.

Reinhold, K. L. *Herzenserleichterung zweyer Menschenfreunde in vertrauter Briefe über Johann Caspar Lavaters Glaubensbekenntnis*. Frankfurt, 1785.

Reinhold, K. L. *Schriften zur Religionskritik und Aufklärung*, ed. Zwi Batscha. Bremen, Jacobi, 1977.

Reinhold, K. L. *Ueber die bisherigen Schicksale der kantischen Philosophie*. Jena, Mauke, 1788.

Reininger, R. *Kant, Seine Anhänger und seine Gegner*. München, Reinhardt, 1923.

Rempel, Morgan. *Nietzsche, Psychohistory, and the Birth of Christianity*. London 1964.

Ricken, F./ Marty, F.(Hrsg.) *Kant über Religion*. Kohlhammer, Berlin, Köln 1992.

Ricoeur, Paul. *The Conflict of Interpretations. Essays in Hermeneutics*. Northwestern University Press, 1974.

Ricoeur, Paul. *The Symbolism of Evil*. Boston 1967.

Riedel, Manfred. Kant und die Geschichtswissenschaft, in: Immanuel Kant, *Schriften zur Geschichtsphilosophie*, Stuttgart, 1974.

Ringleben, Joachim. *Arbeit am Gottesbegriff*. 2Bde. Tübingen 2004.

Ringleben, Joachim(Hg.) *Gottes Reich und menschliche Freiheit*. Ritschl-Kolloquium. Göttingen

1989.

Rink, F. T. *Mancherley zur Geschichte der metacriticischen Invasion*. Königsberg, Nicolovius, 1800.

Ritschl, Albrecht. *The Christian Doctrine of Justification and Reconciliation*. Edinburgh 1902.

Ritzel, Wolfgang. *Immanuel Kant. Eine Biographie*. Berlin, New York, Walter de Gruyter, 1985.

Röd, Wolfgang. *Der Gott der reinen Vernunft. Ontologischer Gottesbeweis und rationalistische Philosophie*. München 1992.

Rohs, Peter. *Fichte*. München 1991.

Romundt, Heinrich Antäus. *Neuer Aufbau der Lehre Kants über Seele, Freiheit und Gott*. Leipzig 1882.

Romundt, Heinrich. *Kirchen und Kirche nach Kants philosophischer Religionslehre*. Gotha 1903.

Rosenkranz, K. *Geschichte der kantischen Philosophie*. Kants Sammtliche Werke Bd. 12, ed. K. Rosenkranz and F. Schubert. Leipzig, Voss, 1840.

Rossi, Philip J. and Wreen, Michael. *Kant's Philosophy of Religion Reconsidered*. Indiana University Press, 1991.

Royce, J. *Lectures on Modern Idealism*. New Haven, Yale University Press, 1964.

Rust, Hans. *Kant und das Erbe des Protestantismus. Ein Beitrag zu der Frage nach dem Verhältnis von Idealismus und Christentum*. Gotha 1928.

Rutler, George W. *Christ and Reason. An Introduction to Ideas from Kant to Tyrrell*. Christendom Press 1990.

Sala, Giovanni B. *Kant und die Frage nach Gott, Gottesbeweise und Gottesbeweiskritik in den Schriften Kants*. Berlin, New York 1990.

Salmony, H. A. *Hamanns metakritische Philosophie*. Basel, Evangelischer Verlag, 1958.

Salmony, H. A. *Kants Schrift Das Ende aller Dinge*. Zürich 1962.

Samley, Alexander. *Spinozas Theorie der Religion*. Würzburg 1993.

Sandvoss, Ernst R. *Immanuel Kant*. Stuttgart 1983.

Sasao, K. *Prolegomena zur Bestimmung des Gottesbegriffes bei Kant*. Hildesheim 1980.

Schaeffer, W. F. *Auffällende Widerspruche in der kantischen Philosophie*. Dessau, Muller, 1792.

Schaeffler, Richard. "Kant als Philosoph der Hoffnung", *Theologie und Philosophie*, 56, 1981.

Schaeffler, Richard. *Was dürfen wir hoffen? - Die katholische Theologie der Hoffnung zwischen Blochs utopischem Denken und der reformatorischen Rechtfertigungslehre*. Darmstadt 1979.

Schaeffler, Richard *Einführung in die Geschichtsphilosophie*, 2. Auflage, Darmstadt 1980.

Schaeffler, Richard. *Philosophisch von Gott reden. Überlegungen zum Verhältnis einer Philosophischen Theologie zur christlichen Glaubensverkündigung*. Freiburg 2006.

Schaeffler, Richard. *Philosophische Einübung in die Theologie*. 3Bde. München 2004.

Schaeffler, Richard u.a, *Freiheit Gottes und Geschichte der Menschen*. Essen 1993.

Schaeffler, Richard u.a, *Die größere Hoffnung der Christen*. Freiburg 1990.

Schaeffler, Richard. *Wechselbeziehung zwischen Philosophie und katholische Theologie*. Darmstadt 1980.

Schelling, F.W.J. *Bruno oder über das göttliche und natürliche Princip der Dinge* (1802), in: Ausgewählte Werke, Schriften von 1801-1804, Darmstadt 1988.

Schelling, F.W.J. *Philosophie der Mythologie*, in: Ausgewählte Werke, Darmstadt 1986(1856).

Schelling, F.W.J. *Philosophie der Offenbarung*. in: Ausgewählte Werke, Darmstadt 1983(1858).

Schelling, F.W.J. *Philosophie und Religion*(1804), in: Ausgewählte Werke, Schriften von 1801-1804, Darmstadt 1988.

Scherer, Georg. *Die Frage nach Gott*. Darmstadt 2001.

Sherratt, Yvonne. *Hitler's Philosophers*, Yale University Press, 2014.

Schiller, F. *Werke*, Nationalausgabe, ed. J. Peterson and H. Schneider. Weimar, Bohlau, 1943-.

Schilling, Susanne. *Das Problem der Theodizee bei Leibniz und Kant*, Nordhausen 2009.

Schilpp, P.A. *Kant's Pre-Critical Ethics*. Northwestern University Press, 1938.

Schlegel, F. *Werke*, Kritische Ausgabe, ed. E. Behler. München, Thomas, 1964.

Schleiermacher, Friedrich. *Der christliche Glaube*: 1821/22. Berlin 1984.

Schleiermacher, Friedrich. *Reden Ueber die Religion*. Braunschweig 1879.

Schlitt, Dale M. *Hegel's Trinitarian Claim: A Critical Reflection*, Leiden: E.J. Brill, 1984.

Schlutter, Karl. *Schelling und die Christologie*. Göttingen 1915.

Schmid, C. G. E. *Critik der reinen Vernunft im Grundrisse*. Jena, Mauke, 1788.

Schmid, Dirk. *Religion und Christentum in Fichtes Spätphilosophie*. Berlin 1995.

Schmid, F. A. *Friedrich Heinrich Jacobi*. Heidelberg, Winters, 1908.

Schmidt, Thomas M. *Anerkennung und absolute Religion. Formulierung der Gesellsachafts-theorie und Genese der spekulativen Religionsphilosophie in Hegels Frühschriften*. Stuttgart 1997.

Schmidt-Japing, J.W. *Die Bedeutung der Person Jesu im Denken des jungen Hegel*. Göttingen 1924.

Schmiedel, Otto. *Die Hauptprobleme der Leben-Jesu-Forschung*. Tübingen 1902.

Schmucker, J. *Die Ursprünge der Ethik Kants*. Meisenheim 1961.

Schmucker, J. Kants kritischer Standpunkt zur Zeit der Träume eines Geistersehers im Verhältnis zu dem der KrV, in: Hildesheim, I./Ritzel, W.(Hrsg.): *Beiträge zur KrV 1781-1981*, Berlin und New York 1981.

Schneider, Ruben. *Kant und die Existenz Gotte. Eine Analyse zu den ontologischen Implika-*

tionen in Kants Lehre vom transzendentalen Ideal. Berlin 2011.

Schoeps, J. H. *Moses Mendelssohn*. Königstein, Athenäum, 1979.

Scholz, H.(Hrsg.) *Die Hauptschriften zum Pantheismus Streit zwischen Jacobi und Mendelssohn*. Berlin, Reuther and Reichard, 1916.

Scholz, Heinrich. *Die Religionsphilosophie des Als-Ob. Eine Nachprüfung Kants und des idealistischen Positivismus*. Leipzig 1921.

Schopenhauer, A. *Sämtliche Werke*, ed. A. Hubscher. Wiesbaden, Brockhaus, 1949.

Schrader, F.O. *Maya-Lehre und Kantianismus*. Berlin 1904.

Schubert M. Ogden. *Is there only One True Religion or are there many?* Dallas: Southern Methodist University Press, 1992.

Schulte, Christoph. *radikal böse. Die Karriere des Bösen von Kant bis Nietzsche*. München 1991.

Schulze, G. E. *Aenesidemus oder über die Fundamente der von dem Herrn Professor Reinhold in Jena gelieferten Elementarphilosophie*, hrsg. A. Liebert. Berlin, Reuther and Reichhard, 1912.

Schulze, G. E. *Neun Gespräche zwischen Christian Wolff und einem Kantianer. Über Kants metaphysische Anfangsgründe der Rechts und Tugendlehre*. Berlin, Nicolai, 1798.

Schulze, G. E. *Ueber dem höchsten Zweck des Studiums der Philosophie*. Leipzig, Hertel, 1789.

Schulze, G. E. *Ueber die Wahrheit der kantischen Philosophie*. Berlin, Nicolai, 1803.

Schulze, G. E. *Vergleichung des kantischen Moralprinzips mit dem Leibnitzisch-Wolffischen*. Berlin, Nicolai, 1800.

Schulze, Martin. *Kants Religion innerhalb der Grenzen der blossen Vernunft*. Königsberg 1927.

Schumann, Friedrich Karl. *Der Gottesgedanke und der Zerfall der Moderne*. Tübingen 1929.

Schwab, J. C. *Preisschrift über die Frage: Welche Fortschritte die Metaphysik set Leibnitzens und Wolffs Zeiten in Deutschland gemacht hat?* Berlin, Maurer, 1796.

Schweitzer, Albert. *Das Messianitäts- und Leidensgeheimnis. Ein Skizze des Lebens Jesu.* Tübingen-Leipzig 1901.

Schweitzer, Albert. *Die Religionsphlosophie Kant's von der Kritik der reinen Vernunft bis zur Religion innerhalb der Grenzen der bloßen Vernunft.* New York, Hildersheim, Georg Olms Verlag 1974.

Schweitzer, Albert. *The Essence of Faith. Philosophy of Religion.* New York 1966.

Schweitzer, Albert. *Von Reimarus zu Wrede. Eine Geschichte der Leben-Jesu-Forschung*, Tübingen 1906; *Geschichte der Leben-Jesu-Forschung.* Tübingen 1913; *In Quest of the Historical Jesus: A Critical Study of its Progress from Reimarus to Wrede.* London 1954.

Selle, C. G. *Grundsätze der reinen Philosophie.* Berlin, Hamburg, 1788.

Selle, C. G. *Philosophische Gespräche.* Berlin, Hamburg, 1788.

Sewall, Frank. "Editor's preface & Recent German Discussion of the Relation of Kant to Swedenborg." In *Dreams of a Spirit-Seer Illustrated by Dreams of Metaphysics.* Trans. Emanuel F. Goerwitz. NY: The MacMillan Co. 1900.

Sewall, Frank. *Swedenborg and Modern Idealism. A Retrospect of Philosophy from Kant to the Present Time.* London, James Speirs, 1902.

Sextus Empiricus. *Outlines of Pyrrhonism*, trans. R. G. Bury. London, Heinemann, 1955.

Spinoza, Baruch de. *Die Ethik nach geometrischer Methode darstellt* (Ethica 1663). Felix Meiner Verlag, Hamburg 1994.

Spinoza, Baruch de. *Kurze Abhandlung über Gott, den Menschen und sein Glück*(1660). Felix Meiner Verlag, Hamburg 1991.

Spinoza, Baruch de. *Theologisch-politischer Traktat*(Tractatus Theologico-Politicus 1670), Felix Meiner Verlag, Hamburg 1994.

Stattler, B. *Anti-Kant*. München, Lentner, 1788.

Stäudlin, C. F. *Geschichte des Rationalismus und Supernationalismus vornehmlich in Beziehung auf das Christentum*, Göttingen 1826.

Stengel, Friedemann. *Aufklärung bis zum Himmel. Emanuel Swedenborg im Kontext der Theologie und Philosophie des 18. Jahrhunderts*. Beiträge zur historischen Theologie Band 161. XVI, Tübingen: Mohr Siebeck, 2011.

Stengel, Friedemann(Hrsg.), *Kant und Swedenborg: Zugänge zu einem umstrittenen Verhältnis*. Tübingen, Niemeyer, 2008.

Stern, A. *Ueber die Beziehung Garves zu Kant*. Leipzig, Denicke, 1884.

Storr, Gottlob Christian. *Bemerkungen über Kants philosophische Religionslehre*. Tübingen, Cotta, 1794.

Strauss, David Friedrich. *Das Leben Jesu, für das deutsche Volk bearbeitet*. Leipzig 1864.

Strauss, David Friedrich. *Das Leben Jesu, kritisch bearbeitet*, 2 Bde. Tübingen 1835/6; 2. Aufl., 1837; 3. Aufl., 1838/39; 4. Aufl., 1840; *The Life of Jesus Critically Reviewed*, London 1973.

Strauss, David Friedrich. *Der Christus des Glaubens und der Jesus der Geschichte. Eine Kritik des Schleiermacherschen Leben Jesu*. Berlin 1865.

Süssmilch, J. P. *Versuch eines Beweises, dass die erste Sprache ihren Ursprung nicht vom Menschen, sondern allein vom Schöpfer erhalten habe*. Berlin, Realbuchhandlung, 1766.

Sydow, Eckart von. *Der Gedanke des Ideal-Reichs in der idealistischen Philosophie von Kant bis Hegel im Zusammenhange der geschichtsphilosophischen Entwicklung*. Leipzig 1914.

Taubes, Jacob. *Die politische Theologie des Paulus*. München, Wilhelm Fink Verlag, 2003(1993).

Taylor, C. *Hegel*. Cambridge, Cambridge University Press, 1975.

Teichtweier, Georg u.a.(Hg.), *Herausforderung und Kritik der Moraltheologie*. Würzburg 1971.

Tetens, J. *Philosophische Versuche über die menschliche Natur und ihre Entwicklung*. Berlin, Reuther and Reichard, 1912.

Theissen, Gerd und Annette Merz. *Der historische Jesus. Ein Lehrbuch*. Göttingen 2001(1966); *The Historical Jesus. A Comprehensive Guide*. Fortless Press, Minneapolis 1998.

Thiede, Werner(Hg.), *Glauben aus eigener Vernunft? Kants Religionsphilosophie und die Theologie*. Göttingen 2004.

Thielicke, Helmuth. *Glauben und Denken in der Neuzeit. Die großen Systeme der Theologie und Religionsphilosophie*, Tübingen 1988(1983).

Tiedemann, D. *Geschichte der Philosophie*. Marburg, Akademisches Buchhandlung, 1791-1797.

Tiedemann, D. *Idealistische Briefe*. Marburg, Akademisches Buchhandlung, 1798.

Tillich, Paul. *A History of Christian Thought*. New York 1967.

Tillich, Paul. *Perspectives on 19th and 20th Century Protestant Theology*. New York 1967.

Tillich, Paul. *Systematische Theologie*. Stuttgart 1956; *Systematic Theology*. Chicago 1951-1963.

Timm, H. *Gott und die Freiheit: Studien zur Religionsphilosophie der Goethezeit*. Frankfurt, Klostermann, 1974.

Tittel, G. A. *Dreizig Aufsätze aus Literatur, Philosophie und Geschichte*. Mannheim, Schwan and Götz, 1790.

Tittel, G. A. *Erläuterungen der theoretischen und praktischen Philosophie nach Herrn Feders Ordnung*. Frankfurt, Gebhardt and Kurber, 1791.

Tittel, G. A. *Ueber Herrn Kants Moralreform*. Frankfurt, Pfahler, 1786.

Toksvig, Signe. *Emanuel Swedenborg: Scientist and Mystic*. New Haven, Yale University Press,

1948.

Troeltsch, Ernst. *Die Absolutheit des Christentums und die Religionsgeschichte*. München und Hamburg 1929.

Troeltsch, Ernst. *Die Bedeutung der Geschichtlichkeit Jesu für den Glauben*. Tübingen 1911.

Ueberweg, F. *Die deutsche Philosophie des XIX Jahrhunderts und der Gegenwart*. Berlin, Mittler, 1923.

Unger, R. *Hamann und die Aufklärung*. Halle, Niemeyer, 1925.

Unger, R. *Hamanns Sprachtheorie im Zusammenhang seines Denkens*. München, Beck, 1905.

Vahanian, Gabriel. *The Death of God: The Culture of Our Post-Christian Era*. George Braziller 1961.

Vaihinger, H. *Kommentar zu Kants Kritik der Reinen Vernunft*. Vol. II. 1892.

Visbeck, H. *Hauptmomente der Reinholdische Elementarphilosophie in Beziehung auf die Einwendungen des Aenesidemus*. Leipzig, Göschen, 1794.

Vorländer, K. I. *Kant, der Mann und das Werk*. Hamburg, Meiner, 1977.

Ward, Keith. *The Development of Kant's View of Ethics*. Oxford, Basil Blackwell, 1972.

Webb, Clement C.J. *Kant's Philosophy of Religion*. Oxford 1926.

Weber, H. *Hamann und Kant*. München, Beck, 1908.

Weigel, T. *Ausgewählte Werke*, ed. S. Wollgast. Stuttgart, Kohlhammer, 1977.

Weiper, Susanne. *Triebfeder und höchstes Gut. Untersuchungen zum Problem der sittlichen Motivation bei Kant, Schopenhauer und Scheler*. Würzburg 2000.

Weischedel, W. *Der Gott der Philosophen*. Darmstadt 1983.

Weischedel, W. *Streit um die göttlichen Dingen: Die Auseinandersetzung zwischen Jacobi und Schelling*. Darmstadt, Wissenschaftliche Buchgesellschaft, 1967.

Weishaupt, A. *Gründe und Gewissheit des menschlichen Erkennens: Zur Prüfung der kanti-*

schen Critik der reinen Vernunft. Niirnberg, Gratenau, 1788.

Weishaupt, A. *Kantische Anschauungen und Erscheinungen*. Nürnberg, Gratenau, 1788.

Weishaupt, A. *Ueber Materialismus und Idealismus*. Niirnberg, Gratenau, 1788.

Weishaupt, A. *Zweifel über die kantische Begriffe von Zeit und Raum*. Nürnberg, Gratenau, 1788.

Werdermann, J. G. K. *Kurze Darstellung der Philosophie in ihrer neusten Gestalt*. Leipzig, Crusius, 1792.

Whitehead, A.N. *Process and Reality*. 1929, New York 1978.

Whitehead, A.N. *Religion in the Making*. Cambridge 1927.

Wild, R., ed. *Hamann*, Wege der Forschung. Darmstadt, Wissenschaftliche Buchgesellschaft, 1978.

Wilde, N. *Friedrich Heinrich Jacobi: A Study in the Origin of German Realism*. New York, AMS Press, 1966.

Wilkens and Padgett, *Christianity and Western Thought*, IVP Academic, 2010.

Will, G. A. *Vorlesungen über die kantische Philosophie*. Altdorf, Monat, 1788.

Williamson, Raymond Keith. *Introduction to Hegel's Philosophy of Religion*. State University of New York Press, 1984.

Wimmer, Reiner. *Kant's kritische Religionsphlosophie*. Walter de Gruyter. Berlin. New York 1990.

Wind, Edgar. *Das Experiment und die Metaphysik*. Frankfurt 2001.

Windelband, W. M. *Die Blütezeit der deutschen Philosophie. Die Geschichte der neueren Philosophie*, Bd. 2. Leipzig, Breitkopf, 1904.

Wise, Rick B.A. *Religion & Marx*. Texas 1988.

Witschen, Dieter. *Kants Moraltheologie. Ethische Zugänge zur Religion*. Berlin 2009.

Wizenmann, T. "An Herrn Kant von dem Verfasser der Resultate der Jacobischer und Mend elssohnischer Philosophie," *DM* 2 (February 1787), 116-156.

Wizenmann, T. *Die Resultate der Jacobischer und Mendelssohnischer Philosophie von einem Freywilligen*. Leipzig, Goschen, 1786.

Wobbermin, Georg. *Religionsphilosophie*. Berlin 1924.

Wolff, C. *Gesammelte Werke*, ed. H. W. Arndt et al. Hildesheim, Olms, 1965.

Wolff, H. *Die Weltanschauung der deutschen Aufklärung*. Bern, Francke, 1949.

Wood, Allen W. *Kant, Lecturse on philosophical Theology*. Cornell University Press, Ithaca 1978.

Wood, Allen W. *Kant's Moral Religion*. Ithaca and London, Cornell University Press 1970.

Wood, Allen W. *Kant's Rational Theology*. Ithaca and London, Cornell University Press 1978.

Wrescher, A. *Platners und Kants Erkenntnistheorie mit besonderer Berü cksichtigung von Tetens und Aenesidemus*. Leipzig, Pfeffer, 1892.

Wundt, M. *Die deutsche Schulphilosophie im Zeitalter der Aufklärung*. Tübingen, Mohr, 1945.

Wyman, Walter. *The Concept of Glaubenslehre: Ernst Troeltsch and the Theological Heritage of Schleiermacher*, Chico, CA: Scholars Press, 1983.

Yerkes, James. *The Christology of Hegel.* State University of New York Press 1983.

Yongk, *Christ's Reply to Kant*. US 2001.

Yovel, Yirmiyahu. *Dark Riddle. Hegel, Nietzsche, and the Jews*. Pennsylvania 1998.

Zammito, John H. *Kant, Herder, and the Birth of Anthropology*. The University of Chicago Press, 2002.

Zeller, E. *Geschichte der deutschen Philosophie seit Leibniz*. München, Oldenburg, 1875.

Zimmermann, R. *Kant und der Spiritismus*. Wien, Gerold 1879 (In: Sitz. Ber. d. Kaiserl. Akad. d. Wiss., phil.-hist. Cl., Bd.94, Heft 1). 8vo. S.87-148.

Zirngiebel, E. F. H. *Jacobis Leben, Dichten und Denken*. Wien, Braumiiller, 1867.

Žižek, Slavoj. "Neighbors and Other Monsters: A Plea for Ethical Violence", *The Neighbor. Three Inquires in Political Theology*, The University of Chicago Press 2005.

김재호,「칸트 유작의 시발점: 합본 IV의 23개 '초기 낱장문서' 문제를 중심으로」,『철학사상』 37, 2010.

강영안,『도덕은 무엇으로부터 오는가』, 소나무 2000.

강지영,「칸트 윤리학의 맥락에서 본 최고선에 대한 논의들」,『철학사상』 27, 2008.

고부응,「근대 대학의 형성: 칸트의 이성의 대학에서 훔볼트의 학문의 자유 대학으로」,『비평과이론』 17-2, 2012.

고익진,「아함의 무아윤회설」,『동국사상』, 6, 1971.

고익진,『한국의 불교사상』, 동국대학교출판부 1987.

공병혜,『칸트: 판단력비판』, 울산대학교출판부 1999.

권오문,『말 말 말 - 대한민국사를 바꾼 핵심 논쟁』, 삼진기획 2004.

길희성,『인도철학사』, 민음사 1984.

김광명,『칸트 판단력 비판 연구』, 철학과현실사 2006.

김동규,「데카르트의 존재신론을 어떻게 극복할 것인가 : 장-뤽 마리옹의 논의를 중심으로」,『철학논집』 15, 서강대학교철학연구소 2008.

김상봉,「칸트의 "새로운 해명"에서 동일성과 모순의 문제: 칸트 전비판기 철학에 대한 한 연구」,『칸트연구』 27, 2011.

김석수,「칸트철학과 초월적 토미즘: 롯츠의 이론을 중심으로」,『가톨릭철학』 15, 2010.

김석수,『요청과 지양』, 울력 2015.

김석수,『칸트와 현대 사회철학』, 울력 2005.

김선영,「데카르트의 신: 주체 안에 있는 신」,『가톨릭철학』 19, 2012.

김선욱,「근본악과 평범한 악 개념: 악 개념의 정치철학적 지평」,『사회와 철학』 13, 2007.

김승욱, 「안셀무스의 신(神) 개념에 나타난 선험논리적 의미」, 『중세철학』 13, 2007.

김승욱, 「이성의 변증성과 종교의 정초」, 『누리와말씀』 26, 2009.

김승욱, 「칸트와 신 존재증명: 칸트의 철학적 신학에 대한 제일철학적 성찰」, 『가톨릭 신학과 사상』 62, 2008.

김승철, 「17~19세기 서양 철학과 수사학의 관계」, 『철학탐구』 20, 2006.

김승철, 「19세기 독일 국가종교와 종교의 자유」, 『한국조직신학논총』 39, 2014.

김양현, 「칸트의 목적론적 자연관에 나타난 인간중심주의: 목적론적 판단력 비판을 중심으로」, 『철학』 55, 1998.

김영태, 「칸트의 도덕종교론에 대한 신학적 고찰」, 『칸트연구』 15, 2005.

김영태, 『도덕신학과 도덕신앙 - 칸트 종교철학의 실제』, 전남대학교출판부 2006.

김윤구, 「칸트철학의 윤리와 종교에 대한 라인홀트의 해석: 영혼불멸을 중심으로」, 『헤겔연구』 8, 1998.

김윤구, 「칸트철학의 종교와 윤리에 대한 라인홀트의 해석: 신의 현존을 중심으로」, 『헤겔연구』 7, 1997.

김윤상, 「칸트의 "근본악" 개념, 카프카의 "법 앞에서", 그리고 라캉의 시니피앙의 논리를 중심으로」, 『뷔히너와 현대문학』, 24, 2005.

김은정, 「인간의 "근본악"에 대한 고찰 -칸트의 "근본악" 개념과 옐리넥Elfriede Jelinek의 "피아노 치는 여자"를 중심으로」, 『독일문학』 116, 2010.

김은주, 「데카르트 "성찰"의 신 존재 증명과 새로운 관념이론」, 『철학연구』 104, 2014.

김은하, 「칸트 비판철학의 모체로서 1770년 '교수취임논문'의 발달사적 의미」, 『해석학연구』, 34, 2014.

김은하, 「칸트의 세계와 시간: '교수취임논문'을 중심으로」, 『가톨릭철학』, 22, 2014.

김재호, 「에테르 현존에 관한 선험적 증명은 어떻게 가능한가: 칸트 유작 이행 1-14를 중심으로」, 『칸트연구』 32, 2013.

김재호, 「칸트 유작에 대한 이해와 오해」, 『철학연구』 75, 2006.

김재호,「칸트에게서 자연의 합목적성은 어떻게 가능한가」,『철학연구』, 108, 2015.
김정숙,「칸트의 도덕 신학에서의 윤리적 구원론: 근본악과 회심 그리고 은총」,『조직신학논총』 37, 2013.
김종국,「신이 떠난 세계의 도덕성: 신정론에 대한 칸트와 요나스의 입장을 중심으로」,『철학』 59, 1999.
김종국,「악의 기원」,『철학』 55-1, 1998.
김종국,「칸트와 프로테스탄트교」,『칸트연구』 4, 1999.
김종국,「칸트의 행복주의 비판은 아리스토텔레스를 적중하는가?」,『칸트연구』 31, 2013.
김종식,「칸트와 악의 문제」,『대동철학』, 28, 2004.
김종식,「칸트철학에 있어서 도덕과 종교」,『부산장신논총』 1, 2002.
김종욱 편,『불교사상과 서양철학』, 민족사 1990.
김종욱,「이원성과 비이원성의 구조에서 본 자아의 문제」,『오늘의 동양사상』 제8호, 2003 봄 · 여름.
김진,「계몽주의의 신화 해석: 칸트의 신정론과 반유대주의」,『철학논총』 57, 2009.
김진,「불교적 실천이성의 변증론」,『철학』, 38-1, 1992.
김진,「칸트에서 행복의 의미」,『철학논집』 44, 2016.
김진,「칸트에서의 최고선과 도덕적 진보」,『칸트연구』 2, 1996.
김진,「칸트와 그리스도교 종말론」,『칸트연구』 26, 2010.
김진,「칸트와 불교: 칸트철학과 불교사상의 체계내적 연관성에 대한 고찰」,『철학』, 36-1, 1991.
김진,「칸트와 불교철학에서 수행의 문제」,『철학논총』, 24, 새한철학회 2001.
김진,「칸트와 선(禪)」,『철학논총』, 15, 새한철학회 1998.
김진,「칸트의 목적론적 유기체론과 그 이후」,『철학연구』 50, 1993.
김진,「칸트의 요청이론과 불교」,『철학과 현실』, 12, 1992.
김진,「칸트의 존재신학」,『칸트와 형이상학』,『칸트연구』 제1집, 1995.
김진,「칸트의『시령자의 꿈』에 나타난 비판철학의 요소들」,『칸트연구』 32, 한국칸트학회

2013.
김진, 「칸트주의적 불교해석의 의미지평」, 한자경 교수의 서평(『오늘의 동양사상』 제4호)에 대한 반론, 『철학비평』 제6호, 2001.
김진, 「한국불교의 무아윤회 논쟁」, 『철학』 83-1, 2005.
김진, 『무아윤회논쟁』, UUP 2005.
김진, 『새로운 불교 해석』, 철학과현실사 1996.
김진, 『아펠과 철학의 변형』, 철학과현실사 1998.
김진, 『칸트: 순수한 이성의 한계 안에서 종교』. 울산대학교출판부 1999.
김진, 『칸트와 불교』, 철학과현실사 2002, 2004(증보판).
김진, 『칸트와 세계관의 철학』, 울산대학교출판부 2005.
김진, 『칸트와 요청주의』, 울산대학교출판부 2005.
김진, 『퓌지스와 존재사유: 자연철학과 존재론의 문제들』, 문예출판사 2003.
김진, 『하느님의 길: 초월존재의 인식과 종교대화』, UUP 2005.
김진, 『하느님의 나라와 부처님의 나라』, UUP 2009.
김진, 『한국사회를 움직이는 현대철학자들』, UUP 2009.
김형수, 「칸트의 근본악 문제: 칸트의 종교철학에서 근본악과 그 극복가능성」, 『기독교철학연구』 5, 2006.
김호성, 「「무아와 윤회의 양립 문제」(정승석)를 읽고」, 『인도철학』, 5, 1995.
김화성, 「근본악과 반사회적 사회성」, 『범한철학』 59, 2010.
김희봉, 「이성개념과 선험적 가상의 문제: 칸트의 "순수이성비판"을 중심으로」, 『철학과 현상학 연구』 44, 2010.
남기호, 「야코비의 피히테 무신론 비판 : 그 배경과 논점들」, 『헤겔연구』 39, 한국헤겔학회 2016.
남기호, 「우주론적 신 현존 증명의 사변적 의미」, 『가톨릭철학』 19, 2012.
남기호, 「프로이센 왕정복고와 헤겔의 정치 신학적 입장: 슈바르트와의 논쟁 및 슈탈의 비판을 중심으로」,『헤겔연구』34, 2013.
데카르트,『방법서설/성찰/철학의 원리/정념론』, 소두영 역, 동서문화사 2007.
데카르트,『철학의 원리』, 아카넷 2002.
라이프니츠,『형이상학 논고』, 윤선구 역, 아카넷 2010.
맥코운,『마르크스주의 종교이론』, 강동구 외 역, 서광사 1991.
맹주만,「칸트의 실천이성의 이율배반: 독법과 해법」,『철학탐구』21, 2007.
무르띠,『불교의 중심철학』, 김성철 역, 경서원 1995.
문성학,「순수이성의 제3이율배반과 선험적 관념론」,『철학연구』107, 2008.
문성학,「칸트 윤리학에서 '실천이성의 사실'」,『철학연구 90, 2004.
문성학,『칸트의 인간관과 인식존재론』, 경북대학교출판부 2007.
박경일,「무아윤회와 해체철학」,『동서비교문학저널』, 17, 2007.
박영선,「칸트, 셸링 그리고 실재성으로서의 악」,『대동철학』56, 2011.
박영선,「칸트철학의 프로테스탄트적 유산과 반프로테스탄티즘」,『대동철학』27, 2004.
박영식,「칸트의 신정론과 신학」,『한국기독교신학논총』58-1, 2008.
박영지,『헤겔의 신 개념』, 서광사 1996.
박원빈,「에마뉘엘 레비나스와 임마누엘 칸트를 중심으로 본 신정론의 비판과 타자윤리로의 전환」,『사회와 철학』15, 2008.
박진,「이성과 신앙: 이성과 은총의 이율배반과 극복」,『인문연구』56, 2009.
박진,「칸트에 전해진 중세 스콜라철학의 유산」,『칸트연구』4-1, 1999.
박진,「칸트와 신스콜라철학」,『칸트연구』7-1, 2001.
박진,「칸트의 라이프니츠 비판」,『철학』65, 2000.
박진,「칸트의 종교철학에 대한 고찰: 기적의 문제」,『철학논총』56, 2009.
박진,「칸트의 초월논리학에서 헤겔의 사변논리학으로, 칸트의 초기저작」,『칸트연구』6-1, 2000.
박찬구,「도덕의 기초에 대한 허치슨과 칸트의 이해」,『칸트와 그의 시대』,『칸트연구』제5집,

철학과 현실사, 서울, 1999.

박찬구, 「칸트 도덕신앙의 윤리적 종교적 의미」, 『인문학연구』 5, 2000.

박찬구, 「흄과 칸트에 있어서의 도덕감」, 『철학』 44, 1995.

박찬수, 「안셀무스의 존재론적 논증」, 『철학적 분석』, 16, 2007.

박필배, 「칸트의 목적론에서 합목적성 개념: 유기체와 자연 전체의 체계에 대한 연구」, 『인문과학』 58, 2015.

배석원, 『도덕과 종교』, 이문출판사 1988.

백종현, 「칸트에서 '가능한 세계의 최고선'」, 『철학연구』, 96, 2012.

백훈승, 「피히테는 무신론자인가」, 『동서철학연구』 81, 한국동서철학회 2016.

보라도리, 『테러시대의 철학』, 손철성 외 역, 문학과지성사 2004.

서정욱, 「칸트에 있어서 이성과 이념의 관계」, 『동서철학연구』 65, 2012.

서홍교, 『칸트와 성경』, 한국학술정보 2005.

셰라트, 이본, 『히틀러의 철학자들: 철학은 어떻게 정치의 도구로 변질되는가?』, 김민수 역, 여름언덕, 2014.

손홍국, 「데카르트의 존재론적 증명에서 신의 관념」, 『철학탐구』 37, 2015.

슈바이처, 『예수의 생애연구사』, 대한기독교출판사 1986, 1995.

슐라이어마허, 『종교론: 종교를 멸시하는 교양인을 위한 강연』, 최신한 역, 대한기독교서회 2002.

스베덴보리, E., 『묵시록해설』, 이영근 역, 예수인 2007.

스베덴보리, E., 『스베덴보리의 위대한 선물 - 천재과학자의 감동적인 천국 체험기』, 스베덴보리 연구회 역, 다산초당(다산북스) 2009.

스베덴보리, E., 『스베덴보리의 천상 여행기』 1-2권, 도널드 로즈, 레너드 폭스 편, 김원옥 역, 다산초당(다산북스) 2010.

스베덴보리, E., 『신학총서개요』 상하권, 이영근 역, 예수원 2002.

스베덴보리, E., 『영계일기』 1-6권, 박예숙 역, 예수인 2003-2006.

스베덴보리, E.,『참된 기독교』, 1, 2권, 다지리 2004.

스베덴보리, E.,『천계비의』 제1권, 곽진평 역, 열린말씀새교회출판사 2003.

스베덴보리, E.,『천상의 증언』, 박보희 역, 청어 2007.

스베덴보리, E.,『표징적 교회』 1-28권, 이영근 역, 예수인 1998-2013.

스피노자,『신학정치론』, 최형익 역, 비르투출판사 2011; 강영계 역, 서광사 2017.

스피노자,『에티카』, 강영계 역, 서광사 2007.

신상형,「도덕론적 신존재 증명에 대한 논박」,『대동철학』 23, 2003.

신상형,「우주론적 신존재 증명의 현대적 의미」,『철학연구』 88, 2003.

신옥희,「칸트에 있어서 근본악과 신: "종교론"에 나타난 도덕적 신존재 증명」,『철학』 18, 1982.

아우구스티누스,『삼위일체론』, 크리스챤 다이제스트 1993.

안셀무스,『모놀로기온 & 프로슬로기온』, 박승찬 역, 아카넷 2002.

안윤기,「18세기 범신론 논쟁: 야코비의 스피노자의 가르침에 관한 편지들(1785)」,『칸트연구』 30, 한국칸트학회 2012.

안윤기,「칸트 철학은 반(反)종교적인가?」,『장신논단』 49-1, 2017.

안현석,「칸트 최고선의 도덕적 해석과 비판」,『감성연구』 13, 2016.

양명수,「칸트와 이성종교 이해」,『신학사상』 158, 2012.

양진호,「스피노자의 "데카르트 철학원리"(1663) 연구(1) 서론에서 신 증명과 순환논증의 문제」,『칸트연구』 22, 2008.

양태범,「안셀무스의 "모놀로기온"과 "프로슬로기온"에서 신 존재증명의 논증구조와 무로부터의 창조」,『가톨릭철학』, 11, 2008.

양태범,「토마스 아퀴나스의 신 존재 증명에서 다섯 가지 길과 그것의 형이상학적 구조」,『철학과 현상학 연구』 35, 2007.

엘보겐, 이스마엘 외,『로마제국에서 20세기 홀로코스트까지. 독일 유대인의 역사』, 새물결, 2007.

오창환, 「칸트의 "새로운 해명"(Nova Dilucidatio)에서 근거와 자유의 문제」, 『칸트연구』 25, 2010.
유다 유다카(湯田豊), 『불교의 서구적 모색』, 이미령 역, 민족사 1990.
윤병렬, 「악의 근원과 "선악의 피안" 및 악의 존재에 대한 대응책」, 『존재론연구』 제37집, 2015.
윤선구, 「라이프니츠 철학에서의 신과 실체」, 『기독교철학연구』 8, 2007.
윤선구, 「라이프니츠와 칸트에서 이성과 신앙의 조화」, 『철학연구』 103, 2013.
윤일환, 「칸트의 목적론적 판단력: 자연에서 자유로의 이행」, 『비평과이론』 18-2, 2013.
윤종한, 「칸트의 이성 신앙과 그 역사적 실현에 관한 연구」, 『광신논단』 8-1, 1997.
윤호진, 『無我.輪廻問題의 硏究』, 민족사 1992.
이경재, 「안셀무스 존재론적 신 존재 증명의 두 전제」, 『중세철학』, 11, 2005.
이남원, 「칸트 초기 저술에서 옵티미즘」, 『철학연구』 115, 2010.
이남원, 「칸트의 "유일 가능한 신 존재 증명 근거"의 논증 구조」, 『철학연구』 91, 2004.
이덕진, 「무아와 윤회 논쟁에 대하여」, 『오늘의 동양사상』 제8호, 2003 봄 · 여름.
이덕진, 「보편과 특수의 상즉相卽을 기대하며」, 『오늘의 동양사상』 제7호, 2002 가을 · 겨울.
이병욱, 「무아와 윤회 논쟁에 대한 종합적 고찰: 정세근 지음 『윤회와 반윤회』(2008) 서평」, 『불법』 42, 2010. 3월.
이부현, 『이성과 종교: 헤겔 종교철학 연구』, 서광사 1995.
이상명, 「라이프니츠 변신론과 인간의 자유」, 『철학』 106, 한국철학회 2011.
이상섭, 「신 존재 증명의 타당성에 관한 하나의 고찰: 토마스 아퀴나스의 신학대전 제1부 제2문제를 중심으로」, 『중세철학』 14, 2008.
이성림, 「메츠의 정치신학적 담론」, 『한국기독교신학논총』 40, 2005.
이재룡, 「토마스 아퀴나스의 신 존재 증명에 관한 소고」, 『가톨릭 신학과 사상』 47, 2004.
이정은, 「감성과 이성의 관계를 통해 본 칸트의 악 개념」, 『시대와 철학』 19-3, 2008.
이정은, 「청년 헤겔의 예수 이야기: 헤겔의 민중종교와 기독교에 대한 단편들에 기초하여」, 『기독교와 인문학』 3, 2005.

이정은,「헤겔 정신현상학의 종교 장의 위치와 체계 내적 의미」,『헤겔연구』22, 2007.
이정은,「헤겔의 예수의 생애는 민중종교의 연속인가 단절인가」,『헤겔연구』14, 2003.
이정은,「헤겔의 종교 변증법에서 종교의 완성」,『철학연구』105, 2014.
이정은,「헤겔의 종교 철학에서 그리스도교의 악 이해」,『기독교철학』15, 2012.
이종진,「셰플러에 의한 우주론적 신 증명의 비판적 재해석: 철학자들의 신 논쟁의 맥락에서」,『철학논집』43, 서강대학교철학연구소 2015.
이종진,「실천적 변신론으로서의 그리스도교적 변신론」,『가톨릭 신학과 사상』70, 2012.
이진오,「지식과 믿음의 갈등 칸트의 종교철학을 중심으로」,『칸트연구』17, 2006.
이진오,「칸트의 초월적 비판철학에 있어서 이성종교와 기독교」,『칸트연구』, 15, 2005.
이충진,「후기 칸트의 역사철학」,『철학사상』51, 2014.
이효걸 외,『논쟁으로 보는 불교철학』, 예문서원 1998.
임상진,「칸트의 최후유고에 나타난 경험의 가능성 개념」,『철학사상』35, 2010.
임승필,「『형이상학 강의』에 나타난 스웨덴보르그에 대한 칸트의 태도」,『철학과 문화』, 20, 2010.
임승필,『칸트의『형이상학자의 꿈』에 비추어 본 시령자의 꿈 : 칸트철학에 미친 스웨덴보르그의 영향』,『철학』98, 2009.
임일환,「원시불교에서 자아동일성」,『철학적 분석』, 6, 2002.
임혁재,「칸트의 도덕적 신 존재 증명」,『철학』50, 1997.
정성관,「칸트 종교철학의 초월철학적 성격」,『종교와문화』15, 2008.
정세근,『윤회와 반윤회: 그대는 힌두교도인가, 불교도인가?』, 개신 2008.
정승석,「무아와 윤회의 양립 문제」,『인도철학』, 4, 1994.
정승석,『윤회의 자아와 무아』, 장경각 1999.
조성택,「불교의 이론과 실천수행: 초기 불교의 무아설을 중심으로」,『오늘의 동양사상』제8호, 2003 봄 · 여름.
조수동,「원시불교에 있어서 atman과 anattan에 관한 연구」,『철학논총』, 5, 1989.

조창오,「초기 헤겔의 근대적 주체 개념과 종교」,『존재론연구』35, 2014.

존 쿠퍼,『철학자들의 신과 성경의 하나님: 신과 세계의 관계, 그 치열한 논쟁사』, 김재영 역, 새물결플러스 2011.

지젝 외,『이웃』, 정혁현 역, 도서출판b, 2010.

최성환,「현실과 이상의 화해로서의 종교: 칸트의 "단순한 이성의 한계 내에서의 종교"를 중심으로」,『칸트연구』13, 2004.

최소인,「「교수취임논문」의 새로운 세계이해의 의미와 한계」,『철학과 현상학 연구』35, 2007.

최소인,「칸트의 유작에 나타난 자아론의 형이상학적 의미에 대한 고찰」,『철학』53, 1997.

최소인,「칸트의 존재론적 증명 비판의 전개과정」,『철학논총』71, 2013.

최신한,「야코비와 스피노자 논쟁」,『철학연구』129, 2014.

최신한,『헤겔철학과 종교적 이념』, 한들 1997.

최인숙,「무아-윤회 양립설에 대한 해석: 김진 교수와 한자경 교수 사이의 논쟁에 대한 한 입장」,『오늘의 동양사상』제8호, 2003 봄 · 여름.

최종천,「칸트에서의 근본악과 종교」,『범한철학』10. 1995.

최종천,「칸트의 도덕종교」,『범한철학』17, 1998.

최준호「칸트의 자연목적론, 그리고 형이상학」,『철학연구』43, 1998.

타이슨,『역사적 예수』, 다산글방 2001.

코스카드,『목적의 왕국』, 김양현 외 역, 철학과현실사 2007.

코플스턴,『18, 19세기 독일철학: 피히테에서 니체까지』, 표재명 (옮긴이), 서광사 2008.

코플스턴,『칸트』, 임재진 역, 중원문화 2013.

코플스턴,『합리론』, 김성호 역, 서광사 2009.

콘즈 외,『불교사상과 서양철학』, 김종욱 편역, 민족사 1990.

타우베스,『바울의 정치신학』, 조효원 역, 그린비 2012.

포르랜더, K.,『칸트의 생애와 사상』, 서정욱 역. 서광사 2001.

포이어바흐, 『기독교의 본질』, 김쾌상 역, 까치 1992; 강대석 역, 한길사 2008.
핀카드, 테리, 『헤겔』, 전대호 외 역, 이제이북스, 2006.
하이데거, 『칸트와 형이상학의 문제』, 이선일 역, 한길사 2001.
한국칸트학회, 『칸트와 그의 시대』, 철학과현실사 1999.
한자경, 「김진 교수의 재반론에 대한 답변」, 『불교철학과 현대윤리의 만남』 부록 「무아론 논쟁」, 예문서원 2008.
한자경, 「무아와 윤회 그리고 해탈: 김진 교수의 반론에 답하며」, 『오늘의 동양사상』 제7호, 2002 가을 · 겨울.
한자경, 「불교의 자아관에 대한 기독교적 접근의 한계」 (서평: 김진, 『칸트와 불교』, 철학과현실사 2000). 『오늘의 동양사상』 제4호, 예문동양사상연구원 2001.
한자경, 「『윤회의 자아와 무아』(정승석 저, 장경각 1999)」, 『철학연구』 제46집, 1999.
한자경, 『불교의 무아론』, 이화여자대학교출판부 2006.
헤겔, 『기독교의 정신과 그 운명』, 조홍길 역, 철학과현실사 2003.
헤겔, 『믿음과 지식』, 황설중 역, 아카넷 2003.
헤겔, 『헤겔의 종교론집』, 청년 헤겔의 종교론집 1권, 베른 시기, 정대성 역, 한들 2001.
홍범기, 「자연적 이성에서의 신의 존재 논증」, 『누리와 말씀』 26, 2009.
홍우람, 「"순수이성비판"에서 칸트의 신(神) 이념」, 『철학논집』 37, 2014.
홍준기, 「악과 폭력에 관한 형이상학적, 정치신학적, 정신분석적 연구」, 『라깡과 현대정신분석』, 19-1, 2017.
회페, 오트프리트, 『임마누엘 칸트』, 이상헌 역. 문예출판사 1997.

○ 찾아보기

인명 찾기

개념 찾아보기

ㄴ

ㄷ

ㅅ

ㅊ